QUELLEN UND DARSTELLUNGEN ZUR HANSISCHEN GESCHICHTE

HERAUSGEGEBEN
VOM
HANSISCHEN GESCHICHTSVEREIN

NEUE FOLGE / BAND LII

2001

BÖHLAU VERLAG KÖLN WEIMAR WIEN

BÜRGEREINUNG UND STÄDTEEINUNG

Studien zur Verfassungsgeschichte der
Hansestädte und der deutschen Hanse

von

ERNST PITZ

2001

BÖHLAU VERLAG KÖLN WEIMAR WIEN

Gedruckt mit freundlicher Unterstützung
der Possehl-Stiftung in Lübeck
und der Hamburgischen Wissenschaftlichen Stiftung

Die Deutsche Bibliothek – CIP-Einheitsaufnahme

Pitz, Ernst:
Bürgereinung und Städteeinung : Studien zur Verfassungsgeschichte
der Hansestädte und der deutschen Hanse / von Ernst Pitz. –
Köln ; Weimar ; Wien : Böhlau, 2001
(Quellen und Darstellungen zur hansischen Geschichte ; N.F., Bd. 52)
ISBN 3-412-11500-2

© 2001 by Böhlau Verlag GmbH & Cie, Köln
Ursulaplatz 1, D-50668 Köln
Tel. (0221) 91 39 00, Fax (0221) 91 39 011
vertrieb@boehlau.de
Alle Rechte vorbehalten
Umschlagabbildung: Hans v. Hemßen; Die Ratssitzung
im Audienzsaal zu Lübeck.
Bildurheber: Museum für Kunst und
Kulturgeschichte der Hansestadt Lübeck
Gesamtherstellung: Strauss Offsetdruck GmbH, Mörlenbach
Gedruckt auf chlor- und säurefreiem Papier
Printed in Germany
ISBN 3-412-11500-2

Für
Gabriele,
Max und Michael

Nos omnes non possumus omnia

Inhalt

Inhaltsübersicht IX

Verzeichnis der Abkürzungen XXVII

ERSTES KAPITEL

Die hansische Einung und die Identität der Teilverbände 1

1.1. Ein Rechtsstreit zwischen England und der deutschen Hanse aus dem Jahre 1449 1
1.2. Verbandshandeln als Repräsentation und als Identität 22
1.3. Ein Konflikt der Hanse mit dem Herzogtum Burgund vom Jahre 1453 37
1.4. Beglaubigung, Befehl und Vollmacht 43
1.5. Stadtgemeinde und vollmächtiger Rat 59

ZWEITES KAPITEL

Autonome Gemeinde und vollmächtiger Rat 65

2.1. Lübeck und Hamburg 1340 65
2.2. Hildesheim 1345 76
2.3. Lemgo 1360 84
2.4. Nordhausen 1375 85
2.5. Braunschweig 1380 97
2.6. Lübeck 1380 102
2.7. Stralsund 1391 106
2.8. Köln 1396 108
2.9. Hamburg 1410 118
2.10.1. Lübeck 1416 125
2.10.2. Zum Stande der Forschung 138
2.11. Stade 1420 146
2.12. Halberstadt 1425 153
2.13. Wismar 1430 und Rostock 1439 160
2.14. Bremen 1433 164
2.15. Hildesheim 1436 172
2.16. Lemgo um 1440 175
2.17. Braunschweig 1445 177
2.18. Hildesheim 1445–49 183
2.19. Göttingen 1447 188
2.20. Lüneburg 1454–56 192

2.21.	Danzig 1456	203
2.22.	Hamburg 1458	207
2.23.	Zusammenfassung: Stadtgemeinde und vollmächtiger Rat	211
2.24.	Zum Stande der Forschung	230

DRITTES KAPITEL

Gemeiner Kaufmann, gemeine Städte und vollmächtige Ratssendeboten 246

3.1.	Die Hanse und der deutsche König	246
3.1.1.	Der deutsche Kaufmann unter Königsschutz	246
3.1.2.	Konkurrenz zwischen Landrecht und Einungsrecht	255
3.1.3.	Die gemeinen Städte und der König	273
3.1.4.	Fürstliche Schirmherren	288
3.2.	Der gemeine Kaufmann und die Einung der Städte	292
3.2.1.	Vier Eigenschaften der hansischen Einung	292
3.2.2.	Die Partikularverbände	295
3.2.3.	Das Privilegienrecht	304
3.2.4.	Schutzpflicht der Stadtgemeinde	312
3.2.5.	Einung und Schutzherrschaft der gemeinen Städte	323
3.2.6.	Zum Stande der Forschung	336
3.3.	Die Häupter der Hanse	343
3.4.	Die Bildung des hansischen Gemeinwillens auf den Tagfahrten der Ratssendeboten	365
3.4.1.	Ladungszwang und Ladungsungehorsam	365
3.4.2.	Tagesordnung und Retraktrecht	379
3.4.3.	Beschlußfähigkeit	389
3.4.4.	Eintracht und Beschluß	398
3.4.5.	Rechtskraft durch Publikation	408

VIERTES KAPITEL

Hansische Verfassung und deutsches Einungsrecht 418

4.1.	Vollmächtigkeit der Ratssendeboten	418
4.2.	Mit der deutschen Hanse vergleichbare Einungen	422
4.3.	Das Schweigen der Quellen	434
4.4.	Verfassungsbildende Kräfte des Einungsrechts	437

Nachweis der benutzten Literatur 443

Inhaltsübersicht

Erstes Kapitel
Die hansische Einung und die Identität der Teilverbände

1.1. Ein Rechtsstreit zwischen England und der deutschen Hanse aus dem Jahre 1449

§ 1. Englisch-hansischer Konflikt (1449) – § 2. Die Engländer bedienen sich unbeschränkter prokuratorischer Vollmachten – § 3. Definition dieser Vollmachten im gelehrten Recht. Repräsentation – § 4. Der Hochmeister des Deutschen Ordens beherrscht die zugehörige diplomatische Technik nicht (1436/37) – § 5. Der Vorgang wiederholt sich (1447/48). Arglist des Hochmeisters – § 6. Die englischen Gesandten zu Lübeck erklären sich für beschimpft und fordern Auskunft über Zahl und Vollmacht der Hansestädte (1449) – § 7. Die Gesandten bezweifeln die Geltung hansischer Zusagen und fordern ein Verzeichnis der Städte an – § 8. Die Ratssendeboten weigern sich, die Form ihrer Bevollmächtigung notariell bezeugen zu lassen – § 9. Die Engländer erklären sich für betrogen. Die Lübecker nicht Herren der Städte. Die Entscheidung wird vertagt – § 10. Weitere Verhandlung lediglich auf Grund beschränkter Vollmachten (Nov. 1449) – § 11. Die Tagfahrt zu Lübeck erteilt den Ratssendeboten zum ersten Male eine prokuratorische Vollmacht (4. Okt. 1450) – § 12. Sie fordert aber auch direkte Verhandlungen mit den englischen Städten. Die Mängel der Vollmacht – § 13. Verhandlungen zu Utrecht (1451). Uneinigkeit über die Geltung der Vollmachten – § 14. Streit um die Form der Niederschrift: Notariatsinstrument oder Rezeß? – § 15. Die Ratssendeboten sprechen den Engländern das Repressalienrecht ab, nehmen es aber selbst in Anspruch – § 16. Dies führt zu erneutem Streit über das Verhältnis der einzelnen Städte zur hansischen Einung und über die Vollmacht der Ratssendeboten – § 17. Man geht abermals ohne verbindliches Abkommen auseinander. Ein Kompromiß in der Frage der Vollmacht – § 18. Vorschläge der Ratssendeboten zu der hiernach erforderlichen Zentralisierung der Entscheidungsbefugnisse in der Hanse. Vollmachten. Ladungsungehorsam – § 19. Die im Jahre 1449 entflammte Feindseligkeit erweist sich als unlöschbar und muß daher tiefverwurzelte Ursachen haben – § 20. Dazu die Verhandlungen von 1521: Die Ratssendeboten verweigern den Engländern eine Liste der Städte – § 21. Sie erläutern die Verfassung der Hanse als eines corpus

1.2. Verbandshandeln als Repräsentation und als Identität

§ 22. Zwei Gründe für das Mißverstehen: Stillstand der Verfassungsbildung in Deutschland und Ausbleiben einer wissenschaftlichen Bearbeitung des deutschen Rechts – § 23. Die Körperschaftstheorie des gelehrten Rechts: des öffentlichen Rechts – § 24. und des Privatrechts. Die Körperschaft als willenlose fingierte Person bedarf der Bevormundung durch einen Repräsentanten – § 25. Dagegen der Verbandsgedanke des Mittelalters: Individual- und Verbandsrechte sind aufeinander bezogen – § 26. Keine begriffliche Klärung dieses Verbandsgedankens. Das Verhältnis der Verbände zu ihren Häuptern weder Repräsentation noch Organschaft, sondern Identität – § 27. Erscheinungsweisen dieser Identität und Zweck der folgenden Untersuchung – § 28.I. Fortbildung des Verbandsgedankens in Westeuropa gemäß den Interessen der Zentralgewalt und der Körperschaftstheorie des gelehrten Rechts – § 28.II. Umkehrbarkeit als Kennzeichen des Identitätsverhältnisses – § 29. Damit geht die Herrschaft über das Verfahren der Willensbildung von den Gemeinden auf die Krone über. Unzulängliche Ermächtigung der Repräsentanten gilt als Ladungsungehorsam – § 30. Der Gedanke der Repräsentation wird aus dem gerichtlichen in das parlamentarische Verfahren übertragen – § 31. In Deutschland ist der König unfähig, den Gemeinden die Repräsentation aufzuzwingen. Das gilt auch für das Königsgericht

1.3. Ein Konflikt der Hanse mit dem Herzogtum Burgund vom Jahre 1453

§ 32. Widerstand der Hanse gegen die Modernisierung der Rechtspflege im Herzogtum Burgund – § 33. Die Hanse beharrt auf der Zuständigkeit der vier Lede anstatt des Kammergerichts – § 34. Sie bestreitet die Zuständigkeit des Herzogs für die Verlängerung des Friedens von Kopenhagen und die Gültigkeit seines Prokuratoriums (1455) – § 35. Nach Errichtung des herzoglichen Grand conseil übernimmt das Land Flandern die Repräsentativverfassung (1456) – § 36. Das Land erteilt seinen Sendeboten prokuratorische Vollmacht – § 37. Rezeß vom 24. Juni 1456: Die Ratssendeboten geben ihren Widerstand auf – § 38. Im Herzogtum Burgund sind Privilegien nicht mehr gegen die gesetzliche Ordnung durchzusetzen, trotz Rückkehr des Kaufmanns nach Brügge (1457)

1.4. Beglaubigung, Befehl und Vollmacht

§ 39. In Deutschland erhalten sich die alten Formen der Verfassung, darunter das Recht der freien Schwureinung. Der Eid durch ein Gelübde ersetzt – § 40. Identität von Gemeinde und Gemeindevorstand, symbolisiert durch das Stadtsiegel – § 41. Daraus entwickelte sich die Schriftform des Kredenzienbriefs – § 42. Dieser sollte die Identität des Überbringers mit den Ausstellern ausdrücken – § 43. Die grammatischen Formen: Kausale Identitätsfigur (von ... wegen, anstatt) – § 44. und komparative Identitätsfigur (als ob) – § 45. Die Namen der beglaubigten Gremien oder Personen sind unentbehrlich – § 46. Kredenzienbriefe sagen nichts über die formale Geltung der Vollmacht des Beglaubigten aus – § 47. Sie weisen jedoch auf das Anliegen des Ausstellers hin und berühren sich dadurch mit der Instruktion des Sendeboten – § 48. Aber wegen der Identität der Sendeboten mit dem Aussteller war die Bezeichnung des Anliegens entbehrlich – § 49. Im innerhansischen, an sich mündlichen Verkehr waren auf Kredenzien angewiesen vor allem der deutsche Kaufmann in London und Brügge und jene Städte, die die Tagfahrten mit ihren Sekretären besandten – § 50. Der Kölner Doktor Johannes Frunt den Ratssendeboten gleichgeachtet, obwohl einer Kredenzie bedürftig – § 51. Die Ratssendeboten selbst bedürfen keiner schriftlichen Vollmacht. Die Sendeboten von Münster auf der Lübecker Tagfahrt von 1454 – § 52. Kredenzien für Ratssendeboten werden nur in Ausnahmefällen ausgestellt. Nur erst die Kölner gingen zur Schriftform über – § 53. Die Verschriftlichung der Instruktionen stützt die Identität der Sendeboten mit ihren Städten – § 54. Vorbereitung der Instruktion auf regionalen Städtetagen als Befehl an die Sendeboten sichert eine zweistufige Identität – § 55. Befehl oder Last und Vollmacht ergänzen sich oder gehen ineinander über – § 56. Die Ladung zum Hansetag verpflichtet jede Stadt, ihre Sendeboten entsprechend zu instruieren, ausgenommen, was Geld kosten kann: Hier zieht das Stadtrecht der Ermächtigung Grenzen

1.5. Stadtgemeinde und vollmächtiger Rat

§ 57. Das rechtliche Wesen der Identität und der aus ihr erfließenden Vollmacht bedarf genauer Bestimmung – § 58. Doppelte Identität der Ratssendeboten. Identität des einzelnen mit seiner Heimatstadt – § 59. Ihr grammatischer Ausdruck die positive Identitätsfigur, gebildet mit den Konjunktionen als und nämlich – § 60. Die synonymische Identitätsfigur: Synonymer Gebrauch der Worte Ratssendeboten und Städte – § 61. Die Vollmacht der Sendeboten leitet sich von der des entsendenden Rates her, nach dieser ist daher zu fragen

Zweites Kapitel
Autonome Gemeinde und vollmächtiger Rat

2.1. Lübeck und Hamburg 1340. § 62. Lübecks Erklärung über die Verfassung der Stadt Hamburg – § 63. Sie war zur Vorlage beim päpstlichen Hofgericht in der Sache Domkapitel zu Hamburg versus Stadt Hamburg bestimmt – § 64. Das Domkapitel sucht die Prozeßfähigkeit der Beklagten zu erweisen

– § 65. Der Nachweis mißlingt, weil die Identität von Rat und Gemeinde mit gemeinrechtlichen Begriffen nicht zu erfassen ist – § 66. Sicherung der Willensidentität in gewöhnlichen, gewichtigen und hochbeschwerlichen Geschäften. Die Ratmannen Berater, nicht Herren der Gemeinde – § 67. Die Erklärung widerlegt die herrschende Lehre über den Rat als Obrigkeit. Ihre Echtheit wird zu Unrecht bezweifelt – § 68. Das Recht der Gemeinde, Entscheidungen des Rates aufzuheben – § 69. Die gemeinrechtliche Interpretation der Stadtverfassung wird der auf Identität beruhenden Vollmacht der Bürgermeister und Ratmannen nicht gerecht – § 70. Die drei Prokuratorien der Stadt Lübeck von 1362/63 – § 71. Mandanten nicht Bürgermeister und Rat, sondern einzeln genannte Personen, wie es das gemeine Recht erfordert – § 72. Gleichwohl spiegelt sich darin niederdeutsches Stadtrecht wider

2.2. Hildesheim 1345. § 73. Zerfall der Stadtgemeinde im Auflauf von 1343 und Erneuerung der Gemeinde durch Vertrag der Partikularverbände – § 74. Der Vertrag setzt Eintracht und gemeinsamen Vollbord voraus. Vollmächtiger Rat unter dem Schutz der Gemeinde – § 75. Zwietracht der Bürger entmächtigt den Rat, Eintracht und Beistand aller Bürger machen ihn vollmächtig – § 76. Vollzähligkeit der geschworenen Bürgerschaft als Grundlage seiner Vollmacht. Der Gemeinwille feststellbar auf Grund der Identität von Stadt, Bürgerversammlung und Rat – § 77. Der Rat erkennt mittels Reverses seine Abhängigkeit von der Gemeinde an. Die Setzung des Rates ist von der Ratswahl verschieden – § 78. Die Ratswahlordnung: Kür oder Erstwahl durch Wahlmannen, Läuterung oder Nachwahl durch den sitzenden Rat. Der Rat ist niemandes Erbe – § 79. Wahl und Läuterung sind Gemeinderechte und dienen dem gemeinen Besten. Sie gewähren den Erwählten keine Vollmacht; das tut erst die Setzung

2.3. Lemgo 1360. § 80. Vertrag zwischen Rat und Gilden über die Einsetzung der Meinheit – § 81. Die Meinheit als Gegenmacht zu den Gilden, die die Ratmannen kiesen

2.4. Nordhausen 1375. § 82. Der Rat setzt die Steuer fest und provoziert damit einen Auflauf – § 82. Ein Vertrag zwischen Rat, Gemeinde und Innungen stellt die Eintracht wieder her – § 84. Er regelt die Kür des Rates und der Vier durch Wahlmänner. Das Verlesen der Einung – § 85. Der Vertrag unterwirft den Rat der Kontrolle durch die Vier von der Gemeinde wegen und verpflichtet die Innungen zu friedlicher Kommunikation mit dem Rate – § 86. Er verpflichtet die Innungen dazu, dem Rate alljährlich zu huldigen, d. h. ihm Beistand und Schadensabwehr zu geloben. Der Eid begründet die Vollmacht des Rates – § 87. Vereinbarung der Räte mit Vierteln und Innungen (Gemeinde und Volk) über ihre Vollmacht in hochbeschwerlichen Sachen – § 88. Der Rat verpflichtet, achtundvierzig erkorene Sprecher der Viertel und Innungen aufs Rathaus zu laden, in Form eines geordneten Auflaufs – § 89. Die fünf hochbeschwerlichen Fälle. Ausdrücklicher und stillschweigender Konsens begründen die Vollmacht des Rates – § 90. Sowohl der Rat als auch die Bürger bei Strafe verpflichtet, den Vertrag einzuhalten – § 91. Befugnis der Bürger, aufs Rathaus zu laufen. Erlaubte und verbotene Aufläufe – § 92. Jährliche Bestätigung des Rates, Ratssetzung und Schwörtag – § 93. Die Ratssetzung eine Kettenhandlung: Nicht ein einzelner Akt, sondern die Gesamtheit aller Akte ermächtigt den Rat

2.5. Braunschweig 1380. § 94. Auflauf und Sturz des Rates (1374). Der Streit nach sechs Jahren ohne Bürgervertrag beigelegt – § 95. Die Hanse fordert bei Strafe des Ausschlusses die Bestellung eines vollmächtigen Rates, ohne dafür bestimmte verfassungsrechtliche Bedingungen zu stellen – § 96. Der Streit war Rechtsstreit: nicht um das Mitwirkungsrecht der Gemeinde an sich, sondern um dessen Formen und Grenzen – § 97. Er wurde beigelegt durch Reform nicht der Verfassung, sondern der Verwaltung – § 98. Die Ratswahlordnung (mit Kür im Wege der Selbstergänzung) bedurfte keiner Erneuerung

2.6. Lübeck 1380. § 99. Der Auflauf der Knochenhauer ein Konflikt zwischen Handwerksämtern und Volk – § 100. Dieser wird beigelegt durch eine Sühne, die den Rat, gestützt auf 48 Bürger, wieder vollmächtig macht – § 101. Widerruf der Sühne im Jahre 1384?

2.7. Stralsund 1391. § 102. Rat und Meinheit regulieren die Mitwirkung der Gemeinde an der Regierung durch gekorene Olderleute – § 103. Nach Aufruhr und Eingreifen der Hanse muß die Gemeinde die Olderleute der Wandschneider als Worthalter akzeptieren

2.8. Köln 1396. § 104. Der Rat beansprucht obrigkeitliche Befugnisse gegenüber der Gemeinde und wird daher von ihr gestürzt – § 105. Die Gemeinde erneuert ihren Verbund in einem Rezeß – § 106. Ämter und Gaffeln sind eins mit der Gemeinde und sichern die Identität durch allgemeine Beitrittspflicht – § 107. Die Gemeinde ermächtigt den Rat durch Zulassung und definiert die konsenspflichtigen hochbeschwerlichen Geschäfte – § 108. Bestimmung der Ratmannen durch Kur und Selbstergänzung. Setzung des Rates – § 109. Erlaubte Formen des Auflaufs und Bannerlaufs – § 110. Rat und Gemeinde besiegeln den Rezeß im Verbundbrief zum Zeugnis der Eidgenossenschaft und Identität – § 111. Die gemeinen Hansestädte greifen nicht ein – § 112. Die Rechtsprechung des Ratsgerichts entfaltet aus dem Gedanken der Einung als zweite Schranke der Ratsvollmacht die Grundrechte des einzelnen Bürgers

2.9. Hamburg 1410. § 113. Streit zwischen dem Rate und Heine Brandes wegen dessen Verhaftung. Die Gemeinde bestimmt sechzig Personen zu Sprechern und Schiedsleuten – § 114. Die Gemeinde entscheidet über das Recht des Rates, einer Straftat bezichtigte Bürger zu verhaften – § 115. Der Rezeß als schriftliche Form willensmäßiger Identität von Gemeinde, Sechzigern und Rat – § 116. Er definiert der Willkür des Rates entzogene Grundrechte des einzelnen Bürgers – § 117. Er definiert ferner die hochbeschwerlichen Geschäfte als Grundrechte der Gemeinde – § 118. Die Sechzig sind berechtigt, den Rat zu läutern, sie überlassen diese Aufgabe aber dem Rate – § 119. Bürgermeister und Rat verpflichten sich unter Stadtsiegel, den Rezeß einzuhalten

2.10.1. Lübeck 1416. § 120. Sturz und Desertion des Rates (1408). Der neue Rat ein vollmächtiger Rat. Reichsrecht und Stadtrecht – § 121. Entgegen den Urteilen des Reichshofgerichtes muß sich der alte Rat einem Schiedsspruch der Hansestädte unterwerfen – § 122. Die Vollmacht der Schiedsleute beruht auf Identität mit altem und neuem Rat und der Gemeinde. Der Schied ein Rezeß – § 123. Der neue Rat muß seiner Vollmacht entsagen, die Gemeinde von den Handwerken dem alten Rat den (Bürger-)Eid leisten – § 124. Eide des gemeinen Kaufmanns, der Einwohner (Schoßeid) und des Rates vollenden die Einung der Stadtgemeinde – § 125. Der alte Rat soll auf seine Schuldforderungen verzichten und die Finanzpolitik des neuen Rates fortsetzen – § 126. Die Gemeinde verliert das Recht, Sechziger zu wählen, aber nicht das Grundrecht des Konsenses in hochbeschwerlichen Geschäften – § 127. Die Sendeboten des Königs leiten die Ratssetzung vom Ratsstuhle aus, jedoch investiert der neue Rat den alten durch Übergabe der Privilegien und Siegel – § 128. Die gekorenen Schiedsleute richten ihre letzte Entscheidung an die Meinheit als Quelle der Vollmacht des Rates – § 129. Darin erkennen sie die Steuerbewilligung als Grundrecht der Gemeinde an – § 130. Verkündung und Vollzug des Rezesses vor versammelter Gemeinde führen deren Konsens herbei – § 131. Schiedsspruch und Ratssetzung folgen dem hansisch-niederdeutschen Stadtrecht, freilich ohne die auch in Lübeck geltenden Grundrechte zu definieren

2.10.2. Zum Stande der Forschung. § 132. Wilhelm Ebels zwiespältiges Urteil über die obrigkeitliche Stellung des Rates – § 133. Ebel beobachtet den synonymen Gebrauch der Worte Rat und Stadt – § 134. Er läßt jedoch als lübisches Recht nur das vom Rate gesetzte oder gefundene Recht gelten – § 135. Er scheidet daher Bürgerverträge und -rezesse als Quellen lübischen Rechtes aus – § 136. Daraus ergibt sich seine irrige Interpretation des Schiedsspruches von 1416 – § 137. So gelangt Ebel zu dem Fehlurteil, das Regiment des Rates beruhe auf Usurpation

2.11. Stade 1420. § 138. Das Statut der Hanse wider Bürger und Einwohner, die ihren Rat entmächtigen (1418) – § 139. Seine drei Ebenen: Individuen, Einzelstädte, gemeine Städte. Identität der Bürger sämtlich mit den Bürgern besonders – § 140. Das Statut bestätigt die hansisch-niederdeutsche Stadtverfassung, insbesondere die Kompetenz der Gemeinden, ihre Räte zu bevollmächtigen, es unterwirft sie jedoch einer Rechtsaufsicht seitens der gemeinen Städte – § 141. Der Unwille der Gemeinde zu Stade richtet sich gegen einzelne Ratmannen. Entmächtigt er damit den Rat? – § 142. Der Rechtsstreit unterliegt der Gerichtsbarkeit des Rates. Die gemeinen Städte schließen Stade aus der Hanse aus – § 143. Sie wollen denen von Stade ihre Rechtsaufsicht aufzwingen. Die Stader nehmen ihren Landesherrn als Vermittler an – § 144. An der erfolgreichen Schlichtung scheitert der Anspruch der Hansestädte, über die Vollmacht des Rates entscheiden zu können

2.12. Halberstadt 1425. § 145. Auflauf wider Rat und Stadtherrn. Die Stadt weist die Rechtsaufsicht der Hanse zurück, sie stellt sich jedoch dem Königsgericht – § 146. Sie erhebt einen neuen Rat und 46 Gemeindesprecher. Gewaltsame Exekution der gemeinen Städte und des Königsgerichtes – § 147. Der neue Rat nimmt das Domkapitel und die Städte als Schiedsleute an – § 148. Der Schied vergleicht den Bischof mit der Stadt. Er ordnet u. a. die Versöhnung der Stadt mit den Vertriebenen und die Ratswahl – § 149. Der Schied beruht auf niederdeutschem Stadtrecht. Die Rechtsaufsicht der Hansestädte wird übergangen – § 150. Scheiterte die Errichtung eines sächsischen Städtebundes (1426) an mangelndem Konsens der Gemeinden?

2.13. Wismar 1430 und Rostock 1439. § 151. Das dänische Bündnis von 1423 ohne Konsens der Gemeinden abgeschlossen? – § 152. Aufläufe in Hamburg, Lübeck und Stralsund. Die Räte erfüllen alle berechtigten Forderungen – § 153. In Wismar und Rostock dagegen stürzen die Räte. Die Gemeinden erheben neue Räte und Sechziger – § 154. Anstatt nach dem hansischen Statut von 1418 zu verfahren, erkennt Lübeck die neuen Räte an. Schiedsspruch und Bürgerrezeß beenden die Wirren in Wismar (1430) – § 155. Schiedsspruch und Rezeß in Rostock (1439). Die Vollmacht des Rates begrenzt vom Konsensrecht der Gemeinde in hochbeschwerlichen Geschäften

2.14. Bremen 1433. § 156. Die Hansestädte streben danach, die Gemeinde ihrer Rechtsaufsicht zu unterwerfen – § 157. Die Stadt verweist auf die Kompetenz des Stadtherrn und ihrer selbst. Dürftige Begründung des hansischen Anspruchs – § 158. Die Gemeinde stürzt den alten Rat und erhebt einen neuen. Sie wird deshalb aus der Hanse verwiesen – § 159. Die Verhansung als Strafe für Ladungsungehorsam und Verletzung des Gemeinwohls – § 160. Ein Bürgerrezeß ordnet Kore und Setzung des Rates und die Kore der Sechzehner – § 161. Ein Auflauf der Kaufleute zwingt den Rat, sich mit der Hanse zu vergleichen – § 162. Ein durch Schiedsspruch vermittelter Bürgerrezeß erneuert die gemeindliche Schwureinung, die Vollmacht des Rates und die Grundrechte der Gemeinde – § 163. Im Vollzug des Schiedsspruches läßt die Gemeinde den Rat zur Regierung zu. Sie ignoriert die Rechtsaufsicht der Hanse

2.15. Hildesheim 1436. § 164. Rat und Gemeinde lassen die vom Stadtherrn geschützten Gilden zum Ratsstuhle zu – § 165. Der Rat gesteht der Gemeinde vierzig Sprecher und deren Zuziehung in hochbeschwerlichen Geschäften zu, um seine Vollmacht zu sichern – § 166. Die Gemeinde verwirft diese Sprecher und bestimmt die aus Handwerkern und Burschaften gekorenen Ratmannen zu ihren Worthaltern – § 167. Die Vollmacht der Gemeinde als Quelle ihres Initiativrechtes und der Vollmacht des Rates

2.16. Lemgo um 1440. § 168. Die Gemeinde konstituiert ihren Rat, ordnet die Ratswahl und beschränkt die Vollmacht des Rates in hochbeschwerlichen Geschäften – § 169. Unbeschränkte Vollmacht besitzt nur die Gemeinde. Grundrechte der Gemeinde, der Teilverbände und der Einzelnen

2.17. Braunschweig 1445. § 170. Ein Bürgerrezeß erneuert die Einung der Bürger und die Vollmacht der Gemeinde – § 171. Die Gemeinde erhebt Hauptleute der Burschaften und beteiligt sie gleich den Gildemeistern an Wahl und Ermächtigung des Rates – § 172. Das Grundrecht der Gemeinde auf Konsens in hochbeschwerlichen Geschäften beschränkt die Vollmacht des Rates. Individuelle Grundrechte – § 173. Das Grundrecht des Rates auf Regierung der Stadt beschränkt die Rechte der Gemeinde. Folgepflicht der Minderheit – § 174. Die gemeinen Städte verwerfen die Beschwerde der Aufrührer und bestätigen damit implizite den Bürgerrezeß

2.18. Hildesheim 1445–49. § 175. Partikularismus der Teilverbände erschwert die Bildung des Gemeinwillens. Beteiligung des Rates an der Ratswahl als Gegenmittel gegen Fraktionsbildung im Rate – § 176. Damit der Rat nicht mehr von Parten sei, gibt sich die Gemeinde 24 Worthalter und eine Ratswahlordnung – § 177. Die Gemeinde sorgt für Einmütigkeit im Rate und unter sich und beschränkt die Vollmacht des Rates in hochbeschwerlichen Geschäften – § 178. Vorübergehende Rückkehr zum geparteten Rate und zur unverfaßten Gemeinde (1446-49). Endgültige Überwindung des Partikularismus

2.19. Göttingen 1447. § 179. Der Rat fordert Hilfe von den Worthaltern der Gilden, damit die Gemeinde ihm höhere Steuern bewillige – § 180. Mit Rücksicht auf die Gemeinde nötigen die Worthalter den Rat dazu, seine Forderung zu ermäßigen – § 181. Damit sich die Gilden einig werden können, muß der Rat eine weitere Minderung seiner Forderungen absegnen – § 182. Das Verfahren entsprach den Normen des hansisch-niederdeutschen Stadtrechts

2.20. Lüneburg 1454-56. § 183. Schulden der Stadt zwingen den Rat, die Prälaten (geistlichen Sülzherren) zu belasten. Ein päpstliches Mandat bedroht ihn mit Exkommunikation – § 184. Dieses Mandat wurde von den Prälaten erschlichen: Es ignoriert die Pflichten, die dem Rate nach Stadtrecht obliegen – § 185. Unentschlossenheit der Gemeinde läßt die Vollmacht des Rates zerfallen und eine Minderheit emporkommen – § 186. Diese erhebt Sechziger als Worthalter der Gemeinde und setzt den Rat ab. Die gemeinen Städte erkennen dies für rechtmäßig – § 187. Irreguläre Erhebung eines neuen Rates. Das Stillschweigen der Gemeinde heilt die Mängel des Verfahrens – § 188. Der neue Rat zunächst vollmächtig, aber alsbald gezwungen, Stadt- und Hanserecht zugunsten des geistlichen Rechts zu brechen. Vergebliches Eingreifen der gemeinen Städte – § 189. Der neue Rat versucht vergebens, seine Macht auf Lehnrecht oder Kirchenrecht zu gründen. Er wird vom Königsgericht verurteilt – § 190. Die Gemeinde stürzt den neuen Rat und setzt, unter Aufsicht des Stadtherrn und der gemeinen Städte, den alten Rat wieder ein – § 191. Die Gemeinde konstituiert sich als Schwureinung mit der Pflicht, dem Rate gegen die Prälaten Schutz und Beistand zu gewähren. Die Hansestädte erkennen diese Rechtspflicht an – § 192. Das hansische Statut von 1418 will diese stadtrechtliche Ordnung, nicht aber die Ratsherrschaft schützen. Grundzüge der Lüneburger Stadt- und Ratsverfassung

2.21. Danzig 1456. § 193. Ein Auflauf wider den Rat wegen Steuererhöhung wird durch Ratssetzung und Bürgerrezeß beendet – § 194. Synonymischer Gebrauch des Personalpronomens ‚wir' sowohl für die Stadtgemeinde – § 195. als auch für die Bürgermeister, die den Rat ermächtigende Gemeinde und den Stand der Regierenden – § 196. Da die gemeinen Städte nicht eingreifen, erlangt das hansische Statut von 1418 keine Geltung

2.22. Hamburg 1458. § 197. Unwille der Gemeinde wider den Rat durch die erbgesessenen Bürger geschlichtet – § 198. Der Rezeß sichert Grundrechte der Einzelnen und der Gemeinde, bestimmt Pflichten der Einzelnen und Rechte der Teilverbände – § 199. Das Grundrecht des Rates auf Vollmacht und Regierungsgewalt. Das hansische Statut von 1418 nicht ins Stadtrecht übernommen

2.23. Zusammenfassung: Stadtgemeinde und vollmächtiger Rat. § 200. Die Gemeinde als ursprünglicher vollmächtiger Herr ihrer Geschicke. Kontrolle der Macht durch Annuität und Kollegialität – § 201. Die Gemeinde ermächtigt den Rat weder durch besonderes Rechtsgeschäft noch mittels Kore und Amtsübergabe durch den sitzenden Rat – § 202. Nach dem Liber ordinarius von Kampen fällt die Ratssetzung in ein Interconsilium und beginnt mit einer Bursprake – § 203. Stillschweigende Zustimmung des Volkes erneuert die städtische Einung und den Auftrag zur Schöffenwahl – § 204. Mit seinem Stillschweigen bestätigt das Volk die Verleihung des Bürgerrechts und die Kore des Rates – § 205. Ebenso bestätigt es die Amtsübergabe. Ihr muß die Bevollmächtigung des neuen Rates vorangegangen sein – § 206. Die Gemeinde ermächtigt den Rat, indem sie Einung und Kore stillschweigend und zustimmend zur Kenntnis nimmt – § 207. Ein gleichartiges Verfahren muß in allen Hansestädten befolgt worden sein. Burspraken zu Lübeck und Hamburg – § 208. Die Bursprake als stadtrechtliche Institution des Konsenses und der bürgerlichen Selbstverwillkürung setzt die Identität von Rat, Volk und

Gemeinde voraus – § 209. Die Gemeinde verpflichtet, einen Rat zu erheben, aber sie erhebt ihn weder zur Obrigkeit, noch nimmt sie ihn zum Herrn an – § 210. Der Sprachgebrauch der Bursprake bestätigt diesen Befund – § 211. Versuche W. Ebels und anderer, diesen Befund mit der Obrigkeitsthese zu vereinbaren – § 212. Die von der Bursprake gestiftete Identität der Willen ist Einswerden oder Eintracht und erlegt der Minderheit die Pflicht auf, der Mehrheit zu folgen – § 213. Widerstrebende Partikularwillen gebändigt durch Schwureinung und Ratsverfassung – § 214. Rechtliche Mittel zur Herstellung der Eintracht: Auflauf, Bursprake, Bürgerrezeß – § 215. Die Vollmacht der Ratssendeboten unterliegt denselben Beschränkungen wie die des Rates. Kasuistik der hochbeschwerlichen Geschäfte

2.24. Zum Stande der Forschung. § 216. Die Städteforschung im Banne der von O. Gierke entworfenen deutschen Staatsidee – § 217. E. Daenell und F. Techen: Schützte das Hansestatut von 1418 eine hergebrachte Obrigkeit des Rates? – § 218. H. Planitz ersetzt die deutsche Staatsidee durch gemein- und naturrechtliche Vorstellungen – § 219. A. von Brandt und der Ersatz der Verfassungsgeschichte durch Sozialgeschichte – § 200. Die marxistische Schule und E. Engel über das Hansestatut von 1418 und den Klassencharakter der Hanse – § 221. Die sozialgeschichtlichen Schulen sind nicht imstande, den Aussagen der Bürgerrezesse gerechtzuwerden – § 222. H. L. Reimanns Lehre vom Mitspracherecht der Bürger zu Braunschweig und ihre Wirkungslosigkeit – § 223. B. Am Ende über die Entwicklung des Rates zu Lübeck vom Exekutivausschuß zur Obrigkeit – § 224. W. Ehrbrechts Versuche, Bürgerrezeß und Ratsverfassung als Repräsentativsystem zu deuten – § 225.I. und das Bürgerrecht auf Protest als Widerstandsrecht zu erklären, führen nicht zum Ziel. Das 1939 von O. Brunner formulierte terminologische Problem bleibt ungelöst – § 225.II. M. Brosch über die Legitimation der Ratsherrschaft durch die Gemeinde zu Paderborn

Drittes Kapitel
Gemeiner Kaufmann, gemeine Städte und vollmächtige Ratssendeboten

3.1. Die Hanse und der deutsche König

3.1.1. Der deutsche Kaufmann unter Königsschutz. § 226. Recht und Auftrag der Ratssendeboten, den gemeinen Kaufmann zu schützen. Inhalt des Schutzes – § 227. Der gemeine Kaufmann ursprünglich ein herrschaftlicher Verband unter dem Schutze des Königs – § 228. Der Königsschutz innerhalb des Reiches verfällt im 13. Jahrhundert der Territorialisierung. Das Geleitsrecht – § 229. Der Königsschutz für den deutschen Kaufmann im Auslande bestand bis etwa 1260 – § 230. Der Druck des Königs von England und des englischen Gästerechts konserviert die deutsche Hanse zu London – § 231. Die Kaufmannschaft des Römischen Reiches in Flandern – § 232. Die deutsche Hanse in Skandinavien und Rußland dagegen ohne Zusammenhang mit dem Römischen Reiche

3.1.2. Konkurrenz zwischen Landrecht und Einungsrecht. § 233. Das Königtum und die Konkurrenz von Recht und Willkür – § 234. Nur eine königliche Gesetzgebung hätte Einung und Willkür in Recht überführen können §§ 235–238. Magdeburg. § 235. Das Stadtgericht ein unter Königsbann richtendes Schöffengericht – § 236. Die Schöffen für das Sachsenrecht, der Rat für die städtische Willkür zuständig. Als ganzer gemeiner Rat bewahren beide Gremien die Rechtseinheit – § 237. Das Vorgehen des Rates gegen meineidige Bürger ist Willkür, eröffnet keinen Bezug zum Könige – § 238. Der spätere Blutbann des Rates leitet sich nicht vom Könige, sondern von der Vollmacht des Schultheißen oder des Notrichters her

§§ 239-245. Lübeck und Wendische Städte. § 239. Das Vogtding oder Niedergericht – § 240. Der Rat erlangt die Gerichtsherrschaft und die Blutgerichtsbarkeit – § 241. Die Fürsprecher sind auch als Urteiler im Niedergericht durch Bürgereid verpflichtet, der Rechtsweisung des Rates zu folgen und gescholtene Urteile an den Rat zu bringen – § 242. Die Willkür der Gemeinde überformt das Sachsenrecht und die Vogtgerichtsbarkeit mit Ausnahme der Blutsachen. Damit gefährdet sie das Kommuneprivileg – § 243. Wismar 1427: Die Blutgerichtsbarkeit als Ausdruck der königlichen Gewalt. Das Gerichtsvolk bricht die Herrschaft des Rates über sie – § 244. Unterschied zwischen den Verfahren nach lübischer Willkür und nach sächsischem Recht – § 245. Die Gemeinde erhebt Anklage mit königlicher Gewalt wegen Verrats an den gemeinen Städten

3.1.3. Die gemeinen Städte und der König. § 246. Die gemeinen Städte unterliegen denselben Beschränkungen durch die königliche Gewalt wie jede einzelne Stadt. Der Streit Goslar versus Hinrik Alfeld und die Verhansung der Goslarer – § 247. Dieser Streit war ein Konflikt zwischen Königsrecht und hansischer Willkür, der die Existenz der hansischen Einung gefährdete – § 248. Das Reichsgesetz über die Privilegienrevokation von 1356 bedroht auch die hansische Einung – § 249. Die gemeinen Städte beraten über Rechtsmittel wider Ladungen und Achtbriefe des Königsgerichts (1419) – § 250. Im Vogtgericht soll „die sächsische Freiheit" den Beklagten vor der Reichsacht schützen – § 251. Diese Freiheit soll vor jeder königlichen Gerichtsgewalt schützen, die nicht im sächsischen Lande tätig wird – § 252. Das rechtspolitische Dilemma der Hansestädte. Gemeinsame Abwehr königlicher Achtverfahren ist erwünscht – § 253. Die Rechtspolitik König Sigismunds stützt sich auf das Kammergericht und die westfälischen Freigerichte und bedroht die Privilegien der Hansestädte – § 254. König Sigismund bestrebt, die „freien" Hansestädte in die Reichsmatrikel aufzunehmen. Die Städte schlagen diese Chance aus – § 255. Das Königtum ist dem Rechtsdenken des hansischen Bürgertums stets gegenwärtig – § 256. Eine gesamthansische Prokuratur beim König? Der Wert der Reichsunmittelbarkeit wird geringgeschätzt

3.1.4. Fürstliche Schirmherren. § 257. Ersatz der königlichen Schirmherrschaft durch partikulare fürstliche Gewalten. Herzog zu Braunschweig und Lüneburg – § 258. Graf von Holland und Seeland. Die skandinavischen Ostseestädte – § 259. Der Hochmeister des Deutschen Ordens als Schirmherr der preußischen Kaufleute ein Haupt der Hanse

3.2. Der gemeine Kaufmann und die Einung der Städte

3.2.1. Vier Eigenschaften der hansischen Einung. § 260. Die Autorität der Älterleute über den Kaufmann im Auslande konnte nur noch auf Bürgereid und Bürgerrecht gegründet werden – § 261. Daraus ergaben sich vier Eigenschaften der hansischen Einung

3.2.2. Die Partikularverbände. § 262. Sie entscheiden über die Zulassung junger Leute zum Recht der Hanse und zur Kore der Älterleute. Der Vorstand zu Nowgorod – § 263. Die Versammlung der Anwesenden identisch mit dem gemeinen deutschen Kaufmann zu Nowgorod – § 264. Dieselbe Identität im Stalhof zu London – § 265. und im Kontor zu Brügge. Identität der Willen und Repräsentation der Teilverbände in der Versammlung – § 266. Die Teilverbände konstituieren sich als Drittel. Kore der Oldermannen und des Kaufmannsrates – § 267. Drei Teilverbände und Kore des Kaufmannsrates im Stalhof zu London – § 268. Die Olderleute als Worthalter des Gemeinwohls und Gemeinwillens

3.2.3. Das Privilegienrecht. § 269. Privilegien beurkunden Handelsverträge, die beiden Seiten Rechte und Pflichten zuweisen. Divergierende Tendenzen hansischer Vertragspolitik – § 270. Die Privilegienpolitik gegenüber Norwegen – § 271. Der hansischen Privilegienpolitik liegt eine Norm zugrunde, die dem Rechtsgedanken der Einung entspricht – § 272. Die Privilegien begründen nicht nur Rechte, sondern auch Pflichten der deutschen Kaufleute – § 273. Nicht nur der gemeine, sondern auch der einzelne Kaufmann verantwortlich für Erfüllung der Pflichten und Wahrung der Rechte – § 274. Kodifikationen des deutschen oder hansischen Rechts

3.2.4. Schutzpflicht der Stadtgemeinde. § 275. Die einzelnen Stadtgemeinden seit jeher nach Stadtrecht verpflichtet, den Kaufmann und sein Recht im Auslande zu schützen – § 276. Der Stadtrat nicht befugt, die Privilegien seiner Bürger zu mindern. Daher das Verfassungsproblem des Mehrheitswillens und Minderheitenschutzes – § 277. Verteidigung der Privilegien als Motiv städtischer und hansischer Politik. Der Kaufmann klagt die Schutzpflicht des Rates ein – § 278. Der Konflikt zwischen hansischer Schoßpflicht und Kölner Zollfreiheit in Brabant (1448) – § 279. Der Rat zu Köln nicht befugt, zum Nutzen des gemeinen Kaufmanns auf das Zollprivileg des Kölner Kaufmanns zu verzichten – § 280. Der Rat zu Köln in seiner hansischen Politik vom Willen des Kölner Kaufmanns abhängig – § 281. Dagegen liegt in der Identität der Pflichten des gemeinen Kaufmanns und der Hansestädte der Rechtsgrund für die Verhansung einer Stadtgemeinde

3.2.5. Einung und Schutzherrschaft der gemeinen Städte. § 282. Der polypolitische Verband des gemeinen Kaufmanns erfordert und bevollmächtigt die Einung der gemeinen Städte – § 283. Die schutzherrliche Vollmacht der gemeinen Städte über den Kaufmann zu Brügge (1356) gegründet auf ihre Eintracht – § 284. Die Schutzherrschaft der gemeinen Städte beruht auf Ermächtigung (Huldigung) von Seiten des Kaufmanns – § 285. Die gemeinen Städte bestätigen das Willkürrecht und die Gewohnheiten des Kaufmanns. Ihre Gebotsgewalt – § 286. Die Schirmherrschaft der gemeinen Städte abhängig von der Steuerbewilligung des Kaufmanns – § 287. Vermag die Schutzherrschaft und Gebotsgewalt der gemeinen Städte die einzelne Stadtgemeinde zu mediatisieren? – § 288. Versäumnisse der gemeinen Städte bei dem Bestreben, den Bürgern der Hansestädte den Genuß des deutschen Rechtes im Auslande vorzubehalten – § 289. Die Rechtsidee des Bürgers von der Hanse und eines hansischen Bürgerrechts – § 290. Sie war nicht entwicklungsfähig, weil der gemeine Kaufmann nicht als Eidgenossenschaft verfaßt war. Hansische Eide – § 291. Der Rat zu Köln über den Vorrang der beschworenen Bürgerpflichten vor der Verpflichtung durch Hanserezeß – § 292. Zusammenfassung: Die deutsche Hanse war eine Rechtsgemeinschaft und besaß als solche eine Verfassung

3.2.6. Zum Stande der Forschung. § 293. Die Bestimmung der Hanse als Rechtsgemeinschaft in der älteren Forschung und ihre Mängel – § 294. K. Friedlands Lehre von der Auflösung des personalen deutschen Rechts durch die Städtehanse (1958) – § 295. Diese Lehre modifiziert die ältere Lehre, ohne deren Mängel zu beheben – § 296. Die Hinwendung zur Wirtschafts- und Sozialgeschichte und die Deutung der Hanse als Interessengemeinschaft bei A. von Brandt (1962) – § 297. Diese ökonomisch-soziale Definition der Hanse kann die rechtsgeschichtliche nicht ersetzen – § 298. Die Hanserezesse sind Rechtsquellen. Die Handlungsschwäche der gemeinen Städte als rechtsgeschichtliches Problem

3.3. Die Häupter der Hanse

§ 299. Die Autorität der Worthalter des gemeinen Kaufmanns beruht auf Kore. Die Städte erlangen daran Anteil – § 300. Die Kore war frei, richtete sich aber immer häufiger auf Lübeck (und die Wendischen Städte). Polykephalie als Verfassungsmerkmal – § 301. Das gekorene Haupt bedarf jedesmal der Zustimmung aller zu seiner Willkür, um den Gemeinwillen herzustellen. Die Zustimmung enthält das Beistandsversprechen – § 302. Erst die Zustimmung der Städte konstituiert den Gemeinwillen und das jeweilige Haupt der Hanse – § 303. Die Kore gewährt dem Haupte keine Amtsgewalt, sondern nur eine zweifach beschränkte Vollmacht nebst dem Auftrage, den Gemeinwillen weiterhin zu erneuern

§ 304. Wiederholte Kore gewährt den Lübeckern eine besondere Autorität, die jedoch die königliche Gewalt nicht ersetzen konnte. Sie ließ sich nur metaphorisch benennen – § 305. Die Städte berechtigt, sich der Kore Lübecks zu verweigern oder von ihr zurückzutreten – § 306. Konflikte zwischen Stadtrecht und Hanserecht können den Rücktritt erzwingen – § 307. Lübecks Versuch, der Kore eine feste Form zu geben (Zulassung einer Stadt zum Rate der gemeinen Städte), vermag die polykephale einungsrechtliche Verfassung der Hanse nicht zu verändern

§ 308. Neben Lübeck standen andere Häupter der Hanse: Dortmund, Danzig und der Hochmeister des Deutschen Ordens – § 309. und Köln – § 310. Die hansische Polykephalie erschwert die Ratifikation (Besiegelung) des Friedensvertrags mit der spanischen Nation zu Brügge (1443–46) – § 311. Die Autorität des Hauptes berechtigt die Lübecker zwar zum Vorsitz auf den Tagfahrten, nicht aber zum Handeln von der Städte wegen – § 312. Hierzu bedürfen die Lübecker, gleich jeder anderen Stadt, spezieller Vollmachten – § 313. Die gemeinen Städte binden Lübeck, soweit sie ihm die Geschäftsführung überlassen, an den Beirat der Wendischen Städte

§ 314. Zusammenfassung: Ständige Befugnisse des Hauptes, erweitert durch willkürliche spezielle Vollmachten. Diplomatischer Gebrauch des Titels Haupt – § 315. Die Lübecker nicht befugt, in Vertretung des Reiches Politik zu betreiben

3.4. Die Bildung des hansischen Gemeinwillens auf den Tagfahrten der Ratssendeboten

3.4.1. Ladungszwang und Ladungsungehorsam. § 316. Es gelang zwar dem monarchischen Ständestaat, nicht aber der deutschen Hanse, die Säumnis der Geladenen als Ungehorsam zu verpönen – § 317. Ladungsungehorsam und unzureichende Vollmachten als Ursachen hansischer Führungsschwäche – § 318. Die Lübecker bestrebt, die Strafbarkeit des Ladungsungehorsams zur Geltung zu bringen – § 319. Sonderformen des Ladungsungehorsams: die Weigerung kleiner Städte, zu den Zehrungskosten der großen beizutragen, – § 320. die Entsendung des Stadtschreibers, verspätetes Eintreffen und vorzeitige unerlaubte Abreise – § 321. Das Verfahren gegen die wegen Ladungsungehorsams bußwürdigen Städte

§ 322. Erste Versuche, die Verpönung des Ladungsungehorsams zur Geltung zu bringen, – § 323. enden mit einem Fehlschlag – § 324. Das Verfahren unvereinbar mit den einungsrechtlichen Grundgedanken der hansischen Verfassung – § 325. Daher schlägt auch ein zweiter Versuch fehl – § 326. Denn Stadtrecht bricht Hanserecht. Waren sich die Ratssendeboten dessen bewußt? – § 327. Der Glaube an die Notwendigkeit der vom Einungsrecht gewährten Identität der Willen überdeckte den Widerspruch

3.4.2. Tagesordnung und Retraktrecht. § 328. Das Formular der Ladungsschreiben: Tagesordnung, Termin, Vollmacht, Pön – § 329. Die Vollmacht der Ratssendeboten ist verfahrensrechtlich auf die Tagesordnung bezogen – § 330. Sie gründet sich auf ihre Kenntnis des Gemeinwillens ihrer Stadt und wird von diesem begrenzt – § 331. Daher können weder unzulängliche Ermächtigung noch Nutzung des Retraktrechtes als Ladungsungehorsam gelten – § 332. Antworten der Städte auf das Ausschreiben. Definition der Vollmacht durch Instruktion. Vorbehalt des Retraktes (Rückbezugs) – § 333. Schriftliche Vollmachten werden nur für Ratssendeboten einer Nachbarstadt gefordert – § 334. Unterschied zwischen Vollmachten zum Zuhören und Retrahieren und solchen zum Beschließen – § 335. Die Kölner behaupten, diesen Unterschied nach ihrer alten Gewohnheit hergebracht zu haben – § 336. Dagegen wollen die Lübecker das Retraktrecht der Städte einschränken, um die Geltung der Rezesse zu stärken

3.4.3. Beschlußfähigkeit. § 337. Die gemeinen Städte weder imstande noch berechtigt, die Vollmächtigkeit der Ratssendeboten zu prüfen. Sie akzeptieren sie duldend auf Treu und Glauben hin – § 338. Die Sitzordnung von 1447. Die Sendeboten nicht Inhaber zählbarer Stimmrechte, sondern von Sachverstand. Von diesem hängt die Beschlußfähigkeit ab – § 339. Die Versammlungen solange beschlußfähig, wie sich die einzelnen Ratssendeboten als vollmächtig betrachten und daher ihr Retraktrecht nicht gebrauchen – § 340. Sonderfälle: Kredenzbrief des Hochmeisters für die Sendeboten der preußischen Städte – § 341. und Machtbriefe von Städten, die als partei- und prozeßfähig anerkannt werden wollen – § 342. Behandlung und Rechtsgeltung der Vollmachten kleiner Städte. Trennung der Form vom Inhalt verletzt das Einungsrecht

3.4.4. Eintracht und Beschluß. § 343. Aufgaben des vorsitzenden Bürgermeisters – § 344. Einsetzung vollmächtiger Ausschüsse – § 345. Einstimmigkeit die einzige Formvorschrift für das Einswerden der Ratssendeboten im Beschluß – § 346. Übereintragen, Einswerden und Eintracht kennzeichnen das Beschließen – § 347. Solange sich Widerspruch hören läßt, ist nichts beschlossen – § 348. Wegen nachträglichen Widerspruchs verbleiben viele Eintrachten im Stadium von Beschlußentwürfen mit ungewisser Rechtsgeltung – § 349. Einträchtliches Beschließen setzt als einungsrechtliche Verfahrensnorm die Folgepflicht der Minderheit voraus – § 350. Die Folgepflicht und ihre verfahrensrechtliche Funktion in den Beratungen der Ratssendeboten

3.4.5. Rechtskraft durch Publikation. § 351. Die Rezesse bedürfen der Publikation seitens der Einzelstädte. Daher werden sie nicht versiegelt – § 352. Erst die Publikation seitens des gemeinen Kaufmanns oder der Einzelstädte läßt die Rezesse zur Rechtskraft erwachsen – § 353. Die Publikation erfolgt in den Burspraken der Einzelstädte – § 354. Sie muß unterbleiben, wenn sie der Stadt schädlich ist. Beschlüsse der preußischen Städte hierzu – § 355. Handelt eine Stadt unredlich, wenn sie die Publikation verweigert? – § 356. Das Publikationsverfahren hat die schädliche Folge, daß die Rezesse von manchen Städten eingehalten werden und von anderen nicht – § 357. Rezesse über Tohopesaten bedürfen sogar der einzelstädtischen Beurkundung, um rechtskräftig zu werden

Viertes Kapitel
Hansische Verfassung und deutsches Einungsrecht

4.1. Vollmächtigkeit der Ratssendeboten

§ 358. Vollmächtigkeit der Ratssendeboten ist eine Eigenschaft der Personen, die keine Scheidung von Form und Inhalt zuläßt – § 359. Grundzüge des hansischen Einungsrechts: Gesamthand, Rechtssubjektivität und Folgepflicht der Genossen, Identität der Einzel- und Sonderwillen mit dem Gemeinwillen, beschließende Eintracht – § 360. Die gemeinrechtliche Vollmacht verwirft das Retraktrecht, der einungsrechtlichen Vollmächtigkeit ist es eingeboren

4.2. Mit der deutschen Hanse vergleichbare Einungen

§ 361. Die hansische Verfassung war in einem allgemeinen deutschen Recht der Einung und Eintracht begründet, auch wenn sich niemand dessen bewußt war. Vergleichende Untersuchungen sind daher schwierig – § 362. Die Institution der Eintracht als Merkmal der italienischen Stadtgemeinde und der deutschen Königswahl – § 363. Die Rechtsgrundlagen der deutschen Königswahl dürften im Einungsrecht aufzufinden sein – § 364. Die Genossenschaft der zur Kur versammelten Fürsten war identisch mit der Reichsgemeinde – § 365. Die in sich mehrfach gestufte und partikulierte Reichsgemeinde begründet durch Identität der Willen die Vollmächtigkeit der Kurversammlung – § 366. Alle Regeln für die Willensbildung zielen auf Eintracht: Verbot der Einzel- und der bedingten Kur, Folgepflicht, Konsens des Volkes

§ 367. Als Verbindung nutzungsberechtigter Personen mit Gesamteigentum an nutzbaren Rechten gleicht die Hanse den interkommunalen Markgenossenschaften – § 368. Auch die Identität der Landstände mit den Ländern ist einungsrechtlichen Ursprungs – § 369. Ermächtigung von Richtern und Schöffen seitens der Dinggenossenschaften durch duldende Annehmung – § 370. Das Reich ermächtigt den gekorenen König, indem es ihn auf dem Karlsthrone sitzen läßt

4.3. Das Schweigen der Quellen

§ 371. Zwei Gründe erklären, warum die Quellen über das rechtliche Wesen der Einung schweigen: die Mündlichkeit des profanen öffentlichen Lebens – § 372. und die mystifizierende Macht der theologischen Spekulation über die Deutung von Geschichte, Recht und Herrschaft – § 373. Gang der Spekulation in Deutschland während des hansischen Zeitalters

4.4. Verfassungsbildende Kräfte des Einungsrechts

§ 374. Die hansische Einung vergleichbar mit anderen einungsrechtlich verfaßten Untertanenverbänden – § 375. Die verfassungsbildenden Kräfte des Einungsrechtes belebten nicht nur die deutsche Hanse, sondern brachten in der Schweiz und den Niederlanden auch mächtige Staatswesen hervor – § 376. Auch die polnische Adelsrepublik beruhte auf Eintracht partikularer Landesgemeinden – § 377. Aber hinsichtlich ihrer staatspolitischen Brauchbarkeit waren die einungsrechtlichen Verbandsformen der Repräsentativverfassung unterlegen – § 378. Werner Näf über den Gegensatz zwischen Monarchie und Genossenschafts- oder Gemeindestaat in der europäischen Verfassungsgeschichte – § 379. Schluß

Verzeichnis der in den Anmerkungen verwendeten Abkürzungen

Abh.	=	Abhandlung(en)
Abt.	=	Abteilung
Anm.	=	Anmerkung(en)
Art.	=	Artikel
Aufl.	=	Auflage
bearb.	=	bearbeitet
blz.	=	Seite
Bm.	=	Bürgermeister
FS	=	Festschrift
G.	=	Geschichte, Geschichts-, -geschichte
gesch.	=	geschichtlich(e, -en)
Hg., hg.	=	Herausgeber, herausgegeben
HGbll.	=	Hansische Geschichtsblätter
hist.	=	historisch(e, -en, -er)
HR I, II, III, IV	=	Hanserezesse I. Abt. Bd. 1–8, II. Abt. Bd. 1–7, III. Abt. Bd. 1–9, IV. Abt. Bd. 1–2, Leipzig/Weimar/Köln 1870–1970
HRG	=	Handwörterbuch zur deutschen RechtsG., hg. von A. Erler und E. Kaufmann, Bd. 1–5, Berlin 1971–1998
HUB	=	Hansisches UB, bearb. von K. Höhlbaum, K. Kunze, H.-G. von Rundstedt und W. Stein, Bd. 1–7, 1. Halbband, und 8–11, Halle/Leipzig/ Weimar 1876–1939
Jb., Jbb.	=	Jahrbuch, Jahrbücher
Jg.	=	Jahrgang
Jh.	=	Jahrhundert(s)
LG	=	LandesG.
LMA	=	Lexikon des MA, Bd. 1–9, München 1980–1998
MA	=	Mittelalter(s)
ma.lich	=	mittelalterlich
MGH	=	Monumenta Germaniae Historica
–, DF. I.	=	MGH, Die Urkunden der deutschen Könige und Kaiser, Bd. 10: Die Urkunden Friedrichs I., Teil 1–5, Hannover 1975–1990
–, DK. III.	=	MGH, Die Urkunden der deutschen Könige und Kaiser, Bd. 9: Die Urkunden Konrads III. und seines Sohnes Heinrich, Wien 1969
–, SS	=	MGH, Scriptores (in Folio), Bd. 1–30
–, SS. n. s.	=	MGH, Scriptores rerum Germanicarum, nova series, Bd. 1–14

–, SS. us. sch.	=	MGH, Scriptores rerum Germanicarum in usum scholarum separatim editi
n.	=	Nummer
NF	=	Neue Folge
pr.	=	Proömium
QDhG	=	Quellen und Darstellungen zur hansischen G.
Rm.	=	Ratmann(en)
Rsn.	=	Ratssendeboten
S.	=	Seite
Sn.	=	Sendeboten
S. o. (u.)	=	Siehe oben (unten)
Sp.	=	Spalte
T.	=	Teil
UB	=	Urkundenbuch
Veröff.	=	Veröffentlichung(en)
verz.	=	verzeichnet
VStAHambg	=	Veröffentlichungen aus dem Staatsarchiv der Freien und Hansestadt Hamburg
VSWG	=	Vierteljahrschrift für Sozial- und WirtschaftsG.
WestfF	=	Westfälische Forschungen
Z. B.	=	Zum Beispiel
ZfG	=	Zs. für Geschichtswissenschaft
ZRGG	=	Zs. der Savigny-Stiftung für RechtsG., Germanistische Abt.
Zs.	=	Zeitschrift

Erstes Kapitel
Die hansische Einung und die Identität der Teilverbände

1.1. Ein Rechtsstreit zwischen England und der deutschen Hanse aus dem Jahre 1449

§ 1. Im Jahre 1449, in den letzten Tagen des Monats März, ereignete sich auf dem Rathause zu Lübeck ein diplomatischer Zwischenfall von so ungewöhnlicher Dramatik, daß es nicht leicht sein wird, dazu ein Seitenstück in der langen Geschichte hansischer Diplomatie zu finden. Seit Jahrhunderten hatten Sprecher deutscher Kaufleute und Ratssendeboten von den Hansestädten mit dem König von England über handelspolitische Fragen verhandelt, doch war dies bis dahin stets in England oder auf neutralem Boden in Flandern geschehen; jetzt aber waren zum ersten Male Sendeboten des englischen Königs nach Lübeck gekommen, in die Hauptstadt der deutschen Hanse, und gewiß durften sie erwarten, an dieser Stelle neue und tiefe Einblicke in den Machtapparat ihrer deutschen Kontrahenten zu erhalten. Anlaß zu ihrem Besuch bot eine nun schon zwölf Jahre alte Streitfrage, deren Ursprung den Engländern wohl immer unverständlich geblieben war. Es ging dabei um den maßgeblich vom Danziger Bürgermeister Heinrich Vorrat im Namen der deutschen Hanse ausgehandelten Vertrag vom 22. März 1437[1], der in allen Hansestädten Anerkennung gefunden hatte, nur ausgerechnet in Danzig und den preußischen Städten nicht, da die unvorsichtige Abfassung einzelner Artikel die Engländer dazu veranlaßt hatte, bezüglich ihrer Handelsfreiheit in Preußen Forderungen aufzustellen, deren Berechtigung Hochmeister Paul von Rusdorf und seine Städte nicht zugestehen konnten. Wie aber sollten die Engländer verstehen, daß die daraus zwischen Preußen und England resultierenden Streitigkeiten für die Hanse insgesamt die Gültigkeit des Vertrages nicht in Frage stellten, geschweige denn ihn vernichteten? Erst als König Heinrich VI. von England unter dem Druck des Parlaments und der auf Gegenseitigkeit der ausgemachten Freiheiten drängenden englischen Kaufleute die Privilegien der Deutschen in England mit Wirkung vom 11. November 1442 an für solange aufgehoben hatte, bis den englischen Beschwerden über Danzig abgeholfen sei[2], erst da fühlte sich die hansische Einung als Ganzes von dem Streite in Mitleidenschaft gezogen und genötigt, ihrerseits mit England zu verhandeln.

---

1 HR II 2 n. 84. Stuart JENKS, England, die Hanse und Preußen. Handel und Diplomatie 1377–1474, Teil I–III (QDhG NF Bd. 38), Köln 1992, II S. 594–618.
2 JENKS (1992, wie Anm. 1) II S. 647. Die Maßnahme wurde am 26. Febr. 1443 wieder aufgehoben, jedoch zum 29. Sept. 1447 erneut angedroht, ebenda S. 650.

§ 2. Die Vorgeschichte des hansisch-englischen Vertrages vom 22. März 1437 hatte damit begonnen, daß König Heinrich VI. am 14. Februar 1435 fünf namentlich genannte Männer dazu ermächtigte, mit den Gesandten des Hochmeisters von Preußen und der Hansestädte zu Brügge in Flandern oder an einem anderen geeigneten Orte über alle Anliegen, Willensäußerungen und Wünsche (petitiones, voluntates et desideria) hinsichtlich der früher zwischen beiden Teilen eingegangenen Verträge zu verhandeln und über alle einander gegenseitig zugefügten Schäden, Beraubungen und Beeinträchtigungen abzuschließen[3]. In der Vollmacht zum Abschließen war sinngemäß die Verpflichtung des Königs enthalten[4], das von seinen Gesandten Bewilligte auch für seine Person als bindend anzuerkennen. Seine Regierung war, um eine solche Verpflichtung eingehen zu können, gezwungen, ihren Willen betreffend die Verhandlungsziele bereits im voraus festzulegen und die Gesandten nicht nur über diese Ziele, sondern auch über den verfügbaren Verhandlungsspielraum genau zu instruieren; die formal unbeschränkte Vollmacht setzte eine sorgfältige inhaltliche Begrenzung des Gewollten auf bestimmte Ziele und die exakte Unterweisung der Gesandten voraus, in die der König im voraus sein ganzes Vertrauen setzen, denen er in dieser Sache sein eigenes Schicksal überantworten mußte. Eine derart straffe und disziplinierte Willensbildung war den Deutschen nicht möglich. Schon damals hatten die Engländer ihnen vorgeworfen, ihre Ratssendeboten „seien weder jetzt noch demnächst hinreichend durch Prokuratorien, wie hierzu von Rechts wegen erforderlich, gegründet, um über die vorgelegten und noch vorzulegenden Punkte zu verhandeln, Einvernehmen herzustellen und abzuschließen" (non fore nequam esse sufficienter fundatos ad tractandum concordandum et concludendum super articulis propositis et proponendis per procuratoria ad hoc de iure requisita). Die Deutschen aber hatten notariell dagegen protestiert, daß sich die königlichen Gesandten aus diesem Grunde weigerten, in Verhandlungen mit ihnen einzutreten, und erklärt, daß für daraus etwa entstehende Schäden nicht die Hansestädte, sondern die Engländer verantwortlich seien[5].

§ 3. Der Begriff des Prokuratoriums, den die englische Kanzlei auf die geforderte unbeschränkte Vollmacht anwandte, weist auf die Herkunft des Formulars und der Sache aus dem Gerichtsverfahren der Kirchengerichte und dem kanonischen Rechte hin[6], dessen Regeln von den Rechtsgelehrten der

---

3   HR II 1 n. 429. JENKS (1992, wie Anm. 1) II S. 590.
4   Möglicherweise ist die Verpflichtung sogar ausdrücklich in den Text aufgenommen worden. Die Herausgeber der HR, die den hier erörterten Problemen keine Bedeutung beimaßen, haben die Vollmachten in der Regel lediglich regestiert, nicht aber im Wortlaut abgedruckt.
5   HR II 1 n. 431: Brügge, 11. Mai 1435.
6   Zur Ausbildung der Rechts- und Schriftform des Prokuratoriums an der römischen Kurie im 13. Jh.: Peter HERDE, Beiträge zum päpstlichen Kanzlei- und Urkundenwesen im 13. Jh. (Münchener hist. Studien, Abt. gesch. Hilfswissenschaften, Bd. 1), Kallmünz/Opf. ²1967, S. 125ff.

Universitäten ausgearbeitet und in Westeuropa längst auch von den höheren weltlichen Gerichten rezipiert worden waren, da dort kein Richter mehr bereit war, Klagen zur Entscheidung anzunehmen, wenn sich die Parteien und ihre Repräsentanten nicht im voraus seinem Endurteil unterwarfen und somit darauf verzichteten, die Annahme des Urteils davon abhängig zu machen, ob es ihren Erwartungen entsprach oder nicht (das Verfahren der Volks- und Schöffengerichte bedurfte derartiger Parteivollmachten nicht, da es keine Vertretung im Prozeß zuließ und da seine Urteile lediglich Verfahrensurteile waren, sofern das Verfahren bereits mit einem Urteil über die Beweislasten endete, dessen Erfüllung außerhalb des Gerichtes und ursprünglich ohne richterlichen Zwang, nämlich allein auf Grund von Parteigelöbnissen, vor sich ging[7]). Die formal unbeschränkte Vollmacht (plenaria potestas) des gelehrten Rechts, deren jeder Parteivertreter (procurator) von Seiten seines Mandanten in schriftlicher Form bedurfte (litterae procuratoriae), war aber in Süd- und Westeuropa längst aus dem Verfahrensrecht der Gerichte sowohl in den diplomatischen Verkehr zwischen Königen und Fürsten als auch in den Geschäftsgang der Parlamente übernommen worden, wo sich die Vertreter geistlicher Kollegien oder weltlicher Kommunen mittels ihrer als wahre Repräsentanten dieser Körperschaften ausweisen mußten[8]. In Deutschland dagegen bedienten sich weltliche Gemeinden solcher Vollmachten immer noch lediglich im Verkehr mit den Gerichtshöfen der Kirche und der römischen Kurie, während im weltlichen öffentlichen Leben noch kein König oder Fürst die Macht errungen hatte, die dazugehörte, um den Untertanen dergleichen Zusagen einer vorauseilenden Unterwerfung unter einen noch gar nicht formulierten Willen abzunötigen.

§ 4. König Heinrich VI. und die englische Königskanzlei folgten also einem in ihrem diplomatischen Dienst bewährten Muster, als sie am 17. Dezember 1435 den königlichen Gesandten für die nächste Verhandlungsrunde abermals mit einer unbeschränkten prokuratorischen Vollmacht versahen[9]. Dagegen fügte sich der Hochmeister Paul von Rusdorf nunmehr dem äußeren englischen Druck, als er am 14. Februar 1436 drei genannte Sendeboten nicht nur dazu ermächtigte, mit den in gleicher Weise bevollmächtigten Gesandten des Königs in Brügge oder an einem anderen geeigneten Orte über die Beilegung der (genauer spezifizierten) Streitigkeiten zwischen England, dem Deutschen Orden und den Hansestädten zu verhandeln und abzuschließen, sondern diese Vollmacht auch noch um die ausdrückliche Zusage erweiterte, er werde jede von seinen Sendeboten getroffene Abmachung gewissen-

---

7 Jürgen WEITZEL, Gerichtsverfahren, III: Germanisches und deutsches Recht, in: LMA 4 (1989) Sp. 1333–1335.
8 Gaines POST, Plena potestas and consent in medieval assemblies, in: Traditio 1 (1943) S. 355–408.
9 HR II 1 n. 558. JENKS (1992, wie Anm. 1) II S. 595

haft einhalten[10]. Mit diesem Versprechen erfüllte er die entscheidende Bedingung, unter der die Engländer seinen Machtbrief als Prokuratorium anerkennen konnten. Offensichtlich aber beherrschten er und seine Berater die dazugehörige diplomatische Technik nicht, obwohl er am 1. September 1436 noch einmal den als Gesandten nach England bestimmten Heinrich Vorrat mit dem Versprechen bevollmächtigte, er werde jedes von Vorrat getroffene Abkommen unverbrüchlich einhalten[11]. Denn der preußischen Gesandtschaft, die er, nachdem Vorrat verstorben war, im Mai 1447 nach England schickte, gab er in geheimer Instruktion folgenden Auftrag: Zu dem Begehren des Königs, er, der Hochmeister, möge das von Vorrat „als einem Sendeboten des Herrn Hochmeisters" im Jahre 1437 ausgehandelte Abkommen besiegeln, da er ja zugesagt habe, daß es eingehalten und ausgeführt werde, sei der englischen Regierung zu erklären, „daß Heinrich Vorrat, dem Gott gnade, die gesamte Abmachung zu beschließen und anzunehmen nicht Vollmacht gehabt habe, da das sein Machtbrief nicht ausweist und enthält," denn in Vorrats Machtbrief vom 14. Februar 1436 sei nicht ausdrücklich gesagt, daß der Gesandte irgendjemandem besondere Freiheit geben durfte, welche die Rechte und Herrlichkeit des Hochmeisters und des Deutschen Ordens oder auch ihrer Untertanen Freiheit berührte; der König und seine Räte wüßten gewiß selbst, daß in gewöhnlichen Prokuratorien oder Machtbriefen derartige Besonderheiten, soweit sie nicht ausdrücklich genannt wären, nicht mit inbegriffen seien, was doch den Rechtskundigen sehr wohl offenbar wäre; der König selbst müsse anerkennen, daß Herren und Fürsten, die solche Machtboten aussandten, in große Gefahr geraten würden, falls Machtboten durch allgemeine Klauseln und Machtbriefe die Befugnis erlangen sollten, nicht ausgedrückte Besonderheiten zu bewilligen[12]. Es war dem Hochmeister offensichtlich nicht bewußt, daß er sich, indem er nachträglich einen so schwerwiegenden Vorbehalt gegen die von ihm selbst erteilte Vollmacht offenbarte, dem Verdacht vorsätzlicher und somit arglistiger Verschweigung erheblicher Rechtstatsachen aussetzte, zumindest aber einräumte, daß er die diplomatische Technik des Verhandelns durch uneingeschränkt vollmächtige Gesandte nicht sicher zu handhaben verstand, denn zum Beweise seiner Argumentation, daß Vorrat die behauptete Spezialvollmacht nicht besessen habe, stattete er die Gesandten in aller Naivität mit Abschriften jener Vollmacht vom 14. Februar 1436 aus[13]!

---

10 HR II 1 n. 511. Welcherart Vollmacht oder Beglaubigung die Hansestädte den Sendeboten mit auf den Weg gaben, ist nicht bekannt.
11 HR II 2 n. 17, dazu die Instruktion für Vorrat vom 30. Juli 1436, ebenda n. 16. JENKS (1992, wie Anm. 1) II S. 596f.
12 HR II 7 n. 486 §§ 5–6. Wider das vom Hochmeister angeführte Argument konnte das Formular des Prokuratoriums um die Klausel ‚etiam si mandatum exigat speciale' erweitert werden. S. u., § 70 Anm. 171.
13 HUB 7, 1 n. 164, s. o., Anm. 10. JENKS (1992, wie Anm. 1) II S. 661.

§ 5. Nachdem der Hochmeister von Preußen, indem er dem von Heinrich Vorrat ausgehandelten Vertrag von 1437 die Anerkennung und Besiegelung verweigerte, seinen eigenen bevollmächtigten Vertreter rundherum desavouiert hatte, lag es auf der Hand, daß sich König Heinrich VI. im Jahre 1449 vor der Wiederholung einer solchen Farce schützen wollte und von den deutschen Sendeboten nunmehr eine prokuratorische Vollmacht verlangte, darin ihm die Mandanten im voraus die Verbindlichkeit der etwa erreichten Abmachungen zusagten. Es kann uns daher nicht verwundern, wohl aber über die Gegensätzlichkeit der beiderseitigen Rechtsanschauungen belehren, wenn wir lesen, daß sich König Heinrich VI. am 2. Dezember 1447 in deutlich tadelndem Tone bei dem Hochmeister Konrad von Erlichshausen darüber beschwerte, daß dieser seine Gesandten nach England geschickt hatte, ohne sie verbindlich zum Abschluß eines Vertrages mit ihm zu ermächtigen; vielmehr hatten die Sendeboten lediglich die beschränkte Vollmacht erhalten, englische Zusagen unter Vorbehalt der hochmeisterlichen Billigung entgegenzunehmen und ihrem Mandanten zu referieren[14]. Die englische Empörung über dieses Verhalten ging so weit, daß der Kanzler des Königs es für richtig hielt, den Hochmeister förmlich über das im diplomatischen Verkehr Gebotene zu belehren: Er befahl dem Deutschen Kaufmann zu London, dem Hochmeister schriftlich mitzuteilen, wie die Vollmacht von Wort zu Wort zu lauten habe, um in England für ernst genommen zu werden, und diesen Befehl führte der Deutsche Kaufmann am 6. September 1448 auch aus[15].

Nun schalteten sich die Lübecker in den Gang der Dinge ein. Sie schrieben eine Tagfahrt der Städte auf den 1. März 1449 nach Lübeck aus, auf der man mit englischen Gesandten verhandeln wollte. Der Hochmeister sah sich dadurch in solche Verlegenheit versetzt, daß er seine Sendeboten nicht nur mit Verspätung entsandte, sondern sie auch mit zweierlei Vollmachten ausstattete. Zuerst sollten sie versuchen, mit einem sogenannten Kredenzbrief ins Geschäft zu kommen, wie er im innerdeutschen diplomatischen Verkehr üblich war, einer bloßen Beglaubigung der Sendeboten ohne die von den Engländern geforderte Verbindlichkeit. Erst wenn sich diese, wie vorauszusehen war, darauf nicht einließen, durften sie von der zweiten Vollmacht Gebrauch machen, die die verlangte Zusage enthielt. Nicht in diesem den Engländern mitzuteilenden Schriftstück, sondern in einer geheimen Instruktion verpflichtete der Hochmeister schließlich seine Sendeboten dazu, zwar über alles mit den Engländern abzuschließen, jedoch dem Deutschen Orden dabei stets seine und seiner Untertanen Privilegien und Freiheiten vorzubehalten[16] – offensichtlich wohl wissend, daß er damit die zuvor erteilte unbeschränkte Vollmacht wieder völlig entwertete, aber nicht ahnend, daß man ihm dies als Arglist auslegen könnte.

---

14 HR II 3 n. 479. JENKS (1992, wie Anm. 1) II S. 663.
15 HR II 3 n. 464. JENKS (1992, wie Anm. 1) II S. 664.
16 HR II 3 n. 488. JENKS (1992, wie Anm. 1) II S. 665f. mit Anm. 28.

§ 6. Die englischen Gesandten, Herr Robertus Schotzbrock, Ritter, und Richardus Canton, Doktor in beiden Rechten, waren schon am 23. Oktober 1448 in Bremen eingetroffen und verweilten, nachdem sie Dänemark besucht, wohl seit dem Ende des Jahres in Lübeck. Dort wurden sie nun Zeugen davon, wie zunächst die Kölner ihre Teilnahme an der Tagfahrt absagten, wie alsdann der Hochmeister die Verzögerung seiner Gesandtschaft ankündigte und wie schließlich die Ratssendeboten der wendischen Städte zwar pünktlich zum 1. März in Lübeck erschienen, alsbald aber wegen des Ausbleibens der Preußen wieder heimreisten, um die unnützen Zehrungskosten zu sparen; allerdings hatten sie den Lübeckern versprochen wiederzukommen, sobald man sie vom Eintreffen der Preußen benachrichtigte. Als die Lübecker endlich am 20. März diese Nachricht absenden konnten, fügten sie ihr hinzu, daß die englischen Gesandten über den ohne ihr Vorwissen erfolgten Abzug der Ratssendeboten heftig erzürnt waren und ihn als einen ihrem Mandanten, dem Könige von England, zugefügten Schimpf betrachteten[17]. Die preußischen Gesandten, die zweifellos Zeugen der englischen Äußerungen geworden waren, berichteten später ihrem Herrn, dem Hochmeister, wie die Engländer den Lübeckern mit zornigen Worten vorgeworfen hätten, „sie könnten wohl bemerken, daß man Spötterei mit dem Herrn Könige und mit seinen Sendeboten hielte, und viel mehr Worte, die da fielen", als man zu Papier bringen könne. Nur mit Mühe ließen sich die erbosten Engländer erweichen, noch acht Tage auf die Rückkehr der Ratssendeboten zu warten, aber sofort und noch vor Beginn der Verhandlungen verlangten sie zu erfahren, wer „alle diejenigen" wären, die die Lübecker geladen hätten, „und alle Städte, die in die Hanse gehörten". Darüber hinaus sollten alle die Tagfahrt besendenden Städte „volle Macht mit sich bringen gleich der, die sie hätten, und was sie aushandeln würden, ... daß das von Macht der ganzen Hanse wäre"[18]. Sie forderten also, um vor weiterer Verhöhnung seitens der Deutschen geschützt zu sein, von den hansischen Unterhändlern unbeschränkte Vollmachten in gemeinrechtlich-westeuropäischen Formen, deren Ausstellung jedoch der Deutschen Hanse ihrer ganzen Verfassung nach unmöglich war. Der sichtlich erschrockene Rat von Lübeck wußte darauf nichts anderes zu antworten, als daß er binnen acht Tagen zusammen mit den anderen Städten eine gemeinsame Antwort erteilen werde.

§ 7. Als endlich die Verhandlungen mit vierwöchiger Verspätung am 28. März 1449 offiziell beginnen konnten[19], waren in Lübeck von hansischer Seite versammelt die gemeinsamen Sendeboten des Hochmeisters und der preu-

---

17 HR II 3 n. 498.
18 HR II 3 n. 504: Preußischer Bericht über die Verhandlungen zu Lübeck, 14. März bis 8. April 1449, § 1.
19 Das folgende nach dem preußischen Bericht (wie Anm. 18), §§ 2, 3, 8–10, und dem damit übereinstimmenden, aber wesentlich kürzeren lübischen Bericht HR II 3 n. 503.

ßischen Städte, der Rat von Lübeck und die Ratssendeboten von Hamburg, Wismar, Rostock und Stralsund. Wenigstens der Hochmeister hatte, um in der Frage der Vollmacht den Engländern einen Sachverständigen entgegenzustellen, seiner Gesandtschaft einen Rechtsgelehrten beigegeben, nämlich den Ordensherrn und Pfarrer von Thorn Dr. Johannes Ast. Die englischen Sendeboten eröffneten die Diskussion, indem sie „auf ihre Kommission und Machtbrief hin" begehrten, daß die Deutschen sich zur Einhaltung des Vertrages von 1437 verpflichteten. Daran knüpften sie die Frage, ob die Städte zu der Tagfahrt „gekommen wären in voller Macht von der gemeinen Hanse und für diese auf ihren Befehl und Werbung antworten wollten". Hierauf entgegneten die Deutschen, sie wollten die englische Werbung gerne hören, „aber darauf zu antworten als von der ganzen Hanse wegen, möchten sie anmerken, daß sie das nicht tun könnten, bevor sie nicht ihre (der Engländer) Werbung und Befehl gehört hätten". Die englischen Sendeboten berieten sich untereinander über diese in der Tat erstaunliche und nicht leicht verständliche Einlassung. Schließlich erklärten sie sich bereit, darauf einzugehen: Sie „sagten, sie wollten sitzen bleiben und nicht entweichen, denn es dünkte sie eine Erniedrigung für ihren Herrn, den König, zu sein, daß sie von den Städten entweichen sollten, anstatt daß die Städte vor ihnen entwichen" und damit den Kampfplatz räumten. Die Deutschen waren offenbar überrascht von dieser Härte des englischen Standpunktes und unfähig oder unwillig, die dahinterstehenden Rechtsgedanken zu erfassen, denn sie wußten darauf lediglich zu erwidern: „Es wäre geschehen, daß der irdische Vater, der Papst, und der Römische König und viele andere große Könige und Herren da (bei ihnen) ihre würdigen Sendeboten gehabt hätten, die dergleichen nicht von ihnen begehrten, und sie dünkte, daß es auch ihrem Herrn, dem Könige, nicht zu Erniedrigung und Schmach gereiche".

So war ein in höchstem Grade unerfreuliches Verhandlungsklima entstanden. Dies aber stellt uns vor die Frage, warum so hocherfahrene Diplomaten wie die Ratmannen von Lübeck, die hier als Gastgeber wirkten, solcher Mißstimmung nicht hatten vorbeugen können. Nachdem nun die Engländer ihre Werbung vorgetragen hatten, kamen sie auf die Kernfrage der Verbindlichkeit jener Zusagen zurück, die ihnen die Deutschen machen könnten. „Item wollten sie schriftlich erhalten alle die Städte, die zu dieser erwähnten Tagfahrt geladen waren, und wer die Städte wären, die zur Tagfahrt gekommen waren, und wer die Städte wären, die sich entschuldigt hatten, und das wollten sie wissen, ehe sie weiter verhandeln wollten." Stellt man sich vor, daß den beiden Gesandten eine geschlossene Gruppe von zwanzig bis dreißig Personen (elf auswärtigen Sendeboten und den Ratmannen von Lübeck) gegenübersaß, von denen ihnen bestenfalls die Lübecker Bürgermeister mit Namen bekannt waren, so sieht man ein, daß es für sie gar nicht zu durchschauen war, mit wem sie es zu tun hatten und was die Worte wert waren, die ihnen die Worthalter der Gruppe zu Gehör brachten. Dies mußten auch die Deutschen endlich einsehen. Nachdem sich die Lübecker hierüber gründlich mit den Städten beraten hatten, entschloß man sich, den Engländern das gewünschte Verzeichnis zu übergeben, da sie ja ihrem Könige würden sagen müssen, mit wem sie verhandelt hätten; nur das verlangte man, und die Engländer sagten es auch zu, daß dieses Verzeichnis den ausgebliebenen Städten nicht zum Nachteil ausgelegt werden sollte.

§ 8. Aber damit war für die englischen Sendeboten nur erst eine Vorfrage beantwortet, noch nicht jedoch das Problem der Verbindlichkeit hansischer Zusagen gelöst. Erneut forderten sie Auskunft darüber, „wieviele und wer diejenigen von den Städten wären, die in die Hanse gehörten", und daß man ihnen, wenn man diese nicht alle benennen wolle, wenigstens die Herrschaften mitteilte, denen die in England verkehrenden Kaufleute unterstünden. Vor allem aber wollten sie wissen, „ob die hier gegenwärtigen Städte auch vollkommene Machtbriefe von ihren Räten hätten, um mit ihnen zu verhandeln. Darauf wurde geantwortet: Nein, es wäre eine Gewohnheit bei den Hansestädten, daß man ihren Sendeboten mündlich Vollmacht gebe, zu den Städten (gemeint sind deren Tagfahrten) zu kommen und mit den Hansestädten zu verhandeln." Die Engländer waren bereit, sich mit dieser Auskunft zufriedenzugeben, fürchteten aber offenbar, dafür in London im Rate ihres Königs weder Glauben noch Verständnis zu finden. Daher erwiderten sie: „Nachdem sie (die hansischen Unterhändler) von der ganzen Hanse wegen keine Vollmacht hätten und sich diese (auch) nicht beilegen wollten, so solle man dieses in ein (notarielles) Instrument dieser Verhandlung setzen," dessen sie sich gegenüber ihrem Mandanten als Zeugnisses bedienen könnten; da ihnen „die Städte sagten, daß man es zwischen den Städten nicht so zu halten pflegte, wenn sie zusammenkämen, irgendwelche Machtbriefe mitzubringen, sondern lediglich das in einen Rezeß zu setzen, darum dünkte es sie möglich zu sein, daß man in ein Instrument setzen sollte, daß sie diese Gewohnheit hätten." Wiederum glaubt man zwischen den Zeilen zu lesen, wie sehr sich die Deutschen durch diese Forderung bedroht fühlten, mutete man ihnen doch zu, über die ungeschriebene Verfassung der Deutschen Hanse, die sie sich als ganzes wohl gar nicht vorstellen konnten, in aller Eile eine Erklärung abzugeben, deren Tragweite sie nicht zu ermessen vermochten, auch wenn sie von der Richtigkeit des Inhaltes überzeugt waren. So lehnten sie die notarielle Beglaubigung ihrer Aussage rundheraus ab und forderten, daß man endlich in Verhandlungen zur Sache eintrete oder allenfalls eine weitere Tagfahrt anberaume, zu der die englischen Sendeboten neue, den hansischen Standpunkt berücksichtigende Befehle ihres Königs einholen könnten.

§ 9. Mit dieser Erklärung hatten die Hansischen den bedrohlichen Zumutungen von englischer Seite eine ebenso krasse eigene Provokation entgegengesetzt, und die königlichen Gesandten reagierten darauf mit erschreckender Härte. Eine weitere Tagfahrt hielten sie nur dann für angebracht, wenn die jetzt anwesenden Städte versichern könnten, daß zu ihr die diesmal Ausgebliebenen nicht nur erscheinen, sondern auch mit hinreichender Vollmacht versehen sein würden; sie hätten hier zu Lübeck mit großen Kosten lange

Zeit verweilt, ohne daß Sendeboten mit einer der ihrigen gleichwertigen Vollmacht erschienen, und also wären sie betrogen. Diesen Vorwurf wiesen wiederum die Lübecker und die Städte mit Empörung zurück. „In harten Worten sagten sie dawider, daß sie niemanden betrogen hätten und auch ungern jemanden betrügen sollten, sie wüßten ihnen keinen Dank (dafür), daß sie ihnen solches beilegten." Sie, die Lübecker, hätten nach Begehren der Engländer getan und die Städte schriftlich geladen, „und nun sie nicht gekommen sind, was sollten sie darum tun? Sie wären ihre Herren nicht, so daß sie über sie zu gebieten (to beiden) hätten, gleich wie der König und andere Herren über ihre Untersassen (zu gebieten) hätten. Von diesen Worten fielen von beiden Seiten viele größere Worte, und auch mit unserem Doktor gegen den englischen Doktor, doch es wurde am Ende in Freundschaft beigelegt." Nachdem sich auch die Kenner des gelehrten Rechts und seiner Auffassungen von Körperschaft und Prokuration auf beiden Seiten ins Zeug gelegt hatten, gelang es, einen Eclat zu vermeiden und den Weg zu weiteren Verhandlungen in Freundschaft, was gewiß nicht mehr heißen soll als mit knapper Not, offenzuhalten. Als man sich am 4. April endlich trennte, vermerkte der Rezeß in einer wenig Gutes verheißenden Weise, auf der zum 24. Juni 1451 in Deventer angesetzten Tagfahrt werde der König von England mit dem Hochmeister nur dann verhandeln, wenn dessen Sendeboten „volle Macht unter dem Ingesiegel des (Deutschen) Ordens" vorlegten, worauf die preußischen Gesandten und Städte erklärten, sie könnten ihren Mandanten, den Hochmeister, durch eine entsprechende Zusage nicht verpflichten, sondern ihm lediglich berichten, und was dem Hochmeister dann zu tun oder zu lassen beliebte, das sollte er dem Rate zu Lübeck (als Worthalter der hansischen Einung) schriftlich mitteilen[20]. Noch einmal gaben sie damit zu Protokoll, daß ihr Herr nicht die von den Engländern begehrte unbeschränkte Vollmacht erteilt hatte noch sie erteilen könne, sondern lediglich die spezielle Befugnis, englische Forderungen zum Bericht (ad referendum) entgegenzunehmen.

§ 10. Wie es scheint, war selbst den Lübeckern, die ihrerseits den Vertrag von 1437 längst besiegelt hatten, nicht recht verständlich, warum sich der Hochmeister und die preußischen Sendeboten dem englischen Begehren verweigerten, dasselbe zu tun. Jedenfalls hatten sie, nachdem die königlichen Gesandten das Rathaus verlassen hatten, bei den preußischen Sendeboten nachgefragt, welche Antwort darauf zu geben sei, und erfahren, daß der Hochmeister den Engländern keine Privilegien zugestehen könne, daß er dieses jedoch tun müsse, falls er den Vertrag besiegele und die Engländer alsdann, darauf gestützt, die Einhaltung des Vertrages bei ihm und seinem Rate einklagen würden; es sei jedoch zur Zeit gar nicht nötig, eine Antwort zu geben, da die Sache ja neu verhandelt werden sollte. Den Engländern hatten die

---

20 HR II 3 n. 505: Rezeß zu Lübeck 4. April 1449, § 3.

Lübecker danach, in Abwesenheit der preußischen Städte, ausweichend mitgeteilt, sie würden, sobald die Engländer den Vertrag wirklich einhielten und die hansischen Beschwerden abstellten, auch ihrerseits für die Einhaltung sorgen, soweit dies in ihrer Macht stünde[21]. Viel freilich stand nicht in ihrer Macht, da sie ja nicht die Herren der Preußen waren. So ist es kein Wunder, daß König Heinrich VI. seine Räte am 23. September 1449 nur unter der Voraussetzung zu weiteren Verhandlungen mit Gesandten des Hochmeisters ermächtigte, daß diese „eine hinreichende Vollmacht für ihn selbst und seine Untertanen sowohl aus Preußen wie aus den genannten Ländern, die man die gemeine Hanse nennt", vorlegen würden (sufficientem potestatem pro se et subditis suis tam de Prucia quam de dictis patriis vocatis la mesne hanse in hac parte habentibus[22]). Da sich aber bei der Tagfahrt zu Brügge am 2. November 1449 wiederum herausstellte, daß die Gesandten des Hochmeisters und der Städte keine Vollmacht besaßen, um etwas abzumachen und zu beschließen, sondern lediglich einen Auftrag zum Anhören und Berichten (potestatem non habeant ad appunctuandum et concludendum sed solummodo mandatum ad communicandum), konnte man über die beabsichtigte Tagfahrt in der Hauptsache, die im Juni 1450 stattfinden sollte, lediglich Unverbindliches verabreden: nicht kraft irgendeiner Autorität, die den Gesandten übertragen wäre, sondern lediglich auf Ratifikation und Billigung von Seiten des Königs, des Hochmeisters und der Städte hin, soweit es diesen beliebe (per viam advisamenti communicatum ut sequitur, non virtute alicujus auctoritatis eisdem commisse sed solummodo sub ratificatione et approbatione dicti serenissimi regis, magni magistri et civitatum, si et in quantum eis placeret[23]).

§ 11. Die königlichen Gesandten, die im nächsten Jahre, wiederum versehen mit einer unbeschränkten Vollmacht[24], von England nach Preußen reisen sollten, fielen Ende Juli oder Anfang August auf der Fahrt durch die dänischen Gewässer in die Hände lübeckischer Bergenfahrer, die von England Schadenersatz zu fordern hatten, daher von ihrem Repressalienrecht Gebrauch machten und die Gefangenen in den Gewahrsam ihrer Heimatstadt einlieferten. Die bald darauf, am 21. September 1450, in Lübeck versammelten Ratssendeboten rechneten daher damit, daß König Heinrich VI. nunmehr die auf den 15. Mai 1451 anberaumten Verhandlungen absagen werde. In diesem Falle sollten sich Ratssendeboten der Städte Lübeck, Köln, Bremen, Hamburg, der preußischen und livländischen Städte, Braunschweigs, Nimwegens und Kampens am 1. Juli 1451 in Lübeck versammeln, um über das weitere Vorgehen in den englischen Angelegenheiten zu beraten. Offensichtlich suchte man sich indessen in der Frage der Vollmachten den englischen

---

21 HR II 3 n. 504 §§ 5–7.
22 HR II 3 n. 561.
23 HR II 3 n. 563. S. u., § 46 mit Anm. 100.
24 HR II 3 n. 637 vom 28. Juni 1450: Original Pergament mit anhängendem Siegel im Stadtarchiv Lübeck.

Forderungen anzupassen, denn der Rezeß vermeldet, die genannten Städte sollten „auch volle Macht haben, hierin zu tun und zu beschließen, wie die Städte dessen eins geworden sind"[25]. Die Verhandlungen mit den gefangenen Engländern über die beiderseitigen Vollmachten scheinen das juristische Vermögen der Ratssendeboten überfordert zu haben; sie zogen es vor, damit „den Doktor von Köln", nämlich Meister Johann Frunt, Doktor im geistlichen Recht, geschworenen Rat und Sendeboten der Kölner, und dazu Meister Johann Herss, den lübeckischen Protonotar, zu beauftragen. „Item nach vieler Handlung, die die gemeinen Städte als von der Engländer wegen hatten, wurden sie zu Rate und wollten ein Konzept verrahmen, und das wurde dem Doktor von Köln und Meister Johann Herss befohlen. Item die zwei Doktor verrahmten ein Konzept und brachten es vor die Städte, da es die Städte verhörten; da dünkte die Städte gut," was die Experten des gemeinen Rechts entworfen hatten[26]. Am 4. Oktober 1450 fertigten der Rat von Lübeck und die in Lübeck versammelten Ratssendeboten der Hansestädte den Machtbrief aus. Soweit wir sehen, geschah es zum ersten Male, daß der Vorstand der Deutschen Hanse den Versuch machte, das im Rahmen der Verfassung des hansischen Verbundes nahezu unlösbare Problem seiner Vollmacht anzupacken. Die Aussteller bekundeten nämlich, daß sie den Sendeboten der genannten Städte zu der auf den 9. Mai 1451 angesagten Tagfahrt zu Utrecht unbeschränkte Vollmacht erteilt hätten, mit den genügend bevollmächtigten Gesandten des Königs von England über alle gegenseitigen Ansprüche und Beschwerden zu verhandeln, Ersatz für anerkannte Schäden zu fordern und zu gewähren und alles in der Sache Notwendige zu verfügen, auch wenn es Dinge wären, die eines ausführlicheren Mandates bedürften; der Text, dessen Sprachgebrauch sich eng an die auch in Deutschland im kanonischen Prozeß verwendeten Prokuratorien anlehnt, schließt mit dem Versprechen der Aussteller, jede von den Ratssendeboten getroffene Abmachung einzuhalten[27]. Den Städten war also durchaus bewußt, welches die entscheidende Bedingung war, die sie erfüllen mußten, wenn sie die Anerkennung dieser Urkunde als unbeschränkter Vollmacht von den Engländern erreichen wollten.

§ 12. Allerdings zeigt eine Denkschrift, die die Lübecker Tagfahrt am 16. Oktober 1450 beschloß und dem König von England zustellte, daß die Verfassung der Hanse diesem Bemühen, es den Engländern recht zu machen, doch sehr enge – und wie sich bald zeigen sollte, zu enge Grenzen setzte. Merkwürdig ist es zunächst, daß man glaubte, von den Engländern eine Anpassung ihrer Reichsverfassung an hansische oder deutsche Formen verlangen zu dürfen. Denn man wünschte, nicht nur mit dem Könige, sondern auch mit

---

25 HR II 3 n. 649 § 5.
26 Nach dem Bericht der preußischen Gesandten HR II 3 n. 653 §§ 7, 8.
27 HR II 3 n. 658. In der Rezeßhandschrift, die den Text überliefert, wird dieser ausdrücklich als procuratorium (ambasiatorum pro parte civitatum communium de hansa...) bezeichnet.

Sendeboten aus acht genannten englischen Städten in der Weise direkt zu verhandeln, daß diese Städte die von der Hanse geforderten Zusagen besiegeln, der König aber ihre Urkunde unter dem Majestätssiegel bestätigen und denen von Lübeck übersenden sollte[28]. Nun hatte zwar von den genannten Städten zumindest eine, nämlich Lynn, im Jahre 1435 im Gefolge der königlichen Gesandtschaft zwei eigene Sendeboten zu den Verhandlungen mit der Hanse nach Brügge geschickt und die Kosten dieser Reise ihren nach Norwegen und der Ostsee Handel treibenden Kaufleuten auferlegt[29], aber diesen Sendeboten hatte doch nur die Rolle von Beratern der königlichen Gesandten zufallen können, während die Hansestädte jetzt offenbar erwarteten, König Heinrich VI. werde jenen acht Städten den Status freier Reichs- oder Landstädte mit eigenem Gesandtschaftsrecht und einem Recht, seine Maßnahmen zu kontrollieren, zugestehen, wie es sie nur im Deutschen Reiche und im Ordensland Preußen gab[30]! Zwar hatte der König eine solche Forderung bereits abgelehnt, indessen die Ratssendeboten meinten gleichwohl, es werde die englisch-deutsche Freundschaft befestigen, wenn sich die englischen Städte selbst verbindlich machten. Denn wäre der König außer Landes oder anderweitig daran gehindert, den deutschen Kaufmann im Genuß seiner Privilegien zu beschützen, so hätte der Kaufmann doch die genannten, ihm gesetzten und verordneten Städte als Beschirmer seiner Freiheit. Eine Neuerung sei darin nicht zu erblicken, denn ebenso halte es der Herzog von Burgund mit dem Kaufmann zu Brügge in Flandern, welcher die vier Lede der Grafschaft unmittelbar verpflichtet habe[31], und gewiß würden sich noch alte Schriften finden, die es erwiesen, daß sich die von London und andere englische Städte in gleicher Weise gegenüber dem Kaufmanne verpflichtet hätten[32]. Mußten schon diese utopischen Erwartungen die Engländer verwirren, so wurde die Vollmacht der Städte vollends dadurch entwertet, daß nicht nur die Namen

---

28 HR II 3 n. 651 §§ 2–3.
29 HUB 7, 1 n.91. JENKS (1992, wie Anm. 1) S. 590 Anm. 11, S. 595 Anm. 29.
30 HUB 7, 1 n. 760: Der Hochmeister transsumiert und bestätigt den (am 6. Sept. 1441 von beiderseitigen Gesandten ausgefertigten) Vertrag zwischen Preußen und Holland, mitbesiegelt von Thorn, Elbing, Danzig und Reval, 27. Nov. 1441.
31 HR II 1 n. 510, 512: Hochmeister Paul von Rusdorf beglaubigt seine Sn. einerseits bei Herzog Philipp von Burgund und andererseits bei Gent, Brügge, Ypern, dem Freien sowie bei Holland, Seeland und Friesland, 14. Febr. 1436. – HR II 7 n. 479: Genannte Räte des Herzogs von Burgund an Rm. und Rsn. von Lübeck, Hamburg, Rostock, Stralsund und Wismar: Der Herzog habe den zu Kopenhagen abgeschlossenen Vertrag zwischen Holland und den Wendischen Städten bereits besiegelt, die Ausfertigung durch die holländ. und seeländ. Städte sei jedoch bisher aus genannten Gründen unterblieben, 23. Dez. 1444. – HR II 4 n. 12, 13: Sn. des Herzogs und der holländ. Städte tauschen mit den Deputierten des deutschen Kaufmanns zu Utrecht die Urkunden über die zweite Verlängerung des Vertrages aus, 21. Okt. 1451. S. u., § 33 Anm. 68, 69.
32 HR II 3 n. 651 § 8.

der Sendeboten darin nicht genannt waren – denn die Personen der Ratssendeboten zu bestimmen, war das ausschließliche Recht der einzelnen, mit der Entsendung beauftragten Städte –, sondern auch die Zahl dieser ermächtigten Städte nicht ersichtlich war, da die preußischen und livländischen Städte nur als Gruppen benannt waren, denen man die Bestimmung ihrer Worthalter natürlich nicht entziehen konnte. Zu all dem kam noch hinzu, daß die in Lübeck versammelten Ratssendeboten die aufgeführten Städte zwar bevollmächtigen, nicht aber beauftragen und zur Übernahme ihres Auftrages zwingen konnten, denn in der Instruktion heißt es, die Vollmacht vom 4. Oktober 1450 bezöge sich auf die darin genannten Städte zusammen oder auf diejenigen von ihnen, die wirklich nach Utrecht kommen und dort auf der Tagfahrt gegenwärtig sein würden. In der Tat sahen sich die Städte Braunschweig und Bremen nicht imstande, den Auftrag zu erfüllen[33].

§ 13. So kam es, wie es kommen mußte. Die Verhandlungen zu Utrecht[34] wurden am 28. Mai 1451 mit dem Austausch der „Machtbriefe und Prokuratorien" begonnen. „Des ward da zuerst gelesen ein gemeines Procuratorium von der Hansestädte wegen mit der Stadt Lübeck Insiegel besiegelt, darnach des Herrn Hochmeisters von seiner Herrschaft und Lande wegen, und zuletzt wurde des Herrn Königs von England Machtbrief auch verlesen." Man tauschte die Dokumente zu genauerer Prüfung untereinander aus, und als man sich drei Tage später wiedersah, erklärten die englischen Gesandten, „daß in dem Procuratorium der Hansestädte viel an Mängeln wäre und auch insgesamt nicht von Wert wäre; sie fragten insbesondere, wer und von welchen Städten ein jeder (Sendebote) wäre. Das wurde ihnen berichtet. So fanden sie, daß ein Oldermann des Deutschen Kaufmanns von London mitsamt Heinrich (ten Hove), des Kaufmanns Schreiber, dabeiwären, die doch in dem Procuratorium nicht ausgedrückt wären, daher sie denn nicht leiden wollten, daß die in den Sachen ständig dabeiwären, oder sie wollten ihren Oldermann ihres Kaufmanns, der zu Danzig verkehrte, auch bei sich haben. Darauf mußten nach mancherlei Rede und Widerrede der Oldermann und Hinricus hinausgehen."

Des weiteren wandten die englischen Gesandten gegen das Procuratorium der Hansestädte ein, daß die Mandanten und ihre Repräsentanten darin nicht eindeutig voneinander unterschieden würden: Es wären nämlich nicht „namentlich ausgedrückt diejenigen, die mächtig gemacht hatten, noch auch die mächtig gemacht wären, und sie wüßten auch nicht, wieviele Städte in die Hanse gehörten; darum wären sie im Zweifel, ob diejenigen, die zu Lübeck wären, wo der Machtbrief gegeben sei, mächtig wären, den zu geben; man müsse ihre Macht erst beweisen." Auch entbehre das Procuratorium der für die Ermächtigung zum verbindlichen Abschließen (componendi paciscendi transiendi etc. summarie et de plano sine strepitu, siehe unten, § 17) üblichen

---

33 HR II 3 n. 651 § 4, n. 709 § 30.
34 HR II 3 n. 705 §§ 5, 9–13.

Klausel, und schließlich heiße es darin einerseits, „daß sie sämtlich mächtig gemacht wären und nicht in solidum", andererseits aber, „daß die Städte von der Hanse geloben fest zu halten, was vermittelst ihrer vorgenannten Prokuratoren oder deren Mehrheit verhandelt werde, welche Reden sich widersprechend lauten sollten". Während die Engländer die hansische Gesandtschaft als Korporation ermächtigt sehen wollten, boten die Hansen deren einmütiges Handeln zu gesamter Hand an.

Allerdings machten auch die Deutschen Bedenken gegen das königliche Prokuratorium geltend: Die von ihnen benannten acht englischen Städte hätten keine Bevollmächtigten nach Utrecht entsandt, und da der König sein Versprechen zu halten, was die Prokuratoren aushandelten, mit der Klausel ‚soviel uns betrifft' versehen habe, sei zu befürchten, daß der Machtbrief ohne das Parlament gegeben und daher wertlos wäre, da das Parlament häufig mit dem Könige uneinig sei (den Ratssendeboten war natürlich bekannt, welch mächtigen Einfluß die von ihnen angesprochenen acht englischen Städte gerade in Fragen des Seehandels im Parlament zum Nachteil des Königs ausübten). Das Interesse auch der Engländer an einem Ergebnis der Verhandlungen war aber so groß, daß man nach mancherlei Rede und Widerrede gegenseitig alle Prokuratorien anerkannte und erst nach erfolgter Einigung in der Hauptsache darüber beraten wollte, wie es zu erreichen sei, daß die Vereinbarungen auch eingehalten würden. Die Engländer hatten damit auf den strengen diplomatischen Brauch verzichtet und sich um des politischen Erfolges willen dem hansischen Verhandlungsstil angepaßt, obwohl man auf diesem Wege schon 1437 nur einen Scheinerfolg erzielt hatte.

§ 14. Eine letzte Verfahrensfrage trat auf, als die Engländer das Ergebnis der Verhandlungen in einem Vertragsentwurf in urkundlicher Form festzuhalten wünschten, während die Ratssendeboten auf einer Niederschrift in der lediglich feststellenden, im übrigen aber unverbindlichen Form eines Rezesses bestanden. Die Engländer wollten nämlich von sich aus einen Notar aus der Stadt Utrecht zu den Beratungen hinzuziehen, wogegen die Städte verlangten, daß dies erst am Schluß und im Namen beider Parteien gemeinsam geschehen sollte. Man verständigte sich darauf, daß dieser Notar und der anwesende Sekretär der Stadt Kampen ein Instrument mit gemeinsamem Wortlaut herstellen und daß nach diesem Texte ein Doktor aus England und Meister Johann Frunt die Notel entwerfen, außer diesen aber kein weiterer Notar die Verhandlungen protokollieren sollte. Offensichtlich schlug jetzt die Stunde der gelehrten Juristen. Sie mußten das Kunststück vollbringen, die Vereinbarungen der französisch oder niederdeutsch sprechenden Parteien in der lateinischen Sprache des diplomatischen Verkehrs niederzulegen, ohne dabei die divergierenden Grundsätze der Kontrahenten zu verletzen. Den Ratssendeboten standen als solche sowohl Meister Johann von Ast, Doktor im geistlichen Recht und Sendebote des Hochmeisters[35], als auch Meister Jo-

---

35 Des Hochmeisters Vollmacht für ihn: HR II 3 n. 705.

hann Frunt, Doktor im geistlichen Recht und vertrauter Rat der Kölner (unten, § 50), zur Verfügung.

§ 15. Aber auch als man über die Hauptsachen verhandelte, machten sich die Differenzen zwischen englischer und hansischer Verfassung und Rechtsansicht bald wieder bemerkbar, nämlich als es um die Freilassung der nach Repressalienrecht arrestierten beiderseitigen Gefangenen ging, unter denen sich auch die in Lübeck festgehaltenen Gesandten des Königs von England befanden. Schon die in Lübeck versammelten Ratssendeboten hatten am 16. August 1450 zu dieser Frage erklärt[36], es sei „nicht Recht, daß (nach dem Willen des Königs) um einer Stadt und fremden Tat willen andere unschuldige Städte leiden sollten. Auch soll man es nicht so verstehen, daß die Städte von der Hanse ein Corpus in der Weise seien, daß um einer Stadt Tat oder Geschichte willen die anderen Städte beschwert, belangt, arrestiert oder aufgehalten werden könnten, gleich als ob sie einem (einzigen) Herrn gehörten wie in England, wenn sie auch sehr wohl ein Corpus in etlichen Freundschaften und Bündnissen sind, darin sie miteinander übereinkommen." Diese Erklärung, ein erster Versuch des Vorstandes der hansischen Einung, den Engländern – und sich selbst – den Unterschied zwischen einer Körperschaft im Sinne des gelehrten Rechts und dem deutschrechtlichen Wesen der Hanse zu erläutern, war vom Protest der Kölner hervorgerufen worden, nachdem König Heinrich VI. als Antwort auf die Gefangennahme seiner nach Preußen bestimmten Gesandten durch Lübeck eine Anzahl von Kölner Kaufleuten in England hatte arrestieren lassen. Dergleichen müsse in Zukunft verhütet werden, hatte der Rat von Köln am 28. September 1450 an die Ratssendeboten geschrieben, „denn sollte auch eine Stadt um der anderen Gebrechen, derer sie nicht zu schicken hätten, gehalten, beschädigt und beschwert sein, was unsere Vorfahren so nicht hergebracht haben, so bedünkte uns dieses beschwerlich und unleidlich zu sein"[37].

Die Ratssendeboten nahmen dieses Argument auf und begründeten es mit ihrem englischen Privileg in der Fassung, die es 1317 von König Edward II. erhalten hatte, indem sie daraus den Satz zitierten, dem zufolge die deutschen Kaufleute, welche das Haus zu London innehätten, die Freiheit genießen sollten, weder für fremde Schuld, deren sie nicht Bürgen oder Hauptleute seien, noch für Missetaten, die sie nicht selbst begangen hätten, arrestiert oder bekümmert zu werden: Daraus folge, daß „der Kaufmann von der Hanse um Tat und Geschichte anderer Städte, darin sie in keiner Ursache noch Schuld sind noch einen Anteil oder Gemeinschaft gehabt haben, nicht arrestiert werden dürfen" und daß daher die von den englischen Gesandten behauptete Gleichheit in der Freigabe der Gefangenen nicht bestünde; während sie die gefangenen Engländer nach Repressalienrecht festhalten dürften, seien die Engländer, da sie kein entsprechendes deutsches Privileg vorzuweisen hätten,

---
36 HR II 3 n. 651 § 10. Walter STEIN, Die Hansestädte, in: HGbll. Jg. 1913 S. 233–294, hier: S. 274ff.
37 HR II 3 n. 654.

verpflichtet, ihre nach demselben Recht arrestierten hansischen Gefangenen freizugeben – für die englischen Gesandten zweifellos ein unverständliches Argument, da das innerenglische Stadt-, Handels- und Zollrecht längst aufgehört hatte, subjektives Privilegienrecht zu sein, und statt dessen in die objektive Form des Gesetzesrechts übergeleitet worden war. Deswegen gab es ein gemeines, für alle Städte des Königreichs England gleiches englisches Bürgerrecht, während die Hansestädte nur einzelstädtische Bürgerrechte kannten. Wie wir noch sehen werden (unten, §§ 289, 290), empfanden die deutschen Städte zwar das Bedürfnis, die Institution eines hansischen Bürgerrechts zu schaffen, jedoch eröffneten sich ihnen weder Mittel noch Wege, um dieses Ziel zu erreichen.

§ 16. Während der Verhandlungen zu Utrecht[38] im Juni 1451 wiederholten die Hansischen und der Hochmeister dieses Argument, indem sie durch ihren Sprecher erklären ließen: „Auch der gemeinen Hanse also Schuld zu geben und sie zu beklagen um der von Lübeck willen und, ob diese nun (etwas) verbrochen hätten, es die gemeine Hanse entgelten zu lassen, das dünkte sie unbillig zu sein und auch gegen ihre Privilegien, die es enthielten, daß niemand für des anderen Schuld angehalten werden sollte." Hiergegen wandten die Engländer ein, daß ihnen sehr wohl „die gemeine Hanse darin Schuld zu haben dünkte oder schiene, daß sie die von Lübeck nicht also unterwiese oder dazu anhielte, daß des Herrn Königs Sendeboten, die durch die von Lübeck, die in der Hanse sind, gefangen wären, los und frei würden mit Personen und Gütern und anderen Dingen, die ihnen genommen wären; und dies gebühre der gemeinen Hanse zu, von der wegen sie alle allda versammelt und gesandt wären." Als sich die Deutschen darüber berieten, was dem zu entgegnen wäre, verweigerten die Lübecker jede Verhandlung über diesen Punkt, „da sie lieber mit den Engländern denn mit ihren geschädigten Bürgern Unwillen haben wollten, die dächten, mit ihrem Schaden nicht zu leiden." Alle anderen Wege, die die Ratssendeboten erwogen, um den Lübecker Bürgern trotz Freilassung der arrestierten Gesandten einen Ersatz ihres Schadens zu sichern, lehnten die lübeckischen Sendeboten ab – übrigens ohne deswegen von ihren Genossen eines Unrechts geziehen zu werden, da offenbar jedermann wußte, daß sie nach hansisch-niederdeutschem Stadtrecht gar nicht anders handeln durften. Es blieb nichts weiter übrig, als daß man den Fall zur rein lübischen Angelegenheit erklärte und ihn von den hansischen Anliegen zu trennen versuchte: „Darauf wurden sie eins, daß die von Lübeck den Sendeboten des Königs ihren Willen selbst vorbringen" sollten, obwohl der Erfolg dieses Winkelzugs gewiß vorauszusehen war.

Und so antworteten die Engländer denn auch, „sie wüßten nicht, daß die von Lübeck als die von Lübeck sonderlich dawären, da sie keinen besonderen Machtbrief von ihnen gesehen hätten; auch wären sie nicht zu denen von Lübeck oder Köln oder Hamburg etc. besonders gesandt, sondern zu den Sen-

---

38 HR II 3 n. 709 § 16 (in der Fassung des Hochmeisters, S. 544 Anm. 1), §§ 18, 25.

deboten der gemeinen Hanse, sie dächten auch nicht, gegen eine jede Stadt von der Hanse besonders zu teidingen, da sie gegen viele Städte in der Hanse, die die Ihren nicht hier hätten, Sache und Klage hätten, wie etwa die von Bremen und andere; sollten sie ihre Sache gegen jede Stadt besonders verhandeln, wer wollte dann darauf antworten?" Diese Sache müsse, als die Ehre des Königs, des Hochmeisters und der Städte betreffend, zuerst entschieden werden, bevor alles andere zur Sprache käme. Dem entgegneten die Hansischen, sie hätten den Lübeckern nach Kräften zugeredet, „und da sie denn zu dieser Zeit nicht mächtig wären, sie zu dem zu zwingen, was sie durch gütlicher Unterweisung willen nicht tun wollten", so wäre es doch unredlich, daß die Engländer die anderen dafür haftbar machten und ihnen Schadenersatz und den Gebrauch ihrer Freiheiten verweigerten.

§ 17. So konnte man sich am Ende lediglich darauf verständigen, daß beide Seiten ihre Forderungen „jeder für sich in Artikeln begreifen" sollten und daß man damit diese Tagfahrt beendigen wollte. Die Schriftstücke über den Abschied sollten in der zuvor vereinbarten Form am 7. Juni gebilligt werden. Indessen abermals scheiterte der Versuch der Ratssendeboten, gemäß dem westeuropäischen diplomatischen Brauch zu einem verbindlichen Resultat zu gelangen, an der verfassungsmäßigen Ohnmacht der hansischen Worthalter, nachdem man noch einmal fünf Tage lang vergebens nach einer Lösung gesucht hatte. Am Ende mußten sich die Parteien damit bescheiden, „einen freundlichen Rezeß zu begreifen auf Willen und Behagen beider Teile und auch nicht aus Macht ihrer Machtbriefe, sondern allein auf Behagen und Willen des Herrn Königs und des Herrn Hochmeisters und der Städte von der Hanse". In dieser Form konnte der Rezeß schließlich am 12. Juni verabschiedet und am 22. Juni in einem offenbaren Notariatsinstrument beurkundet werden. Immerhin ging man auseinander, ohne sich abermals mit harten Worten begegnet zu sein. Selbst die Engländer mochten einsehen, daß die Ratssendeboten nicht in betrügerischer Absicht handelten, sondern weil die Verfassung des Verbundes, für den sie sprachen, und die hansischen Stadtrechte nichts anderes gestatteten. Wiederum hatten sie dem eigenen diplomatischen Brauche entsagt und sich dem hansischen angepaßt, denn nach dem erwähnten, vom 22. Juni 1451 datierten Notariatsinstrument[39] hatten die Worthalter beider Seiten nicht kraft ihrer Vollmachten, sondern unter dem Vorbehalt der Ratifikation von Seiten ihrer Oberen vereinbart (ipsi oratores ... non in vim suorum mandatorum sed sub confidentia et spe ratificationis majestatis regie necnon domini magistri generalis Prussie civitatumque communium de hanza aviserunt ea que sequuntur), daß am 24. April 1452 eine weitere Tagfahrt stattfinden, daß aber schon bis zum 1. Oktober 1451 alle Geschädigten ihre Forderungen bei dem gemeinen, in England residierenden deutschen Kaufmanne anmelden und diesen zu deren weiterer Verfolgung ermächtigen sollten.

---

39 HR II 3 n. 712.

Weiterhin nahmen sich der König, der Hochmeister und die Städte zwar vor, ihre Sendeboten hinreichend zu bevollmächtigen, so daß die Tagfahrt nicht an mangelhafter Ermächtigung der Gesandten scheiterte; der Rezeß vermied es jedoch, diese Vollmachten so eindeutig als unbeschränkte Mandate zu kennzeichnen, daß die Hansestädte dieser Vorschrift nicht hätten genügen können (... suos oratores et nuncios sufficienti mandato fulsitos transmittet super hiis omnibus differenciis querelis et defectibus ... tractandi appunctuandi et concludendi paciscendique transigendi et componendi, omni etiam processu et ordine iudiciario cessante, cum aliis clausulis solitis et consuetis ac necessariis et oportunis, in tali forma saltem ne ex defectu mandati ipsa dieta impedimentum merito capere debeat vel ruinam). Auch darin waren die Engländer den Deutschen entgegengekommen, daß über Forderungen nicht nur von Hansestädten und deren Bürgern, sondern auch von Marktflecken und Dörfern und deren Einwohnern verhandelt werden sollte. Die Engländer hatten es demnach akzeptiert, daß die hansische Einung einen Verbund sowohl von Individuen als auch von Stadt- und Landgemeinden darstellte. Was ihr Verlangen nach einem Verzeichnis der Hansestädte betraf, so sollte, falls in England ein Fall auftrat, da man dieser Kenntnis bedurfte, der residierende Kaufmann der Deutschen Hanse darüber befragt werden und dieser die gewünschte Erklärung unter Eid des Oldermannes, wie üblich, abgeben. Allerdings hatten die Engländer auf der Freilassung ihrer Gefangenen in Lübeck und Preußen als Gegenleistung zur Restitution der deutschen Personen und Güter in England beharrt.

§ 18. Um die Durchführung des Abkommens zu sichern, trafen die noch immer in Utrecht verweilenden Ratssendeboten nun einige Entscheidungen[40], die, wenn sie sich hätten durchsetzen können, die Schlagfertigkeit des hansischen Verbundes gegenüber den Engländern erheblich verbessert und das Zurückbleiben der Bundesverfassung hinter den westlichen Monarchien, was die Zentralisierung der Entscheidungsbefugnisse betraf, wenigstens teilweise behoben hätte. Wenn sie diese Beschlüsse ausdrücklich als „auf dieser Tagfahrt mit voller Macht der gemeinen Städte versammelte Sendeboten" beliebten, so legten sie die ihnen von der Lübecker Versammlung am 4. Oktober 1450 erteilte schriftliche Vollmacht, das erste Beispiel einer formal unbeschränkten Ermächtigung im innerhansischen Rechtsleben, offenbar eben deswegen als Übertragung einer hoheitlichen Befugnis, freilich mit materieller Beschränkung auf die hansischen Beziehungen zu England, aus, gleichsam als ob sie auf diesem Gebiete nun zu Herren ihrer Auftraggeber oder zu deren wahren Repräsentanten geworden wären.

Als solche dünkte sie, es sei angebracht, die vorgesehene Tagfahrt mit den Engländern zuzusagen, und den heimreisenden Sendeboten des Hochmeisters, der preußischen Städte und Lübecks befahlen sie, in Bremen und Lü-

---

40 HR II 3 n. 709 §§ 26–31.

beck dahingehend zu wirken. Insbesondere sollten sie die Lübecker dazu bewegen, ihre englischen Gefangenen freizugeben, „das gemeine Beste und die Wohlfahrt des gemeinen Kaufmanns der deutschen Hanse" anzusehen und sich in dieser Angelegenheit nicht vom Gutdünken der gemeinen Städte abzusondern. Falls alle Städte die geplante Tagfahrt akzeptierten, sollten die Lübecker dies in der üblichen Weise allgemein bekanntmachen, damit jeder betroffene Kaufmann den Nachweis seiner von Engländern verursachten Schäden dem deutschen Kaufmanne zu London einreichen und ihn beauftragen könne, „Verfolg davon zu tun mit besonderem Machtbrief ... mit Macht, einen anderen in seine Stelle zu setzen oder zu substituieren, um solchen Schaden einzufordern". Die Substitutionsklausel, deren sich die Sendeboten hier bedienten, ist dem Formular des gemeinrechtlichen Prokuratoriums entnommen und kann nur aus dem Wissensschatz der Doktoren von Ast oder Frunt in den Text eingeflossen sein[41]. Sobald der König sein Einverständnis zu der Tagfahrt erklärte, sollten die von Lübeck den am 21. September und 4. Oktober 1450 dazu bestimmten Städten „ernstlich schreiben, ihre ehrlichen Sendeboten" zu schicken, darunter namentlich denen von Bremen und Braunschweig, „die zu dieser Tagfahrt ungehorsam gewesen sind".

Wir werden noch sehen, daß der hier benutzte Begriff des Ladungsungehorsams dem Verfassungsrecht der hansischen Einung dem Grunde nach immer fremd geblieben ist und lediglich einer von den Wendischen Städten zwar seit langem, aber letztlich erfolglos verfolgten Reformabsicht entsprach (unten, §§ 322–327). Eine erst jetzt den jüngsten Erfahrungen der Ratssendeboten[42] entsprungene Forderung, der freilich ebensowenig Erfolg beschieden war, findet sich dagegen in dem Beschluß, „daß jede Stadt mit einem besonderen Machtbrief unter ihrer Stadt Siegel in der gleichen Form, wie die Städte ihn hier unter sich vereinbart haben, wovon die von Lübeck den Städten Kopien mitsenden sollen," zu der Tagfahrt erscheinen sollten. Erhalten hat sich dieses Formular nicht, so daß sich nicht ermessen läßt, ob es den Anforderungen der Engländer entsprochen hätte. Es dürfte mit dem der von den geistlichen Gerichten anerkannten Prokuratorien übereingestimmt haben, mit deren Gebrauch die städtischen Kanzleien wohlvertraut waren (unten, § 70). Schließlich sollten die Ratssendeboten von Lübeck „eine Membrane"[43] mit ihrer Stadt anhangendem Insiegel mit sich bringen, darauf man einen gemeinen Machtbrief von der Hanse wegen schreiben könne in der Form, wie der Rezeß mit den Engländern enthält, und zwar deswegen, weil man nicht eher die Namen derjenigen wissen kann, die eine jede Stadt zu der Tagfahrt entsenden wird, bevor sie dort ankommen." Man wollte sich also nicht noch einmal dem von den Engländern in Utrecht erhobenen Vorwurf[44] aussetzen,

---

41 S. u., § 70 Anm. 158.
42 HR II 3 n. 712 § 6, s. o., § 17 Anm. 39.
43 Blankett, unbeschriebenes Pergament.
44 HR II 3 n. 705 §§ 9, 10, s. o., § 13.

daß die vollmächtigen Ratssendeboten der Hanse nicht als Einzelne namentlich genannt würden, während der Mangel einer vollständigen Liste aller Städte, für die sie in voller Macht zu handeln befugt sein sollten, nicht zu beheben war.

§ 19. Zurückschauend und insgesamt betrachtet, zeigen diese Vorgänge einerseits, wie sehr sich die Führungsgruppe der Deutschen Hanse durch den diplomatischen Kontakt und Konflikt mit England zu Anpassung und Modernisierung der eigenen Verfassung genötigt sah, andererseits aber auch, wie gering der Spielraum war, den das hansisch-niederdeutsche Recht und Rechtsgefühl solcher Anpassung einräumte: so gering nämlich, daß er eine gegenseitige Verständigung wohl gar nicht zuließ. Die Erbitterung, mit der die Verhandlungen im März 1449 geführt worden waren, erklärt sich gewiß nicht nur daraus, daß den englischen Diplomaten die verfassungsmäßige Ohnmacht der in kommerziellen Dingen und dank ihrem Reichtum so mächtigen Deutschen Hanse noch nie so deutlich entgegengetreten war wie jetzt, da ihnen die Deutschen in Lübeck die kaum wahrnehmbaren Kompetenzen des Hauptes dieser Hanse so anschaulich ad oculos demonstrierten. Die dabei hervorgebrochene Feindseligkeit resultierte vor allem daraus, daß beide Seiten beim Abschluß des Londoner Vertrages von 1437 die aus ihren jeweiligen, ganz unterschiedlichen Verfassungen folgenden Schwierigkeiten in leichtfertiger Weise unterschätzt und damit den unstillbaren Hader zwischen England und Preußen selbst heraufbeschworen hatten. Und als unstillbar erwies er sich, obwohl das Interesse der englischen Krone am Ausgleich mit der Hanse noch lange Zeit so groß war, daß die Könige um dieses Zieles willen sogar die Interessen ihrer eigenen, der englischen Kaufmannschaft immer wieder hintansetzten. Wenn sich aber der im Jahre 1449 aufgeflammte Betrugsverdacht in den hansisch-englischen Beziehungen so dauerhaft und unausrottbar einnistete, dann kann der Streit nicht bloß als ein Vorgeplänkel um protokollarische Fragen abgetan werden. Vielmehr muß er auf beiden Seiten tiefverwurzelte Ursachen gehabt haben, die wohl nur durch das Zurückweichen oder gar den Untergang eines der beiden Kontrahenten ihrer Wirkung zu berauben waren.

§ 20. Daß sich die beiderseitigen Positionen selbst langfristig nicht im geringsten verschieben ließen, mag uns ein Blick voraus in das Jahr 1521 lehren. Gleichsam als wäre durch sieben Jahrzehnte hin nichts wesentliches geschehen, eröffnete der englische Sprecher am 12. September dieses Jahres die Verhandlungen mit der Bemerkung, es wäre den Engländern nützlich, vor Eintritt in die Details „zu wissen, welches jene Hansestädte wären", die die Ratssendeboten verträten[45], und sofort trat der böse Verdacht des Betruges wieder hervor, nun aber zunächst auf der hansischen Seite: Die Deutschen zogen sich zurück, um „das Geheimnis der vorgelegten Frage gründlich zu erörtern.

---

45 HR III 7 n. 448 §§ 8, 9.

Denn manchen erschien es klar und offenbar, daß die Engländer mit dieser Frage einen Betrug und eine Hinterlist ins Werk setzen wollten, wie es auch später offenbar wurde; nicht ohne Grund würden sie so dringlich ein Verzeichnis der Städte, das unsere Vorfahren ihnen stets verweigert hätten, sogleich von uns begehren, und deswegen sollten so, wie jene es abgelehnt hatten, ein solches aufzustellen, auch wir es tun. Andere erwogen die Sache sorgfältiger und meinten, man müsse den Engländern wenigstens mit einer zweifelhaften und ungewissen Antwort entgegenkommen", damit sie keinen Vorwand fänden, die Verhandlungen abzubrechen, „denn es wäre billig, daß wir, wenn wir verlangten, daß der englische König uns die Privilegien erhalte, auch offenlegten, welches die Hansestädte wären, damit der König selbst daraus ersehe, wem er verpflichtet wäre und welche Städte die Privilegien in Anspruch nehmen und nutzen dürften; andernfalls könne der König stets gerechtes Nichtwissen vorschützen und, wohin immer sich die Dinge entwickeln würden, billiges Ermessen für sich beanspruchen." Dritte meinten, man solle sich verwundert zeigen, da der König das Begehrte längst wissen müsse, da zweifellos bei der ersten Gewährung der Privilegien die Hansestädte benannt worden seien und inzwischen keine Städte neu hinzugekommen wären. In diesem Sinne fiel denn auch die Antwort aus, nachdem man wieder in die Verhandlung eingetreten war. Die Engländer hatten natürlich nur Spott für die hansische Einlassung übrig, da es ihnen leichtfiel, deren Unklarheit aufzuzeigen. Ihre Meinung, es wäre nur billig, daß die Ratssendeboten die Namen der Städte nennten, von denen sie bevollmächtigt seien, zwang die Hansestädte zu erneuter Beratung und zur Suche nach einer offeneren Antwort.

§ 21. Einigkeit indessen herrschte nur darüber, „daß die Städte namentlich nicht genannt werden dürften, weil dies ohne Gefahr nicht geschehen könne und unsere Vorfahren es, sooft sie darum angegangen worden seien, stets mit der Ausrede abgelehnt hätten, es sei deshalb nötig, damit die hinterlistigen und betrügerischen Engländer uns nicht durch Silbenstecherei fingen." Die Antwort an die Engländer fiel daher nicht besser aus als zuvor: Es sei ganz unwahrscheinlich, daß der König nicht wisse, welches die Städte und Orte der Hanse seien, denen seine Vorgänger so viele Privilegien gewährt hätten. Auch sei man auf die Frage nicht vorbereitet, zumal sie früher nie zur Diskussion gestanden habe. „Die Hanse sei eine Körperschaft, die nicht nur, wie sie meinten, aus Städten bestünde, sondern aus vielen Gauen, Dörfern, Marktflecken (burgi) und anderen Stätten, die unter verschiedenen Herzogtümern, Herrschaften und Territorien gelegen seien, deren Aufzählung und Benennung nicht nur schwierig, sondern auch unmöglich für uns wäre, nicht weniger als wenn jemand verlangte, daß alle Örter des Königreichs England zu unvorhergesehener Zeit aufgezählt würden." Die Engländer griffen diese Antwort noch heftiger an als die erste. Den Vorwurf des Betruges nur mühsam verhehlend, fragten sie, ob die Ratssendeboten vielleicht gar nicht von irgendwem deputiert seien. Die Deutschen entgegneten darauf, es sei wahr, daß die Hanse ein fingierter Verbund (corpus fictum) sei, aber es gebe drei Prinzipal-Oberhäupter dieses Verbandes, nämlich drei Prinzipalstädte[46], denen eine allseitige Vollmacht und Autorität, um alle Geschäfte und Streitfragen zu verhandeln, von den übrigen vor 200 Jahren erteilt worden sei, die deshalb die ganze Hanse repräsentierten und als solche auch bis auf diese Stunde von den Engländern anerkannt seien, da sie ja mit diesen alle wechselseitigen Tagungen, Verträge, Kongresse und Abmachungen im Namen der anderen stets abgehalten hätten ...; sie seien es, die uns namens der ganzen Hanse zu dieser Tagung entsandt hätten, so wie es vorher stets geschehen sei; wir schützten keine Neuerung vor, noch wollten wir eine solche betreiben, wenn wir den Spuren unserer Vorgänger folgten; dasselbe sollten auch sie tun." Nur widerwillig waren die Engländer, um keine Zeit zu verlieren, schließlich bereit, über anderes zu verhandeln, doch behielten sie sich vor, nach Bedarf auf diese Frage zurückzukommen. Schon wenige Tage später[47] taten sie dies, da der König ihnen aufgetragen hatte, ohne Übergabe eines Verzeichnisses nicht zu verhandeln. Nun mußten die Hansischen kapitulieren. Sie lieferten ein Verzeichnis der Städte aus und mußten froh sein, daß die Engländer abermals, wie bereits 1449, bereit waren, obwohl sie es jetzt als bloße Ausflucht verstanden und bezeichneten, gleichzeitig eine Protestation der Ratssendeboten[48] entgegenzunehmen, wonach dieses Verzeichnis den darin nicht genannten „Städten oder Orten oder Männern, die zur Hanse gehören", an ihren Rechten nicht schädlich sein sollte.

1.2. Verbandshandeln als Repräsentation und als Identität

§ 22. Zwei Gründe, das ergibt sich aus allen diesen Texten, sind dafür anzugeben, daß zwischen Hansischen und Engländern in der Fundamentalfrage nach dem Status der Kontrahenten keine Verständigung möglich, daß folglich der gegenseitige Betrugsverdacht nicht auszurotten war und daß sich die Deutschen in dem Disput derart in die Defensive gedrängt sahen, daß ihre Reaktion auf den Spott der überlegenen Engländer bis an die Grenze des Irrationalen ging. Der erste Grund liegt in dem Stillstande der Verfassungspolitik, der in Deutschland nach dem Untergang des Königtums, also wenn nicht schon seit dem Thronstreit von 1198, dann doch seit dem Interregnum von 1250 eingetreten war und den Stand der Dinge hierzulande in hoffnungsloser Weise hatte hinter dem Fortgang der Ereignisse in Westeuropa zurückbleiben lassen. Zweitens aber war im Zusammenhang mit diesem Stillstande in

---

46 Gemeint sind die Vororte der in den Statuten des Stalhofs definierten Drittel Köln, Dortmund (oder Lübeck) und Danzig. Quellen zur Hanse-G., zusammengestellt und hg. von Rolf SPRANDEL (Freiherr vom Stein-Gedächtnisausgabe Bd. 36), Darmstadt 1982, S. 353.
47 HR III 7 n. 448 §§ 12–17.
48 HR III 7 n. 453.

Deutschland allgemein, speziell aber auch im hansischen Bereich keinerlei wissenschaftliche Bearbeitung und rationale Durchdringung derjenigen Rechtsgedanken, auf denen die Verfassung des Reiches, seiner Territorien und der hansischen Einung beruhten, in Gang gekommen, während in England nicht nur eine solche Durchdringung des einheimischen Rechts in Gestalt des Common law bereits seit dem 13. Jahrhundert stattgefunden hatte, sondern außerdem den Diplomaten auch noch das gelehrte römisch-kanonische Recht mit seinen Staats- und Gemeindetheorien zur Verfügung stand, welches in Frankreich und in dem für die Hanse besonders wichtigen Herzogtum Burgund für sich allein die Aufklärung und Fortbildung des öffentlichen Rechtes trug.

Schaut man dagegen die Hansestädte an, so war es gewiß lobenswert, daß die Ratmannen und Ratssendeboten das Recht der Städte und des hansischen Verbundes als Laienrichter selbst in Worte faßten, da dies den Bürgern und Kaufleuten eine ebenso rasche wie volksnahe, jedermann verständliche Justiz gewährte und sich weder Berufsrichter noch eine dem Laien verschlossene Fachsprache zwischen Ratmannen und Gemeinde schoben. Im Verhältnis zu den Engländern jedoch war es ein schwerer Nachteil, daß die Worthalter der Hanse als Laienrichter nie an der begrifflichen Klärung und wissenschaftlichen Bearbeitung ihres Rechtes interessiert gewesen waren, denn jetzt waren sie unfähig, den Engländern zu erklären, warum ihr Verband in den älteren englischen Privilegien als Gilde und ihr Londoner Haus als Gildehalle bezeichnet worden war[49], warum es ihre Gewohnheit sei, den Ratssendeboten bloß mündliche Vollmacht zum Besuch der Tagfahrten und zu Verhandlungen mit den Hansestädten zu geben, und warum sie erst dann entscheiden konnten, ob sie auf die englische Werbung „als von der ganzen Hanse wegen" zu antworten vermöchten, wenn ihnen der Inhalt dieser Werbung bekannt wäre; noch weniger konnten sie den Engländern erklären, warum ihre niederdeutschen Rechtsworte nicht in die lateinische Diplomaten- und Juristensprache zu übersetzen waren und wie sich der im Deutschen gemeinte Sinn veränderte, wenn man ihre Gilde als corpus oder collegium, den Verbund ihrer Städte als confoederatio oder liga und die gemeine Gesellschaft ihrer Kaufleute als societas oder universitas bezeichnete[50].

---

49 Z. B. König Edward III. 1317: Quellen hg. von SPRANDEL (1982, wie Anm. 46) S. 359f. mit Anm. 17.
50 Insofern ist es irreführend, wenn STEIN (1913, wie Anm. 36) S. 261–270, bei den lateinischen Bezeichnungen, die die Hanse seit der Mitte des 15. Jh. im Verkehr mit England, Frankreich und Burgund auf sich selbst anwandte, ohne weiteres von Selbstbezeichnungen spricht. Es waren Fremdbezeichnungen, die die Hanse nicht zurückzuweisen verstand und daher notgedrungen ihrer unbegriffenen Verfassung anzupassen versuchte. – STEINs Zusammenstellung zeigt übrigens sehr schön, daß die Übernahme dieser Fremdbezeichnungen erst mit dem Jahre 1450 begann, also als Folge des diplomatischen Zusammenstoßes mit den Engländern im Vorjahre zu betrachten ist, denn das lateinische Wort confoederatio in den Re-

Ließ man sich in Anpassung an die lateinische Gelehrten- und Juristensprache darauf ein, wie es 1521 geschah, die Hanse als corpus fictum und ihre Vororte als dessen Repräsentanten zu betrachten, oder seit 1557, als sich die Städte selbst die Verfassung einer Konföderation geben wollten[51], so war die hansische Sache bereits verloren, und nichts mehr konnte man der Polemik der Merchant Adventurers entgegensetzen, wenn sie behaupteten, der unfaßbare Status der Hanse, die man als Ganzes niemals zu Gesicht bekäme, mache den Verbund der Städte unberechenbar, und daher dienten die Engländer aller Welt zum Gespött, weil sie sich dieses Phantoms nicht entledigten[52]. Als die Städte endlich, im Jahre 1556/57, ihre Schwäche erkannten und ihren Syndicus Dr. Sudermann damit beauftragten, die Privilegien und Rezesse in eine Ordnung zu fassen zum Nutzen der „gemeinen der Hanse Ratschläge" und (1589) zur Widerlegung der englischen Argumente[53], da zeigte sich, daß ihrem Doktor doch die wissenschaftlichen Methoden nicht zur Verfügung standen, um aus dem Wortlaut und dem Geiste der alten Texte das eigene Recht an den Tag zu bringen.

§ 23. Um die Unterschiede zwischen den beiderseitigen Rechtsauffassungen zu verstehen, ist es notwendig, einen Blick auf die dahinterstehenden Staatsauffassungen zu werfen[54]. Das gelehrte Recht nahm zwar in mannigfachen Formen auf die Existenz jener Fülle an genossenschaftlichen Gebilden Rücksicht, die seit dem Ende der Antike in ganz Europa sowohl innerhalb der Kirche als auch im weltlichen öffentlichen Leben aufgeblüht waren; was aber die Rechtfertigung dieser Verbände anlangte, so griff es doch stets mit Vorliebe auf die Korporationstheorie zurück, die die Juristen und Doktoren dem römischen Kaiserrecht und seinen im Corpus Iuris Civilis gesammelten Quellen entnehmen konnten. Diese Theorie trug allerdings das Gepräge der

---

zessen des 14. Jh. bezieht sich niemals auf die Hanse insgesamt, sondern stets nur auf innerhansische Städtebünde oder überhaupt nur auf die Kölner Konföderation von 1367.

51 Manfred EICKHÖLTER, Die Wandalia des Albert Krantz, in: Niedergang oder Übergang? Zur Spätzeit der Hanse im 16. und 17. Jh., hg. von Antjekathrin GRASSMANN (QDhG NF. Bd. 44), Köln 1998, S. 139–164, hier: S. 139f.
52 Nils JÖRN, The crocodile creature merchant: the Dutch Hansa, in: Niedergang, hg. von GRASSMANN (1998, wie Anm. 51), S. 63–91, hier: S. 79, 82.
53 JÖRN (1998, wie Anm. 52) S. 142. Klaus WRIEDT, Das gelehrte Personal in der Verwaltung und Diplomatie der Hansestädte, in: HGbll. 96 (1978) S. 15–37, hier: S. 17f.
54 Zum folgenden: Otto GIERKE, Das deutsche Genossenschaftsrecht, Bd. 1–4, Berlin 1868–1913, hier: namentlich Bd. 3 (1881) S. 145–171, Ernst H. KANTOROWICZ, Die zwei Körper des Königs (^{2}1966, deutsche Erstausgabe) München 1990, S. 279–316, Jeannine QUILLET, Universitas populi et représentation au XIVe siècle, in: Der Begriff der repraesentatio im MA, hg. von Albert ZIMMERMANN (Miscellanea mediaevalia, Bd. 8), Berlin 1971, S. 186–201, Hasso HOFMANN, Repräsentation. Studien zur Wort- und BegriffsG. von der Antike bis zum 19. Jh. (Schriften zur VerfassungsG., Bd. 22), Berlin 1974, ^{3}1998, S. 129–141, 146f., 162.

typisch römischen Dichotomie von öffentlichem und privatem Recht, der zufolge es nur zweierlei Gattungen von Rechtssubjekten gab, nämlich als Subjekt hoheitlicher Rechte den Kaiser und als Subjekte privater Rechte die Individuen oder Einzelnen (singuli). Eine eigene sei es hoheitliche, sei es private Rechtsfähigkeit der im Staate enthaltenen Verbandseinheiten, die sich im europäischen Mittelalter in so großer Zahl zwischen den Individuen oder Untertanen und den Königreichen hervorgetan hatten, war im Rahmen dieser Dichotomie nicht denkbar.

Was diese Verbände an hoheitlichen Befugnissen tatsächlich besaßen, das konnte ihnen dieser Theorie zufolge nur vom Staate, der allein sie in römischer Zeit durch sein Gesetz sowohl zu errichten als auch aufzuheben pflegte, oder vom Könige durch dessen Privileg zugewiesen worden sein. Da man alle nicht vom ius privatum gesetzten und dem Individuum zugeschriebenen Rechte in das öffentliche Recht fallen ließ, verneinte die Theorie grundsätzlich das Vorhandensein selbständiger gemeinheitlicher Rechte der korporativen Verbände. Es existierte für sie jene aus dem Verbandsdasein als solchem stammende und gegenüber dem Staate selbständige Befugnissphäre nicht, in der die mittelalterlichen Kaufmannsgilden, Stadtgemeinden und Städtebünde tatsächlich lebten. Was die antiken Körperschaften, etwa Provinzialverbände oder Stadtgemeinden, an Befugnissen wirklich ausgeübt hatten, das mußte die Theorie entweder dem öffentlichen oder dem Privatrecht zuweisen.

Soweit nun das öffentliche Recht oder ein Kaisergesetz solche Verbände konstituierte, hatte es ihnen zwar auch die Fähigkeit zuerkannt, sich einen Gemeinwillen zu bilden, und daher zugleich die verfassungsmäßigen Formen bestimmt, in denen die versammelten Mitglieder rechtlich wirksame Beschlüsse fassen konnten. Jedoch galt ein Beschluß dieser gesetzlich anerkannten Willenseinheiten nicht so sehr als übereinstimmende Willensäußerung vieler Individuen, sondern vielmehr als einheitlicher Wille einer Gesamtheit oder eines Kollektivganzen, den man von den Willen der singuli und deren möglicher vertraglicher Einigung unter sich strenge unterschied. Der Beschluß der Gesamtheit wurde daher niemals mit Begriffen wie consensus, pactum oder conventio bezeichnet, die den Gedanken an eine bloße Vielheit sich vertragender Einzelner nahegelegt hätten, sondern er hieß placitum, decretum oder constitutio und wurde damit als kraft Gesetzes einheitlicher Willensakt gekennzeichnet.

§ 24. Im Privatrecht des Corpus Iuris Civilis indessen war für die unmittelbare Geltung eines derartigen Gesamtwillens ebenfalls kein Raum, muß man es doch geradezu als Geltungsgrund und Gestaltungsprinzip des römischen Ius civile bezeichnen, daß es, wo immer es einen Willen forderte, allein den individuellen und eigenen Willen einer natürlichen Person als solchen anerkannte. Nur das Individuum konnte wollen. Jedoch hatte man, da die bestehenden Verbände unzweifelhaft Privatrechte ausübten, sofern sie etwa gleich jedem Individuum vermögensfähig waren und Eigentum besaßen, gleichwohl nach einem gedanklichen Mittel suchen müssen, um dem kollektiven und öffentlichen Willen einer Gesamtheit privatrechtliche Bedeutung beilegen zu können, und zu diesem Zwecke die Unterscheidung zwischen wahrer und fiktiver Person eingeführt. Wahre, weil sinnlich wahrnehmbare Personen waren danach nur die Einzelnen, die körperlich sichtbar, unmittelbar und wirklich am Rechtsverkehr teilzunehmen vermochten; den Körperschaften und Kollektiven dagegen, die niemals greifbar, sondern nur indirekt durch Vertreter im Rechtsleben auftreten konnten, legte man lediglich eine fiktive Existenz bei, indem man sie als Erdichtungen der Jurisprudenz gelten ließ. Einen Willen gleich den natürlichen Personen konnten die Fiktionen des Privatrechts jedoch schwerlich besitzen. Die Theorie betrachtete sie daher als an sich willensunfähig, wenn auch als Zentren eines ihnen als eigener Individualwille anrechenbaren repräsentativen Wollens. Denn ein wirklicher Gesamtwille konnte ja nur nach öffentlichem Recht und in einer von diesem geordneten Versammlung Aller (universorum oder omnium) entstehen; eine für private Zwecke gebildete Versammlung blieb dagegen Personenvielheit mit bestenfalls vertraglich aufeinander abgestimmten Einzelwillen, und da diese Vielheit niemals den Status einer wirklichen Gesamtheit erlangen, sondern als Person nur fingiert werden konnte, so vermochte man ihr auch keinen einheitlichen Willen beizulegen. Man betrachtete sie daher als unfähig, überhaupt etwas zu wollen.

Somit ergab sich aus der Dogmatik des Ius civile, daß Korporationen zwar Subjekte von Privatrechten sein, nicht aber nach Art von wahren Personen einen Individualwillen bilden konnten. Die als Rechtssubjekt vorgestellte fingierte Person vermochte überhaupt nicht zu wollen[55]. Das Corpus Iuris Civilis kennt eben einen Gesamtwillen nur im Ius publicum und Willensfähigkeit einer korporativen Gesamtheit nur als Kollektivträgerschaft einer übertragenen staatlichen Willensmacht. Privatrechtliche Bedeutung konnte ein Gesamtwille nur mittelbar gewinnen, nämlich dann, wenn man ihn als einen in Wirklichkeit nicht vorhandenen individuellen und eigenen Willen vergegenwärtigend fingierte. Um zu rechtfertigen, daß Korporationen trotz dieses Mangels am Rechtsverkehr teilnahmen, hatten die Juristen zu einer zweiten Fiktion ihre Zuflucht nehmen müssen: als sei nämlich der physisch nicht vorhandene eigene Wille insofern rechtlich doch vorhanden, als er durch Repräsentanten zum Ausdruck gebracht werden konnte. Wenn es auf ihren Willen ankam, mußte sich die Personenvielheit notwendigerweise durch eine oder mehrere wahre Personen vertreten lassen. Als solche gesetzlich bestimmten Vertreter fiktiver Personen in Vermögensfragen betrachtete man die vom öffentlichen Recht geordnete Verbandsversammlung oder andere, dem Verbande vorstehende Gremien oder Personen; ihnen legte man als korporativen Willensträgern die Fähigkeit bei, statt der willensunfähigen fiktiven Verbandspersönlichkeit mit privatrechtlicher Wirkung zu wollen. So

---

55 Ebenso konnte das kanonische Recht verfahren, s. u., § 184.

galt regelmäßig der Wille der Kurie als Wille der Stadtgemeinde, der Wille des Bischofs als Wille seiner Kirche oder der Wille des Kaisers als Wille des Fiscus, während die nicht in dieser Weise gehörig vertretene Korporation (universitas indefensa) den eines Vormunds entbehrenden Minderjährigen unter den wahren Personen gleichgestellt wurde. Dieser fingierten Willensfähigkeit des Verbandes entsprechend war seine Fähigkeit, durch bevollmächtigte Vertreter rechtswirksam zu handeln, geregelt, vor allem auch die prozessualische Vertretung durch einen actor oder syndicus, der entweder unmittelbar durch Gesetz oder Verfassung berufen war oder seine Vollmacht durch besonderen Beschluß der Körperschaft bzw. ihrer Repräsentanten empfing. Das gesamte Gedankengebäude und Verfahren bedingte jene klare und eindeutige Unterscheidung zwischen Mandanten und Repräsentanten, die die Engländer von den Hansischen im Jahre 1449 erwarteten (oben, § 13).

§ 25. Von ganz anderen Auffassungen waren die germanischen Heere und Völker erfüllt gewesen, die einst das Römische Reich im Abendlande zerstört und auf dessen Boden junge Gemeinwesen errichtet hatten, Gemeinwesen, die erst im Verlaufe einer tausendjährigen Entwicklung allmählich einen Grad an Staatlichkeit erreichten, der mit dem des vergangenen Römerreiches vergleichbar war. Dem europäischen Mittelalter war die Entgegensetzung von öffentlichem und privatem Rechte, welche das römische Recht beherrschte, ebenso fremd wie die damit beschriebene Opposition von staatlicher Allgemeinheit und willensmächtigem Individuum, denn in den mittelalterlichen Königreichen schob sich zwischen die Einzelnen und das Regnum eine Fülle unter sich abgestufter genossenschaftlicher Verbände, welche je der höheren Allgemeinheit gegenüber als Besonderheiten erscheinen, ihren eigenen Gliedern aber selbst als Allgemeinheiten entgegentraten und die sich in ihrem rechtlichen Wesen nicht grundsätzlich, sondern nur graduell von den umfassendsten Allgemeinheiten der Königreiche unterschieden. Auf jeder Stufe nämlich war die Unterwerfung der Individuen als Genossen unter die Gesamtheit allein die Folge ihres freien Willens, so daß der Einzelne dem Verbande gegenüber nicht nur Pflichten, sondern auch Rechte besaß und mit der Gesamtheit durch ein Vertragsverhältnis verbunden war, welches seine Interessen schützte. Gleichwohl aber trat der Verband seinen Mitgliedern auch mit hoheitlichen Befugnissen gegenüber, zumal wenn politische Notlagen ihn dazu zwangen, einen Herrn zu seiner Leitung zu erheben oder sich der Macht eines solchen zu beugen. Niemals aber entsagten die Verbände deswegen der ihnen angeborenen Willens- und Handlungsfähigkeit, selbst wenn sie über jenen Umfang hinauswuchsen, bis zu dem hin noch alle Genossen zu gesamter Hand zu handeln oder wie aus einem Munde ihren Willen zu erklären vermochten. Vielmehr band ihr Wille jegliche Herrschaft, und zwar vor allem dadurch, daß es immer der vornehmste Zweck aller Verbände blieb, den Nutzen und das Gedeihen der Genossen zu fördern. Daher waren in den Genossenschaften und Einungen freier Männer die Einzelnen mit der Gesamtheit nicht durch juristische Theorie und Fiktion, sondern durch wirkliche, in Verhandlungen und Verträgen näher bestimmbare Rechtsverhältnisse derart verbunden, daß die gemeinsame Willensbildung unaufhebbar mit dem Konsens aller verknüpft blieb und die überindividuellen Zwecke der Verbandsperson zu den singulären Zwecken der Verbandsmitglieder grundsätzlich nicht in Gegensatz geraten konnten, sondern vielmehr beide voneinander abhängig, die Vorteile aller und die der Einzelnen ineinander verflochten blieben. „Private" und „öffentliche" Rechte vermischten sich in den subjektiven Befugnissen der Individuen und der Verbände in einer je nach deren ständischem Range verschiedenen, stets aber selbst in Gedanken gar nicht auflösbaren Weise. Das Recht der Einzelnen und der Teilverbände war dem der Reiche oder Staaten ebenbürtig, es setzte der Herrschermacht oder Staatsgewalt Schranken und stellte diese in seinen Dienst. Der Gedanke, daß es auf staatlicher Konzession beruhe oder daß der Staat die erworbenen Rechte seiner Glieder, anstatt sie zu fördern und zu schützen, gar widerrufen oder seinen höheren Zwecken aufopfern könne, war dem Rechtsbewußtsein des Mittelalters zunächst völlig fremd, genauso wie der Gedanke, daß der Gesamtwille eines Personenverbandes nur in einer vom öffentlichen oder Herrenrecht geordneten Versammlung entstehen könne.

§ 26. Der begrifflichen Durchdringung dieser Rechtsgedanken freilich setzten das geringe Abstraktionsvermögen der Laien und ihre Abneigung wider begriffliche Ausschließlichkeit auf lange Zeit enge Grenzen. So fand man keine Antwort auf die Frage, wie einerseits das Recht durch Königtum und Staat erhalten, andererseits aber die Königsmacht erst durch das Recht begründet werden, oder, um mit Montesquieu zu reden, auf welche Weise das Volk in mancher Hinsicht Herrscher, in anderer Hinsicht aber Untertan sein könne[56], da die Erkenntnis, daß beide durch-, für- und miteinander daseien, in ihrer Unanschaulichkeit den Bereich des Denkbaren überstieg. Immerhin brachte die Praxis des Verbandslebens doch im 12. und 13. Jahrhundert den im Volke lebendigen Verbands- oder Körperschaftsgedanken aus sich heraus wenigstens soweit zur Klarheit, daß die Rechtssubjektivität und der Gesamtwille der Verbandspersönlichkeit von denen der Summe der Verbandsmitglieder deutlich unterschieden wurden. Man erkannte, daß die Versammlung der Genossen, die in größeren Verbänden stets unvollkommen bleiben mußte, selbst nur Worthalter des Verbandes sei und neben sich anderer Führungsgremien oder Räte bedürfen mochte, um den substantiell einheitlichen Verbandswillen zu artikulieren und zu verwirklichen. Solche Versammlungen oder Worthalter der Gemeinden hätten sich niemals als Repräsentanten eines an und für sich willensunfähigen Verbandes betrachten können, den sie auf Grund gesetzlicher Ermächtigung hätten bevormunden müssen, wie es die gemeinrechtliche Theorie für die Stadtgemeinden als Ei-

---

56 Le peuple, dans la democratie, est, à certains égards, le monarque; à certains autres, il est le sujet. MONTESQUIEU, De l'esprit des lois, 1749, l. II ch. II.

gentümer ihres Vermögens vorsah, und ebensowenig hätten sie sich in ihren Kompetenzen jemals auf das Teilgebiet der von den Römern sogenannten Privatrechte beschränken lassen.

Seit Otto Gierke vor mehr als hundert Jahren das Rechtsverhältnis, welches zwischen mittelalterlichen Einungen oder Korporationen und ihren Häuptern, Oberen oder Vorstehern bestand, als organisch und die Versammlungen und Worthalter der Gemeinden metaphorisch als deren Organe bezeichnet hatte, ist es eine offene Frage, was unter der Organschaft im einzelnen zu verstehen sei. Die Antwort auf diese Frage muß ausgehen von dem Verhältnis der Identität, dem zufolge der Wille des Verbandes und die ihm zurechenbaren Handlungen rechtlich identisch waren mit dem Willen und den Handlungen seiner Ältesten oder Sprecher, die den Verbandswillen nicht nur ausführten, sondern überhaupt erst artikulierten. Damit ist ein eindeutiger Unterschied zum Verhältnis der Repräsentation gegeben. Repräsentanten vergegenwärtigten ihre Mandanten oder eine Gesamtheit von Abwesenden, mochte man sich diese nun als wirklich oder als erdichtet denken, derart, daß man ihre Personen deutlich von den Vertretenen unterschied (formten diese einen Verband, so brauchten sie selbst diesem persönlich gar nicht anzugehören) und daher ihren Willen durch urkundliche Erklärung erst künstlich mit dem der Mandanten identifizieren mußte.

Dagegen bezeichnet Identität das Einssein der An- und Abwesenden derart, daß man die jeweiligen Personen und ihre Willen weder unterscheiden konnte noch unterscheiden wollte. So wenige Mitglieder eines Verbandes auch immer anwesend sein mochten, man setzte sie rechtlich gleich mit allen, auch den abwesenden Genossen. Daher kommt es, daß die Hansestädte, welche vollmächtige Sendeboten zu Tagfahrten und Vertragsverhandlungen entsandten, zum Erstaunen der Engländer nicht genötigt waren, die Personen ihrer Sprecher namentlich zu bestimmen, und daß sie folglich auch nicht imstande waren, deren Namen den Verhandlungspartnern im voraus mitzuteilen (oben, §§ 13, 18). Damit entfiel aber auch die bei jeglicher Repräsentation unvermeidliche Frage, ob die Worthalter eines Verbandes an dessen Weisungen gebunden waren oder nur ihrem Gewissen (vor Gott, bei dessen Heiligen sie ihren Amtseid geschworen hatten) verantwortlich waren: Im Verhältnis der Repräsentation war jedes, in dem der Identität dagegen keines von beiden möglich, denn Identität vernichtete jene Distanz, die jeden Repräsentanten von seinem Mandanten schied. Die niederdeutsche Rechtssprache besaß für sie allerdings ebensowenig wie für andere Institutionen ein prägnantes Fachwort. Vielmehr bediente sie sich, wie wir noch sehen werden, verschiedener Redefiguren, um den Sachverhalt auszudrücken. Es ist daher nicht leicht zu erkennen, daß als wörtliche Entsprechung des lateinischen Wortes Identität das niederdeutsche Einssein anzusehen ist (unten, §§ 106, 115).

§ 27. Es ist das Ziel der folgenden Untersuchungen zu zeigen, in welchen Sachverhalten und Rechtstatsachen der hansischen Geschichte dieses Einssein in Erscheinung trat, und auf diese Weise einen Beitrag zur Erhellung des mittelalterlichen Verbands- und Einungswesens zu leisten, dessen nähere Bestimmungen und rechtsgeschichtliche Bedeutung immer noch als unerforscht gelten müssen[57]. Es wird sich dabei herausstellen, daß die rechtliche Identität der Verbände mit ihren Oberen und Worthaltern eine vertragliche, der Schriftform fähige Bevollmächtigung der letzteren durch die Gesamtheiten der Genossen nicht nur entbehrlich machte, sondern auch in der von den Engländern erwarteten unbeschränkten Form gar nicht zuließ. Genossenversammlungen, wie sie auf den Tagfahrten der Ratssendeboten oder als gemeiner Kaufmann aus dem Römischen Reiche deutscher Nation in den ausländischen Kontoren zusammentraten, waren keine Parlamente, ihre Teilnehmer weder Repräsentanten noch Prokuratoren irgendwelcher Mandanten, sondern sie waren identisch sowohl mit dem hansischen Gesamtverbande als auch mit dessen Teilen; sie stellten diese nicht bloß als an sich unsichtbare oder gar fiktive Gesamtperson in ihren Personen gegenwärtig vor, sondern sie waren selbst die gemeinen Städte oder der gemeine Kaufmann, so, wie in den deutschen Territorien die seit der Wende des 14. zum 15. Jahrhundert zu Institutionen heranwachsenden Ständeversammlungen das Land nicht repräsentierten, sondern selbst eigentlich das Land waren[58].

Als Identität erweist sich auch, nach hansisch-niederdeutschem Stadtrecht, das Verhältnis zwischen Stadt(gemeinde), Bürgergemeinde und Rat. Zwar besaß jede Stadt einen von der Summe der Einzelwillen abgelösten Gemeinwillen, den festzustellen Aufgabe ihrer Gremien, der Bürgerversammlung und des Rates, war, aber die Bürgerversammlung galt als identisch einerseits mit der Gesamtheit aller Bürger und Einwohner und andererseits mit dem Rate, auch wenn, oder gerade deswegen, weil die Summe aller Bürger längst

---

57 Karl KROESCHELL, Einung, in: HRG 1 (1971) Sp. 911, Ziffer 2: „Das Wesen der Einung und ihre rechtsgeschichtliche Bedeutung sind bisher unerforscht." GIERKE hatte das Wesen der Einung auf die Metapher des Organismus reduziert und damit, unter Leugnung aller Identitäten, geradezu mystifiziert, z. B. Genossenschaftsrecht (wie Anm. 54), Bd. 2 (1873) S. 620: „Damit war die Identifizierung der Gesamteinheit mit der Gesamtvielheit unmöglich gemacht. Der bürgerschaftliche Organismus deckte sich nicht mit der versammelten oder versammelt gedachten Menge der Bürger ... Wenn dieser bürgerliche Organismus auch da, wo irgendwie der Rat innerhalb seines weit umfassenden Geschäftsbereichs tätig ward, sein Leben bekundete, so war er eben eine den ganzen Bürgerverband wie die Seele den Körper durchziehende Einheit, deckte sich aber nicht mit der vielköpfigen Gesamtheit der Bürger." Das Verhältnis des Rates zur Bürgerschaft bestimmte GIERKE dann des näheren als Stellvertretung oder Repräsentation: Bd. 2 S. 612, 616f. S. auch u., § 211 Anm. 438.
58 Otto BRUNNER, Land und Herrschaft (1939), 5. Aufl. Wien 1965, Nachdruck Darmstadt 1990, Kap. III 4, V 3, mit Berufung auf Georg VON BELOW (1885) und Otto HINZE (1930, 1931). S. auch u., § 368. – Max WELTIN, Der Begriff des Landes bei Otto Brunner und seine Rezeption durch die verfassungsgesch. Forschung, in: ZRGG 107 (1990) S. 339–376, geht hierauf nicht ein.

viel zu groß geworden war, als daß diese noch Verbandshandlungen zu gesamter Hand hätten vornehmen können. „Die Gemeinde sind die Herren wie wir, und wir sind die Gemeinde gleich euch," läßt die Kölner Reimchronik den Rat ihrer Stadt im Jahre 1481 antworten, als sich die Geschickten der Bürgerschaft zwischen ihn und die Gemeinde drängen wollten⁵⁹.

In solcher Identität der Gesamtheit aller Bürger mit der Gemeinde und mit dem Rate erwies sich die Stadt als reale Verbandsperson, deren Dasein weit von bloßer Erdichtung durch juristische Theorien entfernt war. Die Identität aber setzte sich fort von den Gemeinden hinein in den Gemeinen Kaufmann aller deutschen Städte und von den gemeinen Städten hinein in die Gemeinde ihrer zur Tagfahrt versammelten Ratssendeboten. Überall war die Identität der zufällig Anwesenden mit der Gesamtheit aller an- und abwesenden Rechtsgenossen gegeben. Deren Sprecher oder Worthalter waren die in diesem Moment und an diesem Orte Versammelten, so, wie es zu anderer Zeit und an anderer Stätte andere Personen sein würden, ohne daß die zufälligen Personen der jeweiligen Sprecher als Repräsentanten von der Gesamtheit der Genossen unterschieden worden wären und deshalb einer ausdrücklichen Bevollmächtigung bedurft hätten. Körperschaft und Repräsentation waren Fremdworte in der hansisch-niederdeutschen Sprache, da es im Rechtsleben der Hanse und der Hansestädte keine Rechtswirklichkeiten gab, auf die diese Begriffe gepaßt hätten.

§ 28.I. Während dieser alte, genossenschaftlich geprägte Rechts- und Staatsgedanke, der einst allen Nachfolgestaaten des karolingischen Reiches, aber auch den skandinavischen und slavischen Völkern vertraut gewesen war, in Deutschland, und hier vor allem im hansisch-niederdeutschen Raume, bis ans Ende des Mittelalters lebendig blieb – und lebendig bleiben konnte, weil das Königtum als Vertreter der höchsten, gesamtstaatlichen Allgemeinheit hier seit dem Thronstreit der Jahre 1198–1212 handlungsunfähig geworden war –, hatte die Verfassungsbildung in den romanischen Ländern und besonders in England eine neue Richtung eingeschlagen und sich dabei die Lehren der Juristen und Theologen ihrer Zeit zunutzegemacht. Die Vernachlässigung des altrömischen Unterschieds zwischen öffentlichem und privatem Recht und die Lehren über die nur durch (Königs-)Gesetz mögliche Errichtung von Gemeinden, über deren Beschaffenheit als lediglich fiktive, an und für sich willens- und handlungsunfähige Körper und ihre deswegen erforderliche Bevormundung durch gesetzlich bestimmte Repräsentanten (oder nach gesetzlichen Regeln konstituierte Versammlungen von solchen) ermöglichte es den Gelehrten, das mittelalterliche Genossenschafts- und Gemeinderecht auf eine

---

59 Die Chroniken der deutschen Städte vom 14. bis ins 16. Jh., hg. durch die Hist. Kommission bei der Bayer. Akademie der Wissenschaften, Bd. 1–37, Leipzig u. a. 1862–1968, hier: Bd. 14 (1877) S. 950 Zeile 267 f. Hugo STEHKÄMPER, Gemeinde in Köln im MA, in: Studien zum 15. Jh., FS für Erich Meuthen, hg. von Johannes HELMRATH und Heribert MÜLLER, München 1994, S. 1025–1100, hier: S. 1099.

Weise zu interpretieren, die dem Willen der Könige und Fürsten, sich zu Herren aller autochthonen Land- und Stadtgemeinden zu erheben, auf das glücklichste entgegenkam. Und die Wirklichkeit des öffentlichen Lebens in den Gemeinden schien dieser Lehre ja durchaus zu entsprechen, da das Volk niemals imstande war, in freier Diskussion den Gemeinwillen zu artikulieren, sondern diese Aufgabe engeren Kreisen seiner Ältesten und Besten (meliores) überlassen mußte.

Wenn aber diese seine Sprecher gegenüber ihm, dem versammelten stummen Volke, im civiloquium oder arengo, in der Morgen- oder Bürgersprache den Gemeinwillen zum Ausdruck brachten und in Worte faßten, so sprach die sinnliche Wahrnehmung durchaus dafür, daß in dem duldenden, passiven Volke eine als Ganzes willenlose Menge von Individuen und in dem worthaltenden Gremium der Träger des Gemeinwillens zu erblicken war. Da eine Ermächtigung des Gremiums durch die Gemeinde als Rechtsgeschäft oder öffentlicher Akt erkennbar nicht stattfand, sprach der Augenschein dafür, daß das Gremium als Repräsentant aus eigener oder königlicher Gewalt die Gemeinde bevormundete und lenkte. Aber auch den Vorstehern der Gemeinden brachte deren Inkorporation oder Anerkennung als fiktive juristische Person Vorteile. Sie befreite sie etwa von der persönlichen Haftung für Schulden, die sie zugunsten der Gemeinde eingegangen waren, wie ein Urteil des königlichen Hofgerichts in England im Jahre 1442 feststellte[59a]. Es mußte diese juristische Beurteilung bestärken, daß die Macht der Könige in Westeuropa bereits im 13. Jahrhundert so groß geworden war, daß das Recht freier Männer, sich mittels Genosseneides zur Kommune zusammenzuschwören, nur noch als königliches Privileg und mit königlicher Erlaubnis ausgeübt werden konnte, während in Deutschland und namentlich in den Kolonisationsgebieten östlich der Elbe die Verbandsbildung frei blieb und nur erst das Willkür- und das Ratswahlrecht fürstlicher Zulassung bedurften.

§ 28.II. Ein wichtiges Merkmal germanisch- oder deutschrechtlicher Identität, gerade auch im Gegensatz zur gemeinrechtlichen Repräsentation, war die Umkehrbarkeit des Verhältnisses, in dem die Häupter oder Worthalter eines Verbandes zu diesem selber standen. Die soeben (in § 27) angeführte Äußerung der Kölner Reimchronik zum Jahre 1481 verleiht dieser Reziprozität einen geradezu klassischen Ausdruck. Den italienischen Juristen, denen die Identität von Gemeinde, Volksversammlung (arengo) und Rat in den Verfassungen der lombardischen und toskanischen Städte anschaulich vor Augen stand, war die Umkehrbarkeit indessen schwer faßlich. Zwar war sich die gemeinrechtliche Schule des Gegensatzes zwischen Identität und Repräsentation so deutlich bewußt, daß der Theologe und Kardinal Johannes von Segovia im Jahre 1441 die Repräsentation vermöge Vollmacht, wie sie Prokuratoren oder Vormün-

---

59a A. R. BRIDBURY, English provincial towns in the later middle ages, in: The Economic History Review, 2. Ser. vol. 34 (1981), S. 1–24, hier: S. 11.

dern zukam (repraesentatio potestatis), ausdrücklich unterscheiden konnte von der Vollmacht kraft Identität, die einem Rate zustand, der die Stadt ist (repraesentatio identitatis)[60]. Aber einerseits die frühe Neigung der italienischen Kommunen, die Probleme identischer Willensbildung durch den Übergang zur Signorie zu lösen, andererseits die an die Auffassungen des römischen Rechts und den Gebrauch der lateinischen Sprache gebundene gemeinrechtliche Denkweise hinderten die Gelehrten daran, diese und andere Eigenschaften des Verfahrens identischer gemeindlicher Willensbildung unbefangen zu analysieren. Indem sie, was sie unterscheiden wollten, unter den Oberbegriff der Repräsentation brachten, verdunkelten sie unwillkürlich (die Kanonisten übrigens stärker als die Legisten) den Unterschied und ließen die aus der Fiktionstheorie in den Begriff der Repräsentation eingegangene Vermutung gemeindlicher Unmündigkeit und Unfähigkeit zu wollen auf ihr Verständnis der Identität abfärben. Darüber verloren sie die Umkehrbarkeit des Identitätsverhältnisses soweit aus den Augen, daß sie die bloße Identität nicht mehr für hinreichend erachteten, um die Einheit der Stadtgemeinde zu rechtfertigen, und daher auf die organologische Idee vom Rate als Haupt und der Gemeinde als mystischem oder fiktivem Körper der Stadt zurückgriffen, um die selbsterzeugte Lücke zu schließen. Der organologische Glaube an eine natürliche hierarchische Ordnung innerhalb der Gemeinde war zwar mit dem Verhältnis der Identität absolut unvereinbar, er kam aber den Interessen jener Juristen entgegen, die in fürstliche Dienste getreten waren und dort die Aufgabe erfüllen sollten, das Einungsrecht der Stadtleute von der königlichen Gewalt herzuleiten, indem sie es zum widerruflichen Privileg erklärten.

§ 29. Um die vom germanisch-mittelalterlichen Rechtsbewußtsein erfüllten Gemeinden und Genossenschaften unter eine solche Interpretation ihrer Rechte zu beugen, bedurfte es einer mächtigen Zentralgewalt, wie sie seit dem 12. Jahrhundert der katholischen Kirche in Gestalt des reformierten Papsttums und den westeuropäischen Ländern in Gestalt des landfriedenswahrenden Königtums erwachsen war. Zuerst hatte das Papsttum den Dom- und Stiftskapiteln, den Mönchskonventen und Kongregationen, die zuvor als freie klerikale Genossenschaften entstanden waren, den Status von Kollegien aufgedrängt und sie dazu gezwungen, sich der Repräsentation durch formal unbeschränkt bevollmächtigte Prokuratoren zu unterwerfen (materiell war die Prozeßvollmacht von Haus aus beschränkt auf den Gegenstand des jeweiligen Rechtsstreites), wenn sie an der römischen Kurie ihr Recht im Petitionswege oder im streitigen Verfahren suchen mußten. Was die weltlichen Gemeinden und Verbände betraf, so waren die Könige Westeuropas diesem Vorbilde alsbald gefolgt, denn wie bereits erörtert, konnte und kann sich seither kein Gericht mehr darauf einlassen zu urteilen, wenn sich die Parteien

---

60 HOFMANN, Repräsentation (³1998, wie Anm. 54) S. 212, 221, 271, auch 298–301. Die Einzelheiten zum folgenden ebenda S. 211–219, 236, 245.

nicht im voraus seiner Hoheit zu unterwerfen und im voraus Gehorsam gegenüber seinem Spruche zu geloben bereit waren. Dieses Verlangen indes hatte einen wahren Umsturz der älteren Rechtsordnung herbeigeführt, welche die Herrschaft über den Prozeß noch nicht dem Richter überlassen, sondern den streitenden Parteien vorbehalten hatte. Im Rahmen dieser älteren Ordnung aber hielten sich jene Parteien, welche ihre Vertreter weiterhin formal nur beschränkt bevollmächtigen wollten, nämlich lediglich dazu, Entscheidungen des Gerichts zum Bericht (ad referendum) und unter Vorbehalt ihrer Bewilligung entgegenzunehmen, um sich so selbst das letzte Wort in dem Verfahren und die Verfügung über den Verhandlungsgegenstand, die Termine und die Geltung des Urteils zu sichern, wie es den Grundsätzen des zuvor in ganz Europa maßgeblich gewordenen germanischen Rechtes entsprochen hatte.

Gegenüber der in dem alten Rechte angelegten beschränkten oder Spezialvollmacht, die dem Mandanten einen Spielraum ließ, um mit dem Richter zu verhandeln und den Prozeß zum Nachteil des Gegners zu verschleppen, bedeutete die unbeschränkte oder Generalvollmacht des neuen Rechtes mit der vorgängigen bedingungslosen Unterwerfung der Parteien unter den Herrscher und Richter einen grundstürzenden Wandel. Das erneuerte westeuropäische Königtum betrachtete es nun, da es sich in den Dienst des Landfriedens und Gemeinnutzens gestellt hatte, als tödlichen Affront wider seinen Macht- und Rechtsanspruch und als Aufruhr oder Majestätsverbrechen, wenn sich jemand auf das alte Recht berief und dem höchsten Gericht die geforderte absolute Ermächtigung der Prokuratoren verweigerte. Seit dem 13. Jahrhundert hatten daher die Königsgerichte die Genossenschaften und Gemeinden gezwungen, sich durch Prokuratoren mit formal unbeschränkter Vollmacht vertreten zu lassen, und die Verweigerung dieses Verlangens zum Ladungsungehorsam erklärt und entsprechend bestraft: Der unzureichend ermächtigte Verband wurde dem überhaupt nicht vertretenen und dem säumigen Verbande (der universitas indefensa) gleichgeachtet.

Das erneuerte Königtum hatte sich freilich selbst diesem Rechtsgedanken beugen müssen, denn wenn man, was nahelag, die im Gericht gefundenen Regeln auf das außergerichtliche Verfahren in diplomatischen Verhandlungen mit fremden souveränen Gewalten übertrug, so mußte sich nun auch der König durch Repräsentanten als Gesandte vertreten lassen. Die gelehrte Theorie konnte ihm dies um so eher zumuten, als sie begann, ihn, den Monarchen, in seinen amtlichen Funktionen selbst als Repräsentanten, der Gesamtgemeinde seines Königreiches nämlich, aufzufassen. Die Einbeziehung des Königs in das System von Gemeinden und Repräsentanten, in welches dieses Denken die gesamte Reichsverfassung verwandelte (unten, § 372), wurde dadurch ermöglicht, daß man die Kompetenzen des königlichen Amtes definierte und darauf die materielle Beschränkung jener Prokuratorien gründete, die der König selber ausstellte und ausstellen konnte. Denn nur in sachlich und zeitlich genau definierten Funktionen war er befugt, sich durch andere Personen vertreten zu lassen – eine königliche Generalprokuration mit umfassender materiellnr Kompetenz wäre der Abdankung des Herrschers gleichgekommen.

§ 30. Noch im 13. Jahrhundert hatten die Kronjuristen in den romanischen Ländern Europas und in England begonnen, das Institut der Prokuration oder Repräsentation in das Verfahrensrecht der Parlamente zu verpflanzen, zu denen Könige und Fürsten die Stadt- und Landgemeinden ihrer Reiche und Herrschaften aufboten, um mit ihnen über das Gemeinwohl dieser höchsten Allgemeinheiten und die zu dessen Förderung notwendigen Steuern zu verhandeln. Von den Gemeinden, die ihre Vertreter in die Parlamente entsandten, verlangten sie, daß sie diesen Männern dieselbe Vollmacht, um den von den Großen anerkannten Forderungen der Regierung zuzustimmen und sie mit Verbindlichkeit für ihre Mandanten anzunehmen, erteilten, die sie ihren Prokuratoren gewähren mußten, wenn diese vor den Hofgerichten als partei- und prozeßfähig anerkannt werden wollten. Der Rechtsform nach mußten es demnach im voraus erteilte, unbeschränkte Vollmachten sein; die materielle Begrenzung der Kompetenz der Abgeordneten dagegen ergab sich aus den Notwendigkeiten des Gemeinwohls und damit aus der Kompetenz des königlichen Amtes selber.

Jeden Versuch der Gemeinden, ihre Sendeboten lediglich mit einer beschränkten, nur zum Anhören der Forderungen und zum Berichten (ad referendum) ausreichenden Vollmacht zu versehen, pflegten seither die Könige an den Gemeinden als Ladungsungehorsam und Majestätsverbrechen zu ahnden[61]. Denn nur mit unbeschränkt ermächtigten Abgeordneten und Repräsentanten der steuerpflichtigen Gemeinden vermochten der König und die Großen des Reiches so zügig über das Gemeinwohl und den Gemeinwillen der Reichsgemeinde zu verhandeln, wie es die Staatsnotwendigkeit gebot. Dagegen hätte jede beschränkte Ermächtigung der Sendeboten die staatliche Willensbildung und Entschließung so sehr in die Länge gezogen, daß nicht nur in den gefährlichen Momenten einer äußeren Bedrohung des Reiches wenn nicht die Existenz, so doch die Wohlfahrt des Gemeinwesens selber auf dem Spiele gestanden hätte. Nachdem aber die Juristen und Doktoren aus der Analyse des ewigen Konfliktes zwischen Herrscherrecht und Verbandsrecht eine Idee der Repräsentation hergeleitet hatten, nach der nicht nur Ständeversammlungen und Parlamente, sondern auch Fürsten und Könige als Repräsentanten des unsichtbaren Verbandskörpers einer Volksgesamtheit und somit als auf deren Gemeinwohl und Gesamtnutzen verpflichtete Amtsträger aufgefaßt werden mußten, hatten es in Westeuropa auch die Herrscher erlernt, sich um der sachgerechten und zügigen Erledigung der Regierungsgeschäfte willen der strengen Disziplin der Repräsentation zu unterwerfen, indem sie sich selbst

---

61 POST (1943, wie Anm. 8). Antonio MARONGIU, Medieval Parliaments. A comparative study, translated and adapted by S. J. WOOLF, London 1968, S. 228–230.

im diplomatischen Verkehr mit auswärtigen Mächten durch Gesandte mit formal unbeschränkten Vollmachten vertreten ließen, sich selbst also, soweit diese Vollmacht der Sache nach reichte, der Bevormundung durch Repräsentanten unterwarfen.

§ 31. Wie weit das Deutsche Reich während des späteren Mittelalters hinter der Verfassungsentwicklung des Westens zurückblieb, wie gründlich sich also die Engländer irrten, wenn sie annahmen oder unterstellten, die Ratssendeboten der hansischen Tagfahrten seien in demselben Sinne Repräsentanten der Hansestädte, wie es die Abgeordneten der englischen Commons im königlichen Parlament waren, wie wenig es aber auch dem deutschen Königtum gelingen konnte, den Gemeinden ihres Reiches eine Repräsentativverfassung aufzuzwingen, das ergibt sich aus der Beobachtung, daß noch die deutschen Reichsgerichte der frühen Neuzeit unfähig waren, verbindlich festzustellen, inwieweit Personenverbände mit Einungscharakter, z. B. Zünfte, Judenschaften, Dorf- oder Landgemeinden, Klöster oder Reichsstädte, vor ihren Schranken partei- und prozeßfähig waren. Weder beim Reichskammergericht noch beim Reichshofrat herrschte Klarheit darüber, ob durch Einung verbundene natürliche Personen unter ihrem Gesamtnamen als einige Verbandsperson Klage erheben und verklagt werden konnten, oder ob sie als Personenvielheit eine Streitgemeinschaft von Individuen bildeten, derart, daß jede Person einzeln, wenn auch mit allen anderen zusammen, Klage erheben oder vor Gericht geladen werden mußte[62]. Trat eine Reichsstadt als Kläger auf, so verlangte der Reichshofrat, daß die Vollmacht für den Anwalt, der sie vertrat, durch Deputierte aus dem Stadtrate erteilt werde; bei Gemeinden dagegen mußten zwei Drittel der hausgesessenen Genossen, bei Kollegien (z. B. Universitäten oder Schöffengerichten) zwei Drittel der Mitglieder den Anwalt ermächtigen, und selbst wenn unter dem Gesamtnamen eines Landes oder sämtlicher Untertanen Klage erhoben wurde, mußte sich der Anwalt sein Prokuratorium von zwei Dritteln entweder der Gemeinden oder aber aller einzelnen Untertanen, aus denen das Land bestand, erteilen lassen. Umgekehrt machte es natürlich auch für den Kläger einen gewaltigen Unterschied, ob er einen Personenverband als Gesamtheit belangen konnte oder jedes Verbandsmitglied einzeln in seiner Klage aufführen mußte. Deutlich zeigt sich in dieser Praxis einerseits, daß sich das Reichshofgericht weder den Gedanken der Repräsentation von Verbandspersonen durch ihre selbstgesetzten Sprecher noch das wissenschaftlich nicht gesicherte Identitätsprinzip des deutschrechtlichen Einungswesens zu eigen zu machen vermochte, andererseits aber auch, daß man ein Gesamthandeln aller Verbandsgenossen, da diese schwerlich jemals vollzählig zusammenzubringen waren, nicht mehr zu ver-

---

62 Wolfgang SELLERT, Prozeßgrundsätze und Stilus Curiae am Reichshofrat (Untersuchungen zur deutschen Staats- und RechtsG. NF Bd. 18), Aalen 1973, S. 104–107. – Ein Einzelfall wird unten, § 145, erwähnt.

langen wagte, sondern sich mit der Ermächtigung der Prokuratoren durch qualifizierte Mehrheiten begnügte.

1.3. Ein Konflikt der Hanse mit dem Herzogtum Burgund vom Jahre 1453

§ 32. In den Rezessen und Akten der Hansetage spiegelt sich die Modernisierung der westeuropäischen Staatsverfassungen nicht nur anläßlich des Verhältnisses der Deutschen Hanse zu England, sondern auch in den hansischen Beziehungen zum Herzogtum Burgund wider, mit dem seit 1369 die Grafschaft Flandern, seit 1428 die Grafschaften Hennegau, Holland und Seeland und seit 1430 das Herzogtum Brabant in Personalunion verbunden waren. In Flandern hatte schon Herzog Philipp der Kühne im Jahre 1371 eine Kammer seines Rates als obersten Gerichtshof eingerichtet, und dieser war seither immer öfter sowohl von den Stadt- und Landgemeinden als auch von den Untertanen angerufen worden, weil seine an den Regeln des römisch-kanonischen oder gemeinen Rechts orientierte Prozeßführung den Parteien eine bessere Rechtspflege gewährte, als sie sie von den mit Laienrichtern besetzten Schöffenbänken der Stadt- und Landgerichte erwarten konnten. Seit jener Zeit war auch der Druck der Flamen auf die privilegierte hansische Niederlassung zu Brügge gewachsen, dem die Deutschen nicht anders zu begegnen wußten als durch Handelssperren und Verlegungen ihres Kontors. Nachdem sie zum ersten Male von 1388 bis 1392 nach Dordrecht und danach in den Jahren 1437 bis 1438 nach Antwerpen ausgewichen waren, verweilten sie seit 1451 in Amsterdam, in Deventer und schließlich in Utrecht. Deswegen kamen im Mai 1453 fünf Gesandte des Herzogs von Burgund, des Grafen von St. Pol und der Lede des Landes Flandern nach Lübeck, um über die Rückkehr des Deutschen Kaufmanns nach Brügge zu verhandeln. Unter ihnen befanden sich nicht weniger als drei Juristen, nämlich „Meister Johann van den Driessche, in beiden Rechten Doktor, Präsident der Ratkammer von Flandern", Meister Jakob Angeli, „baccalaurius formatus in theologia et licentiatus in decretis", und Meister Johann von Halewiin, „in dem Kaiserrecht licentiatus und in dem geistlichen Rechte Doktor". Diesem Aufgebot an Experten saßen die Ratmannen von Lübeck, die Sendeboten etlicher Städte und die Worthalter des Deutschen Kaufmanns zu Utrecht gegenüber, lauter Laien, denen allerdings zwei juristische Fachleute als Berater zur Verfügung standen, da die Lübecker jederzeit ihren Syndicus zuziehen konnten und die Braunschweiger ihren Protonotar, einen Lizentiaten im Kaiserrecht, mitgebracht hatten[63]. Es war offensichtlich, daß die Flamen betont mit Rücksicht auf die herzoglichen Rechte und die Gerichtsverfassung der Grafschaft Flandern verhandeln konnten und wollten, denn die nach Land- und Kaufmanns-

---

63 HR II 4 n. 161 pr.

recht zu beurteilenden hansischen Privilegien hätten für sich alleine soviel Gelehrsamkeit, wie sie aufboten, nicht erfordert.

Die Verhandlungen begannen am 31. Mai 1453. Auf das Begehren der Flamen, daß der Kaufmann nach Flandern zurückkommen möge, antworteten die Lübecker und die Ratssendeboten, die Rückkehr sei erst dann möglich, wenn die Rechtspflege geregelt und die den Deutschen angetanen Beraubungen wiedergutgemacht wären. Was das erstere betraf, so verlangten sie, daß der Deutsche Kaufmann, sooft irgendein Bailli, Schultheiß, Zöllner oder anderer Offizier des Landes Flandern oder jemand anders seine Freiheiten verletzte, berechtigt sein sollte, dies einem der Lede anzuzeigen, wo immer es ihm am bequemsten wäre; das angerufene Lid sollte dann von dem Herzog die Macht haben und schuldig sein, binnen 14 Tagen die Verletzung zu bessern oder die Sache nach Rechte endgültig zu entscheiden, ohne eine Appellation des Beklagten an die Ratkammer der Grafschaft zuzulassen, es wäre denn die Sache „so lastig oder schwer", daß sich das Lid allein ihrer nicht unterwinden wollte. In diesem Falle sollte es binnen 14 Tagen die anderen Lede zu sich laden; die Lede sollten verpflichtet sein, binnen 14 Tagen vollständig zu erscheinen und die Sache zu entscheiden. Versäumten aber die Lede diese ihre Pflichten, so sollte der Kaufmann befugt sein, „bei den Herren von der Ratkammer des Landes von Flandern" Klage zu erheben, und die Ratkammer sollte schuldig sein, binnen 14 Tagen zu urteilen, „ohne Appellation und Weisung davon zu tun an fernere oder höhere Gerichte"[64].

§ 33. Die Deutschen verlangten also nicht weniger, als von allen Neuerungen, die die herzogliche Herrschaft in sieben Jahrzehnten auf dem Gebiete der Rechtspflege bewirkt hatte, ausgenommen zu werden. So sollte der Herzog die richterliche Kontrolle seiner Amtleute nur deswegen den ihm untertänigen Gemeinden auftragen, damit den Deutschen die gewohnte rasche Entscheidung über ihre Anliegen durch Laienrichter und im deutschrechtlichen Verfahren bewahrt blieb, denn hier konnten sie ihre Sache selbst vertreten, ohne von Prokuratoren und Berufsrichtern abhängig zu werden, die sich eines ihnen fremden Gerichtsverfahrens mit umständlichen schriftlichen Formen und dazu der ihnen unverständlichen französischen Sprache[65] bedienten. Völlig zutreffend faßte Bürgermeister Peter Langejohann das Ergebnis der Verhandlungen mit den Worten zusammen: „Und das meiste, darauf sich unsere Dinge zurückholen, das ist die Sache: Die Städte und der Kaufmann wollen, daß da alle Gebrechen, die dem Kaufmann widerfahren, in welcherlei Gebrechen es sei, daß das die vier Lede so richten sollen, wie es seit alters gewesen ist. Da sind die Flaminge bis jetzt dagegen gewesen und meinen, daß man das Recht des Kaufmanns suchen solle in des Herrn von Burgund Kammergericht. Das will der Kaufmann nicht, auch wollen wir es

---

64 HR II 4 n. 161 § 1, n. 162 §§ 1, 5.
65 Allerdings bereitete ihnen auch die flämische Rechtssprache bereits Schwierigkeiten, HR II 4 n. 540 §§ 1, 2.

ihm nicht raten"⁶⁶. Der Herzog mußte natürlich die Forderung der Städte, daß die Lede über Streitigkeiten zwischen dem Kaufmanne und seinen Beamten richten sollten, zurückweisen. Immerhin aber war er bereit, für alle derartigen Prozesse einen besonderen Gerichtshof zu errichten⁶⁷. Jedoch auf einer Tagfahrt zu Lübeck im Juni 1454 wiesen die Hansestädte diesen Vorschlag zurück. Sie beharrten darauf, daß die Lede das Recht handhaben sollten, wie es vor dem Jahre 1371 gewesen war, und verlangten, daß das von Lübeck in diesem Sinne entworfene Privileg⁶⁸ nicht nur von dem Herzog, sondern auch von den Leden besiegelt werde⁶⁹.

§ 34. Dieselbe Erfahrung burgundischen Fortschreitens und eigenen Stillstands machten die Ratssendeboten der Wendischen Städte, die am 26. Mai 1455 in Kampen mit Sendeboten der Lande Holland, Seeland und Friesland über die Verlängerung des Friedens von Kopenhagen verhandeln wollten. Die Gespräche hatten schon im Vorjahre geführt werden sollen, doch hatten die Städte damals den Termin versäumt und lediglich schriftlich um Vertagung gebeten. Jetzt aber trafen sie in Kampen nicht die erwarteten Sendeboten der drei genannten Länder an, sondern Meister Ladewig van der Eke mit etlichen Klerken, „ausgesandt und ermächtigt von dem Herrn Herzog von Burgund unter seinem Signete". Man tauschte die beiderseitigen Vollmachten aus. Das burgundische Prokuratorium ermächtigte und verpflichtete Meister Ladewig dazu, vor allem Ersatz für die Zehrungskosten zu fordern, die man im Vorjahre wegen Ausbleibens der Städte vergeblich aufgewandt hatte. Dagegen waren die Hansischen nur dazu ermächtigt, über den Friedensvertrag zu verhandeln, nicht jedoch über eine Nebensache wie die geforderte Genugtuung. Weiter erklärten die Ratssendeboten, der Friede sei zwischen den Eingesessenen der drei Lande und den sechs Wendischen Städten abgeschlossen worden, daher sei ihr Widerteil nicht der Herzog von Burgund, dessen Prokuratorium Meister Ladewig vorgelegt habe: Dieser müsse eine Vollmacht von der genannten Lande wegen (also eine Kredenzie nach deutschem Rechte) vorweisen, das (gemeinrechtliche) Prokuratorium sei nicht genügend (nogaftich). Der an sein Prokuratorium gebundene herzogliche Gesandte konnte darauf nur erwidern, daß er zuerst über die geforderte Genugtuung verhandeln, und wenn das nicht geschehe, die Sache an seinen Mandanten zurückbringen müsse. So ging man am 3. Juni auseinander, ohne etwas erreicht zu haben⁷⁰.

§ 35. Unterdessen waren die Verhandlungen wegen der Rückkehr des Deutschen Kaufmanns nach Brügge weitergegangen. Herzog Philipp der Gute verfolgte im Rahmen der Bestrebungen, seine zahlreichen Fürstentümer zu

---

66 HR II 4 n. 166.
67 HR II 4 n. 211 §§ 5–11, n. 213.
68 HR II 4 n. 250.
69 HR II 4 n. 247 §§ 2, 25, 35.
70 HR II 4 n. 353.

einem Gesamtstaat zu verschmelzen, auch die Absicht, die Justizräte seiner verschiedenen Herrschaften der Kontrolle durch seine persönlichen, mit ihm reisenden Räte zu unterwerfen, und so hatte sich seit längerem in diesem Gremium ein Kreis von Appellationsrichtern gebildet, der jetzt soweit gefestigt war, daß er unter dem Namen des Großen Rates (Grand Conseil) öffentlich hervortrat. Es war derselbe Vorgang, der sich an den Höfen der Könige von Frankreich und England bereits im 13. und an den Höfen der niederländischen Herzöge und Grafen im 14. Jahrhundert vollzogen hatte[71]. Da ist es kein Wunder, daß sich nun auch die flämischen Lede Gent, Ypern und Freie weigerten, ihrem Landesherrn zu trotzen und die ihnen von den Hansestädten zugedachten autonomen Verpflichtungen zu übernehmen. Indessen vermochte die Stadt Brügge, der an der Rückkehr des Deutschen Kaufmanns nach Flandern am meisten gelegen war, die widerstrebenden drei Lede doch noch einmal dazu zu bewegen, den Deutschen entgegenzukommen, so daß der Schöffe Gherard de Grote von Brügge als gemeinsamer Unterhändler aller vier Lede nach Lübeck reisen konnte. Aber am 20. Juni 1456 stellten die Lede für ihn eine Vollmacht aus, die zwar noch, wie üblich, in der niederdeutschen Geschäftssprache des hansischen Verkehrsgebietes abgefaßt war, aber trotzdem in Lübeck das höchste Aufsehen erregt haben muß. Denn die Bürgermeister und Schöffen der Städte Gent, Brügge und Ypern und des Landes von Freien bezeichneten sich darin als „representerende de vier leden slandes van Vlanderen", und sie fügten der Vollmacht für Grote, um mit den zu Lübeck am Tage Johannis versammelten Ratssendeboten der Hansestädte über die Rückkehr der Deutschen nach Flandern zu verhandeln, das Versprechen an, daß sie allen von Grote getroffenen Abmachungen nachkommen würden[72]. Zum ersten Male, und wie zu erwarten war, in einem nichthansischen Schriftstück begegnen uns hier innerhalb der Akten der Hansetage der Begriff des Repräsentanten und das Verbum repräsentieren in jener westeuropäisch-gemeinrechtlichen Bedeutung, die dem hansisch-niederdeutschen Rechtskreise so fremd war, daß man keinen niederdeutschen Begriff finden konnte, um die damit bezeichnete Rechtstatsache zu benennen, sondern gezwungen war, eine lateinische Vokabel als Lehnwort zu übernehmen. Noch 1521 waren es, wie wir gesehen haben, der Deutschen Hanse oktroyierte Fremdbezeichnungen, wenn die Ratssendeboten die Prinzipalstädte oder Häupter ihrer Einung als deren Repräsentanten und dementsprechend die hansische Einung selbst als corpus fictum bezeichneten (oben, §§ 21, 22, 27).

---

71 John GILISSEN, Oprichting en ontwikkeling van het Parlement / de Grote Raad van Mechelen, in: Consilium magnum 1473–1973. Herdenking van de 500e verjaardag van de oprichting van het Parlement en Grote Raad van Mechelen. Colloquium (Brussel-Mechelen), 8.–9. XII. 1973, Brussel 1977, S. 11–24, hier: S. 15 f. W. P. BLOKMANS, Burgund, Herzogtum, C II: Institutionelle Entwicklung, in: LMA 2 (1983) Sp. 1080–1084. HR II 4 S. 279, 310.
72 HR II 4 n. 449.

§ 36. Schon am 20. Juni 1456 prägte der Stadtschreiber zu Brügge das niederdeutsche Lehnwort bei der Abfassung einer prokuratorischen Vollmacht, deren formal unbeschränkte Geltung die Unterwerfung der Aussteller unter den Willen des Sendeboten (soweit sich dieser innerhalb der ihm materiell zugewiesenen Kompetenzen hielt) bezeugte! Es ist offenkundig, daß und wie beides zusammenhängt. Denn nur wenn die Aussteller ihrerseits Repräsentanten ihrer Stadt- und Landgemeinden und damit des gesamten Landes Flandern waren und wenn sie als solche imstande waren, gleich Vormündern für alle Bürger und Porter zu handeln, nur dann konnten sie befugt sein, sich ihrerseits gegenüber der Deutschen Hanse durch einen im Rahmen seiner materiellen Zuständigkeit formal unbeschränkt vollmächtigen Gesandten vertreten zu lassen. Auch für die Aussteller mag dies ein ihnen noch wenig vertrautes Rechtsgeschäft gewesen sein. Jedenfalls hat zu jedem der vier an die Pergamenturkunde angehängten Siegel der amtliche Schreiber des betreffen Lids seinen Namen gesetzt, und während bei den Stadtschreibern dieser für sich allein genügte, ist beim vierten Pressel auch der Auftraggeber genannt: „Rine lid tVrye", da die von den Freien kein eigenes Siegel besaßen und deswegen den Abt von St. Andreas zu Brügge hatten bitten müssen, für sie zu siegeln. Der Gemeindeverband des Freien bedurfte ebensowenig wie die hansische Einung von Kaufleuten und Städten eines gemeinsamen Siegels, da alle seine Rechtshandlungen durch öffentlichen mündlichen Vollzug wirksam zu werden pflegten.

§ 37. Bedauerlicherweise hat uns keiner der Sendeboten, die an der Tagfahrt zu Lübeck am 24. Juni 1456 teilnahmen, einen Bericht darüber hinterlassen, wie dieses Zeugnis einer völlig veränderten Verfassung Flanderns auf die Versammlung wirkte, konnte diese doch schwerlich einen Zweifel daran hegen, daß nicht allein der Druck des Herzogs und seiner auf Verstaatlichung der Justiz drängenden Zentralgewalt die vier Lede dazu veranlaßt oder gezwungen hatte, sich als Repräsentanten des Landes Flandern vorzustellen, sondern daß auch die wachsende Einsicht der ihr Recht suchenden flämischen Bürger in die Überlegenheit der herzoglichen gelehrten Räte über die eigenen Laienrichter dazu beigetragen hatte. An zwei Stellen gibt der Rezeß der Lübecker Tagfahrt[73] zu erkennen, wie sehr diese Neuigkeit die Ratssendeboten beeindruckte. Zunächst bietet die Präambel die Namen der Teilnehmer in einer, wie noch zu zeigen sein wird (unten, § 342), ganz ungewöhnlichen Form dar. Den flämischen Sendeboten Herrn Gerd Grote nämlich nennt sie nicht nur als ersten aller Anwesenden noch vor den Ratssendeboten selbst, was nur aus dem hohen Range zu erklären ist, den dessen Mandant bekleidete, und nicht nur, wir üblich, „vollmächtig von wegen der vorbeschriebenen vier Lede", vielmehr fügt sie dem noch den Zusatz „aus dem Namen des vorbenannten Landes von Flandern" bei. In diesem der hansischen Rechtssprache sonst ganz fremden Zusatz[74] haben wir gewiß den Versuch zu erkennen,

---

[73] HR II 4 n. 458.
[74] Wilhelm EBEL, Lübisches Recht. 1. Bd., Lübeck 1971, S. 304.

das dem Niederdeutschen nach Wort und Sache unbekannte Verhältnis der Repräsentation wiederzugeben, in dem Grote zum Lande Flandern stand. Auf die Ratssendeboten oder doch wenigstens auf den Lübecker Ratsschreiber, der den Rezeß zu formulieren hatte, machte dieses Verhältnis solchen Eindruck, daß er diesen Rang nun auch den Ratssendeboten beilegte, denen er gar nicht zukam: „Und daselbst waren auch vergattert mit etlichen aus dem Rate zu Lübeck die Ratssendeboten dieser nachbeschriebenen Städte und des Kaufmanns von der Deutschen Hanse residierend zu Utrecht, in dem Namen der gemeinen Städte von der vorbeschriebenen Deutschen Hanse"[75]. Und zweitens bezeugt der Rezeß, daß die Ratssendeboten auch in der Sache ihre Haltung gegenüber Flandern änderten: Sie willigten jetzt in die flämische Forderung ein, daß des Kaufmanns Streitigkeiten mit herzoglichen Beamten hinfort nicht durch die Lede, sondern durch eine spezielle, vom Herzog zu bestellende Kommission abgeurteilt werden sollten. Offensichtlich hatten sie sich davon überzeugt, daß sie die Modernisierung des Gerichtswesens im Herzogtum Burgund nicht würden aufhalten können.

§ 38. In der Tat mußten sich die Deutschen den neuen Verhältnissen in Flandern fügen, obwohl darin für ihre Privilegien so recht kein Raum mehr blieb. Es sollte sich in Zukunft erweisen, daß die Privilegien sogar ihnen selbst entbehrlich werden würden, da die burgundische Justiz und der gemeinrechtliche schriftliche Prozeß auch ihnen eine höhere Rechtssicherheit gewährten als die eigene, von den Privilegien geschützte Verbandsjustiz. Der Gewinn, den ihnen das jetzt erzielte Abkommen verhieß, blieb gering, obwohl die Stadt Brügge alle Anstrengungen unternahm, um es gegen den anhaltenden, heftigen Widerstand der übrigen Lede durchzusetzen. Sie erwirkte beim Herzog nicht nur die Bestätigung der hansischen Privilegien, sondern auch das Versprechen, daß die Gerichtskommission für Beschwerden wider herzogliche Beamte aus drei Personen bestehen sollte, die entweder seinem flämischen Rate angehörten oder doch wenigstens der flämischen Mundart kundig wären und die ständig in Brügge residierten. Daraufhin konnte der Deutsche Kaufmann von Utrecht wieder nach Brügge übersiedeln und am 11. August 1457 dort seinen festlichen Einzug halten[76]. Viel jedoch war mit der endlich wiederhergestellten, seit 1451 entbehrten flämischen Handelsgemeinschaft nicht gewonnen. Am 11. August 1459 klagte der Deutsche Kaufmann zu Brügge dem Rate zu Lübeck seine Not: Die vier Lede seien nicht bereit, das Abkommen zu erfüllen; nur Brügge habe es bisher besiegelt, obwohl doch alle Lede durch ihre Vollmächtigen gelobt hätten, dies zu tun; die Städte Gent und Ypern könne der Kaufmann mit nichts dazu zwingen, da sie keinen Profit von ihm hätten; die von Brügge aber schützten ihre Armut vor und hielten den Kaufmann hin, soviel sie wollten. Der Kaufmann habe weder

---

75 Ebenso bereits in HR II 4 n. 161 pr. und n. 247 pr., und zwar zweifellos aus demselben Grunde wie im vorliegenden Falle.
76 HR II 4 n. 486, 506, 554.

Richter noch Kommissare, bei denen er klagen könne: „Die Lede haben keine Macht, die Stadt von Brügge kann nicht alles ausrichten, denn was wohl in ihrer Macht stehe, davon können wir keinen Bescheid kriegen", alle Punkte des Rezesses stünden so unvollendet wie vor zwei Jahren, als der Kaufmann nach Flandern zurückkehrte[77]. Im Staat der Herzöge von Burgund waren Sonderrechte und Privilegien gegen die allgemeine gesetzliche Ordnung nicht mehr durchzusetzen.

1.4. Beglaubigung, Befehl und Vollmacht

§ 39. Während diese tiefgreifenden Wandlungen im politischen Leben der romanischen Länder und auf der britischen Insel vor sich gingen, hatten sich in Deutschland die mittelalterlichen Formen des öffentlichen Lebens unverändert erhalten, weil es seit dem Untergange des staufischen Hauses an einem Königtum fehlte, dessen Macht und Herrschaftswille sie hätte herbeizwingen können. So behaupteten sich hier die älteren germanischen Staatsgedanken und Verfassungsformen und damit das ihnen eingeborene freie Einungsrecht, welches allen freien Männern gestattete, sich auch ohne fürstliches Zutun zur Erreichung gemeinsamer Zwecke in Verbänden und Einungen zusammenzuschließen und diesen Gemeinden hoheitliche Befugnisse zu verleihen, indem sich die Genossen gegenseitig zuschworen oder doch gelobten – denn seit den Reformen des 12. Jahrhunderts versuchte die Kirche, die Eide ihres sakramentalen Charakters zu entkleiden und ein bloßes, ohne Vermittlung durch Reliquien und Heilige dem allmächtigen Gotte geleistetes Gelübde an ihre Stelle treten zu lassen[78] –, daß jeder einzelne von ihnen den gemeinsam und einstimmig vereinbarten Normen unverbrüchlichen Gehorsam leisten werde. Während bäuerliche Gemeinden fast nur in den Alpen und in den Marschen an der Nordseeküste die Macht besaßen, gegenüber dem Widerstande der Fürsten von diesem Recht Gebrauch zu machen, verfügten die durch feste Mauern geschützten Stadtgemeinden in aller Regel über die Mittel, um das Einungsrecht der Bürger zu behaupten. Niemand, wenn nicht der eigene Wille der durch Bürgereid oder Gelübde[79] verbundenen und verpflichteten Genossen, konnte diese dazu zwingen, im Rechtsstreit und bei der Bekundung des Gemeinwillens der Herrschaft über das Verfahren zu entsagen, um den eigenen oder den Gemeinwillen durch Repräsentanten bestimmen zu lassen, die sie zwar zu diesem Amte hätten erheben, denen sie sich aber gleichzeitig dadurch hätten untertänig machen müssen.

---

77 HR II 4 n. 710.
78 Paolo PRODI, Das Sakrament der Herrschaft (Schriften des Italienisch-Deutschen Hist. Instituts in Trient, Bd. 11), Berlin 1997, S. 113–118.
79 Nicht die Luft (Stadtluft), sondern das Gelübde (lovede, lofte) machte frei: Christian H.-G. GELLINEK, Stadtluft macht frei? in: ZRGG 100 (1981) S. 306–310.

§ 40. Da ihre Zahl zu groß war, als daß sie noch gemeinsam hätten das Wort halten oder mit gesamter Hand handeln können, bedurften sie zwar führender Männer, die ihre Gesamtheit bei Feststellung des Gemeinwillens berieten und leiteten und hernach als Worthalter und Bürgermeister für sie handelten, aber grundsätzlich und der Rechtsidee nach, wenn natürlich auch längst nicht mehr immer, sondern nur noch bei bestimmten Anlässen in Wirklichkeit, erfüllten diese Ratmannen und Worthalter ihre Aufgabe doch inmitten der versammelten Bürgergemeinde, derart, daß diese, auch wenn sie im Alltag des städtischen Wirtschaftslebens nur noch gelegentlich sichtbar vor der Treppe oder Laube des Ratssaales zusammenkam, doch bei jeder Entscheidung, bei jedem Gebote des Rates als anweisend und zustimmend gedacht wurde. Dieser Rechtsgedanke und seine verfahrensmäßige Anwendung, deren Formen wir kennenlernen werden, sicherte die Identität der Ratmannen und Worthalter in ihrer amtlichen Funktion mit der Gemeinde. Daher bedurften sie, auch wenn sie in Abwesenheit der Gemeinde als diese selber (nicht: in ihrem Auftrage oder gar als ihre Repräsentanten) das Wort führten oder tätig wurden, keiner Vollmacht, sondern allenfalls eines Symbols, welches die Rechtstatsache dieser Identität aus der intelligiblen Welt der Rechtsgedanken herniederholte in die physische Wirklichkeit. Dieses Symbol hatte in älterer Zeit gar nicht aus Schriftzeichen gebildet werden können, da die Bürger als Analphabeten ihr Verbandsleben auf Mündlichkeit und Öffentlichkeit begründeten. Statt dessen diente ein Abdruck des Stadtsiegels, des Sinnbildes gemeindlicher Rechtsfähigkeit, das die Ratmannen für die Gemeinde verwahrten, als Symbol der Identität. Gewiß war zu diesem Zwecke das Siegel der Stadt Lübeck besonders gut geeignet, da es mit der Darstellung zweier schwörender Männer die Quelle gemeindlicher Identität auch dem Analphabeten sichtbar machte. Als der Lübecker Ratmann Johann von Doway um 1281/82 zu Brügge ein Abkommen mit den Spaniern abschließen sollte, sich aber nicht für dazu befugt erachtete, weil „ich allein bin in Flandern und niemanden von den anderen Städten unseres Landes bei mir haben kann, der sich der genannten Sache und Anordnung annehmen wollte", da ersuchte er seine Genossen in Lübeck, „daß Ihr eilends hierzu Rat schaffet, daß Ihr drei oder vier Männer zu mir hersendet aus gemeinem Konsens aller Städte, die die Siegel der genannten Städte mit sich herbringen und mithelfen, die gedachte Sache und Anordnung zustandezubringen"[80]. Wie der Besitz des Siegelabdrucks die Identität jedes einzelnen Sendeboten mit seiner heimatlichen Stadtgemeinde, so machte die Vielheit der Sendeboten ihre Identität mit der Verbandspersönlichkeit des gemeinen deutschen Kaufmanns symbolisch sichtbar.

§ 41. Als man später, im 14. Jahrhundert, dazu überging, dem Siegelabdruck eine schriftliche Erläuterung des symbolisierten Sinnes beizufügen,

---

[80] HR I 1 n. 21. Zu Doways diplomatischer Leistung: WRIEDT (1978, wie Anm. 53) S. 15–17.

ging daraus ein neuer Schriftguttypus hervor, nämlich das Beglaubigungsschreiben (credencien unde breve van loven, credenzien und machtbreve[81]). Um die Mitte des 15. Jahrhunderts war dessen Formular so allgemein gebräuchlich geworden, daß es in den Rezessen und Akten der Hansetage häufig erwähnt wird. So beginnt eine Notiz des Rates zu Lübeck über eine Gesandtschaft an die holländischen Städte von 1444 mit dem Vermerk: „Erstens haben die vorbeschriebenen Ratssendeboten mit sich einen Credenziebrief von wegen der Stadt Lübeck"[82]. Die Ratssendeboten von Lübeck, Stralsund, Rostock und Wismar, die im Juni 1447 nach Kopenhagen reisten, um mit dem König von Dänemark gemäß dem Befehl der gemeinen Städte zu verhandeln, hatten einen Kredenzienbrief bei sich, den Herr Wilhelm von Calven, Bürgermeister von Lübeck, dem Könige überreichte; dieser ließ ihn sich in Abwesenheit der Sendeboten vorlesen, und als diese wieder vorgelassen wurden (die Beglaubigung war also für gut befunden worden), trug der Bürgermeister „von wegen der gemeinen Hansestädte" vor, was die Sendeboten in Befehl hatten[83]. Vor der Tagfahrt zu Bremen vom 25. Juli 1449 erschien Magister Hinrik van der Mye, Doktor in beiden Rechten, als Sendebote des Herzogs von Burgund und trug seine Werbung von des Herzogs wegen „auf seine Credenzien" hin vor[84], und am 6. November 1455 bedankte sich der Deutsche Kaufmann zu London bei dem Rate von Lübeck dafür, daß dieser seinen Klerikus Hinrik Grevensteyn „auf seine Kredenzie (hin) gütlicherweise angehört" habe[85].

§ 42. Wortlaut und Umfang der Beglaubigung waren nicht festgelegt, die Schreiben konnten insoweit beliebig diktiert werden. Der Grundgedanke der Identität des beglaubigten Inhabers und Überbringers mit dem Aussteller kommt daher in den Schreiben mit unterschiedlicher Klarheit zum Ausdruck. Besonders deutlich findet er sich ausgesprochen in einem Schreiben, das der Deutsche Kaufmann zu London am 20. Juni 1442 an die zu Lübeck versammelten Ratssendeboten und an Bürgermeister und Ratmannen von Lübeck richtete, um seinen Klerikus Hinrik ten Hove bei der Versammlung zu beglaubigen: Hinrik sollte „Eure Ehrbarkeit von unsertwegen, (jedoch) allezeit zur Verbesserung durch Euch, unterweisen und berichten, wie man die vorbeschriebenen Sachen am besten nach dieses Landes Sitte verantworten kann, und wir begehren freundlich, daß Eure Ehrbarkeit ihm von unsertwegen vollen Glauben in den vorbeschriebenen Sachen geben wolle, nicht weniger denn als ob wir selbst vor Augen wären"[86]. Der Verfahrensform nach bestand die Identität des Deutschen Kaufmanns mit seinem Sekretär also darin, daß

---

81 HR II 3 n. 288 § 10, n. 345 § 32 (S. 266).
82 HR II 3 n. 126. Ähnlich HR II 1 n. 422.
83 HR II 3 n. 311. Ebenso der Vorgang in n. 316 § 5.
84 HR II 3 n. 546 § 7.
85 HR II 4 n. 400.
86 HR II 7 n. 471.

die physisch sichtbare Person des letzteren für die Adressaten seine Auftraggeber in Gedanken sichtbar machte, daß also die sinnliche Anschauung des Boten in den Köpfen der Ratssendeboten eine intelligible Anschauung seiner Mandanten induzierte. Der grammatischen Form nach fand sie Ausdruck einerseits in der begründenden adverbialen Bestimmung „von unsertwegen", andererseits in einem vergleichenden Nebensatz, der von der modalen Konjunktion „als ob" eingeleitet wird und zugleich im modus irrealis des Prädikats auf die Unwirklichkeit der intelligiblen Anschauung hinweist.

§ 43. Von diesen beiden Identitätsfiguren, der kausalen und der vergleichenden, war erstere schon wegen ihrer Kürze die am meisten verwendete. Am regelmäßigen Gebrauch der Präposition „von wegen" leicht erkennbar, begegnet sie uns nicht nur in den Kredenzien, sondern auch in den hansischen Rezessen und Akten in so unerschöpflicher Fülle, daß es überflüssig sein möchte, Beispiele anzuführen. Gleichwohl sei vermerkt, daß etwa die zu Stralsund versammelten Ratssendeboten von Lübeck, Rostock, Wismar, Stettin und Kolberg am 16. Juli 1443 die Sendeboten von Altstettin bei Herzog Bogislaw von Pommern beglaubigten, um in der Kolberger Fehde zu vermitteln: „Und wir haben dazugefügt unsere Freunde, die Ratssendeboten der Stadt Altstettin, daß sie von unser aller wegen Euer Gnaden alsbald besuchen, ... und geloben auch gänzlich diesen vorgesagten unseren Sendeboten von Altstettin, was die hieran auf diese Zeit fortsetzen und von unser aller wegen werben werden bei Euer fürstlichen Gnaden"[87]. Im Juli 1454 sandte König Karl von Schweden Meister Nicolaus Ryting, Doktor in beiden Rechten, zum Rate von Lübeck mit einem Anliegen, „wie es Euch Überbringer dieses Briefs, unser lieber getreuer Kanzler, ... ferner wohl unterweisen kann, dem Ihr vollkommenlich glauben möget, was er Euch von unsertwegen berichten wird"[88]. Und wie bereits erzählt, erschien bei den in Lübeck vergatterten Ratssendeboten am 24. Juni 1456 der Schöffe Herr Gerd Grote von Brügge als Sendebote „vulmechtig van wegene der erscrevenen veer lede" und gleichzeitig „uthe deme namen des Landes van Flanderen vorbenomet", da er zugleich dessen Repräsentant war[89]. Die Präposition von wegen war in der niederdeutschen Rechtssprache der regelmäßige Ausdruck für die Begünstigung oder Belastung einer Person durch die von einem anderen an seiner Statt vorgenommene Rechtshandlung. So bestimmte das lübische Recht, daß ein Bürger auch jenes Gut verschossen müsse, das er „von Vormundschaft wegen" innehatte, und daß er Leib und Gut an die Stadt verlieren sollte, falls „er sich selbst oder jemand von seinetwegen" ihn aus einer auf Repressalienrecht begründeten Gefangenschaft lösen würde. Ferner bestimmten die Hansestädte, daß Schiffer das Frachtgut nur dem Verlader „oder einem von sei-

---

[87] HR II 3 n. 53.
[88] HR II 4 n. 293.
[89] HR II 4 n. 458 pr., s. o., § 37.

netwegen, für den er antworten will", ausliefern durfte; verreiste aber ein Kaufmann aus London, so hatte er dafür zu sorgen, daß jemand „anders von seinetwegen" seine Zollschulden bezahlte, und jemanden „an seiner Statt" dazulassen, um die Schauerleute zu entlohnen[90]. Anstatt oder von des Ausstellers wegen handelte auch jeder Inhaber hansischer oder städtischer Kredenzien oder Machtbriefe; er trat sichtbar an die Stätte oder Stelle derjenigen, die dadurch lediglich in den Gedanken und Vorstellungen der Adressaten anwesend sein konnten.

§ 44. Die zweite, komparative, hier in die Form eines Nebensatzes gekleidete Identitätsfigur kommt in der instruktiven Fassung, die ihr der Deutsche Kaufmann zu London in dem Schreiben vom 20. Juni 1442 gegeben hatte, in den hansischen Akten nur sehr selten vor. Doch ist dies zweifellos auch eine Folge davon, daß die Bearbeiter der veröffentlichten Hanseakten diese und andere Redewendungen als bloße Formeln betrachteten und daher beim Regestieren der Schriftstücke zu unterdrücken pflegten[91]. Immerhin berichtet der Lübecker Rezeß vom 24. Juni 1456, die Ratssendeboten hätten, nachdem die Lüneburger ihrer Vorladung nicht gefolgt waren, „aus eigener Bewegung" beschlossen, erneut in die Lüneburger Bürgerstreitigkeiten einzugreifen (unten, § 190), und zu diesem Zwecke die vier Städte Lübeck, Hamburg, Wismar und Stade „von wegen der gemeinen Städte von der Hanse freundlich gebeten", die Lüneburger so oft wie nötig vor sich zu laden oder zu ihnen nach Lüneburg zu reiten „und mit ihnen gleicherweise zu verhandeln, zu traktieren und zu beschließen, als ob die Städte alle sämtlich dabeiwären"[92]. Außerdem kehrt der komparative Identitätstropus wieder in der Bestimmung der Nowgoroder Schra, der zufolge der Oldermann des St. Peters-Hofes, wenn ein Verbrecher hinzurichten war, an dem Zuge vor die Stadt zur Richtstätte nicht (persönlich) teilnehmen durfte, „sondern er sollte zweien seine Macht befehlen, in gleicher Weise zu handeln, als ob er selbst dawäre"[93]. Häufiger dagegen heißt es, der Adressat möge dem oder den Überbringern des Schreibens so begegnen, daß die alte Gunst und Freundschaft erhalten bleibe[94], er möge ihnen geneigtes Gehör schenken[95] oder sich in den vorzutragenden Sa-

---

90 Quellen hg. von SPRANDEL (1982, wie Anm. 46) S. 21 § 108, S. 27 § 219, S. 418 § 29, S. 369 Art. XXX, S. 374 Art. XLIII.
91 Am 11. Dez. 1419 ließ Erzbischof Johann von Bremen dem Rate zu Lübeck durch den Stader Bm. Hinrik Dreyer ein Schreiben überbringen, welches mit der Aufforderung schließt: Was Dreyer „von unser wegen" bei euch wirbt, das glaubt ihm „in all der Maße, als ob wir selbst mit euch gegenwärtig sprechen." Im Regest HR I 7 n. 151 fehlt dieses Verlangen. Dreyer war Worthalter der unten, §§ 142, 143, erwähnten, aus Stade geflohenen Ratskumpane.
92 HR II 4 n. 458 § 22. S. u., § 190.
93 Vierte Fassung der Schra von 1355/1361: Quellen hg. von SPRANDELL (1982, wie Anm. 46) S. 326 n. 1 § 84.
94 HR II 3 n. 132.
95 HR II 1 n. 510, II 3 n. 132, 725, II 4 n. 384.

chen dem Kaufmanne gutwillig und günstig erweisen[96] oder ihre Werbung freundlich aufnehmen und ihnen vollkommenen Glauben schenken[97]. Alle diese Formulierungen, insbesondere aber die Bitte, dem Überbringer vollen Glauben zu schenken, enthalten unausgesprochen den Grundgedanken des komparativen Identitätstropus, der Adressat möge sehen und hören, gleich als ob die Auftraggeber und Aussteller des Kredenzienbriefes leiblich anwesend wären.

§ 45. Eine wichtige Formvorschrift, die der Kredenzienbrief mit dem Prokuratorium gemein hatte, bestand darin, daß er stets den oder die Namen der vom Aussteller beglaubigten oder für glaubwürdig erklärten Personen enthalten mußte. Nachdem die Lübecker Versammlung vom 25. Juli 1447 beschlossen hatte, eine Gesandtschaft an den Herzog von Burgund abzuordnen, baten die Lübecker am 31. August 1447 die Ratmannen zu Danzig um unverzügliche Mitteilung des Namens und Zunamens des preußischen Gesandten, „damit man ihn bei unseren und der anderen Städte Sendeboten in das Prokuratorium, Machtbrief und Credenzienbrief" einsetzen könne[98]. Auf einer Tagfahrt zu Lübeck am 28. Januar 1444 beschlossen die Ratssendeboten der Wendischen Städte, die Städte Magdeburg und Göttingen zu Schiedsrichtern in ihrem Streit mit den Holländern anzunehmen, und sie ersuchten den Rat zu Lüneburg, dessen Sendeboten anwesend waren, die beiden Städte zur Übernahme dieses Amtes zu bewegen; zu dem Zwecke wollten sie für die lüneburgischen Sendeboten Credenzien an Magdeburg und Göttingen schreiben, jedoch erst dann, wenn die Lüneburger die Namen der Ratmannen genannt hätten, die sie dorthin abordnen wollten, so daß man sie mit Namen und Zunamen in die Credenzien setzen konnte. Die Städte gaben den Lübekkern volle Macht, nach Eintreffen der Lüneburger Antwort die Credenzien abzusenden[99].

§ 46. Im Gegensatz zu den Prokuratorien, deren ausgefeiltes Formular nicht nur formale und materielle Kompetenzen des Inhabers, sondern auch die generelle oder spezielle Geltung des Mandats deutlich voneinander unterscheidet (oben, §§ 2, 3, 29, 30), lassen die Kredenzien die Frage nach ihrer formalen Geltung offen: Selbst dann, wenn sie die Ermächtigung des Inhabers ausdrücklich erwähnen, erfahren wir nicht, wie weit seine Vollmacht reichen sollte und inwieweit er dem Adressaten an Stelle derer, von deretwegen er sprach, verbindliche Zusagen machen konnte. Nur weil sie den ihnen vertrauten gemeinrechtlichen Maßstab ihrer eigenen Prokuratorien anlegten, mußten die englischen Gesandten, die in Brügge mit Sendeboten des Hoch-

---

96 HR II 3 n. 319 § 23.
97 HR II 3 n. 646. In n. 653 § 3 wird dieses Schreiben anläßlich der Übergabe an den Adressaten (den auf dem Rathause versammelten Rat zu Lübeck) als Credenzienbrief bezeichnet. HR II 4 n. 293.
98 HR II 3 n. 324.
99 HR II 3 n. 94 §§ 2–3.

meisters und der Hansestädte verhandelten, am 2. November 1449 zu dem Schluß kommen, daß die deutschen Gesandten nach eigener Aussage nicht zum Abschließen, sondern lediglich zum Meinungsaustausch befugt waren[100]. Andererseits liegen uns zur Genüge Verträge vor, die durch beglaubigte Ratssendeboten wirklich abgeschlossen worden sind, und nur wenn und weil die Kredenzien auch im Sinne von unbeschränkten prokuratorischen Vollmachten ausgelegt werden konnten, war es nötig, ihre Geltung, wenn es darauf ankam, ausdrücklich zu beschränken. So geschah es, als die Ratssendeboten auf der Lübecker Tagfahrt von Februar-März 1452 den Deutschen Kaufmann zu Deventer, der Flandern geräumt hatte, „vermittelst ihrer offenen Kredenzienbriefe" beauftragten, mit dem Grafen von St. Pol über die Rückkehr zu verhandeln, jedoch „ohne irgendeinen Beschluß hierin zu nehmen oder zu tun ohne Mitwissen und Konsens der Städte"[101]. Im allgemeinen aber mußten die Sendeboten während der Verhandlungen selbst darüber entscheiden, inwieweit sie ihren Willen mit dem der gemeinen Städte identisch setzen und somit ihre Vollmacht reichen lassen konnten.

Als sich im Jahre 1459 die Aussicht auf Abschluß eines Friedens mit Frankreich eröffnete, dessen Kaper die flämische Küste unsicher machten, wiederholte sich daher das Doppelspiel, das auch der Hochmeister des Deutschen Ordens zu spielen pflegte und das wir mit mangelhafter Beherrschung der nicht ohne weiteres rezipierbaren diplomatischen Technik der Westeuropäer erklären möchten[102]. Denn einerseits erteilten die Ratssendeboten der Wendischen Städte am 10. Januar 1459 den Älterleuten des hansischen Kaufmanns zu Brügge die unbeschränkte Vollmacht, mit den französischen Gesandten über einen mehrjährigen Frieden zu verhandeln, mit dem Versprechen, alle von den Älterleuten gemachten Zusagen und Vereinbarungen unverbrüchlich zu erfüllen; andererseits wiesen die Lübecker am nächsten Tage, als sie den gewünschten „Machtbrief und eine Kredenzie in Latein" nach Brügge absandten, den Deutschen Kaufmann an, sie sollten und dürften zwar über einen sechs- bis achtjährigen Frieden verhandeln, „so der Machtbrief mit der Kredenzie das ausdrücklich begriffen hat", sie dürften „aber nicht annehmen noch verwillküren von unserer noch von der Städte wegen von der Deutschen Hanse, ferner Tagfahrten zu halten oder zu besenden, da wir von ihrer wegen darin zu vollborden keinen Befehl haben". Wurde dies den Sendeboten angetragen, so sollten sie antworten, „so id zune is", daß sie dafür gerne arbeiten wollten, „und ob ihr (nun) deswegen angelangt werdet oder nicht, oder ob die Städte zu Tage geheischt werden (und) kommen oder nicht, daß

---

100 HR II 3 n. 563: Et quia ambaciatores dicti magni magistri et civitatum, ut dicebant, potestatem non habeant ad appunctuandum et concludendum, sed solummodo mandatum ad communicandum, fuit inter dictos ambaciatores ... communicatum ut sequitur ... S. o., § 10 bei Anm. 23.
101 HR II 4 n. 63 § 4.
102 S. o., §§ 4, 5, auch 11.

gleichwohl (und) nichtsdestoweniger dieser Frieden die Zeit und Jahre über fest und ungebrochen gehalten werde"[103]. Die Kredenzie ließ es demnach offen, ob sie eine unbeschränkte Vollmacht, gleich der in dem Machtbrief enthaltenen, oder nur eine beschränkte implizierte, wie es die nachfolgende Instruktion den Unterhändlern aufgab. Wie wir noch sehen werden, sobald wir den hansisch-niederdeutschen Begriff der Vollmacht zu untersuchen haben, ergibt sich dieses Schweigen der Kredenzienbriefe über die formale Geltung der implizierten Vollmacht aus dem Identitätsgedanken, dem zufolge der Worthalter zwar ebendieselben, aber auch nicht um ein Jota mehr Vollmachten besitzen konnte, als diejenigen besaßen, deren Wort er hielt. Es bleibt die Frage zu beantworten, von welchen Umständen es abhing, ob die als Sprecher ihrer Gemeinschaft Beglaubigten ermächtigt waren, wirklich abzuschließen, oder ob sie eine Vereinbarung nur zum Bericht an ihren Entsender und auf dessen ausdrückliche Zustimmung hin annehmen durften (unten, § 334).

§ 47. Wenn die Kredenzien also, im Gegensatz zu den Prokuratorien, nichts von einer formalen Kompetenz der Inhaber wußten, so konnten sie doch gleich diesen deren materielle Kompetenz zum Ausdruck bringen und etwas über den Inhalt der Botschaft aussagen, für die sich der Aussteller den Glauben des Adressaten erbat. Insofern berührte sich das Beglaubigungsschreiben mit der Instruktion, die der Mandant seinen Sendeboten erteilte. Um die Mitte des 15. Jahrhunderts war es im hansischen Verkehrsgebiet allgemein üblich, den Sendeboten solche Instruktionen entweder mündlich oder in besonderen Schriftstücken (die nicht zur Aushändigung an den Adressaten des Kredenzbriefs bestimmt waren) mit auf die Reise zu geben. Einige Beispiele mögen dies belegen. Nachdem die in Lübeck seit dem 18. Mai 1447 versammelten Ratssendeboten den Hochmeister des Deutschen Ordens gebeten hatten, den Deutschen Kaufmann zu Brügge und zu London bei der Verteidigung der hansischen Privilegien zu unterstützen, antwortete der Hochmeister am 25. Juli 1447, er werde der hansischen Gesandtschaft einen Ratmann von Danzig zufügen und diesem „auch von seinet- und seines Ordens wegen" Kredenzien mitgeben; in diesen werde er in etwa die Sachen berühren, derentwegen er die Sendeboten mit den anderen entsende, nämlich um mancherlei Gebrechen willen, die der Kaufmann an seinen Privilegien habe. Demgemäß beglaubigte er am 16. September 1447 den Danziger Ratmann Arnt von Telgeten in einem ersten Schreiben an den Herzog von Burgund mit dem Auftrag, Ersatz für die Schäden zu fordern, welche dessen Untertanen den Danzigern und anderen Kaufleuten von der Hanse zugefügt hatten, und in einem zweiten Schreiben an denselben Adressaten hinsichtlich der Angelegenheiten des Deutschen Kaufmanns zu Brügge, die der Sendebote dem Herzog in Gemeinschaft mit anderen Ratssendeboten der Hansestädte vortragen werde. Beide Schreiben schließen mit dem Ersuchen, der Herzog

---

103 HR II 4 n. 672, 673.

möge die Sache des Sendeboten gegenüber seinen Untertanen befördern[104]. Am 6. September 1458 richtete die Stadt Köln ein Schreiben an den Kanzler des Herzogtums Brabant, in dem sie den Streit ihrer Kaufleute mit dem Deutschen Kaufmann zu Brügge wegen des von diesem erhobenen Schosses darstellte und um einen herzoglichen Geleitsbrief für ihre Kaufleute bat. Nur auf diese Angelegenheit sollte sich die Vollmacht ihres Unterhändlers beziehen: „Fort, besonderer guter Freund, haben wir Johann von Starkenberg, Beweiser dieses Briefs, in Befehl gegeben, ferner mit Eurer Ehrsamkeit von dieser Sache zu sprechen und Information zu geben"[105].

Wegen der engen Berührung mit den Kredenzien war es nur folgerichtig, daß die inhaltlichen Instruktionen eines Gesandten selbst als Glauben bezeichnet werden konnten. Am 28. April 1449 richteten die zu Wolmar versammelten Ratssendeboten der livländischen Städte ein Schreiben an Lübeck, in dem sie die Lübecker unter anderem darum baten, ihnen ein an die Stadt Nowgorod adressiertes Schreiben zuzustellen, „darinnen uns Glauben gegeben werde, eine Vereinbarung mit den vorbeschriebenen Naugardern" wegen der gegenseitigen Beschwerden zu treffen, zu deren Bekräftigung hernach die lübischen Ratssendeboten herkommen würden, um die Kreuzküssung zu vollziehen[106].

§ 48. Allerdings gibt es auch in dieser Hinsicht bemerkenswerte Unterschiede zwischen Prokuratorien und Kredenzien. Denn während die Machtbriefe, mittels deren sich selbst der König von England der Repräsentation durch Gesandte unterwarf, gerade wegen ihrer formal unbeschränkten Geltung einer exakten inhaltlichen Begrenzung jenes Fragments an Kompetenzen bedurften, die der hochgestellte Mandant aus seinen umfassenden Befugnissen aussondern und einer Gesandtschaft anvertrauen wollte, war die Benennung einer Sachkompetenz in den niederdeutschen Kredenzienbriefen ein fakultativer Bestandteil des Textes, der im innerhansischen Verkehr bei vorausgesetzter Identität des Ausstellers mit dem Sendeboten an sich entbehrlich war. Nachdem die zu Stralsund vergatterten Ratssendeboten von Lübeck, Rostock, Wismar, Stralsund, Stettin und Kolberg am 16. Juli 1443 dem Rate von Stettin den Auftrag, in der Fehde der Stadt Kolberg mit dem Herzog von Pommern zu vermitteln, erteilt und ihn entsprechend beim Herzog beglaubigt, im übrigen aber für das Nähere ihres Auftrags auf den mündlichen Bericht der Stettiner Ratssendeboten verwiesen hatten, meldeten die Stettiner am 24. Juli nach Stralsund, sie hätten nach Empfang dieses Berichts dem Beschluß der Tagfahrt gerne nachkommen wollen, bisher jedoch weder den Geleitsbrief des Herzogs noch die verheißene Unterweisung der Städte erhalten, „auf welche Weise wir den Auftrag vorbringen sollten". Die Stralsunder berieten sich daraufhin brieflich mit Rostock und Lübeck, die sich ebensowenig

---

104 HR II 3 n. 319 § 23, n. 341, 342.
105 HR II 4 n. 631.
106 HR II 3 n. 517.

wie sie selbst zu entsinnen wußten, daß man von der Stralsunder Tagfahrt aus den Stettinern Instruktionen für die Unterhandlung mit dem Herzog verheißen habe, „sondern daß ihnen dieses Geschäft gänzlich und endlich", d. h. zu selbständiger Erledigung, „aufgetragen worden sei". Die Stralsunder sollten daher die Ratmannen von Stettin anweisen, die Begegnung mit dem Herzog und den Vergleich zustandezubringen[107]. Die Identität der Stralsunder Versammlung mit dem durch seine Sendeboten an dieser beteiligten Rate zu Stettin hatte zur Folge, daß sich der letztere im Sinne der Versammlung und gemeinsamen Beratung selbst instruieren und gleichsam, als ob er jene fortsetzte, die ihm aufgegebene Werbung selbständig durchführen sollte. Doch zeigte sich nicht nur in diesem Falle, daß die Rechtsidee nicht immer mühelos in die Wirklichkeit zu überführen war: Die Stettiner waren der ihnen anvertrauten Aufgabe offenbar nicht gewachsen, ihr Auftrag blieb unerledigt.

§ 49. Wie sich aus dem angeführten Beispiel und vielen weiteren, in den Rezessen und Akten der Hanse überlieferten Belegen ergibt, fanden Kredenzien nicht nur im innerhansischen Verkehr Verwendung, sondern auch im diplomatischen Verkehr der Städte mit den Königen von Dänemark und Schweden, mit deutschen und französischen Fürsten, mit der Stadt Nowgorod und anderen nichthansischen Städten[108]. Das Rechtsverhältnis, welches die Beglaubigung zwischen den Mandanten und ihren Sendeboten herstellte, war offensichtlich allen aus germanischer oder slavischer Wurzel entsprossenen Rechtsordnungen des Nord- und Ostseeraumes vertraut. Was die Deutsche Hanse anlangt, so bedienten sich sowohl die Räte einzelner Hansestädte als auch die versammelten Ratssendeboten der Hansestädte gemeinlich dieser Rechts- und Schriftform offenbar vornehmlich im auswärtigen Verkehr mit fremden Fürsten und Städten, während das Verfahren im innerhansischen Verkehr weiterhin der traditionellen Mündlichkeit verhaftet blieb. An zwei Punkten scheint das Vordringen der Schriftform in der hansischen Diplomatie eingesetzt zu haben. Vor allem nämlich pflegten in der Mitte des 15. Jahrhunderts der Deutsche Kaufmann zu London und der Deutsche Kaufmann zu Brügge ihre Sendeboten regelmäßig mit Kredenzienbriefen auszustatten. Der Grund dafür mag darin gelegen haben, daß die in den Kontoren erhobenen Olderleute – ganz zu schweigen von den besoldeten Sekretären[109] – den

---

107 HR II 3 n. 53 (s. o., § 43 Anm. 87), n. 54–57, 61, 63.
108 Z. B. HR II 1 n. 512: Hochmeister Paul von Rusdorf beglaubigt genannte Männer zu Verhandlungen mit Gent, Brügge, Ypern und den anderen Freien und Edlen Flanderns sowie mit Holland, Seeland und Friesland, 14. Febr. 1436; HR II 3 n. 132: Antwerpen an Lübeck, Hamburg, Rostock, Wismar, Stralsund: beglaubigt genannte Sn., denen es so zu begegnen bittet, daß die alte Gunst und gute Freundschaft erhalten werde, 24. Juni 1444, s. o. § 44 bei Anm. 94; HR II 4 n. 200: Mannschaft und Städte des preußischen Bundes beglaubigen ihren Sn. „mit Befehlung etlicher Gewerbe" bei Lübeck, 5. Dez. 1453.
109 Kredenzien für sie: HR II 7 n. 471, s. o., § 42 Anm. 86, HR II 4 n. 400, oben, § 41 Anm. 85.

Ratmannen und Ratssendeboten der Städte an Rang, Autorität und Vollmacht nachstanden und in deren Kreisen daher (noch) nicht persönlich bekannt waren. Auf dem von sehr vielen Sendeboten besuchten Lübecker Hansetag vom 18. Mai 1447 jedenfalls wurden die Abgesandten der Kontore zu London und Brügge zwar zusammen mit den Ratssendeboten in die Liste der Anwesenden aufgenommen, aber im Gegensatz zu diesen erst nachträglich zu den Sitzungen zugelassen, und als dies geschah, mußten sie „ihre Kredenzien und Briefe von Glauben" übergeben, damit diese der Versammlung durch Vorlesen zur Kenntnis gebracht würden[110]. Vergleichbar mit der der Kontore war die Lage solcher Städte, die die Hansetage mit ihren Sekretären besandten. Auf derselben Tagfahrt nämlich erneuerten die gemeinen Städte ausdrücklich, was ihre Vorgänger schon im Jahre 1418 beschlossen hatten, daß nämlich in Zukunft nur noch geschworene Ratmannen einer Hansestadt zum Sitz in ihrem Rate zuzulassen, Stadtschreiber dagegen lediglich als deren Begleiter zu dulden seien, denn wenn sich eine Stadt ihrer Pflicht, der Ladung zu folgen, mittels der Entsendung eines Schreibers entledigen könne, so würde damit am Ende das gemeine Beste notwendigerweise in seinem Fortgange behindert werden[111].

§ 50. Wie bereits Klaus Wriedt erkannt hat, ist diese Bestimmung damit zu erklären, daß die städtischen Beamten nicht in die politische Willensbildung ihrer Heimatstädte eingebunden, sondern deren an Weisungen gebundene Diener waren und darum auf den Tagfahrten der gemeinen Städte nicht mit derselben Kompetenz oder Vollmacht an der Feststellung des gemeinen Wohls und Willens teilnehmen konnten wie die geschworenen Ratmannen. Gleichwohl war ihre Sachkunde und speziell ihr juristischer Sachverstand den Städten je länger, desto weniger entbehrlich. Namentlich die Kölner entsandten um die Mitte des 15. Jahrhunderts mehrfach „unserer Stadt Doktor und geschworenen Ratmann" mit einem Beglaubigungsschreiben zu den Tagfahrten, das ihn dazu ermächtigte, in allen die Stadt Köln betreffenden (oder: in allen im Ladungsschreiben genannten) Punkten zum Besten zu raten und beim Übereinstragen der Meinungen zu helfen. Obwohl die Kölner Ratmannen die Ratssendeboten ausdrücklich darum ersuchen mußten, ihren Doktor „zuzulassen und ihm zu gönnen, unserer Stadt Gebührlichkeit und Gerechtigkeit nach altem Herkommen zu gebrauchen", findet sich ihr Doktor Johannes Frunt sowohl in dem Rezeß der Bremer Tagfahrt vom 24. Juni als auch in dem des Lübecker Tages vom 21. September 1450 unter den Ratssendeboten auf dem ersten Platz zur linken Hand sitzend aufgeführt, gleich-

---

110 HR II 3 n. 288 §§ 10, 11. Die Versammlung bedurfte der Kontore insbesondere, weil sie die Kosten der von allen beschlossenen Gesandtschaften übernehmen sollten, ebenda § 22. S. u., § 338.
111 HR II 3 n. 288 § 49. WRIEDT (1978, wie Anm. 53) S. 32–34.

sam als ob er geschworener Ratmann von Köln gewesen wäre[112]. Diese Ausnahme von der Regel war wohl dem hohen politischen Range der Hansestadt Köln und dem Interesse zuzuschreiben, das die Ratssendeboten daran hegen mußten, sie in die gemeinsame Willensbildung einzubeziehen. Indessen wird uns der Unterschied zwischen den Worten eines von der Heimatstadt beglaubigten Sekretärs oder Doktors und denen eines vollmächtigen Ratmannes erst dann völlig deutlich werden, wenn wir bestimmt angeben können, worin diese Vollmacht der Ratmannen bestand.

§ 51. Dieser Befund bestätigt die Erklärung, welche die Lübecker und die mit ihnen zur Tagfahrt versammelten Ratssendeboten Ende März 1449 gegenüber den englischen Gesandten abgaben, daß nämlich die Städte ihre Sendeboten an sich nicht mit „vollkommenen Machtbriefen" auszustatten pflegten, sondern daß es ihre Gewohnheit wäre, „daß man ihren Sendeboten mündliche Vollmacht gebe, um zu den Städten zu kommen und mit den Hansestädten zu verhandeln"[113]. Ein weiteres Zeugnis hierfür enthält der Lübecker Rezeß vom Juni 1454. Seine Präambel führt in der üblichen Weise die Namen der Sendeboten und der Städte auf, die sich damals mit dem Rate von Lübeck versammelt hatten. Zehn Städte werden da genannt. Erst aus dem Kontext erfährt der Leser, daß außer ihnen auch Ratssendeboten von Münster anwesend waren, daß diese aber zu der Versammlung nur insoweit zugelassen wurden, als die gemeinen Städte sich bereit erklärt hatten, in dem Streit des Rates zu Münster mit etlichen aus seiner Stadt vertriebenen Bürgermeistern und Ratmannen in Freundschaft oder gerichtlich zu entscheiden. Nachdem die Parteien vor den Ratssendeboten erschienen waren, richteten diese die Frage an sie, ob sie in der genannten Sache auf beiden Seiten mächtig wären, und verlangten, „daß sie ihre Macht vorzeigen und vorweisen (togen unde wisen) sollten". Die Beklagten antworteten, da der Rat von Münster zu der Tagfahrt geladen worden sei „und sie Ratssendeboten der Stadt Münster wären, so meinten sie, daß dessen daran genug wäre". Die Sprecher der klagenden Partei der Vertriebenen dagegen erklärten, „daß sie ganze und volle Macht hätten ihrer ganzen Mitpartei nach Inhalt etlicher besiegelten Briefe," die sie, wenn nötig, vorzeigen könnten; da jedoch „die Ratssendeboten von Münster keine besiegelten Briefe von ihrer Macht wegen der vorbeschriebenen Sache halber hätten, so sollten sie ihre Macht verpönen, wie es sich gebührte." In geheimer Beratung, nämlich in Abwesenheit der aus dem Saale verwiesenen Parteien, beschlossen die Ratssendeboten der Hansestädte, „daß sie derselben beiden Parteien Sache auf deren sotane Macht, wie sie zu

---

112 HR II 3 n. 149, 620, 621, 627 pr., 643, 649 pr. Ferner HR II 4 n. 384, Braunschweig an Lübeck: ist außerstande, die lüb. Tagfahrt ladungsgemäß zu besenden; beglaubigt seinen geschworenen Schreiber Conrad Hille und bittet, ihm Gehör zu schenken, 4. Dez. 1455.
113 HR II 3 n. 503 § 5. S. o., § 8.

haben gesagt hätten und vermeinten, gerne annehmen, gütlich anhören und mit ganzem Fleiße das Beste darin verrahmen wollten"[114].

Diese Entscheidung war vermutlich deswegen problematisch, weil die Lübecker offenbar die Münsterer in einem und demselben Schreiben sowohl als Hansestadt um des Zwistes der gemeinen Städte mit Flandern willen wie auch als Partei in dem Streite mit den Ausgewichenen zu der Tagfahrt beschieden hatten[115] und man sagen konnte, die herkömmliche mündliche Ermächtigung jeglicher Ratssendeboten gelte nur für den ersten Fall; was jedoch die Streitsache anlangte, so sei eine schriftliche Vollmacht erforderlich. Die Ratssendeboten sahen aber vermutlich auch die schriftliche Ermächtigung in Parteisachen als eine Neuerung an, da sie dem grundsätzlich mündlichen deutschrechtlichen Gerichtsverfahren fremd war. Daher konnten sie sowohl auf die Bestrafung der Münsterer Sendeboten wegen Ladungsungehorsams, welche die Beklagten begehrten, als auch auf die Prüfung der Machtbriefe der letzteren verzichten. Aus welchem Grunde die Ratssendeboten von Münster, wenn sie doch in der flämischen Sache mit den gemeinen Städten raten und taten sollten, nicht zu der Tagfahrt zugelassen noch in der Präambel genannt wurden, bleibt uns unerkennbar. Wäre der Rat zu Münster wegen innerstädtischer Uneinigkeit gemäß dem Statut von 1418 für unmächtig und mit Verhansung bedroht erachtet worden[116], so hätte der Rezeß dies gewiß nicht mit Schweigen übergangen. So werden die Münsterschen von sich aus auf ihr Recht verzichtet haben, im Rate der gemeinen Städte zu sitzen.

§ 52. In der Tat haben Hansestädte um die Mitte des 15. Jahrhunderts Kredenzien für ihre Ratssendeboten nur in Ausnahmefällen ausgestellt (unten, §§ 333, 340, 341). So reiste etwa im April 1454, nach dem Ausbruch des Krieges zwischen dem Preußischen Bunde und dem Deutschen Orden, der Danziger Ratmann Marquard Knake, ausgerüstet mit zwei nicht erhaltenen Kredenzbriefen, dem einen von den preußischen Ständen, dem anderen von der Stadt Danzig gegeben, nach Lübeck mit dem Auftrage, für seine Mandanten Geld auf Kredit aufzunehmen[117]. Am 12. April 1459 beglaubigte die Stadt Magdeburg den Ratmann Hans Möring, Mitglied ihres Alten Rates, bei den Lübeckern, die die Städte auf den 15. April zur Tagfahrt geladen hatten, mit dem Ersuchen, denselben bei seinem Anbringen nach Kräften zu unterstüt-

---

114 HR II 4 n. 248 pr., § 7.
115 Das Ladungsschreiben ist nicht erhalten, es wird aber mit diesen Angaben in HR II 4 n. 252 zitiert.
116 HR I 6 n. 557 = Quellen hg. von SPRANDEL (1982, wie Anm. 46) S. 308 n. 11 §§ 2–3, s. u., § 186. Wilfried EHBRECHT, Verhaltensformen der Hanse bei spätmittelalterlichen Bürgerkämpfen in Westfalen, in: WestfF 26 (1974) S. 46–59, hier: S. 55–58, und DERS., Rat, Gilden und Gemeinde zwischen HochMA und Neuzeit, in: G. der Stadt Münster, hg. von Franz-Josef JAKOBI, Bd. 1, Münster ²1993, S. 91–144, hier: S. 135–137, geht auf die hier erörterten Fragen nicht ein.
117 HR II 4 n. 270, 274, 278.

zen[118]; seine Werbung wird in dem Schreiben nicht benannt, es wird sich dabei um eine Parteisache (Klage gegen oder von Seiten eines Dritten) gehandelt haben, die die gemeinen Städte nicht unmittelbar anging. Mit Bezug auf die in den jeweiligen Ladungsschreiben angegebenen gemeinhansischen oder Hauptsachen pflegten nur die Kölner ihre Sendeboten bei den zur Tagfahrt vergatterten Ratssendeboten der Hansestädte zu beglaubigen, so am 18. Juli 1449 ihre Rentmeister Goedert von dem Wasserfaß und Gerhard Hair, die der Rat bevollmächtigt hatte, die in dem Ausschreiben berührten „Sachen einträchtlich und nach unserer alten Gewohnheit zu beschließen und in anderen anstehenden Sachen, der gemeinen Hanse Freiheit und des Kaufmanns Gebrechen antreffend, die ferner vorkommen könnten, zu dem Besten zu helfen und zu raten"[119]. Die Stadt Köln könnte in der Verschriftlichung der hansischen Verhandlungsweise besonders fortschrittlich gewesen sein; wie noch zu zeigen sein wird (unten, § 335), enthielt die Berufung auf die alte Gewohnheit des Beschließens aber auch einen Hinweis darauf, daß diese Vollmacht ihre Grenzen hatte und die letzte Entscheidung über alle Verabredungen dem Rate vorbehalten bleiben sollte. Man wird darin nicht nur einen Ausdruck der wachsenden Distanz zu sehen haben, die die kölnische Politik von der der Lübecker und der Wendischen Städte zu lösen begann, sondern auch ein Zeichen dafür, daß die Grundlagen zu bröckeln begannen, auf denen die Identität der Ratssendeboten mit dem Stadtrate, für den sie sprachen, beruhte.

§ 53. Allgemein aber scheint die Verschriftlichung des Verfahrens der gemeinhansischen Willensbildung nicht bei den Kredenzien und Machtbriefen angesetzt zu haben, sondern an dem Bedürfnis der Städte, ihren Ratssendeboten schriftliche Instruktionen mit auf den Weg zu geben, um angesichts immer umfangreicher werdender Tagesordnungen und zunehmend komplizierter Probleme sicherzustellen, daß die Worte und Reden, die die Ratssendeboten in der Versammlung der gemeinen Städte äußerten, mit dem Willen und den Meinungen übereinstimmten, die sich die einzelnen Stadträte zu den Problemen gebildet hatten, denn auf solcher Übereinstimmung der Reden und Meinungen beruhte die Identität der Städte und Stadträte mit der Gesamtheit der Ratssendeboten. Diese waren zwar jeder für sich aus seinem heimatlichen Rate herausgetreten, aber gleichwohl wurden sie in der Versammlung so angehört, als ob jener ihnen zustimme, als ob aus ihren Mündern der gesamte Rat und die gesamte Stadt sprächen, aus welcher sie herkamen. Solche Instruktionen sind vielfach als besondere Schriftstücke oder Memoranden bei den Akten der Hansetage erhalten geblieben[120], und es wird kein Zufall sein, daß eines davon, welches lübische Gesandte bei Verhandlungen mit König Christian von Dänemark im März 1459 mit sich führten, die einzelnen Artikel in

---

118 HR II 4 n. 658.
119 HR II 3 n. 543, s.u., § 335, ferner n. 714 und HR II 4 n. 191, 453.
120 Z. B. HR II 3 n. 87, 126, 538, 539, 694, 695, HR II 4 n. 675.

der Regel mit den Worten „Item to sprekende mit deme heren koninghe umme (alze, van) ..." eröffnete, denn die Ratssendeboten waren Worthalter oder Sprecher des Rates, mit dem der König sie identifizieren sollte.

§ 54. Über die Entstehung solcher Instruktionen geben viele Rezesse regionaler Städtetage Auskunft, auf denen sich benachbarte Städte über die gemeinsame Besendung gesamthansischer Tagfahrten verständigten. So heißt es in dem Rezeß der in Marienburg versammelten preußischen Städte vom 9. Dezember 1446: „Zum ersten haben die Städte beschlossen, daß sie die Tagfahrt, die ihnen die Herren Ratssendeboten der Hansestädte, nämlich Lübeck, Hamburg, Rostock, Stralsund, Wismar und Lüneburg, verschrieben haben auf nächstkommende Himmelfahrt unseres Herrn, gemäß ihrer Verschreibung besenden wollen ... Item ein jeglicher mit seinen Ältesten daheim zu verhandeln, was man denen, die man nach Lübeck zum Tage senden wird, in Befehlung mitgeben wird und was ihr Befehl sein soll"[121]. Auf der nächsten Tagfahrt am 4. April 1447 vereinbarte man, daß je ein Ratmann von Kulm und von Danzig geschickt werden sollte; die von den beiden Städten benannten Personen sollten auf der wiederum nächsten Tagfahrt erscheinen, denn „da wird man ihnen ihren Befehl mitgeben gen Lübeck, danach sie sich mögen wissen zu richten"[122]. Dies geschah am 23. April 1447, als die preußischen Städte „von Befehlung wegen der Sendeboten" beschlossen, daß diese „sich bei den Hansestädten, so sie am besten können, bearbeiten sollen, daß der Deutsche Kaufmann bei seinen Privilegien, Freiheiten und Gerechtigkeiten bleiben möge, wie es von alters her gewesen und gehalten worden ist. Und da die Hansestädte unsere Sendeboten von Lübeck erwählen und auffordern werden, fortan die Reise nach Flandern mit ihnen zu unternehmen, daß dann die Kost und Zehrung, die sie auf dieser Reise tun werden, der gemeinen Städte Kaufmann in Flandern ausrichten soll"[123]. Nun endlich konnten die beiden Ratmannen nach Lübeck aufbrechen, wo der Hansetag am 18. Mai 1447 beginnen sollte. Das Verfahren sicherte eine doppelte oder zweistufige Identität der Ratssendeboten, nämlich sowohl diejenige mit ihren jeweiligen Heimatstädten als auch die mit dem Partikularverbande aller preußischen Hansestädte.

§ 55. Nicht schon aus den Kredenzienbriefen, deren wenig festgelegtes Formular eine Angabe über die materiellen Kompetenzen des Überbringers nicht unbedingt erforderte, sondern erst aus den Instruktionen erfahren wir, daß die Aussteller jener Briefe den Inhabern nicht nur ihren Glauben beilegen wollten, sondern daß sie ihnen auch bestimmte Pflichten auferlegten und die zu deren Erfüllung notwendigen Vollmachten erteilten. Es war daher nur konsequent, daß man die Kredenzien mit den Prokuratorien verglich und sie,

---

121 HR II 3 n. 270 §§ 1, 2.
122 HR II 3 n. 280 § 5.
123 HR II 3 n. 282 § 3.

gleich diesen, als Machtbriefe[124] bezeichnete, obwohl sie ihrem Wortlaut nach dem Adressaten gar nichts über Form und Inhalt der Vollmacht des Sendeboten aussagten, der sie ihnen überreichte. Die verpflichtende Instruktion nannte man Last oder Befehl, ihre Erteilung befehlen oder belasten[125], und wem die zur Tagfahrt versammelten Ratssendeboten etwas „in Befehl taten", der war auch „auf Behagen (uppe behach) der gemeinen Städte mächtig" zu handeln[126]. So konnten denn auch die Begriffe Last und Vollmacht, belasten und ermächtigen dem Sinne nach ineinander übergehen, etwa wenn der Rat zu Kampen dem Deutschen Kaufmann zu Brügge, der von ihm einen Beitrag zu den Kosten erwartete, welche das Abkommen mit der spanischen Nation in Flandern verursacht hatte, am 7. August 1449 erklärte, „daß sie dem Kaufmanne keine Last gegeben hätten, solches Geld von ihretwegen zu bezahlen," weswegen sie nur aus Freundschaft einen Beitrag leisteten[127], oder wenn es heißt, die versammelten Ratssendeboten hätten dem Kaufmanne „befohlen und die Last und Macht gegeben", und wenn dann die Älterleute des gemeinen Kaufmanns von der Deutschen Hanse mit bestimmten Aufgaben „belastet sind und die Macht dazu haben von der gemeinen Städte wegen"[128]. Wir haben an den sich vielfach überschneidenden Bedeutungsfeldern der Worte Vollmacht, Befehl und Last ein Beispiel für den Zustand eines Rechtes, das von Laien und Laienrichtern gepflegt wurde, hätte es doch eine wissenschaftliche Bearbeitung des hansisch-niederdeutschen Stadtrechtes als allerersten Schritt erfordert, nach dem Vorbilde der italienischen Glossatorenschulen die Begriffe zu definieren und gegeneinander abzugrenzen.

§ 56. Die am 25. Juli 1449 in Bremen versammelten Ratssendeboten beschlossen, daß die Lübecker zur nächsten Tagfahrt am gleichen Orte die Städte unter schriftlicher Mitteilung der Artikel, worüber man verhandeln und beschließen werde, einladen sollten, „damit sich keiner der Sendeboten deshalb entschuldigen könne, daß er davon nichts in Befehl habe," und eine Stadt, die die Tagfahrt nicht besenden konnte, sollte „alsdann durch ihre

---

124 HR II 3 n. 324, s. o., § 45 Anm. 98. „Gemeine procuratoria oder Machtbriefe" HR II 7 n. 486 § 5, s. o., § 4. Das Wort procuratorium bezeichnet an dieser Stelle also nicht die prokuratorische Vollmacht im Sinne des römisch-kanonischen Prozeßrechts, sondern ist metaphorische Übersetzung des niederdeutschen Begriffs der Vollmacht. Als wörtliche Übersetzung des Ausdrucks ‚vollmächtige Rsn.' finden sich die nuncii consulares plenipotentes, in: Quellen hg. von SPRANDEL (1982, wie Anm. 46) S. 264 zum Jahre 1379, S. 266 zu 1383.
125 Z. B. HR II 4 n. 8, 26; n. 99: nicht die Deputierten des deutschen Kaufmanns, sondern dieser selbst sei damit belastet, der gemeinen Städte Rezesse und Gebote zu halten; n. 131: Entsendung der Rsn. „mit voller Last"; HR II 3 n. 504 § 2: „Befehl und Werbung", s. o., § 6.
126 HR II 3 n. 288 §§ 4, 8, n. 546 § 3, II 4 n. 251 §§ 3, 8.
127 HR II 3 n. 547.
128 HR II 4 n. 63 § 19, n. 161 § 7, n. 249 §§ 4, 9, ebenso betreffend Rsn.: HR II 3 n. 93.

Schrift den Sendeboten, die zu der genannten Tagfahrt zu Bremen kommen werden, volle Macht geben, auf sotane, ihnen schriftlich mitgeteilte Artikel zu konkludieren und zu beschließen, wie es den gemeinen Hansestädten Not und Behuf zu sein dünkt"[129]. Die heimatlichen Stadträte mußten demnach, mochten sie der Ladung nun mit eigenen Ratssendeboten oder mittelbar durch die einer anderen Stadt nachkommen, diese Sendeboten sowohl materiell (durch Instruktion oder Befehl) als auch formal (durch schriftliche Vollmacht) instandsetzen, an der Willensbildung des Gesamtverbandes mitzuwirken. Es war allerdings eine Neuerung, daß man jetzt, vier Monate nach dem Zusammenstoß mit den Engländern und der Erklärung, die Hanse kenne nur mündliche Vollmachten, dafür die Schriftform einführen wollte, jedenfalls soweit eine stellvertretende Ermächtigung in Betracht kam.

Der Befehl erstreckte sich übrigens niemals auf die Befugnis, die entsendende Stadt zu Ausgaben zu verpflichten. Beschlüsse, die den Städten Kosten zu verursachen drohten, konnten die Ratssendeboten stets nur ad referendum akzeptieren, „denn es stünde ihnen nicht (zu, dies) anzunehmen von ihrer Stadt wegen"[130]. Wie noch zu zeigen sein wird (unten, § 215), setzte das hansisch-niederdeutsche Stadtrecht der Vollmacht der Stadträte und ihrer Sendeboten in diesem Punkte Grenzen, die sich genau bestimmen lassen und für das Verständnis der Identität der Gesandten einerseits mit ihren Stadtgemeinden, andererseits mit der hansischen Einung höchst aufschlußreich sind. Schon jetzt aber lehrt uns die niederdeutsche Rechtssprache, daß die Ratmannen, die Befehle auszuführen und Lasten zu tragen hatten, nicht Herren ihrer Gemeinden und des Deutschen Kaufmanns, sondern deren Diener waren – wie es das lübische Recht bezeugt, indem es jedem Ratmanne besonderen strafrechtlichen Schutz gewährte, während er „in der Stadt Dienste" tätig war[131].

1.5. Stadtgemeinde und vollmächtiger Rat

§ 57. So harrt denn unser die Aufgabe nachzuholen, was die Wissenschaft des hansischen Zeitalters selbst noch nicht leisten konnte, nämlich das rechtliche Wesen der Identität, in der sich die Mitglieder jeder Einung mit ihren Worthaltern einig waren, und die rechtliche Bedeutung der daraus für die Sprecher erfließenden Vollmacht zu bestimmen. Denn aus den Kredenzien und Instruktionen sind der Rechtsgrund und die offenkundig beweglichen Grenzen der Rechtskraft dieser Vollmachten doch nur recht vage zu erkennen, so daß wir immer noch nicht viel mehr wissen, als daß sich der Begriff, den sich das hansisch-niederdeutsche Stadtrecht von der Vollmacht bildete, grundlegend von dem gemeinrechtlichen der Prokuratoren und Repräsentanten unter-

---

129 HR II 3 n. 546 § 2.
130 HR II 3 n. 94 § 2, auch n. 320 § 5.
131 Quellen hg. von SPRANDEL (1982, wie Anm. 46) S. 19 § 90.

schied. Kein anderes Rechtswort aber begegnet uns in den Rezessen und Akten der Deutschen Hanse so häufig wie das Adjektiv vollmächtig, und kein anderes Epitheton wird mit dem Worte Ratssendeboten so häufig verbunden wie dieses Adjektiv. Jedes Ausschreiben für eine Tagfahrt, das von Lübeck ausging, forderte die Städte auf, die Versammlung mit vollmächtigen Ratssendeboten zu besenden, und nahezu jeder Rezeß nennt in der Präambel die Namen der vollmächtigen Sendeboten und der Städte, von denen sie entsandt waren. Auch reden viele Stadtrechtsquellen davon, daß die Bürger ihren Rat als vollmächtigen im Ratsstuhle sitzen lassen sollten[132]. Es ist also zugleich ein fundamentaler Rechtsbegriff des niederdeutschen Stadtrechts, dessen Bedeutung wir jetzt zu erklären haben.

§ 58. Die zur Tagfahrt versammelten Ratssendeboten standen in einer doppelten Identität. Jeder einzelne von ihnen galt als mit seiner Heimatstadt identisch, deren Willen er in der Versammlung geltend machen sollte, alle zusammen aber und als Gesamtheit oder Genossenschaft waren sie identisch sowohl mit den gemeinen Städten als auch mit dem gemeinen Kaufmanne von der Deutschen Hanse. Wir fassen zunächst die erstere ins Auge. Die Rezesse der Hansetage bringen sie in verschiedener Weise zum Ausdruck. Als Beispiel mag der Rezeß der Lübecker Tagfahrt vom 18. Mai 1447 dienen, die außergewöhnlich gut, nämlich von 39 Städten besucht war und sich unter anderem die außergewöhnliche Aufgabe stellte, aus den Beschlüssen der alten Rezesse ein Corpus des hansischen Rechtes zusammenzustellen, nach dem sich ein jeder in zukünftigen Zeiten richten sollte und könnte[133]. Entsprechend der besonderen Bedeutung, die unter diesen Umständen der Niederschrift der Beschlüsse zukam, ist die Präambel des Rezesses besonders reich ausgestaltet: „Es sei zu wissen, daß im Jahre unseres Herrn Jesu Christi 1447 zu des Herrn Himmelfahrt die vollmächtigen Ratssendeboten der gemeinen Städte von der Deutschen Hanse in der Stadt Lübeck zu Tage vergattert waren, wobei ein Teil zu der vorderen Hand saß, nämlich (alse) von Köln Herr Godert Wasserfaß, Bürgermeister, und Gerhard Haer, Ratmann, von Bremen Johann Vrese, Bürgermeister, und Daniel Brant, Ratmann, von Rostock ... (usw., insgesamt saßen dort 39 Sendeboten aus 24 Städten); zur linken Hand von Hamburg Herr Hinrik Kothing, Detleff Bremer, Bürgermeister, und Herr Johann Rothgeri, Sekretär, von Lüneburg Herr Johann Schellepeper, Bürgermeister, und Hartich Schomaker, Ratmann, von Greifswald ... (usw., insgesamt 20 Ratssendeboten aus 14 Städten und außerdem in deren Mitte der Rat zu Lübeck). Auch waren daselbst die Älterleute des Kaufmanns zu

---

132 Bisher hat nur W. EBEL, Lüb. Recht Bd. 1 (1971, wie Anm. 74) S. 303, die Eigenschaft des Rates, vollmächtig zu sein, beobachtet. Er deutet sie aber im gemeinrechtlichen Sinne, nämlich als noch unbestimmte Vorstufe zur Repräsentation der Bürger oder der Stadt durch den Rat: der Stadt, „für welche der Rat eher als ein Vormund denn als ein Organ handelte," S. 305. S. u., §§ 132–137.
133 HR II 3 n. 288 pr., § 21.

Die hansische Einung und die Identität der Teilverbände 61

Brügge aus Flandern, mit Namen Hinrik Castorp, Hinrik van Scheden, Kaufleute, und Johannes Gebbing, Sekretär," ebenso die beiden Älterleute und der Sekretär des Kaufmanns zu London, „als vollmächtige Sendeboten des ehebenannten Kaufmanns, Ludeke Nienborg und Hinrik tor Hopene, vollmächtige Sendeboten des Kaufmanns zu Bergen in Norwegen. Und daselbst haben sie sich mit Andacht bekümmert um viele Gebrechen und anliegende Notsachen, die den gemeinen Städten und dem Kaufmann von der Deutschen Hanse jetzt mehr denn in vielen vergangenen Jahren anliegend waren, darum sie Gott zum Lobe, dem Römischen Reiche zu Ehren, um Bestehens der gemeinen Städte, Wohlfahrt der Kaufmannschaft und des gemeinen Wohles willen ordiniert und einträchtlich beschlossen haben sotane Artikel und Ordinanzen, als hiernach folgen."

Die Identität der Ratssendeboten der gemeinen Städte mit den (anwesenden) Bürgermeistern und Ratmannen der einzelnen Hansestädte wird in dieser Präambel mittels der Konjunktion als ausgedrückt, deren mittelniederdeutsche Form (also) noch daran erinnert, daß sie aus den Wörtern al = ganz und so = ebenso zusammengewachsen war; als mit ihr gleichwertig benutzten die Sekretäre auch die Konjunktion namliken = nämlich[134].

§ 59. Kurzformen der Präambel, die in manchen Rezessen vermutlich noch das Entwurfsstadium festhalten, machen die Identität der Ratssendeboten mit den Städten noch deutlicher, indem sie einfach sagen: „Anno 1444 des Dienstags vor Lichtmeß waren die Städte Lübeck, Hamburg, Rostock, Stralsund, Wismar und Lüneburg zu Lübeck zu Tage vergattert und haben gehandelt und geschlossen, so hiernach folget"[135], denn verhandeln und beschließen konnten natürlich nicht die Städte selbst, sondern nur deren Räte und Ratssendeboten. An anderer Stelle heißt es: „Zum ersten: Wer die Herren waren aus den Städten, das wißt ihr wohl," worauf die Beschlüsse in Sätzen folgen, welche als Subjekt nur das Wort „die Städte" kennen[136]. Ebenso anschaulich tritt die Identität in einem älteren Rezeß, nämlich dem der Greifswalder Versammlung vom 7. September 1361, hervor, denn dieser kündigt zwar den Auftritt der Städte an, benennt aber mit Namen nur die Personen ihrer Sendeboten: „Die Städte bei der See, als Herr Johann Wittenborg, Herr Johann von Pleskau und Herr Berend Oldenburg von Lübeck, Herr Dietrich Wraak von Hamburg, Herr Johann Dargetzow und Herr Johann Kalzow von Wismar" usw., welche „mit den andern Städten bei der

---

134 Die Partikel ‚alse' z. B. in HR II 3 n. 79 pr., 176 pr., 649 pr., HR II 4 n. 78 pr., 196 pr.; ‚namliken' z. B. in HR II 3 n. 546 pr., 627 pr., 676 pr., HR II 4 n. 63 pr., 506 pr.; die Verdoppelung ‚alse ok namelik' einmal in HR II 4 n. 161 pr. Die Rezesse der preußischen Städtetage, deren Prooömien noch in latein. Sprache abgefaßt wurden, verwenden statt dessen die Partikeln videlicet: HR II 3 n. 81 pr., 154 pr., 184 pr., 200 pr. u. ö., und scilicet: HR II 3 n. 169 pr.
135 HR II 3 n. 94.
136 HR II 3 n. 253.

See, mit den Ratmannen also Herrn Hinrik Langen von Kulm und Herrn Gottschalk Naase von Danzig" die folgenden Beschlüsse faßten[137].

Diese Beobachtungen erweisen, daß die rechtsförmliche Identität der Ratssendeboten mit ihrer jeweiligen Heimatstadt, auf Grund deren die Sendeboten insgesamt wiederum identisch waren mit den gemeinen Städten von der Deutschen Hanse, ihren sprachlich-grammatischen Ausdruck in einem mit den Konjunktionen als oder nämlich gebildeten Satzgefüge fand, das uns in den Präambeln nahezu eines jeden Rezesses begegnet. Zu den uns aus den Kredenzbriefen bekannten Identitätstropen, dem in den Rezessen und Akten der Hansetage allgegenwärtigen kausalen und dem den Kredenzien eigentümlichen komparativen, tritt demnach ein dritter Tropus hinzu, den man den positiven nennen kann, da er die Identität mit den bezeichneten Konjunktionen der Gleichsetzung indikativisch feststellt. In einem Schreiben vom 4. September 1427 konnten die zu Lübeck versammelten Ratssendeboten der Städte denn auch kurz und bündig aussagen, sie träfen ihre Entscheidungen so, „wie sie dazu von der Hanse wegen verpflichtet sind"[138]. Da alle drei Identitätsfiguren dasselbe Rechtsverhältnis betreffen, so folgt, daß die Ratssendeboten auf den Tagfahren von ihrer Heimatstädte wegen das Wort führten, um zur gemeinsamen hansischen Willensbildung beizutragen, und daß jeder Sendebote für die um ihn versammelten Genossen seine fernen Auftraggeber in Gedanken sicht- und hörbar machte. Ist also auch der Begriff der Identität den Quellen in dieser unmittelbaren Form fremd, so gilt dies doch nicht für die Rechtstatsache oder das Rechtsverhältnis, das wir darunter verstehen, denn dieses ist in Gestalt der drei grammatischen Figuren in den Quellen bezeugt und mit ihrer Hilfe empirisch bestimmbar.

§ 60. Eine vierte Möglichkeit, der Identität von Personen mit Personenverbänden Ausdruck zu verleihen, und damit einen vierten Identitätstropus gewährte dem hansischen Rechte die Synonymik. Der synonyme Gebrauch zweier Wörter nämlich setzt deren spezifische Bedeutungen nicht nur miteinander gleich, sondern er setzt sie auch in eins, er identifiziert sie miteinander. Jedermann verstand, daß die Ratssendeboten gemeint und mit ihren Städten in eins gesetzt waren, wenn der Chronist berichtet: „Als die Städte ihren Willen da nicht werben konnten, da saßen sie auf ihre Pferde und ritten aus der Stadt" (unten, § 161). Aber auch den Diktatoren in den hansestädtischen Kanzleien war dieser Sprachgebrauch vertraut. Daher tritt die doppelte rechtsförmliche Identität einer jeden Hansestadt mit ihren Sendeboten und der Gesamtheit der Sendeboten mit der Einung der gemeinen Städte – die natürlich nicht ohne weiteres auch eine materielle Identität der einzelstädti-

---

137 HR I 1 n. 259 = Quellen hg. von SPRANDEL (1982, wie Anm. 46) S. 286 n. 4 pr.
138 Bremisches UB, hg. von D. R. EHMCK und W. VON BIPPEN, Bd. 5, Bremen 1902, n. 346. Ein Rezeß dieser Versammlung ist nicht überliefert. S. u., § 157 Anm. 329, § 159.

schen Willen mit dem Gemeinwillen zur Folge hatte[139] – im Kontext der hansischen Rezesse regelmäßig dadurch in Erscheinung, daß die Worte Ratssendeboten und (gemeine) Städte durchgehend synonym verwendet werden[140].

So heißt es in dem Lübecker Rezeß vom 18. Mai 1447: „... und die Städte wurden gefragt ..., so daß nach vielen und langen Aus- und Einreden die vorbeschriebenen Ratssendeboten eins wurden ...; item wurde daselbst von den vorbenannten Herren Ratssendeboten ein Brief des ... Erzbischofs von Köln verlesen ..., so daß zu allerletzt die ehebenannten Ratssendeboten beschlossen, daß sie von der gemeinen Städte wegen eine Antwort schreiben wollten." In der Streitsache zwischen Bürgermeister Heinrich Alfeld und dem Rate von Goslar „beschlossen die ehebenannten Herren Ratssendeboten einträchtlich, daß sie beide vor die Städte kommen sollten," um gehört zu werden; „so sind beide vorbeschriebenen Parteien vor den Herren Ratssendeboten gewesen, und daselbst verblieb der vorbeschriebene Hinrik bei den gemeinen Städten Ehre und Rechtes." Da aber die Gegenpartei dazu keine Vollmacht besaß, so „wollten die ehebenannten Städte darum auch an die ehebenannten von Goslar schreiben." Weitere Beratungen führten zu einem Ergebnis, „des die Städte und Ratssendeboten wohl zufrieden waren;" später dann „beklagten sich vor den ehrbaren Herren Ratssendeboten die ehrsamen Herren Sendeboten der Stadt Bremen ... und erboten sich vor den Städten, daß sie ihrer von dessentwegen zu Ehren und zu Rechte mächtig sein sollten." Schließlich, „als denn in vielen vergangenen Jahren von den gemeinen Städten viele Rezesse gemacht worden sind ..., so haben die ehebenannten Herren Ratssendeboten sich hiermit bekümmert und haben die vorbeschriebenen Rezesse in Einklang gebracht ...", usw.[141]. Sehr schön bezeugt ein älteres, noch in lateinischer Sprache abgefaßtes Schreiben der Ratmannen von Lübeck an ihre Freunde in Riga diesen synonymen Gebrauch der niederdeutschen Worte, da der Diktator das sehr ungewöhnliche und deswegen in seiner Bedeutung nicht festgelegte Substantiv civitatenses dazu benutzte, um mit einem und demselben Worte der fremden Sprache alle drei Personenverbände, sowohl die einzelnen Hansestädte als

---

139 Hierzu unten, §§ 345–350. Zweistufige Identität ist bereits oben, § 54, festgestellt worden.
140 Bereits beobachtet von GIERKE (wie Anm. 54), Bd. 2 (1873) S. 620: Die Sprache unterscheide nicht zwischen Behörde (= Rat) und Gemeinde, nenne diese für jene und umgekehrt, auch beide für jene und beide oder eine von beiden für die Stadt. EBEL (1971, wie Anm. 74) S. 305f., berührt das Thema in einer Erörterung über die Mehrdeutigkeit des Begriffs Stadt.
141 HR II 3 n. 288 §§ 1, 2, 3, 14, 19, 20, 21. Weitere Beispiele in den oben, §§ 6–10, referierten Berichten HR II 3 n. 503, 504 über die Verhandlungen mit den engl. Gesandten zu Lübeck zu Ende März 1449.

auch die versammelten Ratssendeboten und die gemeinen Städte zu bezeichnen[142].

§ 61. Aus der Identität der Ratssendeboten mit ihren Heimatstädten und umgekehrt: einer jeden Hansestadt mit ihren Sendeboten erklärt sich nicht nur der Umstand, daß die Ratssendeboten, um zum Rate der gemeinen Städte zugelassen zu werden, keiner schriftlichen Vollmacht bedurften und daß man ihre Vollmacht in eins setzte mit der Last oder dem Befehl, den ihnen ihre Stadt erteilte (oben, §§ 8, 51, 55). Darüber hinaus zwingt uns dieser Befund auch zu der Annahme, daß der entsendende Rat die Vollmächtigkeit seiner Sendeboten nicht erst bei deren Abreise ausdrücklich festzustellen brauchte, sondern daß sie aus der Vollmacht des Stadtrates selber unmittelbar erfloß und eine rechtliche Eigenschaft eines jeden Ratskumpans bildete, deren Bestand und Geltung nicht davon abhing, ob er inmitten seiner Heimatstadt und ihres Rates weilte oder in der Fremde für sie sprach, ob er in seiner amtlichen Eigenschaft und im Dienste seiner Stadt gegenüber den eigenen Bürgern oder gegenüber den Sendeboten befreundeter Städte und Stadträte hervortrat. Aus der Identität der Ratssendeboten mit ihren Heimatstädten und Heimaträten folgt demnach, daß wir, wenn wir wissen wollen, welche rechtlichen Eigenschaften vollmächtige Ratssendeboten auszeichneten, nach der Vollmacht der entsendenden Städte fragen müssen, versteht es sich doch von selbst, daß kein Stadtrat seinen Mitgliedern und Sendeboten mehr Befugnisse verleihen konnte, als er selber besaß. Daß nun dieser Vollmacht Grenzen gesetzt waren, hat sich bereits erwiesen, da wir ja wissen, daß kein Ratssendebote seine Heimatstadt zu Geldausgaben verpflichten konnte, für welche deren Bürger hätten aufkommen müssen (oben, § 56). Und in der Tat: daß und wie der Rat einer Stadt seine Vollmacht von der Stadtgemeinde erhielt, mit deren Willen der seine und sein Handeln identisch sein sollten, das ist uns, wenn auch in stark verschlüsselter Weise, in etlichen Quellen bezeugt, deren Analyse wir uns jetzt zuwenden wollen.

---

142 HR I 3 n. 172 = Quellen hg. von SPRANDEL (1982, wie Anm. 46) S. 266 n. 9 vom 22. Juli 1383. Weitere Beispiele für die Verwendung des synonymischen Identitätstropus unten, §§ 139, 194.

Zweites Kapitel

Autonome Gemeinde und vollmächtiger Rat

2.1. Lübeck und Hamburg 1340

§ 62. Die Untersuchung beginnt mit einer besonders wichtigen und aufschlußreichen Urkunde aus dem Zentrum des hansisch-niederdeutschen Rechtsgebietes. Am 1. September 1340 erklärten die Ratmannen der Stadt(gemeinde von) Lübeck in einem auf lateinisch abgefaßten Dokument öffentlich und unter dem Siegel ihrer Stadt(gemeinde, civitatis nostre), es sei in der Stadt (in ipso opido) Hamburg altes Gewohnheitsrecht, daß die Bürgermeister, sooft der Stadt und Gemeinde (dicto opido et universitati) wichtige Entscheidungen abverlangt würden, die anderen Ratmannen ausdrücklich hinzuziehen (specialiter super hoc requirere) und gemäß deren Grenzsetzung und speziellem Befehl (de eorum determinatione et mandato speciali) die Entscheidung treffen müßten, wenn diese rechtlich wirksam werden (sortiri effectum) sollte. Ginge es aber gar um grundsätzlich wichtige Entscheidungen, etwa solche, die Befugnissen der Gemeinde präjudizieren oder deren Gerechtsamen und Verfassung etwas vergeben könnten (utpote super iure aliquo ipsius opidi et universitatis preiudiciali seu ius vel statum aliqualiter tangente vel similia), dann müßten Bürgermeister und Ratmannen sogar, damit ihre Entscheidung Rechtskraft (robur firmitatis) erlangte, in jedem einzelnen Falle (specialiter) die Zustimmung der Handwerksämter und der Gemeinde (consilium et consensum magistrorum officiorum mechanicorum ac universitatis dicti opidi) einholen: Die Amtsvollmacht der Bürgermeister (officium prerogativa et potestas proconsulum Hamburgensium) bestünde lediglich darin zu vollziehen, was ihnen zum Nutzen der Stadt und deren Berechtigungen von den Ratmannen durch Ratsbeschluß im Rahmen der Ratskompetenzen aufgebürdet werde (que ipsis pro utilitate opidi et iuris ipsius iniunguntur expedienda per consules dicti opidi iuxta determinationem et decisionem ipsorum consulum in casibus ad ipsos pertinentibus); was sich die Bürgermeister ohne solche Last oder Befehl anmaßten (attemptarent), entbehre jeder Rechtskraft. Diese Gewohnheit bestehe sowohl zu Hamburg und Lübeck als auch in den benachbarten (also: sächsischen und wendischen) Städten (in dicto opido et in civitate nostra memorata et civitatibus et opidis circumvicinis)[143].

§ 63. Wie Sprache und Stil dieses Dokuments beweisen, war der im Dienste der Stadt Hamburg stehende Diktator Experte im römisch-kanonischen oder gelehrten Recht. Mit ebenso großer Vorsicht wie Meisterschaft verstand er es, die schwierige Aufgabe zu lösen, die darin bestand, den Grundgedanken hansisch-niederdeutschen Stadtrechts ins Lateinische zu übertragen, ohne

---

143 UB der Stadt Lübeck 2. Teil, Lübeck 1858, S. 664 n. 715.

ihn schon durch die Wortwahl in gemeinrechtliche Auffassungen umzubiegen. Der lateinischen Sprache aber mußte er sich bedienen, weil die Urkunde als Beweismittel in einem nach kanonischem Recht geführten Prozeß vor dem päpstlichen Hofgericht (der Rota Romana) in Avignon verwendet werden sollte. Streitigkeiten zwischen Bürgern und Klerus über Wirtschaftsweise und Steuerfreiheit der Geistlichkeit, wie sie damals in vielen Städten an der Tagesordnung waren, hatten das hamburgische Domkapitel dazu veranlaßt, unter anderem eine vom Rate erlassene Satzung gerichtlich anzugreifen, welche es den Bürgern untersagte, steuerpflichtige Liegenschaften an Kirchen zu veräußern. Dieses Verbot hatte der Bürgermeister Nicolaus Fransoyser in der Bursprake des 21. Dezember 1337 öffentlich verkündet und seither alljährlich an diesem Tage, dem Feste des Heiligen Thomas, den Bürgern in Erinnerung gerufen[144].

Wie die hamburgischen Prokuratoren zu Avignon am 1. März 1340 dem Rate berichteten, hatte das Domkapitel außerdem versucht, in das bisher allein gegen Bürgermeister und Ratmannen gerichtete Verfahren auch die Gemeinde (communitatem seu universitatem) einzubeziehen, doch war es damit nicht durchgedrungen[145]. Offensichtlich hatten die Kläger hiermit den uns bereits bekannten Schwierigkeiten zuvorkommen wollen, die sich nach römisch-kanonischem Recht ergaben, wenn die Partei- und Prozeßfähigkeit größerer Personenverbände zur Diskussion stand (oben, § 31). Eben diese Schwierigkeiten suchten die Anwälte der Stadt Hamburg auszunutzen, um die Klage zu Fall zu bringen. Sie bauten darauf, daß das gelehrte Recht nichts von der deutschrechtlichen Identität von Gemeinde und Rat wußte und daher den Rechtsgrund nicht erkennen konnte, auf dem die Geltung der in den Burspraken veröffentlichten Ratsverordnungen beruhte. Sie wollten das Domkapitel dazu zwingen, dem Gerichte darzulegen, mit welchem Recht es seine Klage gegen die Person des Bürgermeisters und gegen jeden, der in Hamburg derzeit Bürgermeister oder Ratmann war, richtete.

§ 64. Die Kläger hatten dieser Argumentation nicht ausweichen können und verfingen sich sofort in den Fallstricken, die das gelehrte Recht hier auslegte. Am 26. Februar 1339 hatte ihr Prokurator dem Gericht sechs Fragen eingereicht, mit deren wahrheitsgemäßer Beantwortung, wie er hoffte, der Rat zu Hamburg seine Parteifähigkeit und damit seine Pflicht, auf die Klage zu antworten, würde eingestehen müssen[146]. Von diesen Fragen hatten vier die Rechtsfolgen der alljährlichen Ratsumsetzung zum Gegenstande; da diese jeweils ein Drittel der Ratmannen von den laufenden Geschäften befreite, war es zweifelhaft, ob nur die Mitglieder des sitzenden Rates oder die Rat-

---

144 Rat und Domkapitel von Hamburg um die Mitte des 14. Jh., Teil 1 bearb. von Richard SALOMON, Teil 2–3 bearb. von Jürgen REETZ (VStAHambg Bd. IX Teil 1–3), Hamburg 1968–80, hier: T. 2 (1975) S. 111 Art. 12, S. 146.
145 Rat und Domkapitel T. 1 (1968, wie Anm. 144) S. 68f.
146 Rat und Domkap. T. 2 (1975, wie Anm. 144) S. 85 n. 9d.

mannen insgesamt die verantwortliche Stadtregierung und zu beklagende Partei bildeten. Zwei Fragen aber betrafen das Verhältnis des Rates zur Gemeinde: „Item ob die Geschäfte der Gemeinde der genannten Stadt durch die vorgenannten Ratmannen und Bürgermeister erledigt werden und nach der Gewohnheit erledigt worden sind, und ob ihre Entscheidungen so gegolten haben und gelten, als ob sie durch die Gemeinde der Stadt getroffen worden wären oder würden" (item si negotia universitatis dicti opidi aguntur et tractantur per consules et proconsules supradictos, agi et tractari consueverunt, et si gesta per eos valuerunt et valent, ac si per universitatem eiusdem opidi facta fuissent et sint), und schließlich, ob Bürgermeister und Ratmannen in ihrem Amte auf eigene Kosten oder auf Kosten der Gemeinde handelten, insbesondere ob sie die Kosten dieses Prozesses aus dem Gemeindevermögen bestritten.

Von diesen Fragen erinnert die wichtigste zwar der grammatischen Form nach an die komparative Identitätsfigur der hansisch-niederdeutschen Rechtssprache, in der Sache aber zielte sie auf ein Rechtsverhältnis, das in dieser Sprache nur durch die positive Figur korrekt ausgedrückt werden konnte, da Bürgermeister und Ratmannen ja ihre Geschäfte inmitten der Gemeinde und als deren Worthalter führten und nicht der Vergegenwärtigung gleichsam als Abwesende bedurften. Da nach niederdeutschem Stadtrecht die Identität von Rat und Gemeinde nicht nur rechtlich, sondern auch räumlich und physisch wirklich gegeben war und nicht fingiert oder unterstellt zu werden brauchte, erweist sich die Argumentation des klägerischen Prokurators als gemeinrechtliche: Sie faßte das Verhältnis von Bürgermeistern und Ratmannen zur Gemeinde als Repräsentation und Bevormundung einer willensunfähigen Personenvielheit durch ihre Repräsentanten auf.

§ 65. So war es nur konsequent, daß das Domkapitel die Bürger, an die sich das vom Bürgermeister Fransoyser in der Bursprake verkündete und mit schweren Strafen bekräftigte Verbot richtete, als Untertanen (subditi) des Rates bezeichnete – der zutreffende Begriff der Eid- und Rechtsgenossen stand ihm nicht zur Verfügung, und damit bürdete es sich die unerfüllbare Verpflichtung auf, die Existenz einer dem entsprechenden, Bürgermeister und Ratmannen als Repräsentanten dieser Untertanen legitimierenden Vollmacht nachzuweisen. An dieser Klippe scheiterte die gelehrte Argumentation. Die Domherren wußten nicht mehr vorzubringen, als daß in Hamburg niemand daran zweifelte, daß die vom Bürgermeister in der Bursprake verkündeten Gebote mit gemeinem Willen aller Bürgermeister und Ratmannen beschlossen worden seien[147]. Zu erklären ist dieses Scheitern nur damit, daß die Gewalt des Rates keine repräsentative, obrigkeitliche Vollgewalt war, sondern auf der Einung und Identität von Rat und Gemeinde nach niederdeutschem Recht beruhte. Denn diese Identität erforderte ebensowenig eine ausdrückli-

---

147 Rat und Domkap. T. 2 (1975, wie Anm. 144) S. 86 n. 9c, S. 87 n. 9f Ziffern 6 und 7.

che Ermächtigung der Ratmannen durch die Gemeinde und der Bürgermeister durch den Rat wie die der Ratssendeboten, die den Willen der Stadt Hamburg auf den hansischen Tagfahrten zur Geltung brachten, mit jenen ihren Eidgenossen. Das Domkapitel, dem hier die Beweislast zufiel, war genauso unfähig, dem Gericht den Rechtsgrund für diese Tatsache auseinanderzusetzen, wie es hundert Jahre später, im März 1449, die Lübecker und die Ratssendeboten der Städte gegenüber den Gesandten des Königs von England waren. Aus der mangelnden wissenschaftlichen Bearbeitung des hansisch-niederdeutschen Stadtrechts ergab sich für die Hamburger im Prozeß mit dem Domkapitel ein Vorteil, den es zu nutzen galt. Die Hamburger durften mit Sicherheit darauf rechnen, daß die gelehrten Juristen, die im Auftrage des Domkapitels die Klage begründen und als päpstliche Richter über sie urteilen mußten, an der Schwierigkeit scheitern würden, die deutschrechtliche Gemeindeverfassung der Beklagten mit den begrifflichen und methodischen Hilfsmitteln des gelehrten, und das hieß: des römisch-kanonischen Rechtes, zutreffend zu erfassen.

§ 66. Dieser Berechnung diente ganz offensichtlich das amtliche Zeugnis über die Verfassung der sächsisch-wendischen Städte, das sich die Hamburger am 1. September 1340 vom Rate zu Lübeck ausstellen ließen. Nach diesem Zeugnis beruhte die Stadtverfassung auf dem Willen der Gemeinde, und es war Sache des Rates, dafür zu sorgen, daß sein Wille jederzeit mit dem der Gemeinde identisch war. Dieses Ziel erreichte die Einung der Bürger, indem sie die Gemeindegeschäfte in drei Kategorien einteilte. Die Bürgermeister für sich alleine durften lediglich jene Entscheidungen treffen, die durch bloße Anwendung anerkannter politischer Richtlinien und bestehender, positiv (wenn auch nicht notwendigerweise schriftlich) formulierter Gesetze gefunden werden konnten; die ihnen von der Gemeinde beigelegte Vollmacht war eine Amtsvollmacht (officium prerogativa et potestas), eine mit Last oder Befehl verbundene Vollmacht, in deren Ausübung sie die Bürgereinung nur dann verbindlich machten oder zum Gehorsam verpflichteten, wenn ihre Handlungen dem Nutzen der Stadt dienten und wenn sie durch grundsätzliche Weisungen des Rates gedeckt waren. Nur wenn diese beiden Bedingungen erfüllt waren, galt der Wille der Bürgermeister als mit dem der Gemeinde identisch.

Entscheidungen einer zweiten Kategorie, nämlich über gewichtige Angelegenheiten der Bürgereinung (negotia ponderis alicuius), galten nur dann als Wille der Gemeinde, wenn sie vom gesamten Rate getroffen wurden; der volle Rat war in Hamburg dreischichtig, in Lübeck und den Städten lübischen Rechts dagegen zweischichtig[148]. Unter diesen Geschäften werden wir solche

---

148 Heinz Stoob, Rat und Bürgerschaft in Hamburg am Ausgang des MA, in: Städtische Führungsgruppen und Gemeinde in der werdenden Neuzeit, hg. von Wilfried EHBRECHT (Städteforschung, Reihe A Bd. 9), Köln 1980, S. 357–368, hier: S. 358f.

zu verstehen haben, deren Rechtmäßigkeit nicht unmittelbar auf anerkannte rechtliche oder politische Grundsätze gestützt, sondern nur durch Auslegung oder Interpretation derselben dargetan werden konnte. Eine dritte Kategorie bildeten schließlich jene hochbeschwerlichen Geschäfte (negotia ardua et magna), die die Gemeinde insgesamt an ihren Rechten schmälern und jeden einzelnen Eidgenossen als Steuerpflichtigen an seinem Vermögen schädigen konnten, Geschäfte also, die sich nur durch Eingriffe in das Stadtrecht oder in die Richtlinien der Politik rechtfertigen ließen. In diesen Fällen konnte der Rat seinen Willen nur dadurch in Übereinstimmung mit dem Willen der Gesamtheit bringen, daß er das Notwendige den Handwerksämtern und der Gemeinde zur Beratung unterbreitete und seine Entscheidung nicht anders als mit Rat und Zustimmung ihrer Sprecher fällte.

Allgemein läßt sich demnach über das Verfahren, welches die Identität der Willen von Bürgermeistern, Ratmannen und Bürgereinung sicherte, sagen, daß in jedem zweifelhaften Falle die Entscheidung von dem engeren auf das weitere Gremium überging und die letzte Entscheidung bei der Stadtgemeinde selber lag. Die Identität verlangte nicht, daß sich die Gemeinde dem Rate anpaßte, nachdem dieser entschieden hatte, sondern umgekehrt, daß der Rat den Willen der Gemeinde feststellte, bevor er eine Entscheidung traf. Nicht die Gemeinde war dem Rate, sondern der Rat war es der Gemeinde schuldig, die Identität sicherzustellen. Wie die Bürgermeister Worthalter des Rates, so waren die Ratmannen Worthalter, Sprecher, Berater und Führer der Gemeinde und ebensowenig deren Herren, wie die Lübecker, wiewohl Haupt der Hanse, als Herren der Hansestädte gelten wollten und konnten (oben, § 9). Wenn der moderne Leser der Urkunde von 1340 eine Definition der verschiedenen Kategorien städtischer Geschäfte und eine Verfahrensregel für den Fall vermißt, daß der Rat seine Identitätspflicht gegenüber der Gemeinde verletzte, so mag es sein, daß die Hamburger Aussagen darüber, als dem prozessualen Zwecke, den sie verfolgten, abträglich, von den Lübeckern gar nicht erfragt haben. Es mag aber auch sein, daß die Praxis des öffentlichen Lebens bis zum Jahre 1340 noch keinen Anlaß geboten hatte, derartige Regeln zu formulieren.

§ 67. Dieses klare und, was die Identität des Rates mit der Einung oder Gemeinde der Bürger anlangt, eindeutige Zeugnis steht nun in so scharfem Gegensatze zur herrschenden verfassungsgeschichtlichen Lehre, daß sich dadurch selbst ein so hervorragender Kenner des lübisch-hansischen Städtewesens wie Ahasver von Brandt dazu veranlaßt sah, die Echtheit der Urkunde von 1340 in Zweifel zu ziehen[149]. Da diese Urkunde nur in Abschrift erhalten ist, lassen sich die äußeren Merkmale ihrer Echtheit nicht mehr überprüfen.

---

149 Ahasver VON BRANDT, Die Lübecker Knochenhaueraufstände von 1380/84 und ihre Voraussetzungen (1959), in: Lübeck Hanse Nordeuropa. Gedächtnisschrift für Ahasver von Brandt, hg. von Klaus FRIEDLAND und Rolf SPRANDEL, Köln 1979, S. 129–208, hier: S. 159 mit Anm. 24.

von Brandts Zweifel setzten daher bei den inneren Kriterien an: „Zum Inhalt der Urkunde wäre zu fragen, ob dem Lübecker Rate wirklich, sei es selbst für das befreundete Hamburg, zuzumuten ist, daß er freiwillig etwas bescheinigte, was damals seiner eigenen verfassungsrechtlichen Auffassung sicher schon völlig widersprach." Nach herrschender Lehre sind nämlich die Stadträte des hansisch-niederdeutschen Gebietes bereits im 13. Jahrhundert zu Obrigkeiten aufgestiegen, und speziell für Lübeck glaubt man nachweisen zu können, daß „die Phase der Subordination des Rates unter den Willen der Gemeinde" bereits zwischen 1225 und 1240 zu Ende gegangen sei: In diesen Jahren soll sich der Rat „von einem Exekutivausschuß zur Obrigkeit" aufgeschwungen haben, als welche er „sich geradezu mit der Stadt identifizieren konnte und auch mit ihr identifiziert worden ist"[150]. Die formalen Einwände, die von Brandt des weiteren erhob, erledigen sich dadurch, daß die Urkunde nicht nach dem Lübecker Kanzleigebrauch, sondern nach dem Usus des päpstlichen Hofgerichts zu beurteilen ist, für das sie bestimmt war. Die Echtheit des Textes ist denn auch inzwischen erwiesen worden, insofern als inhaltlich gleichlautende, von der Stadt Hamburg abgegebene Erklärungen in den Akten ihres Kurienprozesses erhalten geblieben sind. Zweifel können sich daher nur noch auf die Frage erstrecken, ob das in Hamburg entworfene Dokument wirklich vom Lübecker Rate besiegelt worden sei oder ob dieser die Besiegelung etwa verweigert habe, und ferner darauf, ob im zweiten Falle die Aussage glaubhaft sei, daß die beschriebene Rechtsordnung nicht nur in Hamburg bestand[151]. Der weitere Gang unserer Untersuchung wird zeigen, daß derartige Zweifel mit Gewißheit hinsichtlich der zweiten Frage völlig unbegründet sind[152]. Dann aber ist kein Grund erkennbar, der die Lübecker

---

150 Bernhard AM ENDE, Studien zur VerfassungsG. Lübecks im 12. und 13. Jh. (Veröff. zur G. der Hansestadt Lübeck, Reihe B Bd. 2), Lübeck 1975, S. 212f. Die Identität wird hier zwar beobachtet, aber als Bringschuld der Gemeinde an den Rat interpretiert. Schon GIERKE (wie Anm. 54), Bd. 2 (1873) S. 616, behauptete, seit den Zunftkämpfen habe sich der Rat zur Obrigkeit entwickelt. Gudrun GLEBA, Die Gemeinde als alternatives Ordnungsmodell (Dissertationen zur mittelalterl. G., Bd. 7), Köln 1988, S. 190–242 = Kap. V: Lübeck, nimmt von der Urkunde keine Kenntnis und läßt eine rechts- und handlungsfähige Gemeinde in Lübeck überhaupt erst seit 1403 entstehen, S. 206, 208.
151 J. REETZ, in: Rat und Domkapitel T. 2 (1975, wie Anm. 144) S. 155 Anm. 12.
152 Dazu vorerst W. EBEL (1971, wie Anm. 74) S. 293, 300f.: Die Urkunde stelle richtig die in den Städten lübischen Rechts geübte Praxis dar, wonach sich der Rat in wichtigen Dingen der Zustimmung oder gar der Mitwirkung der Bürgerschaft versicherte; nur daß die (formale) Rechtsgültigkeit seiner Maßnahmen (robur firmitatis negotiorum) vom Konsens der Amtsmeister abgehangen habe, werde von den mittelalterl. Quellen nicht bestätigt und sei wohl eine durch den Zweck des Zeugnisses bedingte Behauptung gewesen. Dagegen meint Brigide SCHWARZ, Der „Pfennigstreit" in Hildesheim 1343 (Schriftenreihe des Stadtarchivs und der Stadtbibliothek Hildesheim, Nr. 6), Hildesheim 1978, S. 31, das Zeugnis könne nicht allzu fern von der Wirklichkeit liegen, auch wenn zu be-

dazu bewogen haben könnte, der Urkunde die angekündigte Besiegelung zu verweigern.

§ 68. Aus den Akten des hamburgischen Kurienprozesses mag zur Erläuterung des Dokuments vom 1. September 1340 ein Beispiel angeführt werden, welches diese Schlüsse bestärken kann. Am 10. Januar 1341 bot der Rat von Hamburg dem Gericht Beweis unter anderem für folgende althergebrachte Gewohnheiten an[153]: 1. daß wichtige Angelegenheiten der Gemeinde (quando ... cause ... et negocia ponderis alicuius ... opido et universitati Hamburgensi incumbebant ... diffiniende) nicht allein von dem sitzenden Rate entschieden werden könnten; werde dabei der alte Rat übergangen, so könne er Widerspruch einlegen und erneute Beschlußfassung verlangen. 2. Der Ratsbeschluß müsse mit dem Siegel der Bürger (sigillo magno civium Hamburgensium) bekräftigt werden, um Rechtskraft zu erlangen; andernfalls könne die Gemeinde Widerspruch einlegen und den Beschluß aufheben (universitas Hamburgensis ... potest contravenire et omnes ... diffinitiones retractare ac cassas et invalidas dicere et reputare per se). 5. Über hochbeschwerliche Geschäfte (negocia ardua et magna) der Gemeinde könne der Rat nur mit Zustimmung von Amtsmeistern und Gemeinde entscheiden; andernfalls erlangten seine Beschlüsse keine Rechtskraft zu Lasten (in preiudicium) der Gemeinde, vielmehr könnten Amtsmeister und Gemeinde erneut darüber beraten und Widerspruch einlegen (possunt omnia retractare et contradicere eisdem per se). 8. Wenn zwei oder mehr Ratmannen oder Bürgermeister eine Gesandtschaft der Stadt übernähmen (vadunt in aliqua legacione opidi Hamburgensis), so könnten sie verbindliche Zusagen nur über das abgeben, was ihnen der sitzende Rat ausdrücklich in Befehl gegeben habe (eis expresse commissa ... per alios tunc pro anno consules dicti opidi); andernfalls seien die anderen Ratmannen berechtigt, ihre Verfügungen zu widerrufen und für nichtig zu erklären.

An diesen Artikeln ist nicht nur bemerkenswert, daß der Rat darauf hoffen konnte, mit ihnen die Klage des Domkapitels zu Fall zu bringen (noch kein Historiker hat sich gefragt, auf welchen Rechtsgründen diese Hoffnung beruhte, wie überhaupt die Akten des Avignoneser Prozesses zwar durch eine vorbildliche Quellenausgabe der Erforschung zugänglich gemacht worden sind, aber in ihrer Bedeutung für die deutsche Rechtsgeschichte noch der Entdeckung harren). Bemerkenswert ist vor allem, daß der Rat um dieser Hoffnung willen darauf verzichtete, die ihm nach herrschender Lehre zustehende innerstädtische Obrigkeit zu verteidigen. In Wirklichkeit freilich brachte er damit keinerlei Opfer, denn seine in den Artikeln beschriebene Abhängigkeit von den Handwerksämtern und der Gemeinde war keinerlei Geheimnis. Nicht nur in Hamburg, sondern in vielen niederdeutschen Städ-

---

denken sei, daß Hamburg in der gegebenen Situation daran interessiert war, die Mitwirkungsrechte der Zünfte und der Meinheit als groß hinzustellen.
153 Rat und Domkap. T. 2 (1975, wie Anm. 144) S. 137 n. 13c.

ten wurde sie vom Stadtvolke durch Aufruhr und Empörung wiederhergestellt, so oft der Rat es wagte, sich über sie hinwegzusetzen.

§ 69. Der Sache nach handeln die Artikel von der Identität des Rates mit der Gemeinde und der Pflicht des Rates, sie zu erhalten. Dieses ergibt sich vor allem aus dem Gegenbilde, mit dem der von den Vorstellungen des gelehrten Rechts ausgehende Prokurator des Domkapitels sie zu entkräften gedachte[154]. Er behauptete nämlich, die beiden alljährlich die Geschäfte führenden Bürgermeister (actu regentes in officio proconsulatus) hätten Vollmacht namens aller Bürgermeister und Ratmannen und der Gemeinde (potestatem ... diffiniendi ... suo et aliorum proconsulum et consulum et universitatis nomine), um in sämtlichen Geschäften der Gemeinde ohne Unterschied zu entscheiden, sie seien gewissermaßen im Besitz der Gewalt, in Sachen der Gemeinde zu beschließen (in possessione vel quasi tractandi diffiniendi ... et conveniendi de causis ... dicte universitatis); ihre Entscheidungen hätten immer Rechtskraft erlangt und seien niemals neu verhandelt worden; sie bedürften dafür keiner formal beschränkten Befehle seitens der Gemeinde oder der Ratmannen, vielmehr werde, was sie beliebten, rechtskräftig, gleichsam als ob sie solche Befehle des Rates besäßen (ac si super hoc speciale mandatum ... haberent a dictis aliis proconsulibus et consulibus); ein anderes Mandat habe weder der Rat noch sonst jemand je von ihnen gefordert, sondern allein schon deswegen, weil sie im Amte seien, lege man ihnen eine hinreichende, von Rat und Gemeinde erteilte Vollmacht bei (hoc ipso quod ... sunt proconsules actu regentes ..., sufficiens reputatur ipsos habere plenam ... ab aliis proconsulibus et consulibus ac universitate potestatem).

Man sieht, daß die prozessualen Ziele des Domkapitels eine Interpretation der Stadtverfassung erforderten, die zwar dem modernen Bilde von der Obrigkeit der Bürgermeister und Ratmannen sehr nahekommt, die jedoch wichtige Tatsachen verschweigen mußte, darunter vor allem den Umstand, daß die niederdeutschen Stadtgemeinden das Recht, dem Rate zu widersprechen und ihn zur Anpassung seines Willens an den ihren zu zwingen, beständig ausübten. Wenn der Prokurator ferner den Bürgermeistern eine Vollmacht im gemeinrechtlichen Sinne, diejenige nämlich eines bevormundenden Repräsentanten, und dazu noch eine Art von Besitzrecht an ihr beilegte, so mußte er um dieser Behauptung willen gerade das bestreiten, was die vom niederdeutschen Rechtsgefühl erforderte Identität der Willen von Rat und Gemeinde überhaupt erst ermöglichte, nämlich die Abhängigkeit der Bürgermeister von besonderen Instruktionen und Befehlen von Seiten des Rates, gleichsam als ob es den ständigen Kontakt der Bürgermeister mit den Ratmannen, in deren Mitte sie ihres Amtes walteten, und der Ratmannen mit der Gemeinde, in deren Mitte sie sich ihren und den Gemeinwillen ihrer Stadt bildeten, nicht gegeben habe, jenen Kontakt, in dem sich die Identität der Willen tagtäglich

---

154 Rat und Domkap. T. 2 (1975, wie Anm. 144) S. 143 n. 13d Ziffer 2–4.

Autonome Gemeinde und vollmächtiger Rat 73

bewährte und erneuerte. Nur in einer Aussage werden die Artikel des Domkapitels der Identität von Bürgermeistern, Ratmannen und Gemeinde tatsächlich gerecht: Wiederum wissen sie nichts von einer formellen Ermächtigung des Rates von Seiten der Gemeinde, wie sie für wahre Repräsentanten doch unentbehrlich war; vielmehr beschreiben sie, ohne davon den Grund zu erfassen, eine Wirkung des Identitätsrechts, wenn sie mit der Last des Amtes eo ipso auch die Vollmacht als gegeben ansehen.

§ 70. Stellt man die Schwierigkeiten in Rechnung, die die Körperschaftstheorie des gelehrten Rechts den Juristen und Diktatoren bereitete, wenn sie eine deutschrechtlich verfaßte Gemeinde als prozeßfähige Partei beschreiben mußten, so ergibt sich auch die richtige Erklärung für einen weiteren Vorgang, in dem A. von Brandt einen „für die Lübecker Verfassungsverhältnisse des 14. Jahrhunderts recht ungewöhnlichen offiziellen Zusammenhang" erblickt, ungewöhnlich nämlich, weil er ebenfalls der These von der vermeintlichen Obrigkeit des Rates widerspricht[155]. Es handelt sich um drei Notariatsinstrumente vom 23. Oktober und 12. November 1362 und vom 11. Januar 1363, die zwar alle dieselbe Streitsache (des Priesters Johann von Helle) betreffen, aber zur Vorlage bei verschiedenen geistlichen Gerichten bestimmt waren, nämlich einerseits bei Abt Hermann von Stade (bzw. dessen Klosterpropst) als kraft päpstlicher Delegation zuständigem Richter (bzw. Stellvertreter) in der Hauptsache, andererseits bei Abt Eckard von Reinfeld, dem ebenfalls vom Papste bestellten Konservator des lübeckischen Privilegs de non evocando, und drittens bei dem Bischof von Lübeck oder dessen Stellvertreter als dem gemäß diesem Privileg in derselben Hauptsache zuständigen Richter. Johann von Helle hatte in erdichtetem Auftrage eines Dritten den Lübecker Bürger Detlev Broye durch den Klosterpropst nach Stade zitieren lassen, und damit hatte der Propst jenes Privileg verletzt[156]. Gegen dieses Unrecht setzte sich nicht nur der Betroffene zur Wehr[157], sondern auch die Stadtgemeinde, der er angehörte und die sowohl als Inhaber des Privilegs wie

---

155 VON BRANDT (1959/79, wie Anm. 149) S. 159. EBEL (1971, wie Anm. 74) S. 294f., erwähnt zwar die Vorschriften des Kaiserrechts, denen die Vollmachten genügen mußten, meint indessen, daß die Beiziehung der Bürger „doch wohl keine zur Gültigkeit unentbehrliche Maßnahme" und auch „insofern etwas Besonderes" gewesen sei, „als es über ihre Notwendigkeit keine große Beratung gegeben haben ... dürfte". EBEL hing ebenfalls der Obrigkeitstheorie an, allerdings mit bemerkenswerten Einschränkungen, s. u., § 132.
156 UB der Stadt Lübeck T. 3, Lübeck 1871, S. 441 n. 434, S. 446 n. 439, S. 458 n. 449. Notariatsinstrumente wurden in Deutschland seit 1270 gebräuchlich. Das älteste bekannte, in Lübeck ausgestellte Stück stammt von 1282, ein Notar ist in Lübeck zuerst zu 1299 bezeugt: Olof AHLERS, Zur G. des Notariats in Lübeck, in: Städtewesen und Bürgertum als gesch. Kräfte. Gedächtnisschrift für Fritz Rörig, hg. von A. VON BRANDT und W. KOPPE, Lübeck 1953, S. 341–347, W. EBEL (1971, wie Anm. 74) S. 251f.
157 UB der Stadt Lübeck T. 3, Lübeck 1871, S. 439 n. 433 vom 19. Okt. 1362.

auch als Beschützer jedes einzelnen ihrer Bürger berechtigt und verpflichtet war, jener Ladung zu widersprechen.

Zu diesem Zwecke bestellte sie Johannes von Linzen, Kleriker der Diözese Münster, in drei verschiedenen Akten zu ihrem „gesetzlichen Syndikus oder Prokurator und speziellen Gewaltboten" bei den drei genannten, mit dem Falle befaßten geistlichen Richtern. Bei diesem Vorgange mußte sie sich wie jedermann den Formvorschriften des römisch-kanonischen Prozesses unterwerfen. Daher sah sie davon ab, die Vollmachten durch die Ratskanzlei und unter Stadtsiegel auszufertigen; vielmehr bediente sie sich eines öffentlichen Notars, den sie zu den auf dem Rathause vorgenommenen Akten hinzuzog. Die Handelnden wurden dadurch ihrer auf deutsches Einungsrecht begründeten Ämter entkleidet und gemäß dem Geltungsgrund des römischen Privatrechts (oben, § 24) als Laien der Lübecker Diözese und bloß natürliche Personen vereinzelt. Der Notar hielt die oben (in § 3) erörterten Formen des gemeinrechtlichen Prokuratoriums mit materiell auf den vorliegenden Streitfall beschränkter, formell jedoch unbeschränkter Geltung und dafür erforderlicher bedingungsloser Unterwerfung der Lübecker unter alle Entscheidungen ihres Prokurators und des Gerichts ein: „... zu klagen und zu verteidigen ... und überhaupt alles und jedes zu tun, was hierin ein wahrer und gesetzlicher Prokurator tun kann und muß, auch wenn es ein Spezialmandat erheischen mag. Sie haben versprochen, alles anzuerkennen, was durch den genannten ihren Prokurator ... betrieben oder getan wird, ... und sie haben mir, dem unterzeichneten öffentlichen Notar, ... anstatt und im Namen aller Interessenten mit Verpfändung aller ihrer Güter versprochen, sich dem Gericht zu stellen und das Urteil zu erfüllen"[158].

§ 71. So verwandelte sich die Stadtgemeinde in eine bloße Streitgemeinschaft natürlicher Personen, von denen sich jede einzeln unter Einsatz ihres privaten Vermögens für die Erfüllung des Urteils verbürgen mußte. Es war daher nur folgerichtig, daß die Bürger die Vollmachten für den Prokurator nicht durch ihren Stadtrat erteilen konnten, sondern dies durch jeweils einzelne, mit Namen genannte Bürgermeister, Ratmannen und Bürger nebst anderen, im einzelnen ungenannten Bürgern tun mußten. Am 23. Oktober 1362

---

158 ad agendum et defendendum, excipiendum et replicandum, ... juramentum de calumnia et de veritate dicenda seu cuiuslibet alterius generis juramentum in animam suam prestandum ... et generaliter omnia et singula faciendum, que in premissis verus et legitimus potest et debet facere procurator, eciam si mandatum exigat speciale. Promiserunt se gratum et ratum habituros, quidquid per dictum procuratorem suum aut substituendum aut substituendos ab ipso actum sive factum fuerit in premissis aut quolibet premissorum, volentes insuper ... dictum procuratorem suum relevare ab omni onere satisdandi, promiseruntque michi notario publico subscripto ... vice et nomine omnium, quorum interest seu intererit, iudicio sisti et iudicatum solvi sub omni bonorum suorum et civitatis Lubicensis predicte obligatione et ypotheca. – Zur Klausel etiam si mandatum exigat speciale s. o., § 4 mit Anm. 12.

handelten sechs namentlich Genannte: zwei Bürgermeister, zwei Ratmannen und zwei Bürger, und mit ihnen „viele andere Bürger der Gemeinde zu Lübeck" (multique alii cives universitatis Lubicensis). Am 12. November waren es drei Bürgermeister, drei Ratmannen und drei Bürger, also neun Genannte, und viele andere Bürger. Am 11. Januar 1363 schließlich handelten zehn Genannte, nämlich zwei Bürgermeister, sechs Ratmannen und zwei Bürger, nebst allen anderen Ratmannen und vielen anderen Bürgern, die „eigens zu diesem Zwecke auf dem Rathause der genannten Stadtgemeinde (civitatis) versammelt worden waren" und in Anwesenheit des öffentlichen Notars die Ermächtigung des Prokurators aussprachen. Der Notar unterschied sorgfältig zwischen der civitas oder Gesamtheit aller Stadtbewohner, sowohl Bürger wie Einwohner, als dem Eigentümer des städtischen Vermögens, und der universitas oder Gemeinde der durch Bürgereid miteinander verbundenen Bürger; diese letztere war fähig, die willenlose und handlungsunfähige civitas bevormundend zu repräsentieren. Ein Kölner Prokuratorium vom 21. Mai 1377 spricht demgemäß von dem Engen Rat und zahlreichen Mitgliedern des Weiten Rates als Repräsentanten und Stellvertretern sowohl des Rates und der Bürger als auch der Gesamtgemeinde (nomine universitatis ac universitatem consilium maiores et communitatem representantibus ac eorum vices agentibus)[159].

Die Bürgergemeinde (universitas) aber betrachtete der Lübecker Notar offensichtlich nicht als durch Schwureinung öffentlich konstituierte Verbandspersönlichkeit, sondern als bloße private Personenvielheit, innerhalb deren den Bürgermeistern und Ratmannen lediglich ein ständischer Vorrang, jedoch keine amtliche Funktion zukam. In seinen Augen konnte sich die Gesamtheit der Bürger durch die Ermächtigung nur dann verpflichten, wenn jeder Bürger einzeln, jedoch gemeinsam mit allen anderen, im Rahmen einer Streitgemeinschaft tätig wurde. Zugrunde lag dieser Ansicht die Körperschaftstheorie des gemeinen Rechts, die nach Maßgabe des römischen Privatrechts nur Individuen als handlungsfähig und einen Gemeinschaftswillen nur als übereinstimmende Willensäußerung vieler Individuen zuließ (oben, § 24).

Auf die gleiche Weise scheinen die hamburgischen Prokuratorien abgefaßt worden zu sein, da das Domkapitel sie nicht nur auf Bürgermeister und Rat, sondern auch auf die Gemeinde beziehen konnte, während der Richter, als die Stadt dagegen Widerspruch einlegte, zum Erstaunen der Experten entschied, das Verfahren betreffe lediglich „Bürgermeister und Ratmannen und die in das ... Prokuratorium eingeschlossenen, aber keine weiteren Personen"[160]. Das war in der Tat eine sehr merkwürdige Entscheidung, da die Mitwirkung genannter Bürger bei der Ermächtigung des Prokurators doch offensichtlich die Einbeziehung der Gemeinde in die damit verbundenen Verpflichtungen zum Ausdruck bringen sollte.

---

159 Quellen zur G. der Stadt Köln, bearb. von Leonard ENNEN und Gottfried ECKERTZ, Bd. 5, Köln 1875, S. 227 n. 179.
160 Rat und Domkap. T. 1 (1968, wie Anm. 144) S. 68 n. 67.

§ 72. Sowenig indessen die in den Prokuratorien durchgeführte gemeinrechtliche Auffassung der Lübecker Bürgergemeinde als lediglich gemeinsam handelnder Personenvielheit dem deutschrechtlichen Selbstverständnis der Bürger gerecht wurde, so bleibt doch die Tatsache bestehen, daß nach niederdeutschem Recht die Bevollmächtigung des Prokurators ein so hochbeschwerliches Rechtsgeschäft war, daß Bürgermeister und Ratmannen allein es nicht wirksam vollziehen konnten, sondern daß sich auch einfache Bürger als Worthalter der Gemeinde mit namentlicher Nennung daran beteiligen mußten. Zweifellos spiegeln die drei Prokuratorien von 1362/63 in dieser Hinsicht doch auch niederdeutsches Stadtrecht wider, wie denn auch die Bürger das Handeln ihrer Streitgemeinschaft in deutscher Weise als Handeln aller zu gesamter Hand verstanden haben werden.

Man kann den Vorgang auch nicht, wie von Brandt es tut, bloß deswegen als etwas Außergewöhnliches und als einmaliges Zugeständnis eines obrigkeitlichen Rates an die Bürgerschaft betrachten, weil aus dem ganzen 14. Jahrhundert neben den erwähnten drei Prokuratorien keine weiteren Belege dafür vorliegen, hatten doch diese gewiß alltäglichen Dokumente nur eine sehr geringe Chance, überhaupt überliefert zu werden, da sie wegen des Mißbrauchs, der mit ihnen getrieben wurde, nur zwei Jahre lang gültig waren; danach mußten sie erneuert werden, und die verfallenen Vollmachten wird man gewiß in der Regel vorsichtshalber vernichtet haben[161]. In der Tat bedurfte der Rat, um sich der Identität seines Willens mit dem der Bürger und der Stadtgemeinde zu vergewissern, was wohl nicht nur in seltenen Einzelfällen erforderlich war, des ständigen Kontakts mit angesehenen Männern aus der Bürgerschaft, aus deren Munde er über die Bedürfnisse und Wünsche der Bürger, Handwerker und Einwohner Auskunft erhalten konnte, mochte es ihm auch unerwünscht sein und vielleicht sogar als gefährlich erscheinen, wenn diese Kontakte als ständige Funktionen institutionalisiert und zu Gemeindeämtern verdichtet wurden. Als solche Kontaktpersonen geben uns die Quellen die discretiores zu erkennen, unter denen wir uns die Älterleute der Kaufmanns- und Schiffergilden und der Handwerksämter vorzustellen haben[162].

2.2. Hildesheim 1345

§ 73. In der Bischofs- und Hansestadt Hildesheim hatte der Rat seit 1331 in der sogenannten Bischofsfehde eine so kostspielige Machtpolitik verfolgt, daß er sich schließlich gezwungen sah, nicht nur die direkten Steuern zu erhöhen, sondern auch durch Münzverruf eine indirekte Steuer auf die Bargeldvermögen der Bürger zu legen. Darüber kam es im Mai 1343 zum Unwillen der Bürger, d. h. es zerbrach die Identität der Willen von Rat und Stadt.

---

161 Rat und Domkapitel T. 1 (1968, wie Anm. 144) S. 22 n. 26, S. 24 n. 27, T. 2 (1975) S. 131 Anm. 62. HERDE, Beiträge (1967, wie Anm. 6) S. 128.
162 EBEL (1971, wie Anm. 74) S. 293–295, 298–301.

So machten nun die Bürger von ihrem Recht Gebrauch, den Ratmannen durch einen Auflauf (uplop) auf das Rathaus ihren Unwillen zu demonstrieren und schließlich den Rat abzusetzen[163]. Zu diesem Zwecke machten sie sich handlungsfähig, indem sie, geordnet nach den sechs Bauerschaften oder Teilgemeinden, aus denen die Meinheit bestand, je einen Sprecher in eine Sechserkommission entsandten. Obwohl etliche Ratmannen und Bürger aus der Stadt entflohen, scheint es weder zu Blutvergießen noch zu Strafmaßnahmen wider den alten Rat gekommen zu sein. Einem von der Gemeinde durch die Sechser eingesetzten neuen Rat gelang es jedoch nicht, die verlorene Eintracht und Identität des Willens aller Gruppen und Teilverbände wiederherzustellen. Wie es scheint, wurde er niemals deren aller und namentlich nicht der Sechser mächtig, und so fügte er nur einen weiteren zu der Zahl der Partikularverbände hinzu, aus denen sich die Stadtgemeinde zusammensetzte und in die sie jetzt zerfallen war. Es erforderte eine Frist von zweieinhalb Jahren, bis es endlich die innerstädtische Politik verstand, die Eintracht zurückzugewinnen und die Stadtgemeinde neu zu begründen. Dies geschah förmlich durch einen Vertrag, den die Teilverbände am 10. Dezember 1345 abschlossen[164], nachdem sie zunächst einen zweiten neuen Rat als dreischichtiges Gremium mit dreijähriger Ratsperiode konstituiert hatten. Denn Vertragspartner waren „wir alle drei Räte, der alte Rat, der neue Rat, die Olderleute und alle Innungen, die Sechser und die ganze Meinheit zu Hildesheim". Offenbar waren alle beteiligten Gruppen als eigenständige Verbandspersonen rechts- und siegelfähig, auch wenn nicht jede von ihnen ein Siegel besaß, denn sowohl die drei Räte: der hinfort amtierende dreischichtige, der im Mai 1343 abgesetzte alte Rat und der neue Rat der Zwischenzeit, als auch die aus den sechs Bauerschaften gebildete ganze Meinheit bedienten sich des Siegels des Rates, wie hier das Siegel der Altstadt genannt wird, während die Sechser, die Olderleute und die Innungen gemeinsam die Siegel jener Innungen gebrauchten, die bereits ein eigenes Insiegel führten. Wie schon der Brauch des Mitsiegelns verrät, wurde der Vertrag nicht erst durch die Besiegelung rechtskräftig, sondern lediglich in seiner bereits im Moment der Niederschrift bestehenden Geltung bestärkt. Da sich drei Ausfertigungen von ihm erhalten haben, ist anzunehmen, daß nicht nur der Rat namens der Stadtgemeinde, sondern auch die Meinheit der sechs Bauerschaften und die Gemeinschaft der Handwerksämter je ein Exemplar in Verwahrung nahmen. So konnten sich diese drei Instanzen gegenseitig in ihrer Vertragstreue kontrollieren. Der Rat genoß in dieser Hinsicht keinerlei Vorzug vor der Meinheit und den Ämtern.

---

163 B. SCHWARZ, Der „Pfennigstreit" (1978, wie Anm. 152) S. 41f.
164 UB der Stadt Hildesheim, hg. von Richard DOEBNER, Teil 1, Hildesheim 1881, n. 948. SCHWARZ (1978, wie Anm. 152) S. 52–64. Heinz-Günther BORCK, Bürgerschaft und Stadtregierung. Das Beispiel Hildesheim, in: Res publica. Bürgerschaft in Stadt und Staat (Beihefte zu „Der Staat", Heft 8) Berlin 1988, S. 95–133, hier: S. 100–102.

§ 74. Die Wiederherstellung der Eintracht und eines Gemeinwillens aus der Summe der Partikularwillen war für sich selbst nicht Gegenstand des Vertrages, sondern bildete die politische Voraussetzung, die dessen Abschluß überhaupt erst ermöglichte (Gegenstand des Vertrages konnte nur die Erhaltung dieser mühsam errungenen Einmütigkeit sein). Von der Identität der Partikularwillen spricht der Vertrag in dem allerersten Satze, wo es heißt, daß die Vertragschließenden ihn „mit ganzer Eintracht und gemeinem Vollbord" errichtet haben, denn Eintracht kam zustande durch Übereintragen der partikularen Willen oder Vollborde zu einem einzigen, dem gemeinen Vollbord. In drei Schritten hatte man auf dem Boden dieser wiedergewonnenen Eintracht die neue, zu ihrer Sicherung dienende Stadtverfassung aufgerichtet: 1. „Mit ganzer Eintracht und gemeinem Vollbord" verglichen und berichtigten die Vertragsparteien untereinander allen Hader und Auflauf und alle Gewalttat (schicht), die sowohl der (neue) Rat und die Stadt als auch deren einzelne Glieder, also Bürger, Gesinde und Diener, ihren jeweiligen Feinden angetan hatten. 2. Auf Grund dieses Vergleichs verzichteten die namentlich genannten Sechser auf ihre Macht und setzten „einen vollmächtigen Rat" ein. 3. Ferner verbanden sich alle Beteiligten „miteinander einträchtlich ..., sie mit uns und wir mit ihnen, mit Gelübden und Eiden und verbinden uns in diesem Briefe," um hinfort gemeinsam in einem bestimmten Verfahren die wiedergewonnene Eintracht zu bewahren.

Aus diesem Verfahren ergibt sich, daß die Einsetzung eines vollmächtigen Rates nicht dessen Erhebung zur Obrigkeit oder irgendeiner anderen Form von Herrschaft bedeutete, da es den Rat gleich allen einzelnen Bürgern unter den Schutz der aus den Vertragsparteien wieder zusammenwachsenden Stadtgemeinde stellte: „Wäre es, daß jemand den Rat, unsere Bürger, die hier sind, und jeden, den zu verteidigen dem Rate gebührte, namentlich die vorgenannten Sechser oder ihrer irgendeinen, eigenmächtig vergewaltigen oder verunrechten wollte um irgendetwas, das seit dem Auflauf geschehen ist, das sollen wir, die wir dann hier wären, mitnichten gestatten, sofern wir es, ein jeder mit Leib und mit Gut, wehren können." Wer um dieser Dinge willen bedroht werde, „der soll das dem Rate offenbaren, und jeder von uns, der hier wäre, soll dem Unfug und dem Unrecht widerstehen mit Recht: Dazu sollen wir, die hier wären, jeder dem anderen helfen, so gut er es kann, bei seinen Eiden."

§ 75. Hieraus ergeben sich zwei wichtige Einsichten, was das rechtliche Wesen eines vollmächtigen Rates betrifft: erstens nämlich, daß der vom Mai 1343 bis zum Dezember 1345 im Amte befindliche neue Rat kein vollmächtiger Rat gewesen sein kann, da die Sechser, die ihn eingesetzt hatten, zu seiner Zeit nicht auf ihre Macht verzichteten, denn das taten sie erst jetzt, am 10. Dezember 1345. Der neue Rat war also zumindest der Sechser, gewiß aber auch mancher anderen Partikularverbände innerhalb der Stadt nicht oder nicht dauerhaft mächtig gewesen; letzten Endes war er dadurch entmächtigt worden, daß der Auflauf und Unwille der Bürger im Mai 1343 die Willenseinheit der Stadtgemeinde zerstört und dadurch einen mit dem Gemeinwillen identischen Ratswillen unmöglich gemacht hatte. Zwietracht innerhalb der Stadt also entmächtigte den Rat, und umgekehrt, das ist die zweite Einsicht, die uns der Vertrag vermittelt: Eintracht der Bürger machte ihn vollmächtig. Die Sechser hatten den jetzigen Rat zwar gesetzt oder konstituiert, aber seine Vollmacht konnten sie ihm lediglich vermitteln: Entspringen tat diese erst daraus, daß sich alle Vertragspartner, und zwar nicht nur diese als Verbandspersonen, sondern auch als gesamthänderische Personenvielheiten, daß sich also durch sie alle ihre einzelnen Mitglieder in einer Gesamthandlung mit jedem anderen einträchtlich durch Treugelübde und heilige Eide untereinander verbanden.

Zu seiner vollen Macht gelangte der Rat demnach dadurch, daß die als Eidgenossenschaft konstituierte Gemeinde sowohl ihn als auch alle Bürger und Personen, zu deren Verteidigung er verpflichtet war, in ihren Schutz nahm und ihm ihren Beistand in der Form versprach, daß jeder einzelne Bürger und Einwohner mit Leib und Gut dem Rate zu Hilfe eilen wollte, wenn dieser bei der Erfüllung seiner Pflicht, die bürgerliche Eintracht gegen jeden gewalttätigen Störer zu verteidigen, ihrer Hilfe bedurfte. Ein vollmächtiger Rat war also ein Rat, dessen Wille mit dem der Stadtgemeinde identisch war und der deswegen auf die ihm im voraus eidlich zugesagte tätige Hilfe aller Bürger rechnen, der die Bürger und damit die physische Macht der ganzen Gemeinde aufbieten konnte, um das Recht und die Freiheiten der Stadt zu beschützen. Vollmacht des Rates war identisch mit der vollen Macht der Gemeinde, d. h. jener physischen Macht, die nur die volle Zahl der Bürger gemeinlich auszuüben vermochte. Und wie die Vollmacht der hansischen Ratssendeboten (oben, § 55), so definierte sich auch die des Rates zu Hildesheim nicht über Befugnisse oder gar Vorrechte, die sie etwa den Ratmannen vermittelte, sondern über die Lasten und Pflichten, um deretwillen die Gemeinde sie durch ihr Hilfsversprechen bevollmächtigte. Die erste und wichtigste Ratspflicht bestand, wie gesagt, darin, den jetzt geschlossenen Vertrag durchzuführen, die Eidgenossen bei den ihnen danach zustehenden Rechten zu erhalten und, um diesen Zweck zu erreichen, die tätige Hilfe der Bürger, sei es in Form von Waffen- und Verwaltungsdiensten oder in Form von Geldsteuern, aufzubieten.

§ 76. Als zweite und gewiß ebenso wichtige Verfahrensnorm und Ratspflicht fügte der Vertrag dem die Aufgabe an, die Vollzähligkeit der Bürgereinung zu sichern – und damit die Eintracht, auf die sich seine Vollmacht und sein Anspruch auf Gehorsam gründeten. Der Rat hatte dafür Sorge zu tragen, daß sich die auswärts auf Reisen befindlichen Bürger, sobald sie heimkehrten, „oder die Jungen, die aufwachsen, die jetzt sind oder noch hinzukommen, sobald deren einer achtzehn Jahre alt wird", aber auch die zukünftigen Neubürger, ein jeder, der „hier die Burschaft gewinnt", alsbald durch einen Beitrittseid der bürgerlichen Schwurgemeinde anschlossen: „Der soll bei Namen alle diese Stücke vollborden vor dem Rate und sich mit Eiden und Gelübden dazu verbinden, wenn es verlangt wird, daß er dasjenige gänzlich halten will, was hiervor geschrieben steht." Wollte einer, von dem der Rat es forderte, „das nicht geloben und schwören, den soll der Rat verweisen mit unserer aller Hilfe, und soll ihm nirgendwo, da wir außerhalb oder binnen Hildesheim Macht hätten, zu verweilen gestatten." Denn nur wer Gelübde und Eid geleistet hatte, war dem Rate zum Gehorsam verpflichtet und machte ihn mit seinem Schwur insofern vollmächtig, als Macht in der Chance besteht, für einen Befehl Gehorsam zu finden[165]. Noch einmal wird hier wiederholt, daß die Vollmacht, kraft deren der Rat die Vollzähligkeit der sich im Laufe der Zeit in ihren individuellen Mitgliedern physisch erneuernden Eidgenossenschaft überwachen und erzwingen konnte, auf der Mithilfe und physischen Gewalt der Bürger gemeinlich beruhte. Für sich allein war der Rat machtlos. Nur dann, wenn er mit den Bürgern eines Willens war und deswegen auf deren beschworene Treue und tätigen Beistand zählen konnte, besaß er die volle Macht oder Vollmacht, um seine Pflichten zu erfüllen.

Um die Identität beider Willen, und damit den Gemeinwillen, festzustellen, genügte der Konsens derjenigen Bürger, die zur Zeit in Hildesheim anwesend waren. Was sie vollbordeten, das band auch die Abwesenden, die jungen, noch unmündigen, je selbst die noch ungeborenen zukünftigen Bürger und alle, die jemals das Bürgerrecht erlangen würden: Sie alle konnten von der Schwurgemeinde durch den Rat zu gegebener Zeit gezwungen werden, mit Treuelübde und heiligem Eide der Einung beizutreten. Man unterschied also die abstrakte, intelligible Gesamtheit aller jetzigen und zukünftigen Bürger und Einwohner von der sichtbaren Versammlung der Bürger unter der Laube des Rathauses, wo alle gemeinsam das ihnen vermutlich vom Rate gestabte Gelöbnis der Treue und den Schwur auf die Heiligen ableisteten und so oft wie nötig die Befehle des Rates entgegennahmen. Aber diese körperlich sichtbare Gemeinde war zugleich die Stadt. Sie war mit dieser identisch und machte sie nicht nur sinnlich wahrnehmbar, sondern auch fähig zum Handeln. Da sich aber das Gemeinwesen „Stadt" nicht mehr mit der Versammlung der Genossen deckte, bedurfte es einer Verfassung, und diese gründete sich auf die gedankliche und rechtliche Identität dreier konzentrischer Personenkreise: jenes abstrakten weiten Kreises, den man die Stadt nannte, des engeren, aber physisch vorhandenen Kreises der „Bürger, die hier sind" oder „die dann hier wären", und des innersten Kreises der Ratmannen, deren Pflicht und Vollmacht auf dieser Ordnung beruhte. Die Konzentration der drei Kreise war übrigens auch ein räumliches Gebilde. Ausgerichtet auf das Rathaus als Mittelpunkt, sicherte sie den beständigen politischen Kontakt zwischen den Individuen, den identischen Kreisen und den Partikularverbänden. Erst dieser Kontakt aber erlaubte es überhaupt erst der Identität der

---

165 Max WEBER, Wirtschaft und Gesellschaft. 5. Aufl., Studienausgabe, Tübingen 1972, S. 28, 122.

Willen, sich als fortdauernde Eintracht aller über den Ablauf von Monaten und Jahren hinweg zu stabilisieren.

§ 77. Das Verfassungswerk wurde dadurch vollendet, daß der nunmehr vollmächtige Rat am nächsten Tage, dem 11. Dezember 1345, unter dem Siegel der Stadt eine Urkunde ausfertigte, in der er gelobte, erstens die von den Sechsern im Auftrage der Gemeinde („die ermächtigt waren, den Rat zu Hildesheim bei ihren Eiden einzusetzen") aufgestellte Ratswahlordnung einzuhalten, „auf daß der Rat niemandes Erbe sei," und zweitens nach bestem Vermögen sich selbst, die Stadt und jeden seinem Schutze Anvertrauten bei ihren Rechten zu erhalten[166]. Diese Urkunde war ein Revers, den die drei von der Gemeinde ermächtigten Räte für diese Gemeinde ausstellten, denn es sind davon zwei Ausfertigungen vorhanden, die der Rat gewiß niemandem anders hat aushändigen können als der Gesamtheit der Handwerksämter und der ganzen Meinheit, von denen jede auch ein Exemplar des Vertrages vom Vortage besaß. Als für die Gemeinde bestimmter Revers bezeugt diese Urkunde mit ihrer bloßen Existenz, daß sich der Rat sehr wohl dessen bewußt war, von wem seine Vollmacht herrührte, wessen Pflicht es war, die Identität der beiderseitigen Willen zu schaffen und zu sichern, und wessen Wille der mächtigere war, wenn dies mißlang.

Die Gemeinde hatte durch den Mund der Sechser bestimmt, daß der gesamte Rat aus 36 Personen bestehen und davon je ein Drittel aus dem alten Rate (d. h. aus dem Kreise der Geschlechter, die bis 1343 allein den Ratsstuhl besetzt hatten[167]), aus den Ämtern und aus der Meinheit berufen werden sollte, daher „die Sechs ... gesetzt haben drei Räte, und ... des haben sie gesetzt" deren drei Drittel, „und der sitzende Rat soll sich fürbaß stets am letzten Tage zu Zwölften setzen." Das Verbum setzen bedeutet in diesem Zusammenhange stets soviel wie konstituieren: Sitzender Rat war die jeweils für ein Jahr als geschäftsführend konstituierte Schicht des Rates, und nachdem die Sechser jetzt den Gesamtrat und in ihm den sitzenden Rat gesetzt hatten, sollte dies vom 7. Januar (1346?) an alljährlich der sitzende Rat tun. Wie die Setzung vor sich ging und was sie rechtlich bedeutete, sagt die Urkunde nicht. Jedermann wußte es und nie war es strittig gewesen, so daß darüber keine neue Bestimmung erforderlich war. Deutlich ist lediglich, daß sie von der Wahl der Ratmannen unterschieden wurde, denn diese ging der Setzung um mehrere (mindestens acht) Tage voraus und oblag nicht gleich der Setzung dem sitzenden Rate, sondern sechs eigens dazu bestimmten Wahlmännern.

§ 78. Im Gegensatz zur Setzung bedurfte die Wahl oder Kür der Ratmannen ausführlicher Regeln, weil man einem Mißstande, der im Jahre 1343 zum Unwillen der Bürger beigetragen hatte, zuvorkommen und dafür sorgen wollte, „daß der Rat niemandes Erbe sei", d. h. daß kein Geschlecht, keine

---

166 UB der Stadt Hildesheim Teil 1 (wie Anm. 164) n. 949. SCHWARZ (1978, wie Anm. 152) S. 55f.
167 SCHWARZ (1978, wie Anm. 152) S. 27–31.

Bauerschaft und keine Innung einen eigentumsähnlichen Besitzanspruch auf einen Sitz im Ratsstuhle geltendmachen könne. Die Grundzüge des bei dreischichtigen Ratsgremien üblichen Verfahrens waren wiederum unstrittig. Daher bedurfte es keiner Niederschrift, sondern konnte als bekannt vorausgesetzt werden, daß bestimmte Wahlmänner die zwölf Ratmannen der jetzt ins zweite Amtsjahr gehenden Schicht erneut erwählten und dann mit diesen zusammen die wiedereintretenden Mitglieder des alten Rates, deren Freijahr abgelaufen war, jedes einzeln zurückwählten. Für jede Einzelkür machten sie einen namentlichen Vorschlag, über den die Wähler in Abwesenheit des Vorgeschlagenen und mit ihm verwandter Ratskumpane berieten und entschieden[168]. Dies vorausgesetzt, waren es zwei Punkte, auf die es den Sechsern besonders angekommen war: die Berufung und Verpflichtung der Wahlmänner und die Läuterung der Ratmannen.

Zu dem ersten Punkte heißt es: „Stirbt ein Ratmann, so sollen die Bürgermeister kiesen zwei Mann aus dem sitzenden Rate und aus jedem Nachrate einen, die nützlichsten, die er hierzu weiß. Das soll der Bürgermeister schwören auf die Heiligen. Und die viere, die dazu gesetzt sind, die sollen auch auf die Heiligen schwören, daß sie gehen sollen auf des Rates Dornse acht Tage vor Zwölften oder eher und nicht davongehen, sie hätten denn den Besten und Nützlichsten zu dem Rate, wie es sie dünkt bei ihren Eiden, den sie dann zu Hildesheim wissen, gesetzt in des Toten Stätte, daraus er verstorben ist, es sei aus dem alten Rate oder ihresgleichen oder aus der Meinheit oder aus den Ämtern. Und die Bürgermeister und die viere sollen damit schwören, daß sie hieran weder Liebe noch Leid, sondern der gemeinen Stadt Bestes ansehen sollen, bei ihren Eiden. Auch haben sie gesetzt, daß (weder) in den drei Räten noch im sitzenden Rate keine Brüder noch Väter und Söhne hinfort sein sollen."

Der zweite Punkt betraf die Idoneität oder Qualität jener Ratmannen, die jetzt aus dem Freijahre in den sitzenden Rat zurückkehrten. Obwohl sie, solange sie lebten, einen Anspruch darauf besaßen, zurückgewählt zu werden, sollten sie doch in der gleichen Weise geprüft werden wie jene, die nach ihrem Tode an ihre Stelle traten. Zu diesem Zwecke hatten die Sechser bestimmt, „daß alle Jahre den Rat, der sich am letzten Tage zu Zwölften setzen soll, soviel der Personen lebet, die anderen zwei Räte, die hier dann sind und von echter Not dazukommen mögen, läutern sollen bei ihren Eiden, und zusammentreten acht Tage vor Zwölften oder eher, und läutern Mann für Mann: Ob jemand sei, dem (zwar) dann in den sitzenden Rat zu gehen gebühre, der (aber) der meinen Stadt und dem Rate nicht nützlich sei des Jahres, den sollen sie bei ihren Eiden zu der Zeit darauslassen und für ihn einen anderen setzen, bevor sie sich scheiden, den nützlichsten, den sie zu Hildesheim dann dem Rate und der gemeinen Stadt wissen, bei ihren Eiden. Wer

---

168 EBEL, Lüb. Recht (1971, wie Anm. 74) S. 233.

auch in dieser Weise ausgesetzt wird, dem soll das weder Laster noch Unehre sein, er verwirkte es denn mit offenbarer Missetat," denn diese neugesetzte Regel verfolgte nur einen einzigen Zweck, nämlich „daß der Rat niemandes Erbe sei."

§ 79. Da die Sechser, die diese beiden Regeln gesetzt hatten, dazu von der Gemeinde ermächtigt waren, ergibt sich der Schluß: Die Kür geeigneter Personen, die zum ersten Male in den Rat eintraten, und die Läuterung derer, die zum zweiten, dritten oder öfteren Male in den sitzenden Rat zurückkehrten, war an sich ein Recht und eine Pflicht der „Bürger, die jetzt hier sind" und die als identisch mit der intelligiblen Stadtgemeinde, d. h. der Stadt selber, galten. Aber da nicht nur, wie bereits Montesquieu wußte, die Nation, sondern schon das Volk einer einzigen Stadt nicht imstande war, die gemeinsamen Geschäfte ohne Anleitung zu diskutieren und den Gemeinwillen festzustellen[169], so konnte auch die Gemeinde ihr Wahlrecht nicht selbst ausüben, sondern mußte es einzelnen zuverlässigen Bürgern anvertrauen. Nun hatte die Erfahrung gelehrt, daß diese nicht immer, wie es doch ihre Pflicht gewesen wäre, das Interesse der Gemeinde und deren Bestes zur Maxime ihres Willens machten. Die Schärfe, mit der die Hildesheimer Satzung vom 11. Dezember 1345 betont, daß die mit Kür und Läuterung Betrauten die für Rat und Gemeinde nützlichsten Personen auslesen und dabei weder Liebe noch Leid, also ein persönliches Interesse, noch das von Verwandten und Freunden berücksichtigen sollten, diese Schärfe bestätigt uns, daß man in dem Ratskurrecht durchaus ein Gemeinderecht sah und es als solches erhalten wollte. Diesem Ziele diente auch die eidliche Verpflichtung der Wahlmänner durch einen Amtseid und der Läuterer durch den Ratseid, denn sie unterwarf diese Personen ausschließlich ihrem Gewissen und machte sie dadurch insofern zu Worthaltern aller Bürger, als sie sie von Aufträgen und Weisungen sowohl der leiblichen Verwandten als auch der Nachbarn in den Burschaften und der Genossen in den Innungen und damit von jeglicher Rücksicht auf partikulare Interessen befreite[170].

Es ist gewiß nicht falsch, das Wahlverfahren als Selbstergänzung des Rates durch Kooptation zu bezeichnen; es wäre aber unzutreffend, wollten wir darin eine Selbstergänzung des Rates aus dessen eigener Macht[171] erkennen. Der Beschluß der Kurmänner oder Läuterer, eine bestimmte Person in den sitzenden Rat zu berufen, übertrug dieser Person denn auch keinerlei Vollmacht. Kür und Läuterung waren weiter nichts als eine Auslese der aus der

---

169 Le grand avantage des représentants, c'est qu'ils sont capables de discuter les affaires. Le peuple n'y est point du tout propre; ce qui forme un des grands inconvénients de la démocratie. MONTESQUIEU, De l'esprit des lois (1748) l. XI ch. VI.
170 Ebenso das Grundgesetz für die Bundesrepublik Deutschland vom 23. Mai 1949, Art. 38 Abs. 1.
171 So EBEL (1971, wie Anm. 74) S. 228.

Sicht der Gemeinde für das Ratsamt am besten geeigneten Personen. Sie begannen spätestens am 31. Dezember und mußten vor dem 7. Januar abgeschlossen sein, damit an diesem Tage die Ratsumsetzung stattfinden konnte. Und erst wenn sich der sitzende Rat umsetzte, konstituierte sich damit der geschäftsführende Rat des neuen Amtsjahres als vollmächtiger Rat, als Inhaber der Vollmacht, die die Gemeinde ihrem Rate beilegte, solange sie mit ihm eines Willens war und daher seinen Geboten gehorchte und ihm bei der Erfüllung seiner Pflichten Hilfe leistete.

Fast ein Jahrhundert lang hatten die Hildesheimer Satzungen vom 10. und 11. Dezember 1345 Bestand. Erst seit dem Jahre 1435 begann sich eine Revision als notwendig zu erweisen (siehe unten, § 164).

2.3. Lemgo 1360

§ 80. Die westfälische Land- und Hansestadt Lemgo war eine Kleinstadt, in der es keine durch ererbten Reichtum und Ratssitz ausgezeichneten Geschlechter gab. Die Bürger der Altstadt hatten sich, soweit sie Handel und Gewerbe betrieben, in der Kaufmannsgilde und einer unbekannten Anzahl von Handwerksgilden zusammengeschlossen. In der Zeit um 1360 kam es zu einem Unwillen zwischen Rat und Gilden. Wenn mit der Eintracht der Bürger die Identität von Rats- und Gemeinwillen zerbrach, dann konnten nur die Partikularverbände der Gilden die führerlos gewordene Gemeinde gegenüber dem Rate handlungsfähig machen. Wie in Hildesheim im Jahre 1345, so wurde nun hier in Lemgo die Eintracht durch Vertrag zwischen Rat und Gilden wiederhergestellt. Daraus ist zu schließen, daß der Rat weder von Rechts wegen noch tatsächlich die (Voll-)Macht besaß, um als Obrigkeit die Eintracht durch Oktroy zu erneuern. Der Vertrag erhielt eine hierzu passende Form, indem man ihn in einem Kerbschnittbrief, also entsprechend der Zahl der Vertragschließenden in zwei gleichlautenden Ausfertigungen, beurkundete[172].

Als Unterhändler der Parteien werden vier Ratmannen und sechs Männer von den Gilden genannt. Als ersten Artikel machten sie aus, „daß die Gilden dem Rate dies gönnen wollen, daß der Rat eine Meinheit einsetze, wie es der Stadt nützlich sei." Gemeint war die Bestellung von Sprechern oder Worthaltern der Meinheit. Deren Identität mit der Gesamtheit war dem Diktator der Urkunde so selbstverständlich, daß er den doppelten Sinn, den man dem Worte Meinheit beilegen kann, gar nicht bemerkte. Diese Meinheit einzusetzen, war ein Verlangen des Rates gewesen, das dieser jedoch nicht allein kraft seiner Vollmacht und seines Willkürrechts und wider den Willen der Gilden

---

[172] Der Vertrag ist ungedruckt und beruht im Stadtarchiv Lemgo. Das folgende nach Jörg Michael ROTHE, Die „veyr hoipen". Zur Verfassungs- und SozialG. Lemgos im späten MA und der frühen Neuzeit, in: 800 Jahre Lemgo. Aspekte der StadtG., hg. von Peter JOHANEK und Herbert STÖWER (Beiträge zur G. der Stadt Lemgo, Bd. 2), Lemgo 1990, S. 115–140, hier: S. 115–119 und 133f.

hatte durchsetzen können. Die Gilden, deren Monopol als Sprecher der Gemeinde dadurch aufgehoben wurde, sahen darin einen Eingriff in das Stadtrecht, also eines jener „hochbeschwerlichen Geschäfte", wie man in Hamburg und Lübeck im Jahre 1340 gesagt hatte, über die der Rat nur mit ihrem Vorwissen, Rat und Konsens zu entscheiden befugt war.

§ 81. Die Meinheit sollte ein Gremium jener erbgesessenen Bürger und Steuerzahler sein, die nicht den Gilden angehörten, die aber im Interesse der ganzen Stadtgemeinde deren vom Rate besorgte Geldgeschäfte überwacht wissen wollten. Nach Artikel 2 des Vertrages sollte beim ersten Male der Rat die Meinheit setzen, danach jedoch diese Befugnis auf die vier Bauermeister der Altstadt übergehen, die für die Komplettierung der Meinheit mit Personen aus allen Stadtvierteln sorgen sollten. Ihre Kür bedurfte freilich der Bestätigung durch den Rat. Offenbar war zu befürchten und mußte verhindert werden, daß die Meinheit eine Gegenmacht zu dem von den Gilden abhängigen Rate schuf und damit die Bildung eines Gemeinwillens erschwerte oder gar unmöglich machte. Derselben Befürchtung, aber auch der Erwartung, es könne der Stadt an geeigneten Personen für die Leitung so vieler Teilverbände fehlen, verleiht der dritte Artikel Ausdruck, nach welchem ein in den Rat oder die Meinheit erkorener Gildebruder weiterhin für seine Gilde tätig sein durfte, allerdings mit einer Einschränkung, die den Vorrang der Rats- und Gemeindegeschäfte sicherte: „Er mochte mit Willen des Rates oder der Meinheit zu seiner Gilde gehen und helfen, seiner Gilde Recht zu verwahren."

Artikel 4 verpflichtete die Gilden dazu, bei der Ratskür den Gemeinnutzen über ihren Eigennutzen zu stellen. Die Gilden bestimmten offenbar Wahlmänner, die vor der alljährlichen Ratssetzung die vom sitzenden Rate sei es zum ersten Male aus der Bürgerschaft, sei es zum zweiten oder öfteren Male aus dem ruhenden Rate berufenen Ratmannen auf ihre Eignung zu prüfen hatten. Diese Prüfer mußten dem Rate geloben, einen neuen Rat zu kiesen, der der Stadt und dem Stadtherrn zum Nutzen gereichte. Sie durften also die aus dem Freijahre zurückberufenen Ratmannen nicht ohne guten Grund zurückweisen; wenn sie aber dies taten, so mußte der Rat einen zweiten Wahlgang veranlassen und erneut den Konsens der Gilden einholen. Über die Vollmacht des Rates sagt der Vertrag weiter nichts aus, da er nur zu regeln hatte, was strittig gewesen war. Daran, daß sie sich aus der beschworenen Bürgerpflicht und von der Eintracht und dem Beistande der Gemeinde herleitete, läßt der Vertrag jedoch keinen Zweifel.

2.4. Nordhausen 1375

§ 82. In der nordthüringischen Reichs- und Hansestadt Nordhausen war die Kommune einst von Männern aus der Reichsministerialität und von reichen Tuchhändlern geschaffen worden, deren Nachfahren sich zum Kreise der Gefreundten zusammengefügt und den Rat zu ihrem Erbe gemacht hatten; mit Hochmut sahen sie auf das einfache, arbeitende Stadtvolk herab. Die

Bürgerschaft war aber nicht nur zur Stadtgemeinde verbunden, sondern hatte sich auch in vier Stadtvierteln und sechs gewerblichen Innungen zu Partikularverbänden vereinigt, die imstande waren, durch ihre Vierherren und Handwerksmeister das Gemeinderecht bei den Neu- und Nachwahlen zum Rate wahrzunehmen. Der sitzende Rat des auslaufenden Geschäftsjahres, der diese Küren alljährlich vornahm und sie beendet haben mußte, bevor am Dreikönigstage, dem 6. Januar, die Ratssetzung stattfand, pflegte die Vierherren und Meister dazu hinzuzuziehen. Im Jahre 1351 hatten die sechs Innungen den Rat sogar dazu gezwungen, ihre Meister als vollberechtigte Ratmannen zum Ratsstuhle zuzulassen[173].

Im Januar 1375 setzte der Rat eine neue, schwere Steuer an. Die Bürger sahen in diesem Griff des Rates nach ihrem Gelde eine hochbeschwerliche Gemeindesache, die der Rat nicht ohne ihre Zustimmung hätte beschließen dürfen, und machten den Rat, als dieser sich harthörig zeigte, in der üblichen Weise auf ihre Rechtsauffassung und deren Vorrang vor der seinen aufmerksam. Am 14. Februar 1375 rotteten sich Gemeinde und Handwerksleute zusammen und stürmten bewaffnet zum Rathause. In den nächsten Tagen nahmen sie zahlreiche Ratmannen gefangen und konstituierten einen neuen Rat. Eine allgemeine Versammlung der Vierherren, der drei Schichten des neuen Rates, der Handwerksmeister und der Gemeinde verhängte über einen Teil der gefangenen Gefreundten – andere waren im Kampfe getötet worden – die Verbannung aus der Stadt. Am 7. April 1375 kam ein Vertrag zwischen den Handwerksmeistern auf der einen und Rat und Gemeinde auf der anderen Seite zustande, der die Stadtverfassung neu ordnete und der Gemeinde für anderthalb Jahrhunderte stabile Verhältnisse gewährte[174].

§ 83. Der Vertragscharakter dieses sogenannten Wahlbriefs oder Handwerksmeisterbriefs[175] erweist sich bereits in seiner äußeren Form: Er ist in

---

173 Hans SILBERBORTH, G. der Freien Reichsstadt Nordhausen, Nordhausen 1927, Bd. 1 S. 152–157. Werner MÄGDEFRAU, Der Thüringer Städtebund im MA, Weimar 1977, S. 130–132, 233.
174 MÄGDEFRAU (1977, wie Anm. 173) S. 242–244. – Im folgenden zitierte Quellen: StS von 1308 = Die Statutensammlung von 1308, hg. von E. G. FÖRSTEMANN, Die alten Gesetze der Stadt Nordhausen, Teil II, in: Neue Mittheilungen aus dem Gebiet hist.-antiquarischer Forschungen 3. Bd. 2. Heft, Halle 1837, S. 1–44; StS von 1350 = Die dritte Statutensammlung, angelegt um 1350 mit Nachträgen bis 1456, hg. von E. G. FÖRSTEMANN, Die alten Gesetze der Stadt Nordhausen, Teil III, in: Neue Mittheilungen 3. Bd. 3. Heft, Halle 1837, S. 39–72 = I. und II. Buch, 4. Heft, Halle 1837, S. 32–98 = III. und IV. Buch und Anhänge; StS von 1470 = Statutensammlung von 1470, hg. von E. G. FÖRSTEMANN, Die Gesetzsammlungen der Stadt Nordhausen im 15. und 16. Jh., in: Neue Mittheilungen 6. Bd. 2. Heft, Halle 1842, S. 42–82 = I. und II. Buch, 4. Heft, Halle 1843, S. 20–42 = III. Buch.
175 StS von 1350 (wie Anm. 174) Anhang IX, 4. Heft S. 87–91. Kommentar bei MÄGDEFRAU (1977, wie Anm. 173) S. 244–252.

mehreren (wahrscheinlich sieben) Exemplaren ausgefertigt worden, von denen sich die beiden für den Rat und für das Handwerk der Kürschner bestimmten erhalten haben. Dem Wortlaute nach, der auch als Nachtrag in das dritte, um 1350 angelegte Statutenbuch der Stadt eingetragen worden ist, handelt es sich um einen Revers, den Rat und Gemeinde den Innungen übergaben, um diesen den Genuß der ihnen zugesagten und zuvor von ihnen erkämpften Besserungen des Stadtrechts zu verbürgen. Als Aussteller nennt der Revers mit ihren Namen (also nicht als Gremien, sondern als Personenvielheiten) zwei Ratsmeister, 23 Ratmannen und die Vier von der Gemeinde wegen. Diese Männer bekennen, daß die Handwerksmeister „mit unserem und der anderen zwei Räte und der ganzen Stadtgemeinde Wissen und Willen" die folgenden Rechte behalten und an sich gebracht hätten.

Sofern diese Rechte nicht neu geschaffen wurden, müssen sie bis dahin allein den Ausstellern, d. h. dem sitzenden Rate und den Vierherren, zugestanden haben, allerdings nicht als Erbe oder Standesvorrecht, sondern als ein Gemeinderecht und eine auf die Identität des Rates mit der Stadt gegründete Rechtspflicht. Wäre es anders gewesen, so hätten es die Gepflogenheiten des Mittelalters erfordert, die Zusagen der Ratmannen und Vierherren an die Handwerker in der Form eines Privilegs der ständisch Höherstehenden für untertänige Petenten zu beurkunden. Aber nicht darum und um die Verleihung von Herrenrechten an die Handwerker ging es, sondern um eine neue Verteilung der Gemeinderechte zwischen den städtischen Teilverbänden. Ohne es ausdrücklich zu sagen, bestätigt das Dokument durch seine äußere und innere Form die Identität von Rat und Stadtgemeinde, in die jetzt auch die Partikularverbände der Handwerker aufgenommen wurden. Da dies mit Wissen und Willen sowohl des Gesamtrates als auch der ganzen Stadtgemeinde erfolgte, waren die Eintracht aller in einem Gemeinwillen und dessen Identität mit den Partikularwillen hergestellt. So konnte der Revers mit der Feststellung schließen, daß die in ihm enthaltenen Artikel mit gutem Rate und Einträchtigkeit der Bürger, der Stadt zu Nordhausen zu Ehren und zu Nutze, gefunden und erdacht worden seien, um sie vor Aufläufen zu bewahren, die zuvor in der Stadt geschehen seien und fürder geschehen könnten. Die Aussteller, die über das Stadtsiegel verfügten, hängten dieses mit Wissen und Willen aller drei Schichten des Rates und der ganzen Gemeinde an diesen Brief.

§ 84. Am wichtigsten war den Innungen die gesetzliche Sicherung ihrer Mitwirkung an der Ratskür, von der es heißt, daß nach bisheriger Übung allein der besessene Rat gekoren habe, und an der Wahl der Vier, die man von der Gemeinde wegen über den Rat zu kiesen pflegte. Die Innungen mit ihren Wahlmännern identifizierend, bestimmte der Vertrag, daß sie und ihre Nachkommen hinfort zusammen mit dem besetzten Rate alle Jahre zum 6. Januar einen Rat kiesen sollten auf ihren Eid. Zu diesem Zwecke sollte man aus jedem Handwerk und aus jedem Viertel zwei und dazu aus dem Neuendorfe einen Mann kiesen; aus dem Rate sollten zwei Ratsmeister zu diesen 21 Wahlmännern hinzukommen. Wie die Viertel und Innungen ihre Wahlmänner bestimmten (zweifellos handelten für sie die „Besten" der Viertel[176] und die Meister der Handwerke, die als mit ihren Verbänden identisch galten) und wie sich deren Wahlrecht zur Wahlpflicht des sitzenden Rates verhielt, wird nicht gesagt. Was die Vier anlangte, so sollten allein die Handwerksmeister und die amtierenden Vier sie auf ihren Eid (d. h. in Verantwortung nur vor dem eigenen Gewissen und der intelligiblen Stadt) erkiesen, und zwar aus dem neuen Rate, was wohl bedeutet, daß diese Kür erst nach dem 6. Januar vorgenommen werden konnte. Die Vier sollten ein Jahr lang sitzen, sofern man ihrer nicht als Ratsmeister oder Kämmerer bedurfte; in diesem Falle war es erlaubt, einen anderen Ratmann aus demselben Rate an seiner Statt zu kiesen.

Es wurde den Wahlmannen untersagt, von den Handwerkern jemanden in den Rat zu kiesen, der das Handwerk nicht selbst gebrauchte und nicht zu diesem Zwecke persönlich die Innung hatte[177]. Wer aber jemanden in den Rat kieste, der von Sippe wegen jenen Geschlechtern angehörte, von denen der Auflauf des 14. Februar entstanden war, der sollte es der Stadt mit 10 Mark lötigen Silbers büßen und mit Weib und Kind auf ewig die Stadt räumen. Es ist anzunehmen, daß die 21 Wahlmänner auch an der alljährlichen Revision des Stadtrechts beteiligt waren, denn eine zwar erst im Statutenbuch von 1470 überlieferte, aber gewiß nur altes Recht feststellende jüngere Satzung „Von der Einung zu lesen" bestimmt, daß der sitzende Rat alle Jahre zu zwei Malen die Einung öffentlich verlesen lassen sollte, und zwar binnen acht Tagen nach seiner Bestätigung, nämlich je zur Hälfte nach dem 6. Januar und nach dem 24. Juni, damit sich jedermann vor Schaden bewahre und sich niemand mit Unkenntnis der Einung entschuldigen dürfte[178].

§ 85. Weitere Bestimmungen des Vertrages vom 7. April 1375 sollten den Einfluß der Innungen auf die tägliche Arbeit des Rates sichern. So mußten die Räte bei der Vergabe der Ratsämter, die in der Mitte des Geschäftsjahres an St. Johannis, dem 24. Juni, vor sich gehen sollte, Ratmannen aus den Handwerken und solche aus der Gemeinde in bestimmten Zahlenverhältnissen berücksichtigen. Bei den Ratsmeistern mußten drei von vieren, bei Kämmerern und Schoßeinnehmern zwei von dreien aus den Innungen kommen. Auch sollten die Vier, die von der Gemeinde wegen über den Rat gekoren wurden, in einem Behältnis auf dem Rathause das große Insiegel von der Stadt wegen verwahren, und wenn sie siegeln sollten, so hatte das vor einem besessenen Rate in Anwesenheit aller vier oder doch wenigstens dreier von ihnen zu geschehen. Die Viere erweisen sich also wirklich als eine Kontrollinstanz, die über dem Rate stand, sobald dieser von seiner Befugnis Ge-

---

176 StS von 1350 III § 64, 4. Heft S. 41: „Daß man die Besten und die Handwerksmeister besenden soll, wenn ein Rat bestätigt wird."
177 StS von 1350 III § 1, 4. Heft S. 35.
178 StS von 1470 III („Das dritte Buch der Einung") § 78, 4. Heft S. 38.

brauch machte, den Siegelbefehl zu erteilen und damit die Stadt zu irgendetwas zu verpflichten. Zweimal verwendet der Vertrag hier die kausale Identitätsfigur „von der Gemeinde" bzw. „von der Stadt wegen", um deutlich zu machen, daß man den Rat durch die Viere in bestimmten hochbeschwerlichen Geschäften einer Aufsicht seitens der Gemeinde unterwerfen und ihn auf diese Weise dazu nötigen wollte, deren Rat und Zustimmung einzuholen, bevor er die Viere anwies zu siegeln. Hierzu forderte der Vertrag den Rat auch in anderen Bestimmungen auf, die erkennbar die Absicht verraten, erneute tumultuarische Aufläufe, welche leicht zu Unglück, Rechtsbruch, Gewalttat und Blutvergießen führen konnten, dadurch zu verhüten, daß er friedliche Formen der Kommunikation zwischen Rat und Innungen und des Laufens auf das Rathaus vorsah. Trat nämlich an die Handwerker eine dringliche Sache heran, so sollten sie das den Vieren verkünden; diese sollten sodann die Handwerksmeister durch der Stadt Knechte auf das Rathaus laden lassen, so oft es ihnen bequem wäre. Gingen bei einem Handwerk Briefe von Herren oder anderen Städten ein, so durfte das Handwerk sie nicht öffnen, sondern mußte sie vor die anderen Handwerksmeister bringen; diese sollten sie einträchtig vor den besessenen Rat (also: auf das Rathaus) tragen, und dort sollte man sie in ihrer aller Gegenwart verlesen. Auf diese Weise wurde verhindert, daß solche Briefe Zwietracht unter den Handwerkern erregten und daß mit der Eintracht in der Gemeinde die Identität des vom Rate zu formulierenden Gemeinwillens mit den Partikularwillen ins Wanken geriet.

§ 86. Trotz all dieser Umstände war der Rat zu Nordhausen ein vollmächtiger Rat, gleich dem einer jeden anderen Hansestadt. Auch ihm sicherten die Eide und Treugelübde der Bürger und Einwohner deren Gehorsam für seine Gebote und den nötigen Beistand bei der Erfüllung der Gemeinschaftsaufgaben zu. Dies alles war seit alters unstrittig und auch durch den Auflauf vom 14. Februar 1375 nicht in Frage gestellt, so daß der Vertrag darüber kein Wort zu verlieren brauchte. Wohl aber bestimmte er – und das kann nur als Verstärkung der allgemeinen bürgerlichen Treupflicht gegenüber dem Rate verstanden werden –, daß die Handwerksmeister zusammen, also als (mit der Gemeinde identifizierbare) Gruppe und wohl zu gesamter Hand, alle Jahre (dem Rate) huldigen sollten, wenn sie (die Innungen) ihre Meister gekoren hätten, und daß ein jedes Handwerk seinen Meistern mit Hand und Munde huldigen und gehorsam sein sollte. Als Huldigung wird hier die Leistung des Treugelübdes bezeichnet, das jeder Bürger sowohl von den Vierteln als auch von den Innungen dem Rate schuldete. Darüber bestimmte das Stadtrecht, „daß man die Besten und die Handwerksmeister besenden soll, wenn ein Rat bestätigt wird. Ein jeglicher Rat, wenn er bestätigt wird, soll (die Besten), die in den Vierteln in der Stadt gekoren sind und die außer der Stadt (d. h. in der Vorstadt) gekoren sind, und die Handwerksmeister sich schwören lassen, daß sie dem Rate und den Räten beistehen wollen zu aller Bescheidenheit, und ob ihrer einer etwas erführe, das wider die Räte wäre, das sollte er dem Rate verkündigen"[179]. Die Besten und die Handwerksmeister leisteten diesen Eid alljährlich in Gegenwart der versammelten Bürger, die zu der Zeit dawaren, und damit von der intelligiblen Stadtgemeinde wegen, mit der sie identisch waren, denn der um 1380 im Statutenbuch im Anschluß an den Wahlbrief nachgetragene Bürgereid, der zweifellos das Muster für die Huldigung der Handwerksmeister abgegeben hat, war kein Einzel- oder Beitrittseid, sondern ein von allen Bürgern auf dem alljährlichen Schwörtage gemeinsam zu leistender Eid, in dem die Huldigenden von sich im Plural sprachen: „Daß wir unseren Herren, den Vieren von der Gemeinde wegen, den Ratsmeistern, dem Rate und den Räten, zu aller Bescheidenheit und zu allen ihren Nöten gehorsam und beiständig sein wollen mit Leib und mit Gut, und wenn wir etwas erfahren, das unseren Herren, den Vieren, den Ratsmeistern, dem Rate oder den Räten, entgegen wäre, daß wir das vorbringen und melden wollen ohne Arglist, das schwören wir, (auf) daß uns Gott so helfe und die Heiligen"[180]. Gehorsam und Beistand mit Leib und Gut in den Nöten, die der Rat von der Gemeinde wegen zu beheben hatte, bildeten wie im Hildesheimer Vertrag vom 10. Dezember 1345 (oben, §§ 74, 75) den Kern der Huldigung oder des bürgerlichen Gelübdes, das die Ratmannen zu Herren eines jeden Einzelnen erhob und dem Rate seine Macht und Vollmacht verlieh, solange die Bürger einträchtig oder eines Willens waren.

§ 87. Bereits vor 1375 war die Vollmacht des Rates zu Nordhausen Gegenstand einer Satzung geworden, die nicht als Ratswillkür, sondern als Vereinbarung der drei Räte mit den Vierteln und mit den Handwerksmeistern, somit als Bürgervertrag oder Bürgerrezeß zustandegekommen war und mit Auslassung zumindest des Schlußprotokolls in das Statutenbuch von circa 1350 aufgenommen wurde. Der Redakteur gab ihr dabei die Überschrift: „Von den Sachen, darum man die Gemeinde besenden soll"[181], obwohl der Text selber von dem Volke spricht. Offenbar galten beide als identisch, obwohl die Gemeinde entweder allein aus den Bürgern oder aus Bürgern und Einwohnern, in beiden Fällen aber nur aus den (in der Regel männlichen) Häuptern der steuerpflichtigen Haushalte bestand, während das Volk auch deren Frauen, Kinder, Gesellen und Gesinde umfaßte, also auch alle jene Personen, die zwar kein unmittelbares Verhältnis zum Rate und zur Stadt besaßen, da sie ja durch den Vorsteher des Haushaltes, in dem sie lebten, mediatisiert wurden, die man aber nicht fernhalten konnte, wenn die Glocken Bürger und Einwohner zur Versammlung unter die Ratslaube riefen[182], und

---

179 StS von 1350 III § 64, 4. Heft S. 41. In der StS von 1470 III § 72, 4. Heft S. 36, lautet der erste Satz: „Daß der Neue Rat alle Jahr Huldigung nehmen soll."
180 StS von 1350 Anhang X, 4. Heft S. 91f.
181 StS von 1350 III § 72, 4. Heft S. 42f.; ebenso StS von 1470 III § 73, 4. Heft S. 37f.
182 So bereits Friedrich TECHEN, Wismar im MA (Pfingstblätter des Hans. G.vereins, Blatt VI) Leipzig 1910, S. 31.

schon gar nicht, wenn die Eintracht der Gemeinde zerbrach und man sich zum Auflauf auf das Rathaus zusammenrottete.

Eben dieses zu verhüten, war der Zweck des Vertrages. Es war offensichtlich – den Anlaß dazu kennen wir nicht – das Bedürfnis aufgetreten, die drei Geschäftsarten der gewöhnlichen, gewichtigen und hochbeschwerlichen Sachen, um mit der Lübecker Erklärung für Hamburg vom 1. September 1340 zu reden, deren Unterscheidung bis dahin im Ermessen des Rates gestanden haben muß[183], eindeutig voneinander zu trennen. Zu diesem Zwecke mußte der Rezeß drei Dinge regeln: erstens die Form, in der die Bürgerschaft oder das Volk zu besenden war, wenn hochbeschwerliche Geschäfte zu erledigen waren, über die selbst die Gesamtheit des dreischichtigen Rates nicht für sich allein entscheiden konnte, zweitens die Bestimmung der Sachen, die unter den Begriff dieser Geschäfte fallen sollten, und drittens die Leitung des Verfahrens, für die niemand anders als die Ratsmeister und der sitzende Rat selbst in Betracht kamen.

§ 88. Was den ersten Punkt anlangte, so sollten die drei Räte aus jedem Viertel in der Stadt acht, aus den Vorstädten Neues Dorf sechs und Frauenberg und Altes Dorf je zwei Mann, die dort dazu erkoren waren, und außerdem die Handwerksmeister besenden. Diese 48 erkoren Sprecher der Teilverbände sollten dann zu je einem Drittel in die drei Räte eintreten. Die Teilverbände hatten bei der Kür zu beachten, daß in dem erweiterten Rate nicht mehr denn zwei Brüder und ein Vater mit seinem Sohne wären. Von den Qualitäten der Sprecher oder Besten, die sich die Teilverbände erkoren, zeugt die Bestimmung, daß die Verbände jede Person sofort zu ersetzen hätten, die etwa in den Rat gekoren werden würde. Die gekorenen Personen sollten, wenn der Rat sie besandte, sofort dorthin gehen; wer aber anders (d. h. ungeladen) in irgendeinen Rat ginge, der sollte es mit 5 Schillingen büßen. Diese Bestimmung zeigt, daß man befürchtete, die Ladung der Gekorenen könne in der Stadt Unruhe hervorrufen und einen Auflauf auf das Rathaus auslösen. Die Berufung der Achtundvierzig sollte demnach als ein gesetzlich regulierter Auflauf jedem plan- und kopflosen Auflauf des Volkes zuvorkommen oder ihn ersetzen. Die den Vertrag abschließenden Vierherren, Ratmannen und Handwerksmeister erkannten das Recht des Volkes an, im Notfall auf das Haus zu laufen, und fühlten sich selbst nur dazu befugt, die Formen zu ordnen, in denen das Volk sein Recht auszuüben hatte. Niemand konnte oder wollte dieses Volksrecht abschaffen, war es doch unentbehrlich, um den Willen der Stadt hervortreten zu lassen und die Identität der Willen von Rat und Gemeinde durch Übereinstragen der Sonderwillen herzustellen. Daß man bei den hochbeschwerlichen Geschäften mit Notlagen rechnete, die eine unverzügliche Willensbildung und Beschlußfassung erforderten, verrät auch der letzte Satz dieses ersten Teils des Statuts: Was nämlich unter denen allen, die in dem erweiterten Rate waren, die mehrere Menge das beste zu sein dünkte,

---

183 EBEL (1971, wie Anm. 74) S. 301.

das sollte seinen Fortgang haben. Die Minderheit wurde damit aufgefordert, sich unverzüglich der Mehrheit anzuschließen, und dies war ein Verlangen, das, wie wir noch sehen werden (unten, §§ 347–350), nur bei dringender Not zulässig war.

§ 89. Der Sache nach handelte es sich bei den hochbeschwerlichen Geschäften um fünf Fälle. „Die erste Sache ist: Was eine Hulde antrete, da soll man das Volk um besenden." Das ganze Volk sollte also anwesend sein, wenn man alljährlich den neuen Rat bestätigte und zu diesem Zwecke die Besten und die Handwerksmeister aufbot, damit sie ihm den Treueid leisteten[184]. Die Bestimmung ist wohl so zu verstehen, daß die Achtundvierzig zunächst mit allen drei Räten die Ratssetzung vorbereiteten, d. h. an der Rück- bzw. Neuwahl der jetzt in den sitzenden Rat eintretenden Ratmannen und an der Revision der zur Verlesung bestimmten Einung[185] mitwirkten, bevor sie schließlich von des Volkes oder der Gemeinde wegen und deshalb in deren Gegenwart dem neuen Rate den Treueid leisteten.

Die zweite Sache, um die man das Volk besenden sollte, war die Ansage eines Krieges oder einer Fehde gegen irgendjemanden, die dritte die Vergabe von Darlehen von der Stadt wegen, wenn diese mehr als 50 Mark lötigen Silbers betrugen, die vierte der Eingriff in die Einung der Stadt mit Zusätzen oder Streichungen, die fünfte schließlich der Abschluß von Verbündnissen oder Einungen mit irgendjemandem auf Erden. In keinem dieser vier Fälle konnten die Räte etwas von der Stadt wegen, also zu deren Lasten, beschließen, ohne, wie es in wechselnden Formulierungen heißt, das Volk zu besenden, das Volk alles dabeizuhaben, ihren Rat dazu zu haben oder mit Rat der obgenannten Leute vorzugehen. Alle Formulierungen setzen die Identität der Achtundvierzig sowohl mit der Gemeinde als auch mit dem Volke voraus.

Der Vertrag beschließt die Aufzählung der fünf konsenspflichtigen Sachen oder hochbeschwerlichen Geschäfte mit der Bestimmung: „An allen anderen Sachen sollen drei Räte ganze Macht haben, wie zuvor." Damit war nicht gesagt, daß der Gesamtrat der drei Räte in den fünf Fällen nicht vollmächtig gewesen wäre, sondern nur eine Abstufung in der Form des Konsenses festgestellt, auf dem die Identität des Gesamtrates, aber auch der Achtundvierzig mit der Gemeinde, deren Teilverbänden und dem Volke beruhte. Während der Gesamtrat in den fünf Fällen nur mit ausdrücklich erklärtem zustimmendem Willen des Volkes vollmächtig war, beruhte seine Vollmacht in allen anderen Geschäften auf der stillschweigenden Zustimmung des Volkes, die er kraft Identität in der Regel derart voraussetzen durfte, daß nur die fünf Ausnahmen der Definition bedurften. Kein Wort verlor der Vertrag

---

184 MÄGDEFRAU (1977, wie Anm. 173) S. 234 interpretiert kurzerhand: die Huldigung des neuen Rates. – Zu dem Öffentlichkeitsgebot s. u., § 200.
185 Siehe hierzu J. BOLLAND, in: Hamburgische Burspraken 1346 bis 1594, bearb. von Jürgen BOLLAND, Teil 1–2 (VStAHambg Bd. VI), Hamburg 1960, T. 1 S. 14f.

über die alltäglichen oder gewöhnlichen Geschäfte, die allein der sitzende Rat oder gar allein die Ratsmeister erledigten, weil sie durch positives Stadtrecht und damit durch den Konsens gedeckt waren, den das Volk alljährlich erneuerte, indem es der Verlesung der Einung ohne Widerspruch zuhörte. Darüber zu reden war nicht erforderlich, da es nie strittig gewesen war und somit keiner Positivierung bedurfte.

§ 90. Mit der Durchführung des Statuts konnte die Gemeinde niemanden anders als den Rat selber belasten. Dieser sollte „das ehgenannte Volk, das man zu den vorgeschriebenen Sachen besenden soll, in der Stadt Register neben die Räte beschreiben lassen." Das Volk war identisch mit der Gruppe der Achtundvierzig, denn nur diese, nicht aber jenes ließ sich namentlich beschreiben. Den Ratsmeistern sollten jederzeit die Namen derer greifbar sein, die zu den hochbeschwerlichen Geschäften besandt werden mußten. Damit niemand in Versuchung kam, die den Rat in seiner Handlungsfreiheit beschränkenden Vorschriften zu mißachten, bedrohte das Gesetz jeden Ratmann und Ratsmeister, der das tat, mit einer Buße von 10 Mark seines eigenen Geldes zugunsten des Rates und der Stadt und dazu mit fünfjähriger Verfestung. Nur wenn man die Identität des Ratswillens mit dem Gemeinwillen als Rechtsgrund für die Vollmacht des Rates bedenkt, ist es verständlich, daß die Gemeinde den Ratmannen so schwere Strafen für die Verletzung ihrer gesetzlichen Pflichten androhen konnte, ohne dadurch den Rat zu entmächtigen. Die Vollmacht des Rates leitete sich eben weder von Gott noch vom Könige her noch war sie usurpiert (unten, § 137), sondern sie beruhte auf der einträchtigen Unterstützung des Rates durch die Gemeinde. Ausdrücklich sprach das Statut des weiteren den Ratsmeistern und dem besessenen Rate die Macht ab, die Viertel um irgendeiner Sache willen einzuberufen, ohne zuvor die beiden anderen Schichten des Rates darum besandt und mit ihnen darüber gesprochen zu haben, ob dies der mehreren Menge behaglich sei oder nicht. Wer diese Vorschrift brach, der sollte das persönlich als Widersetzung gegen die Stadt[186] büßen. Schon die Entscheidung der Vorfrage, zu welcher Kategorie ein bestimmtes Geschäft gehörte, war so wichtig, daß die Gemeinde sie nicht den Ratsmeistern und dem sitzenden Rate allein überlassen wollte.

Das Statut ging aber nicht nur die Ratsmeister und Ratskumpane der drei Räte an. Da diese mit der Gemeinde identisch waren, verpflichtete es auch jeden einzelnen Bürger, der jederzeit berechtigt und zur Schadensabwehr sogar verpflichtet war, auf das Rathaus zu laufen und dort seine Ansicht vom Gemeinwohl geltend zu machen. Denn die Satzung sagt am Schluß: „Auch soll keiner unserer Bürger bitten, daß man die Viertel besende, ausgenommen um

---

[186] StS von 1308 § 87, 2. Heft S. 18: „Der der Stadt widersetzig ist. Wer da öffentlich von des Rates wegen der Gemeinschaft widersetzig gekündigt wird, mit dem soll niemand irgendeine Gemeinschaft haben, weder mit Worten noch mit Werken. Wer das bricht, es sei Weib oder Mann, der gibt eine Mark dem Rate."

die fünf Sachen, die vorbenannt sind ... Und küren die Räte, daß ihnen die Sache nicht gehörte, so gibt er dieselbe Buße." Der Petent sollte alsdann also gleich dem Ratmanne in die Buße für Widersetzung gegen die Stadt verfallen.

§ 91. Überhaupt kommt die Nordhäuser Einung recht häufig auf die Befugnis der Bürger zu sprechen, einzeln oder gemeinsam auf das Rathaus zu gehen, um dort ihre Meinung kundzutun. Allerdings: „Wer über den Rat eine Samenung hätte auf einen Krieg oder (sich dazu) zusammenschwöre, der soll der Stadt widersetzig sein"[187]. Heimlich vorbereitete, verschwörerische und gewaltsame Aufläufe waren verboten, nicht aber friedliche, vielmehr waren diese unentbehrlich, wenn sich die Rechtsidee der Identität aller partikularen Willen mit dem Willen der Stadt und des Rates sollte verwirklichen können. Denn dazu bedurfte es des ständigen Kontaktes aller Willensfähigen und eines laufenden Austauschs ihrer Meinungen. Um diese Kontakte zu schützen, bestimmte die Einung: „Wenn ein Bürger oder Bürgerin auf das Rathaus geht und einem Ratmanne an seine Ehre spricht, während sie an der Stadt Botschaft sind, der gibt 4 Mark und räumt (die Stadt auf) ein Jahr, wenn er (seinen Vorwurf) nicht beweisen kann. Danach soll er solange einliegen, bis daß er (dem Gescholtenen) bessert nach des Rates Gnade. An den Frauen gehet das Einlager ab"[188]. „Welchen unserer Bürger es dünkt, daß der Rat an der Stadt Einung unrecht tue, der soll mit zweien von seinen Freunden vor den Rat gehen. Mag er sie berichten, daß sie unrecht getan haben, so sollen sie es mit Rechte erwidern. Kann er es aber nicht beweisen mit Recht, so gibt er 10 Schilling und räumt (die Stadt für) acht Wochen"[189].

In der folgenden Satzung waren zunächst neben dem Rate die Viere genannt, doch wurde dies später getilgt: „Welcher Bürger auf das Rathaus zu dem Rate geht, während sie an der Stadt Heimlichkeit sind, ohne besandt zu sein, der gibt ein Pfund dem Rate, es sei denn, daß er da zu werben habe: Das werbe er und gehe seines Weges ..."[190]. Selbst dann also, wenn der Rat über Dinge beriet, die der Geheimhaltung bedurften, konnte er nur die neugierigen Bürger von sich fernhalten, während er denen, die ein berechtigtes Interesse verfolgten, Gehör zu gewähren hatte! Die Bürger waren eben die Herren, denen die Ratmannen mit ihrem Rate, ihrem Wissen und ihrer Macht zu dienen hatten: „Unsere Herren die Bürger haben sich vereinet, daß (die) drei Räte Macht haben sollen. Wer darüber erdächte, das der Stadt nützlich wäre, oder etwas erführe, das der Stadt schädlich wäre, der mag das mit Bescheidenheit wohl an den Rat bringen, und daran sollen die Räte auf ihren Eid das Beste bedenken. Wer aber darüber-darunter irgend einerlei Rede redete oder

---

187 StS von 1350 III § 2, 4. Heft S. 35; StS von 1470 III § 7, 4. Heft S. 24.
188 StS von 1308 § 226, 2. Heft S. 43. StS von 1350 III § 5, 4. Heft S. 35. StS von 1470 III § 8, 4. Heft S. 24. Einliegen = Hausarrest einhalten, (des Rates) Gnade = Ermessen.
189 StS von 1308 § 85, 2. Heft S. 18. StS von 1350 III § 12, 4. Heft S. 35.
190 StS von 1308 § 225, 2. Heft S. 43. StS von 1350 III § 23, 4. Heft S. 36.

antrüge, die irgendeine Zwietracht oder Krieg unter den Bürgern erregen könnte oder dergleichen, der verliere (als Buße) 2 Mark, und er soll ein Jahr (lang) einliegen"[191]. Man unterschied also das erlaubte, ja durch den oben angeführten Huldigungs- oder Bürgereid gebotene Laufen aufs Haus, mit dem jeder einzelne die Eidespflicht erfüllte, dem Rate und den Räten beizustehen, ein Hinauflaufen, das Eintracht, Einmütigkeit, Identität aller Willen und damit die volle oder ganze Macht des Rates stärkte, von dem verbotenen, heimlichen oder einfach schädlichen Auflauf, der Zwietracht und Parteienstreit in der Stadt erweckte und damit den Rat entmächtigte.

§ 92. Nichts erfahren wir darüber, welcherart die Handlung war, die die Einung als Bestätigung des Rates bezeichnet und von der zu vermuten steht, daß durch sie der neue Rat für jedermann sicht- oder hörbar seine ganze oder volle Macht erlangte. Wie alle anderen grundlegenden Regeln und Symbole der Gemeindebildung und des Gemeindelebens, so stammte auch dieses aus uralten Zeiten und aus einer schriftlosen Rechtskultur, mit der jeder Mensch von Kindesbeinen auf vertraut war, ohne darüber einer gesetzlichen Belehrung zu bedürfen. Wenn es aber um Form und Bedeutung dieses Symbols niemals zu Irrungen und Zwietracht kam, so hatte die Gemeinde auch keinen Anlaß, darüber etwas zu willküren. So kommt es, daß der zentrale und fundamentale Verfassungsakt des Nordhäuser Gemeinderegiments von der schriftlichen Überlieferung mit Stillschweigen übergangen wird. Aus der bereits zitierten Vorschrift, daß der sitzende Rat binnen acht Tagen nach seiner Bestätigung die Einung öffentlich verlesen lassen sollte, und zwar je zur Hälfte am 6. Januar und am 24. Juni, ist zu schließen, daß die Bestätigung auf den 6. Januar fiel. Dieses aber war der Tag der Ratssetzung, bis zu dem hin die Wahlmänner und der besetzte Rat den neuen Rat des kommenden Jahres zu kiesen hatten (oben, § 84). Wenn der Rat bestätigt würde, so heißt es an anderer Stelle, sollte er die Sprecher der Stadtviertel und Vorstädte und die Handwerksmeister besenden und sich von ihnen huldigen, nämlich Beistand und Schadenswarnung schwören lassen (oben, §§ 86, 89).

Könnte man aus dem Plural, in dem der Huldigungseid der Bürger gehalten ist, auf gemeinsame Ableistung schließen, so könnte der 6. Januar auch regelmäßiger Schwörtag gewesen sein, wären die Bestätigung des Rates und die Huldigung der Bürger aufs engste ineinander verwoben gewesen. Über die Ratssetzung bestimmte die Einung: „Die Ratleute von der Stadt sollen alle Jahr einen anderen Rat kiesen und kündigen zum zwölften Tage auf ihren Eid ... Und wer die Kür öffentlich straft, der soll der Stadt widersetzlich

---

[191] StS von 1350 III § 61, 4. Heft S. 40. In der StS von 1470 III § 71, 4. Heft S. 36, lautet der erste Satz: „Es haben sich vereint die Räte mit den Handwerkern und der Gemeinde, daß drei Räte ganze Macht haben sollen, aber ausgenommen die in der Einung hiernach geschriebenen Sachen," nämlich die oben erwähnten, in § 73 folgenden fünf hochbeschwerlichen Sachen, um die man die Gemeinde besenden sollte.

sein"[192]. Es war also, wenn die Namen der Gekorenen dem versammelten Volke bekanntgegeben wurden, Widerspruch möglich, mit dem man allerdings verfahrensmäßig nichts anzufangen wußte. Daher mußte man versuchen, ihm vorzubeugen, was gewiß nicht nur durch die Verpönung des Einspruchs, sondern auch und vor allem dadurch geschah, daß man das Volk durch seine mit ihm identischen Wahlmänner an der Kür beteiligte, wie dies der Vertrag der Ratmannen und Vierer mit den Handwerksmeistern vom 7. April 1375 denn auch vorsah, ohne daß man deswegen die ältere Satzung, die allein die Ratleute als Wähler nannte, gelöscht hätte. Die Identität aller Teilverbände mit der Stadt war den Hörern so tief in Fleisch und Blut eingegangen, daß sie zwischen den Ratleuten der älteren Satzung und dem aus ihnen und den Wahlmännern gebildeten Gremium dieses Vertrages keinerlei Differenz verspürten.

§ 93. In späteren Erweiterungen der Ratswahlordnung[193] heißt es, daß das Wahlgremium „aus denen, die sie gekoren haben, zwei Ratsmeister zu Zwölften kiesen" sollte, „und wenn die Ratsmeister gekoren und bestätigt oder eingeführt sind, so sollen sie alle Ämter wandeln und erneuern," ferner an anderer Stelle: „Wenn der neue Rat bestätigt wird, so soll er kiesen sechs Kämmerer, vier aus den Handwerken und zwei von der Gemeinde." Aus allen diesen Nachrichten ergibt sich, daß die am 6. Januar stattfindende Ratssetzung aus einer Mehrzahl einzelner Akte bestand. Auf die vorbereitende Kür der neuen Ratmannen und zweier Ratsmeister folgten, und zwar nunmehr offenbar vor versammelter Bürgerschaft oder vor allem Volke, die Verkündigung der Namen der Gekorenen, wogegen kein Einspruch (mehr) zulässig war, sowie die Bestätigung oder Einführung der Ratsmeister und des neuen Rates.

Von diesen beiden Akten, die vielleicht miteinander identisch waren, erfahren wir nicht, wer sie vornahm. Die weiteren Akte verrichtete bereits der neue sitzende Rat: den Wandel der Ratsämter bzw. die Kür der Kämmerer, die Besendung der Besten aus der Gemeinde und der Handwerksmeister, die ihm den Huldigungseid von der Stadt oder intelligiblen Gemeinde wegen zu leisten hatten, und das Verlesen der Einung, dessen zweiter Teil genauso wie die Kür weiterer Ratsmeister und der Wandel weiterer Ratsämter am 24. Juni stattfinden sollte. Wohl keiner dieser Akte im einzelnen, sondern nur sie alle zusammen statteten den neuen Rat mit seiner vollen Macht aus, da sie ja nicht anders als in Eintracht, in Einmütigkeit und Einwilligkeit zu ihrem Ende gelangen und damit die Rechtsidee der Identität aller Willen Wirklichkeit werden lassen konnten. Die Ratssetzung war also eine Kettenhandlung gleich der Königserhebung, von der ebenfalls niemand wissen wollte und zu wissen brauchte, welcher der in ihr zusammengefaßten einzelnen Akte dem Könige rechtswirksam die Banngewalt übertrug. Auf einträchtliche, einmütige Zu-

---

192 StS von 1350 III § 1, 4. Heft S. 35.
193 StS von 1470 III §§ 2 und 76, 4. Heft S. 23, 38. – Über die Ausrufung der Namen der Gekorenen im hansischen Stalhof zu London s. u., § 267.

2.5. Braunschweig 1380

§ 94. Am 17. April 1374 ereignete sich in der Herzogsstadt Braunschweig, einem der beiden Vororte der sächsischen Hansestädte, ein Aufruhr, nachdem das städtische Aufgebot im Gefolge des Stadtherrn eine Schlacht verloren und der Rat eine Erhöhung der Kornzise vorgesehen hatte, um die von den Feinden geforderten Lösegelder aufzubringen. Diese Braunschweiger Schicht ist nicht nur deswegen merkwürdig, weil sie bis zum Jahre 1380 beigelegt werden konnte, ohne daß es eines ausdrücklichen Vertrages zwischen der Stadt und den Teilverbänden bedurft zu haben scheint, womit wohl bereits gesagt ist, daß sie keinen grundlegenden Umbau der Stadtverfassung bewirkt haben kann, sondern auch deswegen, weil sich schon vom 21. Mai 1374 an die Tagfahrten der Hanse mit ihr beschäftigt haben. Außerdem hat sie bereits im Jahre 1962 eine hervorragende verfassungsgeschichtliche Bearbeitung durch Hans Leo Reimann erfahren, deren Ergebnisse im folgenden nur referiert zu werden brauchen[194]. Auf Veranlassung der Gildemeister, die an den Beratungen über die Kornzise beteiligt waren, liefen bewaffnete Bürger auf das Rathaus in der Altstadt, um ihren Unwillen wegen Steigerung des Brotpreises kundzutun. Rasch aber geriet ihr Protest außer Kontrolle. Häuser von Bürgermeistern und Ratmannen wurden erbrochen und verwüstet, Rathäuser gestürmt und geplündert, Frauen und Kinder mißhandelt und Widerstrebende erschlagen, so daß viele bedrohte Ratmannen und Bürger aus der Stadt entflohen.

Trotzdem strebten die Anführer danach, den Boden des Rechtes nicht zu verlassen, auch wenn dies in den Quellen schwerer faßbar ist als der hemmungslose Aufruhr, da die erhaltenen Nachrichten im wesentlichen von Angehörigen der Partei der Vertriebenen stammen, die die „Schichtmacher" zu Räubern und Mördern stempeln wollten[195]. Schon in der ersten Woche des Aufruhrs bildete sich aus den Anführern ein neuer, freilich ungekorener und unbestätigter Rat, in dem zunächst kein Mitglied des gestürzten alten Rates anzutreffen war. Von der Erhebung der umstrittenen Kornzise war nun keine Rede mehr. Die neuen Männer waren guten Willens, den Frieden in der Stadt zu sichern, und genossen gewiß schon bald jenes Maß an Unterstützung von Seiten der Bürger, welches sie in deren Augen vollmächtig machte, aber sie

---

194 Hans Leo REIMANN, Unruhe und Aufruhr im ma.lichen Braunschweig (Braunschweiger Werkstücke, Bd. 28), Braunschweig 1962. Ferner W. EHBRECHT, Verhaltensformen (1974, wie Anm. 116) S. 48f.
195 REIMANN (1962, wie Anm. 194) S. 50.

waren sich ihres Mangels an politischer Erfahrung bewußt und strebten daher schon vom Mai 1374 an nach einer Versöhnung mit den Vertriebenen. Um die Wende des Jahres 1375/76 konnten sie wieder Mitglieder der vor dem Auflauf im Rate führend gewesenen Geschlechter zu Bürgermeistern gewinnen. Es brauchte dann freilich noch viel Zeit, bis die langsam fortschreitende Versöhnung endlich im Jahre 1380 zum endgültigen Ausgleich und zur individuellen und kumulativen Entschädigung der Vertriebenen führte. Dieser in vielen, von den Quellen nicht näher beobachteten Einzelschritten statt in einem einzigen Vertrag zwischen Stadt und Teilverbänden zustandegekommene Ausgleich der Interessen ist das besondere Kennzeichen dieser Braunschweiger Schicht.

§ 95. Die aus der Stadt entwichenen Bürger hatten sofort in den sächsischen Hansestädten Lüneburg, Hannover, Minden und Hameln Hilfe gesucht und durch sie ihre Sache an die Hanse gebracht. Am 25. Juli 1374 forderten die zu Stralsund versammelten Ratssendeboten den neuen Rat zu Braunschweig, „der sich selbst für einen Rat gesetzt hat," dazu auf, vor den gemeinen Städten zu Recht zu stehen und entweder die Vertriebenen wieder in ihre Rechte einzusetzen oder sich vor den gemeinen Städten zu verantworten[196]. Der gegen den neuen Rat erhobene Vorwurf ist klar: Dieser Rat war nicht in den vom hansisch-niederdeutschen Stadtrecht vorgeschriebenen Formen, die die Identität seines Willens mit dem der Stadtgemeinde und damit seine Vollmächtigkeit sicherten, zu seinem Amte erhoben worden. Die Klagen der Ausgewichenen wider ihn mußten den Ratssendeboten als ein zusätzliches Indiz dafür erscheinen, daß in der Gemeinde eine Zwietracht herrschte, die den Rat des geschlossenen Beistandes aller Bürger beraubte und ihn dadurch entmächtigte. Erachteten aber die Ratssendeboten den neuen Rat für unmächtig, so konnten sie auch keines seiner Mitglieder als vollmächtigen Sendeboten zu ihren Beratungen zulassen.

Den gemeinen Städten und der Einung der Kaufleute von der deutschen Hanse mußte es jedoch zu schwerem Schaden gereichen, wenn der Wille einer so wichtigen Kaufmannschaft und Stadtgemeinde wie der braunschweigischen wegen der Ohnmacht ihres Rates nicht mehr festgestellt und in den hansischen Gemeinwillen eingebracht werden konnte. Daher waren die Ratssendeboten geradezu dazu gezwungen, die Machtmittel der hansischen Einung gegen die Braunschweiger einzusetzen. Da diese der Aufforderung, sich vor ihnen zu verantworten, nicht nachkamen, schlossen sie sie aus des Kaufmanns Gerechtigkeit aus und geboten allen Hansestädten, die Gemeinschaft mit ihnen abzubrechen und die an der Lage der Vertriebenen Schuldigen zu richten, wo immer sie sie anträfen. Wie die Ächtung nach Landrecht, so war die Verhansung nach niederdeutschem Kaufmanns- und Stadtrecht ein prozessuales Zwangsmittel, das die Betroffenen dazu bewegen sollte, sich mit

---

196 REIMANN (1962, wie Anm. 194) S. 53.

den Klägern zu vergleichen oder sich dem erkennenden Gericht zu unterwerfen, dessen Urteil in diesem Falle mit der Eintracht in der Stadt Braunschweig auch die Vollmacht des Rates wiederherstellen würde. Als einzige Bedingung für den Widerruf der Verhansung nannten denn auch die Ratssendeboten, daß der Rat zu Braunschweig wieder vollmächtig sein müsse[197]. Auf welche Weise die Braunschweiger die dafür notwendige Eintracht unter sich erneuerten, d. h. welche Verfassung sie ihrer Stadtgemeinde geben würden, darüber äußerten sich die gemeinen Städte nicht. Über die Vollmächtigkeit des Rates hinaus gab es kein Ideal einer hansestädtischen Verfassung, das sie den Braunschweigern zu oktroyieren hätten versuchen können.

Sie ergriffen auch nicht inhaltlich für die Ausgewichenen Partei, sondern verlangten lediglich, daß der neue Rat ihnen förmlich zu Recht stehe. Wenn sie aber darin, daß die Vertriebenen von ihrer Klage abließen, den entscheidenden Beweis für die wiedergewonnene Eintracht der Braunschweiger und die erneuerte Vollmacht ihres Rates sahen, so wollten sie diesen auch damit keine bestimmte Form für die Versöhnung und die möglicherweise von ihr abhängige Verfassung der Stadt vorschreiben. Namentlich verlangten sie nicht, daß Männer von den Handwerksämtern vom Rate ferngehalten und nur Hansekaufleute zum Braunschweiger Ratsstuhle zugelassen würden. Mochte das lübische Recht auch die Handwerker für ratsunfähig erklären: die Ratssendeboten der Hansestädte haben niemals versucht, diese Norm allen Hansestädten aufzuzwingen. Auch die Ausgewichenen machten offenbar, da der neue Rat Verwandte von ihnen seit Jahren wieder in den Ratsstuhl erkoren und ihre Mitarbeit zum Nutzen der Stadt gewonnen hatte, die Versöhnung mit ihm nicht mehr von Verfassungsfragen, sondern nur noch vom Ersatz der Vermögensschäden, die sie erlitten hatten, und von öffentlicher Genugtuung abhängig[198]. Als diese Bedingungen mit Hilfe der Hansestädte erfüllt waren, beschlossen die Ratssendeboten im Juli 1380 erleichtert, die Braunschweiger wieder in ihre Gemeinschaft aufzunehmen.

§ 96. Zwei Schreiben, welche die Gildemeister und die Ausgewichenen an die Hansestädte richteten[199], bestätigen die Erkenntnis, daß alle Beteiligten in dem Streit einen Rechtsstreit erblickten, in dem die Ratssendeboten unparteiische Schiedsrichter sein wollten. Die Gilden begründeten ihr Vorgehen gegen den gestürzten Rat damit, daß dieser weder ihnen noch der Meinheit eigenmächtig habe Steuern auferlegen noch das gemeine Gut eigenmächtig mit Schulden beladen dürfen, denn „das war wider die Freiheit der Stadt, der Gilden und der ganzen Meinheit und mochte dem Lande, dem Kaufmann,

---

197 REIMANN (1962, wie Anm. 194) S. 130.
198 Der Sühnebrief von 1380 ist ungedruckt. REIMANN (1962, wie Anm. 194) S. 59f. mit Anm. 61.
199 Die Chroniken der deutschen Städte vom 14. bis ins 16. Jh., Bd. 6, Leipzig 1868, S. 350f., 346f. REIMANN (1962, wie Anm. 194) S. 68–70.

den Gästen und Bürgern zu großem Schaden gereicht haben." Völlig richtig urteilt Reimann, daß die Gemeinde hier ein Mitwirkungsrecht beanspruchte, das sie von alters hergebracht hatte und nicht erst in einer vermeintlichen Revolution zu erobern brauchte. Es handelte sich um zwei jener hochbeschwerlichen Geschäfte, von denen das Lübecker Zeugnis für Hamburg vom 1. September 1340 gesprochen hatte (oben, §§ 62, 66) und deren kasuistische Normierung sich zu Nordhausen schon vor 1375 eine Vereinbarung zwischen Rat, Meinheit und Innungen hatte angelegen sein lassen (oben, §§ 87–90). Der Klagebrief der Vertriebenen an die Hansestädte bestätigt denn auch, daß sich der gestürzte Rat an diese Rechtslage gehalten hatte.

Er war nämlich zu der Einsicht gekommen, daß es nicht möglich wäre, die erforderlichen Lösegelder über die direkte Vermögensteuer, den Schoß, aufzubringen, da diese Steuer dann für sie selber, die Ratmannen, und für die Bürger unerträglich schwer werden würde. „Deswegen hatte der Rat eine Weise erdacht und wollten ein Stück aufsetzen durch der Meinheit und der Ämter Vollbord wegen gemeinen Nutzens, und zwar so: Der Rat ließ vor sich laden die Meister von allen Ämtern und Gilden" und ließ ihnen durch den Bürgermeister erklären, daß der Schaden, wenn man die Korneinfuhr mit einer Abgabe belegte, nicht allein auf der Stadt lasten, sondern auch die ländlichen Grundherren treffen würde, die ihre Korngülten in der Stadt versilberten, „und das kommt nicht auf die Meinheit. Und der Bürgermeister sagte, daß sie mit ihren Ämtern und Gilden sprechen und sie alle es verstehen lassen sollten... Und wüßten sie etwas besseres, das wollte der Rat gerne nach ihrem Rate halten, und davon sollten sie dem Rate wieder eine Antwort sagen. Sie sagten, das wollten sie gerne tun, und schieden freundlich von dem Rate. Und sofort, da sie auseinandergingen, da kam der Auflauf von der Meinheit und den Ämtern zustande," die den gemeinen Rat gefangennahmen, obwohl sie ihm alle Beistand in allen Dingen und Schadenswarnung geschworen hätten. „Daß sie dies schworen, das geschah darum, daß viel Murren und Gerede in der Stadt war, und der Rat hatte gehofft, daß sie es ihm zu verstehen gegeben hätten, wenn es ihnen zu irgendwelchem Streit gereichte."

Der Rat hatte also dasselbe Verfahren gemeindlicher Beratung und Willensbildung befolgen wollen, dessen sich in einer ähnlichen Situation im Jahre 1447 die Göttinger bedienten (unten, §§ 179–182), und wiederum stellt Reimann in zutreffender Weise fest, daß der Rat seine Pflicht, die Ämter und Gilden in die Entscheidung über das hochbeschwerliche Geschäft der Finanzen einzubeziehen, als Selbstverständlichkeit betrachtete und den freventlichen Treubruch der Gemeinde – offenbar hatte er sich von den Worthaltern der Meinheit und der Ämter, deren Vollbord er erlangen wollte, zuvor den Bürgereid von der bereits beunruhigten Stadt wegen erneuern lassen – nur erst darin erblickte, daß die Gildemeister heimlich die Bürger gegen ihn zusammenriefen und dann die Macht über das Volk verloren, so daß es zu Gewalttaten kam, die kein Richterspruch zuvor gerechtfertigt hatte. Selbst einen Auflauf protestierender Bürger gestand er noch als rechtens zu, wenn man bei fortdauernder Zwietracht nur das Gericht des Landesherrn angerufen hätte, um zwischen Rat und Bürgerschaft zu richten[200]!

§ 97. Bei soviel Übereinstimmung über die Rechtsgrundlage der Ratsherrschaft und darüber, daß die Vollmacht des Rates immer auf dem einträchtlichen Konsens der Stadt, und in hochbeschwerlichen Geschäften sogar auf deren ausdrücklichem Konsens, beruhte, ist es verständlich, daß der Konflikt in der Stadt selber beigelegt werden konnte, ohne daß es dazu eines Bürgerrezesses oder Vertrages zwischen der Gesamtheit und den Teilverbänden bedurfte. Die Stadt Braunschweig bestand nicht aus Stadtvierteln, sondern aus fünf aneinandergrenzenden Weichbilden, die unabhängig voneinander im Laufe der Zeit herangewachsen oder vom Stadtherrn gegründet worden waren. Diese Teilstädte hatten sich zwar längst einen gemeinsamen Rat gegeben, der insbesondere sie alle nach außen hin vertreten und beschützen sollte, aber jede von ihnen besaß ihren eigenen Rat und hatte stets auf dessen uneingeschränkter Vollmacht, vor allem in Steuersachen, bestanden. Dies war eine der wichtigsten Ursachen dafür, daß die Gesamtstadt in Schulden geraten war und daß ihr gemeiner Rat vor dem Aufruhr auf die Erhöhung seiner Einkünfte hatte Bedacht nehmen müssen. Dieses Problem zu lösen war aber eine verwaltungstechnische Angelegenheit, die als solche die wenig sachverständigen und vollauf mit dem eigenen Broterwerb beschäftigten Bürger nicht interessierte. Die Lösung dafür konnte nicht von ihnen kommen, sondern nur aus dem Kreise der reichen Kaufleute und vornehmen Familien, die bisher den Ratsstuhl besetzt hatten und als einzige über die erforderliche Kenntnis der Geschäfte verfügten[201].

So wird sich der neue Rat von vornherein als gemeiner Rat aller fünf Weichbilde betrachtet und die Geschäfte so geführt haben, daß sich daraus in der Zeit, da ihm die Erfahrungen der alten Ratsfamilien wieder zur Verfügung standen, jenes reformierte Finanzwesen ergab, das uns als einzige wirkliche, von dem Auflauf bewirkte Neuerung greifbar wird[202], ohne daß uns der Zeitpunkt und die näheren Umstände dieser Reform bekannt würden. Die Verantwortung für die städtischen Finanzen lag danach nicht mehr bei den Räten der fünf Weichbilde, sondern bei dem gemeinen Rate und dessen Kämmerei. Aus diesem Rate, zu dem die sitzenden Räte der Weichbilde zusammentraten, ging ein enger Rat, der sogenannte Küchenrat, hervor, der die auswärtigen Beziehungen der Stadt pflegte und mit Zustimmung des gemeinen Rates über die Gelder der Kämmerei verfügte.

§ 98. Obwohl diese Reform das Gewicht der Weichbildräte minderte und man folglich diesen als Worthaltern der Meinheiten ebenso wie den Ämtern

---

200 Man unterschied also auch in Braunschweig zwischen erlaubtem und unerlaubtem Auflauf. REIMANN (1962, wie Anm. 194) S. 127, 131.
201 REIMANN (1962, wie Anm. 194) S. 132.
202 REIMANN (1962, wie Anm. 194) S. 73f.

und Gilden den notwendigen Einfluß auf den gemeinen Rat sichern mußte, ist es doch völlig ungewiß, ob es noch den Folgen des Auflaufs von 1374 zuzurechnen ist, daß die Stadt im Jahre 1386 ihre Ratswahlordnung aufzeichnen ließ, und ob diese Aufzeichnung überhaupt neues, erst seit 1374 zu jenem Zwecke geschaffenes Recht enthält[203]. Einen grundsätzlichen Wandel in der Zusammensetzung des Rates oder gar den Sturz einer überkommenen Geschlechterherrschaft hat sie jedenfalls nicht herbeigeführt und konnte sie auch gar nicht herbeiführen, da es einen rechtlich von der Bürgerschaft abgegrenzten Kreis von Familien, denen das Stadtrecht etwa die Ratsfähigkeit vorbehalten hätte, in Braunschweig zu keiner Zeit gegeben hat und viele Mitglieder der vornehmen Gilden den wegen ihrer beruflichem Erfolge im Fernhandel ratswürdigen Familien entstammten.

Am Ende des 14. Jahrhunderts bestand die Vollversammlung aller drei Schichten des gemeinen Rates aus 103 Männern, von denen 25 von den Meinheiten der Weichbilde, d. h. von jenen Bürgern, die keiner Gilde angehörten, die übrigen aber von den Gilden gestellt wurden. So kamen 23 aus den Wandschneidergilden, die es in drei von den fünf Weichbilden gab, 12 aus den fünf Knochenhauergilden, deren jedes Weichbild eine besaß, und elf aus den drei Gerber- und Schustergilden. Nirgendwo wird die Teilnahme dieser Gilden am Rate als Neuerung von 1386 oder gar des neuen Rates von 1374 bezeichnet, und auch die Hansestädte sahen in ihr kein Hindernis, um den Rat als vollmächtig anzuerkennen und die Stadt wieder zu ihrer Gemeinschaft zuzulassen. Die Ratskürordnung von 1386 wies den einzelnen Weichbildräten (zweifellos von ihrer Meinheiten wegen) und den aus den Gilden kommenden Ratmannen die Befugnis zu, „ehrbare und fromme", d. h. geeignete Personen für den neuen Rat vorzuschlagen, und den Ratsältesten sowie dem derzeit sitzenden Rate das Recht, über diese Vorschläge zu entscheiden. Sie enthält keinerlei erkennbare Neuerung gegenüber der herkömmlichen Kooptation und ließ es ebensowohl zu, ungeeignete Ratmannen von der Rückwahl in den neuen Rat auszuschließen (oder den Rat zu läutern, wie man in Hildesheim sagte, oben, § 78), als auch die geeigneten, der Stadt nützlichen Männer wiederzuwählen und jahrzehntelang im Ratsstuhle sitzenzulassen. Die Vollmacht des gemeinen Rates war nicht von den Formen der Kore abhängig.

2.6. Lübeck 1380

§ 99. In der Reichsstadt Lübeck, dem Haupte der Hanse, ereignete sich im Dezember 1380 ein Auflauf auf das Rathaus, dessen Anführer das Knochenhaueramt stellte. Obwohl wir darüber nicht sonderlich gut unterrichtet

---

203 REIMANN (1962, wie Anm. 194) S. 72, 74–82, 115–118. EHBRECHT (1974, wie Anm. 116) S. 49.

sind[204], soll er hier behandelt werden, weil uns sicher bezeugt ist, daß er durch einen Vertrag zwischen dem Rate, dem Volke der Kaufmannschaft und den Handwerksämtern beigelegt worden ist, wenn auch dieser Bürgerrezeß selbst nicht auf die Gegenwart gekommen ist. Anders als in den altsächsischen Städten war in der Kolonialstadt Lübeck die Mehrheit oder Gesamtheit der außerhalb der Ämter stehenden Bürger nicht in Burschaften, Stadtvierteln oder Weichbilden, sondern in der Kaufmannschaft geeint. Wir haben es also mit einem der üblichen Machtkämpfe zwischen innerstädtischen Teilverbänden um ihren Einfluß auf die Gesamtheit zu tun. Die Beziehungen zwischen den Handwerkern auf der einen und der, als Berufsgruppe gewiß in hohem Grade differenzierten, Kaufmannschaft auf der anderen Seite mochten allerdings in Lübeck – wie in allen (größeren) Städten lübischen Rechtes – deshalb besonders gespannt sein, weil die am Ende des 13. Jahrhunderts verfaßte arrogante und arglistig auf den Namen Herzog Heinrichs des Löwen gefälschte Ratswahlordnung jeden Mann, der seinen Unterhalt durch Handwerksarbeit erwarb, für ratsunfähig erklärt hatte, was bis ins 19. Jahrhundert hinein geltendes Recht blieb[205].

Der Auflauf zwang den Rat, mit den Knochenhauern zu verhandeln, was in der Kirche des Katharinenklosters und somit auf neutralem Boden geschah. Der Rat war bereit, den Knochenhauern erweiterte Rechte ihres Amtes in einem Brief zu versiegeln, aber da mischte sich „der Kaufmann" ein und verlangte, in den Brief solle als Gesetz aufgenommen werden, „daß jedermann bei seinem alten Rechte bleiben solle". Hierüber einigte man sich am 7. Dezember, und zwei Tage später „sollte man den Brief schreiben und vollziehen". Aber nun wollten auch die anderen Ämter an den Vereinbarungen teilhaben. Sie begehrten, „daß man auch das in den Brief schreiben sollte, daß alle Ämter bei ihrem alten Rechte bleiben sollten", und zwar so, wie es

---

204 A. VON BRANDT, Die Lübecker Knochenhaueraufstände (1959/1979, wie Anm. 149) S. 186–196. Rechtsgeschichtlich völlig unergiebig ist die Behandlung der Vorgänge bei G. GLEBA, Die Gemeinde (1989, wie Anm. 150) S. 196–202, und das Ergebnis: „Eine Gemeinde existiert nicht im Sinne einer politischen Organisation," S. 202, ist unhaltbar. Trotz chronolog. Irrtümern zuverlässigste Quelle ist der Bericht des Lübecker Franziskaners Detmar, der seit 1385 im Auftrage des Rates die amtliche Stadtchronik fortführte: Die Chroniken der deutschen Städte vom 14. bis ins 16. Jh., Bd. 26, Leipzig 1899, S. 345–354 = Quellen hg. von SPRANDEL (1982, wie Anm. 46) S. 144–149.

205 „... daß niemand in den Rat gekoren werden soll ... der seine Nahrung mit Handwerk nicht gewonnen hat" bzw. „der offenbar von Handwerk sein Gut gewonnen hat." Die Urkunden Heinrichs des Löwen, Herzogs von Sachsen und Bayern, bearb. von Karl JORDAN (MGH), Stuttgart 1949, S. 92 n. +63. EBEL, Lüb. Recht (1971, wie Anm. 74) S. 230. Knut SCHULZ, Wahlen und Formen der Mitbestimmung in der ma.lichen Stadt des 12./13. Jh., in: Wahlen und Wählen im MA, hg. von R. SCHNEIDER und H. ZIMMERMANN, Sigmaringen 1990, S. 323–344, hier: S. 332f.

„ihre Meister und ihre Ältesten wollten mit ihren Eiden behalten". Dies jedoch wollten die Hauptleute des Kaufmanns nicht vollborden, und so blieb der Brief ungeschrieben. Spätestens jetzt erwies sich, so urteilt A. von Brandt, „daß der Kampf letzten Endes kein gewerberechtliches, sondern ein verfassungsrechtliches Ziel hatte, daß die gewerblichen Forderungen nur Mittel zum Zweck waren"[206].

Um dieser Zwietracht willen wurden weitere Verhandlungen im Katharinenkloster auf den 11. Dezember anberaumt. Da sich die Handwerke bewaffneten, begannen der Kaufmann und die Reichsten um ihre Sicherheit zu fürchten. Sie setzten Hauptleute in den von ihnen bewohnten Straßen ein, die „das Volk" der Kaufleute und der diesen eng verbundenen Träger oder Hafenarbeiter bewaffnet zusammenriefen[207]. Unter solchen Umständen traten „die Herren von Lübeck und die Worthalter (dedyngeslude) von beiden Seiten", von den Handwerken und von dem Volke der Kauf- und Transportgewerbe, zur Verhandlung zusammen. Da „das Volk so mächtig gegen sie zu Harnisch lag", beugten sich schließlich die Sprecher der Ämter. Sie „folgten dem Rate in all seinem Willen und gaben sich in seine Hände und vollbordeten alles, was da vereinbart worden war." Jetzt hätten sie gerne den Brief angenommen, auf den man sich am 7. Dezember geeinigt hatte, aber dazu war es zu spät.

§ 100. Eindeutig ist der Vertragscharakter des Abkommens bezeugt. Es war eine „Sühne, die der Kaufmann gededingt hat zwischen dem Rate und uns Amtleuten", wie es in dem von den Ämtern geschworenen Eide heißt[208]. Damit diese Sühne auf ewig gültig bliebe, „mußten die Knochenhauer dem Rate 24 Bürgen aus den zwölf besten Ämtern setzen, und der Rat mußte den Knochenhauern dawider 24 Bürgen von den besten Kaufleuten setzen; diese bürgten von beiden Seiten, einer dem anderen," für die Einhaltung des Abkommens, was die Identität wie zuvor der Unterhändler, so jetzt der Bürgen mit den Handwerksämtern und mit dem Volke oder der Meinheit voraussetzt, von derentwegen sie vollbordeten und bürgten. Nach wiederhergestellter Eintracht aber war ihr Gemeinwille identisch mit dem des Rates und der Stadt, so daß das Abkommen mit der Bestimmung schließen konnte: „Und wäre es, daß einer den Frieden bräche und dem Rate Widerstand täte nach dieser Zeit, über den soll der Rat richten, und wäre er dem Rate zu mächtig,

---

206 VON BRANDT (1959/79, wie Anm. 149) S. 194.
207 Über die soziale Stellung der Träger: Konrad FRITZE, Am Wendepunkt der Hanse (Veröff. des Hist. Instituts der E.-M.-Arndt-Universität Greifswald, Bd. 3), Berlin 1967, S. 159 f., Erich HOFFMANN, Lübeck im Hoch- und SpätMA, in: Lübeckische G. hg. von Antjekathrin GRASSMANN, Lübeck 1988, S. 79–340, hier: S. 320f. Als genaue Kenner aller Lagerhäuser und Kornböden standen sie in einem besonderen Vertrauensverhältnis zum Rate; Baupolizei und Feuerschutz vermochte der Rat nur mit ihrer Hilfe auszuüben.
208 UB der Stadt Lübeck 4. Teil, Lübeck 1873, S. 494 n. 447.

so sollen die 48 Bürgen dem Rate dazu behilflich sein, darüber so zu richten, daß hundert daran dächten." Der Chronist zitiert an dieser Stelle die erhalten gebliebene Eidesformel: „Wäre es, daß jemand diese Sühne bräche, was Gott nicht wolle, und der Rat das richten müßte und wollte, wenn davon etwas entsteht, so wollen wir dem Gericht und dem Rate beistehen mit Leib und mit Gut und mit aller unserer Macht dem Rate helfen, dem zu widerstehen." Der Vertrag erweist sich damit als Bürgerrezeß, der die über ihrer Zwietracht zerbrochene Gemeinde neu begründete und ihren Rat wieder vollmächtig machte, denn die Macht des Rates beruhte auf dem Beistande der Gemeinde, sie war identisch mit der akkumulierten physischen Kraft der Bürger gemeinlich. Eintracht und Friede unter Bürgern und Einwohnern und der Beistand der Achtundvierzig, die als Dedingsleute und Bürgen mit der Gesamtheit der Ämter und des Volkes identisch waren, verliehen dem Rate die Vollmacht, kraft deren er über Friedensbrecher zu richten vermochte.

Am nächsten Tage sollte man „die Sühne vollziehen, wie es da vereinbart war," und dazu sollten „die Dedingsleute beider Seiten mit den andern, die für den Frieden geloben sollten, und mit den Knochenhauern vor das Rathaus kommen." Aber da ereignete sich ein neuer bewaffneter Auflauf des Volkes wider die Knochenhauer. Der Rat war zwar imstande, die Angegriffenen zu schützen, indem er sie auf dem Rathause in der Hörkammer verbarg, aber er hielt es doch für richtig, den Vollzug der Sühne auf den Domplatz zu verlegen. Als er sich zusammen mit den Bürgern dorthin begab, „da zog alles Volk (ihm) nach, das diesen Frieden hören wollte, und da verlas man überlaut einen Brief vor all den Leuten, in dem alles geschrieben stand, was da vereinbart war." Der Rat und die Knochenhauer vollbordeten das Schriftstück zu gesamter Hand (allthomale), und die achtundvierzig Bürger „gelobten die vorgeschriebenen Stücke und den Frieden bei Treue und Ehren stetig und fest zu halten, wie hiervor geschrieben steht." Da sie das Gelübde von der Ämter und des Volkes wegen leisteten, gleich als ob diese selbst es abgelegt hätten, erneuerte letzten Endes die gesamte intelligible Stadtgemeinde, die man mit den jetzt und hier Versammelten in eins setzte, auf einem Schwörtage durch ihr Gelübde den Stadtfrieden und die Vollmacht des Rates.

§ 101. Erhalten hat sich freilich, wie bereits gesagt, dieser Brief nicht, wie auch die Sühne, die er besiegelte, nicht von der erhofften Dauer war. Die Enttäuschten unter den Bürgern machten allerdings den Fehler, sich heimlich zum Widerstande gegen Rat und Stadt zu verschwören und damit eine eindeutig rechtswidrige Form des Laufs auf das Rathaus zu wählen. Dieser sollte am 17. September 1384 stattfinden. Es gelang dem Rate aber, ihm zuvorzukommen, mit Hilfe der bewaffneten Kaufleute die Rädelsführer zu ergreifen und ihrer sechzig mit der verdienten Hinrichtung und Konfiskation des Vermögens zu bestrafen. Mit den als Flüchtlinge oder Mitläufer Verfesteten befaßten sich im Juni 1385 die zu Stralsund versammelten Ratssendeboten der Hansestädte. Sie beschlossen, daß ihnen in keiner Hansestadt Herberge und Schutz gewährt werden sollte[209]. Falls man während dieser Vorgänge in Lübeck den Sühnebrief kassiert hätte, müßte man die Verschwörung zu diesem Auflauf als Bruch des doch so offensichtlich erfolgreich verteidigten Bürgerrezesses vom 12. (?) Dezember 1380 betrachten haben.

2.7. Stralsund 1391

§ 102. Die herzogliche Land- und Hansestadt Stralsund war bis zum Jahre 1386 infolge ebenso kostspieliger wie erfolgloser Vorkehrungen zur Befriedung der See dermaßen in Not geraten, daß sich der Rat gezwungen sah, nacheinander diejenigen Männer in seine Reihen aufzunehmen, die seinen Maßnahmen am heftigsten widersprochen hatten. Vermutlich waren es vornehmlich Oldermänner der Gewandschneider, also der wohlhabenden Kaufmannschaft, die wie in Lübeck als Sprecher der Meinheit gegenüber dem Rate auftraten. Unter ihnen befand sich Kersten Sarnow, der 1388 in den Rat berufen und 1391 zum fünften Bürgermeister gekoren wurde[210]. Der so erweiterte Rat verhandelte, vermutlich unter Sarnows Führung, mit der Gemeinde über eine Reform der Stadtverfassung, da gewiß nicht alle Bürger damit zufrieden waren, ihre Interessen lediglich durch Gewandschneider und reiche Kaufleute vertreten zu sehen. In die Meinheit waren zweifellos auch die Handwerker einbegriffen, da keines der Handwerksämter neben ihr als selbständiger Verband in den Verhandlungen auftrat. Die neue Verfassung wurde am 2. Mai 1391 in der Form eines Rezesses, nämlich mit dem Datum beginnend, beschlossen. An diesem Tage „wurden der Rat zu dem Sunde und die Meinheit daselbst dessen zu Rate, nämlich um des gemeinen Besten willen, daß sie alle bis zu dieser Zeit gewesenen Willküren machtlos sprachen, um zwecks einer Verbesserung andere gute Willküren zu setzen und zu machen, die zum gemeinen Besten seien, die sie halten wollen nach (dem Willen) des Rates und der Olderleute der Meinheit, die dazu berufen sind."

Ein so weitgehender Eingriff in das Stadtrecht gehörte zu den hochbeschwerlichen Geschäften, die nur mit ausdrücklicher Zustimmung der Gemeinde rechtsgültig beschlossen werden konnten. Auch der Landesherr erkannte die neue Verfassung an. Diese ließ die Selbstergänzung des Rates un-

---

209 VON BRANDT (1959/79, wie Anm. 149) S. 168.
210 Da der sogleich zu erwähnende Bürgervertrag vom 2. Mai 1391 nur in einem rar gewordenen landesgeschichtl. Werke von 1861/66 gedruckt vorliegt und dem Verfasser nicht zugänglich ist, kann die folgende Darstellung nur als vorläufig gelten. Sie folgt inhaltlich den Angaben bei Eva GUTZ, Zu den Stralsunder Bürgerkämpfen am Ende des 14. Jh., in: Hansische Studien Hans Sproemberg zum 70. Geburtstag, hg. von Gerhard HEITZ und Manfred UNGER (Forschungen zur ma.lichen G., Bd. 8), Berlin 1961, S. 90–102. Ferner Konrad FRITZE, Bürgervertretungen in wendischen Hansestädten, in: Verwaltung und Politik in Städten Mitteleuropas, hg. von Wilfried EHBRECHT (Städteforschung, Reihe A Bd. 34), Köln 1994, S. 147–157, hier: S. 150.

angetastet und verfügte lediglich, daß nicht dessen sitzende Schicht allein, sondern der volle zweischichtige Rat die Kore vornehmen und die Ratsämter verteilen sollte. Die wesentliche Neuerung bestand darin, daß nun auch die Berufung der Olderleute, welche hinfort den Willen der Gemeinde bilden und geltendmachen sollten, reguliert wurde. Die gesamte Meinheit sollte diese zwölf Männer aus ihrer Mitte kiesen und hinfort alljährlich vier aus der Gruppe ausscheidende durch vier neue Mitglieder ersetzen. Diese zwölf „Olderleute der Meinheit" sollten hinfort mit dem Rate in allen wichtigen Angelegenheiten zusammenarbeiten. Ein besonderer Ausschuß, bestehend aus vier Ratmannen und sechs Olderleuten, übernahm die Finanzverwaltung; alljährlich sollte er dem Rate und den Zwölfern Rechenschaft ablegen. Zum Johannistage, dem 24. Juni 1391, sollten auch die Bürgermeister zum ersten Male nach dieser neuen Ordnung vor den Olderleuten Rechnung ablegen.

§ 103. Aber die Auskünfte des Bürgermeisters Bertram Wulflam waren derartig kurz und ungenügend, daß die Nachricht davon in der Stadt einen Aufruhr auslöste. Am 28. Juni versammelte sich eine empörte Menge vor dem Rathause, und nur durch Vermittlung des Bürgermeisters Sarnow gelang es dem Rate, das Volk zu beruhigen und einen Aufschub von zwei Tagen zu erreichen. Da aber flohen Wulflam und andere aus der Stadt. Von der Gemeinde alsbald wegen Bruchs des Ratseides geächtet, sagten sie ihr den Kampf an. Sie riefen die Hansestädte zu Hilfe, und die Ratssendeboten forderten Sarnow und den Rat auf, sich bei Strafe der Verhansung vor ihnen zu rechtfertigen. Daraufhin fiel der Rat von Sarnow ab. Der Bürgermeister wurde des Verrats beschuldigt und am 21. Februar 1393, vier Monate nach Eingang des hansischen Drohbriefes, auf dem Marktplatz enthauptet. Die Geflohenen und Verfesteten dagegen kehrten in ihre Ratsämter zurück, und der Rezeß vom 2. Mai 1391 wurde widerrufen. Die Anführer der Meinheit ließen sich nun zu der verderblichen Auskunft einer heimlichen Verschwörung wider den Rat hinreißen, die am 7. November 1394 losschlagen wollte. Aber wie vor wenigen Jahren in Lübeck, so wurden auch hier die Verschwörer verraten. Die ergriffenen Anführer ließ der Rat hinrichten, und 47 entkommene Männer wurden von ihm im nächsten Jahre verfestet.

So herrschten nun wieder Friede und Eintracht in der Stadt – und niemand dachte daran, das Rechtsverhältnis zwischen Rat und Gemeinde zu verändern. Selbst der siegreiche Rat war nicht imstande, dem Stadtvolke, von dem er seine Vollmacht herleitete, dessen originäres Recht auf Mitbestimmung zu entziehen. Nur darüber konnte er entscheiden, welche Männer er als Worthalter der Gemeinde annehmen wollte. Als solche erkannte er jetzt nicht mehr die von der Meinheit erkorenen Olderleute an, sondern nur noch die der Gewandschneidergilde. Es war rechtlich ohne Bedeutung, sondern diente lediglich der Verhöhnung der Gemeinde, wenn diese Sprecher ihren Auftrag „von Gott und von unserem ehrbaren Rate" herleiteten, damit, „so oft der Rat etwas zu sprechen hat mit ehrlichen Bürgern besonders und mit der Meinheit, die Oldermannen die Sache und das Wort auf sich nehmen und sie dann mit den Bürgern und mit der Meinheit behandeln, und wovon dann ausgemacht wird, daß man es wieder vor den Rat bringen soll, das Wort sollen die Oldermannen halten und niemand anders für sie." Wen immer aber der Rat auch als Vermittler und Worthalter einschalten mochte: Er konnte nichts daran ändern, daß seine Vollmacht vom Konsens der Meinheit abhing und daß er deren Zustimmung in Geschäften, die sie für hochbeschwerlich erachtete, ausdrücklich einholen und als für sich verbindlichen Willen anerkennen mußte, wollte er nicht Gefahr laufen, weitere Aufläufe des Volkes zu provozieren.

2.8. Köln 1396

§ 104. Von der Bischofs- und freien Reichsstadt Köln, der größten unter den deutschen Städten jener Zeit, hatte einst nicht nur die deutsche Hanse in London ihren Ausgang genommen, sondern auch das Recht der niederdeutschen Städte wichtige Impulse empfangen, und noch immer war die kölnische Stadtgemeinde in raschem wirtschaftlichem Fortschritt und sozialem Wandel begriffen. Darüber hatte sich der von einer ritterlich lebenden bürgerlichen Aristokratie besetzte Kölner Rat seit den sechziger Jahren des 14. Jahrhunderts in seiner Willensbildung und Politik immer weiter und schließlich so weit von ihr entfernt, daß die Handwerksämter begannen, Kritik namentlich an seiner Finanzpolitik zu üben und sich zur Verfolgung ihrer politischen Interessen zu sogenannten Gaffeln zusammenzuschließen. Die außerhalb der Ämter stehenden Bürger waren als Meinheit seit alters in den Parochien geeint. In deren Rahmen erkoren sie die Mitglieder des Weiten Rates, um durch sie ihre Mitwirkungsrechte gegenüber dem Rate auszuüben. Nachdem sich 1364, 1369 und 1370/71 die Weber in teilweise blutigen Aufläufen gegen den Rat erhoben hatten, beseitigte dieser im Jahre 1372 das Kurrecht der Parochien und die Autonomie des Handwerksämter, aber auf diese Weise waren Unfriede und Unwille in der Gemeinde nicht zu beheben.

Bis dahin war sich der Rat stets dessen bewußt gewesen, daß der Wille der Gemeinde die Grundlage seiner Gebotsgewalt bildete, daher er denn auch niemals zuvor so offenkundig ein Recht auf eigenständige Obrigkeit oder gar Herrschaft über sie beansprucht hatte[211], wie er es jetzt tat. Als sich nämlich am 4. Januar 1396 der Weite Rat zum ersten Male das Recht herausnahm zusammenzutreten, ohne dazu seine Erlaubnis eingeholt zu haben, da löste er diese Versammlung mit Gewalt auf. Etwa zehn Tage später berief er die Gemeinde zu einer Morgensprache ein, um ihr über sein Vorgehen gegen ihre Worthalter zu berichten, sich für ihr Wohlverhalten zu bedanken und ihr den Schutz der alten Freiheiten der Bürger zu versprechen. Damit meinte er indessen nur die Grundrechte jedes einzelnen Bürgers (unten, § 112), nicht je-

---

211 H. STEHKÄMPER, Gemeinde in Köln (1994, wie Anm. 59) S. 1045f.

Autonome Gemeinde und vollmächtiger Rat

doch die gemeindlichen, denn bei derselben Gelegenheit wollte er das übliche und rechtmäßige Laufen aufs Rathaus untersagen: „Da die ehrbaren Bürger und Gemeinde soviel auf das Haus gingen und schickten und (die Ratmannen) ermahnten," ließ er durch den Bürgermeister verkünden, er halte die häufige Lauferei der Gemeinde nicht für gut und brauche die Gemeinde für seine Beschlüsse nicht zu befragen[212].

Dies freilich galt auch in Köln allenfalls für gewöhnliche Geschäfte des Rates, nicht dagegen für jene, durch die sich die Gemeinde in hohem Maße beschwert fühlte. Immer häufiger versammelten sich daher die Bürger in ihren „Ämtern und Gaffeln"[213], um die Lage „der Stadt und Gemeinde" zu erörtern, und als der Rat ihnen dies untersagen wollte, kam es am am 18. Juni 1396 zum Aufstande. Durch ihre die Gemeinde schädigende Mißwirtschaft und Mißachtung des Gemeinwohls hatten die Ratmannen aus den adligen Geschlechtern ihre Vollmacht verwirkt. Nahezu mühelos nahmen „Gemeinde und Bürger" die Macht wieder an sich. Sie bemächtigten sich des Banners der Stadt und der Schlüssel zu den Stadttoren und nahmen viele Adlige von den Geschlechtern gefangen.

§ 105. Nun war die Gemeinde ihrer selbst mächtig und auch ohne einen Rat wenn nicht vollkommen, so doch insoweit rechts- und handlungsfähig, als sie den Verbund der Bürger und Einwohner, aus dem sie jederzeit hervorging, ohne weiteres aus eigener Kraft zu erneuern vermochte. Vielleicht gab es einige Wochen lang gar keinen Rat in Köln, da sich die Gemeinde ja erst einmal der Bedingungen, unter denen sie einen solchen hinfort ermächtigen wollte, und der Formen, in denen dies geschehen sollte, vergewissern mußte, ehe sie darangehen konnte, von neuem Ratmannen und Bürgermeister über sich zu erheben. Wir kennen weder ihre Führer noch die Namen der Männer, die den ihre Beratungen abschließenden Rezeß über den neuen kölnischen Verbund diktiert haben. Was jedoch die Rechtsgrundlagen ihrer Einung als Stadtgemeinde anlangte, so gab es daran sowenig Zweifel, daß sie keiner gelehrten Berater bedurfte, um den Rezeß zu begreifen. In ihren Ämtern und Gaffeln geeint, besaß sie Führer und Worthalter – und damit auch künftige Ratmannen – genug, um durch sie ihren Willen binnen einigen Wochen küren zu können und ihn dem Stadtschreiber diktieren zu lassen.

Das auf diese Weise entstandene und am 14. September 1396 vollzogene Dokument besteht aus zwei Teilen, nämlich erstens aus dem Rezeß, an dem kein Rat oder Ratmann beteiligt war (Artikel 1–13), und zweitens aus dessen eidlicher und urkundlicher Vollziehung, an der auch Bürgermeister und Rat teilnahmen (Proömium und Artikel 14–15), so daß nun die Stadt wieder voll-

---

212 Die Chroniken der deutschen Städte vom 14. bis ins 16. Jh., Bd. 12, Leipzig 1875, S. 306 Z. 19ff., S. 307 Z. 19ff. STEHKÄMPER (1994, wie Anm. 59) S. 1054.
213 Knut SCHULZ, Die politische Zunft eine die spätma.liche Stadt prägende Institution? In: Verwaltung und Politik hg. von W. EHBRECHT (1994, wie Anm. 210), S. 1–20, hier: S. 4–19.

ständig und ihre Einheit wiederhergestellt war[214]. Diese Zweiteilung läßt uns vermuten, daß zwischen dem Rezeß der beratenden Gemeinde, die damit ihr Verfassungswerk zu Ende brachte, und der Vollziehung eine Frist von mehr oder weniger kurzer Zeit verstrichen sein mag, in der die Gemeinde zum ersten Male gemäß den soeben verabschiedeten Regeln einen Rat erkor und ermächtigte. Ihr Rezeß nämlich bedurfte für sich selbst keiner Vollziehung; er wurde durch die beim Abschied der Beratenden vor- und einträchtig aufgenommene Verlesung unmittelbar rechtskräftig. Das Rechtsleben des illitteraten Volkes verfügte für die Willensbildung über eigentümliche, mündliche Formen der Beglaubigung durch Beifall, Gelübde und lebendige Erinnerung, eben jene Formen, denen – zum Erstaunen, wie wir gesehen haben (oben, § 14), der englischen Gesandten, die 1449 nach Lübeck kamen – auch die Rezesse der Ratssendeboten der Hansestädte unterlagen[215]. Da sich die Gemeinde ihren Willen in öffentlicher Verhandlung und somit in virtueller Anwesenheit aller Kölner gebildet hatte (die Anwesenden waren ja identisch mit deren lediglich intelligibler Gesamtheit), so konnte sie der Niederschrift ihrer Willkür lediglich den Wert einer Stütze für die Erinnerung beilegen. Praktische Bedeutung, das war vorauszusehen, würde die Niederschrift erst für die Arbeit des künftigen Rates als Richters im Streit um die Anwendung des Rezesses erlangen.

§ 106. Urheber des Rezesses waren „wir, alle Ämter und Gaffelgesellschaften eins mit der ganzen Gemeinde", nämlich jene 22 Ämter und Gaffeln, die sich im Proömium der Vollzugsurkunde samt 29 mit ihnen verbundenen Ämtern namentlich nennen; im Rezeß treten sie meistens lediglich unter dem Pronomen erster Person Pluralis als diejenigen auf, die die Artikel untereinander sämtlich oder einträchtlich vertrugen oder sich willig dazu verbanden. In dem Tropus „eins mit der ganzen Gemeinde in Köln" fanden sie einen klaren volkssprachlichen Begriff für die Identität der zur Beratung Versammelten mit der nur abstrakt und in Gedanken vorstellbaren Gesamtheit aller Kölner.

Um dieses Einssein zu sichern, indem alle Teilverbände und Individuen den erneuerten Verbund zur Gemeinde um so fester aufrechterhielten, bestimmte der Rezeß in Artikel 13, daß jeder derzeitige oder künftig zuziehende Einwohner (also ein physisch durchaus unbestimmter, abstrakter Kreis

---

214 Walter STEIN, Akten zur G. der Verfassung und Verwaltung der Stadt Köln im 14. und 15. Jh., Bd. 1–2 (Publikationen der Gesellschaft für rheinische G.kunde, Bd. X) Bonn 1893–1895, Bd. 1 S. 187 n. 52. Die Zweiteiligkeit ist bereits von STEHKÄMPER (1994, wie Anm. 59) S. 1058–1060, beobachtet und beschrieben worden.
215 Rezesse der Rsn. der Hansestädte wurden nur in Ausnahmefällen besiegelt, etwa wenn nichthansische Gesandte teilgenommen hatten, HR II 4 n. 247 § 41, n. 506 § 20, oder wenn die Rsn. ein Schiedsurteil zwischen streitenden Städten fällten, HG II 4 n. 694. S. u., § 351.

von Personen) binnen vierzehn Tagen nach entsprechender Aufforderung (oben, § 76) eines der 22 Ämter oder Gaffeln kiesen und sich diesem oder dieser so verbinden sollte, wie „wir anderen", nämlich die jetzt Versammelten, es wären. Dies tat er, indem er den Beitrittseid leistete, mit dem er in guten Treuen versicherte und gelobte und danach leiblich zu den Heiligen schwor, den Verbund „fest, stetig und unverbrüchlich zu halten und zu tun, wie vor und nach in diesem Verbundbriefe klärlich geschrieben steht, zu ewigen Tagen, ohne Arglist." Wer freilich von den Eidgenossen jetzt oder nachmals seine Wohnung außerhalb von Köln nähme, der sollte der Gemeinde in diesem Verbunde nicht ferner verteidigt oder verbunden sein.

Wer aber in Köln verblieb, der unterwarf sich mit seinem Eide auch der Gerichtsbarkeit der Gemeinde (Artikel 10 und 11). Um jede Entzweiung unter den Verbundenen zu verhüten, sollte jeder von ihnen, der wider diesen Vertrag einigen Auflauf oder Gerüchte binnen Köln erregte, öffentlich gerichtet werden, wenn es an ihm beweislich wäre, und ebenso jeder, der um Entzweiung willen bewaffnet zu einem Auflauf eilte und den Zwist vermehrte oder der, sei es heimlich oder öffentlich, Verbündnisse oder Parteien entgegen dem jetzigen Verbunde betriebe und damit Eid und Ehre vergäße. Nicht jeglicher Lauf aufs Rathaus, wie der gestürzte Rat gefordert hatte, sondern nur bestimmte Formen davon waren damit für rechtswidrig und strafbar erklärt. Der Verbund der Ämter und Gaffeln war demnach nichts anderes als eine Schwureinung, freilich eine solche, in der jetzt Bürger und Einwohner einander gleichgestellt waren[216]. Erst der Zuzügling, der seine Gaffel gewählt und dort den Verbund beschworen hatte, konnte vom Rate zum Bürgerrecht zugelassen werden und den Bürgereid ablegen. Der neue eidliche Verbund der Einwohner und die ältere bürgerliche Eidgenossenschaft bildeten konzentrische und dem Gemeinwillen nach miteinander identische Personenkreise.

§ 107. Aber wichtiger als sie selbst und daher an erster Stelle zu behandeln erschien der Gemeinde ihr Verhältnis zum Rate. Sie eröffnete den Rezeß nämlich damit, daß sie gelobte und sich dazu verbündete, „einem jezeitigen Rate der Stadt von Köln beiständig, getreu und hold zu sein und ihn vermögend und mächtig bleiben und sitzen zu lassen" (yn mogich und mechtich laißen blyven ind sitzen, Artikel 1). So vollkommen war die Handlungsfähigkeit der Gemeinde eben doch nicht, daß sie ohne einen Rat hätte bestehen können. Hinreichend in ihrer Kraft, um sich ein Grundgesetz zu geben, vermochte sie doch die ordentliche Führung und Regierung der Stadt nicht zu gewähren. Die Existenz des Rates stand nicht zu ihrer Disposition. Wie der Rat von der Gemeinde, so war die Gemeinde vom Rate abhängig. Erst Rat und Gemeinde im Verein konstituierten eine praktisch lebensfähige und

---

216 STEHKÄMPER (1994, wie Anm. 59) S. 1060. DERS., in: Kölner Neubürger 1356–1798, bearb. von Hugo STEHKÄMPER u. a. (Mitteilungen aus dem Stadtarchiv von Köln, 61. Heft) Köln 1975, S. XXXIIf.

rechtlich vollkommene Stadt(gemeinde). Die Vollmacht des Rates aber beruhte, wie überall in den Städten, auf dem Beistande, der Treue und dem Gehorsam, den die Gemeinde ihm eidlich gelobte.

An dieser Stelle erfahren wir zum ersten Male[217], wie die Gemeinde die Ermächtigung ihres Rates vollziehen sollte: indem sie es nämlich zuließ, daß er den Ratsstuhl besetzte und darin sitzenblieb. Dieses Zulassen war kein passives Erdulden einer aus höherem Rechte erfließenden Usurpation, als welches es die aristokratischen Geschlechter betrachtet hatten, die die Gemeinde gerade deswegen soeben verjagt hatte, sondern ein aktives, mit einer Huldigung verbundenes und in klarem Bewußtsein der Rechtsfolgen vollzogenes Tun, denn nur als ein solches konnte der Rezeß es der Gemeinde zur eidlichen Pflicht machen. Dieses Tun war zweifellos eben das, was die Nordhausener Einung, ein Stadtrecht fränkischen Ursprungs gleich dem kölnischen, als Bestätigung des Rates bezeichnete: Die Gemeinde gewährte und bestätigte ihrem Rate seine volle Macht, indem sie wach und aufmerksam an den öffentlich vollzogenen Akten der alljährlichen Ratssetzung teilnahm und damit wissentlich ihren Konsens dazu erteilte.

Diese dem Rate alljährlich im voraus gewährte Vollmacht beschränkte die Gemeinde jedoch auf die gewöhnlichen, alltäglichen Regierungsgeschäfte. Wie es vor ihr bereits die Nordhausener getan hatten (oben, § 89), so hielt sie es für nötig, davon die hochbeschwerlichen Geschäfte abzusondern, die der Rat nur mit ihrer in jedem einzelnen Falle ausdrücklich einzuholenden Zustimmung bescheiden durfte. Denn von der erwähnten Zulassung nahm sie folgende vier Sachen aus, welche der jezeitige Rat nur mit ihrem Wissen, Willen und Vertragen zulassen sollte: eine Heerfahrt zu bestellen, Bündnisse mit Herren oder Städten einzugehen, die Stadt Köln mit Erb- oder Leibrenten zu beschweren und Summen von mehr als tausend Gulden auf einmal im Jahre auszugeben oder jemandem zuzusagen. Es sind nahezu die gleichen Fälle, die auch in Nordhausen als der Gemeinde hochbeschwerlich galten. War es nötig, derartige Sachen zu beschließen, so konnten dies weder der Rat noch die Gemeinde für sich alleine tun. Vielmehr sollte der Rat zunächst den Ämtern und Gaffeln die Notwendigkeit darlegen, und dann sollte jede derselben dem derzeitigen Rate zwei ihrer Freunde beiordnen, um darüber zu sprechen. Was diese Vierundvierzig alsdann mit dem Rate mit Mehrheit untereinander einträchtlich beschlossen, das sollte Möge, Macht und Fortgang haben ohne jemandes Widerspruch[218].

§ 108. Nach dieser wichtigsten setzte die Gemeinde noch einige weitere Bedingungen fest, unter denen sie dem Rate seine Vollmacht gewährte (Arti-

---

217 Nach STEHKÄMPER (1994, wie Anm. 59) S. 1045, ist darüber für die Zeit vor 1396 nichts auszumachen. – Das gleiche Verfahren im Stalhof zu London: S. u., § 267.
218 STEHKÄMPER (1994, wie Anm. 59) S. 1061f. Mehrheitsbeschluß als Folge der Notlage auch in Nordhausen: S. o., § 88.

kel 2 bis 4). Zunächst sollte „ein zeitlicher Rat", d. h. ein jeder sitzende Rat für sein Amtsjahr, einen Amtseid leisten und leiblich zu den Heiligen schwören, daß er Gottes und der Stadt Ehre und Freiheit erhalten und getreulich dem gemeinen Besten dienen werde. Bei der noch von dem gestürzten Rate verfügten Aufhebung des Weiten Rates sollte es bleiben, so daß forthin nur ein ungeschieden ungeteilter Rat sein und alle Ratmannen gemeinlich beieinander in einem Rate sitzen sollten. Die Kür der Ratmannen sollte bei geschworenen Eiden und in der Weise geschehen, daß jedes Amt und jede Gaffel eine bestimmte Anzahl von Bürgern zu seinem bzw. ihren Ratmannen erkor. Sobald sich diese „gekorenen Ratsleute" auf dem Rathause versammelt hatten, sollten sie sofort „das Gebrech" zu sich nehmen, nämlich soviele weitere Bürger in den Rat berufen, bis die Gesamtzahl der Ratmannen 49 betrug. Das Gebrech konnte der Zahl nach größer oder kleiner sein, je nachdem, ob die Ämter und Gaffeln die ihnen zustehenden Zahlen ausschöpften oder nicht. Wie auch anderswo[219], so bestand in Köln die Gefahr, daß es an qualifizierten Männern fehlen könne, um alle Gemeindeämter zu besetzen. Die Mitwirkung des Rates an der Kür im Wege der Kooptation war offenbar unentbehrlich, um der Gemeinde eine erfolgreiche Ratssetzung zu gewähren. Die nächsten Akte in der Kettenhandlung der Ratssetzung bestanden darin, daß die versammelten Ratmannen den Amtseid ablegten und alsdann aus Ämtern, Gaffeln und Gemeinde zwei Bürgermeister erkoren. Für den Fall, daß ein Amt oder eine Gaffel zur Zeit der Kür nicht über geeignete Männer verfügte oder aus rechtlicher Ursache niemanden zum Rate wählen wollte, sollte der gekorene und vereidigte Rat vermögend und vollmächtig (moegich ind mechtich) sein, von der Ämter und Gaffeln und der Gemeinde wegen (der Rezeß benutzt die kausale Identitätsfigur, um das Einssein des vereidigten Rates mit den Teilverbänden und der Gemeinde auszudrücken) geeignete Männer aus den anderen Ämtern und Gaffeln zu berufen, ohne daß jene Teilverbände, die nicht gekoren hätten oder nicht kiesen wollten, deswegen ihr Kurrecht verlören. Offenbar war es der Schwur des Amtseides, der im Verlaufe der Ratssetzung die Identität von Rat und Gemeinde besiegelte und den neuen Rat dazu ermächtigte, mit der Kür der Bürgermeister und etwa noch mangelnder Ratmannen von der Stadtgemeinde wegen zu handeln.

§ 109. Um die Rechtsidee seines Einsseins mit der Gemeinde und seiner Vollmacht von ihretwegen in der Welt der Politik und ihrer Machtkämpfe durchzusetzen, bedurfte der Rat allerdings der Unterstützung durch die irdi-

---

219 Satzung über die Ratswahl, oben, § 93, in der Statutensammlung der Stadt Nordhausen von 1470 III § 2 (hg. von FÖRSTEMANN 1842, wie Anm. 174, 6. Bd. 4. Heft S. 22f.): „... Könnte man in irgendeinem Viertel die Kore nicht haben, so mag man in die anderen Viertel greifen und kiesen ungefährlich nach der Stadt Nutzen, die haussitzende Bürger sind..." Ferner oben, § 81, und Wolfgang HERBORN, Die politische Führungsschicht der Stadt Köln im SpätMA (Rheinisches Archiv, Bd. 100), Bonn 1977, S. 324–330.

sche Macht der vollen Zahl aller Eidgenossen für den Fall, daß er allein (Artikel 8) oder zusammen mit der Gemeinde (Artikel 9) durch unerlaubte, gewaltsame Aufläufe bedroht und in seiner Handlungsfreiheit beschränkt werden sollte. Das friedliche Laufen aufs Haus und andere rechtmäßige Formen des Protestes wie der Bannerlauf[220] waren davon freilich nicht betroffen. So bestimmte der Rezeß für den Fall, daß einer der vertragschließenden Partikularverbände oder jemand anders, er sei Bürger oder nicht, dem zeitlichen Rate mit Gewalt entgegentrete „und ihn nicht mögig und mächtig sitzen ließe in allen Sachen, wie zuvor davon erklärt und geschrieben steht," es sollten dann unverzüglich alle anderen Ämter und Gaffeln ohne Widerrede dem Rate mit Leib und Gut beistehen und die Gewalt abwenden, so daß man die Täter „offenbarlich richten soll wie von missetätigen Leuten", d. h. so, wie es die Lübecker und Stralsunder bereits getan hatten (oben, §§ 101, 103). Falls aber einigerlei Auflauf oder Gerüchte in Köln bei Nacht oder Tage geschähe oder aufstünde, der außer dem Rate auch die Gemeinde beträfe, darum etwa der Stadt Banner und Wimpel aufgeworfen würden oder wären, so sollten alle Ämter, Gaffeln und Gemeinde unverzüglich und einträchtiglich zusammentreten und jeder dem anderen helfen und (ihn) beschützen und Leib und Gut beieinander lassen und dem Banner und Wimpel nachfolgen zum Nutzen der Stadt und Gemeinde und ohne Arglist. Letzten Endes, das wußte man nur zu gut, war es die auf Eintracht beruhende Willens- und Tatkraft der Gemeinde, worauf der Stadtfrieden und die Vollmacht des Rates beruhten.

§ 110. Nach den Erfahrungen der letzten Jahrzehnte war es keineswegs abwegig, wenn die Urheber des Rezesses mit weiterem Aufruhr, heimlicher Verschwörung und Gewalttaten von Ämtern oder Gaffeln rechneten[221]; noch konnte niemand ahnen, daß die von ihnen entworfene Verfassung vierhundert Jahre lang Bestand haben würde. Gewiß war es nicht möglich gewesen, die Namen aller Einwohner zu verzeichnen, die den Verbund hatten beschwören sollen[222], aber wenigstens von dem neubestellten Rate und den Partikularverbänden konnte man eine schriftliche Bestätigung dafür erlangen, daß sie den Eid auf die Verfassung geleistet hatten. So entstand der Verbund-

---

220 Belegt auch in Braunschweig 1293, Bremen 1365, Magdeburg 1402: Wilfried EHBRECHT, Hanse und spätma.liche Bürgerkämpfe, in: Niedersächs. Jb. für LG 48 (1976) S. 77–105, hier: S. 83f.; Evamaria ENGEL, Die deutsche Stadt des MA, München 1993, S. 132. Zu Bremen 1365: Quellen hg. von SPRANDEL (1982, wie Anm. 46) S. 143.
221 HERBORN, Führungsschicht (1977, wie Anm. 219) S. 357–368.
222 Der Rat zu Hamburg hatte im Jahre 1376 nach einem mißglückten Handwerkeraufstand die gesamte Bürgerschaft neu wieder in Eid genommen. In einem besonderen Stadtbuch ließ er 1175 Personen verzeichnen, die den Eid geleistet hatten; etwa 10% der Bürger haben sich der Vereidigung entzogen. Heinrich REINCKE, Bevölkerungsprobleme der Hansestädte (1951), in: Die Stadt des MA, hg. von Carl HAASE, 3. Bd.: Wirtschaft und Gesellschaft (Wege der Forschung Bd. 245), Darmstadt 1973, S. 256–302, hier: S. 284f.

brief, den „wir, Bürgermeister und Rat der Stadt Köln, und wir, die Gemeinde alle gemeinlich, arm und reich, von allen und jeden Gaffelgesellschaften, gesessen und wohnhaft binnen Köln, ... und fort alle diejenigen, die zu einigen unserer vorgeschriebenen Ämter oder Gaffeln verbunden und vereidigt sind," am 14. September 1396 besiegelten. Gemeinde: das waren einerseits alle Einwohner, die ein jeder einzeln für sich, aber gemeinsam mit allen anderen („samt und sonders", Artikel 15) den Verbund beschworen, und andererseits die 22 Teilverbände, die von ihretwegen den Brief besiegelten. Sie alle bekannten mit diesem Briefe, daß sie sich sämtlich und einträchtlich untereinander in Liebe und Güte verbunden hätten und mit diesem Briefe (erneut) bei den darauf geleisteten Gelübden festiglich verbänden, und zwar nach Maßgabe des Rezesses, dessen Text sie an dieser Stelle folgen ließen.

Alsdann vereinbarten sie, daß alle Beteiligten, deren Gesamtheit die Stadt bildete, eine Ausfertigung des Verbundbriefs erhalten sollten: „Wir, ein zeitlicher Rat der Stadt von Köln, und wir, alle anderen Ämter und Gaffeln, die ihre Siegel an diesen Brief gehängt haben," empfingen jeder ein mit dem großen Stadtsiegel und 22 Verbandssiegeln beglaubigtes Exemplar und dazu den Anspruch auf eine zweite Ausfertigung, falls dieses verlorenginge (Artikel 14). So war die dauerhafte Publikation des Rezesses, aber auch die fortbestehende Rechtssubjektivität der Teilverbände ebensogut und wahrscheinlich sogar besser gesichert, als wenn man die alljährliche öffentliche Verlesung des Rezesses angeordnet hätte. Denn der Verbundbrief lieferte nur den Beweis für die Teilnahme aller Einwohner und Teilverbände an dem Verbund; dessen Geltung beruhte allein auf dem gemeinsamen Eidschwur, den Bürgermeister und Rat gemeinsam mit Ämtern und Gaffeln abgelegt hatten (Artikel 15).

Als später Erzbischof Dietrich von Moers versuchte, einen Keil zwischen Rat und Gemeinde zu treiben, erwiderten ihm die angeschriebenen Gaffeln am 18. September 1418, er möge sich an die Ratmannen wenden, „da sie von uns und einer ganzen Gemeinde (von) der vorgeschriebenen Stadt Köln wegen als unsere Häupter zu einem Rate erkoren sind, den wir mögig und mächtig zu lassen gelobt und geschworen haben"[223]. In deutlichem Bewußtsein der Identität von Rat, Gaffeln und Gemeinde geben die Kölner Jahrbücher diese Begründung mit den Worten wieder: „Weil die Gaffeln den Rat alljährlich so küren, daß die Gemeinde wäre ein Rat und der Rat wäre die Gemeinde"[224].

§ 111. Die gemeinen Städte von der deutschen Hanse brauchten sich mit dem Kölner Auflauf und seinen Folgen nicht zu befassen, da es die gestürzten und mit Verbannung oder Bußgeldern bestraften Aristokraten[225] natürlich

---

223 Ungedruckt. STEHKÄMPER (1994, wie Anm. 59) S. 1098.
224 Die Chroniken der deutschen Städte vom 14. bis ins 16. Jh. Bd. 13, Leipzig 1876, S. 118 Z. 25–27. STEHKÄMPER (1994, wie Anm. 59) S. 1098f.
225 HERBORN, Führungsschicht (1977, wie Anm. 219) S. 337–356.

verschmähten, an sie zu appellieren und Rechtshilfe bei einer Versammlung von Ratssendeboten zu suchen, die nicht nur ständisch, wie sie meinten, unter ihnen standen, sondern auch noch Genossen jener gewöhnlichen Kauf- und Gewerbeleute waren, die ihren Sturz herbeigeführt hatten und jetzt die Stadt Köln regierten. Niemals aber haben die gemeinen Städte von sich aus daran Anstoß genommen, daß der Verbundbrief den Handwerksämtern den Zugang zum Rate eröffnete und daß im 15. Jahrhundert im Durchschnitt jeder vierte Ratmann zu Köln der Herkunft nach Handwerker war[226]. Die neue Führungsschicht war eine Geldoligarchie, in der die ständische Herkunft nur eine sekundäre Rolle spielte, denn jetzt wählte man fähige Personen und nicht mehr, wie in der Zeit der Geschlechter, Söhne bestimmter Väter in den Rat. Der Ratsstuhl war nun kein Erbe mehr, und wer sich dort nicht bewährte, hatte keine Aussicht darauf, ein weiteres Mal in den Rat gekoren zu werden[227].

§ 112. Sorgfältig wachten seither die Gemeinde und ihre Worthalter, die Vierundvierzig[228], darüber, daß der Rat nicht der ständig gegebenen Versuchung erlag, seine Vollmacht zu obrigkeitlicher Befugnis zu steigern. Denn der Rat war zwar einerseits Diener und Amtmann der Gemeinde, die ihm seine Vollmacht gewährte, aber andererseits auch Herr jedes einzelnen Einwohners und Bürgers, da er ihm gegenüber kraft jener Vollmacht die Hoheit der Gemeinde wahrzunehmen hatte. Um dieses schwierige Rechtsverhältnis zu klären, stellte man um die Mitte des 15. Jahrhunderts eine Sammlung von Rechtssätzen zusammen, die vermutlich in langen Jahren als Entscheidungen des Ratsgerichts in Einzelfällen gefunden und allmählich in gedanklicher Arbeit aufeinander bezogen worden waren. Danach[229] war es „der Stadt Recht

---

226 Klaus MILITZER, Ursachen und Folgen der innerstädtischen Auseinandersetzungen in Köln in der zweiten Hälfte des 14. Jh. (Veröff. des Kölnischen G.vereins, Bd. 36), Köln 1980, S. 109. Ebensowenig nahm die Hanse davon Notiz, daß sich bald darauf der Rat der Reichsstadt Dortmund, eines Vorortes der westfäl. Hansestädte und des Kontors zu Brügge, nach einem Auflauf des Volkes dazu gezwungen sah, sechs Ratssitze von 18 den Vertretern der Gilden zu überlassen. Vorangegangen war die „große Dortmunder Fehde", deren Kosten den Rat zum Bankrott genötigt hatten.
227 HERBORN (1977, wie Anm. 219) S. 318f., 403, 409.
228 STEHKÄMPER (1994, wie Anm. 59) S. 1071f., 1077. SCHULZ (1994, wie Anm. 213) S. 7–9, 15.
229 STEIN, Akten Bd. 1 (1893, wie Anm. 214) S. 716–726 n. 335, 336; im folgenden werden zitiert n. 335 §§ 8, 9, n. 336 §§ 9, 10, 13, 15, 16. Dazu Werner HOLBEK, Freiheitsrechte in Köln 1396–1513, in: Jb. des Kölnischen G.vereins 41 (1967) S. 31–95, STEHKÄMPER, Kölner Neubürger (1975, wie Anm. 216) S. XXXV. Berthold SUTTER, Der Schutz der Persönlichkeit in ma.lichen Rechten, in: Grund- und Freiheitsrechte von der ständischen zur spätbürgerlichen Gesellschaft, hg. von Günter BIRTSCH, Göttingen 1987, S. 17–41, behandelt das Thema, ohne HOLBEKs Arbeit zu kennen, und erfaßt als „Rechte, die dem Schutz der Persönlichkeit dienten," nur solche, die herrschaftlicher Willkür ausgesetzte

und der Bürger Freiheit", daß der Rat keinen Bürger ohne triftigen Grund der Stadt verweisen, daß er das Haus eines Bürgers nicht gewaltsam öffnen lassen, daß er ihn nicht verhaften durfte, ohne ihn zuvor angehört zu haben, daß er einen für schuldig befundenen Bürger, wenn dieser freiwillig gehen wollte, nicht gewaltsam in dem Turm führen und ihn nicht darin gefangensetzen durfte, ohne ihn schon am folgenden Tage abermals zu verhören, daß er das Erbe eines zum Tode verurteilten Bürgers nicht einziehen durfte, sondern es dessen Kindern überlassen mußte, daß er den ehrlos geurteilten Bürger nicht seines Hab und Gutes berauben, daß er auswärtigen Gerichten nicht gestatten durfte, in Köln gelegene Güter eines Bürgers zu pfänden, daß er dem in der Stadt Erbgesessenen die Anschreinung nicht verweigern und daß er durch keines der städtischen Gerichte einem Bürger die Urkunden versagen durfte, deren dieser für seine privaten Zwecke bedurfte.

Es war den Ratmannen und den in den Ratsgerichten in Parteisachen tätigen Fürsprechern also gelungen, den Grundgedanken des deutschen Einungsrechts, wonach Individual- und Verbandsrechte aufeinander bezogen und abgestimmt werden mußten (oben, § 25), in positiven Normen zu konkretisieren. Wenn nämlich die Eidgenossen, indem sie sich samt und sonders gegenseitigen Beistand zur Erreichung der Verbandszwecke zuschworen, ihren Verbund mit hoheitlicher Befehlsgewalt über sich selbst ausstatteten, so taten sie dies nicht nur um der Pflicht willen, sich jeder mit seinem Leibe und Gute für den Verbund und das gemeine Beste aufzuopfern, sondern auch ein jeder um seines eigenen, persönlichen Vorteils willen und um seinen privaten Nutzen mindestens in demselben Maße zu befördern wie das Gemeinwohl. Dieser doppelte Zweck der Einung, sowohl das Gemeinwohl der Verbandsperson als auch die singulären Zwecke der Verbandsmitglieder zu schützen und zu mehren, erforderte auf dem Gebiete des Stadtrechts die Begrenzung der Ratsvollmacht nicht nur gegenüber dem Mitwirkungs- und Konsensrecht der Gemeinde, wie sie der Verbundbrief vollzogen hatte, sondern auch gegenüber den Individualrechten der Bürger und Bürgerinnen und aller Einwohner, die der Rat auch als Einzelne nicht bedingungslos, sondern nur im Rahmen einer Abwägung der Güter und Vorteile zugunsten des Gemeinwohls belasten oder gar aufopfern durfte.

So entsprang aus der Rechtsprechung des Kölner Ratsgerichts die Einsicht, daß in der Rechtsidee der Bürgereinung bestimmte Grundrechte der Eidgenossen angelegt wären und daß es Aufgabe des Rates sei, diese bürgerlichen Grundrechte, an denen seine Vollmacht eine ebenso unübersteigbare Grenze fand wie an dem Gemeinderecht, sich selbst und der Gemeinde zum

---

Untertanen unter Ausübung ihres Widerstandsrechtes der fürstlichen Herrschaft, u. a. auch der Stadtherrschaft, abtrotzten. Obwohl er sich auch auf (ausschließlich österreichische) Stadtrechte beruft, macht er sich die Eigenart des Binnenverhältnisses zwischen Bürgerschaft und Rat nicht klar. S. u., § 225 Anm. 475.

Bewußtsein zu bringen und sie in Stadtrechtsnormen zu positivieren. Denn diese Grundrechte waren ein Bestandteil des Stadtrechts gleich den gemeindlichen Grundrechten, die der Verbundbrief unter den Schutz des Stadtrechts gestellt hatte, indem er die Ratsvollmacht und die hochbeschwerlichen Fälle kommunaler Entscheidungen definierte. „Auch ist es der Stadt Recht und der Bürger Freiheit," mit diesen Worten beginnt daher jeder Artikel in dem erwähnten Kölner Corpus der bürgerlichen Grundrechte.

2.9. Hamburg 1410

§ 113. Bei dem Rate der gräflichen Land- und Hansestadt Hamburg trafen im Frühjahr 1410 zwei Briefe ein, in denen Herzog Johann von Sachsen darüber klagte, daß ihn der Bürger Heine Brandes in der Stadt beschwerlich angesprochen habe, obwohl ihm vom Rate daselbst freies Geleit gewährt worden sei[230]. Der Rat ließ Heine daher auf das Rathaus laden und machte ihn mit den Klagebriefen bekannt. Beim zweiten Male, am 30. Mai, beschloß er, nachdem er mehrere Zeugen angehört, nach vielen offenbar heftigen Wortwechslen, Heine nicht gegen Bürgschaft in Freiheit zu entlassen, sondern ihn in den Winserturm zu setzen. Kaum war dies geschehen, „da kamen die Bürger gemeinlich zusammen, und der Rat kam auch darum wieder zusammen auf das Schafferhaus," und dorthin, „vor den Rat und viele Bürger, die da gegenwärtig waren," ließ man auch Heine Brandes aus dem Turme holen. Nach vielem Reden wurde der Rat zuletzt gefragt, ob er jetzt zulasse, daß sich Heine als freier Mann verantworte. Dies ließ der Rat nun zu. „Hierauf wurden die Bürger gemeinlich eins, daß sie wollten zusammensein zu St. Marien Magdalenen auf den nächsten Sonnabend danach," am 7. Juni, morgens um 8 Uhr, „um über die vorgeschriebene Sache zu sprechen und auch um andere Sachen, daran der Stadt Hamburg Macht liege." Zur angegebenen Zeit im Remter des Klosters versammelt, „wurden die Bürger dessen eins, so daß sie sechzig ehrliche Personen erkoren, nämlich aus jedem Kirchspiel fünfzehn ehrliche Bürger," deren Namen der Berichterstatter an dieser Stelle folgen läßt. Die Kore geschah, um „die vorgeschriebene Sache von Heine Brandes wegen zwischen dem Rate und ihm zu handeln und freundlich beizulegen, und auch (um) mit dem Rate etliche andere Stücke und Artikel, die hier fortan geschrieben stehen, zu handeln, so daß alle zwischen den Bürgern und anderen und auch zwischen dem Rate und Bürgern freundlich und in guter Eintracht

---

230 Das folgende nach dem ungedruckten sogenannten Hamburger Rezeß von 1410. Dieser wichtige Text ist nur in jüngeren Abschriften überliefert, die im Staatsarchiv zu Hamburg aufbewahrt werden. Von ihnen dürfte, nach den Feststellungen der Archivare Dr. Heinrich REINCKE (1881–1960) und Dr. Jürgen BOLLAND (1922–1974), die Handschrift Nr. 146 dem verlorenen Originaltext am nächsten kommen. Der Text dieser Handschrift wird hier nach einem vom Staatsarchiv in Hamburg hergestellten Mikrofilm zitiert.

stehen bleiben, wie es, Gott habe Dank, alsolange gestanden hat." Noch an demselben Tage nach Mittag gingen die sechzig Personen auf das Rathaus vor den Rat und luden dorthin Heine Brandes, damit er sich verantwortete. Als Heine erschienen war, beschuldigte der Rat ihn mit den Briefen des Herzogs, jedoch die Sechzig befanden, „daß die Briefe nicht genügend (nochafftich) wären, um einen ehrlichen Bürger damit in der Stadt Schlösser zu drängen, er könnte wohl Bürgen genossen haben." Um Heine zu überwinden, sprach der Rat ihn alsdann mit den bereits erwähnten Zeugen an, aber auch diese dünkten die Sechzig nicht genügend zu sein, und zwar aus einem standesrechtlichen Grunde, nämlich weil sie „nicht erbgesessen (beseten) wären zu Hamburg". Dagegen berief sich der Rat darauf, daß Heine selber, bevor er in den Turm gesetzt worden, die Zeugen anerkannt habe, auch wenn er das jetzt vor den Sechzigern bestreite. Hierauf begehrten der Rat und Heine von den Sechzig, sie möchten es auf sich nehmen, den zwischen ihnen schwebenden Streit in Freundschaft beizulegen. Dies geschah, nachdem sich beide Seiten im voraus der Entscheidung unterworfen hatten, „da dann dieselben sechzig Personen den Rat und Heine Brandes an beiden Seiten freundlicherweise nach ihrer beider Willen darum entzweisprachen und zu einem ganzen Ende vereinten."

§ 114. Da die Briefe des Herzogs nicht erhalten sind, ist es schwer zu entscheiden, worum sich der Streit zwischen dem Rate und Heine Brandes drehte. Nach Stadtrecht schützte das von den Bürgermeistern gewährte Geleit einen Fremden nur dann davor, von seinen Gläubigern beklagt und arrestiert zu werden, wenn die Bürgermeister vorher den Konsens sowohl des Rates als auch aller Stadtleute eingeholt hatten, deren Schuldner der Antragsteller war[231]. Aber wir hören nichts davon, daß der Rat Heine vorgeworfen hätte, das Geleit gebrochen, oder Heine dem Rate, seinen Konsens nicht eingeholt zu haben; um dies festzustellen, hätte der Rat wohl auch keiner Zeugen des Vorfalls bedurft. Daher ist eher anzunehmen, daß Heine den geleiteten Herzog zwar zu Recht angesprochen, dabei aber das Gebot der Höflichkeit verletzt hatte, das die Bürgermeister den Bürgern regelmäßig in der Bursprake einzuschärfen pflegten und dessen Bruch der Rat zu Lübeck mit der schweren Buße von zehn Mark Silbers bedrohte[232], denn das war ein Vorwurf, dessen Wahrheit der Rat mit Zeugen beweisen konnte.

---

231 Rat und Domkapitel T. 2 (1975, wie Anm. 144) S. 137 n. 13c Artikel 7 (s. o., § 68).
232 J. BOLLAND, in: Hamburgische Bursprachen (1960, wie Anm. 185), T. 1 S. 131, dazu T. 2 n. 3 § 40, n. 6 § 37, n. 7 § 50, n. 18 § 8, n. 49 § 33. Quellen hg. von SPRANDEL (1982, wie Anm. 46) S. 34: „Ferner gebieten diese Herren jedermann, daß er einen höfischen Mund habe auf Herren und Fürsten, auf Ritter und Knappen und Pfaffen, auf Land und Städte ..." EBEL, Lüb. Recht (1971, wie Anm. 74) S. 247f., und unten, § 205.

Was aber die Bürger gegen den Rat aufbrachte, war etwas ganz anderes, nämlich der Umstand, daß der Rat einen erbgesessenen und daher keinerlei Fluchtverdacht ausgesetzten Bürger wegen eines solchen, immerhin nicht ehrenrührigen Vorwurfs in Untersuchungshaft genommen hatte, anstatt ihm zu erlauben, als freier Mann für seinen Ladungsgehorsam Bürgen zu stellen und auf freien Füßen vor dem Ratsgericht zu erscheinen. Es ging also um eines der bürgerlichen Grundrechte, an denen die Vollmacht des Rates ihre Grenze fand, oder wie die Bürger in ihrem Rezeß erklärten, um eine Sache, „daran der Stadt Hamburg Macht liege," also einen jener Streitfälle, welche den Ratmannen und Bürgern im Laufe der Zeit die Existenz und den Umfang solcher Grundrechte allmählich zum Bewußtsein brachten (oben, § 112). Es war die nach ihrer Meinung nicht gerechtfertigte Verhaftung eines der Ihren, die die Bürger dazu bewog, sich spontan zu versammeln – und gewiß hätten sie nicht gezögert, gemeinsam aufs Rathaus zu laufen, wenn der Rat nicht sofort ihr Recht, so zu handeln und seinen Streit mit Brandes an sich zu ziehen, anerkannt hätte. Der Rat konnte nicht darüber im Zweifel sein, daß der Unwille, den der Vorfall, nach ähnlichen, die ihm vorangegangen sein müssen, in den Bürgern erweckt hatte, die Eintracht zwischen ihm und der Gemeinde bedrohte und damit seine von der Stadt hergeleitete Vollmacht in Frage stellte, wenn er nicht bereit war, mit den Bürgern zu verhandeln und die Eintracht wiederherzustellen. Denn die Bürger gemeinlich waren, was grundsätzliche Entscheidungen in Verfassungsfragen anlangte, auch ohne seine Mitwirkung, von Anleitung ganz zu schweigen, sowohl berechtigt als auch imstande zu handeln.

Widerspruchslos akzeptierte daher der Rat, daß die Bürger die Sechziger erkoren und dazu ermächtigten, als Schiedsrichter erstens zwischen Heine und den Ratmannen und zweitens zwischen diesen und der Gemeinde zu vermitteln, um auf diese Weise die alte Eintracht zu erneuern. Wie sehr es dabei allein auf die Eintracht ankam, sieht man daran, daß der Bürgerrezeß in der Sache Brandes nur auf deren Wiederherstellung hinweist, ohne den Inhalt des Schiedsspruches überhaupt zu erwähnen. Solange die Schlichtung andauerte, und ihr völliges Ende fand sie erst am 9. August, also zwei volle Monate lang muß die Vollmacht des Rates arg beschränkt gewesen sein. Die Parallele zum Kölner Bürgerrezeß vom Sommer 1396 liegt auf der Hand, und ebensowenig, wie wir dessen Verfasser mit Namen kennen, erfahren wir, wer die Männer waren, die jetzt in Hamburg die spontane Versammlung der Bürger zu leiten und den lange angesammelten Groll der Gemeinde in die geordneten Bahnen der Kür jener sechzig Personen zu lenken verstanden, die hinfort von ihretwegen sprechen, ihren Willen ausdrücken und mit dem Rate über die Verteilung der städtischen Vollmacht verhandeln sollten.

§ 115. Das Ergebnis dieser Verhandlungen wurde in einem Rezeß niedergelegt, dem man das bisher Erzählte als Einleitung voranstellte, da sich daraus die Ermächtigung der Sechzig ergab, für die Gemeinde zu sprechen. Die Öffentlichkeit des gesamten Vorgangs, in dessen Verlauf die Sechzig zu ihrem

Amte berufen worden waren, sicherte die Rechtsgültigkeit ihrer Vollmacht, denn sie waren nicht von der Gemeinde zu Repräsentanten bestellt worden, die eines formgerechten urkundlichen Zeugnisses über das Rechtsgeschäft ihrer Bestallung und den Charakter ihrer Vollmacht bedurft hätten, sondern sie waren identisch mit der Gemeinde, in deren Mitte und unter deren Aufsicht sie für diese das Wort führten. „Fortmehr um allen Unwillen wegzulegen und um gute, freundliche Eintracht zu haben, so Gott will, in zukünftigen Zeiten in dieser Stadt, so haben die genannten sechzig Personen von ihrer und der ganzen Meinheit wegen zu Hamburg sich freundlich mit dem Rate vertragen um die hiernach geschriebenen Stücke und Artikel." Wie in dieser Präambel, so bedient sich der Rezeß auch in Artikel 14 und 15 des kausalen Identitätstropus, um das Einssein der Sechzig mit der Gemeinde auszudrükken. Zu demselben Zwecke verwendet er in Artikel 4, 5, 7, 17 und 18 den Plural „die (gemeinen) Bürger" synonym mit dem Plural „die Sechziger". Eine solche Synonymie haben wir ebenfalls bereits als Ausdruck für die gegenseitige Identität von engeren und weiteren Personengruppen kennengelernt[233]. Ebenso selbstverständlich und beiläufig bezeugen die Artikel 4 und 7, daß der Rezeß die Identität der Bürger von der Meinheit mit dem Rate wiederherstellte, setzen sie doch mit dem Kolon ein: „Fortmehr sind mit dem Rate die Bürger eins geworden." Das war eben die Wirkung des Sich-vertragens, von dem die Präambel spricht, oder des Übereintragens des Artikels 8 („Fortmehr ist übereingetragen"); der sprachliche Zusammenhang dieser beiden Verben mit dem Substantiv Eintracht war in der mittelniederdeutschen Sprache noch überall lebendig. Aber auch der Umstand, daß die Eintracht den Rat des Beistands der Bürger zum Nutzen der Stadt versicherte und damit seine Vollmacht begründete, wird in dem Rezeß beiläufig erwähnt, wenn nämlich der erste Artikel mit dem Satze schließt: „Und hierauf wollen dem Rate die Bürger nach aller Redlichkeit beiständig sein", oder Artikel 5: „Und was die Herren hierin vereinbaren um des gemeinen Besten willen zum Nutzen dieser Stadt, darin wollen die Bürger dem Rate gerne folghaftig sein mit aller Redlichkeit, da dieser Stadt daran große Macht liegt."

§ 116. Was den Inhalt des Rezesses anlangt, so können wir Bestimmungen zum Schutze der (Grund-)Rechte der Einzelnen, solche zum Schutze der Gemeinderechte und Vorschriften über die Verwalterpflichten des Rates unterscheiden von den abschließenden Bestimmungen zum Schutze der gemeindlichen Hoheit; alle diese Rechte bedurften des Schutzes vor der Willkür des Rates, die sich, wäre sie nicht ständig auf den Widerstand der Gemeinde gestoßen, unweigerlich zu obrigkeitlicher Gewalt gesteigert hätte.

Was den Schutz der (Grundrechte der) Individuen anlangt, die ja (wenn auch aus freiem Willen) Untertanen sowohl des Rates wie der Gemeinde waren, so ist ersichtlich, daß er wenigstens zum Teil den Sechzig erst infolge der

---

233 S. o., § 60, und BOLLAND, Hamb. Burspraken (1960, wie Anm. 185), T. 1 S. 153.

Art und Weise, wie der Rat gegen Heine Brandes vorging, zum Problem wurde. So verordnete Artikel 1 für den Fall, daß ein Bürger vor dem Rate bescholten würde, alsdann solle „man", d. h. der Rat vermittelst eines Fürsprechers, den Denunzierten öffentlich vor dem Rate oder vor Gericht anklagen und ihm Urteil und Recht geben, ausgenommen (Klagen um) Totschlag, Wunden, Diebstahl oder andere Missetaten, darum niemand billigerweise Bürgen genieße[234]. Dieses Grundrecht des Bürgers hatte der Rat Heine Brandes verweigert, als er ihn wie einen todeswürdigen Verbrecher hatte in den Turm werfen lassen, obwohl er ihn um keinen dieser schwersten Fälle beklagte. Nach Artikel 10 sollte der Rat keinem Fremden in der Stadt Geleit gegenüber Schuldforderungen der Bürger gewähren, ausgenommen Fürsten, Landesherren und Sendeboten von Herren und Städten mitsamt deren Begleitern. Mußte jedoch der Rat im Interesse der Stadt ein solches Geleit gewähren, so sollte er dies den Gläubigern mitteilen, damit sich die Bürger vor unrechter Ansprache der Geleiteten hüten könnten; mit einer solchen Warnung hätte der Rat bereits Heine Brandes davor bewahrt, sich an Herzog Johann zu vergreifen[235]. Artikel 12 untersagte es dem Rate, einen Einwohner eigenmächtig dem Verfolger auszuliefern, welcher ihn als Eigenmann ansprach; vielmehr – so übrigens bereits nach dem Stadtrecht von 1270[236] – hatten die Ratmannen den Verfolger an das Stadtgericht zu verweisen. Ferner mußte der Rat nach Artikel 13 Streitigkeiten eines Ratskumpans mit einem Bürger als besonders dringlich behandeln und die Fürsprecher von unredlicher Verzögerung seiner Entscheidung abhalten. Nach Artikel 20 hatten Bürger, die den Unwillen von Fürsten, Landesherren, Rittern, Knappen oder anderen Auswärtigen auf sich zogen, Anspruch darauf, vom Rate mit Fürschreiben und Rechtshilfe unterstützt zu werden.

§ 117. Bei den Grundrechten der Gemeinde handelte es sich um die Definition jener hochbeschwerlichen Sachen, die nicht unter die bei der Ratssetzung erteilte allgemeine Vollmacht fielen, sondern der ausdrücklichen Zustimmung der Gemeinde bedurften. Nichts deutet darauf hin, daß man sich hierbei noch jener grundsätzlichen Erklärung erinnerte, die ein früherer Rat vor siebzig Jahren, am 1. September 1340, von den Lübeckern erbeten hatte; die Bürger jedenfalls wußten nicht anders als kasuistisch mit dem Problem umzugehen. So behandelt der Rezeß in Artikel 2 bis 4 einen Einzelfall, der unter das in Nordhausen und Köln (oben, §§ 89, 107) bereits prinzipiell formulierte Gebot fiel, Bündnisse und Einungen mit Herren oder Städten nur

---

[234] Dazu Hans HIRSCH, Die hohe Gerichtsbarkeit im deutschen MA (1922), Darmstadt ²1958, S. 13–49, 84–88, 97f., 151–156, 164f. Die Missetaten stempelten den Beklagten zum Schwerverbrecher, der verhaftet und in Fesseln vor Gericht gestellt werden durfte.
[235] Hans FELDTMANN, Der zweite Rezeß vom Jahre 1458, in: Zs. des Vereins für hamburgische G. 27 (1926) S. 141–196, hier: S. 179.
[236] FELDTMANN (1926, wie Anm. 235) S. 181.

mit Wissen und Willen der Bürger abzuschließen. Die Bürger untersagten nämlich dem Rate, den Mitgliedern des vor zwei Jahren gestürzten alten Rates von Lübeck und dessen Parteigängern Geleit zu gewähren, und geboten ihm statt dessen, mit dem neuen Rate und der Stadt Lübeck Eintracht und Freundschaft zu halten, sofern diese dem Rate und den Bürgern zu Hamburg das Gleiche täten. Würden aber die Lübecker von den gemeinen Hansestädten einträchtiglich ausgelegt, d. h. vom Rechte des gemeinen Kaufmanns ausgeschlossen, so sollten Rat und Bürger („wir") sie ebenfalls als verhanst behandeln und so bei den gemeinen Städten bleiben. Werde der Rat deswegen nach geistlichem oder weltlichem Recht belangt, so sollte er nichts tun oder beschließen, ohne es zuvor den Bürgern bekanntzugeben und deren Rat zu befolgen.

Die weiteren Bestimmungen fallen unter die uns ebenfalls bereits bekannten Verbote eigenmächtiger Fehdeansage, Steuererhebung und Verfügung über das städtische Vermögen. Nach Artikel 6 und 9 sollte der Rat keinen offenbaren Krieg antasten, ohne es zunächst den Bürgern bekanntzugeben. Die Namen derer aber, die ihrerseits der Stadt absagten, sowie die Beilegung jeglicher Fehde hatte er den Bürgern durch öffentlichen schriftlichen Aushang vor dem Rathause bekanntzugeben. Artikel 7 bestimmte die Höhe des gewöhnlichen Schosses, den der Rat auf Grund des Herkommens und seiner allgemeinen Vollmacht jedes Jahr erheben durfte. Wenn ihm aber, etwa wegen eines offenbaren Krieges, besonders schwere Kosten entstanden, so sollte er dies den Bürgern zu wissen tun. Erkannten alsdann Rat und Bürger, daß das gemeine Gut diese Lasten nicht abtragen könne, so sollten sie sich über eine zusätzliche, einmalige Steuer vertragen, damit die Stadt nicht wegen dieser Sachen einen Schaden erlitte. Damit die Ertragskraft des gemeinen Gutes nicht gemindert würde, verlangten die Sechzig in Artikel 20, der Rat solle hinfort Okkupationen einzelner Bürger auf der Allmende, nämlich „der Stadt Freiheit innerhalb und außerhalb der Stadt", nicht mehr eigenmächtig, sondern nur noch mit Vollbort der Bürger zulassen: „Dem will der Rat von jetzt an also gerne folgen."

§ 118. Die Verwaltungspflichten, die die Bürger dem Rate einschärften und im einzelnen vorschrieben, betrafen die Ordnung des Brauwesens, die Englandfahrt (Sorge für soviel Schiffsraum, daß allen Bürgern geholfen werden könne), die Münze, das Einsammeln von Brot für die Siechen zu St. Jürgen und die Kontrolle des Spitalsvorstandes (Artikel 5, 8, 11, 17, 18). Offenbar hatte es dabei ebenso wie bei der Wahrung der Grundrechte Mißstände gegeben, die die Bürgerschaft im besonderen einzelnen Ratskumpanen zur Last legte. Wie nahe diese Ratmannen damit den Rat und die ganze Stadt an den Rand des Absturzes in Aufruhr und Empörung geführt hatten, das geht aus der harschen Forderung hervor, mit der die Gemeinde jetzt den Rat unter ihren Willen beugte (Artikel 14): „Fortmehr ließen die sechzig Personen besonders die vier Bürgermeister vor sich heischen und gaben ihnen zu erkennen, wie die Bürger auf etliche im Rate sitzende Personen vielerlei Unwillen hätten wegen Gebrechens willen, das ihnen von diesen Personen in dem Rate oft widerfahren wäre, (und) daß die gemeinen Bürger gesonnen wären, diese Personen jetzt zu richten. Doch um der Ehre dieser Stadt und des gemeinen Besten willen gaben die Sechziger von der Gemeinheit wegen dieses (Vorhaben) auf und wurden mit den Bürgermeistern eins, daß der Rat dies rechtfertigen und regieren sollte, auf daß es jetzt und in Zukunft nicht mehr geschehe. Die Bürgermeister nahmen (es) da an, dies also zu tun."

Ebenso mußte der Rat versprechen, etliche Personen aus dem Dienste der Stadt zu entlassen, denen die Sechzig Übergriffe gegenüber einzelnen Bürgern und dem gemeinen Gute vorwarfen (Artikel 15). Die Bürgermeister selbst mußten es übernehmen und diese Auflage noch als Wohltat der Gemeinde und Rücksicht auf die Vollmacht des Rates anerkennen, die Reihen der Ratmannen und des öffentlichen Dienstes zu läutern und sie ihrer unfähigen Mitglieder zu entledigen. Viele Bürger mögen von einzelnen Ratmannen hochmütig abgefertigt worden sein, wenn sie auf das Rathaus liefen, um den Beistand des Rates, ihres Rates, in ihren Geschäften zu erlangen. Denn das war erlaubt, wenn auch mit den geheimzuhaltenden Geschäften des Rates nicht immer vereinbar (oben, § 91). Daher und um den Bürgern, deren Zeit schon damals ihr Geld war, unnütze Laufereien zu ersparen, willigten die Sechzig darin ein, „daß der Rat, wenn er keine Bürgerwerbung (nein borger werff) hören will, dies dann den Bürgern verkünden lasse, auf daß ein jeder sein Gewerbe (synes werves) wahrnehmen möge, da diese Stadt auf schwerer Nahrung steht" (Artikel 16).

§ 119. Alle diese Demütigungen nahm der Rat hin, ohne irgendeinen Rechtsgrund zu seiner Entschuldigung anzuführen. Wenn es ihm daran gebrach, so gestand er damit ein, daß es allein seine Pflicht war, das Einssein seines Willens mit dem der Bürger zu bewahren und die dazu erforderlichen engen Kontakte zur Gemeinde zu pflegen. Gegenüber der Bürgerschaft konnte der Rat weiter nichts geltend machen als das gemeine Beste, nach dessen Bedürfnis er sich jederzeit richten lassen mußte. Für dieses den ganzen Rezeß durchziehende Eingeständnis verlangte die Gemeinde vom Rate ein urkundliches Zeugnis, und um dieses zu gewinnen, verwandelte man den Rezeß, der mitsamt dem einleitenden Bericht durch einmütige öffentliche Willensbekundung der Ratmannen und Bürger samt und sonders bereits für sich selbst rechtskräftig geworden war und an sich keiner Beurkundung bedurfte, auf dieselbe Weise in einen „Brief", wie es die Kölner am 14. September 1396 getan hatten, indem sie ihren Rezeß dem Verbundbrief inserierten. Auch der Hamburger Bürgerrezeß erhielt jetzt als Rahmen ein Eingangs- und ein Schlußprotokoll, dessen Verfasser den Inhalt des Rezesses bereits kannte, als er ans Werk ging: „Diese hernach geschriebenen Dinge und Eintracht sind geschehen seitens der hernach geschriebenen Herren Bürgermeister und Ratmannen (zu) Zeiten, als die da zu Hamburg in dem Rate saßen ... (es folgen die Namen von vier Bürgermeistern und sechzehn Ratmannen), und seitens der sechzig Personen, die hernach in dem Briefe (gemeint ist die Einleitung zum Rezeß) benannt sind," so lautet der Kopf der Urkunde.

Das Schlußprotokoll dagegen ist in auffälliger Weise zweiteilig. Es beginnt in dem objektiven Stil des Rezesses, gleichsam als ob es noch ein Teil davon wäre und lediglich als seine Konsequenz die wiederhergestellte Eintracht vermelde: „Alle diese vorgeschriebenen Stücke und Sachen wurden geschlossen und schließen (!) zwischen dem Rate und Bürgern auf dem Rathause durch die (by den) ehegenannten sechzig Personen vorgenannt auf St. Sixtus-Tag (den 6. August) also, daß aller Unwille von des Rates und Bürger wegen ... hiermit freundlich geschlossen und beigelegt sein soll, und niemand soll mehr auf Gerede hören, es sei (denn), daß er Beistand habe. Auch falls irgendwelche (Händel) oder Stücke (vor)gefallen oder geschehen sind, ... daran Irrung (oder) Verdächtigungen von dem Rat gegen die Bürger oder von den Bürgern gegen den Rat, sämtlich oder besonders, bis auf diesen Tag sein möchten, ... die sollen gänzlich tot und machtlos sein, und hier soll alle Ding stehen zwischen dem Rate und Bürgern in Freundlichkeit und guter Eintracht auf ewige Zeiten."

Dann aber wechselt der Stil. Jetzt sprechen Bürgermeister und Rat in erster Person als diejenigen, die vor der souveränen Bürgerschaft kapituliert hatten und sich daher einseitig durch Gelöbnis und Stadtsiegel gegenüber den vier Kirchspielen verpflichten mußten, ihre Zusage einzuhalten: „Und wir Bürgermeister und Ratmannen der ehegenannten Stadt Hamburg geloben für uns und unsere Nachkömmlinge, alle vorgeschriebenen Stücke und Artikel (insge)samt und einen jeden besonders stetig unverbrochen zu halten zum Nutzen der Bürger ohne allen Arg und Arglist. In Urkunde und mehrerer Gedächtnis der vorgeschriebenen Artikel haben wir Bürgermeister und Ratmannen der Stadt Hamburg vier (Briefe aufsetzen und schreiben lassen)[237], gesiegelt mit unserer Stadt größtem Siegel, die von Worten zu Worten der eine wie der andere lauten, als wir die haben aufs äußerste verhören lassen. Diese Briefe haben wir unseren Bürgern, in jedem Kirchspiel in unserer Stadt je einen, ausgeantwortet, die gegeben und geschrieben sind nach Gottes Geburt 1400 Jahr danach in dem zehnten Jahre in St. Laurentius' Abend, des heiligen Märtyrers" (dem 9. August). Der Vollmacht des Rates tat diese Kapitulation keinerlei Abbruch, im Gegenteil, sie stärkte sie, da sie ja die Eintracht in der Stadt erneuerte und die Grenzen der Ratsgewalt genauer festlegte, als dies je zuvor geschehen war.

2.10.1. Lübeck 1416

§ 120. In der benachbarten Hansestadt Lübeck hatte sich der Rat seit etwa 1403 angesichts wachsender Verschuldung der Stadt genötigt gesehen[238], bei

---

237 Die eingeklammerten Worte fehlen in der Hamburger Handschrift 146. Der Kopist hat offensichtlich eine Zeile seiner Vorlage übersprungen.
238 Die im folgenden referierten Ereignisse nach Erich HOFFMANN (1988, wie Anm. 207) S. 248–261. Die rechtsgeschichtliche Interpretation stammt dagegen vom Verfasser.

den Bürgern um die Erhöhung des Schosses und bald auch der Bierakzise nachzusuchen, und daher hatte er im Jahre 1405 den Bürgern gestatten müssen, aus ihrer Mitte sechzig Personen zu Sprechern zu erheben, die von ihretwegen mit dem Rate verhandeln sollten. Auch in Lübeck drängte nun alles hin zu einer Definition jener hochbeschwerlichen Geschäfte, deren kostspieligen Vollzug man als Ursache der städtischen Schuldenlast erkannte, daher die Gemeinde in Zukunft im voraus befragt werden wollte, bevor noch der Rat von ihretwegen und zu ihren Lasten derartige Verpflichtungen einging. Darüber hinaus verlangten die Sechzig, daß der Rat aus ihrem Kreise Beisitzer zur laufenden Verwaltung hinzuziehen und bürgerliche Wahlmänner an der alljährlichen Neu- oder Rückwahl der Ratmannen beteiligen sollte. Zwar setzte der Rat diesen Forderungen zähen Widerstand entgegen, aber damit erreichte er nicht mehr, als daß das Volk endlich, im Januar 1408, in wütendem Tumult auf das Rathaus lief und damit, wie üblich, seine sofortige Kapitulation erzwang.

Dann aber entwichen in den nächsten Monaten alle vier Bürgermeister und nicht weniger als elf von sechzehn Ratmannen aus der Stadt, so daß die Gemeinde keinen geschäftsfähigen Rat mehr besaß. So gab sich die Gemeinde nun selbst die ihr erwünschte Ratswahlordnung, und am 5. Mai 1408 erkor und ermächtigte sie danach einen neuen Rat. Da sie jede Gewalttat gegenüber den Kumpanen des alten Rates vermieden hatte, konnte sie mit Recht den flüchtigen Bürgermeistern und Ratmannen den Bruch ihrer Rats- und Bürgereide vorwerfen und für ihr eigenes Vorgehen volle Übereinstimmung mit dem hansisch-niederdeutschen Stadtrecht in Anspruch nehmen. Nachdem es in Hamburg im Jahre 1410 zu einem ähnlichen Auflauf gekommen war, ohne daß jedoch die Herren vom Rate desertiert wären und deswegen ein neuer Rat hätte erhoben werden müssen, bestätigten die Hamburger in Artikel 2 bis 4 ihres Rezesses vom 9. August 1410, wie wir gesehen haben, den Lübeckern ausdrücklich die Rechtmäßigkeit ihrer Maßnahmen. Alles deutet darauf hin, daß sich der neue Rat zu Lübeck des einhelligen Beistandes der Gemeinde erfreute. Namentlich darin, daß er mit Unterstützung der Bürger den Haushalt der Gemeinde vorerst, wenn auch unzureichend, zu ordnen vermochte, bewährte er sich als vollmächtiger Rat.

Nur eines gelang ihm nicht: Nach außen hin beeinträchtigten die verräterischen Machenschaften des vertriebenen alten Rates seine Vollmacht derart, daß die gemeinen Hansestädte ihrem traditionellen Haupte den Auftrag entzogen, die hansische Korrespondenz mit den Kontoren zu führen, und diese Aufgabe zunächst den Hamburgern, seit 1410 aber den Stralsundern übertrugen. Jedoch ließen sie sich nicht dazu bewegen, die Lübecker aus der Hanse auszuschließen. Darin liegt ein deutlicher Hinweis darauf, daß sie die Vollmacht des neuen Rates zu Lübeck im Grunde genommen anerkannten und es durchaus mißbilligten, daß die ausgewichenen Bürgermeister und Ratmannen zunächst von Hamburg und seit 1410 von Lüneburg aus bei König Ruprecht und dem Reichshofgericht ihre Anerkennung als rechtmäßige Stadtregierung betrieben. Denn gleich den Femegerichten, die die Städte sonst so energisch

Autonome Gemeinde und vollmächtiger Rat

bekämpften, urteilte das Königsgericht nicht nach jenem von Bürgern gewillkürten Stadtrecht, welches doch den einzigen Rechtsgrund für die Vollmacht von Bürgermeistern und Räten darbot, sondern nach Land- und Reichsrecht, das grundsätzlich nichts von freien Schwureinungen wußte, so daß die Ausgewichenen zum zweiten Male gegen ihre beschworene Bürgerpflicht verstießen, indem sie einen Stadtrechtsstreit vor ein fremdes Gericht zogen[239]. Zudem war der deutsche König Stadtherr von Lübeck, und da es so gut wie keine Hansestadt gab, die ihre Gemeindefreiheit nicht von einem Stadtherrn bedroht gesehen hätte, konnte diese Klage abtrünniger Bürger gegen ihre Gemeinde vor einem herrschaftlichen Gericht bei den gemeinen Städten nur schlimme Befürchtungen erregen.

§ 121. König Ruprecht gab natürlich allen Klagen statt. Im Jahre 1409 erkannte er den alten Rat als rechtmäßige Obrigkeit der Reichsstadt Lübeck an, und als die Stadt diesen Oktroy eines nicht von ihr erkorenen Rates unbeachtet ließ, urteilte er sie nach einem Jahre in die Reichsacht. Noch ein Jahr später erklärte er die Friedloslegung und Enteignung der Emigranten, die die Lübecker den Abtrünnigen nach Stadtrecht als Strafe für den Bruch ihrer Amts- und Bürgereide auferlegt hatten, für reichsrechtswidrig und gestattete den Klägern, zum Ausgleich ihres Schadens Handelsgüter Lübecker Bürger, wo immer sie sie anträfen, bis zum Gesamtwerte von 256 000 Gulden zu arrestieren. Es ist verständlich, daß die Lübecker nicht bereit waren, sich der Vernichtung ihrer Freiheiten durch die Urteile des Königsgerichts zu unterwerfen, und daß die Kläger in den Städten nirgendwo Helfer fanden, die sie bei deren Vollstreckung unterstützt hätten. Da jedoch die Rechtsunsicherheit, die ihre Arrestansprüche im hansischen Verkehrsgebiet hervorriefen, wie sich schon in dem Hamburger Bürgerrezeß vom 9. August 1410 deutlich widerspiegelt, die Lübecker nicht zum Nachgeben zu bewegen vermochte, griffen sie zuletzt zu dem verzweifelten Mittel, den Haß König Erichs von Dänemark wider die Hanse zu ihren Gunsten auszunutzen[240]. Als daher König Erich im September 1415 die lübischen Bürger auf Schonen und in Bergen arrestieren ließ und die Lübecker mit einer Fehde bedrohte, die nur mühsam durch die Nachbarstädte Hamburg, Rostock, Wismar, Lüneburg, Greifswald und Stettin abgewendet werden konnte, mußte sich der neue Rat,

---

239 Anders der Rat zu Hamburg, s. o., § 118. Friedrich B. FAHLBUSCH, Städte und Königtum im frühen 15. Jh. Ein Beitrag zur G. Sigmunds von Luxemburg (Städteforschung, Reihe A Bd. 17), Köln 1983, S. 82–95, 103, 215, und DERSELBE, Sigmund, Konstanz und die Hanse: Könige, Kaufleute, Unterhändler, in: Akteure und Gegner der Hanse – Zur Prosopographie der Hansezeit. Hansische Studien IX (Abh. zur Handels- und SozialG. Bd. 30), Weimar 1998, S. 289–297, behandelt die Vorgänge, ohne diesen Gesichtspunkt zu beachten oder überhaupt eine rechtsgeschichtl. Würdigung bürgerlichen Prozessierens vor dem Hofgericht zu versuchen.
240 E. DAENELL, Die Blütezeit der deutschen Hanse, 1. Bd., Berlin 1905, S. 181f.

um weiteren Schaden von der Stadt abzuwehren, zum Ausgleich mit den Entwichenen bereiterklären, genauso, wie die Vertriebenen zum Nachgeben bereit sein mußten, sobald sie einsahen, daß kein Hofgerichtsurteil sie der Notwendigkeit überheben würde, für den von ihnen begangenen Bruch der Amts- und Bürgereide bei ihren Eidgenossen um Indemnität nachzusuchen.

So verständigten sich beide Seiten darauf, die Hansestädte Hamburg, Rostock, Stralsund, Lüneburg, Wismar, Stettin und Greifswald als Schiedsrichter anzunehmen. Dies bedeutete eine merkliche Niederlage für den alten Rat, da er damit anerkennen mußte, daß sein Streit wider die Lübecker eben doch nach hansisch-niederdeutschem Stadtrecht und von einem hansestädtischen, mit Pairs seiner Eidgenossen als Richtern besetzten Gericht zu entscheiden war. Nur mühsam wahrte der Kompromiß das Ansehen des Reichshofgerichtes, indem er zwei Abgesandte König Sigismunds den Schiedsrichtern als Berater beigab. Diese mußten nun mitansehen, wie die Schiedsrichter die Urteile des Königsgerichtes zu bloßen Empfehlungen herabwürdigten, die erst sie um der Freundschaft unter den Parteien willen durch Mäßigung in erträgliches Recht umwandelten. Zwar gestattete der Schiedsspruch den Klägern, ihre Sitze im Ratsstuhle zu Lübeck wiedereinzunehmen, aber ihre Verbannung und Enteignung mußten sie stillschweigend als zu Recht vollzogen anerkennen, da der Schiedsspruch von ihnen verlangte, auf den Schadenersatz, den ihnen das Hofgericht zugesprochen hatte, zu verzichten. Es kann also keine Rede davon sein, daß der alte Rat „wieder siegreich in Lübeck eingezogen" sei und „den Bürgern seine Bedingungen" habe „diktieren" können[241], wie insbesondere die marxistische, die Vorgänge als Klassenkämpfe interpretierende sozialgeschichte Schule es zu tun pflegt.

§ 122. So versammelten sich denn die Ratssendeboten der genannten sieben Hansestädte in Lübeck, und am 15. Juni 1416 verkündeten und besiegelten sie ihren Spruch[242]. Ihre Entscheidungsmacht beruhte auf ihrer Identität mit beiden streitenden Parteien. Der Text des Vergleichs bringt dies durch die Verbindung des kausalen mit dem positiven Identitätstropus zum Ausdruck, denn in der Intitulation der Urkunde heißen sie: als von wegen der außer Lübeck weilenden Bürgermeister und Ratmannen des alten Rates einerseits und der Bürgermeister und Rates zu Lübeck, genannt der neue Rat, „der ganzen Meinheit, Bürger und Einwohner daselbst, andererseits, also von beiden Seiten gekorene Schiedsleute". Sie waren also vollmächtige Sprecher beider Parteien nach hansisch-niederdeutschem Stadtrechte und bedurften

---

241 E. ENGEL, Deutsche Stadt (1993, wie Anm. 220) S. 115. Auch E. HOFFMANN (1988, wie Anm. 207) S. 257f., sieht ein Einlenken nur auf Seiten des neuen Rates, bemerkt aber doch, daß sich der alte Rat mit „recht maßvollen Bedingungen" zufriedengab. Ebenso bereits Philippe DOLLINGER, Die Hanse, Stuttgart 1966, S. 371.
242 UB der Stadt Lübeck T. 5, Lübeck 1877, S. 641–653 n. 583. Da die Artikel der Disposition nicht gezählt sind, werden sie nach den Seiten dieses Drucks zitiert.

daher keiner schriftlichen Ermächtigung. Ihre Vollmacht aber setzte voraus und erkannte an, daß der neue Rat rechtmäßig und vollmächtig für die Stadt das Wort halten konnte. In dem Bestreben, des Heiligen Reichs Stadt Lübeck, seit langem „in diesen Landen ein Haupt anderer Städte", wieder zu Ehren, Staat und Würdigkeit kommen zu lassen, erkannten sie mit Rat der beiden (erst an dieser Stelle namentlich genannten) Sendeboten des Kaisers das folgende für Recht, und zwar für ein um der Freundschaft willen zum Erträglichen gemäßigtes Recht.

An erster Stelle verpflichteten sie beide Parteien dazu, alle nachfolgenden Punkte bei der Strafe einzuhalten, die sie „von gekorener Macht wegen" darauf setzten; damit sollten alle Klagen von beiden Seiten nunmehr gänzlich und derart versöhnt und beigelegt sein, daß sich niemand mehr dafür rächen dürfe. Damit waren die Eidbrüche, deren sich die Ausgewichenen schuldig gemacht, und die Verfestungen, mit denen der neue Rat sie geahndet hatte, zwar noch nicht aus der Welt geschafft, aber doch insoweit für unwirksam erklärt, daß die vor den Toren wartenden Mitglieder des alten Rates nunmehr ungefährdet die Stadt betreten konnten. Alles weitere konnte daher öffentlich und in Anwesenheit beider Parteien auf oder vor dem Rathause vor sich gehen und in dem stadtrechtsförmlichen Verfahren des von Schiedsleuten vermittelten Rezesses beschlossen werden. Die Urkunde gleicht also insofern dem Kölner Verbundbrief vom 13. September 1396 und dem Hamburger Rezeßbrief vom 9. August 1410, als sie in zwei Teile, nämlich den Abschied[243] in Gestalt etlicher zwischen den Parteien vereinbarter Artikel und den urkundlichen Rahmen, zerfällt; im Unterschied zu ihnen kennen wir diesmal allerdings die Verfasser des Textes: Denn Diktatoren beider Teile waren die Schiedsrichter, die auch in den Artikeln in erster Person redend auftreten.

§ 123. Die Artikel regelten zuerst die außergewöhnliche Ratssetzung, die jetzt vorzunehmen war, und die Annehmung des alten Rates von Seiten der Gemeinde, die dessen Ermächtigung bewirken sollte (S. 644 f. der Edition). Da der alte Rat, so heißt es da, von dem Gericht des Königs gewonnen habe, „daß man sie wieder in ihren Staat und Stuhl setzen soll," so sollte der neue (und bis jetzt vollmächtige) Rat „des Rates gänzlich und offenbar verzichten ohne Einrede und niemanden mehr bei Eiden oder Gelübden (loften) vorladen oder ermahnen (noch) vorladen oder ermahnen lassen, der ihnen als einem Rate zu Lübeck sonderlich jenige Eide oder Gelübde getan" habe, ausgenommen spezielle Urfehden, die jemand von Missetat oder Verhaftung willen der Stadt Lübeck geschworen hätte. Auch sollte niemand von dem neuen Rate oder Bürgern zu Lübeck den anderen ermahnen oder vorladen bei jenen Eiden oder Gelübden, die ihrer einer dem anderen in den vergangenen acht Jahren oder davor von irgendeinem Partikularverbunde getan habe. Das Sitzen im Ratsstuhle und der eidlich gelobte Gehorsam der Bürger und

---

243 „de afschedinge", UB der Stadt Lübeck T. 5 S. 654 n. 584.

Einwohner waren demnach die Kennzeichen eines vollmächtigen Rates, auf die der neue Rat nun verzichten mußte, auf die aber auch der alte Rat angewiesen war, um wieder vollmächtig zu werden. Die Einsetzung in den Ratsstuhl zunächst übergehend, regelte der Vergleich des weiteren die Eidespflichten der Bürger und Einwohner, denn wie seit 1396 die Kölner, so war die Lübecker Stadtgemeinde schon unter dem neuen Rate eine Gemeinde beider Personenkreise gewesen, und das sollte sie auch bleiben. Noch immer (siehe oben, § 99) war die Gemeinde in den Teilverbänden der Handwerksämter und der Kaufmannschaft geeinigt. Daher bestimmte der Vergleich, daß die derzeit in Lübeck bestehenden Ämter (gemeint waren deren Mitglieder samt und sonders) und dazu ein jeder, der in Zukunft in eines derselben eintreten wollte, dem Rate folgenden Eid leisten sollte: „Ich schwöre, daß ich den Herren in diesem Rate treu und hold und gehorsam sein will und mit des Rates und der Stadt Bestem umgehen will, sowohl drinnen wie draußen, und wenn ich etwas vernehme, das wider diese Herren und den Rat und die Stadt wäre, so will ich das den Herren offenbaren und melden, also helfe mir Gott und Heilige. Und diesen Eid gelobe ich auch Gott und seinen Heiligen zu halten etc." Wenn dieser Eid[244] die Ratmannen Herren nennt, so geschah das deswegen, weil er von jedem Genossen der Ämter einzeln abzuleisten war; dem Einzelnen aber trat der Rat kraft seiner Identität mit der Gemeinde gleich dieser als Herr gegenüber. Es war also kein Unterwerfungs- oder Untertaneneid, der den Rat zur Obrigkeit erhoben hätte, sondern ein Genosseneid, der nur solange galt, wie der Rat das Einssein mit der Gemeinde bewahrte und mit seinem eigenen auch das Beste der Gemeinde beförderte. Dieser Genosseneid war der einzige, der hinfort noch in der Stadt zulässig sein sollte, denn die Schiedsrichter verboten allen Bürgern und Einwohnern, in Zukunft irgendeine „Partei, Aufsatz, Verbindung, Gelübde oder Versammlung (vorgadderinge)" gegen den Rat, das Recht und die genannte Stadt Lübeck zu machen. Auch dieses Verbot verwandelte die Lübecker nicht in Untertanen des Rates, da es rechtmäßige Versammlungen und Aufläufe weiterhin zuließ.

§ 124. Der Vergleich fährt fort: „Der gemeine Kaufmann zu Lübeck soll bei ihren Eiden zusagen, dem Recht binnen Lübeck beiständig zu sein, wenn jemand den anderen binnen oder draußen an Leib und Gut verunrechten oder vergewaltigen wollte," daß sie dem nach ihrer Macht abhelfen wollten. Auch dieses Versprechen bestärkten die Schiedsrichter durch ein Gebot, das sie an alle Bürger und Einwohner richteten: Was der Rat bei den Eiden, die die Ratmannen dem Heiligen Römischen Reiche und der Stadt getan hätten, zum Besten der Stadt erkiese und gebiete, das sollten sie getreulich einhalten; dies sollte jeder Einzelne „in seinen Eid nehmen, wenn er der Stadt seinen Schoß gibt, auf daß dem Heiligen Römischen Reiche zuwider kein Ungehorsam werde." Über den Schoßeid, den der Vergleich zur Rechtsgrundlage der

---

244 Nach EBEL, Lüb. Recht (1971, wie Anm. 74) S. 280f., identisch mit dem Bürgereid.

auch die Einwohner erfassenden Eidgenossenschaft oder Gesamtgemeinde erhob, und seine jährliche Ableistung ist nichts näheres bekannt[245]. Da jedermann sein Vermögen selbst einschätzte und nach eigenem Ermessen bestimmte, was er der Stadt schuldig zu sein glaubte, forderte man von ihm einen Eid darauf, daß er bei der Schoßzahlung Ehrlichkeit walten lassen würde. Die Zahlung erfolgte alljährlich zwischen Martini und Weihnachten derart, daß der Rat jedem Gassenbezirk einen Tag zuwies, an dem die hier wohnhaften Pflichtigen auf dem Rathause erscheinen und ihre Steuer entrichten mußten. Vermutlich geschah es bei dieser Gelegenheit, daß jeder Schoßpflichtige – die wirtschaftlich unselbständigen Einwohner interessierten das Stadtrecht nicht – jenen Eid leistete, in den er von jetzt an das Versprechen aufnehmen sollte, dem Rate zu gehorchen[246] – allerdings wiederum nur unter der Bedingung, daß der Rat mit seinen Geboten dem Gemeinwohl diente.

Nachdem durch dieses System von Eiden und Gelübden der Handwerksleute, Kaufleute und Einwohner dem seiner Einsetzung harrenden alten Rate der Gehorsam der Lübecker und damit die Vollmächtigkeit zugesichert war, sollte seinerseits der Rat, vermutlich anläßlich seiner Setzung, „den Bürgern und der ganzen Meinheit daselbst zusagen bei den Eiden, die sie dem Heiligen Römischen Reiche und der ganzen Stadt getan haben," daß sich seine Mitglieder wegen der zurückliegenden Zwietracht an niemandem rächen, sondern jedem gönnen wollten, was Recht sei. Damit war das System der Eide, deren Vollzug die Einung der Stadtgemeinde zustandebrachte, vollendet. Es gewährte dem Rate bestimmte Funktionen, aber keine obrigkeitliche Befugnis. Der Schiedsspruch betonte abschließend die Gleichheit aller Eide und eidlich verbundenen Personen, indem er auf jeglichen Meineid dieselbe Sanktion setzte: Ein jeglicher Ratmann oder Bürger, der „diesen Frieden und Glauben (loven) bricht, die sollen an ihrem Höchsten gerichtet werden; entflieht er, so verfällt dem Rate sein Gut, und er soll in keiner Hansestadt Geleit haben, sondern darf überall als Meineidiger gerichtet werden."

§ 125. Nun beginnt ein zweiter Teil des Vergleichs, der wiederum mit einer Pönformel endet. Im Anschluß an die Vorschriften, die den Grund für die Vollmacht des erneuerten alten Rates legten, kamen die Schiedsleute auf die Geldfragen zu sprechen (S. 646 f. der Edition). In diesem Punkte waren die Zurückgekehrten zu erstaunlichen Zugeständnissen bereit. Offenbar be-

---

245 J. HARTWIG, Der Lübecker Schoß bis zur Reformationszeit, Leipzig 1903, S. 174f. EBEL (1971, wie Anm. 74) S. 249.
246 Wie Adalbert ERLER, Bürgerrecht und Steuerpflicht im ma.lichen Städtewesen mit besonderer Untersuchung des Steuereides, Frankfurt ²1963, S. 55, gezeigt hat, war auch der Schoßeid ein Gelöbniseid, so daß es unter stadtrechtl. Gesichtspunkten keine Schwierigkeit bereitete, das Gehorsamsgelöbnis mit ihm zu verbinden. Auf S. 107 verwechselt ERLER allerdings diesen von Bürgern und Einwohnern zu leistenden Eid mit dem zuvor (s. o., § 123) behandelten (Bürger-)Eid der Handwerke.

fürchteten sie, daß die Belastung der Gemeinde mit der vollen Summe ihrer Ansprüche und den zu deren Deckung erforderlichen Steuern das Stadtvolk zu neuer Empörung herausfordern und ihr Regiment hinwegfegen würde, kaum daß es eingesetzt worden wäre. Denn von Unkosten in Höhe von 346 000 Gulden, die dem alten Rate beim königlichen Gericht entstanden waren, brauchte die Stadt aus dem gemeinen Gute nur 60 000 Gulden zu bezahlen; war diese Summe abgetragen, so sollten „Stadt und Einwohner zu Lübeck" nicht nur „der übrigen Summe gänzlich verlassen sein", sondern auch der Verpflichtung, den Vertriebenen die konfiszierten Güter mit dem Betrage von 256 000 Gulden zu ersetzen. Zudem sollte der alte Rat die vom Könige erworbenen Acht- und Urteilsbriefe den Schiedsrichtern ausliefern und den König bitten, Stadt und Einwohner (d. h. sowohl das Vermögen der Gemeinde als auch die Privatvermögen der Bürger und Einwohner) aus der Acht und somit aus der durch die Urteile des Hofgerichts begründeten Haftung zu entlassen. Die hierfür nötigen Kosten allerdings sollten aus dem gemeinen Gute bezahlt werden.

Ob das möglich sein würde, stand freilich dahin, weil der neue Rat nicht imstande gewesen war, den Stadthaushalt völlig in Ordnung zu bringen. Seine diesbezüglichen Maßnahmen erkannten die Schiedsleute als rechtmäßige Entscheidungen eines vollmächtigen Rates an, indem sie beide Parteien darauf festlegten, seine Haushaltspolitik zunächst einmal fortzusetzen. Wegen der Schulden der Stadt, so heißt es nämlich in dem Vergleich (S. 648), hätten vor den Schiedsrichtern der neue Rat und viele ehrliche Bürger bezeugt, wie jener darüber mit seinen Bürgern einsgeworden sei, daß man zu Behuf der Schuldentilgung vorübergehend eine Mark Vorschoß und zwei Pfennige von der Mark Silbers und dazu eine Beihilfe auf Lebensmittel leisten sollte, und sie stimmten dem zu, daß der alte Rat, sobald er gesetzt sei, diese Abgaben nach Bedarf erheben möge und sie ihm gehorchen wollten. Damit erkannte der Vergleich zunächst einmal implizit die Bestimmung des Steuerfußes als eines jener hochbeschwerlichen Geschäfte an, die die Räte in allen Hansestädten nur mit ausdrücklicher Genehmigung der Gemeinde beschließen konnten.

§ 126. Dieses Grundrecht wurde der Gemeinde zu Lübeck weder dadurch entzogen, daß die Schiedsrichter auch von sich aus den Bürgern und Einwohnern der Stadt ansagten, daß sie diesen Schoß nebst der Beihilfe ohne Widerspruch zu bezahlen hätten, wenn der alte Rat es ankündigen werde, noch dadurch, daß sie anschließend der Gemeinde untersagten, sich durch ständige Worthalter gegenüber dem Rate zu äußern. „Die Sechzig und Vollmächtigen, die solange in Lübeck waren und noch sind, sollen von Stund an ablassen" und aufhören, die von ihnen besorgten „Unterwinde und Geschäfte" wahrzunehmen „gegen des Rates Macht und der Stadt Gewohnheit und Herrlichkeit. Auch besagen wir den Bürgern und Einwohnern daselbst, daß sie dem Rate zu Lübeck in Zukunft keinerlei sechzig Vollmächtige, Allmächtige, Hauptleute, Beisitzer, Oberleute, Vorstände oder Mitwisser setzen, kiesen, zufügen oder zulassen sollen, damit des Rates Herrlichkeit, Macht, Freiheit und der Stadt alte Gewohnheit oder Gerechtigkeit mögen erniedrigt, gemindert oder verändert werden."

Diese Sätze sind in der Wortwahl so auffällig und, an den Maßstäben des hansischen Stadtrechts gemessen, so inhaltsleer, daß man eben deswegen annehmen muß, sie seien lediglich zur Befriedigung der königlichen Sendeboten in den Schiedsspruch aufgenommen worden. Denn einen Sinn ergeben sie nur vom Standpunkte des Reichsrechts aus, wenn nämlich ein Rat existiert hätte, der seine Gewalt über Stadt und Einwohner gleich einem Amtmanne oder Vasallen vom Könige erhielt und einen Teil davon gegen den Willen des Oberherrn an die Sechzig hätte abtreten müssen. Nur ein solcher Rat hätte sich seiner Herrlichkeit nicht nur gegenüber den einzelnen Bürgern und Einwohnern, sondern auch gegenüber der Gemeinde, und dieser Herrlichkeit als einer Freiheit rühmen können. Aber von all dem war in der Stadt Lübeck gar keine Rede, mochten die Hofrichter auch noch so fest an ihre Rechtsideen glauben. Die Sechziger hatten ihre Vollmacht nicht vom Rate erhalten, sondern – genauso wie dieser – von der Gemeinde, und wenn man ihr Kollegium aufhob und ihre Funktion beseitigte, so fiel ihre Vollmacht selbstverständlich an die Gemeinde zurück, ohne daß sich dadurch die Befugnisse des Rates auch nur im geringsten gemehrt oder gemindert hätten. An dieser Rechtslage konnten und wollten offensichtlich weder die Parteien, die sich hier verglichen, noch die Schiedsrichter etwas ändern. In der Tat hätte jeder derartige Versuch weiter nichts als neue Empörung im Volke und neue Sturmläufe auf das Rathaus hervorgerufen.

§ 127. Nun endlich wandte sich der Vergleich dem Verfahren zu, nach dem die in jeder Hinsicht irreguläre, weil nicht von der Kore eingeleitete Setzung des alten Rates vor sich gehen sollte (S. 648, unten, bis 650). Der neue Rat, der noch immer vollmächtig im Amte war, „und gemeinlich die ehrlichen Bürger und Frauen" sollten die einziehenden Personen in die Stadt geleiten und gemeinsam mit ihnen in St. Marien die Messe feiern[247]. Danach sollten „die Herren, des Römischen Königs und der Städte Ratssendeboten, der alte und der neue Rat und die ehrlichen Bürger sämtlich auf das Rathaus gehen, und so sollen des Römischen Königs und der Städte Ratssendeboten sitzen gehen, und der alte und neue Rat und (die) Bürger sollen vor ihnen stehen bleiben, und so soll man dort öffentlich alle Stücke ansagen, die hiernach beschrieben stehen"[248].

Man wollte also den neuen Rat nicht erst noch einmal im Ratsstuhle Platz nehmen lassen, denn er sollte nun sofort dem Rate entsagen und so, wie es wohl bei jeder Ratssetzung der abtretende Rat während der dazugehörigen

---

247 Die Ratskirche St. Marien war Ausgangspunkt jeder Ratsumsetzung, EBEL (1971, wie Anm. 74) S. 234.
248 Gemeint sind die im Druck auf S. 651f. folgenden „ersten Artikel und Aussprüche der Städte", s. u., § 128.

Bursprake zu tun pflegte, „den Bürgern freundlich danken". In das durch den Rücktritt entstandene Vakuum ließ man die königlichen Sendeboten eintreten. Von des Heiligen Reiches wegen sollten sie in Gegenwart der Ratssendeboten und Bürger zu Lübeck den alten Rat auffordern, wieder im Ratsstuhle zu sitzen, um „ein rechter mächtiger Rat der Stadt Lübeck mit aller Würdigkeit zu sein und zu bleiben, als sie und ihre Vorfahren in Vorzeiten nach der Stadt Lübeck Gewohnheit und Herrlichkeit je in freiester Weise waren", wie ihnen im Reichsurteil zuerkannt, dessen Worte der Vergleich hier abermals, und dieses Mal mit Angabe der Quelle, zitiert. Es war dies indessen eine reine Ehrenbezeugung zugunsten der königlichen Autorität, nicht jedoch die wirkliche Investitur des erneuerten Rates. Diese hatte vielmehr der abtretende Rat vorzunehmen, und es kann nicht zweifelhaft sein, daß die Schiedsrichter damit den Gepflogenheiten der hansisch-niederdeutschen Städte überhaupt entsprachen. Zum Troste des alten Rates, der soviel an Geld und Gut und gewiß auch an Ansehen geopfert hatte, um in den Ratsstuhl zurückkehren zu dürfen, bestimmte der Vergleich lediglich, daß, bevor dies geschah, „die der neue Rat waren", ihn um Vergebung bitten und der alte Rat ihnen diese Vergebung gewähren sollte. Hiernach erst sollte die eigentliche Amtsübergabe vor sich gehen, indem nämlich „die der neue Rat waren", dem alten Rate alle Privilegien, Siegel, Bargelder, Schlüssel, Bücher, Güter und was dem Rate zu Lübeck zukäme, übergaben, soweit sie deren mächtig waren. Wenn der alte Rat es verlangte, sollten sie diesem Rechnung ablegen, damit man wisse, was der Stadt Schulden seien. Noch am Abend sollte der alte Rat seine erste Amtshandlung vornehmen, nämlich „ihren Rat voll kiesen". Die Zugewählten brauchte er jedoch erst am nächsten Morgen „bei sich" zu setzen.

§ 128. Damit war der zweite Teil des Vergleichs zu Ende gebracht, und die Schiedsrichter nahmen wieder das Wort (S. 650 bis 653), um zunächst auch diesen Teil ihrer Satzungen zu verpönen. Dies taten sie nicht nur bei der Huld des Römischen Reiches und den bereits angesagten Meineidsstrafen, sondern auch bei Strafe der Verhansung der Stadt Lübeck, die „der Hanse unwürdig sein" sollte, falls ihr Rat es versäumte, über Verbrechen wider den Vergleich so zu richten, wie es das Recht erforderte. Wer aber die ihm bestimmten Eide, auf denen das ganze Gebäude des Stadtrechts beruhte, nicht leisten wollte, der verlor damit die Erlaubnis, in der Stadt Lübeck zu wohnen.

Nun aber mußte man noch der Meinheit ihr Recht werden lassen, und das war nicht einfach, da man doch aus Rücksicht auf den König und die vom Reichshofgericht fingierte Herrlichkeit des Rates von der Gemeinde als Quelle aller dem Rate einwohnenden Vollmacht nicht offen zu reden wagen konnte. Die Meinheit trat zwar gemeinsam mit dem neuen Rate als Partei des Vergleichs und Kontrahent des erneuerten alten Rates auf, und die Schiedsrichter wollten sie in so großer Zahl an der Ratssetzung beteiligen, daß jedermann die Anwesenden mit der intelligiblen Gesamtheit identifizieren mußte und niemand an ihrer freien Rechtspersönlichkeit und selbständigen

Handlungsfähigkeit zweifeln konnte. Sie verloren aber kein Wort darüber, daß die anwesenden Bürger, indem sie ohne Murren und Widerspruch der Zeremonie beiwohnten, aus freiem Willen dem alten Rate die Erlaubnis erteilten, von ihretwegen vollmächtig im Ratsstuhle zu sitzen. Ebensowenig sprachen sie davon, daß der erneuerte alte Rat von niemandem anders als von der Gemeinde und auf keine andere Weise als durch deren Zulassung die Vollmacht erlangen konnte, deren er bedurfte, um die Stadt regieren und vollmächtige Sendeboten zu den Tagfahrten der gemeinen Hansestädte entsenden zu können. Nur politische Erwägungen, nicht aber Rechtsgründe können die Schiedsleute dazu bestimmt haben, sich hierüber auszuschweigen, denn daß sie sich dieser Grundlage des Ratsregiments nicht bewußt gewesen wären, ist schwerlich denkbar. Zumindest die Hamburger Ratmannen unter ihnen hätten ihre Genossen hierüber am Beispiel des Bürgerrezesses vom 9. August 1410 trefflich belehren können.

Die Schiedsrichter halfen sich über diese Schwierigkeit hinweg, indem sie ihren Ausspruch mit dem Text einer an die Gemeinde gerichteten Ansprache beschlossen, mit der sie die auf den folgenden Tag angesetzte öffentliche und zeremonielle Vollziehung des Rezesses und Schiedsurteils eröffnen wollten: „Dies Nachgeschriebene soll zuerst anstehen und sind die ersten Artikel und Aussprüche der Städte etc.: In Gottes Namen, amen" (S. 651 bis 652). Auf Befehl der königlichen Sendeboten „sagen wir, Bürgermeister und Ratmannen, Sendeboten der Städte Hamburg, Rostock, Stralsund, Lüneburg, Wismar, Stettin und Greifswald, als gekorene Schiedsleute Entscheidung in dieser Schrift, wie hernach geschrieben steht: Ehrbare, liebe Freunde, wie ihr wohl wißt und erkennen mögt..." Diese Anrede an die Freunde der Schiedsleute läßt keine andere Erklärung zu, als daß sich der Sprecher öffentlich im Stile einer Bursprake an das Stadtvolk wandte, um es über den Abschied der Schiedsleute und dessen Inhalt zu unterrichten.

§ 129. In dieser Rede erinnerte der Worthalter der Schiedsrichter seine Freunde, die Lübecker, daran, daß zwar ihr langjähriger Zwist viele Unkosten auch bei den umliegenden Städten verursacht, daß jetzt aber Gottes Gnade ihnen die Beilegung aller Zwietracht zwischen den Herren des alten Rates auf einer „und euch insgemein und der ganzen Meinheit dieser Stadt" (also auch den abwesenden Lübeckern) auf der anderen Seite vergönnt habe. Um dieses Werk zu vollenden, müßten sie, die gekorenen Schiedsleute, „zuerst diese nachgeschriebene Entscheidung tun, und wir tun sie von Stund an" nach dem Rate der königlichen Sendeboten, nämlich daß der neue Rat alle Verfestungen abtun solle, die er über die Herren des alten Rates und deren Freunde verhängt habe ... Da jedoch die Stadt in großen Schulden sei und sie ungern festsetzen wollten, wie dem abzuhelfen wäre, „so sagen und entscheiden wir, daß ihr, die ihr versammelt seid, darüber untereinander sprechet und binnen drei Tagen hiernach mit denen aus der Gemeinheit, der hierzu mehr Behuf ist, dessen freundlich und gütlich mit ihnen eins werdet, eine redliche Weise und Maß zu finden, um die Schulden der Stadt abzutragen." Weitere etwa notwendige Entscheidungen behielten sich die Schiedsleute vor. „Diese Aussprache geschah im Jahre des Herrn 1416 am Tage des Märtyrers Vitus," dem 15. Juni.

Erst diese an den Vergleich beiläufig angehängte Rede bestätigt, was der Rezeß selbst nurmehr anzudeuten und vorauszusetzen unternahm, daß nämlich auch in Lübeck die Vollmacht des Rates an den Grundrechten der Gemeinde ihre Grenze fand und daß die Gemeinde, auch wenn sie nicht mehr befugt war, eine feste Anzahl ständiger Worthalter über sich zu erheben, auf dem Felde ihrer Grundrechte zu selbständigem, die Ratmannen ausschließendem Handeln und Entscheiden berechtigt und fähig war. Die Souveränität der von Bürgern und Einwohnern durch ihre Eide konstituierten Gemeinde, von der der Rat seine Vollmacht in den Grenzen erhielt, die die Gemeinde ihm zog, ließ sich durch keinen sprachlichen oder formalen Kunstgriff zum Verschwinden bringen, mochte dies dem Reichsrecht oder den Urteilen des Hofgerichts noch so sehr widersprechen. Wenn die Parteien und die von ihnen ermächtigten Schiedsrichter darauf verzichteten, diese Rechtstatsachen in dem Vergleich festzustellen, und statt dessen die auffällige Form einer bei der Ratssetzung vorzutragenden „Aussprache" wählten, um sie zum Ausdruck zu bringen, so ist dieses Vorgehen wohl nur aus der Rücksicht auf den König und sein Hofgericht und aus entsprechenden Ratschlägen der königlichen Abgesandten zu erklären. Und diese Rücksicht war geboten, da man ja den König noch dazu bewegen mußte, die Stadt aus der Reichsacht zu entlassen.

§ 130. Nun bedurfte die Urkunde, die die gekorenen Schiedsleute aus dem Vergleich, aus ihren Strafgeboten und aus der „Aussprache" zusammengesetzt hatten, nur noch der Besiegelung. Zuerst approbierten die königlichen Sendeboten alles Vorstehende und bekräftigten dies mit ihren Siegeln. Alsdann erklärten die Bürgermeister und Ratmannen der genannten sieben Hansestädte, daß die Ratssendeboten das Vorstehende in ihrem Auftrage ausgesprochen hatten, und hängten die Stadtsiegel an – ein schöner Beleg für die Identität der Ratssendeboten mit den entsendenden Räten und Städten. Datiert wurde die Urkunde auf den 15. Juni 1416, obwohl sie zur Besiegelung wohl noch bei den sieben Städten umlaufen mußte. So ist sie als Ausfertigung mit neun anhängenden Siegeln ins Lübecker Stadtarchiv gelangt. Die Gültigkeit des Vergleichs und der „Aussprache" hing ohnehin nicht von der Besiegelung ab, sondern ergab sich erst aus der für den folgenden Tag vorgesehenen Publikation in den Formen einer Bursprake, welche die Gemeinde mit dem Rezeß und der auf ihn begründeten Ratssetzung bekanntmachte und in einer den Nachbarstädten mitteilbaren Niederschrift protokolliert wurde[249].

Die gekorenen Schiedsleute hatten zu dieser Verkündigung ihres Abschieds zuvor den neuen Rat geladen und ihn darüber unterrichtet, wie er

---

249 UB der Stadt Lübeck T. 5, Lübeck 1877, S. 654 n. 584.

Autonome Gemeinde und vollmächtiger Rat 137

sich an diesem und dem folgenden Tage (dem 16. und 17. Juni) mit den Bürgern bereden sollte, um den alten Rat gemäß den Bestimmungen des Rezesses in die Stadt einzuholen. So begann die Publikation also damit, daß die Gemeinde die vor der Stadt wartenden Mitglieder des alten Rates in die Marienkirche geleitete. Nach der Messe dürften die königlichen Sendeboten und die Schiedsleute die Leitung übernommen haben. Sie führten den alten Rat auf die Rathauslaube, während sich der neue Rat mit vielen Bürgern auf dem Danzelhus und die Meinheit auf dem Marktplatz versammelten. Alsdann ließen sie zuerst aus dem Abschied verlesen, was dem gemeinen Volke zu gebieten war; was aber die Ratssetzung betraf, daß nämlich der neue Rat „den Bürgern danken und den Rat übergeben", daß der alte Rat sitzen und die Bücher, Briefe und Siegel der Stadt entgegennehmen sollte, das ließen sie auf dem rechten Rathause verlesen. Zweifellos richteten sie bei dieser Gelegenheit auch jene Ansprache an die Gemeinde, die sie als „die ersten Artikel und Aussprüche der Städte etc." in die Rezeßurkunde aufgenommen hatten.

An demselben Tage noch koren die Personen des alten Rates ihren Rat voll; die Gekorenen luden sie für den nächsten Tag (den 17. Juni) aufs Rathaus und setzten sie in den Ratsstuhl. Am 19., 20. und 22. Juni kamen sodann die Ämter in der Anzahl von „wohl 96 (Bluts-)Bruderschaften (nacien)" auf das Haus, um die im Abschied genannten Eide zu leisten. Dabei stabte ihnen der Bürgermeister den Wortlaut, wie es bei einem Bürger- und Genosseneide erforderlich war. Damit aber auch der Stadtherr nicht zu kurz kam, geboten anschließend die Sendeboten des Königs „in dessen Statt" den Amtleuten, das Beschworene einzuhalten, und eine jede Person aus den Ämtern nahm dieses Gebot an. Es war also ein Gelöbnis, das die in den Ämtern partikular geeinten Bürger samt und sonders, nämlich ein jeder für sich besonders, aber nur zusammen mit allen anderen, ablegten. Bereits am 20. Juni hatte der letzte Akt der Verkündigung stattgefunden, nämlich die Rückführung der Ehefrauen „der alten Herren des Rates" in die Stadt.

§ 131. Es stellt sich somit heraus, daß sich der Abschied vom 15. Juni 1416 und die anschließende Bursprake und Ratssetzung voll und ganz auf dem Boden jenes hansisch-niederdeutschen Stadtrechts bewegten, das wir bereits aus etlichen Bürgerbriefen und Rezessen dieses Rechtsgebietes kennengelernt haben. Dem Reichsrecht der Hofgerichtssprüche und der Autorität des Königs machten sie lediglich im Formalen bescheidene Zugeständnisse. Dagegen reichte der Einfluß königlicher Sendeboten doch hin, um dem Schiedsspruch einen konservativen Zug aufzuprägen. Im Gegensatz zu den Bürgerverträgen anderer Städte trug er nichts dazu bei, das Rechtsverhältnis zwischen autonomer Gemeinde und vollmächtigem Rate zu klären und zu diesem Zwecke die Grundrechte nicht nur der Meinheit, sondern auch des einzelnen Einwohners, an denen die Ratsvollmacht endete, genauer zu bestimmen. Den Vorsprung, den namentlich die Stadtrechte von Nordhausen und Köln in dieser Hinsicht gewonnen hatten, hat das lübische Recht niemals eingeholt. Trotzdem galten diese Grundrechte auch hier. Auch der Lübecker Rat pflegte im 15. Jahrhundert weder Bündnisse zu schließen[250] noch Kriege zu erklären oder zu beenden[251], weder einen außergewöhnlichen Schoß festzusetzen noch den städtischen Grundbesitz mit Renten zu belasten, weder den Münzfuß zu verändern noch sonst irgendwelche für die Gemeinde riskante Entscheidungen zu treffen, ohne vorher die Bürgerschaft zu unterrichten und von ihr Rat und Zustimmung einzuholen, bevor er die betreffenden Gebote in Kraft setzte[252].

Auch der erneuerte alte Rat war nicht gewillt, die Rechte wieder zu beseitigen, die die Gemeinde seit 1408 errungen hatte. Dies gab er sogleich dadurch zu erkennen, daß die elf in den Ratsstuhl zurückgekehrten Emigranten nicht nur fünf Ratmannen des alten Rates, die seit 1408 in Lübeck verblieben waren, sondern (neben fünf Kaufleuten und zwei Mitgliedern der Zirkelgesellschaft) auch fünf Kumpane des gewesenen neuen Rates zu sich in den Ratsstuhl erkoren. Die übrigen Herren des neuen Rates und die ihrer Vollmacht entkleideten sechzig Personen traten zweifellos in die Reihen jener ältesten und angesehensten Bürger oder „obersten von den Bürgern"[253] ein, die der Rat schon seit jeher (siehe oben, §§ 71, 72, 99, 100) zu versammeln und zu befragen pflegte, wenn er sich des Einsseins mit Bürgern und Einwohnern in einem gemeinsamen Willen vergewissern wollte. Nicht die politisch und verfassungsrechtlich unentbehrliche Funktion an sich, sondern nur ihre Institutionalisierung als Aufgabe eines nicht vom Rate bestimmten Personenkreises konnte der Schiedsspruch beseitigen, und selbst das tat er gewiß nur mit Rücksicht auf das Reichsrecht, das in diesem Punkte denn doch eine dauerhafte Spur in der lübischen Rechtsgeschichte hinterlassen hätte.

2.10.2. Zum Stande der Forschung

§ 132. Wir gelangen damit zu einem ganz anderen Urteil, als es vor einem Vierteljahrhundert Wilhelm Ebel, der hervorragende Kenner des lübischen Rechts und seiner Quellen, gewonnen hat. Ebel war sich zwar der Fragwürdigkeit der herrschenden Lehre bewußt, der zufolge „das Regiment, die Ausübung aller obrigkeitlichen Gewalt, in der Hand des sich selbst ergänzenden Rates gelegen" und dieser die Stadt „ohne jede Mitwirkung der Bürgerschaft" regiert habe, und er hat diese Lehre als eine „die Autonomie und Unabhängigkeit des lübischen Rates entschieden übertreibende und die Gegenzeugnis-

---

250 Auch hätte der Rat ohne Genehmigung von Seiten der Gemeinde niemals in ein land- oder lehnrechtliches Dienstverhältnis zum Könige eintreten können.
251 UB der Stadt Lübeck T. 7, Lübeck 1885, S. 398 n. 417, S. 399 n. 418: Der Rat zu Lübeck teilt dem zu Wismar mit, „daß wir heute mit unseren Bürgern gesprochen haben ..., so daß sie und wir des eines sind, zu senden an den Herrn König," um über den Frieden zu verhandeln, 31. Okt. 1430.
252 W. EBEL, Lüb. Recht (1971, wie Anm. 74) S. 296f.
253 EBEL (1971, wie Anm. 74) S. 298–301.

se nicht beachtende oder bagatellisierende, ja gar wegeskamotierende Vorstellung" bitter getadelt[254]. Aber seine Kritik richtete sich doch nicht so sehr gegen die Vorstellung selbst als vielmehr gegen die Annahme, die obrigkeitliche Verfassungsform „wäre ... nicht langsam entwickelt worden, sondern bereits in der frühesten Zeit ... vorhanden", weil nämlich schon im Vorgang der Stadtgründung angelegt gewesen. Dagegen fragte sich Ebel, „ob nicht umgekehrt eher von einer Entwicklung des Ratsregiments zu einer Oligarchie hin gesprochen werden muß"[255]. Denn daß den Lübecker Rat im 14. und 15. Jahrhundert, also im eigentlich hansischen Zeitalter, „das zielbewußte Streben ... nach uneingeschränkter Autorität" und „die souveräne Stellung in der Stadt" auszeichneten[256], daran bestand auch für ihn kein Zweifel.

In den einzelnen Formulierungen war Ebel allerdings, wie schon diese Beispiele zeigen, als genauer Kenner der zahlreichen Zeugnisse, die von der Mitwirkung der Bürger an der Stadtregierung berichten, sehr vorsichtig. Wie bereits Otto Gierke[257], so sah auch Ebel in dem Kooptationsrecht des Ratsgremiums den Quell einer von nirgendwoher ableitbaren, absoluten Eigenmacht des Rates: „Das Fundament seiner Stellung, die den lübischen Rat oftmals eher als einen Herrn der Bürgergemeinde oder zumindest als eine eigene Gewalt neben der Stadt denn als ihr Organ hat erscheinen lassen, bestand darin, daß er sich nicht aus Wahlen der Bürgerschaft erneuerte, sondern durch Selbstergänzung aus eigener Macht"[258]. Diese Bemerkung verrät, daß es Ebel an einem Begriff fehlte, um die Stellung des Rates zu bezeichnen, und an einer Möglichkeit, jenes Wesentliche zu erfassen, welches den Schein erweckt, daß oder als ob der Rat Herr der Gemeinde oder selbständige, aus eigener Macht handlungsfähige Gewalt neben ihr gewesen sei.

Nirgendwo nämlich erklärt Ebel, wie sich aus der Kore der Ratmannen im Verfahren der Kooptation die im einzelnen genau erkennbaren Befugnisse des Rates herleiten lassen könnten, war doch das Recht, so zu verfahren, selbst eine von diesen Befugnissen, deren Herkunft und Rechtsgrund der Erklärung bedürfen. Aber auch in dem Begriff des Organs, den er von Gierke übernahm, erblickte er nicht des Rätsels Lösung, sondern lediglich eine Metapher für den rechtlichen Zusammenhang der Ratsgewalt mit ihrer unbekannten Grundlage und somit für das Wesen der Ratsgewalt. Um den Begriff als Zitat zu kennzeichnen, das er sich nicht zu eigen machen wollte, setzt er ihn gelegentlich in Anführungszeichen, so etwa, wenn er feststellt, das Willkürrecht sei zwar ein Recht der Stadt insgesamt, es sei aber „eine völlig natürliche Handhabung" gewesen, daß über die Verletzung von Willküren „nicht

---

254 W. EBEL, Lüb. Recht (1971, wie Anm. 74) S. 291 mit Anm. 2.
255 EBEL (1971, wie Anm. 74) S. 291f.
256 EBEL (1971, wie Anm. 74) S. 248, 249.
257 Otto GIERKE, Das deutsche Genossenschaftsrecht, 2. Bd.: G. des deutschen Körperschaftsbegriffs, Berlin 1873, S. 616. S. u., § 216.
258 EBEL (1971, wie Anm. 74) S. 228. S. o., § 79 bei Anm. 171.

die gesamte Stadtgemeinde, sondern ihr handlungsfähiges ‚Organ‘, der Rat, schon von Anbeginn der Stadt an richtete"[259].

§ 133. Es ist jetzt und für uns, die wir über den gesuchten Begriff verfügen, leicht zu erkennen, daß diese Handhabung „völlig natürlich" allein auf Grund der Identität von Rat und Gemeinde sein konnte. Den Sachverhalt der Identität hat Ebel übrigens selbst bereits beobachtet, wenn er daraus auch keine Konsequenzen zog. So schreibt er über den lübeckischen Bürgereid, den der Neubürger ausdrücklich an „diese Herren, den Rat" richtete: „Treue und Gehorsam schuldete der Bürger gewißlich der Stadt als Ganzem, und Treue jedem ihrer Glieder, auch dem Mitbürger... Die Vorstellungskraft der Zeit reichte jedoch offenbar nicht hin, das Abstraktum ‚Stadt' für sich allein auch als den Gebietiger anzusehen, dessen Anordnungen man Gehorsam schuldete und dem man Gehorsam versprechen konnte. Herrschen und gebieten konnte immer nur eine konkrete Person oder eine Gruppe von solchen... (So) figurierte auch in den Bürgereiden der Städte notwendig der Rat anstelle oder jedenfalls neben dem abstrakten Begriff der Stadt ... (In) vielen anderen Städten gelobte der Bürger nicht ‚der Stadt', sondern allein dem Rate ... Treue und Gehorsam, in anderen ... waren es ‚der Rat und die Stadt', ohne daß darin ein sachlicher Unterschied oder eine wohlberechnete Absicht gelegen hätte. So läßt sich auch in den lübischen Städten für das Mittelalter der Umstand, daß der Rat allein als Treue- und Gehorsamsempfänger genannt wird, nicht als Beweis für seine besonders autoritative Stellung anführen... Die Stadt als Institution kam über den ihr geleisteten Ratsherreneid in den Eidesverband hinein ..., (denn) daß die Eide der Ratsherren ‚der Stadt' geschworen wurden, war eine allen lübischen Ratseiden eigene ... Formulierung"[260].

In demselben Sinne heißt es an anderer Stelle: „Daß das Wort civitas in den lübischen civitatis decreta ... die personale Gesamtheit der Stadt, also consules und cives zusammen, in sich begreift, steht außer Zweifel. Einen eigentümlichen Beleg in dieser Richtung bietet die deutsche Übersetzung (von 1347) des lateinischen Revaler Kodex von 1257 zum Art. 28 ...: Für ‚quod civitas servandum decreverit, consules iudicabunt' wird – in der Mitte des

---

259 EBEL (1971, wie Anm. 74) S. 172f., ähnlich S. 303. Wenn EBEL S. 241 feststellt: „Der lübische Rat war keine institutionell geordnete Behörde von – de jure – namenlosen Funktionsträgern," sondern die „Einheit ... einer durch Eide verbundenen Sondergenossenschaft", so verwirft er damit wohl auch GIERKEs Vorstellung von der Bürgerschaft als organisierter Gemeinheit, die durch von der Stadtverfassung bestimmte Organe gehandelt hätte.
260 EBEL (1971, wie Anm. 74) S. 281f., 303, ferner S. 241f.: Der Rat eine durch Eide verbundene Sondergenossenschaft auf der Grundlage des von jedem neu Aufgenommenen zu leistenden Ratseides; dieser sei nicht den Bürgern, sondern allein dem Rate selbst geschworen worden, der Stadtherr (in Lübeck: das Reich) und die Stadt seien nur Objekte oder Nutznießer der eidlichen Versprechungen gewesen.

14. Jahrhunderts! – übersetzt: ‚dat de stad geset heft to holdende, sal de stad richten'; ‚de stad' zu sagen war so gut wie ‚consules'." Was Ebel hier hervorhebt, ist ein Beispiel für den synonymen Gebrauch der Worte Ratmannen und Stadt, der in der uns bekannten synonymen Verwendung von Ratssendeboten und Städten wiederkehrt[261]. Was Ebel daran verwunderte, war der Zeitpunkt, zu dem dieser Beleg entstanden ist: zu einer Zeit nämlich, da nach seiner Ansicht die obrigkeitliche Stellung des Rates über oder doch wenigstens seine eigenmächtige Stellung neben der Stadt bereits allgemein durchgedrungen gewesen sein sollte.

§ 134. So können wir sagen, daß Ebel kurz vor der Entdeckung der rechtlichen Identität von Rat, Stadt und Gemeinde stand, daß er das Phänomen beobachtete, ohne es jedoch auf den Begriff zu bringen und ohne auszusprechen, daß auf Grund des Rechtsgedankens der Identität des Rates mit der Stadt und der Umkehrbarkeit des Verhältnisses (oben, § 28.II) der erstere sowohl Herr jedes einzelnen Bürgers und – bei gegebener Identität der Willen – Haupt der Gemeinde als auch – bei zerbrechender Identität der Willen – deren Diener und von ihnen vollständig abhängig sein konnte.

Es ist leicht zu erkennen, warum sich Ebel, der Herausgeber der Lübecker Ratsurteile[262], nicht imstande sah, der auf gegenseitige Abhängigkeit von Rat und Gemeinde gegründeten Identität, die es beiden Seiten, einer jeden zu ihrer Zeit und in ihrem Kompetenzbereich, gestattete und gebot, die Rollen sowohl des Herrn als auch des Dieners und Untertanen anzunehmen, weiter nachzugehen und sie in den Mittelpunkt der Betrachtung zu rücken. Für Ebel nämlich besaß das lübische Recht seine Quelle allein in dem Willen des Rates, und was sich an Regeln nicht ausschließlich hierauf zurückführen läßt, das schloß er aus dem Corpus des lübischen Rechtes aus. Denn schon seit Herzog Heinrich der Löwe den Lübeckern dazu die Befugnis verliehen hatte, war das lübische Recht „eine bewußte Schöpfung des Rates von Lübeck, sei es, daß er überkommene oder später entstandene Rechtsgewohnheiten richterlich bestätigte, hergebrachtes (mitgebrachtes) Recht abänderte (‚besserte') oder neuen Rechtsbedürfnissen im Wege der statutarischen Willkürgesetzgebung (decreta, arbitria, kore, wilkor) Rechnung trug"[263].

Dies ist gewiß völlig richtig, was das bürgerliche, das Handels- und Seerecht, das Straf- und Prozeßrecht und damit die große Masse der Normen des lübischen Rechtes anlangt. Es gilt allerdings nicht für das Verfassungsrecht, das der Rat nicht allein, sondern nur unter Mitwirkung der Bürgerschaft zu setzen vermochte und sich oft genug sogar von dieser diktieren lassen mußte. So bemerkt Ebel zu der „Selbstergänzung des Rates aus eigener Macht":

---

261 S. o., § 60. Siehe auch EBEL (1971, wie Anm. 74) S. 305 über die Identität von Rats- und Stadtbedienten, Rats- und Stadtsiegel, Siegel der Bürger und Siegel der Stadt.
262 Wilhelm EBEL (Hg.), Lübecker Ratsurteile, Bd. 1–4, Göttingen 1959–1967.
263 EBEL, Lüb. Recht (1974, wie Anm. 74) S. 168.

„Von den Bürgern in ruhigen Zeiten hingenommen, konnte sie in den Rang rechtlicher Ordnung erwachsen, einer Ordnung freilich, die, als einseitig vom Rat festgesetzt, in Zeiten bürgerlicher Unruhe nicht als unverbrüchlich, ja leicht als unrechtmäßig erscheinen konnte"[264].

§ 135. Verweigerten demnach die Bürger dem einseitig vom Rate festgesetzten Rechte den Gehorsam, so trat nach Ebel nicht ein höheres, der Vollmacht des Rates vorangehendes Grundrecht der Gemeinde ans Licht, sondern ein rechtloser Zustand: „Auf die verfassungsrechtlichen, mehr oder weniger langlebigen Sonderbildungen, die sich in Lübeck, Rostock, Stralsund und anderen Städten aus solchen Bürgeraufständen ergaben, den 50-, 60-, 64-, 100- und 164-Männerausschüssen zur Kontrolle insbesondere der städtischen Finanzgebarung, braucht hier nicht eingegangen zu werden; sie haben immer nur lokale verfassungsgeschichtliche Bedeutung gehabt und sind nicht lübisches Recht geworden"[265]. Ebenso erörtert Ebel zwar unter den Zeugnissen, die die überschätzte obrigkeitliche Stellung des Rates in das richtige Licht rücken, die Mitwirkung der Bürger und der besonders Angesehenen (discretiores), die für sie in der Bursprake das Wort nahmen. Er meint aber, ob der Rat sie einberufen und anhören wollte, das habe in seinem Belieben gestanden, es sei „eine Sache nicht der formalen verfassungsrechtlichen Ordnung, sondern politischer Überlegung und praktischer Ratsamkeit oder gar Notwendigkeit" gewesen.

Gewaltsamer Aufruhr der Bürger, ihre Identität mit ständigen Zwölfern, Sechzigern, Hundertmännern usw., die dann „die Bürgerschaft" waren, das alles, meint Ebel, gehöre zwar der Geschichte der Einzelstädte, „nicht der des lübischen Rechts" an, aber „immerhin" gewährten „die revolutionären Vorgänge ..., also die Beschwerden der Bürgerschaft und die in diesem Zusammenhange geschlossenen sogen. Bürgerverträge manchen Einblick in die Handhabung des lübischen Ratsregiments"[266]. Mit diesen Überlegungen grenzte Ebel die Bürgerverträge und Rezesse, unsere wichtigste Quelle für die rechtlichen Grundlagen der niederdeutschen Stadtverfassung und für die Identität der wechselseitig voneinander abhängigen Verbände, aus dem Bereich des lübischen Rechts und der hansischen Stadtverfassungen aus, weil sie nicht oder nicht allein vom Rate diktiert waren und damit nicht der Vorstellung vom lübischen Recht als Schöpfung allein des Rates entsprachen. Denn „am Fundament seiner Stellung, der Selbstergänzung, pflegten auch die aufrührerischen Kleinbürger und Handwerker meist nicht zu rütteln." Daß sie daran nicht zu rütteln brauchten, weil sie eben durch Bürgervertrag an der Konstitution dieses Rechtes und der Form, in der der Rat es auszuüben hatte, mitwirkten, das war damit als revolutionär qualifiziert und aus dem Bereich geordneten Rechts- und Verfassungslebens ausgeschlossen.

---

264 EBEL (1971, wie Anm. 74) S. 228.
265 EBEL (1971, wie Anm. 74) S. 230 Anm. 11.
266 EBEL (1971, wie Anm. 74) S. 301f.

§ 136. Diese Ansicht allerdings steht im Widerspruch zum Wortlaut des Lübecker Schiedsurteils vom 15. Juni 1416, dessen Artikel die Ratssendeboten der Hansestädte als von beiden Seiten, nämlich auch von Seiten der Gemeinde, gekorene Schiedsleute für Recht erkannten, und wenn sie beiden Parteien „von gekorener Macht wegen" geboten, dieses um Freundschaft willen zum Erträglichen gemäßigte Recht bei der von ihnen darauf gesetzten Strafe einzuhalten, so ließen sie diesen Befehl mit einer Macht ergehen, die ihnen zu einem Teile auch von der Meinheit verliehen worden war. Wenn also die Schiedsleute allen Bürgern und Einwohnern Lübecks geboten, getreulich und unverbrüchlich einzuhalten, was der Rat bei den Eiden der Ratmannen zum Besten der Stadt erkiese, ansage und gebiete, so mag man darin zwar mit Ebel[267] ein „grundsätzliches Zeugnis für eine alleinige Gesetzgebungsgewalt des Rates in dieser Zeit" sehen, aber dieses Zeugnis muß man im Rahmen des Auftrags betrachten, kraft dessen die Schiedsleute ihren Spruch ergehen ließen, und da die Schiedsleute ihre Vollmacht von den beiden Räten und von der Meinheit herleiteten, so muß diese Ableitung auch für das Willkürrecht des Rates gelten. Der Rat übte dieses Recht nicht aus eigener Macht, sondern im Auftrage aller Räte und der Gemeinde aus.

Nur wenn man den Rahmen (mitsamt dem punktuellen Einfluß des Reichsrechts auf die Entscheidung) außer Acht läßt, erweckt der Text den Anschein, als sei das Willkürrecht des Rates Teil einer obrigkeitlichen, autonomen, usurpierten, von keiner irdischen Instanz verliehenen oder abzuleitenden Gewalt, oder, wie Ebel an anderer Stelle[268] sagt, als sprächen die Schiedsrichter dem Rate damit „die souveräne Stellung in der Stadt" zu. Nur deswegen, weil er diesen Rahmen außer Acht ließ, konnte Ebel sagen, „von einer Mitwirkung der Bürgerschaft bei der Ausübung des Regiments" sei an dieser Stelle „überhaupt nicht die Rede", obwohl der Rat auch weiterhin tatsächlich sowohl alle Bürger als auch deren Angesehenste immer wieder in seine Willensbildung einbezogen habe[269]. Aus dem vertraglichen Rahmen der Satzung ergibt sich, daß dies keine Konzession („obwohl ...") des Rates an die Bürger, sondern eine dem Rate von der Gemeinde aufgetragene Pflicht war.

§ 137.I. So gleitet Ebels abschließendes Urteil[270] in eine Betrachtung ab, die einerseits seine eigenen Beobachtungen über den synonymen Gebrauch der Begriffe (die) Bürger, Bürgerschaft (civitas), Ratmannen, Rat und Stadt

---

267 EBEL (1971, wie Anm. 74) S. 174.
268 EBEL (1971, wie Anm. 74) S. 249, übrigens, wie auch S. 302, mit irriger Wiedergabe der Präambel: Die kaiserlichen Sendeboten gehörten nicht zu den gekorenen Schiedsrichtern, sondern waren deren Berater. Hätten sich der neue Rat und die Gemeinde dem Urteil unterworfen, das der alte Rat im königl. Hofgericht wider sie gewonnen hatte, so wäre kein Schiedsspruch mehr erforderlich gewesen.
269 EBEL (1971, wie Anm. 74) S. 303.
270 EBEL (1971, wie Anm. 74) S. 303–305.

völlig außer Acht läßt, andererseits aber mit der Verwendung von Worten wie (körperschaftliche) Repräsentation, Kooptation[271], (rechtsgeschäftlich erteilte) Vollmacht oder Vollmacht im Namen der Stadt und schließlich Usurpation auf sachfremde gemeinrechtliche Ausdrücke zurückgreift, die dem niederdeutschen Recht von Hause aus unbekannt waren und daher den Zugang zu dessen Grundgedanken eher verdunkeln als erschließen.

Da der Schiedsspruch vom 15. Juni 1416 eigens hervorhebe, so führt Ebel aus, daß die Eide der Ratsherren allein der Stadt und nicht auch den Bürgern zu schwören wären (oben, § 124), äußere sich in der Verwendung des unpersönlichen Begriffs der Stadt die Vorstellung, die der Rat von seinem Verhältnis zur Bürgerschaft hegte: Zwischen ihm und den Bürgern, „geschweige denn dem einzelnen von ihnen, bestand kein unmittelbar gegenseitiges Band genossenschaftlicher Gleichordnung. Die Treupflicht beider begegnete sich im übergeordneten Begriff der Stadt, die, was den Bürger betraf, durch den Rat repräsentiert wurde. Dieser war vulmechtig, d. h. im Besitze der vollen Macht, aber nicht bevollmächtigt im Sinne eines im fremden Namen Handelnden – ganz sicher nicht in dem der Bürger, jedoch auch nicht eindeutig und nur in dem der Stadt, als deren ‚Organ'. Wohl aber handelte der Rat für die Stadt, mit einer sie berechtigenden und belastenden Wirkung, die primär ihn selber traf." Zwar sei das Mittelalter dabeigewesen, den Begriff der rechtsgeschäftlich erteilten Vertretungsmacht (Vollmacht) zu entwickeln, aber „im Bereich der genossenschaftlichen oder körperschaftlichen Repräsentation" sei das Ziel noch nicht erreicht worden, die Begriffe Stadt und civitas „bedeuteten noch nicht die handlungsfähige ‚juristische Person' mit physisch gedachten Organen, sondern hatten, auch als Ausdrücke für das Gemeinwesen als Daseinseinheit, einen durchaus schillernden, ja wechselnden Inhalt... Soweit aber die Stadt (civitas) auch als Personenverband verstanden wurde, war sie nicht seine Personifikation, mit dem Rate und der Bürgerschaft als Organen, sondern im ganzen Mittelalter eine erst auf dem Wege dahin befindliche Sammelbezeichnung für die in ihr und für sie handelnden Gruppen," des Rats wie auch der Bürgerschaft (communitas). „Ganz gewiß wurde – in ruhigen Verhältnissen – die Bürgerschaft nicht als ‚oberstes Organ' einer Körperschaft verstanden, von welchem der Rat als Exekutivorgan abgegangen hätte. Nur in unruhigen und aufrührerischen Zeiten, wenn das ‚gemeine Beste' der Stadt, für das zu sorgen der Rat eidlich verpflichtet war, durch ihn bedroht schien, tauchte die Parole von einem Urrecht der Bürger auf, aus welchem der Rat sein Regiment herleite. In ‚Friedenszeiten' übte der Rat die Repräsentation und die Regierung der Stadt und der Bürger kraft seines von ihm als eigenständig verteidigten Rechts aus (in den oben dargestellten Grenzen), und die Bürger ließen es sich gefallen. Da es, von den Bürgerverträgen abgesehen, keine feststehende verfassungsrechtliche

---

271 Der Begriff Kooptation ist den Quellen fremd; sie benutzen die Ausdrücke assumere oder hinzunehmen, s. u., §§ 207, 216 mit Anm. 448.

Grundlage gab, ruhte das Regiment des Rates, genau genommen, auf usurpierter Macht, die, von wirtschaftlichen und sozialen Faktoren getragen und von den Bürgern hingenommen, nur so lange einen vom Rat zielbewußt gepflegten Rechtscharakter besaß, als sie nicht gewaltsam in Frage gestellt wurde. Der Bürgerschaft kam ein Anteil am Regiment nur insoweit zu, als er ihr vom Rat eingeräumt oder von ihr mit Gewalt in Anspruch genommen war ... ‚Die Stadt' (civitas) aber, für welche der Rat eher als ein Vormund denn als ein Organ handelte, war ein offener Begriff, seine Verwendung vielseitig und mehrsinnig ..."

§ 137.II. Es erübrigt sich, diese Darstellung im einzelnen zu kritisieren. Ebel mußte die – auf Eintracht, Einmütigkeit und Einwilligkeit der Gemeinde beruhende – Vollmacht des Rates gründlich mißverstehen, wenn er sie mit dem Begriff der Repräsentation zu erfassen versuchte und daher in ihr den Keim zu einer rechtsgeschäftlich erteilten, vormünderischen Vertretungsmacht voraussetzte. Weil aber ein entsprechendes Rechtsgeschäft nicht nachweisbar (und bei gegebener Identität der Willen weder notwendig noch überhaupt möglich) war, ließ Ebel sich konsequenterweise zu der Vermutung verleiten, der Rat habe seine Macht usurpiert. Gleichwohl bleibt zu betonen, daß Ebel mit den Ausführungen über den schillernden Inhalt des Wortes Stadt nicht mehr weit davon entfernt war, die rechtliche Identität des Willens von Stadtgemeinde, Bürgerschaft und Rat zu erkennen. Zu ihr durchzudringen blieb ihm verwehrt, weil er sich nicht dazu entschließen konnte, aus der Mitwirkung der Bürger an der gemeinsamen Willensbildung auf eine (nicht bloß revolutionäre, sondern) rechtmäßige Abhängigkeit des Rates von der Gemeinde zu schließen – jenes Rates, in dem er zu Recht den Schöpfer des lübischen Rechts bewunderte, und zwar auch dann zu Recht, wenn der Rat dieses Werk im Auftrage der Gemeinde vollbrachte.

Keinerlei Fortschritte gegenüber Ebel brachten die Untersuchungen von Gudrun Gleba aus dem Jahre 1989[272], da sie sich ausschließlich dem Verlauf der Ereignisse seit 1408 widmeten, der Erneuerung der Stadtgemeinde im Jahre 1416 aber keinerlei Beachtung schenkten. Die Verfasserin enthält sich daher jeder Analyse des Schiedsspruches vom 15. Juni 1416. In die erzählenden Quellen aber liest sie dieselben gemeinrechtlichen oder modernen Vorstellungen von Repräsentation und Organisation hinein, deren sich bereits Ebel bediente. Demnach hätte etwa im Jahre 1403 „sowohl die Idee der Repräsentation durch die Delegation von Aufgaben als auch der Verpflichtung von Repräsentanten gegenüber ihren Auftraggebern Eingang in Lübecker Gremien" gefunden (S. 206), und mit der Erhebung der Sechziger im Jahre 1405 hätte die Gemeinde „das alleinige Selbstverwaltungsorgan des Rates ... aufgebrochen", indem sie ihm „ein überschaubares Kontrollorgan an die Seite" stellte (S. 208). Die Rechtsgrundlagen von Repräsentation und Organschaft beiben dabei unerörtert.

---

272 GLEBA (1989, wie Anm. 150) S. 203–242. Siehe auch oben, Anm. 204.

2.11. Stade 1420

§ 138. Die wiedergewonnene Eintracht der Gemeinde zu Lübeck war die Voraussetzung dafür, daß nun auch die Wendischen Städte und im Jahre 1418 die gemeinen Städte von der deutschen Hanse ihre Eintracht erneuern und bestärken konnten. Der restituierte alte Rat zu Lübeck machte, was er sich vor und nach 1408 hatte an Verfehlungen zuschulden kommen lassen, dadurch wieder gut, daß er energisch eine auf dieses Ziel gerichtete Politik betrieb. Am 24. Juni 1418 konnte er auf dem Rathause die Ratssendeboten von nicht weniger als 35 Hansestädten begrüßen und für den Plan gewinnen, ein umfassendes Corpus des hansischen Rechtes zusammenzutragen, auf dem die Eintracht des gemeinen Kaufmanns und der Städte beruhte[273]. An die Spitze dieses Gesetzbuches stellten die Städte vier Satzungen, die das Verhältnis der Stadträte zu ihren Gemeinden betrafen.

1. Wer immer in einer Stadt Auflauf, Versammlung oder Verbünde „gegen den Rat und der Macht ... des Rates zum Nachteil" erregte oder darum wußte, ohne es zu melden, den- oder diejenigen sollte man in keiner Hansestadt geleiten, sondern sie (überall) an ihrem Höchsten richten, wenn man es ihnen nachweisen könnte oder wenn sie deswegen aus der Stadt entwichen.

2. „Wenn irgendwo ein Rat insgesamt oder ein Teil des Rates in einer Hansestadt von den Bürgern oder Einwohnern derselben Stadt des Ratsstuhles entwältigt werde, mit welcherart Gewalt dies auch geschehe, die Stadt soll darum aus der Hanse sein," und die anderen Hansestädte sollten mit ihren Bürgern und Einwohnern solange keinen Handel treiben, bis die Entwältigten „wieder in ihre Macht und Würdigkeit gekommen" und der Hanse „für die Gewalt und Ungehorsam" genuggetan sei.

3. „Wenn irgendwo der Rat in einer Stadt von den Bürgern oder Einwohnern derselben Stadt in dem Regiment und Vorstande unmächtig gemacht oder in seinen Freiheiten und Herrlichkeiten mit Bedrängnis und Gewalt verkürzt würde, obwohl sie Ratmannen bleiben," so sollten die Sendeboten des in seiner Vollmacht beschnittenen Rates nicht mit den Ratssendeboten der anderen Hansestädte zu Rate gehen; vielmehr sollten (die gemeinen Ratssendeboten) die Bürger und Einwohner jener Stadt ermahnen, „ihren Rat bei dem Regimente, Freiheiten und Herrlichkeiten ... zu belassen und der Hanse die Übertretung und Eigenmacht zu büßen," widrigenfalls die Stadt solange „aus der Hanse sein" und niemand mit ihren Bürgern und Einwohnern Geschäfte haben sollte, bis der Rat wieder zu seinem Rechte gekommen und der Hanse genuggetan worden sei.

4. Wer vor dem Rate einer Hansestadt etwas zu werben habe, der sollte nicht mit versammeltem Anhang, sondern mit höchstens fünf Begleitern vor den Rat kommen und für jeden weiteren Anhänger mit zwei Mark Silbers bestraft werden.

---

273 HR I 6 n. 557 = Quellen hg. von SPRANDEL (1982, wie Anm. 46) S. 308 n. 11.

§ 139. Diese Satzung argumentiert auf den drei unterschiedlichen Ebenen der Individuen, der einzelnen Städte und der gemeinen Hansestädte, auch wenn deren Identität und der reiche Gebrauch von synonymischen Identitätsfiguren (oben, § 60) die Unterschiede verwischt. Auf der ersten Ebene definiert sie Straftatbestände, die von Einzelnen (Bürgern oder Einwohnern besonders) erfüllt und an diesen auch verfolgt wurden: Jeder einzelne Bürger, Einwohner oder Fremde, der in einer Stadt (diese adverbiale Bestimmung betont die Individualität der vorangestellten Subjekte) einen Auflauf erregte oder darum wußte, sollte am Leben gerichtet werden, kein Einzelner, er wäre Bürger oder Einwohner in irgendeiner Hansestadt, durfte Handelsgeschäfte mit anderen Einzelnen betreiben, wenn diese einer Gemeinde angehörten, die ihren Rat entwältigt hatte; wollte ein Einzelner etwas vor einem Rate werben, so machte er sich strafbar, wenn er mit mehr als fünf Begleitern aufs Rathaus lief.

Auf der zweiten, einzelstädtischen Ebene (der Bürger und Einwohner gemeinlich) stehen die Stadträte. Sie sind in Artikel 1 unter dem Fürwort „man" zu verstehen als diejenigen, welche die bezeichneten Straftäter zu verfolgen und vor dem Hochgericht anzuklagen hatten und dabei auf den Beistand ihrer Gemeinden rechnen konnten. Auf derselben Ebene stehen aber auch die Bürger und Einwohner einer Stadt, wenn sie als Gemeinde handelten, wie es geschah, wenn sie ihren Rat entmächtigten oder ermächtigten, denn sie müssen zuvor mit aktiver Zulassung tätig geworden sein, wenn die Ratmannen „wieder in ihre Macht und Würdigkeit gekommen" sein sollten. Weil sie die Gemeinde waren, konnte auch „die Stadt" für ihre Tat aus der Hanse verwiesen werden, und deswegen mußten die gemeinen Städte „derselben Stadt Bürger und Einwohner" ermahnen, den Rat wieder zum Regieren zuzulassen und der Hanse für die eigenmächtige Gewalt genugzutun.

Die Identität der auf diesen beiden Ebenen Handelnden (der Bürger und Einwohner samt und sonders) findet darin ihren Ausdruck, daß der Text das Einzelwort „Stadt" synonym mit dem Paarwort „Bürger und Einwohner" verwendet und daß beide Begriffe sowohl die Personenvielheit der Individuen, welche mit anderen Individuen private Geschäftsbeziehungen eingehen konnten, als auch die gemeindliche Gesamtpersönlichkeit, die ihren Rat ermächtigte oder entwältigte, bezeichnen können: „... und man soll derselben Stadt Bürger und Einwohner (gemeinlich) ermahnen, daß sie ihren Rat beim Regimente lassen ..., und tun sie das dann nicht, so soll die Stadt (gemeinlich) aus der Hanse sein, und die anderen Hansestädte sollen danach mit der Stadt Bürgern oder Einwohnern (besonders) keine Handlung und Gesellschaft haben" (Artikel 3); wird der Rat „von den Bürgern und Einwohnern (gemeinlich) derselben Stadt entwältigt, so soll die Stadt (gemeinlich) darum aus der Hanse sein, und die anderen Hansestädte sollen (ihre Bürger und Einwohner anweisen,) mit der Stadt Bürgern und Einwohnern (besonders), wo die Gewalt geschehen ist, keine Handlung oder Gesellschaft (zu) haben" (Artikel 2).

§ 140. Von der gemeinstädtisch-hansischen Ebene aus wendet sich die Satzung in erster Linie an die Einzelstädte als jene Partikularverbände, mit denen sich die zur Tagfahrt versammelten Ratssendeboten eins wußten, wenn es gelang, ihrer aller Willen übereinszutragen. Um dieses Ziel zu erreichen, verlangten sie, daß jede Hansestadt die Urheber gewaltsamen Auflaufs als Einzeltäter verfolgte und deren nichthansische Helfer miede; sie schlossen Gemeinden, die ihren Rat gewaltsam entmächtigten, aus ihrer Gemeinschaft aus, solange sie auf ihrem Vorsatz beharrten, und geboten jeder anderen Hansestadt, sie zu meiden. Das Gebot zu meiden richtete sich jedoch nicht nur an Bürger und Einwohner gemeinlich, sondern auch an jeden von ihnen besonders; insofern galten auch die Individuen als hanse-unmittelbar, waren sie nicht nur Bürger und Einwohner ihrer Stadt, sondern auch solche der deutschen Hanse (siehe unten, § 289). Schließlich forderten die gemeinen Städte von jenen Partikulargemeinden, die ihre Räte gewaltsam und widerrechtlich entmächtigten, eine Buße.

Das Recht der Gemeinden, die Vollmacht ihrer Räte in friedlicher Weise, auf dem Wege der Verhandlung und des Rezesses, zu begrenzen, zogen die Ratssendeboten jedoch nicht in Zweifel. Vielmehr erachteten sie es als so selbstverständlich, daß es keiner Normierung bedurfte, da ja nur das reguliert werden mußte, was verboten und strafbar sein sollte. Abgesehen davon, daß sie die Grenze, bis zu der hin der Lauf aufs Rathaus als friedlich und rechtmäßig galt, von der herkömmlichen Zahl von zehn Versammelten auf sechs[274] herabsetzten, bestätigten sie das überkommene niederdeutsche Verfassungsrecht, insbesondere die Kompetenz der Gemeinden, ihre Räte zum Regimente zuzulassen, und die Macht der einzelnen Städte, über Streitigkeiten zwischen Rat bzw. Ratmannen und Bürgern selbst zu richten. Die Verhansung jener Städte, die sich weigerten, zur Eintracht zurückzukehren, diente dabei als prozessuales Zwangsmittel (oben, § 95).

Was aber die bußwürdige Kränkung der Hanse anlangt, deren sich jede zwieträchtige Stadt schuldig machte, so kann sie lediglich darin bestanden haben, daß eine solche Stadt mit der Entsendung unmächtiger Ratskumpane zu den gemeinsamen Tagfahrten die ganze hansische Gemeinschaft schwächte. Aus dem Auftrage, diese Gefahr abzuwehren, leiteten die gemeinen Städte für sich die Befugnisse einer mit Weisungs- und Zwangsgewalt bewehrten Rechtsaufsicht über das Verhalten und die Rechtspflege aller hansischen Stadtgemeinden ab. Eine Begünstigung bestimmter Verfassungsformen sprachen sie mit ihrer Satzung jedoch nicht aus. Abgesehen davon, daß die Ansicht, der Stadtrat genieße gegenüber der Gemeinde Freiheiten und Herrlichkeiten, allem Stadtrecht widersprach und nur aus dem (durch den Lübecker Schiedsspruch vom 15. Juni 1416 vermittelten) Reichsrecht in die hansische Satzung verpflanzt worden sein kann[275], besagte der Hinweis auf die her-

---

274 EBEL (1971, wie Anm. 74) S. 248f.
275 Es ist gewiß kein Zufall, daß der Stralsunder Ratsschreiber, der am 21. Sept. 1421 diesen Artikel zitierte (unten, § 156), das Wort ‚Herrlichkeiten' durch ‚Ehrlichkeiten' ersetzte. HR I 7 n. 388.

kömmlichen Vollmachten eines Rates gar nichts, wenn eben deren Grenzen strittig waren und sich die streitenden Parteien bei dem Versuch, sie festzulegen, auf das Herkommen und dessen Restitution berufen konnten.

§ 141. Während die Lübecker und die Wendischen Städte die Normierung des hansischen Rechtes vorbereiteten, von dem diese Satzung einen Teil bildete, waren in der bischöflichen Landstadt und Hansestadt Stade im Jahre 1417 Wirren ausgebrochen, deren Anlaß uns zwar ebensowenig erkennbar wird wie der Inhalt des Vergleichs, welcher die Stadt schließlich wieder befriedete, die aber hier nicht zu übergehen sind, weil sie damals die versammelten Ratssendeboten lebhaft beschäftigt haben. Schon 1417 oder 1418 hatten die gemeinen Städte ihre Freunde nach Stade gesandt, „um sotane verderbliche Unredlichkeit, Erniedrigung und Unmacht eures Rates" zu beheben. Zwar hatte damals die Gemeinde die Sache ohne ihre Hilfe und Vermittlung zu einem guten Ende gebracht, wie sie am 14. September 1419 an die Gemeinde zu Stade schrieben[276], jetzt aber, so fuhren sie fort, vernähmen sie, daß es „nun leider unredlicher mit euch ist, als es zuvor war, und auch euer Rat unmächtiger sei als zuvor". Da sie dies nicht länger leiden könnten noch wollten, forderten sie die (hierfür offenkundig zuständige) Gemeinde dazu auf, ihre Hauptleute zu verlassen „und euren Rat wieder zu alsotaner löblicher Macht zu gestatten, wie es sich gebührt." Gleichzeitig unterrichteten die in Lübeck versammelten Ratssendeboten der Hansestädte den Rat zu Stade von ihrer Verwunderung über den neuerlichen Ausbruch des Unwillens und von dem Schreiben, das sie deswegen an die Gemeinde richteten. Sie schlossen mit dem Wunsch, der Rat möge es mit der Gemeinde und diese mit ihm so fügen, daß er und sie und die Stadt keinen Schaden nähme[277].

Die Gemeinde hatte demnach ihren Rat weder gestürzt noch vertrieben, sondern ihn in ähnlicher Weise, wie es 1410 in Hamburg geschehen war, in seiner Vollmacht beschnitten. Das Eingreifen der Hanse, wenn es denn erforderlich wurde, stützte sich daher auf Artikel 3 des Statuts vom 24. Juni 1418. Die Gemeinde intitulierte sich in ihren Schreiben als „Meinheit und Ämter der gemeinen Bürger und Einwohner zu Stade" und gebrauchte zur Beglaubigung die Siegel je zwei oder vier genannter einzelner Bürger. Sie setzte sich also nach sächsischem Brauche aus Partikularverbänden der Bürger und der Handwerker zusammen, wußte aber sehr wohl, daß sie es im wendischen Lübeck statt dessen mit „gemeinen Bürgern, Kaufmannen und Ämtern" zu tun hatte. Aus Schreiben, die sie am 28. September an die in Lübeck versammelten Ratssendeboten und am 31. Oktober 1419 an die Gemeinde daselbst richtete[278], erfahren wir, daß die Gemeinde der Bürger zu Stade „etliche Personen unserer Ratsherren zu beschuldigen hatte mit Recht um missetätiger Handlung, unschicklicher Partei und Aufsatzes willen, die

---

276 HR I 7 n. 96.
277 HR I 7 n. 97.
278 HR I 7 n. 106, UB der Stadt Lübeck T. 6, Lübeck 1881, S. 180 n. 132.

sie lange Zeit zum Verderben der Bürger gehabt haben," doch sei den Bürgern mit Gottes Gnade die Unredlichkeit dieser Ratmannen bekannt geworden, und um „alle Zwietracht zu vereinigen", hatten sie etliche Bürger als Vermittler eingesetzt. Sie wehrten sich dagegen, daß die gemeinen Städte diese Bürger als ihre Hauptleute denunzierten; sobald der Unwille beigelegt sei, „ist kein Bürger der eine höher als der andere, sonderlich keine Hauptleute mit allen noch mit irgendwelchen Eiden verbunden." Es war also eine Situation wie vor neun Jahren in Hamburg entstanden, wo sich der Unwille der Bürger ebenfalls nicht gegen den Rat insgesamt, sondern nur gegen bestimmte, besonders hoffährtige und eigenwillige Ratsherren gerichtet hatte (oben, § 118).

§ 142. Durch den Mund ihrer Worthalter hatte die Gemeinde von dem Rate zu Stade begehrt, er möge über die beklagten Ratmannen Gericht halten. Beide Parteien, die beschuldigten Ratskumpane und die klagenden Bürger, ergaben sich „in unserer Stadt Recht und verbürgten mit erbgesessenen Bürgern, ihr Recht zu stehen; ferner wurden sie des zu Willen mit den Bürgern," daß man Ratmannen von Lübeck, Hamburg, Bremen und Buxtehude zu diesem nach Stadtrecht verfahrenden Schiedsgericht hinzuziehen sollte, um dessen Neutralität zu sichern. Die Gemeinde war daher guter Dinge und sagte noch am 28. September den Ratssendeboten in Lübeck zu, sobald aller Unwille beigelegt sei, wollten sie ihren Rat „ehren und in ehrenreichem Staat halten, um ihnen gehorsam und untertänig und ihrem Rechte beiständig zu sein, in solcher Majestät und Würdigkeit, wie wir ihnen in Rechtfertigung zu tun schuldig sind, als unseren alten Herren."

Aber die Ratssendeboten, die noch bis zum 27. September in Lübeck versammelt blieben, waren auch mit soviel offensichtlich übertriebener Demut nicht zufrieden: Noch bevor sie auseinandergingen, schlossen sie die Stader aus der Hanse aus. Da der Rezeß dieser Lübecker Tagfahrt nicht überliefert ist, können wir den Grund dafür nur erraten. Offenbar erwarteten sie nach Artikel 3 des Statuts vom vorigen Jahre, daß die Stader die Anklage gegen ihren Rat zurückzogen und der Hanse für die Verletzung jenes Artikels Genugtuung leisteten. Der Rat zu Lübeck blieb bei der Meinung, und die Hamburger pflichteten ihm darin bei, es sei das Beste, „daß man in der Sache fortfahre nach Inhalt des Rezesses, also die gemeinen Städte übereingetragen haben"; die Hamburger wollten auch „mit ihren Bürgern darum ferner nicht sprechen". So wurde am 16. Oktober in Lübeck und Hamburg der hansische Beschluß wider die Stadt Stade in der Bursprake öffentlich bekanntgemacht[279].

Dies geschah, während noch ein Ratmann aus Stade auf der Reise war, um die genannten vier Städte zur Entsendung ihrer Schiedsleute nach Stade zu bewegen. Als dieser Bote mit der Nachricht von der Verhansung heimkehrte,

---

279 UB der Stadt Lübeck T. 6, S. 172 n. 126. J. BOLLAND, in: Hamb. Burspraken (1960, wie Anm. 185) T. 1 S. 11, 17.

Autonome Gemeinde und vollmächtiger Rat   151

löste er in Stade die größte Überraschung aus. Seine Ratskumpane schrieben am 31. Oktober nach Lübeck, sie hofften sehr, die Hanse nicht verwirkt zu haben, und baten um Widerruf des Gebotes, da sie bereit seien, jedermann zu Recht zu stehen, der sie beschuldigen wollte[280], und auch die Gemeinde teilte in dem zitierten Schreiben vom gleichen Tage[281] der Lübecker Meinheit mit, sie wisse nicht, warum man sie ausgeschlossen habe, da sie niemandem Unrecht getan hätten. Die beklagten Stader Ratmannen indessen benutzten dies als Vorwand, um sich dem Gericht ihrer Kumpane zu entziehen. Sie „entwichen dem Recht und ihren Bürgern, denen wir (die Meinheit und Ämter) doch mit Recht folgen dürfen und von unserem Rate nichts denn Recht begehren, und wollen einem jeden von binnen und draußen tun, soviel unser Rat spricht, daß Recht sei." Daher baten sie die Lübecker Gemeinde, bei ihrem Rate darauf hinzuwirken, daß die Verhansung widerrufen werde. Bei den Flüchtigen handelte es sich um zwei Bürgermeister und einen Ratmann, die zweifellos vom Rate zu Stade alsbald wegen Meineides verfestet und deren Güter beschlagnahmt wurden.

§ 143. Da sich die drei Entwichenen in den Schutz ihres Stadtherrn, Erzbischof Johanns von Bremen, begaben, erwuchs die in der Hansestadt an der Schwinge herrschende Zwietracht nun zu einem Politikum höheren Grades. Die gemeinen Städte konnten jetzt behaupten, daß die von Stade auch gegen Artikel 2 ihrer Satzung vom 24. Juni 1418 verstoßen hätten, und die Wendischen Städte mit den Lübeckern an der Spitze benutzten die Gelegenheit, um an ihnen, ungeachtet ihrer stadtrechtlich unanfechtbaren Position, ein Exempel zu statuieren und damit allen hansischen Stadtgemeinden die Geltung der Statuten von 1418 ein für allemal einzuschärfen, hatten die Ratssendeboten der Wendischen Städte doch den Lübeckern selbst in ihrem Schiedsspruch vom 15. Juni 1416 die Strafe der Verhansung angedroht, falls ihr Rat es versäumte, über Verbrechen wider den Bürgerrezeß zu richten (oben, § 128), aus dem sich jene Satzung zu einem guten Teil herleitete. Wie aus einem Schreiben der Ratmannen zu Göttingen vom 13. November 1419 hervorgeht, teilten sie den Städten mit, daß sie die Stader wegen Verstoßes gegen jenes Statut aus der Gemeinschaft des Kaufmanns und der Städte ausgeschlossen hätten[282], und gegenüber dem Rate zu Stade beharrten sie „um mehreren Zwanges und Ernstlichkeit willen" darauf, daß sich ihre Stadt zunächst vollkommen vor ihnen rechtfertige, bevor sie wieder in die Hanse aufgenommen werden könnten[283].

Unterdessen hatte sich Erzbischof Johann von Bremen in Begleitung der Stiftsstände nach Stade begeben, um Eintracht zwischen den drei Entwichenen und den Bürgern zu machen, aber wie er am 11. Dezember an die Lü-

---

280 UB der Stadt Lübeck T. 6, S. 179 n. 131.
281 UB der Stadt Lübeck T. 6, S. 180 n. 132.
282 UB der Stadt Lübeck T. 6, S. 188 n. 140.
283 UB der Stadt Lübeck T. 6, S. 191 n. 143, S. 193 n. 145.

becker schrieb[284], fand er auch beim zweiten Male kein Gehör, da die Stader Bürger die drei Deserteure unter keinen Umständen als Bürgermeister und Ratmann in der Stadt leiden wollten. Jedoch auch das Anerbieten der drei, entweder vor dem Erzbischof und dem Lande Bremen oder vor Lübeck und den gemeinen Städten zu Recht zu stehen, hätten die Bürger abgelehnt. Den erzbischöflichen Stadtherrn dünkte dies mit Recht unfüglich, und die Lübekker, denen die ihnen vom König beigelegte Herrlichkeit den Blick getrübt haben mag, glaubten dies als anerkanntes Haupt der Hanse offenbar auch von sich sagen zu dürfen, zumal sich der Erzbischof bei ihnen für die drei Flüchtlinge verwandte, derer sie „vollkommen mächtig" sein sollten[285]. Durch ihren Sprecher, den Bürgermeister Hinrik Dreyer, drängten die Deserteure nun bei Lübeck und Hamburg darauf, daß die Städte im Bunde mit dem Erzbischof „diesen Überfang und Ungehorsam" an denen von Stade, ihren früheren Eidgenossen, bestraften[286]. Wie die Lübecker abtrünnigen Bürgermeister und Ratmannen im Jahre 1410 das Reichsrecht, so versuchten die Stader Ausgewichenen jetzt das Landrecht gegen die bürgerliche Einung auszuspielen. Nur deswegen, weil sich die Stader Gemeinde, gleich der Lübecker im Jahre 1408, keines Blutvergießens schuldig gemacht hatte, dürften die Stader imstande gewesen sein, diese Bedrohung ihres Kommuneprivilegs und das unheilvolle Bündnis der Wendischen Städte mit ihrem Stadtherrn abzuwenden. Sie erkannten es für das kleinere Übel, ihren Stadtherrn als Vermittler anzunehmen.

§ 144. So konnte Erzbischof Johann am 12. April 1420 den in Wismar versammelten Ratssendeboten der Hansestädte mitteilen, daß er den in seiner Stadt Stade aufgestandenen Unwillen freundlich – also nicht nach Landrecht – entschieden habe und daher darum bitte, die von Stade wieder zur Hanse zuzulassen, da er und sein Stift von dem Verkehrsverbot großen Schaden erlitten hätten[287]. Mit diesem Briefe versehen, erschienen Stader Ratssendeboten am 14. April persönlich vor den Städten und baten um Gnade und um die Erlaubnis, wieder in die Hanse zu kommen[288]. Aber in merkwürdiger Überschätzung sowohl ihrer Rechte als auch ihrer Macht waren die Ratssendeboten dazu nicht bereit. Sie erklärten den Stadern, sie könnten sie nur dann „wieder zu Gnaden und an die Hanse nehmen", wenn zuvor „diejenigen, die den Auflauf auf euren Rat und Zwietracht in eurer Stadt gemacht haben, das doch auf drei oder vier Personen steht, wie wir erfahren haben, die sotane Zwietracht in anderen Städten auch gerne gemacht hätten"[289], nach der Städte

---

284 UB der Stadt Lübeck T. 6, S. 199 n. 151.
285 S. o., § 44 Anm. 91.
286 UB der Stadt Lübeck T. 6, S. 201 n. 154, S. 202 n. 157, 158.
287 HR I 7 n. 189.
288 HR I 7 n. 182 § 18.
289 Offenbar Anspielung auf das Stader Schreiben an die Gemeinde zu Lübeck vom 31. Okt. 1419, s. o., § 141 (Anm. 278), § 142 (Anm. 281). Dazu auch unten, § 159.

Autonome Gemeinde und vollmächtiger Rat 153

Ordinanzie und Inhalt des Rezesses gerichtet werden." Im gleichen Sinne zeigten sie dem Erzbischof an, sie begrüßten es zwar, daß die Zwietracht in Stade beigelegt sei, aber mit dieser Zwietracht hätten die von Stade die Ordinanz und Eintracht der gemeinen Hansestädte übertreten; daher könne man ihnen erst dann etwas Gutes tun, wenn sie das insbesondere an den vier „Hauptleuten der Zwietracht" gerichtet und wenn sie „den Hansestädten für die Übertretung nach Ausweisung ihrer Ordinanz genuggetan" hätten[290].

Die Ratssendeboten waren also entschlossen, eine mit Weisungs- und Strafbefugnis bewehrte Rechtsaufsicht gegenüber der Stadt Stade durchzusetzen. Offensichtlich unterstellten sie, daß ihre Ordinanz in allen Hansestädten von Rat und Gemeinde angenommen und durch öffentliche Bekanntgabe dem Stadtrecht einverleibt worden sei – eine Annahme, über deren Unwahrscheinlichkeit sie sich eigentlich nicht im unklaren befunden haben können und die sich jedenfalls für Stade als unzutreffend erwies. Mit ihrem Starrsinn erreichten die Ratssendeboten denn auch gar nichts. Am 28. Mai 1420 mußten sie sich von Erzbischof Johann mitteilen lassen, es sei untunlich, das geforderte Gericht über die vier Personen zu halten, da dies nur neuen, verderblichen Unwillen in Stade hervorrufen, aber keinerlei Gewinn bringen werde. Vielmehr bat der Erzbischof die zur Zeit in Schleswig versammelten Sendeboten, das Gericht abzusetzen, die von Stade wieder zur Hanse zuzulassen und es bei den Artikeln und Stücken bleiben zu lassen, die er als Rezeß zwischen Rat und Bürgern dortselbst ausgehandelt habe[291]. Diesem Begehren müssen sich die Sendeboten gebeugt haben, denn spätestens zur Tagfahrt des 13. Januar 1422 wurde Stade wieder als ordentliche Hansestadt eingeladen[292]. Der Versuch Lübecks und der Wendischen Städte, einer Hansestadt Bürgermeister und Ratmannen aufzuzwingen, die die Gemeinde als solche nicht akzeptierte, und damit der Gemeinde die Entscheidung über die Vollmacht ihres Rates zu entziehen, war gescheitert. Es ist nicht zweifelhaft, daß die Stadt Stade während all dieser Jahre einen nach ihrem Stadtrecht vollmächtigen Rat besaß, und die gemeinen Städte sahen sich gezwungen, diese Rechtstatsache anzuerkennen.

2.12. Halberstadt 1425

§ 145. In der Bischofs- und Hansestadt Halberstadt ereignete sich am 22. November 1423 ein Auflauf von Bürgern und Einwohnern. Etliche (wohl in amtlicher Funktion) auf der Vogtei verweilende Bürger ergriffen den Bürgermeister und drei Ratmannen und ließen sie am nächsten Tage auf dem Markte öffentlich mit dem Schwerte hinrichten; vielen anderen erlegte man

---

290 HR I 7 n. 191, 190.
291 UB der Stadt Lübeck T. 6, S. 250 n. 210.
292 HR I 7 n. 427.

Hausarrest und schwere Geldstrafen auf[293]. Um auf diese Weise „an ihrem Höchsten gerichtet" zu werden (oben, § 124), mußten sich die Gefangenen in den Augen des Volkes, welches im Vogtgericht den urteilenden Umstand bildete, schwerster Verbrechen wider das Stadtrecht und der Gemeinde Bestes schuldig gemacht haben. Da die Hinrichtung entgegen einem Verbot des bischöflichen Stadtherrn erfolgte, der mit der Stadt ohnehin wegen Beeinträchtigung sowohl seiner Freiheit innerhalb der Mauern als auch der Rechte und Freiheiten des Klerus im Streite lag[294], ist anzunehmen, daß man ihnen Begünstigungen des selbstwirtschaftenden Klerus zu Lasten der städtischen Gewerbetreibenden vorgeworfen und dies als Bruch des Ratseides ausgelegt hatte. Die nicht angeklagten Mitglieder des Rates blieben offenbar zunächst im Amte, denn die beiden streitenden Parteien wandten sich im Januar 1424 an die benachbarten Städte, um sie als Vermittler zu gewinnen[295]. Aber schließlich müssen sie doch aus der Stadt entflohen sein, um sich dem Gericht ihrer Eidgenossen zu entziehen und ihr Recht bei der deutschen Hanse und bei König Sigismund zu suchen.

Die gemeinen Städte forderten die von Halberstadt auf, sich vor ihrer auf den 14. Mai 1424 in Lübeck angesetzten Tagfahrt zu verantworten, wo auch ihre Gegner, die Vertriebenen, durch vollmächtige Gesandte von ihretwegen zu Recht stehen wollten. Als die Halberstädter dem nicht nachkamen, legten sie ihnen dies als Frevel aus[296], womit sie schwerlich etwas anderes als die Zurückweisung ihrer in dem Statut von 1418 begründeten Rechtsaufsicht gemeint haben können. Die Entwichenen erhoben nun auch Klage vor König Sigismund, bei dem sich der Rat von Hildesheim am 20. Dezember 1424 zu ihren Gunsten verwandte[297]. Dieser Klage wagte die Gemeinde zu Halberstadt nicht auszuweichen. Die Prokuratoren beider Seiten erschienen mit als gültig angenommenen Machtbriefen vor dem Hofgericht – denn hier galten die Regeln des römisch-kanonischen Prozesses –, und zu Anfang Februar 1425 erkannten die königlichen Richter für Recht, daß den Vertriebenen die Rückkehr nach Halberstadt zu gestatten und ihnen die eingezogenen Häuser

---

293 UB der Stadt Halberstadt, 2. Teil, bearb. von Gustav SCHMIDT, Halle 1879, n. 780. Letzte Bearbeitung der „Halberstädter Schicht": Silke LOGEMANN, Grundzüge der G. der Stadt Halberstadt vom 13. bis 16. Jh., in: Bürger, Bettelmönche und Bischöfe in Halberstadt, hg. von Dieter BERG (Saxonia Franciscana, Bd. 9), Werl 1997, S. 81–138, hier: S. 115–128.
294 UB der Stadt Halberstadt T. 2, n. 792 pr. und Art. 5.
295 UB der Stadt Hildesheim (wie Anm. 164) T. 3 (1887), n. 1116.
296 UB der Stadt Hildesheim T. 3, n. 1148.
297 UB der Stadt Halberstadt T. 2, n. 786. FAHLBUSCH, Städte und Königtum (1983, wie Anm. 239) S. 214.

und Güter daselbst zurückzugeben seien. Zum Vollstrecker ihres Urteils bestimmten sie den Bischof Johann von Halberstadt[298].

§ 146. Seit der Desertion ihres Rates im Februar oder März 1424 entbehrte die Gemeinde zu Halberstadt eines Rates. Sie war daher genauso gezwungen, sich einen neuen Rat zu setzen, wie es im Jahre 1374 die Braunschweiger und 1408 die Lübecker gewesen waren. Außerdem bestimmte sie 46 Männer aus ihrer Mitte zu Sprechern und Worthaltern ihrer Interessen. Dies geschah gegen den Willen des bischöflichen Stadtherrn[299] und offensichtlich in der Absicht, in Verhandlungen mit dem Rate mittels eines Bürgerrezesses dessen Verfassung neu zu ordnen, wie nach hansisch-niederdeutschem Stadtrecht üblich. Während aber die gemeinen Städte damals den neuen Rat zu Lübeck, der sich allerdings nicht mit Blut befleckt hatte, als vollmächtigen Rat anerkannt oder wenigstens geduldet hatten, scheinen sie gegenüber dem neuen Rate zu Halberstadt dieselbe Haltung eingenommen zu haben wie vor einem halben Jahrhundert gegenüber dem zu Braunschweig: Sie dürften ihn als einen, „der sich selbst für einen Rat gesetzt hat", dazu aufgefordert haben, vor ihnen zu Recht zu stehen (oben, § 95), und beauftragten die Braunschweiger mit der Gerichtsbarkeit. Denn nun zogen Ratssendeboten von Braunschweig nach Halberstadt, um „die Zwietracht zu unterfangen und zu brechen und sie zu schlichten". Dort scheint man sie zunächst als Schlichter akzeptiert, dann aber wieder abgewiesen zu haben, „obwohl es uns von der Stadt Halberstadt versiegelt" war[300].

Unterdessen hatte Bischof Johann die Gemeinde zu Halberstadt – deren Kompetenz und Prozeßfähigkeit sogar das Hofgericht anerkannte – dazu aufgefordert, dem königlichen Urteil zu gehorchen, aber auch diesem Gebot widersetzte sie sich mit Frevel und Ungehorsam. Daraufhin ordnete der König am 16. Mai 1425 an, daß die Bischöfe zu Hildesheim und Halberstadt, die Herzöge zu Braunschweig und Lüneburg, die Grafen zu Wernigerode und Reinstein und dazu die Städte Lübeck, Lüneburg, Braunschweig, Magdeburg und weitere achtzehn sächsische Städte die „Gemeinschaft und Stadtgeschworenen zu Halberstadt" mittels Arrestation ihrer Güter zum Gehorsam zwingen sollten[301]. Was nun folgte, konnten die Hansestädte schwerlich als siegreiche Verteidigung städtischer Freiheit gegen fürstliche Herrschaft be-

---

298 Johann F. BÖHMER, Regesta Imperii Bd. XI: Die Urkunden Kaiser Sigmunds, verz. von Wilhelm ALTMANN, 1. Bd. Innsbruck 1896, n. 6145, nach UB der Stadt Lübeck T. 6, S. 638 n. 657.
299 UB der Stadt Halberstadt T. 2, n. 792 Art. 18.
300 UB der Stadt Halberstadt T. 2, n. 790.
301 UB der Stadt Lübeck T. 6, S. 638 n. 657, verz. bei BÖHMER, Regesta Imperii Bd. XI, 1 n. 6290. Die achtzehn Städte waren Halle, Goslar, Hildesheim, Erfurt, Mühlhausen, Nordhausen, Leipzig, Quedlinburg, Aschersleben, Wernigerode, Blankenburg, Derenburg, Helmstedt, Schöningen, Stendal, Tangermünde, Göttingen und Duderstadt. LOGEMANN (1997, wie Anm. 293) S. 124.

trachten. Die von Braunschweig nämlich von wegen aller ehrlichen Städte der Hanse verbündeten sich am 5. Juli 1425 mit Bischof Johann und dessen Städten Quedlinburg und Aschersleben mit dem Ziele, am 20. Juli vor Halberstadt zu liegen und die Mörder vor Gericht zu laden[302].

§ 147. Im Begriff, zu dem Kriegszuge auszurücken, sandten sie am 18. Juli den Absagebrief nach Halberstadt. Rat, Gemeinde und Stadt ignorierend, wandten sie sich darin nur an die Bürger und Einwohner, die offenbar in den Augen der gemeinen Städte als von Zwietracht zerrissene Rechtsbrecher und Meineidige wieder auf die Stufe der bloßen Personenvielheit herabgesunken waren: „Wisset, ihr Bürger gemeinlich zu Halberstadt und Einwohner daselbst, da ihr einen treulosen Auflauf getan habt an etlichen ehrbaren Leuten von dem Rate der Stadt Halberstadt und ihren Freunden, derer ihr einen Teil gemordet habt zu Halberstadt und einem Teil das Seine nehmen lassen, darum wir die Unseren sandten in die Stadt zu Halberstadt ..., die Zwietracht zu ... schlichten, dessen ihr uns nicht folgen wolltet, obwohl es uns von der Stadt Halberstadt versiegelt ist: Wäre es, daß wir, der Rat und Bürger gemeinlich der Stadt Braunschweig mit unseren Helfern ..., dieser Sache wegen wider euch in Hilfe kämen des ... Herrn Johann, Bischofs zu Halberstadt, oder sonst jemandes, und wir ... euch oder denen, die euch zugetan wären, so oder anders irgendwelchen Schaden täten, ... des Schadens wollen wir eure Feinde sein und uns des unsere Ehre an euch und den Euren wohl verwahrt haben"[303].

Als sich die Truppen des Bischofs und der Hansestädte vor die Stadt gelegt hatten, setzte der Anblick die Bürger dermaßen in Schrecken, daß sie ihren Bürgermeister nebst Bruder und Sohn und einen Ratmann an die Belagerer auslieferten. Dies geschah zweifellos gemäß einem Urteil des Ratsgerichtes, das wegen eideswidriger Schädigung des gemeinen Besten über sie gerichtet und auf Stadtverweis erkannt haben wird. Die vier Männer wurden, vermutlich nach einer Verurteilung im bischöflichen Landgericht, am 26. Juli 1425 enthauptet[304]. Von einem erneuten Auflauf in der Stadt, vom Rückruf der vor zwei Jahren vertriebenen Mitglieder des alten Rates und außerordentlicher Ratssetzung verlautet nichts. Es fehlte der Gemeinde dazu auch die Zeit, denn gleichzeitig mit der Auslieferung der Verfesteten muß sie Verhandlungen mit dem Bischof über einen Vergleich begonnen haben, da dieser bereits am 19. August 1425 zustandekam. Wir müssen also annehmen, daß es der wohl im Februar oder März 1424 von der Gemeinde erhobene neue Rat war, der sich zusammen mit Innungsmeistern, Burmeistern und ganzer Meinheit der Stadt einem von beiden Seiten bestellten Schiedsgericht unterwarf und am 19. Au-

---

302 UB der Stadt Halberstadt T. 2, n. 789. LOGEMANN (1997, wie Anm. 293) S. 125.
303 UB der Stadt Halberstadt T. 2, n. 790.
304 UB der Stadt Halberstadt T. 2, n. 780.

Autonome Gemeinde und vollmächtiger Rat 157

gust 1425 unter dem großen Stadtsiegel dem Bischof versprach, den Schiedsspruch einzuhalten[305].

§ 148. Das Schiedsgericht bestand aus dem Domkapitel zu Halberstadt und aus Ratssendeboten von Magdeburg, Braunschweig, Quedlinburg und Aschersleben von wegen der ehrlichen Städte Magdeburg, Braunschweig, Goslar, Hildesheim, Halle, Lüneburg, Hannover, Helmstedt, Quedlinburg und Aschersleben; die Halberstädter hatten sie alle „mit unseren Eiden und besiegelten Briefen unserer vollmächtig" gemacht, um dem Bischof ohne Widerspruch Genugtuung zu leisten. Zu entscheiden hatten die gekorenen Schiedsleute (oben, § 122) über die Klage des Bischofs wegen am 23. November 1423 vollzogener unbefugter Hinrichtung von vier Ratspersonen und wegen Beeinträchtigung seiner Freiheit in der Burg und Stadt. Die desertierten Ratmannen waren ebensowenig als Partei an dem Verfahren beteiligt, wie dieses auf das von ihnen erstrittene Hofgerichtsurteil Rücksicht nahm. So stand denn auch die Vollmächtigkeit des (neuen) Rates zu Halberstadt nicht zur Diskussion; sie war sowohl vom Bischof als auch von den Städten anerkannt. Um seiner und der Gemeinde Bitte willen und mit deren „Wissenschaft und Vollbord" erlegten die Schiedsrichter der Stadt folgende Verpflichtungen auf:

1. Wiedergutmachung des an den vier Hingerichteten begangenen Unrechts: Die Leichen sollten in die Markt- und Ratspfarrkirche St. Martini umgebettet werden; zu der Seelmesse sollten „wir und alle Hauswirte kommen" und ein jeder ein Viertelpfund Wachs zum Hochaltar opfern (Artikel 1 bis 4). 2. Anerkennung der Freiheiten des Klerus und seines Rechtes auf wirtschaftliche Betätigung (Artikel 5 bis 12). 3. Versöhnung mit den Vertriebenen derart, daß niemand mehr etwas fordern oder sich rächen dürfe: Rat und Gemeinde sollten ihren Ratskumpan Hermen Quenstede wieder „in seine Ehre und Würdigkeit des Ratsstuhls" bringen und alle Ausgeschlossenen wieder zu den Innungen und Ämtern zulassen; jedem der Deserteure waren die erlittenen Schäden in Geld zu ersetzen (Artikel 13 bis 17). 4. Annahme einer neuen Ratsverfassung: „Auch sollen wir die 46 Mann, die in Vorzeiten dem Rate zu Halberstadt wider unseres gnädigen Herrn von Halberstadt Vollbord zu Hilfe gegeben waren, hinfort verlassen und den Rat nach Bequemlichkeit unseres Herrn von Halberstadt und seiner Stadt zu Halberstadt schicken und setzen... Auch ist gededingt und ausgesprochen worden, daß man fernerhin zu ewigen Zeiten ober dem Rate niemanden mehr kiesen oder aufrücken soll, wie es in Vorzeiten die 46 Mann waren, es geschehe denn mit

---

305 UB der Stadt Halberstadt T. 2, n. 792. LOGEMANN (1997, wie Anm. 293) S. 126f. Über die Rolandssäule am Rathause zu Halberstadt als signum libertatis: Jörgen BRACKER, Mythenbildung in hansischer Zeit, in: Die Hanse, Lebenswirklichkeit und Mythos. Eine Ausstellung des Museums für Hamburgische G., Hamburg 1989, T. 1 S. 656–660, hier: S. 659.

Wissenschaft und Willen unseres Herrn von Halberstadt und seines Kapitels" (Artikel 18).

Zwischen die beiden Sätze dieses Artikels schob man die Ratswahlordnung ein: Der (sitzende) Rat sollte aus zwölf der Stadt nützlichen und bequemen Personen, „sie seien in den Innungen oder in der Gemeinde", bestehen; diese bestimmten die Burmeister für die sechs Nachbarschaften des Weichbildes und die Innungsmeister, die ihrerseits als Wahlmänner fungierten und alljährlich mit Mehrheit den neuen (sitzenden) Rat erkoren. Dabei mußten sie zwei Personen aus dem abtretenden Rate „zu Anweisung der neuen" und zehn Personen entweder erstmals oder aus den beiden ruhenden Schichten des Rates zurück wählen. War dies geschehen, so sollten Innungsmeister und Burmeister „ihren Bürgermeister aus den zwölf einträchtig kiesen". In derselben Weise, also auch mit Mehrheit, sollten der Rat die sechs Burmeister und die Innungen ihre Amtsmeister kiesen.

Die letzte und fünfte Auflage des Schiedsspruches betraf die Bestrafung der Aufrührer: Die Urheber (upsetters) der Schicht und die Nutznießer der eingezogenen Güter sollten der Stadt tausend Mark zu Hilfe geben und vom Rate ausgeschlossen, die ledigen Knechte, die dabeigewesen, aus der Stadt verwiesen bleiben (Artikel 19 bis 22).

§ 149. Da sich Rat und Gemeinde dem Schiedsspruch bereits im voraus unterworfen hatten, wurde dieser mit der öffentlichen Verkündung vor versammelter Stadtgemeinde rechtskräftig. Nur der Stadtherr legte Wert darauf, darüber hinaus eine mit dem großen Stadtsiegel und den Siegeln der Schiedsrichter beglaubigte Urkunde zu erhalten, da er sich als Wächter über die Artikel und Stücke betrachtete. Inhaltlich bestätigte der Schied, was nach niederdeutschem Stadtrecht geboten war. Wie 1416 in Lübeck, so bedeutete jetzt in Halberstadt die Auflösung der Sechsundvierziger nicht, daß die Gemeinde ihr Grundrecht eingebüßt hätte, vor hochbeschwerlichen Entscheidungen des Rates um ihren Konsens befragt zu werden. Die Hansestädte nahmen weder daran Anstoß, daß der Schied die Innungen an der Ratswahl beteiligte und Handwerkern Zugang zum Rate gewährte, noch daran, daß sich niemand um ihren in der Satzung vom 24. Juni 1418 verankerten Strafanspruch kümmerte. Auch hatten sie nichts davon, daß König Sigismund ihnen am 21. August 1425 für ihre Verdienste in dieser Sache dankte und sie damit beauftragte, für die Wiedereinsetzung der Vertriebenen zu sorgen[306].

Damit war, nach Stade im Jahre 1420, ein zweiter Versuch der Hansestädte gescheitert, jenes Statut von 1418 gegen eine einzelne Hansestadt durchzusetzen und damit die Befugnis, über die Vollmacht eines Stadtrates zu urteilen, an die gemeinen Städte zu ziehen. Es ist dies zudem der einzige Versuch der Städte geblieben, ihren Anspruch mit Hilfe einer gewaltsamen Exekution zu vollstrecken, da sich das Ergebnis als ein glatter Fehlschlag erwies. Es

---

306 UB der Stadt Halberstadt T. 2, n. 793, verz. bei BÖHMER, Regesta Imperii Bd. XI, 1 (wie Anm. 298) n. 6387.

kann keine Rede davon sein, daß die Halberstädter „belagert und unterworfen", daß ihnen „ein der Hanse genehmes ... Stadtregiment" aufgezwungen und daß „die weniger Vermögenden ... aus der Stadtführung verdrängt" worden wären[307].

§ 150. An dem Grundrecht der Gemeinden, vor dem Abschluß auswärtiger Bündnisse konsultiert zu werden, welches der Vollmacht ihrer Räte eine feste Grenze setzte, ist zweifellos auch der Abschluß jenes großen Bündnisses gescheitert, auf dessen Wortlaut sich vierzehn sächsische Städte, einschließlich der vor einem Jahre noch von ihnen verfolgten Halberstädter, unter der Führung von Magdeburg und Braunschweig am 21. April 1426 verständigten[308]. Dieser Vertrag zog zwar aus dem Fehlschlag in Sachen der Halberstädter Schicht die Konsequenz, indem er bei Aufläufen in den Bundesstädten die Schlichtung zur Angelegenheit der zuständigen Stadtgerichte erklärte; er mußte aber den Widerspruch der steuerzahlenden Gemeinden provozieren, wenn er bestimmte, daß Ratssendeboten von Göttingen, Hildesheim, Braunschweig und Magdeburg die Verbündeten auf deren aller Kosten auf den hansischen Tagfahrten vertreten sollten.

Daß es sich bei diesem Vertrage lediglich um einen ausschließlich von den Räten unter Ausschluß der Öffentlichkeit vereinbarten[309] Entwurf handelt, der niemals in Kraft getreten ist, ergibt sich daraus, daß zwar in den Archiven von vier beteiligten Städten Abschriften des Vertragstextes, aber nirgendwo besiegelte Ausfertigungen zu finden sind. Dies deutet darauf hin, daß das von den Ratssendeboten am 21. April 1426 für den Vollzug der Bündnisurkunde vorgesehene Verfahren nicht zu Ende geführt werden konnte. Danach hatten nämlich die Ratssendeboten den Vertragstext daheim ihren Räten vorzulegen; diese sollten dem Rate zu Braunschweig erklären, ob sie das Abkommen besiegeln wollten, und die Braunschweiger sollten sodann die Reinschrift unter Auslassung der Unwilligen ausfertigen[310]. Unwillig aber können nur jene gewesen sein, die nicht die Zustimmung ihrer Gemeinden zu dem Bündnis zu erlangen vermochten. Wieviele ihrer waren, ist unbekannt.

---

307 Dies nimmt Gudrun WITTEK, Handlungsebenen zwischenstädtischen Friedens im sächsischen Drittel der Hanse, in: HGbll. 115 (1997) S. 109–132, hier: S. 112f., an. LOGEMANN (1997, wie Anm. 293) S. 125f., beurteilt das Eingreifen der Hanse als „Präventivmaßnahme", deren Durchführung dem regionalen Städteverbande überlassen blieb; dessen Ratsgeschlechter seien tätig geworden, weil der Halberstädter Auflauf ihre eigenen Herrschaftsansprüche bedroht habe. Der Aufruhr selbst sei kein Klassenkampf zwischen Handwerkern und Patriziern, sondern ein Bürgerkampf gewesen, ausgegangen von Kräften, „die eine breitere Repräsentation der Gemeinde wünschten," S. 128.
308 HUB Bd. 6 (1905) n. 624.
309 So auch WITTEK (1997, wie Anm. 307) S. 130.
310 HUB Bd. 6 (1905) n. 625. Dieses Zeugnis mißachtend, nimmt WITTEK (1997, wie Anm. 307) S. 130, an, alle in dem Entwurf genannten Städte hätten den Vertrag besiegelt.

2.13. Wismar 1430 und Rostock 1439

§ 151. Die Frage, ob der Rat einer Hansestadt die Grenzen seiner Vollmacht überschritte, wenn er ohne Vollbort der Gemeinde ein auswärtiges Bündnis abschloß, spielte eine besondere Rolle während der Unruhen, die im Herbst 1427 die Wendischen Städte heimzusuchen begannen. Gemeinsame Interessen in der schleswigschen Frage hatten Lübeck, Rostock, Stralsund, Wismar, Lüneburg, Greifswald und Anklam dazu bewogen, am 15. Juni 1423 ein Bündnis mit König Erich von Dänemark einzugehen, das indessen rasch obsolet wurde, da der König nicht davon abließ, die deutschen Kaufleute in seinen Reichen ohne Rücksicht auf deren Privilegien zu beschweren und zu behindern. Mehrfach berief sich hernach der König, um der wachsenden Feindschaft der Städte zu begegnen, auf jenes Bündnis, so daß kein Zweifel daran bestehen kann, daß es durch den Austausch der besiegelten Bündnisbriefe rechtskräftig geworden war. Im Oktober 1427, nachdem der Krieg zwischen ihm und den Städten ausgebrochen war, unterrichtete er, um unter seinen Gegnern Unfrieden zu stiften, die Gemeinden der Wendischen Städte von dem Vertrage, dessen Bruch er den Räten dieser Städte vorwarf, um ihnen die Kriegsschuld zuzuschieben[311].

Dieses Schreiben erregte besonders in Wismar so großes Aufsehen, daß man vermutet hat, das dänische Bündnis sei einst von den Räten ohne Wissen der Bürgerschaften und Gemeinden abgeschlossen worden, zumal es in Wismar so gut verwahrt war, daß sich die Führer der Ämter eine Abschrift aus Rostock kommen lassen mußten, um es kennenzulernen[312]. Um dieselbe Zeit verklagten die Rostocker ihre vier desertierten Bürgermeister bei der Stadtherrin, Herzogin Katharina von Mecklenburg, unter anderem deswegen, weil sie „ihre Stadt zu Rostock und Einwohner mit Zusatz und Verbund zu dem Könige von Dänemark verbrieft, versiegelt und verschrieben haben ohne der Herrschaft und Bürger daselbst zu Rostock Wissen, Willen und Vollbort"[313]. Glaubwürdig ist diese Behauptung, was die Bürger betrifft, nicht, da sie in keiner der anderen beteiligten Städte erhoben wurde und sich Bürgermeister und Ratmannen dieser Städte sowohl in der Intitulation als auch in der Korroboration der Bündnisurkunde[314] ausdrücklich als für sich und ihre Bürger, Einwohner und Meinheiten handelnd und das Stadtsiegel gebrauchend bezeichnen.

---

311 UB der Stadt Lübeck T. 7 (1885), S. 49 n. 57, S. 56 n. 67, zitiert nach Konrad FRITZE, Am Wendepunkt der Hanse (1967, wie Anm. 207) S. 199.
312 Friedrich TECHEN, Die Wismarschen Unruhen im ersten Drittel des funfzehnten Jahrhunderts, in: Jbb. des Vereins für Mecklenburgische G. und Altertumskunde 55 (1890) S. 1–138, hier: S. 48, dazu FRITZE (1967, wie Anm. 207) S. 205 mit Anm. 128.
313 Zitiert bei FRITZE (1967, wie Anm. 207) S. 215.
314 UB der Stadt Lübeck T. 6, S. 522 n. 523.

Sie werden also in verfassungsmäßiger Weise[315] zu diesem hochbeschwerlichen Geschäft die Zustimmung jener ältesten und angesehensten Bürger eingeholt haben, auf die sie überall dort zurückzugreifen pflegten, wo die Gemeinde keine ständigen Worthalter über sich erhoben hatte oder gar erheben durfte. Ebenso handelten „wir Bürgermeister, Ratmannen, Gemeinde und Einwohner der Stadt Lübeck" gemeinsam, als sie im September 1426 König Erich den Krieg erklärten. Dasselbe taten die Stralsunder, nachdem sie „darum mit unseren gemeinen Bürgern gesprochen" hatten[316].

§ 152. Dieser Krieg nahm zunächst einen unglücklichen Verlauf. Die von dem Lübecker Bürgermeister Tidemann Steen geführte hansische Flotte erlitt am 11. Juli 1427 im Sunde eine schwere Niederlage, infolge deren sie es nicht mehr verhindern konnte, daß den Dänen die hansische Baienflotte mit 36 Schiffen, darunter zwölf wismarischen, in die Hände fiel. Die Nachricht von diesem Unglück rief in den Städten die größte Erregung hervor. Überall stellten die Gemeinden ihre Räte zur Rede und forderten sie auf, die Vorgänge zu untersuchen und die Schuldigen zu bestrafen. Die Notwendigkeit und Rechtmäßigkeit des Krieges selbst freilich stellte niemand in Frage, da sich die Räte offensichtlich überall im voraus der Zustimmung der Gemeinden zu diesem hochbeschwerlichen Geschäft vergewissert hatten.

In Hamburg beschuldigte die Gemeinde den Ratmann Johann Kletzeke schuldhaften Versagens als Heerführer. Sie machte sich in bewährter Manier durch die Erhebung von Sechzigern handlungsfähig und erhob Anklage gegen Kletzeke vor dem Hochgericht. Der Ratmann wurde zum Tode verurteilt und am 17. Januar 1428 hingerichtet. Die Lübecker Gemeinde nötigte ihren Rat, den Bürgermeister Steen aus dem Ratsstuhle zu verstoßen und gefangenzusetzen, sie unterließ es jedoch, ihn vor dem Hochgericht anzuklagen, da er nach Stadtrecht unschuldig war; trotzdem kam er erst 1434 wieder frei, nachdem er auf sein Ratsamt verzichtet hatte. Die Stralsunder Gemeinde war mit den Auskünften ihrer Bürgermeister offenbar zufrieden; nur wenige Bürger ließen sich dazu hinreißen, in eindeutig rechtswidriger Weise eine Verschwörung gegen den Rat anzuzetteln, doch wurden sie, wie ihre Vorgänger vor 33 Jahren (oben, § 103), verraten; die Bürgermeister ließen ihrer sechs als Verschwörer vor dem Hochgericht anklagen, und am 28. Januar 1428 wurden sie enthauptet. Während sich in diesen drei Städten Gemeinden und Räte an den vom Rechte gebotenen Mitteln des friedlichen Laufens aufs Rathaus und der Anklage vor Gericht genügen ließen, kam es in Wismar, wo die Kaufmannschaft besonders schwer betroffen war, und in Rostock zu gewaltsamem Auflauf und zu heftigen Konflikten.

---

315 S. o., §§ 117, 126, 131. TECHEN (1890, wie Anm. 312) S. 52f., verweist dazu auf das Lübecker Zeugnis vom 1. Sept. 1340, s. o., § 62.
316 EBEL, Lüb. Recht (1971, wie Anm. 74) S. 296: „keine bloß konventionelle, inhaltslose Formel". Dazu Art. 6 des Hamburger Rezesses vom 9. Aug. 1410, oben, § 117. Weiter s. u., § 243.

§ 153. In Wismar[317] scharten sich die Bürger der Meinheit und die Handwerker von den Ämtern um den Wollweber Klaus Jesup, der bereits in den Jahren 1411 und 1413 in ähnlichen Situationen zum Bürgermeister berufen worden war. Am 10. August 1427 liefen sie aufs Rathaus und zwangen den ältesten Bürgermeister, ihnen die Schlüssel zu den Stadttoren auszuliefern. Gemeinsam bestimmten sie 24 Bürger und zwölf Werkmeister, bald darauf dann in demselben Verhältnis zusammengesetzte Sechziger zu Worthaltern, die von ihretwegen mit dem Rate über einen Rezeß zum Schutze der Gemeinderechte verhandeln sollten, und der völlig eingeschüchterte und machtlose Rat ging darauf ein. Außerdem erhoben sie Anklage gegen den Ratmann Hinrik van Haren, dessen Verhaftung sie am 24. September erzwangen, und gegen den Bürgermeister Johann Bantzekow, der aus der Stadt zu entfliehen versuchte und sich dadurch des Meineides schuldig machte. Vergebens arbeiteten die Bürger unter den Sechzigern dafür, den beiden Männern ein Verfahren nach lübischem Recht vor dem Ratsgericht zu sichern, das ihnen das Leben gerettet hätte. An der Spitze der bewaffneten Handwerker zwang Jesup sie und den Rat, die Anklage vor dem Hochgericht durch einen Fürsprecher „von der königlichen Gewalt wegen" zuzulassen und mit ihnen gemeinsam die Folgen der zu erwartenden Todesurteile zu tragen[318]. Am 31. Oktober und am 18. November wurden diese Urteile vollstreckt. Die Verhandlungen über einen Rezeß, der unter anderem die Mitwirkung der Gemeinde an hochbeschwerlichen Geschäften definieren sollte, kamen indessen nicht voran. Die Gemeinde erhob nun Klage gegen den Rat bei der Herzogin, die zwischen ihr und dem Rate zu vermitteln suchte. Aber Jesups bewaffnete Handwerker preßten ihr am 11. Januar 1428 die Erlaubnis ab, den Rat abzusetzen und aus sechzehn Bürgern und acht Werkmeistern einen neuen Rat zu bilden, der Jesup zu einem der Bürgermeister bestimmte.

Auch in Rostock[319] setzte die erregte Gemeinde Sechziger über sich, indem sie je dreißig Personen von den Kaufleuten und von den Ämtern berief. Diese verfaßten einen Bürgerbrief, der die Grundrechte der Gemeinde bestimmte und die Vollmacht des Rates beschränkte, und nötigten den Rat dazu, ihren Willen zu bestätigen. Um sich diesem Zwange zu entziehen, entflohen im Oktober 1427 die vier Bürgermeister aus der Stadt. Die Gemeinde erklärte sie daraufhin für meineidig; sie verfestete sie nach Stadtrecht und erhob nach Landrecht Anklage wider sie bei der Herzogin. Schließlich erklärten die Sechzig den Rat für abgesetzt. Mit Genehmigung der Stadtherrin ließen sie

---

317 TECHEN (1890, wie Anm. 312), besonders S. 30–35, 40f., 48, 61. FRITZE (1967, wie Anm. 207) S. 201–212.
318 Chronik des Magisters Johann Werkmann, hg. von Friedrich TECHEN, in: DERS., Wismarsche Unruhen (1890, wie Anm. 312) S. 96–138, hier: S. 107–110.
319 Rosemarie WIEGAND, Zur sozialökonomischen Struktur Rostocks im 14. und 15. Jh., in: Hansische Studien hg. von HEITZ und UNGER (1961, wie Anm. 210), S. 409–421, hier: S. 418ff. FRITZE (1967, wie Anm. 207) S. 214–225.

Autonome Gemeinde und vollmächtiger Rat

am 6. Dezember einen neuen Rat erkiesen, dem sechs Mitglieder des alten Rates und etliche neue Ratmannen aus der Kaufmannschaft, jedoch wahrscheinlich niemand von den Ämtern angehörte. Dieser neue Rat bestätigte am 22. April 1428 den Bürgerbrief, der die Grundrechte der Gemeinde sowie solche der Einzelnen definierte und den Sechzig die Aufgabe zuwies, der Bürger Werbungen an den Rat zu bringen und ihm in hochbeschwerlichen Geschäften den bindenden Willen der Gemeinde vorzutragen[320]. Von Strafverfahren gegen Ratmannen des alten Rates verlautet nichts.

§ 154. Erstaunlicherweise machten weder die Lübecker noch eine andere Hansestadt Anstalten, Gemeinden und Sechziger zu Wismar und Rostock wegen gewaltsamer Entmächtigung ihrer alten Räte gemäß den Vorschriften des Hansestatuts vom 24. Juni 1418 zu verfolgen. Abermals behauptete die einzelstädtische Autonomie den Vorrang vor dem Rechtsgebot der gemeinen Städte. Die Lübecker erkannten die irregulär erhobenen neuen Räte schon im Januar 1428 als vollmächtige Sprecher ihrer Städte an, indem sie sie zur Tagfahrt nach Lübeck einluden, ihre Sendeboten mit sich zu Rate gehen ließen und gemeinsame Beschlüsse über die Ausrüstung einer Flotte und den Krieg gegen König Erich faßten. Namentlich seit sich im Jahre 1429 endlich die erwünschten Erfolge einstellten, ließ der Alltag des Krieges die anfängliche Erregung verblassen und nahm in Wismar dem Bürgermeister Jesup den Wind aus den Segeln.

Die Gemeinde zu Wismar sehnte sich nach einem Ausgleich mit den Verwandten der hingerichteten Ratspersonen, von denen sie vor dem stadtherrlichen und vor dem Königsgericht verfolgt wurde. Schließlich unterwarf sie sich einem Schiedsgericht, das aus Herzogin Katharina und den Nachbarstädten Lübeck, Hamburg, Stralsund und Lüneburg bestand. Man befolgte dasselbe Verfahren wie im Jahre 1416 in Lübeck. Am 19. März 1430 verkündeten die Schiedsleute ihren Spruch; am 20. setzten sie den alten Rat wieder ein, und der neue Rat und die Sechzig legten ihre Ämter und Vollmachten nieder; am 21. vollzog die Gemeinde die kirchliche Sühne für die nun als Justizmorde erkannten Hinrichtungen. Der erneuerte alte Rat verzichtete auf jegliches Strafverfahren gegen diejenigen, die ihn zuvor vertrieben hatten, und trug auf diese Weise das seine dazu bei, die Eintracht aller in der Stadt wiederherzustellen. Wie vormals in Lübeck, so bedeutete auch hier der Rücktritt der Sechziger in die Gemeinde nicht, daß der Rat damit die gemeindlichen Grundrechte hätte außer Kraft setzen können.

§ 155. In Rostock dagegen festigte der neue Rat zunächst seine vollmächtige Stellung in der Gemeinde, indem er sich im August 1430 dem Kriegsbündnis mit den Wendischen Städten entzog und einen Separatfrieden mit König Erich von Dänemark abschloß. Erst nachdem die Städte den dänischen

---

320 Zu dem (nach FRITZE, 1967, S. 219, ziemlich nichtssagenden) Art. 23: „Die Meinheit soll auf ewige Zeiten unbeschwert bleiben", ist Art. 20 des Hamburger Rezesses vom 9. Aug. 1410 zu vergleichen, s. o., § 117.

Krieg im Jahre 1435 mit dem für sie äußerst günstigen Frieden von Wordingborg hatten abschließen können und die Rostocker durch des Königs Sturz im Jahre 1438 ihre letzte Stütze verloren hatten, sah sich der neue Rat gezwungen, den Ausgleich mit dem alten Rate zu suchen und sich einem Schiedsspruche zu beugen, den seine herzoglichen Stadtherren zusammen mit Ratssendeboten aus Lübeck, Hamburg, Stralsund, Wismar, Lüneburg und Güstrow am 29. September 1439 fällten. Der neue Rat mußte nun zwar zurücktreten, seine Mitglieder wurden jedoch sämtlich in den restituierten alten Rat aufgenommen, so daß man für solange von Zuwahlen absehen mußte, bis der Tod die Zahl der Ratmannen unter 24 gesenkt haben würde. Der Bürgerbrief wurde außer Kraft gesetzt, und damit verloren die Sechziger ihre Funktion, jedoch endete damit keineswegs die Mitwirkung der Gemeinde an den hochbeschwerlichen Geschäften der Stadt, denn „wenn dessen Behuf ist und der Rat es will, so mögen sie von den Bürgern zu sich berufen eine kleine Zahl oder eine große, wie es ihnen behaglich ist," um den nach Stadtrecht notwendigen Konsens der Gemeinde einzuholen[321]. So verlangten im Dezember 1455 die Lübecker nebst den mit ihnen versammelten Ratssendeboten der Hansestädte wegen der Annahme eines Waffenstillstands mit England von dem Rate zu Rostock, daß „wir darauf hier mit unseren Bürgern sprechen und nach Besprechung antworten sollten, ob es unser Wille sein sollte, diesen Stillstand zu verrahmen," was allerdings, wie die Rostocker am 13. Dezember nach Lübeck schrieben, erst geschehen konnte, wenn ihre Ratssendeboten zurückgekehrt seien und ihnen Bericht erstattet hätten[322]. Die Vollmacht des Rates unterlag in Rostock ganz offensichtlich denselben Beschränkungen durch die Grundrechte der Gemeinde wie in Wismar und in Lübeck.

2.14. Bremen 1433

§ 156. In der Bischofs- und Hansestadt Bremen[323] muß es im Sommer 1421 zu einem Auflauf der Gemeinde wider ihren Rat gekommen sein, denn am 21. September dieses Jahres richteten die zu Stralsund versammelten Ratssendeboten einen Brief „an die Meinheit zu Bremen, die ihren Rat unmächtig machen," in dem sie zunächst Artikel 3 des Statuts vom 24. Juni 1418 (oben, § 138) wörtlich zitierten, um dann der Gemeinde vorzuwerfen, daß sie entgegen dieser um der gemeinen Städte und des gemeinen Besten willen erlassenen Ordinanz „euren Rat in ihrem (der Ratmannen) Regimente hindert und verkürzt, wie ihr es in Abnehmung der Tafel auch schon getan habt." Die Gemeinde hatte es nämlich dem Rate verwehrt, das Statut von 1418 öffent-

---

321 EBEL (1971, wie Anm. 74) S. 301.
322 HR II 4 n. 403.
323 Sorgfältige Analyse der im folgenden benutzten Quellen bei Herbert SCHWARZWÄLDER, Bremen als Hansestadt im MA, in: HGbll. 112 (1994) S. 1–38, hier: S. 22–28.

lich bekanntzumachen und damit in das Stadtrecht aufzunehmen, und zu diesem Zwecke den öffentlichen Aushang des Textes auf dem Rathause gewaltsam entfernt. Die Ratssendeboten ermahnten daher die Gemeinde, „daß ihr euren Rat in ihrem Regimente, Vorstande, Freiheiten und Herrlichkeiten nicht unmächtig machet oder verkürzet," da sie sonst nach Maßgabe jener Verordnung gegen sie vorgehen müßten[324]. Zweifelhaft war den Ratssendeboten also nicht die Kompetenz der Gemeinde, ihren Rat zu bevollmächtigen und demnach auch gänzlich oder teilweise zu entmächtigen. Sie tadelten lediglich die Art und Weise, wie sie von dieser Befugnis Gebrauch machte. Ob sie mit ihrer Mahnung Erfolg hatten, erfahren wir genauso wenig wie die Namen und Umstände derjenigen Personen, die die Bremer Gemeinde bei den Lübeckern und den Ratssendeboten wegen dieser Sache denunzierten.

Vier Jahre später waren es Herr Harbord Duckel und sein Sohn, die zuerst bei der ebenfalls bischöflich-bremischen Stadt Stade und dann bei Lübeck gegen die jetzt mit ihrem Rate eins gewordene Gemeinde Klage führten[325]. Duckel behauptete, ihm sei durch eine „Schicht" in der Stadt Bremen große Gewalt, Hohn und Unrecht geschehen, während Bürgermeister und Rat von Bremen erklärten, niemand habe Duckel gezwungen, sondern er sei nach seinem eigenen freien Willen und nach dem Rate seiner Freunde vor sie gekommen, um ihnen zu danken und den Rat aufzusagen und zu übergeben, wie es in Bremen Sitte sei, wenn es einen Ratmann des Dienstes verdrieße. Die Stader, die sich selbst erst vor wenigen Jahren der Rechtsaufsicht der gemeinen Städte wegen ihrer Schicht entzogen hatten, befürworteten jetzt Duckels Klage, damit solche Schicht nicht „auch in anderen guten Städten geschehe". Die gemeinen Städte waren derselben Ansicht. Am 11. Oktober 1425 beauftragten sie die von Hamburg und Lüneburg, die Sache zwischen den Ratmannen zu Bremen und Herbord Duckel „nach Inhalt des vor Jahren von den Städten verrahmten Rezesses" gütlich zu entscheiden[326]. Gemeint war damit zweifellos der zweite Artikel des Statuts vom 24. Juni 1418.

§ 157. Wie jüngst die Stader und eben erst die Halberstädter, so weigerten sich jetzt die Bremer, eine Rechtsaufsicht der Hansestädte über sich anzuerkennen. Am 7. Dezember 1425 schrieben sie den Lübeckern, „daß euch und uns wohl wißlich ist, daß wir nach Wortlaut der Ordinanz nicht genötigt oder pflichtig sind, darum vor die Städte zu kommen und zu antworten, weil wir dessen, was euch geklagt worden, unschuldig sind ..., wie wir euch bereits geschrieben haben." Wolle Duckel nicht von seiner Klage lassen, so wollten sie ihm vor ihrem Stadtherrn, dem Erzbischof, ehr- und pflichtgemäß antworten, der ihrer mächtig sein sollte zu Recht; wenn Duckel aber einzelne Bremer Bürger beklage, so seien sie die zuständigen Richter und der Ange-

---

324 HR I 7 n. 383 § 12, n. 388.
325 Bremisches UB (wie Anm. 138), Bd. 5 n. 251, 250, Schreiben vom 1. Okt. 1425.
326 Bremisches UB Bd. 5 n. 295, 296 zu Anfang Juli 1426, verz. HR I 7 n. 857, 858 zum 11. Okt. 1425.

sprochenen „mächtig zu Rechte"[327]. Gleichzeitig bezeugte Erzbischof Nikolaus von Bremen den Lübeckern seine Bereitschaft, in dem Streit zu entscheiden, zumal Duckel als seines Stiftes belehnter Mann verpflichtet sei, ihm zu gehorchen[328].

Dieser Einspruch veranlaßte die Lübecker, den Kern des Rechtsstreites, nämlich die Frage der Zuständigkeit, falls über die Vollmacht des Rates einer Hansestadt zu entscheiden war, ins Auge zu fassen und den Anspruch der Hanse auf diese Kompetenz zu begründen. Da aber zeigte sich, daß es ihnen an überzeugenden Argumenten durchaus fehlte. In der am 14. Dezember 1425 gegebenen Antwort an den Erzbischof jedenfalls wußten sie nicht mehr ins Feld zu führen, als daß sie „von der gemeinen Städte der deutschen Hanse wegen" die Bremer ermahnt und geladen hätten, denn nach Lage der Dinge, soweit diese ihnen bekanntgeworden, berühre die Sache die gemeinen Städte. Man werde daher das Schreiben des Erzbischofs vor die nächste Tagfahrt bringen, „und da die ehrlichen Städte die Sache eigentlich anrührt nach der gemeinen Städte alter und löblicher Ordnung, die denen von Bremen nicht unbekannt ist und auch billigerweise nicht unbekannt sein sollte, da sie mitgeholfen haben, dieselbe zu ordinieren um Beständnisses willen des gemeinen Gutes," so würden die Ratssendeboten dem Erzbischof „dessen dann wohl eine glimpfliche Antwort schreiben"[329]. Offenbar stand den Lübeckern kein Rechtsgrund zur Verfügung, aus dem sie den beanspruchten Vorrang der hansischen Ordinanz vor dem erzstiftischen Land- und Lehnrecht und vor dem bremischen Stadtrecht hätten herleiten können. Denn die Tatsache, daß die Ordinanz den Bremern bekannt war, konnte diesen Rechtsgrund, wie wir noch sehen werden (unten, §§ 339, 348), nicht hergeben.

§ 158. Die bremische Gemeinde jedenfalls übte ihr Grundrecht, über ihren Rat und dessen Vollmacht zu befinden, völlig unbefangen weiterhin aus. Am 16. November 1426 erschien die Bürgerschaft vor dem Ratsstuhle und verlangte, offenbar in der Absicht, sich gewisser diskreditierter Ratmannen zu entledigen, daß die Zahl der Ratskumpane auf die im Stadtrecht von 1303 festgelegte Zahl von zwei Bürgermeistern und zwölf Ratmannen herabgesetzt werde. Der Rat wich vor dem Unwillen der aufs Haus gelaufenen Menge zurück und legte sein Amt nieder. Die Gemeinde erhob nun einen neuen Rat, indem sie nicht weniger als zehn alte Ratsherren zurück- und nur vier Personen aus ihrer Mitte neu erwählte. Außerdem setzte sie eine Gruppe von

---

327 Bremisches UB Bd. 5 n. 262, verz. HR I 7 n. 866; HR I 7 n. 868.
328 Bremisches UB Bd. 5 n. 263, verz. HR I 7 n. 867.
329 Bremisches UB Bd. 5 n. 264, verz. HR I 7 n. 869. Ebenso am 4. Sept. 1427, UB Bd. 5 n. 346: „Sache, die die Städte anrührt von der Hanse wegen, gebührt den Städten unter sich zu rechtfertigen, wie es bisher gewöhnlich und löblich gewesen ist."

Sprechern über sich, die, zweifellos in Form eines Bürgerrezesses, eine neue Verfassung und ein neues Ratswahlrecht entwerfen sollten[330].

Obwohl der neue Rat nach Stadtrecht vollmächtig war und nichts davon verlautet, daß Ratskumpane gewaltsam vertrieben wurden und bei den Hansestädten Klage erhoben, muß dieses doch geschehen sein, denn die gemeinen Städte betrachteten die Sprecher der Gemeinde offenbar als Rädelsführer eines rechtswidrigen Auflaufs. Sie dürften daher die Bremer unverzüglich aufgefordert haben, den alten Rat wieder zu ermächtigen und ihn nur nach dem herkömmlichen Verfahren anläßlich der Ratsumsetzung zu läutern. Die Gemeinde aber wird diese Einmischung in ihre Angelegenheiten genauso entschieden zurückgewiesen haben, wie sie es bereits mehrfach seit 1421 getan hatte. Nun stand die Autorität der gemeinen Städte auf dem Spiel, und die am 12. März 1427 in Braunschweig versammelten Ratssendeboten mußten daher handeln[331]. „Um sotane Unordentlichkeit und Ungehorsam, wie ... seit langer Zeit in Bremen gewesen ist, zu strafen und zu rechtfertigen, darum doch viel Verfolg sowohl schriftlich wie mündlich geschehen ist, ohne daß es helfen mochte, haben diese Städte alle samt und sonders ... einträchtiglich beschlossen, daß sie (es) Gott zum Lobe, zu aller guten Städte Ehren, Nutz und Frommen und zum Exempel anderer unredlicher und ungehorsamer Leute mit denen von Bremen strenglich halten und mit ganzem Ernste" den zweiten, hier wörtlich zitierten Artikel ihres Statuts vom 24. Juni 1418 verfolgen wollten. Zu diesem Zwecke wollten sie „denen von Bremen Zufuhr und Abfuhr kehren und wehren und Ungunst beweisen, wo sie dessen Macht haben, bis zu der Zeit, als in dem vorbeschriebenen Artikel berührt ist." Damit ihre Kaufleute noch etwaige Außenstände bei Bremer Schuldnern eintreiben könnten, sollte die Verhansung der Bremer erst vom 27. April an verkündigt werden; die schriftliche Benachrichtigung der Städte und Kontore, die man den Braunschweigern und Lübeckern in Auftrag gab, sollte am 13. April vor sich gehen. „Um mehreren Zwanges der von Bremen willen" sollten schließlich jene Hansestädte, die sich der Verkehrssperre nicht anschließen würden, gleich den Bremern aus der Hanse ausgeschlossen sein.

§ 159. Die mit ihrem Bürgerrezeß beschäftigten Bremer scheinen von diesem Beschluß der gemeinen Städte überrascht worden zu sein. Sie beschweren sich bei den sächsischen und westfälischen Städten, weil sie ihn „mit nichts verursacht und verdient haben, wie wir hoffen, und wir auch nie (jemandem) Ehre und Rechtes verweigert haben"[332]. Wohl wissend, daß sie ein Grundrecht aller Gemeinden verteidigten und daher eher auf die Unterstützung der Meinheiten als der Räte rechnen könnten, richteten sie solche Schreiben auch an die Gemeinden besonders, was ihnen der Rat zu Hildesheim verständlicherweise übel-

---

330 Herbert SCHWARZWÄLDER, G. der Freien Hansestadt Bremen, Bd. 1, Hamburg 1985, S. 107. DERSELBE (1994, wie Anm. 323) S. 25.
331 HR I 8 n. 156 §§ 5–7. Unter den Rsn. befanden sich zwei Rm. aus Halberstadt.
332 Bremisches UB Bd. 5 n. 317, 318, 319, verz. HR I 8 n. 161, 162, 163.

nahm: „So ihr hierum auch an die Olderleute, Kaufmann, Ämter und gemeinen Bürger und Einwohner unserer Stadt geschrieben habt ..., das wäre euch nicht nötig gewesen, zumal uns dergleichen von keiner anderen Stadt widerfahren ist, und es dünkt uns auch keine gute Eintracht zu machen"[333]. Die Bremer fuhren fort, der hansischen Rechtsaufsicht die Anerkennung zu verweigern. Kein Sendebote von ihnen erschien auf der Lübecker Tagfahrt am 12. Juni 1427, um sich von ihretwegen vor den gemeinen Städten zu verantworten.

Unter stillschweigender Voraussetzung ihrer Kompetenz beriefen sich die Ratssendeboten der Hansestädte hinfort auf den freventlichen, d. h. strafbaren Ungehorsam der Bremer, um deren Verhansung zu rechtfertigen. Am 4. September 1427 schrieben sie dem Erzbischof von Bremen, es müsse dabei bleiben, „sofern sie (die Bremer) sich nicht nach den Städten der Hanse richten, deren sie (doch), wenn sie sich ordentlich halten, ein merkliches Glied sind"; die Verhansung sei „geschehen um Frevels und Ungehorsams willen, den sie den Städten offenbarlich getan und bewiesen haben," denn den Städten „gebührt es, solchen Ungehorsam zu strafen und zu rechtfertigen"; sie täten dem Erzbischof damit kein Unrecht, sondern verführen lediglich so, „wie sie dazu von der Hanse wegen verpflichtet sind"[334]. Gegenüber den Dortmundern fügten die Lübecker diesem Gedankengang noch die Bemerkung an, sie müßten in der Sache „fortfahren, also sie das redlichst für das gemeine Beste erkennen"[335]. Der Anspruch auf Rechtsaufsicht über die Vollmacht der hansischen Stadträte leitete sich letzten Endes aus dem Auftrage her, den die Städte, jede für sich oder besonders, der hansischen Einung erteilt hatten, nämlich für das gemeine Beste des deutschen Kaufmanns Sorge zu tragen.

§ 160. Die Beratungen der Bremer Bürgerschaft schritten so langsam fort, daß daraus auf schwere Zwietracht in der Stadt zu schließen ist, wovon allerdings in den Quellen nichts verlautet. Erst am 24. Januar 1428 „wurde die ganze Meinheit der Stadt zu Bremen des zu Rate mit Vollbort des Rates um mannigfaltiger großer Not der Meinheit willen, daß zwei Bürgermeister und zwölf Ratmannen dasein sollen," deren Kore je zur Hälfte in der Woche nach dem 6. Januar und dem 24. Juni vorzunehmen war, und zwar so, daß die jeweils ausscheidenden sieben Personen zusammen mit je vier Sprechern eines jeden Stadtviertels und den je vier Älterleuten des Kaufmanns und der Ämter ein Corpus von 31 Worthaltern der Meinheit bildeten, aus deren Anzahl man durch das Los drei Ratmannen, drei Kaufleute und drei Amtsmeister zu Wahlmännern bestimmte[336]. Diese neun Personen sollten sich auf dem Rathause in Klausur begeben und zunächst mit Mehrheit, am Ende jedoch einträchtig und einstimmig den neuen Bürgermeister und sechs Ratmannen be-

---

333 Bremisches UB Bd. 5 n. 326, verz. HR I 8 n. 166. Hierzu s. o., § 144 mit Anm. 289.
334 Bremisches UB Bd. 5 n. 346.
335 HR I 8 n. 251a vom 24. Sept. 1427.
336 Bremisches UB Bd. 5 n. 356. SCHWARZWÄLDER (1985, wie Anm. 330) S. 108.

nennen. Nach vollzogener Kore sollten sie den siebenköpfigen noch sitzenden Rat aufs Rathaus laden und ihnen die Gekorenen nennen. Damit war der Auftrag der Wahlmänner erfüllt, und die Gemeinde rief nun den Rat wieder auf, für sie zu handeln.

Der Rat nämlich sollte die Erkorenen auf den nächsten Tag ins Rathaus laden und sie dort auf ein Jahr in den Rat schwören lassen. Dies sollte in Gegenwart der sechzehn Mann und der acht Olderleute geschehen, die bereits bei der Auslosung der Wahlmänner von der Gemeinde wegen aufgetreten waren. Jetzt sollten diese Personen „mit dem Rate" anwesend sein. Offenbar galt diese Begleitung der schwörenden Ratmannen durch die Gemeinde als der konstitutive Akt, der den neuen Ratskumpanen ihre Vollmacht von der Gemeinde wegen oder so, als ob aus ihrem Munde die Gemeinde selbst spräche, gewährte. Die in Klausur vollzogene Wahlhandlung jedenfalls scheidet als derartiger Akt aus. Am nächsten Werktage nach der Vereidigung sollten sich dann auch die Sechzehn jeweils zur Hälfte verändern; jetzt waren es der volle sitzende Rat, die acht im Amte bleibenden Sprecher und die acht Olderleute, die „sich verrahmen", d. h. zur Eintracht durchringen und „aus jedem Viertel zwei gute Männer in der anderen Stätte" erheben sollten. Der ihre Vollmacht in der üblichen Weise einschränkende Auftrag der Sechzehn wird darin bestanden haben, den Rat in hochbeschwerlichen Geschäften verbindlich zu beraten und ihm durch ihren Konsens eine auch die Gemeinde verpflichtende Entscheidung zu ermöglichen.

§ 161. Indessen war damit der Friede in der Stadt noch keineswegs gesichert. Die seit dem 16. November 1426 aus dem Rate Verdrängten erhoben Klage gegen die Bremer vor dem Königsgericht, und dieses entschied, daß der alte Rat wieder in den Ratsstuhl einzusetzen wäre. Am 29. August 1429 verließen zwei Bürgermeister und sechs Ratmannen die Stadt, um sich den Klägern anzuschließen. Am 1. Januar 1430 zu Lübeck versammelte Ratssendeboten beschlossen, „daß, falls der neue Rat und die Meinheit zu Bremen den Briefen und Boten ... des Römischen Königs, (die dieser) dem alten Rate gegeben, nicht gehorsam sein wollen, sie (selbst) dann des ... Römischen Königs Boten und Briefen folgen und sie vollziehen wollten, wie es sich wohl geziemt"[337]. Die Städte Lübeck, Hamburg, Lüneburg und Stade sollten sich darum bemühen, die Zwietracht der Bremer mit den Ausgewichenen und unter sich zu schlichten[338].

Die Bremer hielten jedoch hartnäckig an ihrer Autonomie fest. Im Sommer 1430 gelang es ihnen, den desertierten Bürgermeister Johann Vasmer zu fangen. Sie stellten ihn wegen Meideids vor Gericht und wiesen ihm dort das Todesurteil. Dies brachte ihnen die Feindschaft von Vasmers Sohn und die Reichsacht ein. Aber der neue Rat verfügte offenbar über den Beistand der

---

337 HR I 8 n. 712 § 29. FAHLBUSCH, Städte und Königtum (1983, wie Anm. 239) S. 210–214, 234.
338 Bremisches UB Bd. 5 n. 427 vom 21. Mai 1430.

Gemeinde und damit über die Vollmacht, das Stadtrecht kompromißlos zu verteidigen. Allmählich jedoch geriet er unter den Druck der Kaufleute, die unter der Verhansung zu leiden hatten. Wohl im März 1433, als nach dem Ende der Winterlage die Schiffahrt wieder aufgenommen werden konnte, zwangen sie den neuen Rat durch einen friedlichen Auflauf, die Vermittlung der Hansestädte zu akzeptieren. Ein Zeitgenosse berichtet darüber folgendes[339]: „Die Städte Lübeck, Hamburg und Lüneburg zogen nach Bremen und dedingten mit dem sitzenden Rate um ihren alten Rat, daß sie die sollten wieder einnehmen... Aber da wollte der sitzende Rat nicht heran, obwohl etliche in dem neuen Rate es wohl zugelassen und viele Bürger es gern gesehen hätten. Als die Städte ihren Willen da nicht werben konnten, da saßen sie auf ihre Pferde und ritten aus der Stadt. Da der gemeine Kaufmann das vernahm, da warfen sich einige zuhauf und traten vor ihren Rat und fragten, was die Städte von ihnen geworben hätten? Das wollten sie von ihnen wissen. Da sprachen sie, sie hätten um ihren alten Rat einzunehmen geworben, und dessen wäre der Rat noch unberaten. Da sprach einer von der Kaufleute wegen: Ihr Herren, wir raten euch bei eurem Leben: Sendet wieder nach den Städten und tut nach ihrem Rate, denn wir wollen nicht länger in der Städte Fehde stehen, da wir unser Gut draußen suchen müssen und in allen Städten in unser und unseres Gutes Gefahr sind. Da mußte der Rat alsbald den Städten Boten nachsenden, daß sie wiederkämen. Da kamen da die Städte wieder und brachten den alten Rat mit sich. Dabei war Graf Otto, der des Stiftes Vorsteher war, und da setzten sie den alten Rat wieder in ihre Stätte. Und da wurden alsotane Gesetze gesetzt, daß (es) auf Frieden und Eintracht zumal ging und daß sich niemand binnen Rates jemals rächen sollte an dem andern, (es sei) mit Worten oder mit Werken, bei Verlust Leibes und Gutes."

§ 162. So endete der Bremer Verfassungsstreit nach dem bereits in Lübeck, Halberstadt und Wismar erprobten Muster durch einen Schiedsspruch, an dem sowohl der Stadtherr als auch die gemeinen Hansestädte beteiligt waren, der aber, da zunächst die Parteien den Schiedsrichtern die richterliche Vollmacht erteilten und hernach die Bremer samt und sonders den Spruch beschwören sollten, nach Inhalt und Form zugleich ein Bürgerrezeß war. Am 9. April 1433 verkündeten Graf Otto von Hoya, Koadjutor des Erzbischofs Nikolaus, und die Städte Lübeck, Hamburg, Lüneburg, Wismar und Stade als von dem alten Rate von Bremen auf der einen Seite und dem neuen Rate zu Bremen und der ganzen Meinheit, Bürgern und Einwohnern daselbst auf der anderen Seite gekorene Schiedsleute ihren Spruch[340].

Dieser bestätigte an erster Stelle das Kommuneprivileg, indem er die Erneuerung der Stadtgemeinde als Schwureinung anordnete (Artikel 1, 2, 11):

---

339 Der Dominikaner Dr. Hermann Korner in Lübeck (gest. 1438), zitiert nach einem Lüneburger Auszug aus seiner Chronik, in: Die Chroniken der deutschen Städte (wie Anm. 59), Bd. 36, Stuttgart 1931, S. 128–137, hier: S. 135f.
340 Bremisches UB Bd. 5 n. 499.

Die Parteien sollten sich gegenseitig die früher geleisteten Eide erlassen und sich versöhnen und auf jede Rache verzichten, „und das sollen der alte und der neue Rat und die ganze Meinheit zu Bremen geloben und schwören, es stetig fest zu halten auf ewige Zeiten," den Meineidigen aber sollte „die Stadt richten an seinem Höchsten" (wie sie es jüngst an dem Bürgermeister Vasmer getan hatte, ohne jetzt dafür getadelt zu werden). Wurde ein Meineidiger flüchtig, so verfiel dem Rate sein in Bremen zurückgelassenes Gut, und weder im Erzstift noch in einer Hansestadt sollte er Frieden und Sicherheit genießen. Zur Zeit abwesende Bürger und Einwohner sollten binnen acht Tagen nach dem 9. April bzw. nach ihrer Heimkehr „vor den Rat kommen und geloben und schwören", daß sie alle Artikel des Schiedsspruches einhalten würden, „wie der Rat und ganze Meinheit sie gelobt und beschworen haben". Wer das unterließe und dessen selbsiebent überführt würde, den „soll der Rat richten in sein Höchstes".

Dieser Rat war bereits der erneuerte alte Rat, der „von Stund an" wieder „als ein vollmächtiger Rat" im Ratsstuhle sitzen und in der Stadt Schulden eintreten sollte, die er aus der Stadt gemeinen Gütern (d. h. ohne dafür eine zusätzliche Steuer zu erheben) zu bezahlen hatte. Er trat damit die Nachfolge des neuen Rates an, dessen Amtshandlungen die Schiedsleute stillschweigend als rechtmäßige Regierung eines vollmächtigen Rates anerkannten. Wie bei jeder regulären Ratsumsetzung üblich, sollte der neue als abtretender Rat dem erneuerten alten Rate über die Schulden der Stadt binnen drei Monaten Rechnung legen (Artikel 6).

Auch die Grundrechte der Meinheit blieben in Kraft, denn der jetzt bestätigte Rat sollte „mit Zutat der Meinheit die beiden (Statuten-)Bücher der Stadt, das alte (von 1303) und das neue (von 1428), übersehen und die in ein Buch bringen, wie es am nützlichsten und besten ist für die Meinheit und Stadt von Bremen" (Artikel 7). Darüber hinaus sollten die Meinheit, Kaufmann und Ämter bei ihren alten Sitten, Gewohnheiten, Freiheiten und Rechten bleiben (Artikel 8), wozu natürlich auch das Recht des Bannerlaufs (oben, § 109) und des friedlichen Laufens auf das Rathaus gehörte, welches die Identität des Ratswillens mit dem der Gemeinde sicherte. Der Rat sollte weiterhin zweischichtig sein und halbjährlich zu je einem Viertel umgesetzt werden. Die Rück- und Nachwahlen jedoch waren nun wieder ausschließlich Sache des Rates, da die vier Wahlmänner, die die Kore leiteten, aus den Ratsvierteln ausgelost werden sollten.

§ 163. Auf die Verkündung des Schiedsspruches muß eine Zeremonie gleich der in Lübeck am 16. und 17. Juni 1416 veranstalteten (oben, § 130) gefolgt sein. Zwar äußert sich der Schiedsspruch darüber nicht; da er aber mit der Bestimmung schließt, daß alter und neuer Rat und die ganze Meinheit geloben und schwören sollten, alle seine Artikel ohne Vorbehalt und Einrede und bei Gefahr der Todesstrafe einzuhalten (Artikel 12), ist anzunehmen, daß die Schiedsleute selber die Meinheit unter der Ratslaube versammelt haben, damit der Bürgermeister ihr diesen Eid stabte. Mit diesem Akte hätte die Gemeinde dann auch zugleich den erneuerten alten Rat bevollmächtigt, indem sie es zuließ, daß er im Ratsstuhle Platz nahm. Jedenfalls legten die Schiedsleute ihre elf Siegel erst nach dieser Zeremonie an den Urteilsbrief: zum Zeugnis dafür, daß die Artikel von ihnen ausgesprochen und „von den ehegenannten Bürgermeistern und Ratmannen, alt und neu, und ganzen Meinheit der Stadt Bremen gevollbordet, zugelassen, gelobt und beschworen worden" seien.

Es kann also keine Rede davon sein, daß „das Patriziat ... Alleinherrscher" geworden sei[341]; vielmehr beruhte der Schied und Bürgerrezeß auf der Zulassung durch die Gemeinde und damit völlig auf den allgemeinen Grundsätzen des hansisch-niederdeutschen Stadtrechts, nach denen die Gemeinde ihren Rat erhob, bevollmächtigte und mit der Kore im Wege der Kooptation beauftragte. Die Schiedsleute machten auch keinen Versuch, die autonome Gemeinde einer Rechtsaufsicht von Seiten des Stadtherrn oder der gemeinen Städte zu unterwerfen oder die Urteile des Hofgerichts zu vollstrecken. Die Lübecker mußten sich ebenso damit abfinden, daß das hansische Statut vom 24. Juni 1418 keinen Eingang in das Bremer Stadtrecht fand, wie der König damit, daß seine Urteile nur nach dem Belieben der Betroffenen rechtliche Wirksamkeit erlangten. Über die neuerliche Zulassung der Bremer zu den hansischen Privilegien verlautet in den erhalten gebliebenen Quellen nichts. Offensichtlich ist sie im Sommer 1433 durch eine von der gemeinen Städte wegen ganz unauffällig gefällte Entscheidung der Lübecker zustandegekommen. Die Lösung aus der Reichsacht erlangten die Bremer dagegen erst am 18. März 1436. Außer hohen Kosten brauchten sie dafür nicht mehr aufzuwenden als den Willen, sich zu einer Sühne mit dem Sohne des hingerichteten Bürgermeisters Vasmer zu bequemen.

2.15. Hildesheim 1436

§ 164. In der Stadt Hildesheim, die ihre Ratsverfassung bereits im Jahre 1345 durch einen Bürgerrezeß geordnet hatte (oben, §§ 73–79), führte bürgerlicher Unwille wider den Rat, über dessen Anlaß und Verlauf uns die Quellen nichts berichten, im Winter 1435/36 zu neuerlichen Abmachungen zwischen Rat und Gemeinde, die die vor neunzig Jahren geschaffene Ordnung weiter ausbauten und präzisierten. Eine Eigentümlichkeit der Hildesheimer Stadtverfassung bestand darin, daß der bischöfliche Stadtherr in der ersten Hälfte des 13. Jahrhunderts den Bäckern, Knochenhauern, Gerbern und Schuhmachern das Amtsrecht und damit die Befugnis, partikulare Schwureinungen zu errichten, bereits zu einer Zeit gewährt hatte, als er der Gemeinde der Nach-

---

341 So Hans PLANITZ, Die deutsche Stadt im MA, Graz 1954 (4., unveränderte Aufl. Wien 1975) S. 331.

Autonome Gemeinde und vollmächtiger Rat 173

barn oder Grundbesitzer das Einungsrecht noch verwehrte[342]. Als er hernach auch der Gemeinde das Einungsprivileg zugestand, hatten diese vier Ämter, um sich ihre Autonomie und die unmittelbare Beziehung zum Stadtherrn zu bewahren, darauf verzichtet, sich an der Besetzung des Rates zu beteiligen, den die Gemeinde über sich erhob, und damit den Ratsstuhl zur Gänze den Geschlechtern überlassen. Nachdem sich aber die jüngeren, innerhalb der Gemeinde entstandenen und vom Rate zugelassenen Innungen im Jahre 1345 das Recht erkämpft hatten, ein Drittel des Ratsstuhles zu besetzen, war diese Autonomie entwertet und allmählich in einen Nachteil umgeschlagen, dessen Ausgleich eine der ersten Folgen des Unwillens war, der sich jetzt im Stadtvolke wider den Rat erhob.

Am 21. November 1435 nämlich stellte der Rat den vier Ämtern, die nicht unter seinem Schutze standen, sondern von dem Stift Hildesheim abhingen, eine Urkunde aus, die er mit dem Siegel der Stadt bekräftigte, durch die er also auch die Gemeinde der Burschaften und Innungen verpflichtete[343]. Darin bestätigte er einerseits die (allerdings auf verbandsrechtliche Fragen beschränkte) Autonomie der Ämter, die weiterhin die zwischen ihnen entstehenden Streitigkeiten zur Entscheidung an den Bischof bringen durften, wie es ihre vom Stift gewährten Privilegien enthielten. Andererseits hob er die Beschränkungen auf, denen Mitglieder dieser Ämter unterlagen, wenn sie zu Ratmannen erkoren wurden: „Wer auch von dieser vorbeschriebenen Ämter wegen in den Rat gekoren würde, dem sollen wir fügen, nach Gebühr in dem Ratsstuhl aufzurücken bis in die obere Bank gleich den anderen, und auch Kämmerer des Rates zu werden, und (wir wollen) sie daran ferner als die anderen nicht (ent-)äußern, als (wie) es dem Rate dazu nützlich und bequem zu sein dünkt." Sie sollten also bei der jährlichen Ratswahl der Läuterung (oben, § 78) nicht anders unterliegen als die übrigen Ratmannen.

§ 165. Aber der Anlaß des Unwillens lag nicht in diesem Problem, sondern darin, daß der Rat in für die Gemeinde hochbeschwerlichen Geschäften Entscheidungen getroffen hatte, die nicht dem Willen der Gemeinde entsprachen, und daß mit der Identität der Willen die Vollmacht des Rates hinfällig geworden war. Daher rang die Gemeinde dem Rate die für diesen gewiß schmerzliche Zusage ab, ihren Willen durch eigene Sprecher bekunden zu können, worüber sie sich am gleichen Tage, dem 21. November 1435, vom Rate einen mit dem Stadtsiegel bekräftigten Revers ausstellen ließ[344]. Die erste Kore der vierzig Worthalter aus den Teilverbänden durfte der Rat noch selber vornehmen; erkor er aber einen Vierziger zum Ratmann oder starb einer

---

342 SCHWARZ, Pfennigstreit (1978, wie Anm. 152) S. 32. Damals waren Schuhmacher und Gerber noch in einem Amte vereinigt. Als viertes Amt war das der Leineweber mit dem Amtsrecht begabt worden.
343 UB der Stadt Hildesheim, hg. von Richard DOEBNER, T. 4, Hildesheim 1890, n. 259. H.-G. BORCK (1988, wie Anm. 164) S. 102–106.
344 UB der Stadt Hildesheim T. 4 n. 260.

von ihnen, so durfte er die Nachwahl nur mit dem Rate der übrigen Vierziger vornehmen und den Nachfolger nur aus dem Parte oder Teilverband erkiesen, aus dem der Abgegangene gekommen war. Vor allem aber verpflichtete sich der Rat, um folgende Geschäfte nur noch mit Vollbort der Vierzig zu verhandeln: um Fehde und Orlog zu machen, neue Satzungen zu setzen, Pagiment zu schlagen, Bündnisse mit Herren, Städten oder anderen Leuten zu machen, um des Rates Mühle zu regieren, um der Stadt Recht zu verteidigen, und wie man es mit allen, namentlich aber des Rates Briefen halten sollte. Darüber hinaus gestand der Rat den Worthaltern der Gemeinde das Initiativrecht zu, so daß sie alles, was sie für wichtig wähnten, an den Rat bringen und mit ihm verhandeln durften.

Dagegen erreichte der Rat lediglich, daß die Vierzig seiner Vollmacht weiter keinen Abbruch tun und das Beratungsgeheimnis bewahren sollten und daß sie diese Pflichten mit einem Amtseid zu beschwören hatten: „daß sie zu des Rates und der Stadt Hildesheim Ehre, Nutzen und Not treulich raten wollen, wenn man ihres Rates erbittet, und daß sie helfen wollen, den Rat bei voller Macht zu erhalten, und was sie des Rates erfahren, das zu verhehlen steht, es sei hier auf dem Rathause oder davon ab, daß sie das verhehlen wollen, daß ihnen Gott so helfe und die Heiligen." Die Vollmacht des Rates stützten sie, wenn sie erfolgreich tätig wurden, bereits dadurch, daß sie den Gemeinwillen mit dem Ratswillen in Übereinstimmung brachten.

§ 166. Dies zu leisten waren sie jedoch nicht in der Lage, sei es nun, daß die Parten oder Teilverbände nicht genug geeignete Personen aufzubieten vermochten, um vierzig sachkundige Sprecher zu stellen, oder sei es, daß sich die vom Rate erkorenen Sprecher nicht des Vertrauens der Gemeinde erfreuten. Jedenfalls bezeugte der Rat nur gut zwei Monate später, nämlich am 30. Januar 1436, abermals, daß sich Unwille und Verdruß in den Handwerkerverbänden und der Meinheit wider ihn erhoben habe, nachdem er Satzungen gegeben, die einzuhalten die Bürger zu schwer zu sein dünkte. Daher stellte er der Gemeinde einen zweiten Revers unter Stadtsiegel aus[345], in dem von den Vierzigern keine Rede mehr ist. Vielmehr heißt es darin, daß die Partikularverbände, nachdem sie über die Beschwerden der Bürger „zuhauf gesprochen" (d. h. Morgensprachen abgehalten) hatten, mit dem Rate freundlich übereingekommen seien – sie waren also friedlich aufs Rathaus gelaufen, ohne die ihrem Protest vom Stadtrecht gesetzten Grenzen zu übertreten –, daß folgende Geschäfte hinfort als hochbeschwerlich gelten und damit der allgemeinen Vollmacht des Rates entzogen sein sollten: der Abschluß von Bündnissen mit Herren, Fürsten, Rittern, Städten, Landen und Leuten, die Ansage von Krieg oder Orlog, die Veränderung der Münze und überhaupt alle Neuerungen, die den Bürgern und dem Gemeinnutzen schadeten.

Für die besondere Vollmacht, deren der Rat in diesen Fällen bedurfte, machte die Gemeinde jetzt die aus den Handwerken und Burschaften erko-

---

345 UB der Stadt Hildesheim T. 4 n. 264.

renen Ratmannen als ihre Sprecher namhaft – nur sie und nicht auch die zwölf Ratskumpane aus den Geschlechtern, so daß als eigentlicher Rat, der im folgenden aus der Urkunde in erster Person Pluralis zu dem Leser spricht, immer noch der Rat der Geschlechter angesehen worden sein muß. Denn es heißt da, in den vorgenannten Geschäften „sollen jene mit uns nicht vollborden, die von der Ämter und der Meinheit wegen mit uns in dem Rat sitzen, sie haben denn erst zurückgesprochen, also die von den Ämtern mit ihren Meistermannen und geschworenen Olderleuten, und die sollen dann fort zurücksprechen mit den Meistermannen der Gilden; desgleichen die von der Meinheit wegen in dem Rate sitzen, sollen sprechen mit dreien aus jeder Bauerschaft, die die Meinheit dazu kiesen und ermächtigen. Die sollen das mit dem Rate handeln, wo ihnen dessen Not und Behuf ist in solchen Sachen, wie hiervor beschrieben steht. Wäre aber die Sache so groß, daß sie sich ihrer mit dem Rate nicht vermächtigen wollten, so sollen sie fort zurücksprechen mit den ganzen Ämtern, Gilden und Meinheit. Wessen sie dann mit uns einträchtlich verhandeln und ein(s) werden, das soll uns allen wohl- und wehetun," d. h. alle Bürger und Einwohner sollten im Guten wie im Bösen mit Leib und Gut für die Folgen des gemeinsam Gewollten einstehen.

§ 167. Man sieht, wie die Vollmacht der Gemeinde letztlich auf der vollen Macht aller Einzelnen, die sich zur Gesamtheit verbunden hatten, beruhte und von diesen allen samt und sonders, in einer Gemeinschaftshandlung, an der sie alle beteiligt waren, weitergegeben wurde an die Sprecher der Teilverbände und durch diese schließlich an den Rat. Nur auf diesem Wege war es möglich, die Identität des Rates mit der Gemeinde und aller Einzelwillen mit dem Gemeinwillen zu sichern. Die Gemeinde behauptete konsequenterweise auch das Initiativrecht. Sie brauchte nicht darauf zu warten, bis der Rat an sie herantrat, sondern konnte rechtmäßig von sich aus aufs Haus laufen: „Wäre auch, daß ein Amt, Gilde oder die Gemeinheit irgendeinen Wahn hätten, das mögen die Ämter und Gilden bringen an diejenigen, die von der Ämter wegen in dem Rate sitzen. Desgleichen mögen die Meinheit das auch bringen an diejenigen, die von ihrer wegen in dem Rate sitzen, damit es also verhandelt werde, daß jeder bei seinem Rechte und alter Gewohnheit bleibe und wir dafür sind, daß das gemeine Beste jedermann zugute fortgesetzt und gefördert werde." Ausdrücklich erkannte der Rat an und bestätigte er unter Stadtsiegel, daß dies die Bedingungen waren, unter denen allein er sich als vollmächtig betrachten durfte, und daß die Gemeinde befugt sei, seine Ermächtigung zu widerrufen: „Auf diese Artikel alle, also hiervor geschrieben steht, wollen uns die vorbeschriebenen Ämter. Gilden und ganze Meinheit ja behalten bei voller Macht."

2.16. Lemgo um 1440

§ 168. Im westfälischen Lemgo, das seine Verfassung im Jahre 1360 durch einen Vertrag zwischen Rat und Gilden über die Einsetzung der Meinheit geordnet hatte (oben, §§ 80, 81), entstand um 1440, vermutlich auf Grund einer „Schicht" oder eines Auflaufs, von dem wir sonst nichts wissen, ein Bürgerrezeß, für den bei späteren Erneuerungen oder Bestätigungen die Bezeichnung „Regimentsnotel" üblich geworden ist[346]. Der Rat der Stadt war zu der Zeit offenbar entmachtet, denn er war an dem Rezeß nicht beteiligt, sondern wurde durch ihn erst konstituiert: „Wir Dekane von den Gilden und unsere gemeinen Gildebrüder und die biederen Leute aus allen Burschaften sind übereingekommen um des gemeinen Besten unserer Stadt willen, daß wir alle Jahre haben wollen einen gemeinen Rat biederer Leute, und den Rat soll der abgehende Rat alle Jahre so zeitig kiesen und die Personen unseren geschworenen Dekanen von den Gilden benennen..." So beginnt der Rezeß. Urkundlicher Formen bedurfte er offenbar nicht, da er seine Verbindlichkeit bereits durch die Öffentlichkeit der Willensbildung erlangte.

Als ersten Punkt behandelte er die alljährlich am 6. Januar stattfindende Ratswandlung. Der abgehende sitzende Rat sollte als letzte Amtshandlung die Kore des neuen Rates vornehmen, und zwar in erster Linie aus den Mitgliedern des bislang ruhenden Rates. Dazu mußte er die Zustimmung der Meinheit und der Dekane einholen. Lehnten diese einen neu in den Rat berufenen Bürger ab, so mußte der sitzende Rat einen anderen Kandidaten kiesen. Das Zeremoniell der Setzung bedurfte keiner Verbesserung und daher auch keiner Erwähnung in dem Rezeß. Wir erfahren lediglich, daß der Rat seine gewöhnliche, für alle nach herkömmlichem Stadtrecht entscheidbaren Geschäfte ausreichende Vollmacht durch Zulassung seitens der Gemeinde empfing, denn alter und neuer Rat „sollen Vollmacht über Tun und Lassen in der Stadt haben". Gewiß galt die Zulassung als erteilt, wenn die Gemeinde in der alljährlich im Anschluß an die Ratswahl stattfindenden Bursprake die Namen der jetzt in den Ratsstuhl berufenen Ratmannen schweigend zur Kenntnis nahm. Für die hochbeschwerlichen Geschäfte jedoch reichte diese Vollmacht nicht aus. Wenn eine Urkunde unter dem Stadtsiegel ausgegeben, wenn Steuern erhöht oder zu unrechter Zeit erhoben, wenn Kriege begonnen oder Bündnisse abgeschlossen, wenn eine neue Wehranlage gebaut oder der Stadt heimgefallene Lehen wieder ausgetan werden sollten, dann mußten beide Räte gemeinsam die Dekane der Gilden und die Sprecher der Meinheit hinzuziehen, bevor ein Beschluß gefaßt werden konnte.

§ 169. Darüber hinaus rechnete der Rezeß mit dem Anfall so schwieriger Probleme und dem Eintritt so gefährlicher Situationen, daß über ihre Geschworenen und Sprecher hinaus die ganze Gemeinde befragt und zu diesem Zwecke zusammengerufen werden sollte, denn eine wirklich unbeschränkte Vollmacht in Gemeindegeschäften kam nur der Gesamtheit selber zu. Ob derartige Probleme oder Situationen vorlagen, darüber entschieden gewöhn-

---

346 Ungedruckt im Stadtarchiv Lemgo. Das folgende nach Jörg M. ROTHE, Die „veyr hoipen" (1990, wie Anm. 172) S. 119–123, 135f. Anm. 42, 43, 50.

lich die beiden Räte mit den Dekanen und den Worthaltern der Meinheit, deren gemeinsam gefaßte Beschlüsse für die Gemeinde verbindlich sein sollten. Nur in Fällen äußerster Not gestattete der Rezeß den Dekanen und Sprechern der Meinheit, ohne Zutun des Rates die Gemeinde zu versammeln, wenn nämlich einem der Dekane, einem Mitgliede der Meinheit oder einem anderen Bürger so schwerwiegende Dinge widerfuhren, daß die Unterstützung der Gemeinde nötig war. Bei so schwerwiegenden Notlagen kann es sich nur um rechtswidrige Maßnahmen des Rates gehandelt haben, denen gegenüber die ganze Gemeinde zusammenstehen mußte, um der Geltung des Rezesses und des Stadtrechts zum Siege zu verhelfen.

Der Rezeß regelte nämlich im einzelnen die Grundrechte sowohl der Partikularverbände wie der einzelnen Bürger, die dem vollmächtigen Handeln des Rates ein für allemal entzogen waren und insofern auch der gewöhnlichen, von der Gemeinde im voraus für das ganze Amtsjahr dem Rate erteilten Vollmacht rechtliche Schranken setzten. So schützte der Rezeß die Gilden vor willkürlichen Eingriffen des Rates in ihre Rechte, er bestätigte aber auch den Vorrang der Ratsjustiz vor der der Dekane und das Recht des Rates, die Statuten der Gilden zu prüfen und in Kraft zu setzen, denn der Rat war Hüter des Gemeinwohls gegenüber dem Egoismus der Teilverbände, ohne freilich deswegen Herr der Gemeinde zu sein. Der Meinheit nämlich gewährte der Rezeß das Recht auf 24 Sprecher aus den sechs Burschaften, deren Kore er den Burmeistern zuwies; diese selbst erkor jeweils der am 7. Januar vereidigte neue Rat. Die abtretenden Burmeister übernahmen das Amt der Redmeister, die für die Veranlagung der Bürger und Einwohner zur Vermögensteuer verantwortlich waren.

Was die individuellen Grundrechte anlangte, so stellte der Rezeß die Gerichtshoheit des Rates über die Bürger und die damit verbundene Pflicht fest, die Freiheit der Lemgoer von geistlichen Gerichten in weltlichen Sachen zu gewähren und Bürger zu schützen, die in anderen Städten gerichtlich belangt wurden. Vor allem aber sprach der Rezeß dem Rate die Macht ab, Bürger willkürlich verhaften zu lassen. Bevor er einen erbgesessenen Mann in den Turm werfen ließ, mußte er die Dekane der Gilden und die 24 Sprecher der Meinheit um ihr Einverständnis bitten.

2.17. Braunschweig 1445

§ 170. Bald darauf, im Jahre 1445, verursachte eine unglücklich verlaufene Fehde dem Rate zu Braunschweig so hohe Ausgaben, daß er glaubte, den Schoß verdoppeln zu müssen, um die Stadt vor Schaden zu bewahren. Obwohl er dazu den Vollbort der Gildemeister einholte, begannen doch die Bürger, sobald sie von diesem Beschluß erfuhren, auf den Straßen Lärm zu schlagen. Sie machten einen Verbund mit gemeinsamen Mählern, öffentlichem Tragen von Teufelsmasken und heimlicher Anfertigung eines blauroten Banners, dessen Aufschrift „hu hase hu" dem Rate androhte, daß man ihn wie einen Hasen jagen wollte[347]. Angesichts der drohenden Haltung der Bürger verzichtete der Rat auf den doppelten Schoß. Danach konnte er, dank der Besonnenheit eines großen Teils der Gilden, gewalttätige Ausschreitungen verhüten und gerichtlich gegen die Empörer vorgehen. Gegen 28 Bürger erhob er Anklage und stellte sie vor die Wahl, entweder die Stadt für immer zu räumen oder in Hausarrest zu gehen und sein Urteil über sie zu erwarten. Da sie wußten, daß ihnen als Verschwörern eine Anklage vor dem Hochgericht und die Todesstrafe bevorstanden, wählten sie alle die Verfestung. Sie mochten hoffen, bei den Gemeinden der benachbarten Städte Unterstützung gegen die Braunschweiger zu finden, und erreichten tatsächlich, daß sich mehrere Versammlungen der sächsischen Hansestädte mit den Vorgängen befaßten[348].

Unterdessen hatten die Braunschweiger bereits am 12. Juli 1445 die Eintracht unter sich wiederhergestellt, und zwar durch einen Bürgerrezeß, dem sie die urkundliche Form eines Vertrages zwischen Rat, Gilden und Meinheit gaben[349]: „Wir der Rat der Stadt Braunschweig in allen fünf Weichbilden, und wir Meister der Wandschneider, der Lakenmacher im Hagen, der Lakenmacher in der Neustadt" und zwölf weiterer genannter Gilden „und die gemeinen Gildebrüder von allen diesen vorgeschriebenen Gilden, und wir Hauptleute der Meinheit und ganze Meinheit in allen fünf Weichbilden haben uns einträchtig dessen ganz vereint durch Eintracht und Friedsamkeit willen, unser einer bei dem anderen zu bleiben und zu helfen, (um) mit aller unserer Macht jedem und allem zu widerstehen, das der Stadt, dem Rate, den Gilden und der ganzen Meinheit zu Braunschweig zu Schaden kommen könnte."

Sie alle vereinten sich in Eintracht, d. h. sie schufen eine Einung aller Gildebrüder und Grundbesitzer, in der sich die einzelnen Bürger von Gildemeistern und Hauptleuten keineswegs als Bevormundete oder Unmündige repräsentieren ließen, sondern als persönliche Genossen zusammentraten, die jener lediglich als Sprecher und Worthalter bedurften, durch deren Mund sie ihrem einmütigen Willen Ausdruck verliehen. Indem sie sich samt und sonders, nämlich jeder durch ein persönliches, zusammen mit allen anderen geleistetes Gelübde zum Besten der Stadt vereinten, erzeugten sie zugleich die physische Macht zu gemeinsamem Widerstand, die sie als Vollmacht dem über ihren Beistand verfügenden Rate übertragen konnten. So war der Rat befugt, das

---

347 Des Zollschreibers Hermen Bote Schichtbuch, um 1510, in: Die Chroniken der deutschen Städte (wie Anm. 59) Bd. 16: Braunschweig Bd. 2, Leipzig 1880, S. 332–337. Hans Leo REIMANN, Unruhe und Aufruhr (1962, wie Anm. 194) S. 85–97. Goswin SPRECKELMEYER, Die Braunschweiger Schicht von 1445/46, in: Schicht – Protest – Revolution in Braunschweig 1292 bis 1947/48. Beiträge zu einem Kolloquium, hg. von Birgit POLLMANN (Braunschweiger Werkstücke, Reihe A Bd. 39), Braunschweig 1995, S. 35–47, hier: S. 37–40.
348 HR II 3 S. 156.
349 UB der Stadt Braunschweig, 1. Bd. hg. von Ludwig HÄNSELMANN, Braunschweig 1873, n. 58.

Siegel der Stadt an die Vertragsurkunde zu legen, während die Gildemeister jener dreizehn Gilden, die bereits ein Siegel besaßen, diese Gildesiegel und die Hauptleute ein gemeinsames Siegel der fünf Meinheiten anhängten, das eigens zu diesem Zwecke angefertigt wurde. Die Ratskanzlei erhielt den Auftrag, zwanzig Ausfertigungen des Vertrages herzustellen und jedem Vertragspartner ein mit fünfzehn Siegeln bestärktes Exemplar auszuhändigen.

§ 171. Seinem Inhalte nach setzte der Rezeß fort, was die Bürgerschaft im Jahre 1380 begonnen hatte (oben, §§ 96 bis 98), nämlich die dem städtischen Einungsrecht immanenten Gedanken über die Mitwirkung der Gemeinde an der Regierung und die korrespondierende Eingrenzung der Vollmachten des Rates weiter zu entfalten. Zum ersten Male fand man jetzt Normen für die Funktion der Hauptleute, deren Aufstieg zu Worthaltern der Meinheit sich bis zum Jahre 1445 vollzogen hatte, ohne uns in irgendeiner Quelle eine Spur zu hinterlassen. Herzuleiten ist ihre Aufgabe zweifellos von derjenigen jener besonders angesehenen Bürger, die der Rat seit jeher auf das Haus zu laden pflegte, wenn er über hochbeschwerliche Geschäfte zu entscheiden hatte und sich daher im voraus der Zustimmung der Gemeinde zu seinen Plänen vergewissern wollte. Der Rezeß stellte nun fest, was gewiß längst üblich geworden war, daß nicht mehr der Rat darüber bestimmen konnte, wen er als Worthalter der Weichbilde gelten lassen und vorladen wollte, sondern daß die Meinheiten selbst ihre Sprecher benannten und der Rat an ihre Kore gebunden sein sollte[350].

Ohne die Ratswahlordnung grundsätzlich zu verändern, wies der Rezeß nun den Hauptleuten dieselben Aufgaben bei diesem Geschäfte zu, welche bisher schon die Gildemeister erfüllten (Artikel 2 und 3): Wenn man nach jeweils drei Jahren den Rat wandelte, dann sollten „die Meister und die Geschworenen von den Gilden bei ihren Eiden Ratmannen aus ihrer Gilde kiesen", indessen keine engstirnigen Verfechter ihrer Sonderinteressen, sondern Männer, „die ihnen der Stadt nützlich und bequem zu sein dünkten, wie es seit alters gewesen ist. Auch sollen die Meinheit in allen Weichbilden Hauptleute kiesen, in jeder Burschaft zwei, und die Hauptleute sollen in jedem Weichbilde bei ihren Eiden Ratmannen von der Meinheit kiesen, (und zwar) diejenigen, die ihnen der Stadt nützlich und bequem zu sein dünken, und in dieser Kür soll der mindeste Teil dem meisten Teil folgen."

Es ergab sich auf diese Weise bei vierzehn Burschaften in den fünf Weichbilden und bei vierzehn Gilden ein Wahlmännerkollegium von 56 Personen[351], das gemäß der im Jahre 1386 aufgezeichneten Ratswahlordnung den Ratsältesten oder Ratsgeschworenen[352] und dem sitzenden Rate die Kandidaten nominierte, über die diese dann zu entscheiden hatten. Alle an der Kür Beteiligten hatten zu beachten, daß weder nahe Verwandte noch unecht Ge-

---

350 REIMANN (1962, wie Anm. 194) S. 90–95.
351 SPRECKELMEYER (1995, wie Anm. 347) S. 38.
352 REIMANN (1962, wie Anm. 194) S. 92.

borene die Eignung besaßen, um „in des Rates Eiden zu sitzen" (Artikel 5 bis 9). Den auf diese Weise ordnungsgemäß erkorenen Ratmannen erkannte der Rezeß die Vollmacht zu, in allen gewöhnlichen Geschäften mit Verbindlichkeit für die ganze Stadt zu entscheiden (Artikel 4): „Auch sollen der Rat und die Ratsgeschworenen die Bürgermeister kiesen, ein jeder in seinem Weichbilde, derer sie bedürfen zu dem dreifachen Rate, und wenn der Rat also gekoren ist, was dann der Rat rät als der Stadt Bestes, darin sollen die Gilden und die Meinheit dem Rate beistehen und das dem Rate getreulich zugutehalten." Nicht schon die Kür, sondern erst der Beistand der Partikularverbände war es, der dem Rate die (ausdrücklich hier gar nicht erwähnte) Vollmacht sicherte.

§ 172. Diese gewöhnliche, dem vollen Rate für die dreijährige Amtsperiode im voraus erteilte Vollmacht reichte jedoch nicht aus für Entscheidungen in hochbeschwerlichen Geschäften. Auch die Braunschweiger hielten es jetzt für notwendig, diese Geschäfte zu bestimmen, um dem Rate den Mißbrauch der Vollmacht ein für allemal zu verwehren und das Grundrecht der Gemeinde auf die Entscheidung in letzter Instanz zu schützen. „Auch soll der Rat kein neues Gesetz setzen auf die Gilden oder auf die Meinheit oder Fehde führen, sie täten es denn mit Wissenschaft, Willen und Vollbort der Meister von allen diesen vorgeschriebenen Gilden und der Hauptleute von der Meinheit" (Artikel 10). Unter diese Bestimmung fiel auch die Erhebung außerordentlicher Steuern. Mußte die Stadt Krieg führen und dafür „die Bürger auf Pferde und Knechte zu halten setzen, so sollen die Räte der fünf Weichbilde aus ihrem Rate und Ratsgeschworenen jemanden dazu schicken," nämlich aus dem Kreise der Ratmannen, Gildemeister und Hauptleute der Meinheit; diese sollten „darüber sämtlich zuhauf kommen und darauf raten", daß sie die Bürger nach eines jeden Vermögen zu den Kosten veranlagten. Die sechzehn zu dieser Aufgabe Geschickten sollten ihrerseits von den sieben Bürgermeistern veranlagt werden (Artikel 33 und 34). Offenbar dieselbe Kommission war auch zu befragen, wenn der Rat Anleihen aufnehmen und zu diesem Zwecke die Stadt mit der Zahlung von Renten belasten wollte (Artikel 23).

Des weiteren schränkte der Rezeß die Vollmacht des Rates dadurch ein, daß er ihm Vorschriften für die laufende Amtsführung machte, so über die Rechenschaft der Kämmerer, die Verwahrung des städtischen Geldes, die Eintragung von Rentenkäufen ins Stadtbuch, die Vergabe von Studienbeihilfen und Spitalspfründen ausschließlich an Bürgerkinder, Bürger und Bürgerinnen[353] und die fristgerechte Entscheidung über bürgerliche Klagen im Ratsgericht (Artikel 24 bis 32).

Wenig eindeutig äußerte sich der Rezeß dagegen über die individuellen Grundrechte, unter denen anderswo der Schutz der erbgesessenen Bürger vor willkürlicher Verhaftung im Vordergrunde stand, denn der Rezeß faßte nur

---

353 Die Spitalverwaltung war auch Gegenstand des Hamburger Rezesses von 1410, s. o., § 118.

solche Fälle ins Auge, in denen sich jemand dem Verdacht aussetzte, in unerlaubter Weise dem Rate zu opponieren. Wurde nämlich jemand aus den Gilden oder von der Meinheit unnützen Redens wider den Rat bezichtigt, so durfte der Rat ihn zwar darum beschuldigen, er sollte ihn aber zur Antwort kommen lassen, was wohl voraussetzt, daß er ihn nicht in den Turm sperrte. Widerstrebte einer aus den Gilden oder von der Meinheit – eine Formel, die Einwohner von dem Genuß dieser Rechte ausschloß – dem Rate in einem Weichbilde oder wollten sie Zwietracht wider der Stadt Wehre machen, den sollte man beschuldigen vor dem Rate, den Gilden und der Meinheit in dem Weichbilde, da der Verdächtige wohnte; „des wollte der Rat mit den Gilden und Meinheiten sämtlich mächtig sein zu steuern." Widerstrebte ein Gildebruder seiner Gilde, so unterlag er deren Gericht, doch sollte der Rat bei Bedarf dazu Hilfe leisten. Widerstrebte aber jemand aus Gilden und Meinheit dem Rate, den Gilden und der Meinheit, so sollte ihn der Rat mit Beistand der Gilden und der Meinheit strafen (Artikel 14 bis 17). Diesen prozessualen Vorrechten der Bürger stellte der Rezeß nur eine Bürgerpflicht an die Seite, nämlich das Verbot, ohne Vollbort des zuständigen Weichbildrates Leibrenten, Zinsgüter oder Lehen zu erwerben, die dem Erwerber unerwünschte Treuepflichten gegenüber Fürsten und Grundherren auferlegen konnten (Artikel 20 bis 22).

§ 173. Bemerkenswerterweise stellte der Rezeß diesen Grundrechten des einzelnen Bürgers und der Gemeinde auch solche des Rates gegenüber. Die Existenz des Rates stand nicht zur Disposition der Gemeinde (oben, § 107); diese war nach dem Rechtsempfinden der Zeit verpflichtet, ihn über sich zu setzen und durch ihr Beistandsgelöbnis zu bevollmächtigen. Gilden und Meinheiten für sich allein waren genauso wenig fähig, eine vollständige Stadt zu bilden, wie es die Ratmannen waren, sich zur Obrigkeit aufzuschwingen und zu sagen, die Stadt, das seien sie, was immer der Wille der Bürger sein mochte. Zwar war die Gemeinde als Subjekt aller Stadtrechte souverän und zum Schutze ihrer Hoheit handlungsfähig: „Auch mögen diese vorgeschriebenen Gildemeister und Hauptleute der Meinheit zuhauf gehen[354], wenn es ihnen nötig ist" (Artikel 37), aber ihre Macht beschränkte sich darauf, den Rat am Mißbrauch seiner Vollmacht zu hindern, und reichte nicht dazu aus, die Stadt zu regieren. „Auch sollen die Gilden und die Meinheit kein neues Gesetz setzen auf den Rat, sie täten es denn mit Wissenschaft und Vollbort des Rates. Und wessen der Rat mit den Gildemeistern und mit den Hauptleuten der Meinheit einig wird, das soll man halten, und das Echteding soll man halten und es nicht wandeln, es geschehe dies denn mit Willen und Vollbort des Rates, der Gildemeister und der Hauptleute der Meinheit" (Artikel 11 und 12).

---

354 Im gleichen Sinne wurde in Hildesheim der Ausdruck „zuhauf sprechen" benutzt, s. o., § 166; vgl. zuhaufgehen, unten, § 185, und die „vier Haufen" in Lemgo, oben, Anm. 172 und 346.

Mit diesen Sätzen trug der Rezeß der Tatsache Rechnung, daß sich nur dann, wenn die Sprecher der Gemeinde mit dem Rate einig waren, jene Identität des Gemeinwillens mit den Partikularwillen ergab, auf der die Macht der Stadt und die Vollmacht des Rates beruhten. Daher durften Gilden und Meinheit ohne Vollbort des Rates keine Briefe ausstellen, sie beträfen denn lediglich ihr Amt oder ihre Knechte; empfingen sie aber Briefe, so durften sie diese zwar lesen, betrafen sie aber den Rat, so mußten sie sie dem in ihrem Weichbilde sitzenden Bürgermeister übergeben (Artikel 35 und 36), denn anders war die Willensidentität und bürgerliche Eintracht nicht zu bewahren. Auf Willenseinheit zielte auch das Gebot an die Minderheit, ihr Sonderinteresse nicht über das Gemeinwohl zu stellen: „Und wessen der Rat mit dem mehreren Teil dieser vorgeschriebenen Gildemeister und der Hauptleute der Meinheit einig wird, dessen sollen die anderen folgen" (Artikel 13). Der Begriff ‚einig werden' hatte noch ganz den Sinn von ‚einswerden'. Der Vorgang erzeugte nicht nur Einheit, sondern auch Eintracht, nämlich jenen von der Rechtsordnung gewollten Zustand, in dem alle Einzelnen und alle Teilverbände innerhalb der Stadt eines Willens und damit eine einige und einzige Verbandsperson bildeten: nämlich die Stadt.

§ 174. Man mag sich fragen, ob der Rezeß vom 12. Juli 1445 das Ziel erreichte, diesen idealen Zustand von Eintracht und Einwilligkeit in Braunschweig wirklich ins Leben zu rufen, denn wir besitzen ein denkwürdiges Zeugnis dafür, daß diejenigen Bürger, die zuvor den Aufruhr wider den Rat angeleitet hatten, weiterhin von der Rechtmäßigkeit ihres Tuns überzeugt waren. Hatte der Rat ihnen nicht insofern selbst recht gegeben, als er seinen Beschluß über die Erhöhung des Schosses zurücknahm, obwohl die Gildemeister ihm namens der Gemeinde zugestimmt hatten? Zwei Jahre später jedenfalls wurde vor den seit dem 18. Mai 1447 in Lübeck versammelten Ratssendeboten der gemeinen Hansestädte ein Brief des Aschwin Holthusen und der anderen damals von Braunschweig geschiedenen Bürger verlesen, darin diese über den Rat ihrer Heimatstadt klagten und um Rechtshilfe wider ihn ersuchten. Für die auf der Tagfahrt anwesenden Ratssendeboten aus Braunschweig legte der Bürgermeister der Stadt den Hergang der Ereignisse dar. Er schloß mit der Erklärung, „sie wären bereit, Ehre und Recht auf die da gegenwärtigen Städte zu setzen in den Maßen, wie die Sache verblieben sei, (nämlich) nach peinlichem und nicht nach Stadtrecht (darüber) zu richten" (in der mate alse yd was gebleven, pynliken unde nicht werliken to richtende). Mehrere Tage lang berieten sich die Ratssendeboten der Städte über den Fall, dann aber beschlossen sie einträchtlich:

„Nachdem der genannte Aschwin mit seiner Gesellschaft eine solche besorgliche Versammlung und Auflauf gegen ihren Rat gemacht haben, wie sich die ehrlichen Ratssendeboten von Braunschweig dessen beklagten, und sie sich in ihren an die erwähnten gemeinen Städte und auch an den Rat von Lübeck geschriebenen Briefen nicht zu Ehren und Rechte, sondern lediglich zu Redlichkeit erboten, so wollen diese genannten gemeinen Städte ernstlich den alten Rezeß, der von diesen Sachen gemacht sei, eingehalten haben." Bei dem hier wörtlich angeführten Rezeß handelt es sich um den ersten Artikel des Statuts vom 24. Juni 1418, nach dem sich die Beschwerdeführer vor dem Hochgericht zu verantworten hatten. Außerdem setzten sie deren Vor- und Zunamen in ihren Rezeß, damit „eine jede Stadt sie meiden könne, wie es beschlossen ist"[355]. Die Kläger unterlagen nicht nur deswegen, weil die Ratssendeboten ihre Tat für rechtswidrig hielten, sondern auch, weil nicht sie, sondern ihre Gegner, die Ratmannen, der Gemeinde zu Braunschweig mächtig waren. Nur daraus nämlich läßt es sich erklären, daß sich die entwichenen ehemaligen Bürger lediglich zu Redlichkeit, die vollmächtigen Sendeboten dagegen zu Ehre und Recht zu erbieten imstande sahen. Stillschweigend erkannten die gemeinen Städte mit ihrem Beschluß aber auch den Rezeß der Stadt Braunschweig vom 12. Juli 1445 als rechtmäßig an, obwohl dieser die Vollmachten des Rates vielfach beschränkte und Handwerkern den Zugang zum Rate eröffnete.

2.18. Hildesheim 1445–49

§ 175. Die Beteiligung der Partikularverbände an der Auslese der Ratmannen und an den Entscheidungen in hochbeschwerlichen Geschäften scheint die Bildung eines Gemeinwillens, in dem sich alle Einzelnen und alle Teilverbände mit der Stadt und dem Rate einig und eins zu fühlen vermochten, nicht in jedem Falle erleichtert zu haben. Es bestand nämlich die Gefahr, daß sich die Sprecher der Burschaften und Handwerksämter allzusehr nach den Interessen der Sonderverbände richteten, von deretwegen sie den Rat berieten oder als Wahlmänner an dessen Kore mitwirkten, und darüber das Interesse der Gesamtheit der Stadt hintansetzten, und zwar selbst dann noch, wenn sie schließlich in den Rat gekoren wurden. Diese Gefahr war besonders groß, wenn ein Bürgerrezeß den Wahlmännern vorschrieb, bestimmte Ratmannen nur aus bestimmten Teilverbänden zu berufen. Um ihr zu begegnen und dafür zu sorgen, daß das Gesamtinteresse oder Gemeinwohl nicht zu kurz kam, war es erforderlich, die Stellung des Rates zu stärken, da er der einzige, aber auch der „geborene" Worthalter der Gesamtheit und ihrer Interessen war. Hierin liegt der Grund dafür, daß die Städte bei der Kore der Ratmannen dem sitzenden Rate eine so wichtige Rolle zuwiesen, daß moderne Betrachter daraus nur allzu leicht ein angeborenes Recht der Ratmannen auf Kooptation neuer Mitglieder herzuleiten pflegen.

Außerdem aber stellten die Stadtrechte, sobald man die Gefahr erkannte, den Wahlgremien ausdrücklich die Aufgabe, Ratmannen zu kiesen, „die ihnen der Stadt nützlich und bequem zu sein dünkten," wie es z. B. im Braun-

---

355 HR II 3 n. 288 §§ 9, 12, 13. Zum Statut von 1418 s. o., § 138.

schweiger Rezeß vom 12. Juli 1455 heißt[356], Ratmannen nämlich, die sich zur Verantwortung nicht nur gegenüber dem Amte oder der Burschaft, aus denen sie stammten, sondern auch gegenüber der Gesamtheit aller Bürger und Einwohner verpflichtet fühlten (der Ratseid machte sie dafür auch noch vor ihrem Gewissen und vor Gott haftbar, siehe oben, § 79). In besonderem Maße scheint die Hildesheimer Ratswahlordnung vom 11. Dezember 1345 in ihrem Eifer zu verhindern, daß der Rat „das Erbe" bestimmter Geschlechter bleibe oder werde (oben, §§ 77, 78), dieser Gefahr Tür und Tor geöffnet zu haben, und der Bürgerrezeß vom 30. Juni 1436, der die Beteiligung der Partikularverbände an den Entscheidungen des Rates in den hochbeschwerlichen Geschäften geregelt hatte, mag diese Gefahr noch einmal gesteigert haben, da er nicht sämtliche Ratskumpane, sondern lediglich die „von der Ämter und der Meinheit wegen" im Rate sitzenden Männer mit der Aufgabe betraut hatte, den Konsens zwischen Rat und Gemeinde herzustellen (oben, § 166). Die Folge dieser Vorschrift muß gewesen sein, daß sich diese Ratmannen als Sprecher der Interessen der Innungen und Burschaften betrachteten und es der kleinen Gruppe von Ratmannen aus den Geschlechtern überließen, das gemeine Beste oder den Nutzen der Stadt als Ganzen zur Geltung zu bringen.

§ 176. Das Übel erreichte schließlich solche Ausmaße, daß die Gemeinde am 31. Oktober 1445 einen weiteren Bürgerrezeß zustandebrachte, worüber der Rat, die Ämter, die Meinheit und die Gilden eine Urkunde in vier Exemplaren ausfertigten, die der Rat mit dem Siegel der Stadt, die Meinheit mit Siegeln genannter Bürger, die sie hierzu gebrauchte, und Ämter und Gilden jeweils mit ihren eigenen Siegeln bekräftigten[357]. Nachdem der Rat eine Zeitlang „von Parten gewesen ist und gesessen hat", so heißt es einleitend in dieser Urkunde, hätten Meinheit, Ämter und Gilden davon erfahren, daß ein Part in dem Rate gegen das andere wäre, „was dem Rate, der Stadt und uns allen zu Schaden gekommen ist." Sie hätten sich daher freundlich besprochen und seien „einträchtiglich eins geworden", daß der Rat in Zukunft „von keinem Parte sein soll". Es fiel also in die Kompetenz der Gemeinde, um deren gemeines Bestes es ging, dafür zu sorgen, daß sich im Rate keine eigenwilligen Fraktionen mehr bilden konnten.

Zu diesem Zwecke machten sich die Bürger in der üblichen Weise handlungsfähig, indem sie zwölf Männer zu Worthaltern erkoren, „die nützlich-

---

356 S. o., § 171. Es wird hiermit zusammenhängen, daß das Wort wählen (althochdeutsch wellen, verwandt mit wollen) nicht imstande war, das Verbum kiesen oder küren zu verdrängen. Denn kiesen meint das Erwählen eines Einzelnen auf Grund einer Prüfung, wählen dagegen das Auswählen eines Einzelnen aus einer Mehrzahl von Personen auf Grund einer Willensbildung, siehe Ruth SCHMIDT-WIEGAND, Kiesen, küren, in: HRG Bd. 2 (1978) Sp. 714. Kiesen trifft also eher, was bei der Auslese einer Gruppe gleichartig qualifizierter Personen aus einer Vielzahl weniger Geeigneter, wählen eher, was bei der Auslese eines Ersten oder Fürsten aus einer Mehrzahl gleich gut geeigneter Personen geschah.
357 UB der Stadt Hildesheim (wie Anm. 164) T. 4 (1890), S. 496 n. 592.

sten und biedersten, die sie bei ihren Eiden zu Hildesheim dazu wußten, die nicht im Rate wären." Diese zwölf schworen zu den Heiligen, sie würden aufs Rathaus gehen und dieses nicht eher verlassen, bevor sie nicht 24 Personen zum Rate erkoren hätten, „die nützlichsten und biedersten, die sie zu Hildesheim wüßten"; diese Ratmannen sollten „von keines Partes wegen besonders, sondern von der gemeinen Stadt wegen im Rate sitzen". Die zwölf Worthalter der Gemeinde traten also für diesmal an die Stelle der gewöhnlichen Wahlmänner, um zu der nach Neujahr anstehenden Ratssetzung einen neuen, von partikularistisch gesonnenen Männern geläuterten, zweischichtigen Rat zu benennen, denn von den 24 Erkorenen sollten vom 2. Januar an zwölf als sitzender und die anderen als Nachrat amtieren, hinfort aber von Jahr zu Jahr diese Funktion austauschen. Nachdem die zwölf Worthalter den Rat in dieser Weise erkoren, hatten sie, bevor sie sich schieden, zwölf weitere Personen aus der Gemeinde zu sich gekoren. Diese 24 Männer sollten alljährlich am 2. Januar dem sitzenden und jetzt abtretenden Rate dabei helfen, „zu läutern und zu kiesen den anderen Rat, der im anstehenden Jahre der sitzende Rat sein soll".

Auf ihren Auftrag als Wahlmänner hatten die Vierundzwanzig folgenden Amtseid zu leisten: „Daß ihr hier nicht abgehen wollet, bevor ihr nicht zwölf Personen geläutert und erkoren hättet, die nützlichsten und biedersten zum sitzenden Rate, die ihr zu Hildesheim wißt, sie seien hierherauf oder daherab ..., die von keines Partes wegen besonders, sondern von der gemeinen Stadt wegen in dem Rate sitzen sollen, ... der Stadt und dem ganzen Gemeinwesen zugute und zu Frommen, auf daß euch Gott so helfe und die Heiligen." Die 24 Wahlmänner selbst waren nicht zum Rate wählbar. Bevor sie aber alljährlich am 2. Januar darangingen, den Rat zu läutern, sollten sie sich selber läutern, und zwar so, daß jeweils zwei Drittel von ihnen den dritten Teil überprüften. Ausgeläuterte Wahlmannen mußten sofort, verstorbene dagegen binnen zwei Monaten nach ihrem Tode durch die übrigen Vierundzwanziger ersetzt werden, und zwar aus demselben Part (d. h. aus dem Amte, der Gilde oder der Meinheit), daraus der Abgegangene erkoren war.

§ 177. Alle diese Vorkehrungen dienten dem Zwecke, die Bildung von Fraktionen im Rate zu unterbinden, und bezeugen damit, daß man sich andere als einstimmige Beschlüsse des Rates immer noch nicht vorstellen konnte. Einstimmigkeit, Einmütigkeit und Eintracht im Rate aber waren unabdingbar, weil auf ihnen die Identität des Ratswillens mit dem Gemeinwillen und damit die Vollmacht des Rates beruhte. Wem die Stadt die Fähigkeiten zutraute, ihr um des gemeinen Besten willen im Rate oder als Vierundzwanziger zu dienen, dem machte sie es zum Vorwurfe, wenn er die Wahl zu diesem Dienste zurückwies, und bestrafte ihn dafür mit der Konfiskation der Hälfte seines Gutes. Andererseits hoffte sie, daß niemand, der wider seinen Willen den Rat verlassen mußte, darüber mit ihr in Unwillen und Zwietracht verfiele: „Und wer bisher im Rate gewesen wäre, aber mit dieser Wandlung des Rates in den neuen Rat nicht gesetzt oder gekoren würde, oder wenn jemand aus dem alten Rate (nicht) in den neuen Rat gesetzt würde, denen und allen unseren Bürgern sollen diese freundlichen Vereinbarungen weder an Ehre noch an Recht irgend schädlich sein, da wir dieser freundlichen Vereinbarungen alle eines Lautes sein und bleiben wollen." Eintracht und Einstimmigkeit waren auch für die Gemeinde das höchste politische Ziel, das jedermann über den persönlichen Ehrgeiz stellen sollte. Auch von daher war die Gemeinde „eins geworden", daß sie jeden Bürger oder Einwohner, dem ein Verstoß hiergegen nachzuweisen war, aus der Stadt verweisen und ihn nicht länger für einen biederen Mann halten wollte.

Es war aber auch unstrittiges Recht der Gemeinde, sich und ihrem Rate diejenige Verfassung zu geben, die diese Eintracht sicherte, denn der Rat hat als Gesamtheit an dem Rezeß nirgendwo mitgewirkt (wenn dies gewiß auch einzelne Ratmannen als gute Bürger getan haben mögen), sondern ihn lediglich als für sich verbindlich durch Anlegung des Stadtsiegels anerkannt. Die Gemeinde aber hielt es für angebracht, in dem Rezeß noch einmal ihr Grundrecht auf Mitwirkung zu betonen, indem sie die Aufzählung der hochbeschwerlichen Geschäfte (oben, § 166) wiederholte, die der Rat nur mit ihrer speziellen Vollmacht beschließen durfte, nämlich Bündnisse zu machen, Fehde anzusagen, zu heerfahrten, neue Pfennige zu schlagen, Geld zu borgen und einen Bürger zu beschuldigen. Alle diese Artikel durfte der Rat nur im Einvernehmen mit den Vierundzwanzig verhandeln. Die letzte Instanz aber bildete die Versammlung aller Bürger und Einwohner: „Auch sollen der Rat und die 24 Mann hinfort unsere Bürger auf keine Beschwernisse setzen, sie täten es denn mit Wissenschaft und Vollbort des gemeinen Volkes."

§ 178. Der Parteienstreit war freilich mit dem Rezeß nicht gestillt. Schon ein Jahr später, am 13. Dezember 1446, also rechtzeitig zur nächsten Wandlung des Rates, kehrte die Gemeinde in einem weiteren Rezeß zu einer Verfassung zurück, unter der der Rat „von Parten dreifach" sein, d. h. aus drei statt zwei Schichten und folglich aus 36 Personen bestehen, zugleich aber den „Parten", nämlich der Meinheit, den Geschlechtern vom Alten Rate, den vier Ämtern und den fünf Gilden, eine bestimmte Anzahl von Sitzen in der jeweils die Geschäfte führenden Schicht zustehen sollte: „Der sitzende Rat soll sich alle Jahr setzen lassen auf den nächsten Tag zu Zwölften (den 7. Januar), und (dabei ist) von den vorbeschriebenen Parten je eine Person um die andere zu setzen bis oben hinaus, und eine Person um die andere darin nicht zu verschonen, sondern gebührte es (nach diesem Verfahren) jemandem, nächst dem Bürgermeister zur linken Hand zu sitzen und in dessen Abwesenheit das Wort in des Bürgermeisters Stätte zu halten, der doch dazu nicht bequem wäre, so möge man ihn umsetzen zur vorderen Hand und den anderen wiederum in seine Stätte zu setzen"[358].

---

358 UB der Stadt Hildesheim T. 4, S. 540 n. 634. Der Rezeß regelt des weiteren die jährliche Läuterung und die Geschäftsführung des Rates.

Die Vierundzwanzig werden nicht erwähnt und waren folglich abgeschafft; der Rat sollte sich selbst und ohne Mitwirkung von Wahlmännern läutern und ergänzen und bei Bedarf auch selbst bestimmen, welche Bürger er für die Gemeinde sprechen lassen wollte. Von den Grundrechten der Gemeinde blieb daher nur eines übrig: Der Rat durfte die Bürger mit nichts beschweren, „es geschehe denn mit Wissen und Vollbort des ganzen Volkes, und darauf (d. h. unter dieser Bedingung) soll der Rat bei voller Macht sein und bleiben." Der Rat verpflichtete sich jedoch dazu, den gemeinen Bürgern zwölf Olderleute zu geben, die zwischen ihm und den Bürgern vermitteln sollten und befugt waren, im Notfall „unsere gemeinen Bürger und Freunde" durch die Burmeister zusammenrufen zu lassen, um die Dinge mit ihnen zu besprechen und zu verfügen, was das Gemeinwohl erforderte[359].

Allein auch diese Verfassung bewährte sich nicht. Nur drei Jahre lang hatte sie Bestand. Dann ging die Stadt durch Bürgerrezeß vom 27. November 1449 endgültig zu einem zweischichtigen Rate über, der nicht mehr von Parten sein sollte[360]. Vierundzwanzig Wahlmänner der Gemeinde koren 24 Ratmannen, die ungeachtet ihrer partikularen Herkunft die nützlichsten zu Hildesheim sein sollten, die sie dazu wußten. „Alle Jahr auf dem Abend des neuen Jahres (dem 31. Dezember) soll der Nachrat den sitzenden Rat bitten, ihnen des Rates (Stuhl) zu verlassen; das soll der sitzende Rat tun." Am 7. Januar besorgte dann der volle Rat die Läuterung und die Kore der zwölf Personen, die für das kommende Jahr „von keines Partes wegen besonders, sondern von der gemeinen Stadt wegen im Rate sitzen" sollten. Die 24 Wahlmänner waren zugleich Olderleute der Gemeinde; der Rat und sie sollten „unsere Bürger ferner auf keine Beschwerung setzen, sie täten es (denn) mit Wissen und Vollbort des gemeinen Volkes."

In dieser Form gewann die Ratsverfassung nun Dauer. Der Partikularismus, der die Identität der Ratmannen mit ihren jeweiligen Teilverbänden über die des Rates insgesamt mit der Stadt stellte, hatte sich nicht bewährt. Obwohl er viele Jahre lang die Stadt Hildesheim um einen wirklich vollmächtigen Rat gebracht haben muß, fanden die gemeinen Hansestädte keinen Anlaß, sich mit den Hildesheimer Parteikämpfen zu befassen, da niemand getötet oder der Stadt verwiesen wurde und daher auch niemand bei den Lübeckern und den Ratssendeboten Klage erhob. Wäre dies geschehen, so besäßen wir vielleicht ein ausdrückliches Zeugnis für die Gründe, deretwegen das lübische Recht den Handwerkern die Ratsfähigkeit absprach und die Hansestädte das Statut vom 24. Juni 1418 gewöhnlich zum Schutze bestehender Ratsverfassungen einzusetzen pflegten.

---

359 Urkunde des Rates für die Bürgergemeinde vom 13. Dez. 1446, UB der Stadt Hild. T. 4, S. 542 n. 635.
360 UB der Stadt Hild. T. 4, S. 601 n. 712.

2.19. Göttingen 1447

§ 179. Da Bürgerrezesse nicht der Schriftform bedurften, um Rechtskraft zu erlangen, und die ihnen vorangehenden Verhandlungen vollends eine Sache des mündlichen Verkehrs zwischen Ratmannen und Worthaltern der Gemeinden waren, könnte eine protokollarische Aufzeichnung von Beratungen, die zwischen Rat und Gilden zu Göttingen vom 22. Oktober bis über den 6. November 1447 hinaus wegen der Erhebung einer außerordentlichen Steuer stattfanden[361], ein einmaliges, besonders instruktives Dokument über Auftrag und Grenzen der Vollmacht des Rates in einer niederdeutschen Hansestadt darstellen, und zugleich ein Zeugnis dafür, wie eines jener hochbeschwerlichen Geschäfte, für deren Erledigung der Rat keine Vollmacht besaß, im einzelnen vor sich ging. Das Dokument trägt die Überschrift „Unterredung, die der Rat mit den Gilden gehabt hat, als sie die Stadt nach dem Heerzuge des Herzogs von Sachsen und (seiner) Trabanten[362] befestigen wollten etc., dem Rate Zulage und Hilfe zu tun." Es berichtet uns folgendes:

Am 22. Oktober 1447 besandte der Rat die Gildemeister der Kaufleute, der Schuhmacher, der Bäcker, der Wollweber, der Leineweber und der Knochenhauer. Es waren jeweils zwei Personen, darunter, als einer der beiden Sprecher der Kaufleute, „unseres Rates Kumpan" Giseler Castrum. Ihnen ließ der Rat durch sieben dazu geschickte Ratmannen sagen, daß seine Bemühungen, Übergriffe des herzoglichen Heeres abzuwehren, die Stadt mit mehr als tausend Mark an Ausgaben belastet hätten und daß sie (die Geladenen) auf Grund ihrer der Stadt geleisteten Eide dazu verpflichtet wären, ihm in dieser Sache zu helfen, das beste zu raten, aber auch, die Höhe der städtischen Schulden vor ihren Gildebrüdern geheimzuhalten. Nachdem die Worthalter dies den Geschickten des Rates versprochen hatten, erklärten diese weiter, daß die Stadt, um nicht noch einmal in eine solche Notlage zu geraten, stärker befestigt werden müsse, daß der Rat dies aber aus den gewöhnlichen Einnahmen der Stadt nicht bezahlen könne, sondern dafür der Hilfe der Gildemeister und aller Bürger bedürfe: „Wollten sie nun dazu helfen und raten, so wolle der Rat dazu tun, soviel sie vermöchten." Die Gildemeister antworteten, sie wollten gerne dazu helfen und raten, falls der Rat bereits „auf eine Weise gedacht habe, wie man ihnen (den Bürgern) das sagte." Die Geschickten entgegneten, der Rat habe dies erwogen, aber keine Weise gefunden, die dem Reichen wie dem Armen gerecht werde; die Bürger müßten

---

361 UB der Stadt Göttingen vom Jahre 1401 bis 1500, hg. von Gustav SCHMIDT (UB des Hist. Vereins für Niedersachsen Heft 7), Hannover 1867, S. 202 n. 227. Falls das Dokument am Ende unvollständig sein sollte, ist wohl kaum mehr verlorengegangen als die gegenseitige Zusage von Rat, Gilden und Meinheit, einander trotz mancher harten Worte, die während der Verhandlungen gefallen sein mochten, nichts nachzutragen.

362 Trabanten und Böhmen (Hussiten), HR II 4 S. 38 mit Anm. 2.

sechs Jahre lang von jeder Mark ihres Vermögens acht Pfennige und dazu acht Schilling zu Vorschoß entrichten, wenn die Stadt ausreichend befestigt werden sollte. Den Gildemeistern gefiel diese „Weise" nicht übel. Sie baten den Rat, darüber mit ihren Beisitzern in den Gildevorständen reden zu dürfen. Darauf ließ der Rat sagen, dies wäre sein Wille, doch dürften sie die Summe der städtischen Schulden nicht nennen.

§ 180. Am nächsten Tage kamen die Gildemeister wieder vor den Rat, doch mußten sie dessen Geschickten berichten, daß ihren Beisitzern die Weise, den Schoß zu erhöhen, nicht gefallen habe, da sie befürchteten, weder sie noch die Gildemeister könnten dies den Bürgern überbringen; fände man aber eine andere Weise, so wollten sie gerne das beste darin tun. Auf Rückfrage erklärten sie, sie hätten sich letztens darein ergeben, daß man von hundert Mark vier Schilling geben sollte; dieses Geld wolle man noch ein Jahr lang geben, sei aber danach noch weiterer Bedarf, so sollte alsdann der Rat sie abermals darum ansprechen. Der Rat antwortete, der Ertrag dieses Schosses belaufe sich auf nahe an siebzig Mark, und damit könne er nichts vollbringen; wollten sie nichts anderes leiden, so müsse er es beim jetzigen Zustande lassen, „denn sie wollten die Stadt nicht weiter in Schuld bauen oder bringen. Doch sagten die Gilden, da der Rat es ihnen und ihren Beisitzern so übergeben habe, so wollten sie helfen, das Beste darin zu tun, soviel sie vermöchten."

Vier Tage ließ der Rat ihnen dafür Zeit, bevor er am 27. Oktober einen neuen Anlauf nahm. Er lud nicht nur die Gildemeister der bereits genannten sechs Gilden, sondern auch die der Schmiede und der Schrader, jeden zusammen mit einem Beisitzer, sowie zwei „Meinheitmeister", die sechs Personen aus der Meinheit mit sich bringen sollten, insgesamt also 24 Sprecher der Stadtgemeinde, aufs Rathaus und ließ ihnen durch seine Geschickten den Sachverhalt noch einmal eröffnen, allerdings auch diesmal, ohne die Summe der übernommenen Schulden zu nennen. Die Vierundzwanzig berieten sich darüber, kamen aber zu keinem anderen Ergebnis als vorher die Gildemeister. Die Geschickten brachten ihren Spruch vor den Rat. Dieser aber wollte ihn unter keinen Umständen annehmen. Er ließ daher allein die Meister der Gilden und der Meinheit in der Küche des Rathauses zusammentreten und erklärte ihnen durch die Geschickten, er hielte die Befestigungen für unzulänglich, doch da er an ihren Willen gebunden sei (doch so konde de rad nicht anders, wen alse se wolden), habe er sie um Rat und Hilfe gebeten; da aber sie und ihre Freunde den Schoß nicht erhöhen wollten, so schlug er ihnen eine andere Weise vor: „Wollten sie denn von hundert Mark, und nach Anzahl weniger oder mehr, sechzehn Schilling geben sechs Jahre (lang), so wollte der Rat das annehmen und dafür das Beste hinfort helfen zu raten und zu tun," damit die Befestigung binnen sechs Jahren vollendet werde. Der Rat war bereit, den Gildemeistern diesen Vorschlag auch „vor ihren Freunden auf dem Hinterhause" zu unterbreiten, und vor diesem größeren Kreise erbot er sich ferner dazu, von den Sprechern zu kiesende Personen an der Leitung der Erdarbeiten zu beteiligen.

Trotzdem wiesen die Vierundzwanzig seinen Vorschlag zurück, denn „was der Rat sich nicht traute zu machen, das könnten sie vorneweg (tovornt) auch nicht ausrichten." Sie besprachen sich darüber mit dem Ergebnis, daß sie es mit den ihren wenigstens dahin zu bringen hofften, „daß man von hundert Mark einen Ferto drei Jahre lang geben wollte," also weniger als die Hälfte dessen, was der Rat zuletzt gefordert hatte. Sie baten den Rat um vier Tage Frist, um sich darüber mit ihren Gildebrüdern und der Meinheit zu beraten. Aber diese Zeit reichte nicht aus. Am 31. Oktober hielten die Gildemeister mit ihren Beisitzern eine lange Beratung auf dem hinteren Rathause ab und ließen dann dem Rate durch Giseler Castrum sagen, daß sie erst am 3. November eine Antwort geben könnten. Das ließ der Rat zu.

§ 181. Als sie an diesem Tage wieder auf dem Hinterhause mit der Kommission des Rates zusammentrafen, sagte Giseler von ihrer wegen, ein Teil der Gilden wolle zwar einen Ferto von hundert Mark geben, ein anderer aber nicht mehr als acht Schilling. Dies dünkte die Kommission keine Antwort zu sein; sie brachte es daher an den Rat, und dieser ließ antworten: Könnten die Gilden dessen nicht eins werden, so müsse der Rat den Bau unterlassen, obwohl alle wüßten, wie sehr sie sich alle entsetzten, als das Heer durch das Land zog; damals hätte der Rat den Herzog und viele Vornehme in die Stadt aufnehmen und sie beköstigen und beschenken müssen, was viel Geld gekostet habe; da die Vierundzwanzig dem damals so zugestimmt hätten, bitte der Rat sie jetzt, dazu zu helfen, daß sich die Stadt der daherrührenden Schulden wieder entledige. „Darauf wurde dem Rate von den Gilden keine Antwort, und die Gilden gingen darauf hinweg." Ebenso uneinig verließen die Gilden das Rathaus am 5. November, doch kündigten sie eine Antwort für den nächsten Tag an.

Aber noch einmal bedurften sie langer Beratungen, bevor sie den Rat darum ersuchen konnten, seine Sprecher zu ihnen zu schicken. Diesen teilte Giseler von der Gilden wegen mit, sie „wären des untereinander eins", daß sie für die Befestigung einmal von hundert Mark einen Ferto geben wollten; im Jahre darauf möge der Rat dann erneut mit ihnen sprechen. Das Geld sollte von Ostern bis Pfingsten vollständig erhoben werden, und damit sollte die Zusage, die sie dem Rate vor Aufnahme der Schulden gegeben, abgetan sein. Als die Geschickten diesen Spruch dem Rate überbracht und dieser ihn erwogen hatte, „meinte er wohl, das abzusegnen (afftoseginde) wäre schwer, doch der Rat könne nicht anders denn so, wie die Bürger wollten, und wurden dessen eins, daß sie ein Jahr den Ferding von hundert Mark in vorgeschriebener Weise annehmen wollten." Auch auf die Zusage der Gilden zu verzichten, war der Rat trotz schwerer Bedenken bereit, doch bleibe die Schuld dann auf der Stadt stehen. Diesen Ratsbeschluß überbrachten die Geschickten den noch immer versammelten Gilden. Darauf stellte Giseler von der Gilden und Meinheit wegen zustimmend fest, daß der Rat so beschlossen habe, und sagte, falls der Rat sie in einem Jahre wieder anspreche, so wollten sie dann wiederum tun, was wohlgetan wäre.

§ 182. Es ist leicht zu erkennen, daß diese Verhandlungen im Rahmen von Verfassungsnormen verliefen, die allen niederdeutschen und Hansestädten gemeinsam waren. Der Rat war dazu berufen und verpflichtet, das Interesse der Stadt oder gemeine Beste zu hüten und auf Grund seiner Regierungserfahrung und Kenntnis des Stadthaushalts die Gemeinde entsprechend vor Gefahren zu warnen. Er ergriff die Initiative und entschied darüber, welche und wieviele Personen er als Sprecher der Gilden und der Meinheit aus den Vorständen der Partikularverbände zu dem Geschäft hinzuziehen und in das Ratsgeheimnis einweihen wollte. Im Rahmen seiner gewöhnlichen Vollmacht konnte er zwar frei über die regelmäßigen Einnahmen der Stadt verfügen, nicht aber die Stadt mit Schulden oder mit erhöhten Steuern belasten; hierzu bedurfte er der Zustimmung der Gemeinde. Schulden waren ihm lästig, wenn Zinsen und Tilgung den gewöhnlichen Stadthaushalt beschwerten und so die für laufende Ausgaben verfügbaren Mittel verkürzten. Nur vorläufig konnte sich der Rat weigern, Entscheidungen der Gemeinde anzunehmen. „Da er nicht anders konnte, als sie wollten," mußte er ihr Schritt für Schritt nachgeben und am Ende „absegnen", was sie beschloß. Kam aber wegen Zwietracht in der Gemeinde kein Entschluß zustande, so war der Rat machtlos, und die Geschäfte standen still. Es war Pflicht des Rates, sie wieder in Gang zu bringen und der Gemeinde zu einem einigen Willen zu verhelfen.

Andererseits war die Gemeinde, waren Bürger und Einwohner samt und sonders verpflichtet, dem Rate und der Stadt mit ihrem Gelde zu Hilfe zu kommen. Als Worthalter dienten ihr die Vorsteher der Gilden und der Meinheit, die, bevor sie von ihrer wegen mit dem Rate verhandelten, zunächst dafür sorgen mußten, daß ihr Wille mit dem der Gemeinde übereinstimmte. Mit großer Vorsicht vorgehend, brachten sie der Gemeinde die Bedenken des Rates nahe, doch wenn sie auf so hartnäckigen Widerstand stießen wie im vorliegenden Falle, blieb ihnen nichts anderes übrig, als nachzugeben. Erst wenn sie mit der Gemeinde eins geworden waren, entstand jene Identität der Willen, die unser Text mit der kausalen und der synonymischen Identitätsfigur („die Gilden gingen darauf hinweg") zum Ausdruck bringt. Die Sprecher der Gemeinde standen dem Rate so nahe, daß einer von ihnen selbst Ratmann sein konnte. Sie waren verpflichtet, dem Rate raten zu helfen und das Ratsgeheimnis zu wahren, aber auch die Folgen ihrer Zusagen gegenüber der Gemeinde zu vertreten, wenn sie einmal den Vorschlägen des Rates in einer so hochbeschwerlichen Sache wie der Aufnahme von Krediten zugestimmt hatten. Solange sie und die Gemeinde sich nicht einig waren, entbehrten sie der Vollmacht, den Gemeinwillen festzustellen und dem Rate verbindliche Zusagen zu machen. Ein Beschluß der Stadt kam zustande, indem zuerst die Worthalter der Gemeinde und die Ratmannen je unter sich eins wurden und schließlich der Sprecher der Gemeinde das beiderseitige Einssein zustimmend feststellte. Dem Rate oblag es, den auf diese Weise einstimmig gefaßten Beschluß auszuführen, auch wenn er seinen Wünschen nicht entsprach.

2.20. Lüneburg 1454–56

§ 183. Die Gemeinde der fürstlichen Landstadt und Hansestadt Lüneburg war seit Jahren derart in Zwietracht und Unentschlossenheit zerfallen, daß sie sich am 24. November 1454 ihres Rates entledigte und einen neuen Rat erhob, zwei Jahre später jedoch, am 19. November 1456, den neuen Rat wieder stürzte und zu dem alten Rate zurückkehrte. Es sind uns zwar aus diesen Jahren keine Bürgerrezesse erhalten, es liegen aber so genaue Berichte über die Vorgänge vor, daß uns eine rechtsgeschichtliche Analyse reichen Ertrag bringt. Es sind dies die Chronik der Ereignisse vom Sommer 1454 bis Juli 1455, die der zum alten Rate gehörige Bürgermeister Hinrik Lange in den Jahren 1455 und 1456 niederschrieb[363], und ferner drei Darstellungen der Ereignisse, die bald darauf Gemeinde und Rat zu Lüneburg von sich gaben. Am 2. April und am 1. Mai 1457 taten dies die „Olderleute der Gilden und die ganzen gemeinen haussitzenden Bürger und Meinheit zu Lüneburg" in drei Schreiben an Bürgermeister und Ratmannen zu Lübeck und die dort versammelten Sendeboten der Seestädte, an Bürgermeister und Ratmannen zu Halberstadt und an Bergenfahrer, Olderleute, Gilden, Ämter und ganze Meinheit der Stadt Lübeck. Da die gemeinen erbgesessenen Bürger zu Lüneburg kein eigenes Siegel besaßen, mußten sie hierzu die Siegel der siegelführenden Gilden mitgebrauchen[364]. Inhaltlich mit diesen Äußerungen der (für sich allein rechts-, handlungs- und siegelfähigen) Gemeinde übereinstimmend, äußerte sich schließlich am 25. Februar 1458 der Rat der Stadt in einem Schreiben an die zu Hamburg versammelten Ratssendeboten der gemeinen Städte[365].

Der Anlaß, welcher die Gemeinde im Jahre 1454 so rat- und entschlußlos machte, wie es uns die Ereignisse zeigen, war, wie üblich, die in vielen Jahrzehnten und zweifellos mit Vorwissen der Gemeinde herangewachsene Schuldenlast von 600 000 Mark, von der niemand so recht wußte, wie die Stadt sie je wieder abtragen könnte. Seit langem hatte der Rat dazu auch die Prälaten herangezogen, deren Kirchen und Klöster Salinenrenten erworben hatten. Als er aber 1445 zunächst die Hälfte und 1454 gar die Gesamtheit dieser Renten beschlagnahmte, hatten die Prälaten begonnen, sich gegen seine Maßnahme zur Wehr zu setzen. Nachdem sie von Papst Nikolaus V. bereits am 19. Februar 1449 eine Konfirmation ihrer Rechte und ein Exekutionsmandat erlangt hatten, das dem Rate im Falle der Mißachtung strenge Kirchenstrafen androhte, erwarben sie im Jahre 1453 ein weiteres päpstliches Mandat, darin der Rat für gebannt erklärt wurde, falls er nicht den Prälaten

---

363 Chronik des Bm. Hinrik Lange, in: Die Chroniken der deutschen Städte (wie Anm. 59), Bd. 36: Lüneburg, Stuttgart 1931, S. 149–229.
364 HR II 4 n. 507 und 508 (S. 366–371). S. u., § 204.
365 HR II 4 n. 573 (S. 423–426).

binnen dreißig Tagen nach Zustellung die Sülzgüter zurückerstattete[366]. Den Bürgern zu Lüneburg aber gebot der Papst, in diesem Falle ihre Ratmannen abzusetzen, deren Güter zugunsten der Stadtschuld einzuziehen und sie niemals wieder in den Rat zu kiesen, sondern andere Bürger an ihre Stätte zu setzen, widrigenfalls sie in dieselbe Pön verfallen sollten wie der ungehorsame Rat[367]. Mit der öffentlichen Zustellung dieses Mandats in Lüneburg am 25. September 1454 kam die Zwietracht in der Gemeinde zum offenen Ausbruch.

§ 184. Als an diesem Tage der apostolische Exekutor Dietrich Dompnitz, Domdekan zu Halberstadt, die päpstliche Bulle vor dem Rate verlesen ließ, verbreitete sich schieres Entsetzen im Ratsstuhle. Gewiß zu Recht vermutete der Bürgermeister Hinrik Lange, diese ungewöhnlich drohende Bulle sei „hier in dem Lande gedichtet und geschrieben" worden, nämlich von den Prälaten, deren Supplik der nur an die Regeln des römisch-kanonischen Rechts gebundene und der örtlichen Rechtslage ganz unkundige Papst unbesehen seinem Mandate zugrundegelegt hatte. Das Kirchenrecht aber wußte nichts von Schwureinungen und Ratsvollmachten, die auf der Identität von Rat und Gemeinde beruhten. In völliger Unkenntnis und Mißachtung des Lüneburger Stadtrechts behandelte daher die römische Kurie von dem privatistischen Standpunkte des römischen Rechtes aus (oben, § 24) die Ratmannen als rechtlich ungebundene Einzelpersonen und machte sie als solche für Handlungen haftbar, die sie doch nach Stadtrecht von der Gemeinde wegen hatten vollziehen müssen. Das Entsetzen, das den Rat erfaßte, hatte daher gewiß nicht nur religiöse Gründe, sondern entsprang auch aus der Erkenntnis, daß die Heimtücke der Prälaten den Heiligen Vater so erfolgreich hatte hintergehen können. Denn die Prälaten hatten nicht nur dem Papste das Stadtrecht, an das der Rat gebunden war, widerrechtlich und in böser Absicht verschwiegen, sondern auch durch Gewalttaten wider die städtischen Sachwalter in Rom und Wegnahme der städtischen Appellationsschriften[368] verhindert, daß die Stadt den Papst auf diese betrügerische Verschweigung aufmerksam machte und ihn zur Kassation seines insoweit von den Petenten erschlichenen Mandats bewegte.

Mit Recht berief sich daher der Rat zu Lüneburg darauf, daß er in diesen hochbeschwerlichen Dingen im Konsens mit den Bürgern entschieden habe, daß „die Bürger ihnen vorher zu zwei Zeiten zugesagt hatten, was der Rat um der Stadt Besten willen täte und handelte, auch in der Prälatensache, dessen

---

366 Dieter BROSIUS, Die Rolle der römischen Kurie im Lüneburger Prälatenkrieg (1449–1462), in: Niedersächs. Jb. für LG 48 (1976) S. 107–134, hier: S. 109f., 123. Zu den Rechtsfolgen der Exkommunikation (Verlust der Parteifähigkeit vor Gericht): Wolfgang SELLERT, Prozeßgrundsätze (1973, wie Anm. 62) S. 105.
367 Chronik (wie Anm. 363) S. 183, 187. HR II 4 n. 508 (S. 366).
368 BROSIUS (1976, wie Anm. 366) S. 119.

wollten sie dem Rate beiständig sein mit Leib und Gut"[369]. Nur diese Zusage des bürgerlichen Beistandes hatte ja den Rat dazu bevollmächtigt, in diesen Dingen zu Lasten der Gemeinde zu beschließen. Wenn aber das päpstliche Mandat die Bürger dazu aufforderte, jetzt ihren Rat zu verlassen, so forderte es sie auch dazu auf, ihre Zusage und den Bürgereid, auf dem sie beruhte, zu brechen. Mit Recht war der Rat daher auch der Ansicht, die Prälaten hätten sowohl die Konfirmation von 1449 als auch das jetzt publizierte Mandat an der Kurie mit unwahren Bittschriften erschlichen und dadurch diese päpstlichen Gebote selbst und von vornherein ungültig gemacht: Durch ihre Gewalttaten hätten sie verhindert, daß Papst Nikolaus V. dem Rate jemals rechtliches Gehör gewährte und die Erschleichung aufdeckte. So aber habe der Papst „ohne Vorladung oder Einsage desselben unseres Rates oder auch unser", d. h. der Gemeinde, ihre Bittschrift bestätigt, und demnach verführen die Exekutoren „ungeachtet unseres Rates oder unserer Antwort und Einsage", ohne Rücksicht auf die Ungültigkeit des Mandats und darauf, daß es eine Sache nicht des römisch-kanonischen, sondern des weltlichen, nämlich des Stadtrechts betraf[370].

§ 185. Es ist kein Wunder, daß die städtische Eintracht dahinwar, sobald sich die Lüneburger vor die entsetzliche Alternative gestellt sahen, entweder durch den Bruch ihrer bürgerlichen Eide und Gelübde oder durch Ungehorsam wider Papst und Kirche den Zorn Gottes und seiner Heiligen auf sich herabzubeschwören, sich entweder gegen das Stadtrecht oder gegen das Kirchenrecht zu versündigen. Wie sich später herausstellte, entschied sich die Mehrheit gegen die Kirche und für die Stadt, aber diese ratstreue Mehrheit war vor der Hand unentschlossen, rat- und führerlos. Zwei Jahre brauchte sie, um sich zu fassen und zu sammeln und um den alten Rat, ihren Rat, wieder in den Ratsstuhl zu setzen. Zunächst gewann eine Minderheit die Oberhand, die daran glaubte, mit Hilfe der Prälaten sei ein Kompromiß zwischen den beiden Rechtsstandpunkten möglich, obwohl sich diese doch, im Grunde genommen, unversöhnlich gegenüberstanden. Und nun sehen wir, wie an der Zwietracht der Gemeinde die Autorität und Vollmacht des Rates zerbrach.

Am 27. September 1454 berieten sich die Ratmannen zu Lüneburg unter dem Vorsitz des Bürgermeisters Albert von der Molen, der als Ratssendebote in Rom gewesen war und, weil er dort kein Recht finden konnte, vom Papste an das künftige Konzil appelliert hatte[371]. Als sich Hinrik Lange und zwei weitere Ratmannen dagegen erklärten, daß der Rat dieser Appellation beiträte, fragte der Bürgermeister den ersteren, „ob ich auch der Weise folgen wollte, wie es in weltlicher Weise (giwerlde) in dem Rate zu Lüneburg eine Weise gewesen sei, so daß der mindeste Teil dem meisten zu folgen pflege, wessen die eines geworden?" So nötigte er die Widerstrebenden, mit der Mehrheit

---

369 Chronik (wie Anm. 363) S. 184.
370 HR II 4 n. 507, 508 (S. 369).
371 BROSIUS (1976, wie Anm. 366) S. 121f.

eins zu werden und einen einstimmigen Ratsbeschluß über die Appellation zuzulassen[372].

Wegen der Bannbulle gingen unterdessen etliche Bürger und Ämter, deren freilich nicht viele waren, oft heimlich zuhauf[373], „und zogen alle einzeln mehr Bürger und Ämter hinzu und wurden zu Rate, sie wollten keinen Bann lange leiden. Das nahmen sie für eine Ursache, doch meinten sie damit etwas anderes – daß (nämlich) ihrer ein Teil vielleicht gern regieren wollten, wie es auch nachher geschah"[374]. Am 29. September wollten sie „ungeladenerweise" deswegen auf das Rathaus vor den Rat gehen, doch wußte der Rat ihrem Auflauf zuvorzukommen – dies allerdings nur dadurch, daß er selbst sie durch die Ratsdiener vor sich laden ließ. Den Versammelten ließ er durch den Bürgermeister Albert von der Molen erklären, warum die Appellation notwendig sei, „und er bat die Bürger, daß sie der Appellation (halber) dem Rate (ihren Beistand) gewähren (biliggen) wollten, und gemahnte sie auch, daß sie dem Rate in Vorzeiten wohl zweimal gesagt hätten, daß sie ihm zustimmen (biliggen) wollten in der Prälatensache mit Leib und Gut"[375]. Der Rat sah sich also gezwungen, die Versammelten als Sprecher der Gemeinde anzuerkennen und ihren Konsens zu der Appellation einzuholen, da er die Prälatensache von Anfang an als hochbeschwerliches Geschäft behandelt hatte, in dem er nur mit ausdrücklichem Konsens der Gemeinde vollmächtig war.

§ 186. Hätte es bereits eine Gewohnheit gegeben, der zufolge Rat und Gemeinde einvernehmlich bestimmte Bürger zu Worthaltern der Meinheit bestellten, so wäre nicht möglich gewesen, was jetzt geschah, daß nämlich eine aktive Minderheit der schweigenden und ratlosen Mehrheit in der Gemeinde ihre Anführer als Sprecher aufdrängte. Die auf das Haus geladenen Bürger, deren Wort Hinrik Zengestake hielt, ließen, nachdem sie sich besprochen, dem Rate antworten, sie wollten der Appellation nicht zustimmen (biliggen), sondern des Bannes ledig werden. Zu diesem Zwecke baten sie, daß man die Kapitel zu Lübeck und Hamburg um Vermittlung mit den Prälaten ersuche. Dem kam der Rat nach. Aber die Genannten waren für diese Aufgabe nicht zu gewinnen, und so kamen die Bürger am 7. November wieder aufs Haus und baten den Rat, er möge am nächsten Montag, dem 11., zuhauf sein, da sie mit ihm zu sprechen hätten. Der Rat versuchte nicht, ihnen das Initiativrecht zu bestreiten, und sagte zu. An diesem Montag aber hatten die Bürger sechzig Männer erkoren, aus jedem Stadtviertel fünfzehn, „die sollten handeln zwischen dem Rat und Bürgern." Von den „unten in der Küche" Versammelten vor den Rat gesandt, forderten sie dem Rate die Schlüssel zu dem Hause und zu den Stadttoren ab. Vergebens versuchten die Ratmannen ihnen dies auszureden; sie mußten nachgeben und die Schlüssel ausliefern.

---

372 Chronik (wie Anm. 363) S. 186.
373 S. o., § 173 Anm. 354.
374 Chronik (wie Anm. 363) S. 187.
375 Chronik (wie Anm. 363) S. 187f.

So begann die Entmächtigung des Rates. Aus den ihm bei der letzten Setzung im voraus gewährten Vollmachten war mit der Schlüsselgewalt der Eckstein herausgebrochen. Dies nun rief den Rat von Lübeck auf den Plan, der als Haupt der gemeinen Städte die von diesen beanspruchte Rechtsaufsicht über alle jene Maßnahmen hansischer Bürgerschaften wahrzunehmen hatte, welche in die Vollmacht der zu den hansischen Tagfahrten geladenen Räte eingriffen, und zweifellos mit Mißfallen vermerkte, daß die Lüneburger schon seit vier Jahren keine Tagfahrt mehr besandt hatten. Nach einigen Tagen erschienen zwei Bürgermeister und ein Ratmann von Lübeck sowie zwei Bürgermeister von Hamburg mit ihrem Ratssekretär in Lüneburg, um „Frieden und Eintracht zwischen dem Rate und Bürgern und auch den Prälaten zu machen"[376]. Zu diesem Ende mußten sie allerdings die Sechzig als Worthalter der Gemeinde anerkennen. Zwischen ihnen, den aufs Rathaus gekommenen Sprechern der Prälaten und dem Rate hin- und hergehend, versuchten sie ihr Ziel zu erreichen. Erfolg hatten sie nicht. Am 23. November eröffneten sie dem Rate das Ergebnis: Die Ratmannen müßten den Ratsstuhl räumen, man habe nicht mehr erreicht, als daß die Sechzig ihnen Leben und Sicherheit gewährten, doch sollten sie ihre Güter solange in der Bürger Hand setzen, bis diese aus dem Banne kämen und das Interdikt aufgehoben würde: Wollten sie wieder zu Staat und Würdigkeit kommen, so müßten sie dieses vom Papste erwerben.

Die Bürger waren demnach gewillt und nicht davon abzubringen, die Auflagen zu erfüllen, die ihnen das päpstliche Mandat gemacht hatte. Von der Sechzig wegen leisteten sechzehn Bürger, aus jedem Stadtviertel vier, ein Gelöbnis auf die Sicherheit der Mitglieder des nunmehr abtretenden alten Rates. Die Rassendeboten von Lübeck und Hamburg ließen darüber durch ihren Sekretär eine Niederschrift anfertigen[377], da dieses Gelübde ihnen erlaubte zu behaupten, daß das Vorgehen der Sechzig nicht nach dem hansischen Statut vom 24. Juni 1418 als gewalttätig zu verurteilen wäre. Denn ganz kurz zuvor noch, am 17. Oktober 1454, hatten die gemeinen Städte auf die Klage etlicher vertriebener Bürgermeister und Ratmannen hin die Stadt Münster gemäß diesem Statut aus der Hanse verwiesen, weil die Kläger „nicht freiwillig die Stadt Münster und die Stätte (den staed) des Rates daselbst geräumt hätten, sondern daraus durch Gefahr ihres Leibes und mannigfaltigen Andrangs, Überfalls und Gewalt wider Willen geenget und gedrungen wären"[378].

§ 187. Nachdem sie sich davon überzeugt hatten, daß dieser Tatbestand in Lüneburg nicht vorlag, verließen die hansischen Ratssendeboten die Stadt, um die Heimreise anzutreten. Noch an demselben Tage setzten die Herren des alten Rates durch notarielle Erklärung ihre Güter in der Bürger Hand.

---

376 Chronik (wie Anm. 363) S. 189.
377 Chronik (wie Anm. 363) S. 190–192. HR II 4 n. 508 (S. 366).
378 HR II 4 n. 248 § 7, n. 312, und oben, §§ 51, 138.

Auch widerriefen sie die Appellation an das künftige Konzil. Dann „stand der Rat mit freiem Willen auf und gingen aus dem Ratsstuhle, ein jeder, wohin er zu tun hatte"[379]. Die Olderleute der Gilden und die Worthalter der Meinheiten in den Stadtvierteln, von denen wohl keiner oder jedenfalls kaum einer zu den Sechzigern gehörte, stellten zweieinhalb Jahre später fest, Bürgermeister und Ratmannen hätten den Ratsstuhl nicht, wie manche behaupteten, deswegen geräumt, weil „wir eingesehen hätten", daß sie den Prälaten unrecht getan und folglich durch die Bürgerschaft abberufen worden wären, sondern weil diese ihnen Leben und Sicherheit zugesagt und gelobt habe; ohne diese Zusage wären sie im Ratsstuhle sitzen geblieben, und damit hätten sie weder den christlichen Glauben noch den römischen Stuhl gekränkt. Auch hätte nicht der spätere neue Rat von der Gemeinde wegen ihnen Sicherheit gelobt, da es an diesem Tage den neuen Rat noch gar nicht, sondern allein den alten Rat und die Gemeinde gegeben habe, unter deren Menge die Personen des nachmaligen neuen Rates zu der Zeit noch verweilten[380].

Unter diesen Umständen konnte am nächsten Tage die Erhebung des neuen Rates nur irregulär verlaufen, da die vom Stadtrecht vorgeschriebene Mitwirkung des alten Rates an der Kore und Setzung nach dessen Auszug aus dem Ratsstuhle nicht mehr möglich war. Um diesen Makel zuzudecken, holten die Sechzig, als sie am 24. November auf das Rathaus gingen, um einen neuen Rat zu kiesen, den Ratmann Johann von der Molen, den der alte Rat seit drei Jahren unter Hausarrest gehalten, als einzige noch nicht abgesetzte Ratsperson aus seinem Hause herbei. Dieser erkor und machte Hinrik Ribe und Hinrik Zengestake zu Bürgermeistern, und alle drei erkoren alsdann neun neue Ratmannen[381]. Diese zwölf Personen waren gleich ihren aus dem Ratsstuhle vertriebenen Vorgängern sämtlich im Besitz der Sülfmeisterschaft und entstammten wie sie den angesehensten Familien der Stadt[382]. Die politischen Schwierigkeiten der Gemeinde beruhten also nicht auf sozialen Spannungen, sondern auf Unwillen und Zwietracht in einer politischen Frage, die auch die führende Schicht des Stadtvolkes gespalten hatte.

Wir erfahren nicht, wer die Setzung des so irregulär erhobenen neuen Rates leitete und der unter der Laube des Rathauses versammelten Gemeinde die Namen der Erkorenen bekanntgab. Es wird aber gewiß zutreffen, was Olderleute der Gilden und hausgesessene Bürger später behaupteten, daß nämlich nicht die Bürgerschaft einen Rat gekoren, wie die päpstliche Bulle befohlen hatte, sondern daß „etliche von unseren Bürgern, die vielleicht von den Prälaten dazu geschickt" waren, dies „aus eigener Vermessenheit" unternahmen, und zwar nach der Prälaten „unerhörtem Aufsatze des Ratsstuhles, ohne daß wir die besetzten. Da sahen wir dem zu (dat wii do anseghen) und

---

379 Chronik (wie Anm. 363) S. 193f.
380 HR II 4 n. 508 (S. 369, 370).
381 Chronik (wie Anm. 366) S. 194.
382 Wilhelm REINECKE, G. der Stadt Lüneburg Bd. 1, Lüneburg 1933, S. 223f.

meinten, daß sie es ganz gut wollten gemacht haben"[383]. Die ratlose Gemeinde hatte demnach durch ihr sprachloses Stillschweigen dem neuen Rate die gewöhnliche Vollmacht erteilt und damit alle Mängel seiner Erhebung geheilt.

§ 188. Da auch die Ratssendeboten von Lübeck und Hamburg, anstatt nach dem hansischen Statut vom 24. Juni 1418 gegen die Sechziger vorzugehen, dem alten Rate zum Rücktritt geraten und damit das Handeln der Gemeinde und der Sechzig als rechtmäßig anerkannt hatten, konnte der neue Rat nun vollmächtig die Stadt regieren. Aber sein Konzept, dabei sowohl dem Stadtrecht als auch dem geistlichen Recht zu genügen, ging nicht auf. Ja, wenn es richtig ist, was am 19. November 1456 die Braunschweiger Ratssendeboten anläßlich der Restitution des alten Rates erfuhren, daß nämlich der neue Rat habe den Prälaten schwören müssen, „ihre Privilegien zu halten und niemanden in den Rat aufzunehmen, der das nicht auch beschwor"[384], dann muß der neue Rat von vornherein entschlossen gewesen sein, das Stadtrecht dem geistlichen Rechte unterzuordnen.

Mit dem Stadtrecht geriet er bereits zu der Stunde in Konflikt, da er sich weigerte, die Schulden der Stadt zu bezahlen, denn er gedachte damit allein den alten Rat zu belasten, obwohl jene 600 000 Mark zum größten Teil vor dessen Zeit und gewiß in der Regel mit Vorwissen der Gemeinde aufgenommen worden waren. Um sich den Zugriff auf die Güter der abgesetzten Ratsherren zu sichern, stellte er deren Personen am 12. Dezember 1454 unter Hausarrest. Damit aber brach er zum ersten Male die Zusage, die die Gemeinde am 23. November im Beisein der Städte Lübeck und Hamburg hinsichtlich der Bewegungsfreiheit der Abgesetzten und der Sicherheit ihres Vermögens abgegeben hatte[385]. Mit diesem Unrecht indessen brachte er nicht nur die Gemeinde, sondern auch die Hansestädte, welche jede Gewaltanwendung wider einen Rat verpönt hatten, gegen sich auf. Um sich zu behaupten, mußte er nicht nur dem Partikularismus der Handwerksämter nachgeben und ihnen an Vorrechten besiegeln, was sie verlangten, sondern auch aus dem Kreise der Sechzig zu allen Ratsämtern je zwei Beisitzer zulassen, womit ihm die freie Verfügung über das Stadtsiegel verlorenging[386].

---

383 HR II 4 n. 508 (S. 366). In demselben Schreiben heißt es weiter unten (S. 370), die Personen des neuen Rates hätten „vermessenerweise von ihrer eigenen Dreistigkeit und der Pröpste von Lüne und Ebstorf und etlicher anderer Geistlichen Aufsatz (wegen) sich in den Ratsstuhl wieder gesetzt" und sich für einen Rat gehalten. Dazu BROSIUS (1976, wie Anm. 366) S. 128. Das Schreiben des restituierten alten Rates, HR II 4 n. 573 (S. 424), vermeldet, die Personen, die sich neuer Rat nannten, seien von selber anmaßlich in „unseren" Ratsstuhl sitzengegangen, „obwohl sie von der Meinheit nicht dazu gekoren waren".
384 HR II 4 n. 476.
385 Chronik (wie Anm. 363) S. 195–205. HR II 4 n. 508 (S. 370).
386 Chronik (wie Anm. 363) S. 205.

Über eine derartige Entmächtigung eines hansischen Stadtrates konnten die gemeinen Städte nicht länger hinwegsehen. Am 26. Februar 1455 erschienen die Räte von Lübeck, Hamburg und Stade in Lüneburg und „gingen vor den neuen Rat und fragten ihn von der Hanse wegen – da die von Lüneburg mit ein Gliedmaß der Hanse gewesen waren seit alters -, ob sie auch dächten, darin zu bleiben und sotane Freiheit für sich und ihre Bürger zu gebrauchen? Dazu sagten sie, nach Beratung, ja. Da fragten sie ferner, ob sie auf die Städte hören wollten Ehre, Rechtes und Redlichkeit? Dazu sagten sie auch ja. Da fragten sie ferner, ob sie auch sollten mächtig sein sotaner Angelegenheit, als zwischen ihnen und dem alten Rate wäre? Darauf antworteten sie, es wäre ihnen so gelegen, daß sie deswegen Rücksprache haben müßten mit den Prälaten, die die Hälfte ihrer Güter zu den Schulden gegeben hätten, die der alte Rat gemacht habe." Als die Städte darauf hinwiesen, daß dieser Vorbehalt mit ihrem Rechtserbieten unvereinbar sei, stand der neue Rat vor dem Scheitern seiner Kompromißpolitik. Er ließ in seiner Not die Ratssendeboten am 1. März abreisen, ohne ihnen eine Antwort zu erteilen, und sechs Wochen später, am 14. und 15. April, beschlagnahmte er die Güter aller Herren des alten Rates, ungeachtet der gegenteiligen Gelübde der Gemeinde. Vollends setzte er sich über alles Hanse- und Stadtrecht hinweg, indem er am 21. April, wie immer mit Zustimmung der Sechziger, den alten Bürgermeister Johann Springintgut, obwohl sich dieser zu Rechte erbot, in den Turm sperren ließ (oben, §§ 112, 116), wo den alten Herrn am 15. Juli der Tod ereilte[387].

§ 189. Nachdem der neue Rat auf diese Weise den Boden des Stadtrechts verlassen und mit den gemeinen Städten gebrochen hatte, machte er sich auf die Suche nach anderen Rechten, auf die sich sein Verhalten mochte begründen lassen. Am 30. Juli 1455 verklagte er daher den alten Rat bei der Stadtherrschaft „und baten die Fürsten um ein Mannrecht zu halten", d. h. über seine Gegner nach Lehnrecht zu richten. Aber auch damit scheiterte er. Die Fürsten wollten lediglich in Güte vermitteln[388], nicht aber das Kommuneprivileg verletzen, das sie vor zwei Jahrhunderten der Stadt Lüneburg gewährt hatten. Zu einer Rechtfertigung seines Vorgehens durch das Kirchenrecht gar konnte der neue Rat nur auf dem Wege der Erfindung und Fälschung gelangen. Wie die Gemeinde später berichtete[389], hätten die neuen Ratmannen, da sie durchweg ohne irgendeinen rechtlichen Anlaß handelten, das Gerücht verbreitet, Papst Nikolaus V. habe ihre angeblich von der Gemeinde vorgenommene Kore bestätigt; sollte jedoch dieses wirklich geschehen sein, so wäre es „von falscher und unrechter Anbringung" erschlichen und damit ohne Rechtskraft (nicht bestendich), „da wir solches nicht gewohnt sind und es

---

387 Chronik (wie Anm. 363) S. 206–209. HR II 4 n. 508 (S. 366f.).
388 Chronik (wie Anm. 363) S. 215f. Zur Lehnsherrlichkeit des Stadtherrn über Rm. eine Bremer Parallele oben in § 157.
389 HR II 4 n. 508 (S. 367–368, 370), n. 573 (S. 424). BROSIUS (1976, wie Anm. 366) S. 124 Anm. 73.

auch niemals zuvor geschehen ist," daß sich der Papst um derartige weltliche Sachen bekümmere. Vielmehr habe er die Gemeinde bei den Herzögen von Braunschweig und Lüneburg gelassen, weil diese ihre Herrschaft vom Römischen Reiche zu Lehen trügen und aus ihr der Gemeinde das Einungsrecht verliehen hätten. Auch die Behauptung, Herzog Friedrich habe die Kore des neuen Rates bestätigt, sei unglaublich, solange sie nicht mit einer Urkunde des Herzogs bewiesen und diese dem Verdacht der Erschleichung entzogen werde.

So scheiterte jeder Versuch des neuen Rates, seine Vollmacht und Gebotsgewalt vom Stadtrecht zu lösen und ihr ein anderes rechtliches Fundament zu unterschieben. Der Fehlschlag wurde offenkundig, als die Angehörigen des in der Haft des neuen Rates verstorbenen Bürgermeisters Springintgut beim kaiserlichen Hofgericht Klage wider die Lüneburger erhoben und ein an die Hansestädte Lübeck, Hamburg, Bremen, Braunschweig und Buxtehude adressiertes Mandat erwirkten, welches diesen den doppelten Auftrag erteilte, zuerst den Klägern Genugtuung für den Tod ihres Verwandten und den übrigen Herren des alten Rates die Rückgabe ihres von der Stadt okkupierten Gutes zu verschaffen, danach aber den neuen Rat abzusetzen und den alten Rat zu restituieren[390]. Denn nun hatten die neuen Ratmannen auch noch das Land- und Reichsrecht wider sich. Vergebens behaupteten sie, ihre Gegner vernichteten mit Hilfe kaiserlicher Mandate päpstliche Dekrete und verletzten damit den von jedermann der römischen Kurie geschuldeten Gehorsam, daher die Sache jetzt nicht mehr vor ein weltliches Gericht gezogen werden könne. In den Augen der Gemeinde hatten sie „von ihrer eigenen Dreistigkeit und nicht von Papstes Macht" ihr, der Gemeinde, Gelübde zugunsten des alten Rates gebrochen, worüber nicht der Papst, sondern allein der Kaiser zu richten habe, „der den neuen Rat und die Sechzig um Friedensbruch und Mord beschuldigt, davon in den vielgenannten Papstbriefen, damit unser ehrlicher Rat abgesetzt wurde, nichts erwähnt wird"[391].

§ 190. So war die Vollmacht des neuen Rates bereits nach anderthalb Jahren soweit zerrüttet, daß die zu Lübeck versammelten Ratssendeboten der Hansestädte am 24. Juni 1456 beschlossen, sich noch einmal mit den lüneburgischen Händeln zu befassen[392]. Sie taten dies, wie der Rezeß mit einer aus dem römisch-kanonischen Reskriptprozeß übernommenen Rechtsfigur anmerkt, „von eigener Bewegung", d. h. ohne dazu von klagenden Dritten oder kaiserlichen Mandaten veranlaßt worden zu sein. Nur deshalb griffen sie ein, weil diese Sache das Gemeinwohl betraf und weil sie den Schaden und das ewige Verderben erwogen, „das hierdurch in zukünftigen Zeiten den Städten und dem fahrenden Kaufmann erstehen und zukommen mag, und um dergleichen abzuwenden, zu hindern und mit dem Besten davorzusein, um sota-

---

390 HR II 4 S. 338 und n. 508 (S. 367). REINECKE (1933, wie Anm. 382) S. 233f.
391 HR II 4 n. 508 S. 369f., 370f.).
392 HR II 4 n. 458 § 12.

Autonome Gemeinde und vollmächtiger Rat

nen Arg und Schaden zu vermeiden, auch um Nutzen und Profits des gemeinen Guten und Besten" willen. Zu diesem Zwecke beauftragten sie die den Lüneburgern benachbarten Städte, mit ihnen zu verhandeln und zu schließen, „gleicherweise als ob die sämtlichen Städte alle dabei wären" (oben, § 44). Der neue Rat reagierte wenig erfreut. Er weigerte sich, Tagfahrten jenseits der Elbe zu besenden, und da er außer Schulden keine Gebrechen zu heilen habe, lehnte er eine Sendung nach Lübeck ab, zumal er zu den hansischen Tagfahrten nicht geladen worden sei[393]. So brachte die Meinheit zu Lüneburg für sich allein den Stein ins Rollen.

Den Anlaß hierzu gab der kaiserliche Gerichtsbote, der im September 1456 das an die oben genannten fünf Hansestädte adressierte Hofgerichtsmandat in Lüneburg veröffentlichte. Als ihn der neue Rat daran zu hindern suchte, sahen sich die Olderleute der Gilden und die Meinheit der hausgesessenen Bürger in der Annahme bestätigt, daß der neue Rat und die Sechzig den Personen des alten Rates den von der Gemeinde zugesagten Frieden gebrochen hätten. Daher nahmen sie sie bis zum Austrag der Sache in Haft, zumal sie feststellen mußten, daß sie in den zwei Jahren ihrer Regierung übel gewirtschaftet und die Schulden der Stadt um weitere 50 000 Mark erhöht hatten[394]. Dies geschah am 9. November. Olderleute und Meinheit nahmen nun die Geschicke der Stadt selbst in die Hand. Sie ließen sich die Schlüssel zu den Stadttoren aushändigen, luden die vom Kaiser berufenen Hansestädte und dazu noch die von Stade und die herzoglichen Stadtherrn zu sich und erklärten öffentlich, die Bürger seien des neuen Rates als eines Geschöpfes der Prälaten überdrüssig, sie meinten, „der Kaiser hätte einen Rat zu setzen, nicht aber der Papst". Am 19. November setzte die Meinheit der Stadt unter Aufsicht des Stadtherrn Herzog Bernhard und der gemeinen Städte den alten Rat wieder in den Ratsstuhl, „wie sie von Rechts wegen wohl tun mochten"[395]. Dem wiedereingesetzten Rate schworen sie den Treueid nach einer Formel, die die Ratssendeboten der Stadt Braunschweig mitgebracht hatten: „Daß ich dem Rate zu Lüneburg und dieser Stadt will treu und hold sein, ihr Bestes wissen und Ärgstes abkehren, und daß ich gegen sie keine Partei oder Auflauf machen oder vollborden will, und wenn ich dessen etwas erfahre, daß ich das dem Rate zu wissen tun und vermelden will, daß mir Gott so helfe und die Heiligen"[396].

§ 191. Es war dies ein Genosseneid, den jeder einzelne Bürger, freilich zusammen mit allen anderen, eben dieser Gemeinschaft aller, nämlich der Stadt und dem mit ihr in eins gesetzten Rate leistete, ein Eid, der nicht den Rat, sondern die beschworene Einung der Gemeinde zum Herrn über die Einzelnen und damit zur kommunalen Obrigkeit erhob, jedoch dem Rate die Aus-

---

393 HR II 4 n. 464.
394 HR II 4 n. 508 (S. 367). REINECKE (1933, wie Anm. 382) S. 233–235.
395 HR II 4 n. 573 (S. 425).
396 HR II 4 n. 476.

übung der damit geschaffenen Gebotsgewalt anvertraute. Die Rechte der Stadtherrschaft und ihr Anspruch auf die Huldigung der Bürger wurden davon nicht berührt. Da erst die Gemeinde durch ihren Beistand und Gehorsam den Rat vollmächtig machte, war sie auch weiterhin dazu verpflichtet, den erneuerten alten Rat gegen den Haß der Prälaten zu verteidigen. Nicht der Rat, sondern die Olderleute der Gilden und die Meinheit schrieben daher am 2. April 1457 an Bürgermeister und Ratmannen zu Lübeck und die dort versammelten Ratssendeboten der Seestädte, um sich vor ihnen in dem Streit mit den Prälaten zu Recht zu erbieten: „Denn ihr sollt unseres Rates und unserer gegen sie ... auch zu Ehre, Recht und aller Redlichkeit mächtig sein," da die Prälaten kraft des erschlichenen päpstlichen Mandats „unseren Rat und uns auf den Predigtstühlen" als exkommuniziert verkünden ließen[397].

Ebenso erfüllten sie die ihnen gegenüber dem Rate obliegende Schutz- und Beistandspflicht, als sie am 1. Mai 1457 die Bürgermeister und Ratmannen zu Halberstadt, die Gemeinde zu Lübeck und die in Lübeck versammelten Ratssendeboten dazu aufforderten, die Domkapitel zu Halberstadt und Lübeck zur Friedfertigkeit zu bewegen[398]. Die gemeinen Städte hatten die Kompetenz der Gemeinde, auf diese Weise für ihren Rat einzutreten, bereits im dritten Artikel des Statuts vom 24. Juni 1418 anerkannt und erneuerten diese Anerkennung jetzt, indem sie ihre Antwort wiederum „an die Olderleute der Gilden und der ganzen gemeinen haussitzenden Bürger zu Lüneburg" adressierten[399]. Offensichtlich sahen sie in deren Tun keine unerlaubte Bevormundung oder gar Empörung wider den Rat, geschweige denn einen unzulässigen Übergriff mancher Handwerke in die hansische Politik, sondern ganz im Gegenteil gerade dasjenige Verhalten einer Gemeinde, das die Vollmacht ihres Rates überhaupt erst herstellte.

§ 192. Diese Feststellung ist besonders wichtig für eine zutreffende Interpretation des hansischen Statuts vom 24. Juni 1418 (oben, § 138), denn da die gemeinen Städte in dem vorliegenden Falle völlig darauf verzichteten es anzuwenden, sondern ganz im Gegenteil die Handlungen der Lüneburger Gemeinde und der Sechziger als gewaltlos und rechtmäßig gelten ließen, solange sie ihnen und der Stadt die Gewähr für die Vollmächtigkeit des Rates boten, ergibt sich der Schluß, daß jenes Statut nicht dem Zwecke diente, den Stadträten eine stadtrechtswidrige Obrigkeit über Bürger und Gilden beizulegen oder gar die Handwerke vom Ratsstuhle auszuschließen. In Wirklichkeit sollte es den gemeinen Städten eine Rechtsaufsicht über die einzelnen Städte insoweit gewähren, wie dies um deren und des gemeinen Kaufmanns Besten willen und zum Schutze des Stadtrechts, das den Räten ihre Vollmacht si-

---

397 HR II 4 n. 507.
398 HR II 4 n. 508. Die Prälaten stellten dafür in erster Linie die Bedingung, daß die gefangenen Rm. und Sechziger freigelassen würden, „was uns und unserem Rate doch nicht möglich war ohne des Kaisers Wissen und Vollbort" (ebenda, S. 367).
399 HR II 4 n. 509. S. o., § 138.

cherte, notwendig war. Gerade daran aber, daß der Versuch des neuen Rates scheiterte, seine Vollmacht und Regierung auf lehns- oder kirchenrechtliche Treuepflichten gegenüber gemeindefremden Instanzen zu stützen, erweist es sich, daß die Lüneburger Stadt- und Ratsverfassung vollständig auf den Rechtsansichten des allgemein hansisch-niederdeutschen Stadtrechts beruhte.

Denn Schöpfer und Träger der Verfassung waren die Bürger gemeinlich, wenn sie sich zur Eidgenossenschaft vereinigten. In allen die Verfassung betreffenden Fragen war die Gemeinde für sich allein rechts- und handlungsfähig. Sie war befugt, Worthalter über sich zu erheben und den Rat sowohl ab- wie einzusetzen, und sie bewahrte sich ihr Initiativrecht in Verfassungsfragen auch dann als unveräußerliches Grundrecht, wenn sie einem vollmächtigen Rate gehorchte. Ihr Konsens erst machte den Rat in hochbeschwerlichen Geschäften vollmächtig und heilte sogar die Mängel einer irregulären Ratssetzung. Uneinigkeit und Zwietracht freilich machten sie rat- und entschlußlos und erlaubten es Minderheiten, die Macht an sich zu reißen, solange die Mehrheit dazu schwieg.

Der Rat andererseits leitete zwar seine Vollmacht von der Gemeinde her, er mußte den Willen der Gemeinde vollziehen und diese namentlich in hochbeschwerlichen Geschäften von sich aus um ihren Konsens ersuchen, aber danach hatte er auch Anspruch auf den Beistand der Gemeinde und auf Blut und Gut jedes einzelnen Stadtbewohners. Auf diesem Beistande und dem beschworenen Gehorsam der Bürger und Einwohner beruhte, aus ihnen bestand seine Vollmacht. Er faßte seine Beschlüsse einstimmig und konnte zu diesem Zwecke eine Folgepflicht der Minderheit geltend machen. Andererseits hafteten die Ratmannen für die Rechtmäßigkeit und Gemeinnützigkeit ihrer Geschäftsführung ebenfalls mit Leib und Gut. Bei schweren Pflichtverletzungen konnten sie sogar vor dem Hochgericht und vor dem Könige angeklagt werden. Weder der Gemeinde noch dem Rate vermochten die gemeinen Städte eine Unterwerfung unter ihre Rechtsaufsicht und ein Rechtserbieten aufzuzwingen. Gleich dem Stadtherrn kamen sie in Angelegenheiten der Gemeinde und nach Stadtrecht nur als erkorene Schiedsrichter zum Zuge.

2.21. Danzig 1456

§ 193. Die Hansestadt Danzig war das Haupt der preußischen Städte, die sich im Jahre 1440 mit dem Adel des Ordenslandes zum Preußischen Bunde zusammengeschlossen hatten, um der Landesherrschaft des Deutschen Ordens Zügel anzulegen. Als der Hochmeister diesen Bund im Jahre 1454 von Papst und Kaiser verbieten ließ, erhoben sich die Verbündeten gegen ihn und nahmen König Kasimir IV. von Polen zum Landesherrn an. Die Kosten des Krieges, der darüber ausbrach, zwangen den Rat von Danzig, höhere Steuern in der Stadt zu erheben und kostspielige Anleihen aufzunehmen. Darüber kam es zu Protesten und Aufläufen in der Gemeinde, als deren Sprecher der Rat zu den hochbeschwerlichen Geschäften der Stadt die erbgesessenen Bürger und die Älterleute der Gewerke hinzuzuziehen pflegte[400]. An deren Spitze setzte sich ein wohlhabender Kaufmann namens Martin Kogge[401]. Von dem Initiativrecht der Gemeinde Gebrauch machend, berief Kogge am 27. September 1456 die Älterleute der Gewerke zu Beratungen in das Dominikanerkloster, und als deren Worthalter erhob er gegen den Rat unter anderem den Vorwurf, dieser habe ohne Wissen und Willen der Gemeinde die Stadt dem Könige von Polen unterstellt und damit den Krieg und die unerträgliche Belastung der Stadt mit Steuern verursacht.

Da es ganz unwahrscheinlich ist, daß der Rat so wichtige Entscheidungen getroffen habe, ohne die angesehensten Männer der Gemeinde daran zu beteiligen, kann sich Kogges Vorwurf nur darauf gestützt haben, daß die Gemeinde durch diese ihre Worthalter nicht hinreichend unterrichtet worden war. Dabei mag es eine Rolle gespielt haben, daß sie ihre Sprecher nicht selbst zu bestimmen, sondern dieses Geschäft dem Rate zu überlassen pflegte. Zwar vermochte der Rat die Gemeinde an der von Kogge erstrebten Einsetzung eines neuen Rates zu hindern, er willigte aber doch in eine neue Besetzung des Ratsstuhles ein. Diese ging am 2. Oktober 1456, gewiß unter Einhaltung der üblichen Regeln, vor sich und brachte neben zwei Bürgermeistern und sechs oder sieben Ratmannen des bisherigen Rates drei Schöffen, vier Kaufleute und neun Handwerker, nicht jedoch Martin Kogge als neue Mitglieder in den Rat. Im Anschluß an die Ratssetzung erneuerten der Rat, die Partikularverbände und die Gemeinde die beschworene Einung der Stadt und begannen, sich über einen Bürgerrezeß zu beraten. Dieser wurde am 8. Oktober 1456 beschlossen und stellte die Gemeinde und den städtischen Frieden wieder her.

§ 194. Da Bürger und Einwohner ihre Einung durch gemeinsamen und öffentlichen Vollzug des Gelöbnisses an Eidesstatt und den Rezeß durch ihre jeden Widerspruch zum Verstummen bringende Eintracht, durch ihr Einswerden und Einssein in Kraft setzten, bedurfte der Vorgang keiner Beurkundung. Die darüber angefertigte Niederschrift[402] diente lediglich dem Zwecke, das Wissen um den Rezeß zu bewahren. Sie setzt daher, gleich den Hanserezessen (oben, § 58), alle urkundlichen Formen beiseite und beginnt im Stile der klassischen Notitia mit der Aufforderung zu wissen: Zu wissen sei jedermann, daß sich die ehrbaren und namhaften Mannen, als „Bürgermeister, Ratmannen, Schöffen, Kaufmann, Ämter und alle ganze Gemeinde, zusammengeschworen und festiglich verbunden" hätten. Es verstand sich von selbst, daß Schwur und Rezeß die Eintracht in der Gemeinde und durch sie die Identität aller Partikularverbände und Worthalter mit der Stadtgemeinde oder

---

400 Z. B. HR II 2 n. 564 vom 18. März 1442.
401 Joachim ZDRENKA, Der Koggesche Aufruhr und der Danziger Rat 1456–1457, in: Beiträge zur G. Westpreußens 12 (1991) S. 169–182, hier: S. 170–173.
402 Überliefert in Johann Lindaus G. des Dreizehnjährigen Krieges, Blatt 95–96a, in: Scriptores rerum Prussicarum Bd. 4, Leipzig 1870, S. 536–538.

Gesamtheit aller Bürger und Einwohner hergestellt hatten. Die Niederschrift setzt daher diese Wirkung stillschweigend voraus und beschränkt sich darauf, ihr durch den synonymischen Gebrauch des Personalpronomens „wir" Ausdruck zu verleihen. Denn dieses Wort bezeichnet hier verschiedene Personengruppen und setzt diese damit gleichzeitig in eins.

Zunächst einmal steht es für die Gesamtheit der an der Schwureinung Beteiligten und damit für die Stadtgemeinde, wenn es im Artikel 1 im Anschluß an die soeben zitierte, in dritter Person gesetzte Aufzählung aller Stände der Eidgenossen heißt, daß „wir" den König Kasimir von Polen und dessen Erben und Nachkommen „für unseren Herrn haben und halten wollen, um nicht von ihm zu treten, sofern er und seine Erblinge uns beschirmen wollen." Dieselbe Gesamtheit ist in Artikel 8 und 9 gemeint, wo es um die Sicherheit des abgesetzten alten Rates geht: „Wir Bürgermeister, Ratmannen, Schöffen, Kaufmann, Ämter und ganze Gemeinde der Stadt Danzig geloben, schwören und versprechen," daß „wir" weder „unseren Ältesten noch ihren Kindern oder Freunden" wegen der Vorwürfe, darum sie ihre Ämter verloren, an Leib und Gut Schaden tun, sondern sie gleich anderen Bürgern beschirmen wollten, wogegen der alte Rat „uns" unter Eid versprach, weder beim Kaiser noch bei Königen, Fürsten oder Herren, sie seien geistlich oder weltlich, wegen Verlusts des Rates Klage zu erheben.

§ 195. Dagegen müssen in den Artikeln 2, 3 und 4 unter dem Pronomen „wir" die Bürgermeister als Inhaber der Regierungsgewalt gemeint sein, da die Niederschrift das nicht näher benannte Subjekt dieser Bestimmungen den übrigen in der Einung begriffenen Personengruppen gegenüberstellt. So liest man hier, daß „wir" den Hochmeister und seine Helfer „für Herren zu ewigen Zeiten nicht aufnehmen noch uns auch in keine anderen Herren verwandeln oder verändern wollen ohne Wissen und willige Vollbort des Rates, Schöffen, Kaufmanns, Ämter und der ganzen Gemeinde," daß „wir", um der Stadt Bestes zu wissen, das, „was gehandelt und beschlossen wird mit einträchtigem Willen und Wissen des Rates, Schöffen, Kaufmann, Ämter und ganzen Gemeinde, ohne Wandel und Hinterlist zu der Stadt Ehre und Wohlfahrt vollführen wollen," und schließlich, daß „wir" mit dem Hochmeister und dem Deutschen Orden „ohne sonderlichen Willen und Wissen des Rates, Schöffen, Kaufmann, Ämter und gemeinen Bürger" nicht verhandeln noch ihnen mit Rat und Tat helfen wollten. Mit diesen Bestimmungen war zugleich geklärt, wen die Bürgermeister (und der Rat) in Zukunft in hochbeschwerlichen Geschäften an der Willensbildung zu beteiligen hatten, um nicht abermals der Gemeinde einen Grund zu Auflauf und Aufruhr zu bieten.

„Wir" – das war aber auch die Gemeinde innerhalb der Stadt, die sich im Gegenzuge und unter der Bedingung, daß der Rat diese Vorschriften einhielte, in Artikel 5 und 6 dazu verpflichtete, „den neuen gekorenen Rat bei Vollmacht zu halten, die Kore bei dem Rate so in zukommenden Zeiten zu befestigen, keine heimliche noch offenbare Versammlung oder Einberufung zu machen ohne Willen und Wissen des Rates, bei eines jeglichen Höchsten." Vielmehr wollte jedermann, er wäre alt oder jung, reich oder arm, dem anderen in gerechten Sachen bis in den Tod beistehen, und alle Eidverbündnisse sollten kraftlos und losgesagt sein, die etwa dieser „leiblichen Vereinung" aller Einzelnen und Teilverbände widersprächen. Denn auch in Danzig beruhte die Vollmacht des Rates auf der Eintracht und dem gegenseitigen Beistande aller Bürger und Einwohner.

„Wir" – so hießen viertens aber auch, jeweils für sich, die zur Leitung und Beratung der Gemeinde erhobenen Bürger, die den Stand der Regierenden bildeten, und jene, denen sie ihre Erhebung und Vollmacht verdankten, wie aus Artikel 7 zu erfahren ist: „Um diese göttliche und ehrliche und gemeine Verleibung und Vereinung zu bestätigen und zu befestigen, geloben wir Bürgermeister, Ratmannen und Schöffen den ehrbaren Kaufmann, Ämtern und gemeinen Bürgern, und wir Kaufmann, Ämter und gemeine Bürger den würdigen Bürgermeistern, Ratmannen und Schöffen wiederum einer dem anderen in allen Sachen, Artikeln und Punkten (wie) obengeschrieben Beistand und Hilfe zu tun mit Leib und Gut bis in den Tod als gute, getreue Mannen, dieses alles ohne Hinterlist zu vollführen, stetig und fest und unversehrt zu halten in allen zukommenden Zeiten bei unserm wahren christlichen Glauben, Gütern, Treu und Ehre in Eides statt, daß uns Gott so helfe und die Heiligen."

§ 196. So identifizierte der Danziger Stadtschreiber mittels synonymischer Verwendung des Personalpronomens die alle Bürger und Einwohner, gleich welchen Standes und welcher Funktion, umfassende Stadtgemeinde sowohl mit der kleinsten und engsten Gruppe ihrer Wortalter, nämlich den Bürgermeistern, als auch mit der durch die Vorsteher der Partikularverbände sprechenden Gemeinde, von der der Rat seine Vollmacht herleitete, und mit diesen Teilverbänden selbst, sofern sie im Rahmen der Stadtverfassung und um des Gemeinwohls willen tätig wurden. Dieses Ineinssetzen und Einssein der vier unterschiedlichen Personenverbände war den Danzigern so selbstverständlich, daß sie keinerlei Aufhebens darum machten. So kommt es, daß sich diese grundlegende Rechtstatsache der hansisch-niederdeutschen Stadtverfassung bis heute der Beobachtung entzogen hat. Die gemeinen Hansestädte nahmen denn auch an dem Vorgang keinen Anstoß, obwohl die Handwerksämter maßgeblich an ihm beteiligt waren und Handwerker nun im Danziger Rate saßen. Auch der König von Polen hatte nichts dawider, von der Gemeinde zum Stadtherrn erhoben zu werden. Am 21. Dezember 1456 bestätigte er sowohl den Rezeß als auch den nun in Danzig regierenden neuen Rat.

Die von Kogge geführte Minderheit freilich gab ihre weitergehenden Pläne nicht auf. Da sie sich dabei aber über die Schranken erlaubter Aufläufe hinwegsetzte, konnte der Rat sie wegen Verstoßes gegen Artikel 5 des Rezesses unter Anklage stellen. Acht Personen, darunter Kogge, wurden vom Hochgericht zum Tode verurteilt und am 17. Februar 1457 hingerichtet,

22 weitere entwichen und wurden deswegen der Stadt verwiesen. Am 23. Februar 1457 beschloß der Rat ferner unaufgefordert, dem hansischen Statut vom 24. Juni 1418 Folge zu leisten und die am 2. Oktober 1456 nicht zurückgewählten Mitglieder des alten Rates wieder in den Ratsstuhl aufzunehmen, ohne daß von den erstmals erkorenen Ratmannen jemand ausscheiden mußte[403]. Da aber die gemeinen Städte dies nicht verlangt hatten, betrachteten die einzelnen Hansestädte es so sehr als innere Angelegenheit der Danziger, daß sie sich, ungeachtet wiederholter von Danzig ausgehender Aufforderungen, nicht darum bemühten, den entflohenen und verfesteten Missetätern den Aufenthalt in ihren Mauern zu verwehren, obwohl sie, wie allerdings nur die Danziger meinten, nach Artikel 1 des gemeinsam beschlossenen Statuts von 1418 dazu verpflichtet waren[404]. Ohne jeden Widerspruch von Seiten Lübecks oder der gemeinen Städte pflegte der Rat von Danzig hinfort in so hochbeschwerlichen Geschäften wie etwa der Fehde gegen Riga seine Entscheidungen nur nach vorheriger Beratung mit seinen Bürgern zu treffen[405].

2.22. Hamburg 1458

§ 197. Möglicherweise waren es die Meinheiten in den Städten, die den Verfesteten näher standen als die auch dem gemeinen Kaufmanne verpflichteten Räte, welche diese letzteren daran hinderten, jene gemeinhansische Satzung an den Danziger Flüchtlingen zu vollstrecken. Diese Vermutung liegt jedenfalls nahe, wenn wir hören, daß die Gemeinde zu Hamburg gegen den Willen ihres Rates zwei Männer beschützte, die dem neuen Rate und den Sechzigern zu Lüneburg angehört hatten und am 31. März 1458 aus der Haft entfliehen konnten, die die Lüneburger über sie verhängt hatten. Die Anwesenheit dieser und anderer aus Lüneburg Vertriebener in Hamburg führte zuletzt zu einem Auflauf wider den Rat, in dem sich auch mancher andere aufgestaute Unwille der Gemeinde über ihre Regierung entlud[406]. Viele Monate verstrichen, bevor es den erbgesessenen Bürgern gelang, sich als Vermittler zwischen Rat und Ämtern durchzusetzen und mittels eines Rezesses, den sie am 17. Oktober 1458 zustandebrachten, die Eintracht in der Gemeinde wiederherzustellen.
Die Niederschrift, in der die Bürger diesen Rezeß zur allgemeinen Unterrichtung festhalten ließen[407], beginnt so, wie alle Rezesse in der hansischen Welt zu beginnen pflegten: „Zu wissen sei allen denen, die diese Schrift se-

---

403 ZDRENKA (1991, wie Anm. 401) S. 175. Ebenso war man 1439 in Rostock verfahren, s. o., § 155.
404 HR II 4 n. 510, 589, 615.
405 HR II 4 n. 703.
406 HR II 4 S. 427. Peter GABRIELSSON, Die Zeit der Hanse, in: Hamburg. G. der Stadt und ihrer Bewohner, hg. von Werner JOCHMANN und Hans-Dieter LOOSE, Bd. 1, Hamburg 1982, S. 101–190, hier: S. 125–128.
407 Hans FELDTMANN, Der zweite Rezeß (1926, wie Anm. 235) S. 152–163.

hen, hören oder lesen," daß am 17. Oktober 1458 „die ehrsamen Mannen, Herren Bürgermeister, Ratmannen und gemeinen Bürger zu Hamburg auf dem Rathause daselbst sämtlich vergattert waren und freundlicherweise mit Gottes Hilfe, um Frieden, Liebe und gute Eintracht in dieser Stadt zu halten, zu dieser Stadt Nutz und Frommen diese nachbeschriebenen Artikel einträchtlich angenommen, beliebt, gevollbordet und endlich beschlossen haben." Nicht als Regierung der Stadt, sondern als besonders würdige und erfahrene Einzelne („Mannen") nahmen Bürgermeister und Ratmannen an der Bürgerversammlung auf dem Rathause teil. Dies ergibt sich daraus, daß der Rat in dem Rezeß niemals in erster Person redend auftritt, sondern stets nur objektiv als Institution erwähnt wird, der die Versammelten Pflichten und Rechte zuwiesen. Um ihn zu kennzeichnen, genügte den Bürgern in der Regel der bestimmte Artikel; nur dreimal bezeichnen sie ihn mit einer gewissen Emphase als „unseren Rat" (Artikel 12, 23).

Das Personalpronomen „wir" begegnet in dem Rezeß nur ein einziges Mal, nämlich in der Bestimmung, daß der Rat Flüchtlingen, die sich dem Gericht einer anderen Stadt entziehen wollten, nur dann auf Kosten der Stadt Hamburg zur Rückkehr verhelfen durfte, wenn dies auf Geheiß „unseres allergnädigsten Herrn, des Kaisers, unseres erbgeborenen Fürsten oder der Städte von der deutschen Hanse geschieht, davon wir und unsere Stadt sonder Schaden nicht fernbleiben können" (Artikel 1). „Wir", das war die Gesamtheit der Bürgermeister, Ratmannen und Bürger, die zum Besten ihrer Stadt den Rezeß beschlossen und in diesem beständig als inneres Subjekt gedacht werden, wenn darin „unsere Bürger" (Artikel 5, 8, 9, 23, 30, 31) oder „unsere Stadt" (Artikel 1, 30) erwähnt werden. Meistens aber heißt es „die Bürger" oder „diese Stadt" oder auch einmal (Artikel 10) „dieser Stadt Bürger und Einwohner". Von den Partikularverbänden der Fahrerkompanien, der Kirchspiele und der Handwerksämter aber ist überhaupt nur in dieser objektiven Form die Rede (Artikel 3, 4, 7, 15, 32). Gleich dem Rate waren nicht sie als Institutionen, sondern nur ihre Mitglieder als Bürger samt und sonders an der erneuerten Eintracht beteiligt. In der Sprache, deren sich die Verfasser des Rezesses bedienten, und in der Sache, die sie regulierten, scheint sich ein noch dumpfes Bewußtsein ihrer Rolle als Gesetzgeber und der Objektivität, zu der sie verpflichtet, abzuzeichnen.

§ 198. Was den Inhalt des Rezesses anlangt, so nahm man weitgehend wieder auf, was man bereits im Jahre 1410 als Grundlage der Stadt- und Ratsverfassung anerkannt hatte (oben, §§ 114–118). So wurde der Schutz der Grundrechte des Einzelnen, „er sei Bürgermeister, Ratmann, Bürger oder Einwohner" (Artikel 1), vor Übergriffen des Rates weiter ausgebaut, namentlich in Hinsicht auf die Sicherheit von Erbe und Eigentum[408]. Der Rat wurde

---

[408] Von den einschlägigen Bestimmungen knüpften die Art. 1, 16, 20, 21 an Artikel des Rezesses von 1410 an. Von Erbe und Eigentum handeln Art. 2, 6, 10, 11. Art. 8 erklärt den Gewandschnitt zu einem allgemeinen Bürgerrecht.

Autonome Gemeinde und vollmächtiger Rat   209

in allen seinen Maßnahmen strenge an „dieser Stadt Recht und Buch" gebunden, „welches Recht und Buch der Rat und Bürger bei Macht und Würde erhalten wollen" (Artikel 1). Das Grundrecht der Gemeinde auf Mitwirkung an den Entscheidungen des Rates in hochbeschwerlichen Geschäften wurde, wie bereits im Jahre 1410, für Kriegserklärung, Steuererhöhung und Belastung der Allmende[409] festgestellt, zusätzlich aber durch Anerkennung des gemeindlichen Initiativrechts gesichert. In Sachen nämlich, „daran der Stadt Verderben hängen mag, mögen die Ehrlichsten und Ältesten aus jedem Kirchspiel zusammenkommen, vor den Rat gehen und dem Rate die Sache zu erkennen geben" (Artikel 33). Die Empörer hatten auch die Bewilligung von Kornausfuhren, wegen ihrer Auswirkung auf die Lebensmittelpreise, zu den hochbeschwerlichen Geschäften rechnen wollen[410], der Rezeß jedoch beließ diese Befugnis bei den gewöhnlichen Geschäften, über die der Rat auf Grund seiner allgemeinen Vollmacht für sich alleine beschließen konnte (Artikel 29). Und wie es ebenfalls bereits 1410 geschehen war, so machte auch jetzt die Bürgerschaft dem Rate Vorschriften für die Erfüllung seiner administrativen Pflichten und die Aufsicht über die städtischen Bediensteten (Artikel 5, 14, 15, 17, 22, 23).

In wichtigen Punkten indessen ging der Rezeß von 1458 über seinen Vorgänger hinaus. So legte er etliche Pflichten für Bürger, Einwohner und Gäste fest, mit deren strafrechtlicher Kontrolle er den Rat beauftragte. „Wer das bricht, der soll es bessern nach Willkür des Rates" (Artikel 9, 27, 28, 30, ferner 18, 19, 26, 29). Außerdem schützten die Bürger die Rechte der Fahrergesellschaften und der Handwerksämter (Artikel 3, 7, 32), die sie offensichtlich vor allem als Vertreter partikularer Interessen betrachteten und daher von der politischen Willensbildung ausschlossen. Den Handwerksämtern bestätigten sie nur jene alten Rechte, die ihnen der Rat genehmigt hatte, und wenn auch kein Handwerker über den Bürgereid hinausgehende Pflichten zu beschwören brauchte, so mußten sich doch die Werkmeister gegenüber dem Rate durch einen Amtseid zu besonderem Gehorsam verpflichten (Artikel 7).

§ 199. Vor allem aber schützten die Bürger auch das Grundrecht des Rates auf Vollmacht und Regierungsgewalt (oben, §§ 107, 173): „So haben der Rat und Bürger sämtlich um Ruhe, Friedens und guter Eintracht willen beschlossen, daß nach diesem Tage niemand Vergatterung, Zuhaufekommen oder Sammlung der Bürger dieser Stadt machen soll um irgendeiner Sache willen, die die Bürger und die Stadt beträfe, es sei denn, daß der Rat die Bürger dazu verbotschaften und heischen lasse. Wenn jemand dem zuwider handelt, so will der Rat eingreifen, wie es sich gebührt; dazu wollen die Bürger dem Rate beiständig und behilflich sein," vorbehaltlich jedoch ihres oben bereits angeführten Initiativrechtes bei drohenden Gefahren (Artikel 33). In der üblichen Weise unterschied die Bürgerschaft zwischen rechtswidrigem und rechtmäßi-

---

409 Art. 12, 13, 24 im Anschluß an die Art. 6, 7, 9 und 20 des Rezesses von 1410.
410 FELDTMANN (1926, wie Anm. 235) S. 189f.

gem Laufen auf das Rathaus und gewährte sie dem Rate seine Vollmacht gegenüber rechtswidrigem Auflauf, indem sie ihm ihren Beistand zusagte. Als Sprecher der Bürgerschaft bei erlaubtem Auflaufe mußte der Rat „die Ehrlichsten und Ältesten aus jedem Kirchspiele" gelten lassen. Diese Geschworenen der Kirchspiele waren verpflichtet, an sie gerichtete Briefe unerbrochen dem Rate zu übergeben. Dabei durften sie sich von höchstens „vier ehrlichen Bürgern" begleiten lassen, eine größere Zahl hätte der Rat gewiß als bedrohlich und nötigend empfunden[411].

Ob ein Geschehen nach diesen Vorschriften als erlaubter Auflauf oder als rechtswidrige Nötigung des Rates zu betrachten war, mußte der Rat im Einzelfalle gerichtlich feststellen oder feststellen lassen; dies sollte ausschließlich nach der Richtschnur des geschriebenen Stadtrechts geschehen (Artikel 1), galt also als innere Angelegenheit der Stadt, und zwar auch dann, wenn sich die Beschuldigten dem Gericht durch die Flucht entzogen. Zugunsten fremder Flüchtlinge brauchte der Rat dementsprechend, wie erwähnt, nur dann von Amts wegen einzugreifen, wenn der Kaiser, der Stadtherr oder die gemeinen Hansestädte es verlangten. Die Folgen dieser Rechtsauffassung hatten die Danziger bereits zu spüren bekommen, als keine einzige Hansestadt bereit war, von sich aus gegen die von ihnen Verfesteten vorzugehen (oben, § 196). Das Hansestatut vom 24. Juni 1418 hatte offensichtlich keine Aufnahme in die einzelnen Stadtrechte gefunden und konnte daher nur dann wirksam werden, wenn die gemeinen Städte es im Einzelfall ausdrücklich geboten.

Ein wahrhaft hochbeschwerliches Geschäft trat bald darauf an die Stadt Hamburg heran, als nämlich die Stände von Schleswig-Holstein den König Christian von Dänemark zu ihrem neuen Landesherrn erkoren und dieser daraufhin von den Hamburgern verlangte, daß sie ihm huldigten. Im Dezember 1460 erklärte der Rat zu Hamburg dem Prätendenten, „daß sotane Sache ... so lästig und schwer wäre, daß der Rat ohne mancherlei Rücksprache mit ihren Bürgern darüber mit seinen Gnaden nicht gut etwas Endgültiges vereinbaren und beschließen könne;" der König möge daher persönlich nach Hamburg kommen, „da hätte der Rat seine Bürger bei sich, mit denen sie, so oft es nötig werde, sprechen und dann seinen Gnaden endliche Antwort geben könnten." Als der König am 13. Januar nach Hamburg kam, hatte der Rat „ihre Meinheit versammelt gehabt und mit ihnen besprochen, wie sie sich in der Antwort, die sie dem Könige geben müßten, verhalten sollten und wollten. Deswegen hatte die Meinheit zu dem Rate nach dessen Begehren bis zu vierzig Bürger geschickt, die der Rat auserkor, damit sie, falls eine fernere Rücksprache nötig wäre, deswegen nicht die Meinheit einzuberufen brauch-

---

411 Zur Interpretation dieser Bestimmungen: FELDTMANN (1926, wie Anm. 235) S. 195 mit Anm. 2, Jürgen BOLLAND, Senat und Bürgerschaft. Über das Verhältnis zwischen Bürger und Stadtregiment im alten Hamburg (Vorträge und Aufsätze, hg. vom Verein für Hamburgische G., Heft 7), Hamburg 1954, S. 9f.

ten, sondern was sie in der Sache mit den vierzig Bürgern täten, dessen wollten sie alle mit Leib und Gut bei einander bleiben." Am 15. Januar gab der Bürgermeister Detleff Bremer die mit dem Könige vereinbarte Erklärung ab: „Der Rat und die hier gegenwärtigen Bürger von Hamburg, als vollmächtig von der ganzen Meinheit und Stadt wegen, nehmen Euer Gnaden für einen Herrn an ..."[412]. Die Huldigung war eine Handlung, zu deren Vollzug die Vollmacht des Rates für sich allein nicht hinreichte oder nur dann hinreichte, wenn der Rat sie öffentlich inmitten der hierzu versammelten Bürgerschaft vornahm. Wer damals an der Zeremonie teilnahm, sah es mit eigenen Augen, und wer heute den Bericht darüber liest, erfaßt es in Gedanken, daß einzig und allein der Beistand der Bürger den Rat vollmächtig machte.

2.23. Zusammenfassung: Stadtgemeinde und vollmächtiger Rat

§ 200. So ist es uns nunmehr möglich, jene Frage zu beantworten, die sich uns oben (in § 61) als unumgängliche Vorfrage zu dem Versuch, die Vollmächtigkeit der hansischen Ratssendeboten zu erklären, herausgestellt hat, die Frage nämlich, von wem und in welchem Verfahren der Rat einer Hansestadt seine Vollmacht erhielt und von welcher Art deren Inhalt war. Denn Urheber der Vollmacht, diese These kann jetzt als bewiesen gelten, war die Stadtgemeinde, der im 15. Jahrhundert längst nicht mehr nur die Bürger, sondern alle steuerzahlenden Einwohner jeder Stadt angehörten. Nur diese Gemeinde war ursprünglich oder letzten Endes unbeschränkt vollmächtiger Herr ihres Schicksals (oben, § 169), nur sie war Inhaber sowohl des Kommuneprivilegs als auch aller anderen Privilegien, die Könige, Fürsten und andere Städte ihr jemals verliehen hatten, und nur sie war damit Haupt und Subjekt des von ihr verwillkürten Stadtrechts.

Trotz dieser unbeschränkten Rechtssubjektivität war sie allerdings, als Verband einer Vielzahl mit ihrer Nahrung beschäftigter Personen, die schon aus physischen Gründen gar nicht mehr zu gesamter Hand tätig werden konnten (oben, § 72), nur in engen Grenzen handlungsfähig, nämlich nur dann, wenn es darum ging, Grundfragen des Gemeinschaftslebens und der Stadtverfassung zu regeln und nach Maßgabe einer solchen Regelung, eines Bürgerrezesses, jeweils zum ersten Male einen Rat als ständigen Geschäftsführer oder auch gemeindliche Worthalter als eigene Sprecher über sich zu erheben. Obwohl unfähig, sich selbst unmittelbar und gesamthänderisch zu regieren (§§ 79, 107, 173), war die Gemeinde dennoch als Grundgesetzgeber auch ohne einen Rat handlungsfähig, sei es während eines Interconsiliums, wenn sie einen alten Rat bereits gestürzt, aber noch keinen neuen erhoben hatte (§§ 104, 120, 168, 187, 192), sei es gegen den Willen eines sitzenden Rates, wenn sie sich zum

---

412 Dokumente zur G. der hamburgischen Reichsfreiheit, T. 1 bearb. von Heinrich REINCKE (VStAHambg Bd. 7, 1), Hamburg 1961, S. 9, 14.

Laufe auf das Rathaus versammelte oder 24, 40, 60 oder wieviele Worthalter auch immer erhob, die von ihretwegen fordern sollten, was zu fordern war (§§ 146, 165, 176), und damit ihrerseits dazu halfen, den Rat bei voller Macht zu erhalten (§ 165). Die Gemeinde besaß ein selbständiges oder ursprüngliches Initiativrecht (§§ 167, 169, 173, 176, 186, 190, 193, 198).

Der Rat konnte daher nicht anders handeln, als die Gemeinde wollte (§§ 180, 185, 186). War sie sich einig, so blieb ihm nur übrig, ihren Willen „abzusegnen" (§ 181); fand sie aber nicht zu Eintracht und Einmütigkeit, so blieb er unmächtig und unfähig zu handeln (§§ 75, 181, 185). Nie war die Gemeinde gewillt, ihre eigene Gewalt vollständig aus der Hand zu geben, wie sie auch niemals gewillt war, die Ratsgewalt aus jener Kontrolle zu entlassen, die sie ihr von Anfang an dadurch auferlegt hatte, daß sie die persönliche Teilhabe an ihr den Prinzipien der Annuität und Kollegialität unterwarf. „Nie handelt ein einzelner für die Gemeinde. Wie alle Ausschüsse der Bürgerschaft, so gehen auch alle Führungsorgane sowie deren Teilausschüsse von der Mehrzahl aus... Während also die stadtherrlichen Beamten, Vogt oder Schultheiß, Richter oder Rektor, auch Münzmeister und Zöllner, fast immer Einzelpersonen sind, besteht der gemeindliche Staatsgedanke spätmittelalterlicher Fassung – in der Stadt wie auf dem Lande übrigens! – auf Kontrolle und Beratung durch kollegiale Bindungen ... Geteilte und gemeinsame Verantwortung wird höher gestellt als intuitiver Entschluß und Eigenverantwortung der Einzelpersönlichkeit"[413].

§ 201. Über die Form, in der die Gemeinde ihren Rat ermächtigte, geben die Quellen keine unmittelbare Auskunft. Angesichts der Öffentlichkeit der Vorgänge wurde man sich dessen nicht bewußt, daß in der Kettenhandlung der Ratssetzung, beginnend mit der Kore der Ratmannen und endend mit deren erster Amtshandlung, auch die Ermächtigung des neuen Rates vor sich ging. Niemand empfand ein Bedürfnis festzulegen, kraft welchen Momentes diese zustandekam, geschweige denn, daß man Rechtsgelehrte damit beauftragt hätte, den Vorgang der Ratssetzung zu analysieren und die Ermächtigung als Ergebnis eines besonderen, zwischen Gemeinde und Rat zu verhandelnden Rechtsgeschäftes herauszustellen. Wohl hören wir von der Bestätigung des Rates (§§ 92, 93) oder davon, daß die Gemeinde einen vollmächtigen Rat einsetzte (§§ 74, 158) oder haben wollte (§ 168), daß sie ihn „vollmächtig bleiben und sitzen lassen" (§§ 107, vgl. 128, 139, 140, 163) oder zu seiner Macht zulassen sollte (§ 141), aber auf welche Weise oder mit welchem Tun sie diese Pflicht erfüllte, das erfahren wir nicht.

Am allerwenigsten kommt als Ermächtigungsakt die Kore der Ratmannen und die mit ihr verbundene Läuterung des ruhenden Rates in Betracht, da sie nicht öffentlich vor sich gehen konnte (§ 160). Dies gilt auch dann, wenn sie allein dem sitzenden Rate oblag, ohne daß dieser Wahlmänner aus der Ge-

---

413 Heinz STOOB, Rat und Bürgerschaft in Hamburg (1980, wie Anm. 148) S. 358.

meinde hinzuzuziehen brauchte, wenn man also von Kooptation im eigentlichen Sinne des Wortes sprechen kann, denn auch diese Form der Kore beruhte auf dem Willen der Gemeinde und sollte vor allem dem Partikularismus der Teilverbände steuern (§§ 98, 108, 127, 135, 160, 162, 171, 175). Wollte man mit ihr die Bevollmächtigung des neuen Rates verbinden, so müßte man annehmen, daß die Gemeinde wie die Kore, so auch die Ermächtigung ihrem sitzenden Rate in Auftrag gegeben habe, derart, daß sie selbst diesen wichtigen Akt nur indirekt hätte vollziehen können. Sichtbares Zeichen der erfolgen Ermächtigung war gewiß vor allem das Platznehmen und Sitzen der Gekorenen im Ratsstuhle, die Wandlung, Setzung oder Umsetzung des Rates (§§ 65, 69, 77, 79, 107, 123, 127, 128, 164, 178, 186, 187). Von der Stadt Münster forderten die gemeinen Städte daher am 17. Oktober 1454 ausdrücklich, sie solle „wieder zum Gehorsam der Hanse" kommen und ihre vertriebenen Ratskumpane „wieder in die Stadt Münster aufnehmen und in den Ratsstuhl, Stätte und Amt einsetzen, daraus sie verdrängt sind"[414]. Auf den Ratsstuhl ist es auch zu beziehen, wenn die Gemeinde bestimmte, der gekorene Rat solle den sitzenden Rat bitten, ihm den Rat zu verlassen (§ 178). Ebenso bedeutsam indessen war der Moment, in dem die Gekorenen dem noch sitzenden Rate öffentlich den Amtseid leisteten (§§ 108, 160) oder von ihm die Bücher, Briefe, Siegel und Schlüssel der Stadt übernahmen (§§ 104, 127, 130, 186, 188, 190).

Indessen alle diese Akte, die sich unter dem Oberbegriff der Amtsübergabe zusammenfassen lassen, bewirkten, da sie sich entweder, wie die Kore, im Geheimen oder aber doch bloß in der engen Öffentlichkeit der Ratsstube abspielten, wenig im Vergleich zu denjenigen Akten, die in der weitesten denkbaren Öffentlichkeit der Stadt vor sich gingen, nämlich auf der Laube des Rathauses, von der aus der älteste Bürgermeister den versammelten Bürgern und Einwohnern die Ratssetzung verkündete und ihnen von des abtretenden Rates wegen für ihren Beistand dankte (§§ 130, 187). Gewiß erleichterte es die Arbeit des Rates, wenn er einen möglichst großen Teil seiner Geschäfte in die Heimlichkeit der Ratskammer hineinziehen konnte. Da aber dieses Interesse geeignet war, ihm obrigkeitliche Befugnisse zu vermitteln, konnte die Gemeinde dem mit einem Öffentlichkeitsgebot wenigstens für den entscheidenden Akt der Huldigung entgegentreten (§ 89, auch § 199).

§ 202. In ungewöhnlicher, ja vielleicht einmaliger Weise genaue Nachrichten über diese Vorgänge enthält ein Amtsbuch der zum Oberstift Utrecht gehörigen Hansestadt Kampen, das in der zweiten Hälfte des 15. Jahrhunderts nach dem Vorbilde kirchlicher Ordinarbücher als Kalender der sich regelmäßig an bestimmten Tagen des Jahres wiederholenden städtischen Amtshandlungen angelegt worden ist[415]. Der Rat zu Kampen war in der Weise

---

414 HR II 4 n. 312.
415 De Ordinarii van Kampen uit de 15de en 16de eeuw, uitgegeven door W. Jappe Alberts (Fontes minores medii aevi XII), Groningen 1961, blz. 1–17.

dreischichtig, daß in ihn alljährlich zwölf Männer neu- oder zurückgewählt wurden, die in ihrem ersten Amtsjahre den Schöffendienst und im zweiten Jahre die Ratsgeschäfte versahen, bevor sie in ihr drittes oder Freijahr gingen[416]. Die Schöffen amtierten auf dem Gerichtshause bei der Nicolaikirche, die Ratmannen auf dem Schöffenhause (dem heutigen alten Rathause) vor der Ijsselbrücke. Die laufenden Geschäfte einschließlich der Hegung des an jedem Montag, Mittwoch und Freitag abgehaltenen Niedergerichts besorgten in monatlichem Wechsel je zwei als „derzeitige Bürgermeister" bezeichnete Schöffen. Zu den hochbeschwerlichen Geschäften, als Steuererhöhungen, Veränderungen des Stadtrechts und Entscheidungen über Krieg und Frieden, bedurften sie der Zustimmung der „geschworenen Gemeinde", einer aus den vier Kirchspielen gekorenen Gruppe von Worthaltern der Bürgerschaft, der es auch oblag, die Neu- oder Erstwahlen der Schöffen vorzunehmen[417].

Dem Ordinarius der Stadt zufolge endete das Geschäftsjahr des Rates am Lucientage, dem 13. Dezember; „danach kommen die Räte nicht mehr aufs Haus, man sollte sie denn laden, solange bis der Rat erneuert ist." Die Schöffen dagegen gingen noch an drei Werktagen nach Weihnachten aufs Haus, „aber man läutet keine Glocke (mehr), ehe (nicht) die neuen Schöffen gekoren sind." Danach hielten auch sie bis zum 5. Januar keine Sitzungen mehr ab, „es gäbe denn Notsachen, daß sie geladen werden. (Nur) die Rentmeister tun, was sie zu tun haben." Denn in dieser Zeit – einem Interconsilium, während dessen die Gemeinde wieder ganz ihr eigener Herr sein sollte – begann die Umsetzung der Schöffen und Ratmannen, und zwar damit, daß (die Bürgermeister) am Samstag nach Weihnachten die Gemeinde durch den Stadtboten zur Bursprake auf den Sonntag vor Dreizehnten, dem 6. Januar, einberufen ließen, „derart, daß alle Bürger und Einwohner kommen sollen zur Bursprake vor der Stadt Gerichtshaus, sobald das heilige Sakrament zum Hochaltar getragen ist," was etwa um zehn Uhr vormittags zu geschehen pflegte. Zu dieser Zeit waren die Schöffen auf dem Gerichtshause versammelt. Der Bürgermeister ließ durch einen Diener die kleine Glocke anschlagen „und sagt zum Volke: Ihr Herren, hört! Man wird euch hier einen Brief vorlesen, ein jeder

---

416 In der benachbarten, zur Grafschaft Geldern gehörigen Hansestadt Zutphen war eine gleichartige Schöffen- und Ratsverfassung im Jahre 1330 durch eine vom Gerichts- und Stadtherrn bestätigte Satzung der Schöffen eingeführt worden: Geschiedenis van Zutphen, onder redactie van W. Th. M. FRIJHOFF, B. LOOPER e. a., Zutphen 1989, blz. 73. Da die jährliche Kore der Schöffen, wie die gräfliche Urkunde sagt, schon vorher bei den Schöffen selbst gelegen hatte, bezog sich die Neuerung lediglich auf die jährliche Umsetzung des halben Schöffenkollegs in den Rat.

417 J. DON, De Archieven der Gemeente Kampen, Deel 1, Kampen 1963, blz. VIIIf. Über den Ursprung dieser Verfassung scheint nichts bekannt zu sein. Genau unterrichtet sind wir dagegen über die Vorgänge, während derer der Stadt- und Gerichtsherr zu Magdeburg im Jahre 1294 das Recht des Rates anerkannte, als Worthalter der Stadt- und Gerichtsgemeinde die Schöffen zu kiesen, s. u., § 235.

höre gut zu! Dann sagt der Bürgermeister zum Sekretär: Lest vor! Und der Sekretär verliest den ersten Brief. Sobald dieser verlesen ist, sagt der Bürgermeister zum Volke: Das habt ihr wohl verstanden. Ein jeder sehe zu, daß er nichts davon breche, denn dann braucht er es nicht zu bessern."

§ 203. Die jährliche Ratssetzung begann demnach mit einer Bursprake, die der Stadtgemeinde (oben, § 87) den sogenannten Ersten Brief, d. h. den ältesten, bereits am 21. Februar 1334 beschlossenen Bürgerrezeß, und damit ihre selbstgewillkürte Existenz als Einung in Erinnerung brachte. Es war dies auch eine Erinnerung daran, daß seit dem Stillstande der Ratsgeschäfte am Lucientage die Gemeinde ihre Geschicke wieder selbst in die Hand genommen hatte und daß die versammelten Bürger und Einwohner daher mit Recht als „ihr Herren" angeredet werden mußten. Die Gemeinde war nämlich aus ursprünglichem, der Rat dagegen nur aus abgeleitetem Rechte Herr der Einzelnen, die sich durch den Bürgereid aus freiem Willen ihrer Strafgewalt unterworfen hatten. Sodann fuhr der Bürgermeister in seiner Ansprache fort: „Ferner ist es Gewohnheit, daß man des Sonntags nach Dreizehnten die Schöffen zu erneuern pflegt. Also lassen euch die Schöffen fragen, ob ihr sie kiesen wollt oder ob sie sie kiesen sollen." Die Kür war somit ein Recht der Gemeinde, ein Recht freilich, das direkt und zu gesamter Hand auszuüben der Gemeinde so schwerfiel, daß sie es den Schöffen zu überlassen pflegte. Dieses Überlassen verstand man als aktives Tun, als Auftrag oder Ermächtigung, der das Volk allerdings eine sehr merkwürdige Form gab. Der Ordinarius bemerkt nämlich dazu: „Soe lopt dat volc thuus eten, sodann läuft das Volk nach Haus, um zu essen."

Der ironische, spöttische Ton dieser Bemerkung lehrt uns, daß sich der Verfasser des Ordinarius jenes eklatanten Widerspruchs bewußt war, der zwischen der fundamentalen verfassungsrechtlichen Bedeutung dieses Aktes und der nachlässigen, ja sogar verächtlichen Form bestand, in der die Gemeinde ihn vollzog. Wäre es richtig, wie man gewöhnlich annimmt[418], daß die Frage, die der Bürgermeister an das Volk richtete, zur bloßen Formalität geworden sei, so wäre das Erstaunen des Ordinarius über die Einfalt des Volkes, welches sein Grundrecht um der Mahlzeit willen verschleuderte wie einst Esau sein Erstgeburtsrecht, anstatt es mit der gebotenen Wachheit und Aufmerksamkeit (oben, § 107) wahrzunehmen, nicht zu erklären. Das lediglich versammelte, aber nicht in Partikularverbänden gegliederte Volk war unfähig, sich einen Gemeinwillen zu bilden und ihn unmittelbar auszuführen. Sollte dieses Ziel erreicht werden, so mußte es sich durch die Erhebung von Worthaltern eigens dazu in den Stand setzen. Immerhin waren die Schöffen, die jetzt in den Ratsstuhl umgesetzt werden sollten, auf Grund jener Frage

---

418 DON (1963, wie Anm. 417) blz. VIII. Die Gemeinde zu Paderborn entzog ihrem Rate durch Bürgerrezeß vom 20. Dez. 1483 das Kooptationsrecht, um die Kore hinfort selbst auszuüben, s. u., § 225.II.

und der vom Volke stillschweigend gegebenen Antwort nunmehr berechtigt, zur Kür ihrer Nachfolger auf der Schöffenbank zu schreiten.

§ 204. Am Samstag vor dem hierzu bestimmten Sonntag nach Dreizehnten legten die abgehenden Schöffen ihr Amt nieder, indem (der Bürgermeister) „das Anbringen, falls man den neuen Schöffen etwas anbringen oder befehlen will", verlesen ließ. Denn was der alte Rat dem neuen an noch nicht vollstreckten Bußgeldern und Strafen schriftlich übergab, das mußte der neue Rat einfordern; dagegen brauchte der neue Rat die nicht schriftlich übergebenen Verfahren nicht weiter zu verfolgen, ausgenommen die schweren Verbrechen[419]. Alsdann befahl (der Bürgermeister) den Ratsdienern, das Volk für den nächsten Sonntag abermals zur Bursprake vor dem Gerichtshause zu berufen. Außerdem hörten die Schöffen zwei Votivmessen und beteten um Weisheit bei der bevorstehenden Kür. „Die Sekretäre bringen Wachskerzen, Tinte, Papier auf das Haus und gehen zur Bovenkirche (St. Nicolai), um dem Küster zu sagen, er solle nicht zum Versammeln läuten, bevor die Kür von den Schöffen vollzogen ist. Die alten Schöffen kiesen die neuen auf dem (Gerichs-)Hause." Dies war der geheime, unter Ausschluß der Gemeinde vollzogene Teil der Kür, politisch höchst wichtig, weil in ihm die Personalentscheidungen fielen, aber verfassungsrechtlich ohne besonderes Gewicht.

Denn erst der zweite, am nächsten Tage in aller Öffentlichkeit vollzogene Teil, derjenige, den der Bürgermeister daher in der nun eine Woche zurückliegenden Bursprake allein als Erneuerung der Schöffen angekündigt hatte, verlieh der Kür ihre Rechtskraft. Während sich an diesem Sonntag, dem ersten nach dem 6. Januar, das Volk zur zweiten Bursprake versammelte, „gehen die Bürgermeister mit den Schöffen aufs Gerichtshaus, und sobald (in der Nicolaikirche) die Erhebung der Hostie geschehen ist, sagt der Bürgermeister zu den Dienern: Jan, klopft an (die Glocke) etc.! Ist das getan, so sagt er: Ihr Herren, hört! Man wird euch (jetzt) die nennen, die in diesem Jahre unsere Bürger geworden sind! Sodann verliest der Sekretär die Bürger von diesem Jahre. Dann sagt der Bürgermeister: Diese sollt ihr fortan für eure Bürger halten! Nun wird man euch die verlesen, die dieses Jahr eure Schöffen sein sollen. Die verliest dann der Bürgermeister."

Wieder waren die Versammelten die Herren, die durch ihr stillschweigendes Zuhören zuerst die (nur erst vorläufig von den Bürgermeistern an ihrer Statt angenommenen) Neubürger in die Reihen der Bürgerschaft aufnahmen und dann die Kür der neuen Schöffen rechtskräftig machten, wobei die Bedeutung dieses zweiten Aktes dadurch unterstrichen wurde, daß der Bürgermeister, anstatt den Sekretär damit zu beauftragen, persönlich die Namen vorlas. Nachdem die versammelten Bürger und Einwohner auf der ersten Bursprake vor einer Woche durch ihre stillschweigende Zustimmung die sitzenden Schöffen mit der Kür beauftragt hatten, erkannten sie jetzt auf diesel-

---

419 Dritte Statutensammlung von Nordhausen III § 11, hg. von E. G. FÖRSTEMANN (1837, wie Anm. 174) 4. Heft S. 35.

be Weise die Gekorenen als die künftige Stadtregierung an, der sie Beistand und Gehorsam schuldeten. In der Folge der einzelnen Schritte, mittels deren sich die Ratssetzung vollzog, kommt diesem Akte wohl am ersten der Rang einer Ermächtigung der Gekorenen durch die Gemeinde zu. Gewiß nicht nur der zeitlichen Folge, sondern auch dem Rechtsgrunde nach war er die Voraussetzung für alles, was sich hieran noch anschloß.

§ 205. Die nächsten Akte der Kettenhandlung gingen wieder in der beschränkten Öffentlichkeit des Rates vor sich: „Des Nachmittags kommen die alten Schöffen aufs (Rat-)Haus. Sie haben die neuen laden lassen und lassen sie dort ihre Eide tun." Da sich die abtretenden Schöffen, die bis jetzt die Ratssetzung auf dem Gerichtshause geleitet hatten, nunmehr in Ratmannen wandelten, nahmen sie den neuen Schöffen den Amtseid bereits auf dem Rathause ab. „Dann macht man neue Bürgermeister. Die alten Bürgermeister übergeben den neuen der Stadt Silberwerk, Schenkgefäße, Siegel usw. Dann trinkt man in ehrlicher Weise um und geht zur Vesper." Mit der Vereidigung begann demnach die Übergabe des Schöffenamtes seitens der abtretenden an die neuen Schöffen, und es leuchtet ein, daß dem die Ermächtigung der letzteren seitens der Gemeinde vorausgegangen sein muß. Mit dem Verlesen des Anbringens, mit der Rechenschaft der abtretenden Rentmeister und der Verteilung der Ratsämter füllte die Amtsübergabe die ganze folgende Woche aus. Sie endete am Samstag abends mit der Kür und Instruktion der Zöllner, Pfahlmeister, Deichgrafen und Kirchmeister.

Am darauffolgenden Sonntag, dem zweiten nach Dreizehnten, hielt man zum dritten Male und wiederum in den beschriebenen Formen eine Bursprake ab. „Wenn da an (die Glocke) geklopft ist, sagt der Bürgermeister also: Man wird euch der Stadt Willkür und Recht verlesen! Sodann verliest man den Zweiten Brief von Willküren. Wenn das getan ist, verliest man der Stadt Buch," nämlich das sogenannte Goldene Buch, das Satzungsbuch, dessen Inhalt aus der bürgerlichen „Einung" oder dem Stadtrecht bestand[420]. „Danach sagt der Bürgermeister: Jedermann sehe wohl zu, daß er nicht verbreche; dann braucht er nicht zu bessern, (denn) die Schöffen wollen richten. Ferner warnen euch die Schöffen, daß jedermann sehe, daß er einen höfischen Mund halte auf Herren, auf Fürsten, auf Ritter, auf Knappen, auf Frauen, auf Jungfrauen und auf gute Städte. Ferner wird man euch nennen, die dieses Jahr die Ämter von der Stadt haben sollen. Dann verliest der Bürgermeister Zöllner, Pfahlmeister, Heimraden vom Mastebruch, Mauermeister etc., die Rolle fort (bis zum Ende) aus." Am Montage nahmen Schöffen und Ratmannen die Geschäfte der Amtsübergabe wieder auf. Diese endeten am Samstag mit der Kür der geschworenen Worthalter der Gemeinde, der Hauptleute der Bürgerwehr

---

420 Ebenso in Nordhausen, wo ebenfalls ein fränkisches Stadtrecht galt, s. o., § 92. Bereits W. EBEL (1971, wie Anm. 74) S. 313, bemerkt, daß die jährliche Verlesung des Stadtrechts einer jedesmaligen Neuverwillkürung gleichkam, s. u., § 208. – Zum höfischen Mund (in dem folgenden Zitat) s. o., § 114.

und anderer Amtleute aus der Gemeinde: „Des Samstags danach am Morgen kürt man die Meenten und die Hauptleute, und der Sekretär soll einen Zettel mit den Hauptleuten bei sich haben, der den Bürgermeistern vorgelegt wird, und das Register der Geschworenen und der Meinheiten. Dann am Abend die Brotwäger, Bierprüfer, Fischmeister, Fleischmeister von der Meinheit."

Als Amtshandlungen der bereits vollmächtigen Schöffen erforderten diese Wahlen keine weitere Bursprake, sondern lediglich die öffentliche Bekanntmachung, um für das Volk verbindlich zu werden. Der Ordinarius bemerkt daher zum dritten Sonntag nach Dreizehnten nur noch: „Der (Rats-)Bote verliest, was unsere Herren, die Schöffen, gebieten: Man soll euch die nennen, die dieses Jahr unsere Hauptleute sein sollen. Jedermann sehe zu, wenn uns Not ankäme, daß er zu seinen Hauptleuten komme und nach deren Geboten tue, bei Strafe an Leib und an Gut. (Der Bote nennt) die Hauptleute auf den drei Kirchen, und man setzt die Zettel ins Gerichtshaus und in die Schöffenkammer (auf dem Rathause)." Erst wenn Bürger und Einwohner öffentlich mit den Namen der Gemeindebeamten bekanntgemacht wurden, entstand für sie die Pflicht, ihnen gemäß ihren Eiden und Gelübden zu gehorchen.

§ 206. Das Verfahren der Ratsumsetzung bestand demnach zum einen Teil aus Handlungen, die entweder im Geheimen oder in der beschränkten Öffentlichkeit des Rates, sei es auf dem Gerichtshause, sei es in der Schöffenkammer auf dem Rathause, vor sich gingen, zum anderen Teil aber aus öffentlichen Handlungen, deretwegen die Gemeinde an drei aufeinander folgenden Sonntagen zur Bursprake versammelt wurde. Zu dem ersten Teil gehörten außer der Kür alle Geschäfte der Amtsübergabe; daher kommt keines von ihnen als Symbol für die Ermächtigung des neuen Rates seitens der Gemeinde in Betracht. Allenfalls hätten sie eine Ermächtigung des neuen Rates durch den abtretenden bewirken können; das aber hätte obrigkeitliche Befugnisse von Stadtherrn, Königs oder Gottes Gnaden in den Händen des Rates vorausgesetzt, wovon doch in Kampen genausowenig die Rede sein kann wie in irgendeiner anderen Hansestadt. Wenn die Gemeinde nach vollzogener Amtsübergabe hörte, was „unsere Herren, die Schöffen," geboten, so handelte es sich um Gebote, die sich an jeden Einzelnen richteten, denn nur den Einzelnen gegenüber waren die Schöffen kraft ihrer Ermächtigung seitens der Gemeinde Herren, nicht aber gegenüber der Einung aller Einzelnen zur Stadtgemeinde, da sie ja von dieser ihre Vollmacht herleiteten[421].

Erteilen aber tat die Gemeinde diese Vollmacht, indem sie auf den Buspraken stillschweigend und somit zustimmend zur Kenntnis nahm, was

---

421 Es ist bezeichnend, daß in einer Hamburger Bursprake der Stadtschreiber in dem von ihm zu verlesenden Teil den Rat einmal versehentlich „unsere Herren" nennt, daß dies aber sofort zu „der Rat" korrigiert wurde, Buspraken bearb. von J. BOLLAND (1960, wie Anm. 185) T. 2 n. 3 § 32. Vom Stadtschreiber stammt der Vermerk zu ebenda n. 7 § 48: „Bis hierher. Jetzt muß der Bm. sprechen."

die von ihr mit der Kür der neuen Schöffen beauftragten sitzenden Schöffen von ihretwegen verrichtet hatten. Niemand brauchte darüber nachzudenken oder sich klarzuwerden, in welchem Moment des Verfahrens die neu Gekorenen in den Besitz der Vollmacht gelangt waren. Am ehesten kommt dafür die Bekanntgabe ihrer Namen in der zweiten Bursprake in Betracht, denn erst wenn sie ihre Vollmacht empfangen hatten, waren sie verpflichtet, den Amtseid zu leisten, und waren die in den Ratsstuhl überwechselnden alten Schöffen berechtigt, ihnen die Amtsgeschäfte zu übergeben.

§ 207. Es kann kein Zweifel sein, daß das Kampener Verfahren der Ratswandlung in allen Hansestädten gebräuchlich war und nur wegen seiner Selbstverständlichkeit und Mündlichkeit in den schriftlichen Quellen nicht beschrieben wird. Daß es in der ersten Phase der Ratswandlung, der Phase des Interconsiliums, regelmäßig gar keinen vollmächtigen Rat mehr gab, erfahren wir z. B. aus einem Schreiben vom 8. März 1457, in dem die Magdeburger den Lübeckern mitteilten, daß sie die auf den 20. März anberaumte hansische Tagfahrt unter anderem deswegen nicht besenden könnten, weil „wir jetzund in Kore und Erneuerung unseres Rates sind, also daß unser Rat noch nicht vollkommen und bestätigt ist, wie Euer Liebden vielleicht wohl wißlich" sei[422]. Unter der Bestätigung des Rates dürfte hier wiederum die widerspruchslos erfolgende Publikation der Namen der Gekorenen in der Bursprake zu verstehen sein.

Aus den Lübecker Quellen kennen wir nur die (erste) Bursprake, in der die Gemeinde dem Rate durch stillschweigendes Zuhören und Zur-Kenntnis-Nehmen ihr Wahlrecht übertrug; es war in der Reihe der zu Lübeck alljährlich regelmäßig an festgelegten Tagen (dem 25. Juli, 11. November, 21. Dezember und 22. Februar) stattfindenden Bursprachen die letzte, die der jeweils sitzende Rat abzuhalten hatte. Sie pflegte mit folgenden Sätzen zu schließen[423]: „Ferner danken wir unseren Bürgern gemeinlich, daß sie uns gehorsam und bequem gewesen sind, und möchten diese Herren viel Gutes getan haben, das unseren Bürgern nützlich gewesen sein mag, das hätten sie gern getan. Und da es eine Sitte ist, daß sich der Rat nun zu verwandeln pflegt, so wollen sie euch diese Herren benennen, die den Rat besetzen sollen, als Herrn N., Herrn N., Herrn N. und Herrn N. Und sie entbieten einen jeden von diesen, bei zehn Mark Silber, noch zu Abend auf das Niederste Haus und morgen auf das Oberste Haus, und daß sie den Rat setzen, wie es unserer Stadt nützlich ist."

Über die Aufgabe der hier benannten Ratmannen bestimmt Artikel 136 des Lübecker Stadtrechtes[424]: „Sobald die Ratmannen, die von der Laube benannt worden sind, auf das Haus kommen, so sollen sie (zuerst) diejenigen, die ein Jahr gesessen haben," also gewesene Ratmannen, die sie in den künfti-

---

422 HR II 4 n. 500.
423 Quellen hg. von SPRANDEL (1982, wie Anm. 46) S. 36.
424 Quellen hg. von SPRANDEL (1982, wie Anm. 46) S. 23.

gen Rat zurückwählen wollten, und danach jene, „die ehedem der Stadt geschworen haben," besenden, zuletzt aber, wenn es erforderlich war, um die Zahl vollzumachen, „jemanden neues" in den Rat nehmen. Auch wenn die Quellen nichts davon wissen, ist es klar, daß hierauf eine weitere Bursprake folgen mußte, in der der Bürgermeister die Namen der auf diese Weise Gekorenen öffentlich bekanntgab und die Gemeinde Gelegenheit erhielt, durch ihre stillschweigende Kenntnisnahme die Kore zu billigen und den Genannten die Vollmacht der Ratmannen beizulegen[425], bevor der Bürgermeister die Amtsübergabe einleiten und der neue Rat die damit verbundenen weiteren Burspraken einberufen konnte.

In Hamburg, wo man den Rat an demselben Tage umsetzte und bei der Kore dasselbe Verfahren befolgte wie in Lübeck, finden sich in den Handschriften der Bursprake vom 22. Februar, wie in Lübeck, zunächst nur die Namen der vom abtretenden Rate bestimmten Ratmannen des neuen Amtsjahres; übrigens konnte der Bürgermeister die vorangehenden Artikel der Bursprake durch den Stadtschreiber verlesen lassen, die Ankündigung der neuen Ratmannen und der Ratswandlung mußte er dagegen selber aussprechen[426]. Seit 1439 erscheinen dann auch, und zwar in der Handschrift von 1453 noch von anderer Hand und Feder nachgetragen, die Namen der von jenen assumierten Ratskumpane und derjenigen, die jetzt in ein Freijahr eintraten[427]. Da aber am 22. Februar nur erst die Namen der vom Rate erkorenen Personen feststanden, ist dies ein sicherer Hinweis darauf, daß man die Bursprakenrolle später noch einmal hervorholte, um auch die Namen der Hinzugenommenen und der ruhenden Ratsmitglieder bekanntzugeben.

§ 208. So kann denn die These als bewiesen gelten, daß der Actus, durch den die Gemeinde ihren Rat bevollmächtigte oder bestätigte, jener Actus, den der Kölner Verbundbrief vom 14. September 1396 meinte, wenn er die Gemeinde dazu verpflichtete, ihren Rat „vermögend und mächtig bleiben und sitzen zu lassen" (oben, § 107), darin bestand, daß das Volk stillschweigend

---

425 In Parallele hierzu ermächtigte der Kaufmann zu London die Olderleute des Stalhofes, indem er duldete, daß die Gekorenen ihre Namen in das Buch eintragen und „überlaut ausrufen" ließen. Quellen hg. von SPRANDEL (1982, wie Anm. 46) S. 353 §§ 4, 6. – W. EBEL, Lüb. Recht (1971, wie Anm. 74) S. 312f., läßt außer acht, daß die Namen der von den Benannten Assumierten zum Zeitpunkt der Bursprake am 22. Febr. noch gar nicht vorliegen konnten; es ist daher falsch, wenn er ihr auch die „Verkündung der neugewählten (wieder eingetretenen) Ratsmitglieder oder wenigstens der vorgenommenen Ämterumsetzung (Ratsumsetzung)" zuschreibt.
426 Hamb. Burspraken bearb. von BOLLAND (1960, wie Anm. 185), T. 2 n. 7, Notiz nach § 48: Usque ibi. Hic loquatur proconsul. Ebenso in Kampen, s. o., § 204.
427 Ankündigung der Kore und Umsetzung: Hamb. Burspraken bearb. von BOLLAND (1960, wie Anm. 185), T. 2 n. 3 § 39, 6 § 36, 7 § 49, 18 § 7, 49 § 32; Namen der electi, assumpti und extramanentes: ebenda n. 12 § 8, 18 §§ 4 und 15, 19 § 4, 25 § 4, 30 § 3, 35 § 8, 39 § 3, 43 § 3.

und ohne zu widersprechen oder zu lärmen zuhörte, wenn der Bürgermeister persönlich die Namen der Gekorenen in der Bursprake von der Laube des Rat- oder Gerichtshauses herab bekanntgab. Die Bursprake erweist sich damit als die stadtrechtliche Institution des gemeindlichen Konsenses und der individuellen Selbstverwillkürung der Bürger und Einwohner. Deren Stillschweigen war ein positives, aktives Tun in dem Sinne, daß die Gemeinde damit zustimmend zur Kenntnis nahm, was zuvor der sitzende Rat und sonstige etwa von ihr bestimmte Wahlmannen von ihretwegen und so, als ob sie selbst gekoren hätte, entschieden hatten. Denn öffentlicher Widerspruch war möglich, wenn man auch verfahrensmäßig mit ihm nichts anzufangen wußte, sondern ihn für strafbar erklärte (oben, § 92), um die vom Stadtrecht geforderte Einmütigkeit und Eintracht zu erzwingen. Auf dieselbe Weise, durch stillschweigendes, aber zustimmendes Zuhören, erneuerte die Gemeinde im Verlaufe jeder Ratssetzung alljährlich sowohl ihre Schwureinung bzw. das (mancherorts selbst als Einung bezeichnete) Stadtrecht, indem sie es sich vorlesen ließ (§§ 84, 92, 110, 203), als auch die Übertragung ihres Kurrechts auf den sitzenden Rat oder weitere Wahlmannen.

Was Wilhelm Ebel über die lübische Bursprake gesagt hat, gilt daher allgemein von dieser Institution des hansisch-niederdeutschen Stadtrechts: Sie „diente von Hause aus nicht der Promulgation schon vorhandener Rechtsnormen und -akte, sondern war ... das rechtshistorisch gebotene Mittel, städtische Willküren verbindlich und Stadtrecht perpetuierlich zu machen. Die Bursprake vermittelte ... die auf den Bürgereid gegründete Selbstbindung und -unterwerfung der Bürger unter die Beschlüsse des Rats. Der Gehorsam gegenüber dem Rat und dem, ‚wes se my vor recht affseggen' (Lübecker Bürgereid), wurde in der Bursprake in Erinnerung gebracht und die Kenntnis dessen eingeprägt, dem der Bürger zu folgen geschworen hatte. Auch der Gehorsam gegenüber den neuen Ratspersonen wurde auf diese Weise immer erneut in die bürgereidliche Pflicht hineingezogen. Keiner konnte dann sagen: ‚Dem habe ich nicht geschworen'." Das gleiche, so führt Ebel des weiteren aus, galt für das Stadtrecht, selbst wenn es den Bürgern nur in der Kurzform der Bursprake in Erinnerung gebracht wurde: „Auch ohne die im lübischen Bereich nicht übliche jährliche Wiederholung des Bürgereides (Schwörtag) waren die in der Bursprake verkündeten oder auch nur durch allgemeine Verweisung erneut bestätigten Willküren ... bürgerliche Selbstverwillkürungen"[428].

Es ist offensichtlich, daß diese Institution der Bursprake als Manifestation des Gemeinwillens die Identität der Willen beider Seiten voraussetzt: des Rates, der der Gemeinde das Stadtrecht vorlesen ließ und ihr die Namen der neuen Ratsherren nannte, und der Gemeinde, die man ihrerseits mit dem versammelten Volke in eins setzte und die sich durch dessen Stillschweigen beides zu eigen machte, gleichsam als ob sie selbst ihr Recht hergesagt oder ihre

---

428 EBEL (1971, wie Anm. 74) S. 316f. S. o., Anm. 420.

Ratmannen gekoren hätte. Die auf diese Weise dem Rate erteilte Vollmacht bedurfte so wenig einer Beurkundung, daß man sich der Ermächtigung als eines besonderen Rechtsgeschäfts (oben, § 137) gar nicht bewußt war. Die Vollmacht bestellte den Rat daher auch nicht zum Repräsentanten der Gemeinde, sondern bestärkte die beiderseitige Identität. Das gesamte Verfahren der Setzung und Ermächtigung des Rates ist nur verständlich, wenn man die willensmäßige Identität der intelligiblen Stadtgemeinde und der Partikularverbände mit dem versammelten Volke und dem Rate voraussetzt und bedenkt, daß der Rat seine Vollmacht nur inmitten dieses Volkes und in immerwährendem Kontakt mit ihm, d. h. mit seinem Beistande im doppelten Sinne des Wortes (oben, § 199), ausüben sollte.

§ 209. Wie die Gemeinde oder das versammelte Volk der Sache nach unfähig war, sich selbst zu regieren, so war es auch nach Stadtrecht dazu verpflichtet, einen vollmächtigen Rat über sich zu erheben und ihn bei seiner Vollmacht zu erhalten. Alle Bürgerrezesse stimmen in der Voraussetzung überein, daß die Existenz des Rates nicht zur Disposition der Gemeinde stand und daß eine Gemeinde ohne Rat keine Stadtgemeinde sein konnte (§§ 173, 175, 195, 199), war doch der Rat der einzige Hüter der Stadt und ihres Gesamtinteresses gegenüber den Egoismen der Teilverbände (§ 169). Gewaltsame Empörung wider den Rat und gewalttätiger Auflauf auf das Rathaus waren daher strafbar.

Allein der Rechtsschutz, den das Stadtrecht dem Rate gewährte, machte diesen nicht zur Obrigkeit oder zum Herrn der Gemeinde (§§ 66 bis 68, 163) und nicht zum Inhaber von Freiheiten oder Herrlichkeiten, die er hätte eigenmächtig usurpieren können (§§ 121, 126, 137, 138, 140). Da der Ratsstuhl kein Erbe (§§ 77, 78, 111) und Herrlichkeit kein Begriff des Stadtrechts war (§§ 126 bis 128, 136), konnte der Rat zwar die Teilverbände, nicht aber die Stadtgemeinde privilegieren. Der Gesamtheit stellte er lediglich Reverse aus, mit denen er die Pflichten anerkannte, welche sie ihm auferlegte, wenn er nicht zu demselben Zwecke der Selbstverpflichtung das Stadtsiegel (sigillum civium, § 68) an den Bürgerrezeß legte (§§ 166, 177). Herren waren die Ratmannen nur kraft Ermächtigung seitens der Gemeinde und nur gegenüber dem einzelnen Bürger, Einwohner oder Gaste und gegenüber den Partikularverbänden, die diese mit seiner Erlaubnis gründen durften (§§ 86, 112, 123, 134, 164); ihre Gesamtheit dagegen erkannte er selber als seine Herren an (§§ 91, 203). Beanspruchte er, seine Vollmacht überschreitend, gegenüber der Gemeinde obrigkeitliche Befugnisse, so wurde er von dieser gestürzt (§ 104). Ihr Recht dazu war unbestritten, mochte auch im Einzelfalle die Grenze zwischen erlaubtem und unerlaubtem Aufruhr zweifelhaft sein (§§ 91, 100, 109, 114, 118, 138, 140, 174, 199). Die Entscheidung über entsprechende Klagen konnte die Gemeinde dem Ratsgericht zuweisen (§ 118, 140 bis 142, 145, 150, 152, 153, 170).

Herren allerdings waren die Ratmannen insgesamt und wenn sie sich zum Rate versammelt hatten, auch gegenüber den Bürgermeistern (§§ 62, 66). Als die seit dem 24. Juni 1456 in Lübeck vereinigten Ratssendeboten der Hansestädte Herrn Henning Calmes, den Bürgermeister von Braunschweig, tadelten, weil er ohne ihren Urlaub heimreiten wollte, gab der Gerügte ihnen zu erkennen, „daß er von seinen Herren von Braunschweig um Notsache willen geheischt und ermahnt worden sei, nach Haus zu kommen, so des Rates Brief von Braunschweig klärlich enthalte"; daher sahen sich die Ratssendeboten nach gründlicher Beratung veranlaßt, ihm die Erlaubnis zur Abreise zu erteilen[429]. Wie die Vollmacht des Rates auf der stillschweigenden Billigung der Kore und seines gesamten Tuns von Seiten der Gemeinde beruhte, so seine tatsächliche Macht auf dem Beistande der Bürger und Einwohner, die Gut und Blut bei der Ausführung seiner Befehle und zu seinem Schutze einzusetzen bereit waren (§§ 74 bis 76, 86, 90, 91, 100, 107, 109, 110, 115, 123, 142, 167, 169 bis 171, 182, 184, 185, 191, 195, 199). Es war dies eine Pflicht, die zu erfüllen die Bürger und Einwohner eidlich gelobt hatten und jedes Jahr bei der Ratssetzung durch ihren Konsens von neuem gelobten. Das Versprechen der Einzelnen, sich gegenseitig Beistand zu leisten, dürfte überhaupt den Kern jener Genosseneide gebildet haben, auf denen das mittelalterliche Einungsrecht und die Einungen freier Männer, gleich welchen Standes, beruhten[430].

§ 210. Der Sprachgebrauch der Burspraken ist geeignet zu bestätigen, daß der Rat nicht als Obrigkeit über der Gemeinde, sondern als gekorener Berater in ihrer Mitte stand. In den Hansestädten war es, wie erwähnt, üblich, die wichtigsten und daher über viele Jahre und Jahrzehnte hinweg gleichbleibenden Willküren mehrmals im Jahre an kalendermäßig feststehenden Tagen dem Volke zu Gehör zu bringen, mit der Folge, daß das Wort Bursprake in einem engen, speziellen Sinne selbst die Bedeutung von Willkür annahm[431]. Da das versammelte Volk die Burspraken bei jeder Verlesung stillschweigend neu verwillkürte, ließen die Bürgermeister den Wortlaut jedesmal vorher vom Rate überprüfen und, redigieren und seit dem 14. Jahrhundert auch

---

429 HR II 4 n. 458. S. u., § 320.
430 So heißt es im Bundesbrief der Leute (homines) der drei Schweizer Talgemeinden von 1291, in: Quellen zur G. des deutschen Bauernstandes im MA, hg. von Günther FRANZ (Freiherr vom Stein-Gedächtnisausgabe Bd. 31), Darmstadt ²1974, S. 394 Z. 14–16: fide bona promiserunt invicem sibi assistere ... toto posse toto nisu contra omnes ac singulos; ebenso im Bundesbrief der Stiftskirchen und Klöster der Kölner Diözese wider die päpstlichen Zehntkollektoren vom 14. Okt. 1372, bei Theodor J. LACOMBLET, UB für die G. des Niederrheins Bd. 3, Düsseldorf 1853, S. 627 n. 732: Idcirco promittimus loco iuramenti prestiti nos firmiter obligantes, quod si forsan ipsum dominum nostrum ... archiepiscopum propter nos ... in huiusmodi rei defensione vexari vel gravari contigerit quoquomodo, nos eidem consiliis et auxiliis oportunis constanter et possetenus assistemus et ab eo nullatenus recedemus. Volumus insuper et ordinamus ac vinculo fidei loco iuramenti prestiti nos invicem unientes ad infrascripta firmiter obligamus, quod si...
431 EBEL, Lüb. Recht (1971, wie Anm. 74) S. 308–313.

schriftlich niederlegen. Wie nun der Lübecker Bürgermeister am 22. Februar den Bürgern gemeinlich dafür dankte, daß sie ein Jahr lang dem Rate gehorsam gewesen, so pflegte der Bürgermeister zu Hamburg den Versammelten am Ende jeder Bursprake dafür zu danken, daß sie gekommen waren[432]. Denn wären die Bürger nicht gekommen und hätten sie der Bursprake nicht gehorcht, so wäre die Macht des Rates in sich zusammengefallen.

Fügte der Hamburger Rat der Bursprake einen (von ihm) neu beschlossenen Artikel hinzu, so nannte er als Urheber des Beschlusses auch die Bürger, deren Worthalter er demnach zuvor um ihre Zustimmung ersucht haben wird. Es heißt dann in dem neuen Statut, dieses sei „in der Bursprake verkündet aus Willkür des ehrbaren Rates und Bürger, und damit es als Recht gehalten werde, in den Schragen, der auf dem Rathause geschrieben (aushängt), zu dem anderen (geschrieben worden)," oder: „Dies wollen der Rat und Bürger, da sie es so einträchtig beliebt und angesetzt haben, so ernstlich eingehalten sehen," oder: „So denn der Rat und Bürger dieser Stadt übereingekommen sind, daß ..., also will der Rat, daß solches eingehalten werde"[433]. Einzelne Artikel sind geradezu als Bitten des Rates an die Bürger formuliert („so bidde wy" – im Gegensatz zum Gebieten: „wi beden" oder „so bud de rad"). So heißt es in der Bursprake des 21. Dezember: „Eine Festzeit geht hier an, da ein jeder fröhlich sein will. Darum bitten wir, daß ein jeder höflich sei und mit dem anderen nicht zanke"[434], in den Burspraken des 21. Dezember und 22. Februar: „Wir bitten auch euch Bürger gemeinlich, daß ihr bereit seid zur Wehr, wann (immer) euch und uns dessen Not ist, und seid hörig"[435], und am 22. Februar 1359: „Wir kündigen an und bitten euch, die Willkür der Städte und des gemeinen Kaufmanns gegen Flandern einzuhalten"[436].

§ 211. Bereits Jürgen Bolland, der hochverdiente Herausgeber der Hamburger Burspraken, hat zu diesen Formulierungen bemerkt, daß sie nicht für eine „unbeschränkte Ratsherrschaft" sprechen, sondern eher für ein Mitbestimmungsrecht der Bürger: „Sobald der Rat sich bei seinen Maßnahmen nicht mehr in – meist stillschweigender – Übereinstimmung mit der Bürgerschaft befand, äußerte diese ihre Wünsche häufig recht vernehmlich und konnte sich letztlich durchsetzen ..."[437]. Mit aller Vorsicht hat Bolland daher der herrschenden Lehre widersprochen, wonach der Rat mindestens seit dem

---

[432] Hamb. Burspraken bearb. von BOLLAND (1960, wie Anm. 185), T. 1 S. 153, T. 2 n. 2 § 37, 3 § 41, 6 § 38, 7 § 51, 18 § 9. Lübeck: S. o., § 207.
[433] Hamb. Burspraken (1960, wie Anm. 185) T. 2 n. 38 § 1, 54 § 40, 56 § 1.
[434] Hamb. Burspraken (1960, wie Anm. 185) T. 2 n. 2 § 1, 5 § 1, 53 § 1.
[435] Hamb. Burspraken (1960, wie Anm. 185) T. 2 n. 2 § 12, 5 § 11, 42 § 2, 53 § 10; n. 3 § 26, 6 § 25, 7 § 38, 17 § 28, 54 § 27.
[436] Hamb. Burspraken (1960, wie Anm. 185) T. 2 n. 3 § 22. – Weitere Bitten: Ebenda n. 2 § 33, 54 § 38; n. 3 § 31, 7 § 44; n. 3 § 32, 7 § 45.
[437] Hamb. Burspraken (1960, wie Anm. 185) T. 1 S. 5f., ferner S. 16f.

Anfang des 14. Jahrhunderts als Obrigkeit bezeichnet werden müsse[438]. Unter dem Eindruck seiner Argumente ist Wilhelm Ebel, der wohl konsequenteste Verfechter jener Lehre, zwar insofern von seiner anfänglichen Definition der Bursprake als öffentlich abgekündigter Ratsverordnung zumeist polizeilichen Inhalts[439] abgerückt, als er als Grundbedeutung nun ebenfalls die vom Rate einberufene Geburen- oder Bürgerversammlung anerkannte und die Gleichsetzung mit der städtischen Willkür nur noch als engeren Sinn des Wortes betrachtete[440], aber seine oben zitierte Würdigung der lübischen Bursprake glaubte er doch zugunsten der These von der Obrigkeit des Rates dahingehend bestimmen zu müssen, daß sie „der Bürgerschaft nur eine im wesentlichen passive Rolle" belassen habe „als eine Art verkümmerter, ins Obrigkeitliche gewendeter Schwörtag", deren ursprünglicher Sinn, die „städtischen Willküren verbindlich ... zu machen, ... längst vergessen war"[441].

Wie wir gesehen haben, werden uns diese Einschränkungen von den Quellen ebensowenig nahegelegt oder gar aufgezwungen wie die weitverbreitete Praxis, alle der Obrigkeitsthese widersprechenden Zeugnisse und Rechtsgewohnheiten als erstarrte und jeglichen Sinnes entleerte Formalitäten zu betrachten (§ 203). Dazu sind sie erst sehr viel später geworden, und als sie es geworden waren, ist die mündliche Verkündung der Ratsverordnungen dann auch alsbald außer Übung gekommen. In Lübeck geschah dies jedoch nicht schon im 14. oder 15., sondern erst im 17. Jahrhundert[442]. Wenn die Institution dem Beobachter auf den ersten Blick nicht so deutlich entgegentritt, wie sie in unserer Untersuchung geschildert wird, so hat das seinen Grund einerseits darin, daß sie die Schöpfung einer illiteraten Gesellschaft und eines rein mündlichen öffentlichen Lebens war, andererseits aber auch darin, daß die dürftigen schriftlichen Zeugnisse, die uns über sie belehren, allein von den Stadträten hervorgebracht worden sind und sie daher nur von einer Seite her beleuchten.

---

438 H. STOOB, Rat und Bürgerschaft (1980, wie Anm. 148) S. 359, dagegen J. BOLLAND, in: Hamb. Burspraken (1960, wie Anm. 185) T. 1 S. 16. Die herrschende Lehre geht auf Otto GIERKE und dessen mystischen Organismusbegriff (oben, § 27 Anm. 57) zurück: Vor die Aufgabe gestellt, „die in dem Gedanken des Gemeindeorgans gleichzeitig enthaltenen Momente der Regierung und der Vertretung im Gleichgewicht zu erhalten, ... zeigte nachher bei längerem Bestande der Rat fast überall die Tendenz, das in seiner Stellung enthaltene obrigkeitliche Element ... auf das Entschiedenste in den Vordergrund zu drängen"; im Interesse der Bürgerschaft habe dagegen „unter allen Umständen eine Stärkung der repräsentativen gegen die obrigkeitlichen Elemente" gelegen, Deutsches Genossenschaftsrecht Bd. 2, Berlin 1873, S. 616f.
439 Wilhelm EBEL, Bursprake, Echteding und Eddach in den niederdeutschen Stadtrechten (1953), in: DERSELBE, Rechtsgeschichtliches aus Niederdeutschland, Göttingen 1978, S. 177–194, hier: S. 177. Jürgen BOLLAND, in: Hamb. Burspraken (1960, wie Anm. 185) T. 1 S. 3. Zu EBEL s. o., §§ 132–137.
440 W. EBEL, Lüb. Recht (1971, wie Anm. 74) S. 307f.
441 EBEL (1971, wie Anm. 74) S. 316f. S. o., § 218.
442 EBEL (1971, wie Anm. 74) S. 313.

§ 212. Als stadtrechtliche Institution des Konsenses ließ die Bursprake aber auch jene Identität der Willen aller Einzelnen mit denen der Teilverbände und der gesamten Stadt in Erscheinung treten, auf der alle Vollmacht der Ratmannen, Bürgermeister und Ratssendeboten beruhte. Denn das höchste und letzte Ziel aller städtischen Willensbildung bestand darin, die Vielzahl der nur zu oft hart miteinander kollidierenden Einzelwillen und Meinungen in jener Eintracht aufgehen zu lassen, an deren Möglichkeit das hansisch-niederdeutsche Rechtsdenken trotz aller gegenteiligen politischen Erfahrungen zähe festhielt. Man vertraute fest darauf, daß alle Einwohner einer Stadt, da sie doch alle von demselben Gewerbefleiß und Sachverstand und von demselben Kredit eines ehrlichen Kaufmannes lebten, im Grunde dasselbe wollten und daher in vernünftiger Unterhandlung den Weg zu einem einzigen, von allen geteilten Gesamtwillen nicht nur tatsächlich finden würden, sondern von Rechts wegen auch finden sollten und müßten.

Die Quellen aller Städte verleihen der Geltung dieser Rechtsidee in unüberhörbarer Weise dadurch Ausdruck, daß sie die Willensbildung und Beschlußfassung der Gemeinden immer wieder als Einswerden, Überein(s)tragen, einträchtliches Schließen, sich einträchtlich Verbinden oder ähnlich und das Ergebnis als Eintracht (§§ 74, 115, 119, 125, 139, 166, 170, 173, 177), dagegen den Mangel an Eintracht und den noch nicht versöhnten Meinungsstreit als Unwillen oder Zwietracht (§§ 73, 75, 80, 82, 115, 118) bezeichnen. In den Begriffen Übereintragen und Einswerden ist der Sinn des Wortteils ein(s) als Zahlwort noch deutlich erhalten, denn jene Begriffe besagen, daß viele Einzelwillen in einen einzigen Gesamtwillen hinübergetragen oder in ihn verwandelt werden sollen. Eintracht oder Concordia: das war nicht nur frommer Wunsch[443] oder Gebot politischer Zweckmäßigkeit, sondern Rechtsgebot und als solches die tiefste Grundlage der Stadt- und Ratsverfassung. Daraus folgt unmittelbar, daß diese Verfassung weder aktives oder passives Wahlrecht noch individuelle Stimmrechte kannte, wie sie später, in den modernen Repräsentativverfassungen, definiert werden mußten, denn das Rechtsgebot der Eintracht enthielt in sich, daß der Gemeinwille nur einstimmig und einmütig hergestellt werden konnte und daß, solange die Gemeinde in vielen Stimmen redete und Einmütigkeit nicht erreicht war, Unwille und Zwietracht jeden Beschluß verhinderten. Deswegen war es überflüssig, Stimmen zu zählen, Verzeichnisse der Stimmberechtigten zu führen oder den Zugang zur Bursprake oder Volksversammlung zu kontrollieren (oben, § 87); es genügte, daß die Rechtsidee der Eintracht den Minderheiten eine Folgepflicht auferlegte (§§ 173, 185, 186, 192), die gewiß keine einseitige Unterwerfung unter die Mehrheit, keine Aufopferung aller Sonderinteressen für das Gemeinwohl

---

443 „Gemütsbezogene Friedensvorstellung": Stuart JENKS, Friedensvorstellungen der Hanse (1356–1474), in: Träger und Instrumentarien des Friedens im hohen und späten MA, hg. von Johannes FRIED (Vorträge und Forschungen Bd. 43), Sigmaringen 1996, S. 405–439, hier: S. 416.

meinte, sondern auch die Mehrheit betraf, die es durch eine entgegenkommende Willensbildung der Minderheit ermöglichen mußte, ihre Folgepflicht zu erfüllen. Allein dieses Verfahren genügte den Prinzipien des Genossenschafts- oder Einungsrechts (oben, § 25).

§ 213. Eintracht im Stadtvolke herzustellen, das war die Aufgabe nicht nur jedes einzelnen Bürgers und Einwohners, sondern auch und vor allem der Partikularverbände, in denen die Bürger sich freiwillig zusammenschließen konnten oder zum Zwecke einer geordneten Bildung des Gemeinwillens sogar zusammenschließen mußten (§§ 106, 110). Kaufmannschaften, Fahrerverbände und Innungen oder Handwerksämter einerseits, Meinheiten, Burschaften, Kirchspiele oder Stadtviertel andererseits waren als derartige Teilverbände überall anzutreffen. Ihr Partikularwille beruhte auf der Identität des Willens ihrer Genossen mit dem der gekorenen Sprecher oder Worthalter, und auf Grund eben dieser Identität galten ihre Vorsteher, Werk- oder Amtsmeister und Geschworenen als besonders angesehene, wissende und ausgezeichnete Bürger, denen sowohl die Gemeinden als auch die Ratmannen eine besondere Verantwortung für die Eintracht unter Bürgern und Einwohnern aufbürdeten, mochte ihnen nun die Stadtverfassung eine bestimmte Gestalt als weiter Rat oder als Sechzehner, Vierziger, Achtundvierziger usw. (§§ 171, 182, 186) zuweisen oder nicht.

Der Egoismus der Partikularverbände konnte allerdings auch ihre gemeindliche Folgepflicht überwältigen und dann die Eintracht der Stadtgemeinde untergraben und die Bildung des Gemeinwillens erschweren (§§ 175 bis 178, 188, 198), besonders dann, wenn die Verbände Einfluß auf die Kore der Ratmannen gewannen und jeder Verband den von ihm Erhobenen vor jeder wichtigen Entscheidung zur Rücksprache zwingen wollte (§ 166). Das Stadtrecht schöpfte aus dem Eintrachtsgebot verschiedene Mittel, um die Gefahren eines solchen Partikularismus zu bannen. Das wichtigste war die Konstitution der Stadtgemeinde als Schwureinung aller Bürger und Einwohner, die das versammelte Volk alljährlich erneuerte (§§ 74, 86, 89, 96, 100, 106, 110, 123, 124, 162, 193 bis 195, 203, 206). Daß auch der dem Rate geschworene Eid, da er die Ratsmacht an die Bedingungen des Stadtrechts fesselte, alle diejenigen, die ihn schworen, zu Eidgenossen machte und ihre Eintracht sicherte, ist mit folgenden Worten in der Bremer Chronik von Rinesberg und Schene zu lesen: „Aber damit solcher Schade, wie beschrieben, nicht mehr geschehe und auch keine Zwietracht mehr entstehe, wurde die ganze Meinheit mit dem Rate dessen zu Rate, daß ein jeder Bürger dem Rate gehorsam sein und wider den Rat nicht mehr tun soll, solange er lebt. Das schworen alle Mann auf die Heiligen, und der Rat mußte da in sein Buch schreiben, daß jeder, der Bürger werden würde, genau dasselbe täte, auf daß nur keine Zwietracht mehr aufkäme"[444].

---

444 Quellen hg. von SPRANDEL (1982, wie Anm. 46) S. 143.

Vor allem aber war es Aufgabe und Pflicht des Rates, sich über alle Einzelinteressen zu erheben, das Gemeinwohl der Stadt ins Auge zu fassen und nach dieser Richtschnur die Eintracht in der Gemeinde herzustellen (§§ 66, 114, 119, 182). Daher hatten die Wahlmannen bei der Kore zu beachten, daß nur wer der Gemeinde nützlich sei, die Eignung zum Ratmanne besaß (§§ 78, 79, 171, 175), und bestellten die Gemeinden immer wieder ihren sitzenden Rat, sei es allein oder ergänzt um weitere Sprecher aus ihrer Mitte, zu Wahlmannen, denn dem sitzenden Rate traute man eher als den Vorstehern der Teilverbände den Willen und die Kraft zu, das Gemeinwohl über jeglichen Partikularismus zu stellen. Die Amtseide stellten sowohl die Wahlmannen als auch die Ratskumpane von Weisungen der Teilverbände völlig frei, indem sie sie allein ihrem Gewissen und der Gesamtheit verpflichteten (§ 79). Erfüllen aber konnte der Rat seine Pflicht, Einmütigkeit und Eintracht in der Stadt zu stiften, wenn die Gemeinde seinem Rate nicht folgen wollte, letzten Endes nur dadurch, daß er sich ihrem Willen anbequemte. Solange er sich ihrer Zustimmung nicht sicher war, vermochte er lediglich sich und sie zu beraten, nicht aber etwas zu entscheiden (§ 66). Jeder Ratmann, der sich dieser Pflicht durch die Flucht zu entziehen versuchte, machte sich des Meineides und der Desertion schuldig und konnte von der Gemeinde bei seinem Leben verklagt werden (§§ 120, 121, 142, 153, 161).

§ 214. Die Identität der Willen, das wußte man natürlich auch in den Hansestädten, kam eben nicht von selbst zustande, sondern bedurfte des Rechtsgebotes zur Eintracht und rechtlicher Mittel zu dessen Verwirklichung. Diese knüpften an die ständige Anwesenheit des Rates im Zentrum der Gemeinde auf dem Rathause und an den damit gegebenen beständigen Gesprächskontakt zwischen Ratmannen, ausgezeichneten Bürgern und Stadtbewohnern überhaupt an, da sich diese Gruppen gleichsam als konzentrische Kreise um jenen Mittelpunkt legten (§§ 64, 69, 76, 87, 91, 106, 110, 123, 124). Das Rathaus, dieser Mittelpunkt des gemeindlichen Rechtslebens, war aber weder befestigt noch verriegelt, war weder Burg noch Schloß, sondern ein für alle Stadtleute und Gäste offenes Haus, da in ihm keine fremdbestimmte Herrschaft oder Obrigkeit, sondern der von der Gemeinde selbst erhobene und ermächtigte Berater aller Einzelnen und Teilverbände residierte. Die Bürger waren daher ebenso berechtigt und verpflichtet, friedlich aufs Haus zu laufen, um den Ratmannen ihre Interessen kundzutun, wie der Rat dazu verpflichtet war, sie anzuhören und ihren Willen in den Gemeinwillen zu integrieren (§§ 85, 88, 90, 91, 152, 161). Demselben Zwecke dienten die regelmäßig oder nach Bedarf vom Rate einberufenen Bursprakes. Man kann diese, gleich den friedlichen Aufläufen, als das verfassungsmäßige Ventil betrachten, das dem Rate aufkeimenden Bürgerzorn beizeiten kundtun und auf diese Weise gewalttätigem Aufruhr und Auflauf zuvorkommen sollte.

Versagten aber alle diese Vorkehrungen, so mochte es wohl zu blutigem Hader und Unfrieden kommen, aber selbst die wildesten Ausschreitungen waren nicht imstande, das Gebot der Eintracht und Identität außer Kraft zu setzen. Um es unter derartig extremen Umständen zu verwirklichen, dafür stand immer noch der Weg der Neubegründung der Gemeinde durch Bürgerrezeß offen, eines mündlich-öffentlichen, keiner Schriftform bedürftigen Vertrages aller Einzelnen und Teilverbände mit allen anderen (§§ 105, 106, 115, 119, 131, 153, 160, 162, 168, 170). Kam der Rezeß durch Vermittlung besonnener Bürger oder Ratmannen innerhalb der Gemeinde zustande, so war es unwichtig und überflüssig, deren Namen festzuhalten. Bedurfte man aber auswärtiger Schiedsrichter, als welche sich die benachbarten Städte gern zur Verfügung stellten, so waren es stets, selbst wenn sich der Stadtherr hinter sie stellte, gekorene Schiedsleute, deren Wille kraft der Kore in die zu erneuernde Identität der innerstädtischen Partikularwillen mit eingehen konnte und sollte (§§ 122, 131, 143, 148, 160, 162, 163, 168).

§ 215. Was aber nun die Vollmacht der Ratssendeboten anlangt, die von den Hansestädten zu den gemeinsamen Tagfahrten geschickt wurden, so versteht sich von selbst, daß Bürgermeister und Ratmannen ihren dorthin entsandten Worthaltern nicht mehr Befugnisse beilegen konnten, als sie selbst von ihren Gemeinden empfangen hatten. Es ist daher stets im Auge zu behalten, daß die Gemeinden, wenn sie ihren Rat ermächtigten, dies niemals in dem Sinne taten, wie es später, im 18. und 19. Jahrhundert, die Lehre vom Patrimonialstaate behauptete, nämlich so, daß sie damit ihr Selbstbestimmungsrecht ein- für allemal und auf ewig unwiderruflich an ihre Fürsten und Obrigkeiten abgetreten hätten. Denn die Vollmacht, die sie während der Ratssetzung erteilten, war jeweils auf ein Amtsjahr beschränkt und galt nur für Geschäfte, deren Erledigung durch den Rat bereits im Stadtrecht begründet war und deren Kosten der Rat aus jenen Einkünften abtragen konnte, die ihm im Rahmen des gewöhnlichen Stadthaushaltes zuflossen. Alles, was darüber hinausging, galt als für die Gemeinde hochbeschwerlich und konnte daher vom Rate nur mit deren ausdrücklicher Zustimmung, d. h. auf Grund einer speziellen, für jeden Einzelfall besonders zu gewährenden Ermächtigung beschlossen werden.

Einer allgemeinen, abstrakten Definition der Geschäfte, die den Befugnissen der Gemeinde präjudizierten oder deren Rechten etwas vergaben (§§ 62, 66), kam die ebenso allgemeine Formvorschrift nahe, nach welcher jede Ausgabe einer Urkunde unter Stadtsiegel (§§ 85, 168) ein solches Geschäft darstellte. Aber an abstrakten Definitionen war das von Laien gewiesene Stadtrecht nicht interessiert. Den Bedürfnissen der Gemeinden genügte eine bloße Kasuistik hochbeschwerlicher Geschäfte, wie sie sich in vielen Bürgerrezessen entfaltet findet. An der Spitze stehen da jegliche alle Eingriffe in das Stadt- und Verfassungsrecht (§§ 80, 89, 172), wozu insbesondere Eingriffe in die Grund- und Freiheitsrechte des Einzelnen gehörten (§§ 111, 112, 116, 162, 169, 198). Ebenso wichtig waren den Gemeinden alle Grundsatzentscheidungen über ihre auswärtigen Beziehungen; dazu gehörten vor allem die Ansage von Krieg, Fehde und Heerfahrt und deren Beendigung (§§ 89, 107, 117, 165, 166, 168, 172, 177, 198) und der Abschluß von Einungen oder Bündnissen mit Fürsten, Herren oder Städten (§§ 89, 107, 117, 150, 151, 165,

166, 168, 177), als besondere Fälle dann die Beziehungen zur Geistlichkeit, wenn darüber der Gemeinde das Interdikt drohte (§§ 117, 185, 186), und die Verlassung bzw. Annahme der Stadtherrschaft (§§ 195, 199). Was die inneren Verhältnisse der Stadt anlangte, so waren die wichtigsten aller hochbeschwerlichen Geschäfte die Erhöhung alter und die Einführung neuer Steuern (§§ 96, 117, 125, 129, 168, 172, 179 bis 181, 198) und die Belastung des Gemeindevermögens durch hohe Einzelausgaben (§§ 89, 107) oder durch Aufnahme von Anleihen, die die Stadtkasse mit Zinsen und Renten beschwerten (§§ 96, 107, 172, 177), die Belastung der Allmende (§§ 117, 168, 198) und schließlich die Veränderung der Münze, hinter der sich nur allzu oft eine indirekte Besteuerung der Bargeldvermögen verbarg (§§ 118, 165, 166, 177).

2.24. Zum Stande der Forschung

§ 216. Eine letzte Frage bleibt uns zu beantworten, bevor sich unsere Untersuchung einem anderen Gegenstande zuwendet. Es ist die Frage nach der Behandlung der hier erörterten Probleme in der neueren Städteforschung und nach dem Grunde, aus welchem diese längst den Kinderschuhen entwachsene und durch hervorragende Leistungen ausgezeichnete Wissenschaft bisher die unserer Ansicht nach richtige Lösung eines ihrer fundamentalen Probleme verfehlt hat. Geht man dieser Frage nach, so zeigt sich immer wieder, wie nachhaltig sich die Wegweisung geltend gemacht hat, die Otto Gierke vor 125 Jahren der Städteforschung mit der Bemerkung erteilte, der Stadtrat sei zwar als Organ der Bürgerschaft entstanden, doch habe er sich seit den Zunftkämpfen zur Obrigkeit entwickelt; das Bewußtsein, daß er zwar selbständig, aber nicht im eigenen Namen regiere, sei den Gemeinden zumal dann entschwunden, wenn und seitdem die Bürgerwahl der Ratmannen der Kooptation gewichen sei[445].

Es ist bemerkenswert, daß der Entdecker des deutschen Genossenschaftsrechts und seines Prinzips, der freien Einung, an dieser Stelle zwei Begriffe benutzt, die den Quellen zumindest des niederdeutschen Stadtrechts offensichtlich fremd waren und deren Geschichte bis heute nicht im einzelnen geklärt ist. Was das erst im hohen Mittelalter gebildete Wort Obrigkeit anlangt[446], so bezeichnete es zunächst wohl nur die Gewalt von Königen, Fürsten und Herren und damit einen Gegenstand, der der Kompetenz des Stadtvolkes und des Stadtrechts entzogen war. Als erste Stadtrechtsquelle, die sich seiner bedient, tritt ganz am Ende des Mittelalters die Nürnberger Reformation von 1479/84 hervor, und zwar deswegen, weil ihre Verfasser einer Übersetzung des gemeinrechtlichen Begriffs ‚ius magistratus' bedurften; bald darauf folgten dann München 1489, Hamburg 1497, Rottweil 1500, Freiburg

---

445 Otto GIERKE, Das deutsche Genossenschaftsrecht Bd. 2, Berlin 1873, S. 616. S. o., Anm. 57, 257, 438.
446 Dietmar WILLOWEIT, Obrigkeit, in: HRG 3 (1984) Sp. 1171–1174. – Art. Obrigkeit, in: Deutsches Rechtswörterbuch Bd. 10, Heft 1/2 (1997) Sp. 215–227.

1502 usw. In diese Jahre wird auch der erste Beleg aus Lübeck gehören, der sich nur ungenau auf das 15. Jahrhundert datieren läßt. Was Köln anlangt, so hat erst kürzlich ein hervorragender Kenner festgestellt: „Das Wort Obrigkeit fällt meines Wissens in einem Kölner Verfassungsdokument ... zum ersten Mal" im Jahre 1513[447]. Die Übernahme des Begriffs in die deutschen Stadtrechte war demnach eine offensichtliche Folge ihrer Reformation oder Anpassung an das gemeine römisch-kanonische Recht. Das Verbum cooptare mit seinen Ableitungen schließlich war zwar dem antiken römischen Staatsrecht geläufig, es scheint aber nicht nur den deutschen Stadtrechten, sondern dem mittelalterlichen Latein überhaupt fremd gewesen zu sein[448].

Es waren also fremdrechtliche Begriffe, die Gierke an dieser Stelle in seinen Gedankengang aufnahm, und mit ihnen evozierte er zeitlose Vorstellungen von einer hoheitlichen Magistratur, die sich jedem weiteren Fragen nach dem Wesen der mittelalterlichen Einung und der von ihr geforderten willentlichen Identität der geeinten Personen und Verbände hinderlich in den Weg legten. Wohl war in Gierkes Bemerkung noch jene Verschränkung von Abhängigkeit und Selbständigkeit angedeutet, der zufolge das Volk, nach Montesquieu, in gewisser Hinsicht Monarch, in anderer jedoch der Untertan sei (oben, §§ 26, 203), aber dennoch unterlag hier das Interesse des Historikers Gierke an genauer Beobachtung dem höheren Zwecke des großen Staats- und Rechtsgelehrten, die „moderne deutsche Staatsidee" zu begründen. Deren Inhalt erblickte er in der „Versöhnung der uralten Genossenschaftsidee und der uralten Herrschaftsidee, ... deren feindlicher Gegensatz ... in einer höheren Einheit seine Lösung finden soll ... Der repräsentative Verfassungsstaat ist ein die genossenschaftliche Grundlage (die Staatsbürger-Genossenschaft) und die obrigkeitliche Spitze (die Monarchie) organisch, d. h. nicht als Summe, sondern als lebendige Einheit verbindendes Gemeinwesen"[449]. Wie aber hätte die deutsche Stadt des Mittelalters in diesem allgemeinen Prozeß einer dialektischen Verfassungsgeschichte ihren Platz finden können, wie wäre „die Durch-

---

447 Hugo STEHKÄMPER, Gemeinde in Köln (1994, wie Anm. 59) S. 1088. Hierzu der Gebrauch der Begriffe Oberkeit und Oberbann in Magdeburg 1486, s. u., § 238.
448 Cooptare = assumere in aliquod collegium im Staatsrecht der Republik: Theodor MOMMSEN, Römisches Staatsrecht 3. Bd. 2. Teil, Leipzig 1888, S. 855 Anm. 4; Thesaurus linguae latinae vol. IV, Lipsiae 1906–09, col. 894 lin. 83 usq. 895 lin. 48. Dem nachklassischen, spätantiken und ma.lichen Latein war das Wort nicht mehr bekannt; es fehlt bei H. HEUMANN – E. SECKEL, Handlexikon zu den Quellen des röm. Rechts, 9. Aufl. Jena 1907, S. 108, bei DU CANGE (wie Anm. 462) und bei Jan Frederik NIERMEYER, Mediae latinitatis lexicon minus, Leiden 1976, und selbst das große Mittellateinische Wörterbuch bis zum ausgehenden 13. Jh., 2. Bd. Lief. 12, München 1997, Sp. 1863, verzeichnet nur einen einzigen Beleg, und diesen mit der untypischen Bedeutung „wünschen"; der klassische Sprachgebrauch war längst verschollen. – Über Kiesen und Wählen s. o., § 175 Anm. 356.
449 Otto GIERKE, Das deutsche Genossenschaftsrecht Bd. 1, Berlin 1868, S. 833.

führung des Staatsgedankens im Rahmen des städtischen Gemeinwesens"[450] möglich gewesen, wenn dieses nicht auch aus sich heraus eine Obrigkeit hervorgebracht hätte?

§ 217. Die Historiker der Hanse und der Hansestädte scheinen sich freilich vielfach diese Lehre nicht so recht zu eigen gemacht zu haben. Sie unternahmen allerdings auch nichts, um sie aus den Angeln zu heben. Statt dessen rückte die Interpretation des hansischen Statuts vom 24. Juni 1418 in den Mittelpunkt ihres Interesses. Wie wir (oben, §§ 138 bis 141) gesehen haben, richtete sich dieses Statut in erster Linie, die Räte umgehend, direkt an die Stadtgemeinden und deren Partikularverbände, die die gemeinen Städte für die Vollmächtigkeit ihrer Ratmannen verantwortlich machten. Um die rechte Bevollmächtigung der Ratssendeboten zu sichern, von der der Erfolg ihrer Tagfahrten abhing, nahmen die versammelten Städte für sich eine Rechtsaufsicht über das Verhalten und die Beschlüsse der Stadtgemeinden in Anspruch, mit dem Ziel, sie zur Wiederherstellung zerrütteter innerer Eintracht anzuhalten (§§ 95, 140, 146, 174, 186 bis 192). Dieser Anspruch war jedoch schwer zu begründen (§§ 157, 158) und ließ sich nur dann geltendmachen, wenn entwichene oder vertriebene Ratmannen bei den gemeinen Städten Klage wider ihre Gemeinde erhoben (§§ 156, 158, 159, 196, 199). Noch seltener aber ließ er sich durchsetzen, da sich die einzelnen Städte weigerten, das Statut in ihr Stadtrecht aufzunehmen (§§ 144 bis 149, 154, 156 bis 159, 163).

Von diesem Statut nun meinte bereits E. Daenell, mit ihm habe „sich die Hanse zum Hort und Beschützer der hergebrachten, historisch gewordenen Verfassungen ihrer Bundesmitglieder" gemacht: „Selbsthilfe, auch wenn die Gemeinde das beste Recht zur Unzufriedenheit hatte, wurde verboten; vor der Hanse sollte sie ihre Klagen anhängig machen, von deren Entscheidung ihr Recht erwarten"[451]. Vorerst nur angedeutet, findet sich hier die Überzeugung ausgesprochen, das Statut sei Ausdruck einer auf Unterdrückung der Gemeinden und insbesondere der Handwerksämter gerichteten hansischen Politik gewesen, die der Kaufmannschaft die Ratsstühle und dem Rate eine obrigkeitliche Stellung gegenüber der Gemeinde habe sichern wollen.

Allgemeine Anerkennung fand diese Annahme nicht. Fr. Techen etwa sah sehr deutlich, daß der Rat zu Wismar stets darauf angewiesen war, Unzufriedenheit unter den Bürgern gar nicht erst aufkommen zu lassen und daher das Einvernehmen mit der Bürgerschaft zu bewahren, „denn an wirklichen Machtmitteln, seinen Willen mit Zwang durchzusetzen, gebrach es ihm durchaus, und die konnte auch der Rückhalt nicht ersetzen, den die Hanse mit ihren 1418 zuerst gefaßten, später wiederholten Beschlüssen gegen jede Beeinträchtigung des hergebrachten Ratsregimentes bot"[452]. Dieser Auffassung folgend, haben

---

450 GIERKE, Genossenschaftsrecht Bd. 2, Berlin 1873, S. 733. S. auch u., Anm. 477.
451 E. DAENELL, Die Blütezeit der deutschen Hanse Bd. 2, Berlin 1906, S. 512.
452 F. TECHEN, Wismar im MA (1910, wie Anm. 182) S. 33f.; dazu S. 40f. die Begrenzung der erlaubten Aufläufe auf sechs Teilnehmer.

viele jüngere Kenner der hansischen Geschichte das Statut von 1418 denn auch lediglich in den Zusammenhang der hansisch-dänischen Politik und der in ihr begründeten Notwendigkeit gestellt, die politische Organisation der Hanse nebst der Führung durch Lübeck und die Wendischen Städte zu erneuern[453]. Daß dabei allerdings auch ein Zusammenhang mit der innerstädtischen Politik, nämlich zwischen innerstädtischer Zwietracht und Beschluß(un)fähigkeit der Tagfahrten, bestand, hat wohl als erster jüngst St. Jenks erkannt, als er aufzeigte, daß die Hanse seit dem Schiedsspruch für die Lübecker vom 15. Juni 1416 (oben, §§ 121, 122) in die inneren Wirren einer Hansestadt allein mit dem Ziele eingriff, den Stadtfrieden und die Friedenshoheit des Rates wiederherzustellen[454], womit in der Tat ein wichtiger Aspekt der Ratsvollmacht angesprochen wird.

§ 218. Eine wichtige Epoche in der Städteforschung markiert H. Planitz' zusammenfassende Darstellung von 1954[455]. Sie stellte nämlich die Verknüpfung der Verfassungsgeschichte mit Topographie und Sozialgeschichte her und ist daher hier zu erwähnen, auch wenn sie ihren Gegenstand zeitlich nur bis zur Mitte des 14. Jahrhunderts verfolgte. „In ihrer fertigen Form," so heißt es da, sei die Stadt wieder „juristische Person" gewesen – wie einst in der Römischen Kaiserzeit. Zwar habe die Verwaltung an sich in den Händen der Versammlung der bürgerlichen Eidgenossen gelegen, „doch hielt sich der Genossenschaftsgedanke schließlich nur in der Theorie noch," in der Praxis dagegen „wurden die Verwaltungsaufgaben besonderen selbständigen Organen übertragen": Seit dem 13. Jahrhundert sei „der Rat das führende Stadtorgan" und „Vertreter der Stadt als einer juristischen Person geworden". „Der Rat als Vertreter der Stadt bezahlte ihre Schulden und zog Forderungen der Stadt für diese ein." – „Die Einsetzung des Stadtrates erfolgte durch die Stadtgemeinde. Das ergab sich aus der eidgenossenschaftlichen Idee, die sich zunächst beim Eintritt der Ratsverfassung forterhielt... Die Wahl durch die gesamte Bürgerschaft wurde nun aber vielfach durch die Wahl engerer Kreise abgelöst. Nur die ‚besseren Leute' konnten dann noch Räte wählen, da ja auch sie allein gewählt werden konnten."

Obwohl Planitz, offensichtlich bewußt, die Begriffe Obrigkeit und Kooptation vermeidet, denkt er sich doch die im Spätmittelalter erreichte fertige Stadtverfassung gemäß der Gierkeschen Wegweisung nicht in Begriffen des, wie er meinte, zur Theorie verblassenden Einungsrechts, sondern in den gemeinrechtlichen Begriffen der juristischen Person und ihres Organs oder Repräsentanten (Vertreters), der als Vormund für die Gemeinde handelte und

---

453 Ph. DOLLINGER (1966, wie Anm. 241) S. 373f. E. HOFFMANN (1988, wie Anm. 207) S. 265. Heinz STOOB, Die Hanse, Graz 1995, S. 224f.
454 St. JENKS (1996, wie Anm. 443) S. 414–417.
455 H. PLANITZ, Die deutsche Stadt (1954/75, wie Anm. 341); darin S. 295–331: Selbstverwaltung und Autonomie seit dem 13. Jh. Die Zitate finden sich auf S. 295, 297, 303, 320, 310 (Ratswahl), 341f., 314, 330 (Köln 1396), 326, 331.

auch das (aktive) Ratswahlrecht auf diejenigen Bürger beschränkte, die sich der (passiven) Wählbarkeit erfreuten. Und der Idee einer obrigkeitlichen Stellung des Rates kommt er doch sehr nahe, wenn er zwar feststellt: „Die Stadtgemeinde schuf das Stadtrecht," dem aber hinzufügt: „Die Statuten wurden von den Stadtorganen gesetzt ... Die Stadtorgane waren also als legislatores in der Lage, ihrer Willkür entsprechend Satzungen aufzustellen." Wie beides nebeneinander bestehen und wie sich der von der Gemeinde eingesetzte Rat zu der Funktion eines Vertreters der Stadt aufschwingen konnte, dafür finden sich bei Planitz denn auch keinerlei Erklärungen.

Merkwürdig ist, daß Planitz die Handwerksämter oder Zünfte als einzige Urheber innerstädtischer Schichten und Aufläufe und diese Urheber als demokratische und revolutionär gesinnte Schichten betrachtet. Schon im Jahre 1396 habe eine „Zunftrevolution" in Köln „ein echt demokratisches Wahlsystem geschaffen"; als Waffenträger hegten die Zünfte „die Zuversicht, durch Revolution ihre Zustände bessern zu können", daher für sie und die Gemeinde unzureichende Lösungen „im Streitfalle zu neuen Revolutionen führen mußten. Gedient war den demokratischen Schichten nur, wenn ihnen wenigstens die Hälfte der Ratsstellen gesichert war." – „Die großen Städte des Hansekreises haben sich nach Möglichkeit von der Einwirkung der Zünfte freizuhalten gewußt... Von einer Geschlechterherrschaft kann man in diesen Städten aber auch nicht eigentlich sprechen..." Demokratisch heißt hier zwar nichts weiter als weder monarchisch noch aristokratisch, aber dem Willen, die spätmittelalterliche Stadtverfassung als Entfaltung der Einungsidee zu erklären, war diese Übertragung des trilogischen Schemas aus der antiken Staats- und der neueren Naturrechtslehre auf unseren Gegenstand wenig dienlich. Gierkes „moderne deutsche Staatsidee" ist hier lediglich durch eine andere, als historischer Leitfaden jedoch ebensowenig brauchbare Staatsidee ersetzt worden.

§ 219. Bald darauf begann das von Planitz aufgegriffene sozialgeschichtliche Interesse der Städteforschung auch im hansisch-niederdeutschen Bereich die rechts- und verfassungsgeschichtlichen Fragestellungen des 19. Jahrhunderts zu überwältigen. In der Hanseforschung brach dem im Jahre 1959 A. von Brandts Untersuchung der Lübecker Knochenhaueraufstände von 1380/84 die Bahn[456]. Da von den sozialen Bewegungen in den Städten des 14. Jahrhunderts, was die Hansestädte anlangte, bis dahin „nur die revolutionären Ereignisse in Köln und Braunschweig eingehender behandelt worden" waren, wollte von Brandt ein weiteres Beispiel für diese „Vorgänge ... und ihre sozialgeschichtlichen Voraussetzungen" überprüfen, und zwar nicht zuletzt, um in ihnen die „Elemente einer großen städtischen Sozialbewegung" aufzuspüren. „Den Urgrund der Unruhen bildete fast überall die zunehmende oder grundsätzliche Ausschließung der Handwerker vom Stadtregiment." Was sie im einzelnen Falle auslöste, das waren jedoch in der Regel „finanzielle

---

456 A. VON BRANDT (1959, wie Anm. 149). Die Zitate im Neudruck von 1979 S. 129–131, 187.

Schwierigkeiten ..., die dann das Verlangen nach handwerklicher Mitbestimmung über die Stadtfinanzen und folglich nach Anteil am Ratsregiment auslösten." Diese wenigen Worte genügten jetzt, um die verfassungsgeschichtliche Seite des Problems abzuhandeln. Den zwischenstädtischen Zusammenhang der Ereignisse sah von Brandt unter anderem durch „das wiederholte Eingreifen der Hanse" erwiesen, das er sich, wenn wir die knappe Formulierung wörtlich nehmen dürfen, als aus eigener Bewegung entspringendes, aktives Vorgehen gegen die Anmaßung der Ämter vorgestellt haben mag. Er registrierte allerdings auch, daß sich die gemeinen Städte bei der Wiederaufnahme der Braunschweiger in die Hanse im Jahre 1380 (oben, §§ 95 bis 98) mit deren formeller Demütigung begnügten, ohne zu beanstanden, daß sie ihren Ämtern Anteil an der Ratsregierung gewährt hatten.

Bereits an dieser Untersuchung aus dem Jahre 1959 ist zu erkennen, daß sich die Aufmerksamkeit der Sozialgeschichte einseitig auf die Partikularismen richtet, die innerhalb der Stadtgemeinden dem Einungsgedanken widerstrebten, und daß sie darüber die Rechtsideen und Verfassungseinrichtungen, denen es immer wieder gelang, die Streitenden zu versöhnen und zur Erneuerung ihrer Identität und Einung zu bewegen, im Dunkel des Vergessens untergehen läßt. von Brandt betonte zwar noch, daß es sich bei den Aufläufen und Schichten weder um Klassenkämpfe noch um demokratische Bewegungen gehandelt habe, aber die Restitution der Einung konnte er sich doch nur mit dem Siege des stärksten Partikularverbandes über alle Konkurrenten erklären. Und Sieger blieb regelmäßig die Großkaufmannschaft, deren Mitglieder als einzige den Ratsstuhl besetzten und von dort aus jene obrigkeitliche Gewalt über die Gemeinde und die Handwerke ausübten, die von Brandt, wie bereits erzählt worden ist (oben, § 67), dem Lübecker Rate bereits des 14. Jahrhunderts beilegte. Es war derselbe Teilverband, der die hansische Politik Lübecks beherrschte und daher imstande war, auch die Macht der gemeinen Städte für seine innerstädtischen Zwecke einzusetzen.

An anderer Stelle nennt von Brandt daher als eines der Ziele hansischer Politik „die Wahrung der städtisch-bürgerlichen Autonomie ... bei weitgehender verfassungsrechtlicher Vorherrschaft des kaufmännischen Großbürgertums"[457]. Welche Institute der Stadtverfassung mit dieser Aussage gemeint sein könnten, diese Frage liegt außerhalb des Blickfeldes sozialgeschichtlicher Forschung, und auch von Brandt ließ sie offen. So konnte er einerseits schreiben, „bei festgehaltener Rechtsgleichheit der Bürger" habe sich in Lübeck „ein verfassungsrechtlich qualifizierter Stand der Ratsfähigen" ausgebildet, andererseits aber auch feststellen, es sei „niemals zu einer institutionalisierten Vorzugs- oder gar Alleinberechtigung" bestimmter Geschlechter an

---

457 Ahasver VON BRANDT, Die Hanse und die nordischen Mächte im MA (1962), in: Lübeck Hanse Nordeuropa, hg. von K. FRIEDLAND und R. SPRANDEL (1979, wie Anm. 149) S. 13–36, hier: S. 14f.

der Ratsbesetzung gekommen und daher „die Verwendung des unbestreitbar verfassungsrechtlich geprägten Begriffs Patriziat" nicht gerechtfertigt[458].

§ 220. Der vollkommenen Auslöschung allen verfassungsgeschichtlichen Denkens befleißigte sich jedoch erst die marxistische Hanseforschung in der ehemaligen DDR, die die Quellen ausschließlich im Lichte des dialektischen Materialismus interpretierte und folglich, weit über Daenell und von Brandt hinausgehend, den Versuch unternahm, den Klassencharakter der deutschen Hanse ans Licht zu ziehen[459]. Zwar blieben sich die Gelehrten stets des Umstandes bewußt, daß die Gruppe oder Schicht der sogenannten Stadtarmut, die zwar den Quellen unbekannt war, aber der Theorie zufolge den Motor aller revolutionären Bewegungen abgeben mußte, keinerlei selbständige politische Ziele verfolgte, was doch nicht weniger heißt, als daß sie als Partikularverband innerhalb der Gemeinde gar nicht existierte, aber die Ergebnisse vereinfachend konnte man schließlich doch sagen: „Nachdem in allen Städten die alten Machtverhältnisse wiederhergestellt waren, faßte der Hansetag in Lübeck 1418 drastische Beschlüsse zur ‚Aufrechterhaltung der Ordnung'. Der Klassencharakter dieses Städtebundes gegenüber der hansischen Stadtbevölkerung wird durch sie an den Tag gebracht... Das war ein Pakt der Herrschenden gegen die Volksmassen. Es wurden wirtschaftliche Sanktionen angedroht, die es der Kaufmannschaft gründlich verleiden sollten, sich etwa mit den unteren Schichten zum Kampf gegen einen patrizischen Rat zu verbünden. Doch dieser Organisation der Mächtigen stand schon eine Solidarität der Unterdrückten entgegen, noch schwach und sporadisch, jedoch in dem zeitlichen und inneren Zusammenhang der folgenden Aufstandswelle deutlich spürbar"[460].

---

458 Ahasver VON BRANDT, Die gesellschaftl. Struktur des spätma.lichen Lübeck (1966), in: Lübeck Hanse Nordeuropa (1979, wie Anm. 149) S. 209–232, hier: S. 211, 225. – Eine rechtsgeschichtlich geradezu verkehrte Welt entwirft Inge-Maren WÜLFING geb. PETERS, Grundherrschaft und städtische Wirtschaft am Beispiel Lübecks, in: Die Grundherrschaft im späten MA, hg. von Hans PATZE (Vorträge und Forschungen Bd. 27, 1–2), Sigmaringen 1983, Bd. 1 S. 451–517, indem sie die gesamthänderische, markgenossenschaftliche Verfügungsgewalt der Stadtgemeinde über die Allmende (innerhalb der Landwehr) zur „städtischen Grundherrschaft" erklärt. In Wahrheit schloß das auf der Allmende geltende Weichbild- oder Stadtrecht jegliche Grundherrschaft aus. Siehe O. GIERKE, Genossenschaftsrecht Bd. 2, Berlin 1873, S. 649–691, und W. EBEL, Lüb. Recht (1971, wie Anm. 74) S. 157–168, 372–375. S. auch o., Anm. 320.

459 Zusammenfassung der Arbeiten von K. F. Olechnowitz, J. Schildhauer, K. Fritze bei Konrad FRITZE, Am Wendepunkt der Hanse (1967, wie Anm. 207) S. 10f., 250–252. FRITZE schrieb noch 1994 (Bürgervertretungen, wie Anm. 210, S. 151f.) über die Lübecker Wirren von 1403–16 und das Statut von 1418, ohne von W. EBELs Erörterungen Kenntnis zu nehmen.

460 Rostock. G. der Stadt in Wort und Bild, von einem Autorenkollektiv unter Leitung von Lothar ELSNER, Berlin 1980, S. 31. Ferner MÄGDEFRAU, Thüring. Städtebund (1976, wie Anm. 173) S. 256f., über den „Klassencharakter der Hanse und die Grenzen ihrer Progressivität", „diese innere Funktion des hansischen

Nach E. Engel[461] haben wir es bei den Aufläufen und Schichten des 14. und 15. Jahrhunderts mit „Auseinandersetzungen um das Stadtregiment zwischen machthabenden Geschlechtern und bürgerlicher Opposition unter Beteiligung der Stadtarmut" zu tun, die infolge „der zunehmenden ökonomischen, sozialen und rechtlich-politischen Differenzierung der ... Stadtbevölkerung" zum Ausbruch gelangten. Historischen Wert will Engel dieser Aussage offenbar nicht beilegen, denn sie bemerkt dazu, die Differenzierung könne zwar an Hand von Statistiken der Vermögensverhältnisse erhellt werden, doch bleibe die politische Bedeutung willkürlich gebildeter statistischer Steuergruppen unklar. Namentlich gelte dies für die „plebejischen Schichten", die die „bürgerliche Opposition" unterstützten, da die Steuerpolitik der Stadträte „soziale Gärung oft in Empörung und Aufstand umschlagen ließ". Nur dem Wortlaut nach vermeidet Engel die Denkform des Klassenkampfes. Von der Hanse heißt es bei ihr, sie pflegte seit der Verhansung der Braunschweiger im Jahre 1375 bei „Bürgerkämpfen in Hansestädten zugunsten gefährdeter patrizischer Stadträte" einzugreifen; sie „reagierte äußerst empfindlich auf jede Oppositionsregung in den Mauern ihrer Mitgliedsstädte", und daher „beschloß ein Hansetag in Lübeck am 24. Juni 1418 das Statut gegen Aufruhr". In den Quellen sei dies alles freilich schlecht faßbar, weil die Plebejer „meist keine eigenen Forderungen stellten und bei der Verteilung der Ratsstühle leer ausgingen". Daher sei selbst bei völliger Beseitigung der patrizischen Alleinherrschaft keine Demokratisierung im Sinne einer gleichmäßigen Vertretung aller nichtpatrizischen Schichten im Rate eingetreten.

Wie die Begriffe Patrizier und Plebejer nicht aus den Quellen, sondern aus der marxistischen Theorie stammen[462], so schleppte diese Lehre auch Begriffe der älteren rechtsgeschichtlichen Forschung mit sich fort, deren Herkunft man nicht mehr kontrollieren konnte, da man nach der Vernichtung des Fa-

---

Städtebundes" und den „Klassencharakter der Städtebünde", der im Zusammenhange mit den Aufläufen besonders deutlich in Erscheinung getreten sei.
461 E. ENGEL, Deutsche Stadt (1993, wie Anm. 220). Die Zitate: S. 118f., 123, 127, 136f., 138.
462 Wie die Lexica (C. DUFRESNE domini DUCANGE Glossarium mediae et infimae latinitatis Vol. 1–10, Paris 1883–87; J. F. NIERMEYER 1976, wie Anm. 448; Novum glossarium mediae latinitatis ab anno DCCC usque ad annum MCC, Vol. P-Pazzu, Hafniae 1985–93) zeigen, kennt das ma.liche Latein die Worte patricius und patriciatus nur im Sinne der spätantiken Beamtenwürde eines patricius (Romanorum). Aus den Angaben bei J. und W. GRIMM, Deutsches Wörterbuch Bd. 7, Leipzig 1889, Sp. 1504, geht hervor, daß erst die deutschen Humanisten das Lehnwort Patriziat und erst die Neuhumanisten das Wort Patrizier in dem hier von E. ENGEL gemeinten Sinne geprägt haben. Einen frühen Beleg für die Bezeichnung der durch Ratswürden ausgezeichneten Geschlechter zu Rostock als Patrizier aus dem 16. Jh. erwähnt Ernst MÜNCH, in: Der Stralsunder Frieden von 1370, hg. von N. JÖRN u. a. (QDhG NF Bd. 46), Köln 1998, S. 53 mit Anm. 36.

ches Rechtsgeschichte die Werke von Gierke und Planitz nicht mehr verstand[463]. So heißt es bei Engel: „Recht des Vollbürgers war es, seine Vertreter für die Organe der Stadtverwaltung zu wählen und selbst in diese Gremien gewählt zu werden. Allerdings wurde dieses Recht im Laufe der Zeit und in den verschiedenen Städten unterschiedlich gehandhabt. Das aktive Wahlrecht verengte sich häufig auf Wahlmänner der Bürgerschaft oder der genossenschaftlichen Verbände. Das passive Wahlrecht wurde durch Rechte des Stadtherrn außer Kraft gesetzt, für Handwerker insgesamt oder Vertreter unehrlicher Gewerbe ausgehöhlt, durch wirtschaftliche und finanzielle Grenzen eingeengt."

§ 221. Es ist leicht zu erkennen, daß wir mit dieser Betrachtungsweise zwar dicht an die marxistische Theorie herankommen, uns aber weit entfernen sowohl von jeder möglichen Theorie, die sich die Menschen der Hansezeit hätten bilden können, als auch von den Quellen, aus denen wir ihre Gedanken zu erschließen versuchen müssen. Noch weiter bestärkt wurde die sozialhistorische Gleichgültigkeit gegenüber den Erscheinungen von Recht und Verfassung durch die Absicht, in den einzelstädtischen Aufläufen und Bürgerkämpfen, wie von Brandt sagte, die Elemente einer großen, durch die Gesamtheit städtischer Gesellschaften hindurchgehenden Sozialbewegung nachzuweisen. Der Begriff der Bewegung hat mit dem des Klassenkampfes gemein, daß sich ein Vorgang unabhängig vom Willen der Menschen und für die Betroffenen schicksalhaft vollzieht. Für den Klassenkampf aber galt, daß er als unstillbares, der Feudalgesellschaft eingeborenes Übel im Rahmen dieser Gesellschaft weder Unterbrechungen erleiden noch gar ein Ende finden konnte. Den Nachweis hierfür führte man, indem man chronologisch geordnete Listen der überlieferten Bürgerkämpfe anlegte, die dem Betrachter suggerieren, daß im 14. und 15. Jahrhundert nahezu Jahr für Jahr und manchmal sogar in zwei, drei und vier Städten gleichzeitig solche Ereignisse eintraten[464].

Dieser Nachweis der Bewegung sah allerdings großzügig darüber hinweg, daß in den einzelnen Städten gewöhnlich viele Jahrzehnte friedlichen Zusammenlebens auf ein solches Jahr des Aufruhrs folgten. Daher erweckte er

---

463 Eckhard MÜLLER-MERTENS, Bürgerlich-städtische Autonomie in der Feudalgesellschaft. Begriff und Bedeutung, in: ZfG 29 (1981) S. 205–225, hier S. 211: Die Behandlung der Freiheits- und Ständefrage bei diesen Autoren sei „rechtshistorisch-verfassungsgeschichtlich und für den heutigen Leser nur mühsam verständlich".

464 Eine solche Liste, mit Angabe ihrer Vorgänger (E. Maschke, W. Ehbrecht, B.-U. Hergemöller), bei ENGEL (1993, wie Anm. 220) S. 129f., 328 Anm. 27. Eine entsprechende Liste bäuerlicher Revolten findet sich in: Aufruhr und Empörung? hg. von Peter BLICKLE, München 1980, S. 62–64. Auf die den Bürgerrezessen der Funktion nach entsprechenden Agrarverfassungsverträge vornehmlich des 15. Jh. hat erstmals Peter BLICKLE, Grundherrschaft und Agrarverfassungsvertrag, in: Die Grundherrschaft im späten MA, hg. von PATZE (1983, wie Anm. 458), Bd. 1 S. 241–261, aufmerksam gemacht.

keinerlei Bedürfnis, danach zu fragen, wie diese langwährenden Unterbrechungen der Bewegung zu erklären sind. Die Bischofs- und Hansestadt Magdeburg etwa besaß seit der Schicht von 1330 eine Verfassung, die sowohl Angehörige der seit alters ratsfähigen Geschlechter als auch Worthalter der Innungen zum Ratsstuhle zuließ – und die bis zum Jahre 1630 Bestand hatte, übrigens ohne daß sich die angeblich ämterfeindlichen gemeinen Städte jemals daran gestoßen hätten!

Es ist leicht zu verstehen, daß sich das Interesse der sozialgeschichtlichen Schulen völlig auf Ausbruch und Verlauf der Bürgerkämpfe konzentrierte, für ihre Beilegung durch Schiedsspruch oder Bürgerrezeß dagegen keinerlei Aufmerksamkeit zu erübrigen vermochte: Sie traute es den zerstrittenen Bürgern und Teilverbänden und den alten und neuen Räten einfach nicht zu, durch geschickte Anwendung verfassungsrechtlicher Mittel konträre Interessen auszugleichen, die vermeintliche soziale Bewegung oder Gärung zu unterbrechen und ihre Stadt auf diese Weise dauerhaft zu befrieden. Für die marxistische Schule kam erschwerend hinzu, daß man in Ermangelung rechtshistorischer Kenntnisse weder das Hansestatut vom 24. Juni 1418 noch die Bürgerrezesse richtig zu deuten wußte. Die verschiedenen sozialgeschichtlichen Schulen gelangten also in der Sache zu demselben Ergebnis, das sich aus ganz anderen Gründen dem Rechtshistoriker W. Ebel aufgedrängt hatte (oben, §§ 132 bis 137): Die Bürgerrezesse kamen als ernstzunehmende Quellen der Stadtgeschichte nicht in Betracht.

§ 222. Es mag nicht überflüssig sein zu betonen, daß wir den Studien der sozialgeschichtlichen Schulen höchst wichtige Erkenntnisse über den Inhalt und die mit diesem gegebene politische Stoßkraft jener innerstädtischen Partikularinteressen verdanken, zu deren Bändigung, Ausgleich und Einung in einem Gesamtwillen der Aufbau der Stadt- und Ratsverfassung überhaupt erst notwendig geworden war und ohne die folglich diese letztere in ihren Formen und Zwecken nicht zu verstehen ist. Es ist nicht unsere Absicht, die Verdienste jener Studien zu bestreiten, sondern ihre Grenzen aufzuzeigen und zu erklären, warum die Erforschung des städtischen Einungsrechts auch in dem letztvergangenen halben Jahrhundert nicht vorangekommen ist und warum weder J. Bollands Erkenntnis, daß die städtischen Unruhen und Bürgerkämpfe als Ausdruck des bürgerlichen Mitspracherechts gegenüber der Ratsregierung zu verstehen seien[465], noch die eben dieses nachweisende Untersuchung der Braunschweiger Schichten durch H. L. Reimann[466] irgendwelche weiterreichende Beachtung gefunden haben.

Was die Bürger dazu bewog, bewaffnet aufs Rathaus zu laufen und den Rat mit Absetzung zu bedrohen, das war nach Reimann „die ganz ordnungsgemäße Reaktion des Bürgers auf einen Beschluß oder auch Zustand, von dem

---

465 J. BOLLAND in: Hamb. Burspraken (1960, wie Anm. 185) T. 1 S. 16f.
466 H. L. REIMANN, Unruhe und Aufruhr (1962, wie Anm. 194). S. o., § 94 mit Anm. 194, § 170 mit Anm. 347. Die folgenden Zitate auf S. 129, 130, 131, 132.

er glaubt, daß er sein althergebrachtes Recht verletzte," und der Rat mußte darauf reagieren, indem er entweder nachgab oder abtrat oder einen Vergleich aushandelte. „Gegen Unzufriedenheit der Bürger war der Rat so lange geschützt, wie er wichtige Entscheidungen mit ‚vulbord' der Bürgerschaft fällte... Dieses Verhältnis von Rat und Bürgerschaft scheint zu bestehen, seit Braunschweig eine Stadt ist, denn ein ‚absolutes Regiment' des Rates, gegen das sich die Bürgerschaft dieses Recht der Mitsprache erst hätte erkämpfen müssen, ist auch in den ältesten Quellen nicht faßbar. Das Recht zur Mitsprache muß in engem Zusammenhange mit der Pflicht zur Hilfeleistung gesehen werden," einer Pflicht, der die Bürgerschaft meistens, wenn auch mehr oder weniger bereitwillig, nachkam; in Braunschweig jedenfalls stieß der Rat „in ... zwei Jahrhunderten nur viermal auf den unbeugsamen Willen der Ablehnung." Obwohl an die Zustimmung der Bürgerschaft gebunden, hieß der Rat vollmächtig; „dieses ‚vulmechtig'-sein bedeutet also nicht, der Rat hätte ein ‚absolutes Regiment' geführt." Ein vollmächtiger Rat mußte imstande sein, eigenmächtige Gewalt in der Stadt zu verhindern und als Frevel zu bestrafen. Der bewaffnete Lauf der Bürger aufs Haus jedoch galt nicht als Frevel: „Das Recht der Bürger, einen solchen ‚uplop' zu machen, wird als selbstverständlich hingenommen." Doch sollte „das Mitspracherecht der Bürger" auch nicht überschätzt werden: „Das Interesse der Bürger am Stadtregiment dürfte im allgemeinen sehr gering gewesen sein. Solange jeder in Ruhe seinen Geschäften nachgehen konnte und nicht über Gebühr beansprucht wurde, überließ er das Regieren dem Rat, ohne Widerspruch zu erheben."

§ 223. Ein solcher Stillstand der „großen städtischen Sozialbewegung" oder des Klassenkampfes und eine so beschränkte Ratsgewalt, wie Reimann sie beobachtete, standen und stehen in offenem Gegensatz zur herrschenden Lehre sowohl auf dem Felde der städtischen Sozial- als auch auf dem der Verfassungsgeschichte, und so fand Reimanns am Braunschweiger Beispiel vorgenommene Bestimmung der Beziehungen zwischen Vollmacht des Rates und Mitspracherecht der Bürgerschaft offenbar nirgendwo Beachtung oder Gehör; vielmehr behauptete die Lehre von der Obrigkeit des Rates, deren sich die Bürger nur in revolutionären Akten erwehren konnten, allgemein das Feld. Nachdem W. Ebel sie 1971 für die Städte lübischen Rechts neu begründet hatte (oben, §§ 132 bis 137), unternahm es B. Am Ende, den Weg des Lübecker Rates von der anfänglichen Subordination unter den Willen der Gemeinde zur Obrigkeit empirisch aufzuweisen. Weil die lübischen Willküren schon 1227 Willküren des Rates hießen, weil schon 1240 des Rates Stadtrecht die Pflicht der Bürgerschaft erklärte, dem Rate zu gehorchen, und weil seit 1270 die Beschlüsse des Rates an die Stelle der Beschlüsse der Stadt traten, meinte er feststellen zu können: „Die Exekutive ist zur Obrigkeit geworden"[467]. Er schränkte jedoch diese These in derselben Weise ein, wie es Ebel

---

467 B. AM ENDE, Studien (1975, wie Anm. 150) S. 212f. Dieser Lehre folgte noch 1995 Ernst PITZ, in: LMA 7 Sp. 2177.

getan hatte, indem er auf die Bindung des Rates an den Konsens der Bürgerschaft bei Steuererhöhung und Kriegserklärung hinwies: „Absolut war die Herrschaft des Rates nicht. Sie war aber ... so fest etabliert, daß der Rat sich geradezu mit der Stadt identifizieren konnte und auch mit ihr identifiziert wurde."

An diesem Punkte freilich mußte Am Ende stehen bleiben, da sich aus den Quellen des 13. Jahrhunderts noch nicht erschließen läßt, was es mit dieser Identität, mit der auf ihr beruhenden Vollmacht des Rates und mit deren mannigfaltigen Beschränkungen durch die Grundrechte der Einzelnen und der Gemeinde auf sich hatte. Die fehlende rechtsgeschichtliche Erklärung ließ sich jedoch durch eine sozialgeschichtliche ersetzen: „Die Entwicklung des Rats von einem Exekutivausschuß zur Obrigkeit kann nur als Folge sozialer Machtverschiebung innerhalb der Gemeinde begriffen werden. Die Oberschicht, d. h. die Fernhändlerschicht, war offensichtlich bestrebt, sich aus der Gesamtbürgerschaft herauszulösen," und es sei ihr gelungen, „die übrige Bürgerschaft aus (den) politischen Willensbildungsprozessen auszuschalten. Faktisch war gegen Ende des 13. Jahrhunderts die passive Wahlfähigkeit der Ratsmitglieder auf den Kreis der Fernkaufleute beschränkt... Mit der Einschränkung der passiven Wahlfähigkeit und der Verankerung der Kooptation waren die wesentlichen rechtlichen Voraussetzungen für die Herrschaft der Großkaufleute gegeben." Hier, wo Am Ende den Sprung zurück in die Rechtsgeschichte vollzieht, wiederholt er lediglich, was ein Jahrhundert vorher bereits Otto Gierke behauptet hatte. Zweifellos muß man die auf diese Weise von Ebel und Am Ende formulierte Lehre von der Ratsobrigkeit, die die Bürgerschaft von der gemeinsamen Willensbildung ausgeschlossen habe, als die heute herrschende Lehre betrachten[468]. Eine geschlossene Darstellung fand sie neuerdings namentlich durch E. Isenmann[469].

---

468 Rolf HAMMEL, Stadtherrschaft und Herrschaft in der Stadt, in: Die Hanse (1989, wie Anm. 305) Bd. 1 S. 330–349, hier: S. 345f.
469 Eberhard ISENMANN, Die deutsche Stadt im SpätMA, Stuttgart 1988, S. 131–133: „Die herrschaftliche und obrigkeitliche Stellung des Rates". – Als unhaltbar, weil in Unkenntnis der durch die Bürgerrezesse gesicherten individuellen Grundrechte ausgesprochen, dürfte sich auch die Meinung von Jürgen WEITZEL, Gerichtsöffentlichkeit im hoch- und spätma.lichen Deutschland, in: Information, Kommunikation und Selbstdarstellung in ma.lichen Gemeinden, hg. von Alfred HAVERKAMP (Schriften des Hist. Kollegs, Kolloquien Bd. 40), München 1998, S. 71–84, erweisen, wonach uns die Ratsgewalt „mit einem neuen Typ von Herrschaft konfrontiert, der kaufmännisch-ökonomische Rationalität und den Gestaltungswillen eines aufsteigenden Standes mit der Dichte der räumlichen Verhältnisse und förmlichen Rechtsgleichheit der Bürger zur Etablierung von Obrigkeit zu nutzen versteht. Das Ratsregiment ist jedenfalls an der Fortführung der überkommenen Form von Gerichtsöffentlichkeit ersichtlich desinteressiert. Am stärksten und mit höchst gravierenden Einbußen an Rechtssicherheit wurde die Gerichtsöffentlichkeit seit dem 14. Jh. im Bereich der Strafrechtspflege beeinträchtigt." Jene Grundrechte haben hausgesessene Bürger und Einwohner zuver-

§ 224. Die Schwierigkeiten, denen diese Lehre im Lichte der Quellenzeugnisse ausgesetzt ist, liegen auf der Hand. Ihre These verbietet es nämlich, das von Reimann eindeutig nachgewiesene und uns in den Bürgerrezessen überall entgegentretende Mitsprache- und Mitwirkungsrecht der Bürger und Einwohner anzuerkennen. Aus diesem Dilemma bleiben im Rahmen jener Lehre nur zwei Auswege: Entweder muß man jedes Aufbegehren der Stadtgemeinde wider ihren Rat als revolutionäres Unternehmen des rechtlosen Volkes bewerten, das sich, wenn auch immer wieder vergeblich, ein Recht auf Mitsprache zu erkämpfen suchte – und wir haben gesehen, wieviele Historiker glauben, bei der Behandlung dieser Fragen der Worte revolutionär, demokratisch und plebejisch nicht entraten zu können –, oder man muß dem unleugbar gegebenen Recht der Bürger zum Auflauf einen anderen Namen geben und ihm damit auch einen anderen Platz im städtischen Verfassungsgefüge anweisen.

Diesen zweiten Weg hat seit 1976 in mehreren Studien W. Ehbrecht beschritten[470]. Ausgehend von dem vermeintlichen Ziele hansischer Politik, Aufruhr gegen die Obrigkeit der städtischen Ratskollegien zu verhindern[471], überzeugt sich Ehbrecht gleichwohl am Beispiel der Magdeburger Unruhen (einem nicht besonders gut gewählten Beispiel, da uns keine Magdeburger Bürgerrezesse erhalten sind) von der „in der Stadtverfassung begründeten Partnerschaft" zwischen Rat und Gemeinde, einem „im mittelalterlichen Sinne vertraglichen Zustand," der „der einen Seite die Verantwortung für die städtische Politik, der anderen Seite aber die selbstverständliche Hilfe bei Entscheidungen der städtischen Führung zuweist"[472]. Überschritt der Rat die ihm dadurch eingeräumten Kompetenzen, so protestierten Teilverbände oder die Gesamtheit dawider in einem geregelten Verfahren, um gemeinsam dem Unrecht entgegenzutreten. „Beendet wird die Auseinandersetzung durch

---

lässig davor bewahrt, dem stadtrechtsfremden gemeinrechtlichen Inquisitionsprozeß unterworfen zu werden, auf den sich WEITZEL an dieser Stelle, S. 76f., beruft. Der schädliche Mann, der dem neuen Prozeß zum Opfer fiel, war gerade nicht erbgesessener Bürger oder steuerzahlender Einwohner der Stadt.

470 W. EHBRECHT, Hanse und Bürgerkämpfe (1976, wie Anm. 220). Die folgenden Zitate auf S. 83, 84, 86f.

471 Das Hansestatut vom 24. Juni 1418 und dessen Vorgeschichte behandelt EHBRECHT auf S. 93–96. Von Art. 4 des Statuts, der den erlaubten Auflauf auf sechs Teilnehmer begrenzte, heißt es hier, er habe „jeglichen Auflauf vor dem Rat untersagt". Das dem Statut zugrundeliegende Interesse an der Vollmacht der Stadträte und ihrer Rsn. kommt nicht zur Sprache.

472 Wilfried EHBRECHT, Magdeburg im Sächsischen Städtebund, in: FS für Berent Schwineköper zu seinem 70. Geburtstag, hg. von H. MAURER und H. PATZE, Sigmaringen 1982, S. 391–414, hier S. 405: „Eine Absetzung des Rates oder auch nur die Einschränkung seiner Herrschaft" seitens der Gemeinde bedeutete „eine einseitige Auflösung des ‚Grundvertrages' der Bürgergemeinde, der dem Rat die Sicherung des Friedens nach außen zuwies, ihn in allen, die Grundfragen der städtischen Freiheit betreffenden Angelegenheiten aber an die Zustimmung der übrigen Bürger band."

Verhandlungen zwischen den Parteien" über die Stadtverfassung und durch die Erneuerung des Bürgereides. Dieser völlig zutreffenden Analyse der Quellenzeugnisse fügt Ehbrecht jedoch folgende durchaus fragwürdige rechtsgeschichtliche Bewertung bei: „Der seit 1402 als dauernde Bürgerschaftsvertretung eingerichtete Hundertmännerausschuß" der Magdeburger sei ein deutliches Indiz dafür, „wie wenig das Ratskolleg von der Bürgergemeinde noch als Repräsentativorgan verstanden wird ... Es bedarf noch eingehender Klärung, inwieweit das Recht (der Gemeinde) zu solchem Protest in der gemeindlichen Stadtverfassung wurzelte und auch eine Änderung des Repräsentationssystems einschloß."

Mit den Begriffen Organ und Repräsentation nämlich betrat Ehbrecht wiederum die einst von Gierke gewiesenen Wege. Zwar mag man gewiß von einer Repräsentation der Gemeinde durch den Rat sprechen, wenn man damit dessen tatsächliche, die der Gemeinde widerspiegelnde ständische oder soziale Zusammensetzung meint (unten, § 265), doch darf man sich dadurch nicht dazu verführen lassen, Repräsentation als etwas vom hansischen Stadtrecht Gewolltes oder Gebotenes zu verstehen. Dieses Stadtrecht kannte nur die auf Einmütigkeit gegründete Identität der Einzelwillen mit dem Gemeinwillen. Daher führt es in die Irre, wenn Ehbracht an anderer Stelle[473] erklärt: „Der Rat repräsentierte die Bürgergemeinde" kraft seiner Erhebung durch direkte oder indirekte Wahl oder durch Kooptation. Dies ist die alte Gierkesche Vorstellung, daß die Vollmacht des Rates von der Rechtsform der Kore abhängig gewesen sei: Der zur Teilnahme an der Bürgerversammlung verpflichtete Bürger habe „mindestens das aktive Wahlrecht, nach dem Prinzip der Abkömmlichkeit auch das passive" besessen.

§ 225.I. Da dieser Weg nicht zu dem Ziele führt, die Partnerschaft zwischen Rat und Gemeinde ihrem rechtlichen Gehalt nach zu erklären, stellt Ehbrecht noch eine andere Überlegung an, um die Rechtmäßigkeit bürgerlicher Proteste gegen Entscheidungen des Rates zu begründen. Er führt sie nämlich zurück auf „das im genossenschaftlichen Verständnis begründete Recht zum Widerstand... Diesem erkennbaren Recht auf Widerstand gegen die Stadtführung" seien allerdings schon seit 1315 „die Städte" durch Bündnisse entgegengetreten, bis schließlich das Hansestatut von 1418 „das genossenschaftliche Verhältnis von Stadtführung und Gemeinde" deutlich veränderte, „indem das Recht zum Protest gegen Entscheidungen des Rates unter Strafe gestellt wurde"[474]. Lassen wir die naheliegende Frage beiseite, auf welche Weise die gemeinen Städte und ihre Ratssendeboten überhaupt hätten in die Partnerschaft einer Gemeinde mit ihrem Rate eingreifen und die Ausübung einer vom Stadtrecht gewährten Befugnis unter Strafe stellen können, so bleibt uns zu prüfen, ob sich das Mitspracherecht der Bürgerschaft in den

---

473 W. EHRBRECHT, in: G. der Stadt Münster Bd. 1 (²1993, wie Anm. 116) S. 111, 109, 137f.
474 W. EHRBRECHT, Aufruhr, in: LMA 1. Bd. 6. Lief. (1979) Sp. 1206f.

hochbeschwerlichen Geschäften der Stadtregierung unter den Begriff des Widerstandsrechtes bringen läßt. Offensichtlich geht das jedenfalls dann nicht an, wenn man an dem Begriff der Partnerschaft festhalten will, unter dem man sich ein aus freiem Willen gleichgestellter Partner eingegangenes und auf friedlichen Ausgleich von Interessen, nicht aber auf Widerstand einer Partei gegen die andere gerichtetes Verhältnis vorzustellen hat. Widerstand dagegen hat seinen Platz in jenem ungleichen Verhältnis, welches zwischen einer aus dem Recht der Waffen, aus Erbrecht oder göttlicher Gnade vollmächtigen Obrigkeit und deren Untertanen besteht. Wollte man das Widerstandsrecht des Untertanen aus dem Fürstenstaat in die Stadtgemeinde verpflanzen, so müßte man dem Rate eben jene obrigkeitliche Stellung zuweisen, die von der herrschenden Lehre verteidigt wird, die aber mit dem eindeutigen Zeugnis der Bürgerrezesse nicht zu vereinbaren ist[475].

Die Idee des Widerstandsrechtes ist demnach ebensowenig wie die der Repräsentation dazu geeignet, die Identität der Willen und ihre verfassungsrechtliche Entfaltung in angemessener Weise zu beschreiben und zu erklären. Otto Brunners bekannte, bereits 1939 erhobene Forderung nach einer „Terminologie, die ... soweit als möglich den Quellen selbst entnommen sei, so daß der Sinn dieser Quellen mit Hilfe dieser Begriffe richtig gedeutet werden kann" und „die so beschriebenen Verbände in ihrem tatsächlichen Handeln begriffen werden können"[476], behauptet somit ihre Geltung und harrt weiterhin der Einlösung. Solange wir die Verfassung der Hansestädte und der deutschen Hanse nur unter Verwendung von Worten wie Repräsentation, Kooptation, Revolution, aktivem Wahlrecht, Organ (oben, § 132), Obrigkeit, Widerstandsrecht, Demokratie oder gar bürgerlichem Rechtsstaat[477] darzustellen

---

475 Das Mitspracherecht der Bürger bezieht sich auf das mit der Einung konstituierte Binnenverhältnis zwischen Bürgerschaft und Rat; von einem Widerstandsrecht der Bürger wider die Obrigkeit kann dagegen nur im Außenverhältnis zwischen Stadtgemeinde und fürstlichem Stadtherrn die Rede sein. An dem Mangel dieser Unterscheidung leiden sowohl die Arbeit von B. SUTTNER (1987, wie Anm. 229) über den Schutz der Persönlichkeit in ma.lichen Rechten als auch der Angriff von Peter MORAW, Zur Verfassungsposition der Freien Städte zwischen König und Reich, in: Res publica. Bürgerschaft in Stadt und Staat. Tagung der Vereinigung für VerfassungsG. in Hofgeismar am 30./31. März 1987, Redaktion: Gerhard DILCHER (Beihefte zu „Der Staat", Heft 8), Berlin 1988, S. 11–39, hier: S. 39, auf die Untersuchung von W. HOLBEK (1967, wie Anm. 229).
476 Otto BRUNNER, Land und Herrschaft, 5. Aufl. Wien 1965, S. 163.
477 Bereits Otto GIERKE, Deutsches Genossenschaftsrecht Bd. 2, Berlin 1873, S. 733–735, hatte sich die Aufgabe gestellt, den ma.lichen Bürger als Ahnen des modernen Staatsbürgers zu erweisen, indem er die ma.liche Bürgerversammlung als korporative Repräsentation, den Rat als regierendes Stadtorgan und den Bürger als Untertan ansprach. Da jedoch die moderne staatsbürgerliche Verfassung an die parlamentarische Repräsentation gebunden ist, während sich die Verfassung der ma.lichen Stadt auf Eintracht und Identität der Einzelnen und Teilverbände mit dem Ganzen gründete, ist diese Aufgabe unlösbar. Davon zeugt das

vermögen, verfehlen wir ihr Verständnis und bleibt die Aufgabe des Historikers unvollkommen gelöst.

§ 225.II. Daß man indessen, wenn man Burspraken und Bürgerrezesse studiert, selbst bei extrem schmaler Quellenbasis zum richtigen Ergebnis gelangen kann und muß, das beweist eine Untersuchung von M. Brosch zur Verfassung der Stadt Paderborn, von der wir aus erzählenden Quellen (Urkunden sind nicht erhalten) an Tatsachen nicht mehr erfahren, als daß (1.) sitzender Rat und Gemeinheit am 31. Dezember 1404 eine Satzung über die Ratssetzung vereinbarten, daß (2.) seit 1409 aus der Gemeinheit gekorene Vierziger das Wort der Gemeinde hielten, daß (3.) im Jahre 1434 nicht der Rat, sondern die Bürger auf einer Bursprake „durch den Akt eines Eidschlusses – also der demonstrativen Erneuerung des städtischen Schwurverbandes –" eine bestimmte Haltung gegenüber dem Stadtherrn „als verbindlich für alle Eidgenossen durchsetzten und so die städtische Eintracht wiederherstellten", und daß schließlich (4.) die Gemeinheit durch ein Statut vom 20. Dezember 1483 dem Rate das Recht der Selbstergänzung entzog, um die Kore hinfort mit eigener Hand auszuüben[478].

Mit Recht schließt der Verfasser namentlich aus der letzten dieser Nachrichten, daß in extremen Situationen (wir werden sagen: aus Anlaß hochbeschwerlicher Geschäfte) „die Entscheidungsgewalt also an die Gemeindeversammlung und damit an die ursprüngliche Trägerin und den Ausgangspunkt aller rechtlichen, politischen und administrativen Gewalt in der Stadt zurückgegeben" wurde. „In dieser wohl als Vollversammlung der gesamten Bürgerschaft (‚bursprake') abgehaltenen Form der Partizipation ist der legitimatorische Ursprung der Herrschaft des Stadtrates zu sehen." Zwar läßt der Verfasser den Rat „sogar Herrschaftsrechte ausüben", obwohl er darin (zu Recht) einen Widerspruch zu „dem genossenschaftlichen Bauprinzip der Stadtgemeinde" sieht, doch wurde er zu diesem Fehlschluß lediglich dadurch verleitet, daß ihm zur Erklärung seiner Beobachtungen nur der gemeinrechtliche Begriff der Identitätsrepräsentation zur Verfügung stand, von dem wir wissen, daß er dem Identitätsverhältnis des hansisch-niederdeutschen Stadtrechts nicht angemessen ist (oben, § 28.II). Es steht freilich zu befürchten, daß die Einsichten von Brosch dasselbe Schicksal erleiden werden wie die von H. L. Reimann (oben, § 222), nämlich in der Vereinzelung unbeachtet zu bleiben und als Kuriosität im Schatten der herrschenden Lehre unterzugehen.

Scheitern der diesem Thema gewidmeten Tagung der Vereinigung für VerfassungsG. von 1987, deren Akten: Res publica. Bürgerschaft in Stadt und Staat (1988, wie Anm. 475), für den ausweglosen Zustand typisch sind, in dem sich die verfassungsgeschichtliche Forschung zur Zeit befindet.

478 Martin BROSCH, „... na dusser tidt wil de gemeinheit den koer des rades behalden", in: Westfälische Zs. 148 (1998) S. 317–347. S. o., § 203 Anm. 418. Ich verdanke die Kenntnis dieser vorzüglichen Arbeit einem Hinweis meines Kollegen Hugo Stehkämper.

Drittes Kapitel

Gemeiner Kaufmann, gemeine Städte und vollmächtige Ratssendeboten

3.1. Die Hanse und der deutsche König

3.1.1. Der deutsche Kaufmann unter Königsschutz

§ 226. Nunmehr wissen wir, daß die von den Lübeckern zur hansischen Tagfahrt versammelten Ratssendeboten dann vollmächtig hießen, wenn sie von einem für sich selber vollmächtigen Rate zu der Tagfahrt entsandt worden waren, weil sie nämlich in diesem Falle ihrer Heimatstadt insoweit mächtig waren, als ihre Willenserklärungen mit dem Willen des entsendenden Rates und dieser Ratswille wiederum mit dem Willen der Stadtgemeinde identisch war, von deretwegen sie auf der Tagfahrt das Wort hielten. Dann aber erhebt sich des weiteren die Frage, ob die Ratssendeboten nicht auch einer Vollmacht von Seiten des gemeinen Kaufmanns bedurften, mit dem sie sich doch ebenfalls und jedenfalls insoweit identisch wußten, als sie sich imstande und befugt fühlten, seine Interessen zu vertreten und ihm in diesem Rahmen Weisungen zu erteilen. Woher hatten sie den Auftrag und das Recht dazu? Es stellt sich uns damit die Aufgabe, die Rechtsgrundlagen für diese Vertretung jenes allgemeinen kaufmännischen Interesses zu klären, dessen Gegenstand in dem Schutze bestimmter individueller Rechtsgüter bestand, ohne die kein Kaufmann seine Geschäfte in der Fremde, wo er von Hause aus schutz- und rechtlos war, erfolgreich besorgen konnte.

Da stand an erster Stelle der strafrechtliche Schutz seiner Person vor Angriffen auf Leben und Freiheit sowie seiner Habe nicht nur vor Raub und Diebstahl, sondern auch bei unfreiwilligem Verlust durch Schiffbruch, Grundruhr oder Treulosigkeit der Schuldner. Um diesen Schutz zu erhalten, bedurfte der Kaufmann im Auslande der Anerkennung von Seiten der einheimischen Gerichte, die ihn nach mittelalterlicher Gewohnheit wie jeden Ungenossen und Fremden zunächst als rechtlos und seine Güter, wenn er durch ein Unglück die Gewalt darüber verlor, als herrenlos oder im Falle seines Todes als erbenlos betrachteten. Mit anderen Worten: Jeder Kaufmann bedurfte außerhalb seines eigenen Volks- und Gerichtsverbandes der Anerkennung als Gast und des Schutzes durch das Gastrecht. Um diese Anerkennung konnte er sich persönlich bei den Herzögen und Königen jener Länder bewerben, die er aufzusuchen gedachte. Er konnte dies aber auch als Mitglied einer Fahrtgemeinschaft oder Hanse tun, die die Mittel der Genossen zusammenfaßte und daher eher als ein Einzelner auf Gehör bei den ihrer Geschenke harrenden Mächtigen rechnen durfte. Schließlich aber konnte er den Herzog oder König, unter dessen Herrschaft er selber lebte und dem er Gaben darbrachte oder Steuern zahlte, darum ersuchen, zu seinen Gunsten bei anderen Fürsten Fürsprache einzulegen und seine Sicherheit durch den Abschluß eines Handelsvertrages zu gewähren.

Denn den gewünschten Schutz dazubieten, das stand wiederum nur in der Macht der Könige und Fürsten, als der Gerichtsherren jener fremden Länder, welche der Kaufmann mit seinen Waren zu bereisen und mit Gewinn wieder zu verlassen gedachte. So war es überall, in allen Ländern, wo der hansische Kaufmann seit dem 12. Jahrhundert verkehrte und wo seine Vorgänger schon in vorhansischer Zeit verkehrt hatten. Anerkennung des Gastrechts und Gewährung rechtlichen Schutzes: das war Recht und Pflicht der Könige, eine Pflicht allerdings, die sie nicht von sich aus zu erfüllen brauchten, sondern nur auf Antrag der Kaufleute hin und unter der Bedingung, daß diese die Kosten trugen, die ihnen daraus für Gesandtschaften, polizeiliche Aufgaben und militärisches Eingreifen etwa erwachsen mochten.

§ 227. Seit der Frankenkönig Karl mit Offa, dem Könige der Mercier, und Karls Enkel Ludwig II. von Ostfranken mit den Königen der Dänen Verträge unter anderem zum Schutze der Kaufleute beider Seiten abgeschlossen hatten, pflegten sich auch die Könige jenes Reiches, das man seit dem 11. Jahrhundert das deutsche zu nennen begann, dieser Pflicht aller gekorenen Schutzherren zu unterziehen. Aus den kaiserlichen Formeln erfahren wir, daß sie dies taten, indem sie einzelne Kaufleute oder auch Kaufmannsscharen, von denen sie darum ersucht wurden, in ihren Schutz nahmen und sie mit Paßbriefen ausstatteten, darin sie ihren Amtleuten befahlen, den Schutz zu vollstrecken und die Beschützten von den öffentlichen Lasten, ausgenommen an gewissen Zollstätten, freizustellen[479]. Damit waren den Kaufleuten die Königsunmittelbarkeit und das Recht, gegen ungehorsame Große vor dem Könige Klage zu erheben, gesichert, solange sie ihrerseits die Pflicht erfüllten, alljährlich im Mai dem Herrscher in Aachen ein Geschenk zu überreichen und damit das Schutz- und Untertanenverhältnis zu erneuern.

Die Könige aus sächsischem und salischem Hause setzten diese Politik fort. Als um die Mitte des 10. Jahrhunderts die Dänen- und Ungarngefahr beseitigt war und daher die Kaufmannschaft aufblühte, wurde es üblich, daß jene Bischöfe, Äbte oder Grafen, in deren Gerichtsbezirk eine Kaufmannsgilde seßhaft war, die von den Kaufleuten als Privilegien betrachteten königlichen Schutzbriefe erwarben, so daß sich nun der einzelne Händler bei dem Gerichts- oder Stadtherrn und bei der Gilde um die Zulassung zu der im Königsschutz stehenden Gemeinschaft bewerben mußte. Aus den noch dem 11. Jahrhundert angehörigen Statuten der Gilden zu Valenciennes und Saint-Omer ergibt sich nicht nur, daß die Gilden die Fahrtgemeinschaften oder Hansen ihrer Mitglieder einsetzten und regulierten, wenn diese zu gemein-

---

479 J. F. BÖHMER – E. MÜHLBACHER, Regesta Imperii Bd. 1, Innsbruck ²1893–1908, n. 331, 1493b, 1498a. MGH Legum sectio V: Formulae, ed. Karolus ZEUMER, Hannover 1886, S. 311 n. 32, 314 n. 37, 325 n. 52.

samer Handelsfahrt ins Ausland aufbrachen, sondern daß sie sich auch mit der Gemeinde ihrer Stadt identifizierten, indem sie für diese öffentliche Aufgaben erfüllten und deren Kosten übernahmen. Gewiß erkoren die Gilden auch den Wik- oder Hansegrafen, den der König oder in seinem Namen der Stadtherr mit der Aufgabe betraute, die Kaufleute zu schützen, zu diesem Zwecke ihr Gericht zu hegen oder auch ihre Fahrtgemeinschaft in die Fremde zu führen und dagegen die Abgaben zu erheben, die die Kaufleute und Gilden dem Könige schuldeten.

Über Eide oder Gelübde der Gilde- und Hansegenossen ist nichts bekannt. Wenn es sie gab, müssen es Herreneide gewesen sein, die die Schwörenden zu Treue und Gehorsam gegenüber dem Könige und dessen Amtleuten, zur Gerichtsfolge und zur Leistung von Zöllen und Abgaben verpflichteten und sie damit zu einem herrschaftlichen Verbande einten. Denn nicht nur Genosseneide, mit denen sich die Begründer einer freien Einung gegenseitigen Beistand zuschworen (oben, § 209), sondern auch Herreneide, wie sie schutzsuchende Männer, ein jeder für sich, aber entweder gemeinsam mit allen anderen oder als nachträglichen Beitrittseid, einem gemeinsamen Herrn leisteten, begründeten Genossenschaften, nämlich solche der Gefolgsleute, die sich in den Schutz eines und desselben Herrn begeben hatten. Ihre Gilde- und Hansepflichten übernahmen die Genossen alsdann bei ihren dem Könige geschworenen Eiden, ohne daß es daneben noch eines besonderen Genosseneides bedurft hätte[480]. So blieb der einzelne Kaufmann königsunmittelbar, und seine örtlichen Gilden oder zeitlichen Hansen bildeten Partikularverbände innerhalb der einen großen Genossenschaft von Kaufleuten des Kaisers oder deutschen Königs, ihres gekorenen Beschützers. Als solche, nämlich als „Leute des Kaisers", waren sie, welcher deutschen Stadt oder Gilde sie im einzelnen auch entstammen mochten, schon zu Beginn des 11. Jahrhunderts in London bekannt[481].

§ 228. In Erfüllung der königlichen Schutzpflicht gegenüber den Kaufleuten des Deutschen Reiches griff König Lothar III. 1131 in Jütland ein, wo sächsische Händler erschlagen worden waren, und 1134 erneuerte er, nunmehr als Kaiser, nicht nur den Schutz und die Handelsfreiheit der Quedlinburger im ganzen Reiche, sondern er schloß auch einen Handelsvertrag mit den Gotländern ab, der zweifellos auf Gegenseitigkeit des Schutzes für die

---

480 In vielen Städten waren die Bürgerschaften im SpätMA sowohl freie als auch herrschaftliche Genossenschaften, die sich selbst den Bürgereid und dem Stadtherrn den Huldigungseid leisteten; dieser letztere konnte sogar in den Bürgereid integriert werden: Wilhelm EBEL, Der Bürgereid als Geltungsgrund und Gestaltungsprinzip des deutschen ma.lichen Stadtrechts, Weimar 1958, S. 70–77; André HOLENSTEIN, Die Huldigung der Untertanen (Quellen und Forschungen zur AgrarG. Bd. 36), Stuttgart 1991, S. 32.
481 Homines imperatoris: HUB Bd. 3 (1882–86) n. 599 = Felix LIEBERMANN, Die Gesetze der Angelsachsen Bd. 1, Halle 1903, S. 234 c. 2, 8.

Kaufleute beider Parteien beruhte[482]. Die Staufer setzten diese Politik fort. Kaiser Friedrich I. hob 1157 auf Klagen der Kaufleute hin unrechtmäßige Zölle auf (DF. I. 282) und befolgte 1166 ihren Rat bei der Einrichtung der Aachener Messen (DF. I. 503), und seine Nachfolger erneuerten 1199 bzw. 1219 den sich über das ganze Reich erstreckenden Königsschutz für die reisenden Händler aus Braunschweig und aus Goslar. Sie konnten jedoch nicht verhindern, daß sich die geistlichen und weltlichen Fürsten der Amtmannschaft des Reiches zusehends entzogen, um ihre Gewalt zur Landesherrschaft zu steigern, und daß damit auch der Königsschutz für die Kaufleute der Territorialisierung verfiel.

Obwohl die königliche Gewalt noch 1173 den Reichsstädten Aachen und Duisburg und 1240 der Reichsstadt Frankfurt das Markt- oder Zielgeleit für alle deutschen Kaufleute verlieh, die diese Städte ihrer Messen halber aufsuchten, begannen die Fürsten das Herkunftsgeleit der Kaufmannsgilden ihrer Lande und das Marktgeleit der Messeorte ihres Machtbereichs in ein mit Zollpflicht verknüpftes Geleitsrecht umzuwandeln, das alle ihr Territorium aufsuchenden oder durchquerenden Kaufleute in Anspruch nehmen konnten, das von den Fürsten aber wegen der damit verbundenen Einkünfte als ihnen vom Könige verliehenes Regal und als Zubehör der Landeshoheit betrachtet wurde. König Heinrich (VII.) und Kaiser Friedrich II. erkannten in den Jahren 1231 und 1232 das Geleit als Pertinenz der Landesherrschaft an[483] und zogen sich damit aus der Königspflicht, den reisenden Kaufmann zu beschützen, was das Gebiet innerhalb der Reichsgrenzen betraf, endgültig zugunsten einer bloßen Rechtsaufsicht über die Fürsten zurück, denen sie dieses Amt überließen.

Eine Folge dieser neuen Rechtslage muß gewesen sein, daß die Hansegrafen, die bis dahin von den Kaufmannsgilden der Einzelstädte gekoren und dem Könige zur Bestallung präsentiert wurden, ihre Amtsgewalt nun von dem Geleitsherrn empfingen, unter dessen Landeshoheit die jeweiligen Gilden und Stadtgemeinden lebten. Denn ein landesherrliches Recht bildete das Geleit nur im Verhältnis der Fürsten untereinander und zum Könige; gegenüber den Kaufleuten blieb es eine Pflicht, die die Landesherren nur auf Antrag und gegen materielle Entschädigung übernahmen. Die Kaufleute betrachteten es daher als Vorrecht oder Privileg, wenn es ihnen oder ihren Gilden gelang, einen Fürsten zur Übernahme dieser Pflicht zu bewegen. Die Fürsten allerdings begannen früh, die zunächst freiwillig gegenüber einzelnen Fahrtgemeinschaften übernommene Schutzpflicht zu einer gesetzlich geord-

---

482 J. F. BÖHMER – Wolfgang PETKE, Regesta Imperii Bd. 4, 1. Abt. 1. T.: Lothar III., Köln 1994, n. 286, 394, 403.
483 MGH Constitutiones Bd. 2 (1896) S. 211 n. 171 c. 14, S. 418 n. 304 c. 14, S. 428 n. 319 c. 12. – Chr. DE CRAECKER-DUSSART, L'évolution du sauf-conduit dans les principautés de la Basse-Lotharingie, dans: Le Moyen Age 80 (1974) S. 185–243, hier: S. 200f., 214f.

neten Geleitspflicht fortzubilden, wozu ihnen die herkömmliche Vereinigung aller deutschen Hansen in der unter Königsschutz stehenden deutschen Kaufmannschaft hilfreiche Anstöße gewährte. Nachdem Herzog Heinrich IV. von Limburg zwischen 1226 und 1244 die Kaufleute von Gent und Ypern auf der Fernstraße nach Osten zwischen Maastricht und Köln in seinen Schutz genommen hatte, verliehen die Herzöge von Brabant in ihrem Lande 1251 den Kölnern, vor 1269 den Lüttichern, 1303 den Utrechtern, 1307 den Dordrechtern, schließlich aber 1315 allen Kaufleuten des Deutschen Reiches und jedes anderen Reiches oder Landes, gleich welcher Herkunft, ihr Geleit. Ebenso verfuhren sie mit dem Marktgeleit. Nachdem sie noch 1287, 1296 und 1300 den Kaufleuten, die speziell ihre Stadt Antwerpen besuchen wollten, ihren Schutz zugesagt, erweiterten sie dieses Zielgeleit schon 1301 auf das ganze Land und auf alle Kaufleute, die dort ihre Zölle bezahlten.

§ 229. Den Schutz ihrer Rechte im Auslande hatten die deutschen Kaufleute aber zunächst einmal weiterhin vom Könige erwartet. Wenn ihn derjenige Teil der königlichen Kaufmannschaft, der sich seit 1159 in Lübeck ansiedelte und von dort aus die Ostsee aufsegelte, statt dessen von Herzog Heinrich dem Löwen einforderte, so wird Kaiser Friedrich I. spätestens anläßlich des Ausgleichs zwischen Welfen und Babenbergern im Jahre 1156 dem Herzoge diese königliche Befugnis insoweit abgetreten haben. So erneuerte der Herzog von Sachsen in seinem Machtbereich den Handelsvertrag, den einst sein Großvater, Kaiser Lothar III., mit den Gotländern abgeschlossen hatte, und an die Spitze der von Lübeck nach Gotland segelnden Fahrtgemeinschaft deutscher Kaufleute stellte er einen zweifellos von diesen erkorenen Gewaltboten, den er zu ihrem Vogt und Richter bestellte[484]. Denn die aus der Trave hinaus auf die Ostsee segelnde Hanse bestand aus Gildebrüdern vieler verschiedener Städte, sie war weder eine städtische noch eine territoriale, sondern eine deutsche Hanse, die sich erst im Verlaufe des 13. Jahrhunderts in Teilverbände untergliederte und in den neugegründeten deutschen Städten an der Ostsee niederließ. Dies ergibt sich aus den Handelsverträgen, die 1199 der Fürst von Novgorod „mit dem Gesandten Arbud und mit allen deutschen Söhnen und mit den Goten und mit der ganzen lateinischen Zunge", und sodann 1229 der Fürst von Smolensk mit dem Bischof von Riga nebst Fernhändlern aus Riga, Visby, Lübeck, Soest, Münster, Dortmund und Bremen abschloß. Dieser letztere Vertrag wurde, so heißt es in einer Rezension der Überlieferung, in Riga „vor vielen Kaufleuten des Römischen Reiches" geschrieben und „durch das Siegel aller Kaufleute" bestätigt. Ebenso nennt die älteste, um die Mitte des 13. Jahrhunderts entstandene Niederschrift der Novgoroder Schra als Verfasser „die Weisesten aus allen Städten des deutschen Landes".

---

484 UB der Stadt Lübeck, 1. T. (1843) S. 4 n. 3 = MGH Die Urkunden Heinrichs des Löwen, Herzogs von Sachsen und Bayern, hg. von Karl JORDAN, Stuttgart 1941–49, n. 48, 49..

Nach dem Sturz Herzog Heinrichs des Löwen im Jahre 1180 werden sich die staufischen Könige wieder selbst der Pflicht unterzogen haben, auf Verlangen der im Auslande verkehrenden deutschen Kaufleute deren Rechtsschutz zu sichern und ihre inneren Angelegenheiten zu regeln. Daher bestimmte Kaiser Friedrich II., als er die Lübecker im Jahre 1226 unmittelbar seiner Herrschaft unterstellte und ihnen ein Mitwirkungsrecht bei der Kore ihres Reichsamtmanns einräumte, zugleich, daß „alle getreuen Kaufleute", d. h. Angehörigen der im Königsschutz stehenden deutschen Kaufmannschaft, in Lübeck gegen Zahlung der gebührenden Abgabe den Schutz seines Amtmanns genießen sollten und daß die Lübecker Bürger, wenn sie nach England führen, dort nicht von der Hanse der Kölner und Tieler die Zulassung zum Rechte der Deutschen zu erkaufen brauchten, sondern die gleichen Rechte und Pflichten innehaben sollten wie die Leute von Köln und Tiel und deren Genossen[485], womit der niederrheinische Partikularverband innerhalb der gesamten, vom Könige beschützten deutschen Kaufmannschaft gemeint war.

So blieb, obwohl sich seit der Jahrhundertwende die Zahl der Städte und mit ihr die der einzelstädtischen Kaufmannshansen rasch vermehrte, die Einheit aller Kaufleute und kaufmännischen Partikularverbände innerhalb einer einzigen, vom Könige beschützten deutschen Fahrtgemeinschaft bewahrt: einer deutschen Hanse, die sich ihrerseits zum Teilverbande innerhalb einer allgemeinen königlichen Untertanenschaft hätte fortbilden können, wenn die königliche Gewalt nicht im Jahre 1250 jenen totalen Zusammenbruch erfahren hätte, der zu ihrem vollkommenen Rückzug aus Niederdeutschland führte. Der letzte deutsche König, von dem wir wissen, daß er sich als Schutzherr des gemeinen niederdeutschen Kaufmanns im Auslande für dessen Interessen verwandte, war der aus England gebürtige König Richard. Denn es geschah auf seine Bitte hin, daß am 15. Juni 1260 sein Bruder, König Heinrich III. von England, den „Kaufleuten des Königreichs Deutschland", welche Eigentümer der Gildehalle der Deutschen zu London seien, den Königsschutz in ganz England bestätigte[486].

§ 230. Das Bewußtsein von dieser Einheit aller deutschen Kaufleute hatte von Anfang an seinen Sitz in jenen Partikularverbänden, die sich im Auslande aufhielten, und übertrug sich von diesen auf die fremden Könige und Fürsten, deren der Kaiser und seine Kaufleute als Vertragspartner für ihre Zwecke bedurften. Nachdem die Könige von England zunächst den einzelstädtischen Fahrtgemeinschaften der Kölner im Jahre 1175/76[487], der Utrechter

---

485 UB der Stadt Lübeck, 1. T. (1843) S. 45 n. 35.
486 UB der Stadt Lübeck, 1. T. S. 231 n. 250.
487 Urkunden von 1175 und 1176 (die letztere bisher zu 1157 datiert): Quellen zur G. der Stadt Köln (wie Anm. 159) Bd. 1, Köln 1860, S. 571 n. 86, S. 544 n. 68 = HUB Bd. 1 (1876) n. 25, 14. Zur Datierung der Urkunde von 1176: Natalie FRYDE, Arnold Fitz Thedmar und die Entstehung der Großen Deutschen Hanse, in: HGbll. 107 (1989) S. 27–42, hier: S. 27 Anm. 2, Hugo STEHKÄMPER,

1209, der Bremer 1213, der Braunschweiger 1230 und der Gotländer 1237 Rechtssicherheit in ihrem Reiche gewährt hatten und diese weiterhin den Hamburgern 1266 und den Lübeckern 1267 gewährten, betrachtete König Heinrich III. von England bereits im Jahre 1260 die Kaufleute aller niederdeutschen Städte als eine einzige Hanse, indem er, wie erwähnt, auf Bitten seines Bruders, des deutschen Königs Richard, den „Kaufleuten des Königreichs Deutschland" den Königsschutz in ganz England bestätigte[488].

Es war der Druck des englischen Gast- und Fremdenrechts, der die Deutschen einigte und dazu zwang, ihre innerdeutschen Konflikte und Rivalitäten zu unterdrücken, um den Ansprüchen, die das gastgebende Land an sie richtete, zu genügen. Als sich Simon von Staveren, Ältermann der Deutschen zu Lynn, im Jahre 1271 mit einer persönlichen Bürgschaft für sechzehn Lübekker Kaufleute einsetzte, die der König des Zollbetrugs bezichtigte, tat er dies nicht nur als Worthalter der Lübecker Hanse, sondern auch als „Aldermann des Römischen Reiches zu Lynn" und als Bürger dieser Stadt[489]. Nur unter dem Druck des Königs kam ferner im Juni 1282 ein Vergleich zwischen der Stadt London und den „Kaufleuten der Hanse von Deutschland" zustande, in dem die Deutschen die (einst von der jetzt völlig abgegangenen Fahrtgemeinschaft der Dänen getragene) Last übernahmen, zu den Baukosten des Londoner Bischofstors beizutragen, wofür die Londoner die ihnen vom Könige verliehenen Privilegien anerkannten[490]. Es war also der Preis, den die Deutschen für ihre Privilegierung zahlen mußten, was sie zwang, die gesamtdeutsche Fahrtgemeinschaft aufrechtzuerhalten, um gemeinsam die Baukosten bezahlen zu können.

Zu dieser Zeit allerdings schlug die englische Krone mit der Konstitution des Parlaments ihrer Stadt- und Grafschaftsgemeinden bereits einen verfassungspolitischen Weg ein, auf dem sie schließlich dahin gelangte, der Geltung des Privilegienrechts in England den Boden zu entziehen. Wie in Deutsch-

---

Friedrich Barbarossa und die Stadt Köln, in: Köln. Stadt und Bistum in Kirche und Reich des MA, FS für Odilo Engels, hg. von H. VOLLRATH und St. WEINFURTER, Köln 1993, S. 367–413, hier: S. 388–391, Natalie FRYDE, Ein ma.licher deutscher Großunternehmer. Terricus Teutonicus de Colonia in England 1217–1247 (VSWG Beihefte Nr. 125), Stuttgart 1997, S. 29f.

488 Herr Kollege Hammel-Kiesow weist mich freundlicherweise darauf hin, daß hierzu die einem Könige Heinrich von England und dem Jahre 1238 zugeschriebene Urkunde UB der Stadt Lübeck 1. T. (1843) S. 86 n. 80 nicht mehr angeführt werden kann, da sie als moderne Fälschung erwiesen ist: Ahasver VON BRANDT, Das angebliche Privileg Heinrichs III. von England für Lübeck, in: HGbll. 71 (1952) S. 84–88.

489 UB der Stadt Lübeck, 1. T. S. 310 n. 329.

490 HUB Bd. 1 (1876) n. 902. FRYDE (1989, wie Anm. 487) S. 29 f. Nils JÖRN, Die Stellung des englischen Ältermannes in der Verfassung des Stalhofes, in: Beiträge zur hansischen Kultur-, Verfassungs- und SchiffahrtsG. Hansische Studien X (Abh. zur Handels- und SozialG. Bd. 31), Weimar 1998, S. 331–341, hier: S. 333.

land das Geleitsrecht, so vollzog in England das gesamte Gästerecht den Schritt vom Privilegien- zum Gesetzesrecht, als König Edward I. am 1. Februar 1303 das Handels- und Gästerecht seines Landes einheitlich nicht nur für die deutschen, sondern für alle fremden Kaufleute regulierte[491].

§ 231. Dieselbe Entwicklung wie in England vollzog sich in der Grafschaft Flandern. Am 24. März 1252 machte Gräfin Margarethe von Flandern öffentlich bekannt, daß sie „auf Antrag der gemeinen Kaufleute des Römischen Reiches und der hamburgischen Stadtgemeinde" deren Rechtsstellung in Flandern reguliert habe, und am 15. April desselben Jahres zeigte sie „den gemeinen Kaufleuten und Stadtgemeinden des Römischen Reiches von Köln, Dortmund, Soest und Münster nebst anderen, mit ihnen einigen (concordantibus)" an, daß sie auf Antrag derselben Kaufleute des Römischen Reiches allen jenen Kaufleuten, die sich in ihrer Stadt Damme aufhalten wollten, bestimmte Freiheiten gewährt habe[492]. Die Kaufmannschaft des Römischen Reiches in Flandern vereinigte also in sich sowohl die von Hamburg ausfahrenden Hansen der wendischen als auch die vom Rhein herkommenden Hansen der rheinisch-westfälischen Städte. Von ihrem Status zeugen das Statut von 1309, mittels dessen die Stadt Brügge „allen den Kaufmannen von dem Römischen Reiche, von welchem Lande oder von welchen Städten aus dem genannten Reiche sie auch sein mögen," ihr im einzelnen dargestelltes Gästerecht bekanntgab[493], und der Rezeß der Lübecker Versammlung vom 20. Januar 1358, an der Ratssendeboten etlicher Städte des sächsisch-wendischen „Drittels aller Kaufleute des Römischen Reiches von Deutschland von der deutschen Hanse, die zu Brügge in Flandern zu verweilen pflegen," beteiligt waren[494]. Noch um die Mitte des 15. Jahrhunderts war Herzog Philipp von Burgund Vertragspartner „der Stadt- und Landgemeinden und Alderleute der deutschen Hanse des Heiligen Römischen Reiches"[495]. Ein Vergleich, über den der deutsche Kaufmann zu Brügge im Jahre 1443 mit der Stadt Sluys wegen der Ermordung hansischer Kaufleute verhandelte, sah die Stiftung einer Sühnekapelle vor, in deren Glasfenstern die Deutschen die Wappen des Kaisers und der Kurfürsten anbringen wollten[496]. Zu dieser Zeit erhielten die hansischen Auslandskontore Wappen für ihre Siegel, und zwar den Doppeladler des Reiches, der inzwischen auch in das Stadtwappen von Lübeck aufgenommen

---

491 HUB Bd. 2 (1879) n. 31 = Quellen hg. von SPRANDEL (1982, wie Anm. 46) S. 208 n. 14.
492 HUB Bd. 1 (1876) n. 421, 428 = Quellen hg. von SPRANDEL (1982, wie Anm. 46) S. 182 n. 6, 186 n. 7.
493 HUB Bd. 2 (1879) n. 154 = Quellen hg. von SPRANDEL (1982, wie Anm. 46) S. 220 n. 15.
494 HR I 1 n. 212 = Quellen hg. von SPRANDEL (1982, wie Anm. 46) S. 283 n. 3.
495 HR II 3 n. 565 vom Jahre 1449, HR II 4 n. 250 vom Jahre 1454, S. o., §§ 32, 33.
496 HR II 3 n. 35 mit S. 24 Anm. 1.

worden war. Der deutsche Kaufmann zu Brügge ließ sich dieses Wappen 1486 von Kaiser Friedrich III. selbst verleihen[497].

§ 232. Wenn sich dagegen der deutsche Kaufmann in Dänemark, Norwegen und Rußland nie als Kaufmann des Römischen Reiches bezeichnete und dies auch von den Königen und Großfürsten nicht verlangte, mit denen er Handelsverträge abschloß, so hat dies seinen Grund gewiß darin, daß er die Seeherrschaft auf der Ostsee von 1159 bis 1180 unter dem Schutze Herzog Heinrichs des Löwen und von 1201 bis 1227 unter dem König Waldemars II. von Dänemark errungen hatte und daß er, soweit er im Ordenslande Preußen und in den livländischen Staaten seßhaft geworden, dem Untertanenverbande des deutschen Königs gar nicht mehr angehörte.

Nachdem die Könige von Dänemark zunächst nur einzelstädtische Fahrtgemeinschaften privilegiert hatten, schloß König Abel im Jahre 1251 einen Friedens- und Geleitsvertrag mit den Umlandfahrern ab, nämlich demjenigen Teile der deutschen Kaufmannschaft, der aus dem Stift Utrecht und der Grafschaft Geldern, von der Zuidersee und der Weser kam, aus Utrecht, Deventer und Kampen, aus Staveren, Zwolle, Elborg, Harderwijk und Zutphen und aus Bremen[498], einer partikularen Fahrtgemeinschaft, die weder in König Wilhelm von Holland noch in den Lübeckern ihr Haupt erblickte. König Magnus von Norwegen regulierte 1278 „auf Antrag und Bitte der vorsichtigen Ratmannen und Gemeinden vieler Seestädte Deutschlands", für die die Lübecker das Wort hielten, das Gastrecht und den Königsschutz für die „Kaufleute deutscher Zunge", die als Gäste in sein Reich kämen[499]. Als die deutsche Fahrtgemeinschaft auf Gotland im Jahre 1280 um den Königsschutz für die Reise nach Estland nachsuchte, benutzte König Erich V. die Gelegenheit, um nicht nur die deutschen und gotländischen, sondern auch alle anderen Kaufleute in seinen Schutz zu nehmen, die in sein Land Estland kämen, um Handel zu treiben[500], worunter er gewiß die preußischen und livländischen Kaufleute verstanden wissen wollte.

Bei diesem Sprachgebrauch blieb es im 14. Jahrhundert. König Magnus II. von Norwegen bestätigte 1343 den „östlichen Seestädten" Lübeck, Hamburg, Wismar, Rostock, Stralsund und Greifswald sowie „den gemeinen Kaufleuten von der deutschen Hanse" die hergebrachten Rechte[501]. Die von der Kölner Konföderation erstrittenen dänischen Privilegien von 1369 und 1370 galten einerseits 37 genannten Städten, nämlich elf im engeren Sinne deutschen, wenn auch nicht als deutsche bezeichneten (von Lübeck bis nach Neustargard und Köln) und dazu sechs in Preußen, vier in Livland und sech-

---

497 Quellen hg. von SPRANDEL (1982, wie Anm. 46) S. 530f.
498 UB der Stadt Lübeck, 1. T. (1843) S. 160 n. 175 = HUB Bd. 1 (1876) n. 411.
499 HUB Bd. 1 (1876) n. 818 = Quellen hg. von SPRANDEL (1982, wie Anm. 46) S. 196 n. 12.
500 UB der Stadt Lübeck, 1. T. (1843) S. 368 n. 401.
501 UB der Stadt Lübeck, 2. T. (1858) S. 723 n. 774.

zehn „an der Zuidersee" (von Groningen bis nach Dordrecht) gelegenen, andererseits zwar eben diesen, aber auch „dazu all den anderen Städten, Bürgern, Kaufleuten und ihrem Gesinde, die mit ihnen in ihrem Orlog und in ihrem Rechte begriffen sind"[502], ohne daß das Verhältnis beider Aufzählungen zu einander und der Charakter ihres Gesamtverbandes als Einung gekennzeichnet, geschweige denn die Gesamtheit mit einem Namen bedacht worden wäre. Die Fahrtgemeinschaft der deutschen Kaufleute in der Ostsee, die sich aus süderseeischen, niederdeutschen, preußischen und livländischen Partikularverbänden zusammensetzte, drohte sich aus dem Zusammenhange mit dem deutschen König und dem Römischen Reiche ganz herauszulösen, ohne daß man dies in England und Flandern zur Kenntnis nahm oder zur Kenntnis brachte.

3.1.2. Konkurrenz zwischen Landrecht und Einungsrecht

§ 233. Spätestens mit dem Tode des freilich nur im Rheinlande wirksam gewesenen Königs Richard im Jahre 1272 verlor die hansische Kaufmannschaft den letzten jener königlichen Schirmherren, die ihr bis dahin jedenfalls zeitweise als Beschützer im Auslande zur Verfügung gestanden hatten, denn die seit 1273 erhobenen deutschen Könige blieben in Niederdeutschland machtlos und zeigten keinerlei Interesse daran, die schirmherrlichen Pflichten wieder auf sich zu nehmen. Indessen die politische Machtlosigkeit der Könige bedeutete nicht zugleich auch die verfassungsmäßige Entbehrlichkeit der königlichen Institution. Vogt, Ratmannen und Gemeinde von Lübeck verglichen zu dieser Zeit die Geltung ihrer Willküren mit der des Kaiserrechts, ohne dabei ihrer Reichsfreiheit zu gedenken, da das lübische Recht ja auch in landsässigen Städten galt: „Wie die Edikte der kaiserlichen Hoheit von allen weltlichen Personen fest und unverbrüchlich beobachtet werden müssen, so muß von Rechts wegen alles Vergleichbare, was der Rat der Vornehmen einer Stadtgemeinde anordnet, gemäß dem bürgerschaftlichen Eide (secundum iusiurandum civitatis) von allen seinen Mitbürgern festiglich beobachtet werden"[503].

So kommt es, daß die Ratssendeboten der Hansestädte das Königtum niemals völlig aus dem Auge verloren und sich seit der Mitte des 14. Jahrhunderts immer wieder einmal mit dem Verhältnis der Hansestädte zu Kaiser und Reich beschäftigen mußten. Denn auch im Deutschen Reiche stand in dieser für die Ausbildung des europäischen Ständestaates und des ständischen Parlamentarismus grundlegenden Zeit ein Verfassungsproblem auf der Tagesordnung, das für den hansischen Kaufmann von hoher Bedeutung war: nämlich die Versöhnung des bisher nur durch königliche und fürstliche Privi-

---

502 HUB Bd. 4 (1896) n. 323, 343 = Quellen hg. von SPRANDEL (1982, wie Anm. 46) S. 226 n. 17, 228 n. 18.
503 Stadtrecht von Lübeck von 1260–1276, pr., in: Quellen hg. von SPRANDEL (1982, wie Anm. 46) S. 14.

legien gerechtfertigten Einungsrechtes, auf dem die den gemeinen Kaufmann schützenden Gemeinden und Verbände beruhten, mit dem Land- und Reichsrecht, das den Einungen freier Bauern und Bürger seit jeher feindselig gegenübergestanden hatte, weil es an ihnen vor allem die verschwörerische Mißachtung jeder königlichen und fürstlichen Gewalt erfaßte. Gegenüber den wiederholten reichsgesetzlichen Verboten jeglicher Schwureinung[504] gewährten aber die Kommuneprivilegien nur einen prekären Schutz, da deren Aussteller ihre Geltung an die Bedingung knüpften, daß das Einungs- und Willkürrecht dem Landrecht und der fürstlichen Hoheit keinen Abbruch tat. Konstatierte der Privilegiengeber den Bruch dieser Bedingung und damit einen Mißbrauch des Privilegs, so war er dazu berechtigt, es zu widerrufen. Im Vergleich zum seit jeher dagewesenen und, wie der Sachsenspiegel meinte, von Gott geschaffenen Landrecht, aber auch zum Willen des gottgegebenen Kaisertums schufen Einungen, wenn überhaupt, dann doch nur ein minderes Recht, da sie nicht aus Gott, sondern lediglich aus menschlichem Vorwitz und menschlicher Willkür entsprangen.

§ 234. Allgemein galt daher für das Willkürrecht der Grundsatz, es dürfe die stadt- oder landesherrliche Gerichtsbarkeit nicht dadurch gemindert werden, daß die Bürgerschaft die Verletzung der bürgerlichen Zucht unter dem Gesichtspunkte des Eidbruchs selbst verfolgte. Lange Zeit waren Fürsten und Gemeinden den damit aufgeworfenen Problemen dadurch entkommen, daß ihre beiderseitigen Gerichtsbarkeiten einander grundsätzlich ignorierten[505]. Dies war möglich gewesen, solange die stadtrechtlichen Straftatbestände in der Regel neu waren und keine Entsprechungen im Landrecht hatten, solange also der Eidbruch nicht zugleich auch einen landrechtlichen Rechts- und Friedensbruch darstellte. Aber je reicher sich das städtische Leben entfaltete und je schwerer die städtische Steuerkraft bei der politischen Lösung gemeinnütziger Aufgaben ins Gewicht fiel, um so brüchiger wurde das auf gegenseitige Ignoranz gegründete Verhältnis zwischen kommunaler und fürstlicher Gewalt.

Nur in Italien und nur in dem jetzt weit zurückliegenden Konstanzer Vertrag von 1183[506] hatte das Reich einmal den Versuch gemacht, einen Kompro-

---

504 König Heinrich (VII.) 1231: Quellen zur deutschen Verfassungs-, Wirtschafts- und SozialG. bis 1250, ausgewählt und übersetzt von Lorenz WEINRICH (Freiherr vom Stein-Gedächtnisausgabe Bd. 32), Darmstadt 1977, S. 418 n. 106, Kaiser Friedrich II. 1232: ebenda S. 428 n. 113, Kaiser Karl IV. 1356: Quellen zur VerfassungsG. des Römisch-deutschen Reiches im SpätMA, ausgewählt und übersetzt von Lorenz WEINRICH (Freiherr vom Stein-Gedächtnisausgabe Bd. 33), Darmstadt 1983, S. 314 n. 94 c. XV. – Dazu Sachsenspiegel, Landrecht III 79 § 1.
505 Rudolf SCHRANIL, Stadtverfassung nach Magdeburger Recht: Magdeburg und Halle (Untersuchungen zur deutschen Staats- und RechtsG., 125. Heft), Breslau 1915, S. 214, 220f. W. EBEL, Bürgereid (1958, wie Anm. 480) S. 105.
506 MGH Constitutiones Bd. 1 (1893) S. 408 n. 293.

miß zwischen Königsmacht und Stadtfreiheit zu finden und durch Gesetz die kommunale Autonomie mit der Reichsverfassung in Einklang zu bringen. In England hatte seit dem Ende des 13. Jahrhunderts das Königtum die Stadt- und Grafschaftsgemeinden an das Königreich herangeführt, indem es sie als Teilverbände einer Reichsgemeinde anerkannte, um sie einerseits als Steuerzahler für die Reichsaufgaben in Anspruch zu nehmen, andererseits aber auch als in den Parlamenten versammelten Gesamtverband zu Worte kommen zu lassen und damit ihnen Einfluß auf die Gestaltung der Reichspolitik zu gewähren. Der gleiche Vorgang vollzog sich im 15. Jahrhundert in den Niederlanden, soweit sie unter den Herzögen von Burgund in einem Gesamtstaate vereinigt wurden.

Zu dieser Zeit begannen die Hansestädte immer deutlicher zu spüren, daß in Westeuropa das Zeitalter der durch Privilegien geschützten Sonderrechte zu Ende ging und daß sie gegenüber dem vom Könige oder Herzog im Einvernehmen mit den Ständen gefundenen Gesetzesrecht ins Hintertreffen geraten würden, wenn sie auf der Konservierung hochmittelalterlicher Verfassungsformen beharrten (oben, §§ 32 bis 38, 228, 231). Aber auch im eigenen Lande mußten sie an dem überregionalen Einfluß, den jetzt die westfälischen Freigerichte gewannen, und an der zunehmenden Zahl sehr lästiger königlicher Achturteile erfahren, daß dem von diesen Gewalten bestenfalls geduldeten oder ignorierten Einungsrecht schwere Zeiten bevorstanden. Wie den englischen und niederländischen, so stellte sich den hansischen Städten die Frage, ob es nicht an der Zeit sei, mit der Übernahme von Pflichten gegenüber Kaiser und Reich eine gesetzliche Anerkennung ihrer Einungen und Willküren zu erkaufen und dadurch der ständig drohenden Gefahr, ihre Privilegien zu verlieren, zuvorzukommen.

§ 235. Besonders klar ausgeprägt findet sich das Nebeneinander von Landrecht und Willkür in der Bischofs- und Hansestadt Magdeburg. Wohl nicht zuletzt wegen dieser verfassungsgeschichtlichen Eigenart konnten sich die Magdeburger erst spät dem Verbunde der Hansestädte anschließen – erst seit 1412 erscheinen ihre Ratssendeboten auf den hansischen Tagfahrten –, um dann aber allmählich zum Haupte des sächsischen Hansequartiers emporzusteigen[507]. Spätestens seit dem 12. Jahrhundert gab es in Magdeburg ein grafschaftsgleiches Landgericht, das der Erzbischof als vom Könige bestimmter Gerichtsherr, gemäß den Grundsätzen der hochmittelalterlichen deutschen Gerichtsverfassung, durch einen mit dem Königsbann ausgestatteten Vogt verwalten ließ. Dieser Vogt, der seit der Mitte jenes Jahrhunderts den Titel Burggraf führte, hatte dreimal im Jahre das Echteding zu hegen. Dem vierzehntägig zusammentretenden gebotenen Ding saß dagegen ein Untervogt oder Schultheiß vor, der ebenso wie die zu Urteilsfindern bestimmten

---

507 Berent SCHWINEKÖPER, Magdeburg, in: Handbuch der hist. Stätten Deutschlands Bd. 11: Provinz Sachsen-Anhalt (Kröners Taschenausgabe Bd. 314), Stuttgart ²1987, S. 288–316, hier: S. 302.

Schöffen seine Amtsgewalt vom Burggrafen empfangen haben wird. Wie nach deutschem Recht allgemein üblich, waren die gerichtlichen Funktionen zwischen Burggraf und Schultheiß als Richtern und den Schöffen als Urteilern derart aufgeteilt, daß dem Richter außer dem Vorsitz und der Prozeßleitung auch der Gerichtszwang zustand, kraft dessen er das Urteil zu gebieten und zu vollstrecken hatte, während die Rechtserkenntnis und Urteilsfindung den Schöffen oblag.

Das Gerichtsverfahren war, dem Rechtsverständnis der Schöffen als Laienrichter entsprechend, an strenge Formen gebunden, deren Verletzung die schuldige Partei dem Richter mit Wedde oder Bußgeldern bezahlen mußte; im schlimmsten Falle konnte sie ihr sogar den Verlust ihres Rechtes einbringen. Die streitenden Parteien waren daher gut beraten, wenn sie sich, um nicht an diesen Klippen zu scheitern, der Dienste erfahrener Fürsprecher bedienten. Der vorsitzende Richter, der ihnen das Wort erteilte, sie selbst und ihre Zeugen befragte und über Vorlage und Prüfung von Urkunden entschied, hatte insoweit zwar die Leitung des Verfahrens in der Hand, aber über die Rechtmäßigkeit einer jeden seiner Handlungen wie auch derer des Gegners konnten die Parteien jederzeit von den Schöffen ein Zwischenurteil erfragen, das dann den Gang des Verfahrens bestimmte. Auch wenn der Richter oder eine Partei der anderen einen Formfehler vorwarf, war darüber ein Urteil zu erfragen, das dem Richter gegebenenfalls das Weddegeld zusprach[508]. Neben der Funktionsteilung zwischen Richter und Schöffen bildete dieser Fortgang des Verfahrens im Widerspiel von Rechtsfrage und Urteilsantwort über jede einzelne streitige Rechtsauffassung bis hin zu dem Punkte, an dem schließlich der Richter die Schöffen aufforderte, ihm das Endurteil zu weisen, das typische Merkmal des sächsischen Land- und Stadtgerichtsprozesses[509].

Der Schultheiß pflegte, gleich den Schöffen, der Magdeburger Ministerialität und begüterten Kaufmannschaft zu entstammen. Daher war er – im Gegensatz zu dem hochadligen Burggrafen – im städtischen Gerichtsbezirk jederzeit erreichbar, und so wird ihm mit dem Notgericht über handhaft ergriffene Verbrecher, dessen Leiter des Königsbanns nicht bedurfte, von vornherein auch die blutige Strafgerichtsbarkeit zugestanden haben. War dagegen die Tat übernächtig geworden, so stand dem Geschädigten die peinliche Klage nicht mehr offen. Er mußte das Echteding anrufen, wo es, was die Verfahrensweise anlangte, keinen Unterschied zwischen ‚burglichem' und peinlichem Verfahren gab[510] und sich der Täter jeder Schuld mittels Geldsüh-

---

508 G. SELLO, Kleine Beiträge zur G. Erzbischof Wichmanns von Magdeburg, in: Geschichtsblätter für Stadt und Land Magdeburg 21 (1886) S. 253–271, hier: S. 267f.
509 J. WEITZEL (1989, wie Anm. 7).
510 Die Magdeburger Schöffensprüche für Groß-Salze, Zerbst und Anhalt, Naumburg, hg. und bearb. von Victor FRIESE und Erich LIESEGANG, Berlin 1901, S. 805f.

ne entledigen konnte. Jedoch wird die dem Burggrafen zustehende sogenannte Sühnehochgerichtsbarkeit im Laufe des 13. Jahrhunderts auf dem üblichen Wege[511] auf den Schultheißen und die gebotenen Dinge übergegangen sein, so daß dem Burggrafen schließlich nur noch die Hinrichtung der unter Vorsitz des Schultheißen verurteilten Missetäter übrigblieb und der Königsbann nur noch ein Blutbann war. Dieser Rest an Befugnissen brachte dem Burggrafen aber nur noch so wenig an Vorteilen ein, daß er schließlich bereit war, auf dieses kostspielige Vorrecht zu verzichten. Dies geschah im Jahre 1294, als die Stadtgemeinde sowohl das Burggrafen- als auch das Schultheißenamt durch Kauf an sich bringen konnte[512] und vom Erzbischof das Versprechen erlangte, die Burggrafschaft nicht wieder auszutun und die Stellen des Schultheißen und der Schöffen nur noch mit Männern zu besetzen, die die Stadtgemeinde kiesen und ihm zur Anwäldigung präsentieren würde. Seither übte der Erzbischof persönlich die dem Burggrafen zuletzt noch verbliebenen Rechte aus. Insbesondere bestallte er den Schultheißen und verlieh ihm den Blutbann, den er selbst als nicht besonders aufgeführtes Zubehör der Regalien bei seinem Amtsantritt vom Kaiser empfangen hatte[513].

§ 236. Als Vertrauensleute der städtischen Dinggenossenschaft hatten die Schöffen zunächst auch die außergerichtlichen Geschäfte der (mit jener den beteiligten Personen nach identischen) Stadtgemeinde besorgt, und seit 1213 hatten ein oder mehrere Bürgermeister an der Spitze der Schöffenratmannen gestanden. Diese waren im 13. Jahrhundert gleichzeitig sowohl lebenslänglich bestallte Schöffen im Landgericht als auch alljährlich umgesetzte Ratmannen in einem dreischichtigen Rat gewesen, geleitet in der ersten Eigenschaft von den herrschaftlichen Richtern und in der zweiten von den gemeindlichen Bürgermeistern. Bald dürften allerdings auch erste Nichtschöffen zum Rate hinzugezogen worden sein. Da im Jahre 1261 je acht Schöffen und Ratmannen eine Rechtsmitteilung an Breslau ausgaben, in der alle acht Schöffen, aber nur vier von den Ratmannen mit dem Titel Herr versehen sind, ist anzunehmen, daß es damals zwölf Schöffen gab, die sämtlich hier genannt werden, und daß je vier von ihnen zusammen mit vier Nichtschöffen den jährlich umgesetzten regierenden Rat bildeten[514]. Als die Stadtgemeinde im Jahre 1294 das nun zum städtischen gewordene Landgericht erwarb, schaffte sie alsbald

---

511 H. HIRSCH (1922, wie Anm. 234) S. 54f., 70f., 79.
512 SCHRANIL, Stadtverfassung (1915, wie Anm. 505) S. 153–157, 206, 209. SCHWINEKÖPER, Magdeburg (²1987, wie Anm. 507) S. 301.
513 UB der Stadt Magdeburg, bearb. von Georg HERTEL, Bd. 3, Halle 1896, n. 625, 626, 628 vom Jahre 1486. Wie Eckard MEISTER, Ostfälische Gerichtsverfassung im MA, Berlin 1912, S. 49, gezeigt hat, besaßen die ostfälischen Frei- und Schultheißengerichte im 14. Jh. unter gräflicher Gerichtsherrschaft allgemein den Blutbann. SCHRANIL (1915, wie Anm. 505) S. 74–76, 168f., geht auf die Verhältnisse des 15. Jh. nur beiläufig ein.
514 Theodor GÖRLITZ, Die Anfänge der Schöffen, Bm. und Ratsmannen zu Magdeburg, in: ZRGG 65 (1947) S. 70–85, hier: S. 78–80, 84f.

das Institut der Schöffenratmannen ab. Als neuen Schultheißen präsentierte sie dem Erzbischof den Vorsteher der Kürschnerinnung und Ratmann Thilo Wesseke. In einer Rechtsweisung an Breslau von 1295 stehen elf Schöffen dem Bürgermeister und elf Ratmannen gegenüber; die Schöffen waren also aus dem Rate ausgeschieden, und der Bürgermeister hatte sich diesem angeschlossen.

Im Jahre 1336 ging die Stadt so weit, die Zugehörigkeit von Schöffen zum Rate endgültig zu unterbinden. Den Rat besetzten jetzt nicht mehr nur die seit alters ratsfähigen Geschlechter, sondern auch die Meister der fünf großen Innungen (Gewandschneider, Schuhmacher-Gerber, Knochenhauer, Kürschner, Leinwandschneider) und seit 1330 auch die der kleinen Innungen. Außerdem setzte die Gemeinde, nachdem sie sich wegen einer Münzverschlechterung gegen den Rat erhoben hatte, im Jahre 1402 aus ihrer Mitte hundert Männer als Sprecher ein, die der Rat hinfort zu den Entscheidungen in hochbeschwerlichen Geschäften hinzuziehen mußte[515]. Standen derartige Entscheidungen an, so hatte der sitzende oder regierende Rat nunmehr den „ganzen gemeinen Rat" zu versammeln, zu dem außer ihm der Schultheiß und die Schöffen, die beiden im Freijahre stehenden Schichten des Rates und die Hundertmänner gehörten[516]. Obwohl im „ganzen gemeinen Rate" auch wichtige Entscheidungen der Schöffen, sei es über Urteile des eigenen Gerichts oder über von auswärts erbetene Rechtsbelehrungen, vorberaten werden konnten, so daß die Einheitlichkeit der Rechtsbildung in Schöffenkolleg und Rat gesichert blieb, waren doch die Wirkungsbereiche hier des sächsischen Land- und Stadtrechts und dort der städtisch magdeburgischen Willkür nun streng voneinander geschieden. Für alle Rechtsstreitigkeiten, die die Anwendung des Sachsenrechts erforderten und mit dem Urteil dessen Besserung zur Folge haben konnten, war hinfort einzig und allein das Schöffengericht, für den Bruch des Bürgereides und des von den Bürgern eidlich verwillkürten Stadtrechts dagegen der Rat zuständig.

Ebenso beharrlich, wie sich die Schöffen weigerten, über jemanden wegen Bruchs der Willkür zu richten, verwehrten sie es dem Rate, seine Befugnis zur Rechtsbesserung über die kommunalen Angelegenheiten hinaus zu erstrecken und dabei auch blutige Strafen festzusetzen. Der Magdeburger Rat konnte die Einhaltung der Willküren nur mit Geldstrafen und Verfestung, nicht jedoch bei Hals und Hand erzwingen[517]. Ebenso war es dem Rate verwehrt, den Rechtszug vom Schöffengericht an sich zu bringen. Vielmehr ging dieser im Falle der Rechtsverweigerung von Schultheiß und Schöffen an den Erzbi-

---

515 SCHRANIL (1915, wie Anm. 505) S. 212f., 235f. SCHWINEKÖPER (²1987, wie Anm. 507) S. 301f.
516 Magdeburger Schöffensprüche (1901, wie Anm. 510) S. 824 f.
517 SCHRANIL (1915, wie Anm. 505) S. 220 f. Wilhelm EBEL, Die lübische Rechtfindung, in: Gedächtnisschrift Rörig (1953, wie Anm. 156) S. 299–310, hier: S. 310.

schof[518] und im Falle der Urteilsschelte schließlich an den König[519], unter dessen Bann der Schultheiß das Urteil auszugeben hatte. Während die Gemeinden in Hamburg, Bremen, Goslar und auch in Lübeck ausdrückliche Verbote des Rechtszuges an das Reich erlassen konnten, erklärten die Magdeburger Schöffen entsprechende Ratssatzungen stets für unwirksam[520]. Da sie damit offensichtlich keineswegs ihren Bürgereid brachen, ergibt sich der Schluß, daß zwischen ihrer eidlich beschworenen Bürgerpflicht und der ebenfalls beschworenen Amtspflicht eines Schöffen kein Konflikt möglich war, da beide Eide einen Treuvorbehalt zugunsten des Erzbischofs enthalten haben müssen. Denn der Erzbischof war kraft königlicher Belehnung sowohl Gerichtsherr als auch Stadtherr und damit Garant sowohl des Kommuneprivilegs als auch des Sachsenrechtes.

§ 237. So blieb im magdeburgischen Rechtskreise der Rat stets auf die Vollmacht beschränkt, die ihm kraft seiner Identität mit der Gemeinde zukam und die mit Recht und Gericht gar nichts zu tun hatte. Die strafende Durchsetzung der gemeindlichen Willküren, denen sich jeder Bürger und Einwohner im voraus durch Bürgereid und Gelübde unterworfen hatte, war kein gerichtlicher Prozeß im Sinne des Sachsenrechts. Der Rat traf seine Entscheidung in einem weitgehend formlosen Verfahren, dem sowohl die landrechtlich gebotene Teilung der Funktionen von Richter und Urteilern als auch der Parteienstreit mit Rechtsfragen der Beteiligten und Rechtsweisung von Seiten der Gemeinde oder ihrer Worthalter ermangelte[521], war doch der Rat mit der Gemeinde identisch und daher unmittelbar Herr eines Verfahrens, welches im Kern stets ein Vorgehen der Gemeinde gegen ein eidbrüchiges Gemeindeglied darstellte. Dieses Vorgehen bedurfte keines Klägers, da der Bürgereid jeden Eidgenossen verpflichtete, den meineidigen Schwurbruder dem Rate zu denunzieren (was nicht öffentlich zu geschehen brauchte) bzw. als Denunzierter der Ladung vor den Rat zu gehorchen. Formlos verlief auch die Vernehmung des Beschuldigten, der keinen anderen Verfahrensschutz genoß als die eidliche Selbstbindung des Rates, der bei Mißbrauch seiner Vollmacht jenen tumultuarischen Widerspruch der Gemeinde zu befürchten hatte, der im Jahre 1410 den Hamburger Bürger Heine Brandes vor

---

518 UB der Stadt Magdeburg Bd. 3 (1896, wie Anm. 513) n. 1028 vom 21. Jan. 1497, hier: S. 609: Appellation von Schultheiß und Schöffen an den Erzbischof nur dann zulässig, wenn der Kläger erweisen kann, daß Schultheiß und Schöffen ihm das Recht verweigert hätten und der Rat dies nicht durch gütliche Vermittlung aufgehoben habe. SCHRANIL (1915, wie Anm. 505) S. 169.
519 Sachsenspiegel Landrecht II 12 § 4.
520 Jürgen WEITZEL, Reichsabschied 1532 Titel III § 12: Zur EntstehungsG. und Bedeutung des ersten Reichsgesetzes gegen landesherrl. Appellationsverbote, in: Consilium magnum 1473–1973 (1977, wie Anm. 71) S. 457–477, hier: S. 468ff.
521 Jürgen WEITZEL, Dinggenossenschaft und Recht (Quellen und Forschungen zur höchsten Gerichtsbarkeit im alten Reich Bd. 15), Köln–Wien 1985, S. 1314–1321.

der Allmacht des Rates in Schutz nahm (oben, §§ 113 bis 116), und formlos, nämlich nicht in Gestalt eines im Wege des Rechtszwangs vollstreckbaren gerichtlichen Spruches, entschied der Rat auch über die Strafe bis hin zum Stadtverweis, die der überführte Täter auf sich nehmen mußte. Das Ratsdekret war selbst eine Willkür, nämlich willkürliche Bestimmung dessen, was in der eidlich bekräftigten Bürgerpflicht im einzelnen enthalten sein sollte.

Auch nach dem Erwerb des Schultheißenamtes im Jahre 1294 gelang es dem Rate zu Magdeburg nicht, seinen Einfluß auf das Stadtgericht über die Vorberatung wichtiger Schöffensprüche im ganzen gemeinen Rate hinaus zu erweitern, die zwar von seiner gemeindlichen Vollmacht gedeckt war, gleichwohl aber für die Schöffen rechtlich unverbindlich blieb, geschweige denn, daß er imstande gewesen wäre, die Mediatisierung durch den Erzbischof derart zu durchbrechen, daß er anstatt seiner den Gerichtsbann vom Kaiser hätte empfangen und an den Schultheißen weitergeben können – was zwar nicht im Wege lehnrechtlicher Verleihung, wohl aber als amtsrechtliche Übertragung immerhin möglich gewesen wäre[522]. Dies hätte indessen auf Seiten der Stadt nicht nur die Macht, um den Erzbischof zum Verzicht zu bewegen, sondern auch den Willen vorausgesetzt, gegenüber dem Reiche Pflichten zu übernehmen und sich mit einem Anteil an den Lasten des Reiches zu beladen, und an beiden Voraussetzungen ließen es die Magdeburger fehlen. Letzten Endes zogen sie doch die Landsässigkeit der Reichsstandschaft vor, und nachdem sie jene in Verträgen mit dem Erzbischof 1486 und 1497 anerkannt, waren alle späteren Versuche, die Reichsunmittelbarkeit doch noch zu gewinnen, zum Scheitern verurteilt.

§ 238. Anläßlich der Verhandlungen über den Vergleich von 1486 ergab sich Einigkeit darüber, daß der Erzbischof dem ihm vom Rate zum Schultheißenamte Präsentierten dieses Amt mitsamt dem Bann zu verleihen habe, strittig dagegen blieb die Frage, inwieweit der sitzende Rat an der Blutgerichtsbarkeit teilhaben konnte. Die Stadt verlangte, daß der vom Erzbischof mit Amt und Bann beliehene Schultheiß „dann Macht haben soll, den Bann und Blutgericht fürder dem Rate der Altstadt Magdeburg zu befehlen", damit der Rat, wenn das Richteramt durch Tod oder Resignation eines Schultheißen vakant werde, „in der Zwischenzeit ... den Bann und über das Blut zu richten Macht habe, inmaßen der Schultheiß zu tun gehabt hätte"[523]. In dem Vergleich dage-

---

522 Nach Karl-Friedrich KRIEGER, Die Lehnshoheit der deutschen Könige im SpätMA (Untersuchungen zur deutschen Staats- und RechtsG., NF Bd. 23), Aalen 1979, S. 303–307, begannen die Reichsstädte, darunter Dortmund, Hamburg, Nordhausen, seit der Mitte des 14. Jh. der passiven Lehnsfähigkeit teilhaftig zu werden. – Der Stadt Goslar bestätigte Kaiser Ludwig IV. im Jahre 1340 das Heerschildrecht der Ritterschaft und die passive Lehnsfähigkeit, UB der Stadt Goslar, bearb. von Georg BODE, Bd. 4, Halle 1905, n. 120.
523 UB der Stadt Magdeburg Bd. 3 (1896, wie Anm. 513) n. 626: Entwurf eines Vergleichs zwischen Erzbischof und Stadt, ohne Datum.

gen heißt es zwar einerseits: „Und dieweil solches Amt unverliehen ist, soll der Bann und Blutgericht in des Rats zu Magdeburg Bestellung stehen," andererseits aber wurde „des Blutgerichts halben, das die von Magdeburg vermeinen zu dem Banne nicht gehören solle, sondern ihnen in Sonderheit zustehe," was der Erzbischof ihnen indessen nicht einräume, ein weiteres Schiedsgericht vorgesehen[524].

Vermutlich geht die Unterscheidung zwischen dem unter Banngewalt gehegten Blutgericht des Schultheißen und dem nicht dazugehörigen Blutgericht der Stadtgemeinde auf den alten landrechtlichen Unterschied zwischen ordentlicher, unter Königsbann ausgeübter Hochgerichtsbarkeit und außerordentlicher, über handhaft ergriffene Missetäter von einem Notrichter ohne Banngewalt gehandhabter Blutgerichtsbarkeit zurück, denn den Notrichter pflegte die von dem Geschädigten zusammengerufene Gerichtsgemeinde zu erheben und zu ermächtigen[525], ohne den Willen des Königs zu erfragen, und deren Worthalter war jetzt der Rat. Offenbar wußte man die Magdeburger Gerichtsverfassung dieser Zeit nicht mehr mit den Vorschriften des Sachsenspiegels über den Königsbann (Landrecht III 64 §§ 4, 5, 8, 9) zu vereinbaren, geschweige denn genetisch zu verbinden; zu lange war es her, daß ein König ins sächsische Land gekommen war, um seine Bannrechte selbst wahrzunehmen und weiterzugeben. Daher vertrug sich der Erzbischof ein halbes Jahr später, nachdem er den Schultheißen mit Amt und Bann beliehen, der Stadtgemeinde jedoch „den Oberbann und Blutgericht hier binnen der Altstadt Magdeburg befohlen" hatte, mit der Stadt dahingehend, daß „die Oberkeit (de overyge) des Oberbanns und Blutgerichts" auch nach des Erzbischofs Tode und während der Sedisvakanz solange „in unseren des Rates der Altstadt Magdeburg Händen und Macht stehen" sollte, bis ein neuer Herr ins Stift Magdeburg käme und ihm „den Oberbann und Blutgericht ... von neuem befehle"[526]. Die neuen, ungewöhnlichen Begriffe, die dieser Vergleich benutzte, zeugen von dem unvermeidlich gewordenen Versuch, eine vom Königtum losgelöste Gerichtsverfassung in angemessene Worte zu fassen. Die Banngewalt des Rates leitete sich nicht unmittelbar vom Könige her, der Oberbann war kein Königsbann mehr.

§ 239. Ganz anders lagen die Verhältnisse in den wendischen Städten, deren Kaufmannschaften den Kern der deutschen Hanse bildeten und deren Räte am meisten dazu beitrugen, die gesamtdeutsche Einung des ins Ausland reisenden gemeinen Kaufmanns über jene Zeiten hinweg zu erhalten, da das deutsche Königtum seiner alten Amtsgewalt verlustig ging und sich außerdem aus Norddeutschland weitgehend zurückzog. Zwei Gründe sind es vor

---

524 UB der Stadt Magdeburg Bd. 3 n. 628: Schiedsspruch und Rezeßbrief vom 10. Dez. 1486, hier: Ziffer 4.
525 Sachsenspiegel Landrecht I 55 § 2, I 56, I 57.
526 UB der Stadt Magdeburg Bd. 3 n. 655: Revers der Stadt für Erzbischof Ernst vom 3. Juli 1487.

allem, aus denen die Gerichtsverfassung der wendischen Städte und der Städte lübischen Rechts zu anderen Formen gelangte, als sie sich in Magdeburg und im magdeburgischen Rechtskreise herausbildeten. Einmal hatten die nördlichen sächsischen Länder, bei sonst der ostsächsischen gleichender Gerichts- und Verfahrensordnung, die Einrichtung des Schöffenkollegs nicht übernommen; die Urteile zu finden war hier stets Aufgabe der Dingversammlung selbst und ihrer wechselnden Worthalter geblieben, und zweitens pflegten die weltlichen Fürsten der sächsisch-wendischen Lande ihre eigene Macht im Wege der Erbteilung soweit zu verkürzen, daß sie sich in den Hansestädten um fast jeden stadt- und gerichtsherrlichen Einfluß brachten.

Sowohl in den aus älteren Marktsiedlungen erwachsenen als auch in den seit 1159 neugegründeten Städten gab es anfänglich als Vogtdinge bezeichnete, aber auf den Stadtbezirk und die Stadtgemeinde beschränkte Landgerichte nach nordsächsischem oder holsteinischem Rechte, in denen ein vom Gerichtsherrn ernannter oder erbberechtigter, vom Könige mit der Banngewalt begabter Hochrichter dreimal jährlich das Echteding, der Vogt dagegen das gebotene Ding oder Niedergericht hegte, jedoch hatte in allen Städten, ohne daß unsere Quellen den Vorgang beleuchten, der Vogt im Verlaufe des 13. Jahrhunderts genauso, wie es der Magdeburger Schultheiß tat, die Hoch- und Blutgerichtsbarkeit an sich gezogen. Anders aber als in Magdeburg, wo der Stadt- und Gerichtsherr die verkümmerte Burggrafschaft schließlich wieder an sich nahm und seine hochrichterlichen Befugnisse stets behauptete, fehlen in den wendischen Städten alle Spuren sowohl vom Amte dieses einstigen Hochrichters als auch von dem blutigen Notgericht über handhafte Missetäter, dessen Aufgaben ebenfalls das Vogtding übernommen haben muß, ohne deswegen die Bezeichnung Niedergericht einzubüßen.

Zu dem Echteding, das die Gerichtsordnung und das Sachsenrecht bewahrte und über Leben, Freiheit und Eigentum der erbgesessenen Dinggenossen richtete, waren alle haussitzenden Bürger dingpflichtig, während zum Niedergericht nur die streitenden Parteien und die vom Vogte geladenen Gerichtspersonen und Urteiler zu erscheinen brauchten. Gemäß seiner Herkunft aus dem Landrechte blieben dem Niedergericht stets die Funktionsteilung zwischen Richter und Urteilern und das dinggenossenschaftliche Verfahren mit Fragerecht der Parteien und Urteilspflicht des Umstandes eigentümlich. Zuständig war das Vogtding, seit es Hochgericht geworden, für Rechtsstreitigkeiten aller Art. Da nach sächsischem Rechtsverständnis die städtischen Willküren nicht Recht, sondern lediglich vom Rechte geduldete Übereinkünfte waren, konnte über ihren Bruch das lübische Niedergericht ebensowenig urteilen wie das magdeburgische Schöffengericht[527].

§ 240. Auch in den wendischen Städten hatten die Ratmannen von Hause aus nichts mit Recht und Gericht zu tun. Da aber die Bürgerschaft, deren

---

527 W. EBEL, Lüb. Rechtfindung (1953, wie Anm. 517) S. 302–304. DERSELBE, Lüb. Recht (1971, wie Anm. 74) S. 254–269, 319, 328f.

Wort sie hielten, mit der Dinggenossenschaft des Vogtgerichts identisch war, konnten sie als einflußreiche Bürger und Rechtskundige, weil es in der Gerichtsversammlung keine Schöffen gab, bei der Urteilsfindung sehr wohl den Ausschlag geben. Ihr Einfluß verstärkte sich, da Kaiser Friedrich II., als er im Jahre 1226 Lübeck zur Reichsstadt erhob, zugleich bestimmte, daß sich kein Auswärtiger mehr um die Vogtei bewerben durfte[528]. Ein Lübecker Bürger aber schuldete als Vogt, genauso wie die Urteiler, kraft Bürgereides dem Rate Gehorsam. Spätestens seit 1247 durfte denn auch der Vogt zu Lübeck, wie hernach ebenfalls zu Hamburg und in anderen Städten, nur noch dann Gericht halten, wenn zwei Herren des Rates neben ihm saßen, um darauf zu achten, daß niemandem Unrecht geschehe, und schon das Lübecker Stadtrecht von 1260/76 bestimmte, daß erbenloses Gut nicht mehr zur Gänze „der königlichen Gewalt" zufallen sollte, sondern nur noch zur Hälfte: Die andere Hälfte gehörte nun der Stadt[529].

Diese Normen können zunächst nur städtische Willkür und ihre Beachtung für den Vogt nur eine Bürgerpflicht gewesen sein. Dies ergibt sich daraus, daß zu Wismar Richteherren oder Vögte des Rates seit 1323 genannt werden, obwohl von 1311 bis 1373 die Vogtei in der Hand des Stadt- und Gerichtsherrn lag[530], der eine solche, seiner Hoheit abträgliche Einrichtung schwerlich zugelassen haben dürfte, wenn die Wismarer sie als Besserung des Landrechts hätten einführen wollen. Aber der für das Rechtsbewußtsein der Laien, besonders im Mittelalter, so überaus wichtige Augenschein mußte rasch bewirken, daß man die Willkür als Rechtsnorm verstand, gab es doch im 13. Jahrhundert genug aus Immunitätsgerichten erwachsene Landgerichte, in denen der geistliche Gerichtsherr als schweigender Richter neben dem Vogte oder fragenden Richter saß, um seine Bauern, die Dinggenossen, vor allzu strenger Amtsführung des Vogtes und namentlich vor Leibes- und Lebensstrafen zu schützen, ohne daß er, da ihm das Fragerecht mangelte, in den Gang der Gerichtsverhandlung eingreifen konnte[531]. Sobald man aber die Willkür als Rechtsnorm gelten ließ, mußte der Augenschein den Richteherren und dem Rate, mit dem sie identisch waren, jenen Rang des Gerichtsherrn verleihen, den der Rat zu Magdeburg gegenüber dem Schöffengerichte nur ansatzweise und niemals unangefochten zu erringen vermochte.

Da der Rückzug des Königtums aus Sachsen und Niederdeutschland die konstitutive Kraft der Bannleihe in den wendischen Städten rascher entwertete als in Ostsachsen, wo „noch im 14. Jahrhundert, in dem man sonst nur mehr den königlichen Blutbann kannte, Geschäfte zivilrechtlicher Natur sub

---

528 Quellen ausgewählt von L. WEINRICH (1977, wie Anm. 504) S. 410 n. 105.
529 Quellen hg. von SPRANDEL (1982, wie Anm. 46) S. 14 n. 1 c. 20. Der alte Zustand im Privileg Herzog Heinrichs des Löwen für die Gotländer von 1161, ebenda S. 172 n. 2: bona ista ... iudex civitatis ea recipiat.
530 F. TECHEN, Wismar (1910, wie Anm. 182) S. 5f., 38.
531 H. HIRSCH, Hohe Gerichtsbarkeit (1922, wie Anm. 234) S. 58f.

banno regio vollzogen" wurden[532], machte es gegenüber der augenscheinlichen Anwesenheit des Rates im Gericht wenig aus, daß der Rat nicht im Besitz königlicher Banngewalt war, wenn er auch schon in der zweiten Hälfte des 13. Jahrhunderts, vermutlich durch Kauf, die dem königlichen Gerichtsherrn verbliebenen Rechte an der Gerichtsvogtei an sich gebracht haben muß. Zum ersten Male ist uns zum Jahre 1366, und zwar in einer für das geistliche Gericht bestimmten und daher in gemeinrechtliche Begriffe übersetzten Erklärung des Rates, bezeugt, daß die Stadt Lübeck anstatt und im Namen des Kaisers von Ratmannen regiert würde, die „über die Einwohner der Stadt den Blutbann und den Königsbann, d. h. die höchste und die niedere Gerichtsbarkeit" innehätten[533].

§ 241. Eine weitere Möglichkeit, willkürlich in die Gerichtsverfassung einzugreifen, eröffnete sich der Stadtgemeinde dadurch, daß ihr auch die Urteiler des Niedergerichts auf Grund ihres Bürgereides zum Gehorsam verpflichtet waren. Hatte anfangs der Vogt eine Anzahl von Bürgern aus der gesamten Dinggenossenschaft fallweise zu Urteilern berufen, so wurde es wohl spätestens im 14. Jahrhundert üblich, diejenigen Fürsprecher mit der Urteilsfindung zu beauftragen, die in der anstehenden Sache nicht als Beistände der Parteien tätig wurden[534]. Auch diese Regel wird der Vogt zunächst als Bürger und kraft städtischer Willkür befolgt haben, wie denn nicht er, sondern der Rat die Fürsprecher als Gerichtspersonen zu vereidigen pflegte; erhalten geblieben ist im Rostocker Willkürbuch (liber arbitriorum) ein Eid aus dem 14. Jahrhundert, der die Fürsprecher unter anderem dazu verpflichtete, „einem jeden ein gerechtes Urteil zu erteilen"[535]. Bürgerpflicht der Fürsprecher aber mußte es ebenfalls sein, jedesmal dann die für sie verbindliche Rechtsmeinung des Rates einzuholen, wenn sie in einem streitigen Falle das Urteil nur mittels Besserung des bis dahin befolgten Rechtes finden konnten. Da war es nur noch

---

532 H. HIRSCH (1922, wie Anm. 234) S. 181.
533 UB der Stadt Lübeck T. 3, Lübeck 1871, S. 631 n. 595, hier S. 633: civitas Lubicensis que est imperialis ... et regitur vice et nomine imperatoris sive imperii per certos perpetuos consules, cives dictae civitatis, qui in eadem civitate tenent et habent super gentes inhabitantes eandem merum et mixtum imperium sive supremum iudicium atque bassum, et president ut collegium civibus et communitati civitatis eiusdem. W. EBEL, Rechtfindung (1953, wie Anm. 517) S. 310.
534 In Lüneburg führten die Stadtherren auf Antrag des Rates im Jahre 1334 die Rechtfindung durch Fürsprecher ein, da die Vögte bis dahin beliebige Bürger um Urteile zu fragen pflegten, die diese zu finden nicht imstande waren. Die Fürsprecher sollten vom Rate bestimmt werden und nach Anweisung des Rates die Urteile finden, UB der Stadt Lüneburg bis zum Jahre 1369, bearb. von W. F. VOLGER (UB des Hist. Vereins für Niedersachsen, Heft VIII), Hannover 1872, n. 375, 376. Allzu summarisch erwähnt den Vorgang Carl HAASE, Das Lüneburger Stadtrecht, in: Aus Lüneburgs tausendjähriger Vergangenheit. FS hg. von Ulrich WENDLAND, Lüneburg 1956, S. 67–86, hier: S. 74.
535 EBEL, Rechtfindung (1953, wie Anm. 517) S. 298, 303–305 mit Anm. 15.

ein geringer weiterer Schritt, daß die Bürger ihre Zivilrechtsstreitigkeiten über Erbe, Eigentum und Geldschulden direkt an den Rat brachten, daß bürgerliche Willkür es dem Gericht verwehrte, eine Klage anzunehmen, ehe die Parteien vor dem Bürgermeister den Versuch gütlicher Einigung gemacht hatten, und daß, wenn die Parteien das von den Fürsprechern im Gericht gefundene Urteil schalten, der Rechtszug wiederum an den Rat ging[536].

Schon das Lübecker Stadtrecht von 1260/76 bestimmte: „So oft auch ein Urteil vor dem Gericht bescholten wird auf das (Rat-)Haus, soll es der Fürsprecher auf das Haus bringen zur nächsten Zusammenkunft, wenn es von ihm gefordert wird"[537]. Wenn aber Bürger und Einwohner ihre Rechtsstreitigkeiten stets zuerst an den Rat bringen mußten, so fiel diesem in Strafsachen auch die Voruntersuchung zu. Sein Dekret aber konnte niemals Recht werden, sondern mußte Willkür bleiben. Soweit es nämlich den Schuldigen zu bürgerlicher Leistung oder strafrechtlicher Sühne verpflichtete, konnte der Rat es als Schiedsspruch verkünden und von dem Schuldigen die Erfüllung bei seinem Bürgereide verlangen, so daß die (Sühne-)Hochgerichtsbarkeit des Vogtes gar nicht mehr in Anspruch genommen zu werden brauchte, wenn die Stadt nur den Vogt mit einem Anteil an den verfallenden Bußen entschädigte. Erkannte der Rat den Beklagten jedoch als Missetäter, der peinlicher Strafe würdig und an Leib und Leben zu richten war, so endete seine Macht mit dem Dekret: Der Kläger mußte den Täter vor das Hochgericht stellen und dieser dort „ungezwungen und auf freien Füßen" ein öffentliches Geständnis ablegen, ehe der Rat sein Dekret durch die Fürsprecher als Urteilsspruch einbringen und durch den Vogt als Urteil ausgeben lassen konnte[538]. Erst durch diesen Formalakt verwandelte sich die Ratswillkür in Recht.

§ 242. Nicht nur also die schiedsrichterliche Vollmacht des gemeinen Kaufmanns in den Auslandskontoren endete mit den sühnbaren Hochgerichtsfällen, während das Blutgericht dem jeweiligen Landesherrn vorbehalten blieb[539], sondern auch der lübische Rat war gezwungen, diese Grenze sei-

---

536 TECHEN, Wismar (1910, wie Anm. 182) S. 33, 38. Rat und Domkapitel von Hamburg, bearb. von J. REETZ, T. 2 (1975, wie Anm. 144) S. 137 n. 13c Art. 12, s. o., § 68 mit Anm. 153. J. WEITZEL, Dinggenossenschaft (1985, wie Anm. 521) S. 1323–1325. – Zum Vergleich: Hermann KNAPP, Die Zenten des Hochstifts Würzburg Bd. 2, Berlin 1907, S. 95, 817ff.
537 Quellen hg. von SPRANDEL (1982, wie Anm. 46) S. 18 c. 58, dazu S. 21 c. 112. Zum Hamburger Stadtrecht von 1292: WEITZEL (1985, wie Anm. 521) S. 951.
538 EBEL, Rechtfindung (1953, wie Anm. 517) S. 304, 306, 310. WEITZEL (1985, wie Anm. 521) S. 1322f.
539 Flandern: Quellen hg. von SPRANDEL (1982, wie Anm. 46) S. 182 n. 6: Der begüterte Beklagte wird nicht in Fesseln vor Gericht gestellt, er sei denn de capite vel de membro beklagt, und S. 220 n. 15 §§ 12, 26; Ingo DIERCK, Die Brügger Älterleute des 14. Jh., in: HGbll. 113 (1995) S. 49–70, hier: S. 52ff. HR II 7 n. 498: Die Olderleute müssen den Missetäter entweder vor dem herzogl. Amtmann verantworten oder ihn aus der Hanse ausschließen, so daß der Amtmann nach Recht und Willkür gegen ihn verfahren kann, je nachdem, ob „die Sache kriminell oder bürgerlich und

ner Willkür gegenüber den Bürgern und Einwohnern zu wahren, weil deren Einung zugleich die Dinggenossenschaft des Vogtgerichts bildete und als solche dem Sachsenrecht verbunden blieb. Was die Blutfälle anlangt, so vermochte der Rat zwar, wie einst der geistliche Immunitätsherr[540], mit dem unter Königsbann richtenden Vogt in Wettbewerb zu treten und ihm die Ermittlungen gegen die Missetäter vorwegzunehmen, doch war er nicht imstande, ihn völlig zu verdrängen oder das aus dem Landrecht überkommene dinggenossenschaftliche Gerichtsverfahren zu beseitigen[541]. Wohl gebot er dank dem Gehorsam, den er kraft Bürgereides vom Gerichtspersonal und von den Dinggenossen fordern konnte, über die Macht, um seine Befugnis zu willkürlicher Rechtsbesserung über die kommunalen Angelegenheiten hinaus auf landrechtlich geregelte Materien auszudehnen, dabei auch Hals- und Handstrafen festzusetzen[542] und den bürgerlichen Dinggenossen den Rechtszug an den König zu verwehren, was alles die Magdeburger Schöffen und das Magdeburger Recht einem Stadtrate strikt verweigerten (oben, § 236); wohl war er damit, wie mit der Anwesenheit seiner Richteherren im Gericht, imstande, allmählich das Rechtsverständnis der Bürger zu verändern und so seinen späteren, auf die Rezeption des gemeinen Rechts gestützten Aufstieg zur Obrigkeit mit richterlichen Befugnissen vorzubereiten[543] – niemals aber erlangte er die Rechtsmacht, um durch seine Willkür das unter Königsschutz stehende Landrecht zu bessern oder gar zu beseitigen. Auch wenn die Bürger gemäß dem Wunsche des Rates davon absahen, bestimmte ihnen nach Landrecht zustehende Befugnisse in Anspruch zu nehmen, so blieben diese ihre Rechte doch bestehen, und nie konnte der Rat verhindern, daß ein enttäuschter Bürger, der sich von ihm im Vogtgericht verunrechtet und daher nicht länger durch seinen Eid an ihn gebunden fühlte, oder gar die Gemeinde selbst[544] auf jene Befugnisse zurückgriff und den Rat oder die Stadt beim Stadtherrn oder bei den Königsgerichten in Westfalen oder am Hofe verklagte.

---

    einfach (civil off sober), ohne an Hals und Hand (lijff off let) zu rühren," wäre. – Norwegen: Quellen hg. von SPRANDEL (1982, wie Anm. 46) S. 196 n. 12, hier: S. 200 Zeile 3–7. Dänemark: ebenda S. 228 n. 18 §§ 3, 6. – Ausnahme: Nowgorod, ebenda S. 326 n. 1 §§ 78, 84: Der Oldermann des Hofes richtet an Hals und Hand, den Totschläger am Leben, den vorsätzlichen Verletzer an der Hand.
540 H. HIRSCH (1922, wie Anm. 234) S. 56f.
541 Sachsenspiegel Landrecht I 62 § 10. J. WEITZEL (1985, wie Anm. 521) S. 1316f.
542 Quellen hg. von SPRANDEL (1982, wie Anm. 46) S. 32 n. 1: Der Rat gebietet in der Bursprake „bei Leib und Gut" und will über Flurfrevel „richten gleich Diebstahl in des Täters Höchstes".
543 WEITZEL (1985, wie Anm. 521) S. 1249, 1325f.
544 Als der Rat zu Hamburg den Bürger Heine Brandes in den Turm warf (oben, § 113), war es ein Bruch des Landrechts, der den Auflauf der Gemeinde hervorrief: denn gleich dem Zinsbauern einer grundherrlichen Gerichtsgemeinde durfte der erbgesessene Bürger einer Stadtgemeinde an Ort und Stelle nur bei handhafter Tat festgenommen werden. HIRSCH (1922, wie Anm. 234) S. 97.

Indem aber der Rat kraft bürgereidlicher Bindung der Gerichtspersonen an die städtische Willkür das Vogtgericht seiner Herrschaft unterwarf, gefährdete er das Kommuneprivileg der Gemeinde, dessen Geltung der Stadtherr an die Bedingung geknüpft hatte, daß die Gemeinde dem Landrecht keinen Abbruch täte (oben, § 233). Da der Rat nicht nur den Fürsprechern als Urteilern das Recht vorgab, das sie zu weisen hatten, sondern auch nach gescholtenem Urteil die Rechtsfindung wiederum an sich zog und den Bürgern den Rechtszug an die Stadt- und Gerichtsherren verwehrte, setzte er die Rechtsprechung des Stadt- und Vogtgerichtes dem Verdachte der Parteilichkeit, ja sogar der Rechtsverweigerung aus und zwang eine in ihrem Rechtsgefühl gekränkte Partei geradezu dazu, ein Königsgericht anzurufen. Denn dem Rechtsgefühl der Bürger wohnte auch im 15. Jahrhundert noch das Bewußtsein ein, gleich allen freien Männern königsunmittelbar zu sein und im König den höchsten Schützer ihrer Rechte zu besitzen.

§ 243. Daß sich die Befugnis der Stadtgerichte, über das Blut zu richten, vom Könige herleitete, auch wenn seit Generationen kein Vogt mehr die Banngewalt persönlich vom König empfangen hatte, das war allgemeine Rechtsüberzeugung, wie die Glosse zum sächsischen Weichbildrecht aus dem Ende des 14. Jahrhunderts bezeugt: „Die königliche Gewalt nämlich ist nicht allein beim König zu vernehmen, sondern bei allen jenen, denen das Schwert befohlen ist, um damit zu richten und das Recht zu stärken und das Unrecht zu kränken"[545]. Daß im Gegensatz zu den Magdeburgern die Gemeinden der wendischen Städte imstande waren, nach ihrer Willkür über diese königliche Gewalt zu verfügen, das wurde im Jahre 1427, in einem kritischen Augenblick hansischer Geschichte, in der Stadt Wismar quellenkundig. Damals nämlich führten die Niederlagen, die die Wendischen Städte im Seekriege gegen König Erich von Dänemark erlitten, zu Aufläufen der empörten Gemeinden, die nach gerichtlicher Bestrafung der Schuldigen unter ihren Ratmannen verlangten (oben, §§ 152, 153), und zu Ereignissen, über die uns, was Wismar betrifft, des Magisters und Zeitgenossen Johann Werkmann „Historie von Herrn Johann Bantzekow und Herrn Hinrik von Haren, wie sie enthauptet worden sind, usw."[546] unterrichtet.

Die erregte Gemeinde hatte dort vierzig Bürger und zwanzig Werkmeister zu Worthaltern erhoben und den Rat gezwungen, die Verhaftung jener beiden Ratsmitglieder anzuordnen. Ebenso hatten die Lübecker Ratmannen ihren Bürgermeister Tidemann Steen gefangengesetzt, als die Kaufleute ihn bei ihnen denunzierten, weil er, den ihm erteilten Befehl mißachtend und den Verlust der Baienflotte in Kauf nehmend, die hansische Flotte aus dem Sunde abgezogen hatte. Über seine Haft aber sagte man geradezu, die Denunziation habe bewirkt, „daß Herr Tidemann gehen mußte in die königliche Ge-

---

545 Deutsches Rechtswörterbuch Bd. 7, Weimar 1974–83, Sp. 1230.
546 Hg. von TECHEN (1890, wie Anm. 318), S. 107–110.

walt"[547]. Während indessen der Rat zu Lübeck über die Zulassung der Klage vor dem Vogtgericht frei entscheiden konnte, sahen sich die Sechziger zu Wismar von dem Volksführer Klaus Jesup dazu gedrängt, die beiden Beschuldigten zu Tode zu bringen. Darüber aber wollten sie nicht ohne Vorwissen der erbgesessenen Bürger beschließen. Sie versammelten diese im Hause der Seglerkompanie, wie sich damals die Wismarer Kaufmannschaft nannte[548]. „Da trugen die Bürger von allen drei Kirchspielen darin überein, daß man beiden, Herrn Hinrik und Herrn Johann Bantzekow, lübischen Rechtes gönnen sollte."

Aber Jesup, der die Handwerker unter Waffen auf den Markt gerufen hatte, drängte sich in das Haus „zu den Bürgern und sprach, wenn man ihnen lübschen Rechtes gönnen wollte, so würde man sie nimmermehr überwinden," und auf das bewaffnete Volk verweisend, fügte er hinzu: „Falls sich jemand von ihnen," nämlich von der empörten Gemeinde der Handwerksämter, „(zurück-)ziehen wollte, den wollten sie richten gleich den anderen Verrätern." So gingen die Sechzig notgedrungen geschlossen auf das Rathaus. Dort berieten sie sich zunächst mit den Fürsprechern über das Vorgehen gegen den Flottenführer Hinrik von Haren, „und beschlossen es so, daß der jüngste Fürsprecher ihn von der königlichen Gewalt wegen als einen Verräter der gemeinen Städte anklagen sollte." Darauf begaben sie sich „mit den Fürsprechern vor den Ratsstuhl und begehrten, daß der Rat ihn richten lassen wolle." Das lehnte der Rat ab; wie zuvor die erbgesessenen Bürger, so entschieden die Ratmannen: „Wäre da jemand, der ihn anklagen wollte, so wollten sie ihm lübschen Rechtes gönnen." Dagegen erklärte Jesup, sie (die Sechzig) „wollten mit ihm um kein lübsches Recht streiten"; wollten aber die Ratmannen ihn nicht richten, so könnten sie (die Sechzig) sie nicht länger vor dem Zorn des Volkes beschützen. „Sie sagten dem Rate also, es könne nicht anders sein, als daß man ihn mit Recht überwinden sollte mit der königlichen Gewalt." In Angst und Schrecken, da ihr eigenes Leben auf dem Spiele stand, gaben die Ratmannen schließlich nach. Sie sahen sich gezwungen, auf die bei ihnen liegende königliche Gewalt zugunsten der Gemeinde zu verzichten.

§ 244. Der Unterschied zwischen dem willkürlichen Verfahren im Rate nach lübischem Recht und dem Gerichtsverfahren mit königlicher Gewalt nach sächsischem Recht ist deutlich. Im ersteren konnte der Rat, sobald ihm eine Klage oder Denunziation vorlag, formlos vorgehen, um zu prüfen, ob Hinrik von Haren als Admiral seine Instruktion und somit als Bürger und

---

547 UB der Stadt Lübeck T. 7, Lübeck 1885, S. 90 n. 105: Der Rat zu Braunschweig legt dem Rate zu Lüneburg dar, daß sich Steen keines Ungehorsams gegen die ihm erteilte Instruktion schuldig gemacht habe und folglich aus solchem Grunde nicht zu bestrafen sei, 13. Febr. 1428. F. TECHEN, Wism. Unruhen (1890, wie Anm. 312) S. 42 Anm. 1.
548 Thomas BRÜCK, Korporationen der Schiffer und Bootsleute, in: Beiträge ... Hansische Studien X (1998, wie Anm. 490) S. 181–199, hier: S. 183f.

Ratmann seine beschworene Pflicht verletzt hätte, und da er deren Inhalt durch seine Willkür selbst zu bestimmen ermächtigt war, konnte er, wenn er ihn freisprach, den klagenden Bürgern verbieten, die Sache vor das Vogtgericht zu bringen, so wie es im Falle des Tidemann Steen die Braunschweiger den Lübeckern empfahlen: Der Rat „wolle ihn ja retten gegenüber den Kaufleuten, die ihn um die Räumung des Sundes beschuldigt haben, also daß sie ihn unschuldig scheiden von dieser Sache wegen"[549]. Aber auch wenn der Rat zu Wismar die Schuld und den Eidbruch des Hinrik von Haren feststellte, durfte er ihm zwar das Bürgerrecht aberkennen, sein Vermögen einziehen und ihn der Stadt verweisen, niemals jedoch konnte er ihn zum Tode verurteilen. Das eidgenössische Willkürrecht kannte die blutige Strafe nicht und durfte sie sich nicht anmaßen, da sie dem Landrecht und dem mit königlicher Gewalt dingenden Richter vorbehalten war. Nur so weit reichte die Macht des Rates, daß er den Bürgern bei ihrem Eide verbieten konnte, einander ohne seine Erlaubnis vor diesem Richter anzuklagen.

Aber der Wismarer Rat war jetzt nicht mehr im Besitz seiner vollen Macht. Die Gemeinde entzog ihm die Befugnis, ihre Willkür zu interpretieren. Sie zwang ihn ebenso wie die aus den Kirchspielen erwählten Bürger unter den Sechzigern, die Anklage gegen Hinrik von Haren vor dem Vogtding zuzulassen. So begann nun das ordentliche Verfahren nach Landrecht gegen einen Beschuldigten, den die Kaufleute zwar im Rate denunziert hatten, aber nicht vor Gericht verklagen wollten und den der Inhaber der königlichen Gewalt daher nur auf ein Gerücht hin gefangenhielt. So ging als solcher die Gemeinde jetzt von Amts wegen gegen ihn vor, auch wenn sie dabei die äußere Form des Anklageprozesses wahrte. Indessen spielte der von ihr bestellte öffentliche Ankläger dabei eine ganz subalterne Rolle: Er hatte nicht mehr zu tun, als das ihm aufgegebene Sprüchlein herzusagen. Die entmachteten Ratmannen „sandten ihre Vögte" – so nannte man die beiden Richteherren des Rates, von denen einer als Vogt die Gerichtsverhandlung zu leiten hatte – „in das Gericht", nachdem die Sechzig ihnen noch die Erklärung abgepreßt hatten, daß sie die Folgen dieses Vorgehens gemeinsam mit ihnen verantworten wollten.

§ 245. Das Landrecht überließ es dem Willen des Klägers zu entscheiden, ob er wider seinen Gegner „burgliche" oder peinliche Klage erheben wollte. Mit jener eröffnete er dem Beschuldigten die Möglichkeit, seine etwa erweisbare Schuld mit Geld und Gut zu sühnen, mit dieser dagegen zielte er auf eine Leibes- oder Lebensstrafe. Da Klaus Jesup die beiden Ratsherren zu Tode

---

549 UB der Stadt Lübeck T. 7, Lübeck 1885, S. 90 n. 105. Bernd KANNOWSKI, Der König und der Kohlenträger – Szenen eines spätmittelalterlichen Strafprozesses van der koninkliken walt wegen in Wismar, in: ZRGG 116 (1999) S. 498–503, deutet das lübische Recht als Parteienprozeß und die königl. Gewalt als Anklageverfahren, ohne den Gegensatz zwischen Stadtrecht und Landrecht zu berücksichtigen.

bringen wollte, mußte er die peinliche Klage wählen, obwohl diese nur gegen den handhaft betretenen Missetäter zu sicherem Erfolge führte. Die Anklage lautete auf Verrat und damit auf ein Verbrechen, welches das Sachsenrecht den schwersten todeswürdigen Missetaten wie Mord, Mordbrand und Friedensbruch gleichstellte[550], und zwar auf Verrat nicht nur an der eigenen Gemeinde, sondern auch an den gemeinen Städten, mit deren Einung sich die empörten Bürger und Einwohner Wismars identisch wußten.

Hatten die Sechzig zunächst noch geglaubt, das Gerichtsverfahren könne in der üblichen Weise im Rate mit den Fürsprechern vorberaten und dann im Gericht gemäß den Weisungen durchgeführt werden, die der Rat den Fürsprechern erteilen würde, so erwies sich dies jetzt als unmöglich. Die Richteherren des Rates vermochten das erregte Volk, welches den Umstand im Vogtgericht bildete, nicht mehr dazu zu bewegen, daß es sein Recht, selbst das Urteil zu finden, an die Fürsprecher abtrat. Sie ließen den Beschuldigten aus dem Gefängnis holen und ungefesselt als freien Mann vor Gericht kommen, denn als erbgesessener Bürger hätte er nur dann von Rechts wegen mit gebundenen Händen vorgeführt werden dürfen, wenn er von seinen Anklägern auf handhafter Tat ergriffen oder von da an verfolgt worden wäre. Da es aber an derart legitimierten Klägern fehlte, ließ die Gemeinde einen Kohlenträger, der ihr bereits als Kerkermeister gedient hatte, in dieser Rolle auftreten, wie es vielfach üblich war, allerdings nur gegenüber land- oder stadtfremden, als schädliche Leute verrufenen Missetätern, gegen die der Richter eben deswegen von Amts wegen vorgehen mußte, weil kein Geschädigter sie mit seiner Klage verfolgte. Im Falle Herrn Hinriks von Haren freilich lag darin ein schweres Unrecht, denn gerade der Bürger einer Stadt konnte, gleich dem eingesessenen Hörigen einer Grundherrschaft, diesem Verfahren nur dann ausgesetzt werden, wenn er als handhafter Täter vor Gericht gestellt wurde[551].

„Da sprach der Fürsprecher von des Kohlenträgers wegen, der die Stätte der königlichen Gewalt hielt, daß Herr Hinrik die Städte verraten hätte vor dem Berge und in dem Sunde, und der gemeinen Städte Verräter wäre." Der Angeklagte wies die Beschuldigung zurück und war nun als freier Mann nach Landrecht[552] zum Reinigungseide zuzulassen, um sich unschuldig zu machen, da es „weder ein Geständnis noch einen Zeugen, einen sichtbaren Tatbestand

---

550 Sachsenspiegel Landrecht II 13 § 4.
551 KNAPP, Zenten Bd. 2 (1907, wie Anm. 536) S. 499–502. HIRSCH, Hohe Gerichtsbarkeit (1922, wie Anm. 234) S. 93, 97, 103. Zum Übersiebnen des schädlichen Mannes nach sächsischem Recht: Magdeburger Schöffensprüche (1901, wie Anm. 510) S. 806, zur Bestellung Lübecks zum Reichsvikar wider die schädl. Leute 1374, UB der Stadt Lübeck 4. T., Lübeck 1873, S. 229 n. 223: Heinrich REINCKE, Kaiser Karl IV. und die deutsche Hanse (Pfingstblätter des hansischen G.vereins, Blatt XXII), Lübeck 1931, S. 40f., 90.
552 Magdeburger Schöffensprüche (1901, wie Anm. 510) S. 806.

oder ein fügliches Bekenntnis" aus der Voruntersuchung gab. Dessen ungeachtet dingte der zweifellos eingeschüchterte Fürsprecher[553] „nach dem Bande und nach seinem Höchsten", d. h. er forderte sowohl die Fesselung des Angeklagten, um ihn zum handhaften Täter zu stempeln und ihm damit den Reinigungseid zu verlegen, als auch die Todesstrafe. Dem müssen die Urteilsfinder gefolgt sein, denn mit dem gerichtsförmlichen Hilferuf[554] schalt Hinrik den Spruch: „Jodute über die Gewalt und über das Unrecht, das mir geschieht. Ich schelte das Urteil vor den Rat." Aber niemand kam ihm zu Hilfe: „Da fragte der Vogt das gemeine Volk, ob sie ihm (darüber) ein Urteil gönnen wollten. Da rief das gemeine Volk: Nein, nein, mit lauter Stimme." So wurde Hinrik gefesselt und zu dem schmachvollen Tode auf dem Rade verurteilt[555]. Dem Rate räumte das Urteil lediglich die Befugnis ein, diese Strafe zur Hinrichtung mit dem Schwerte zu mäßigen.

3.1.3. Die gemeinen Städte und der König

§ 246. Da die zu den hansischen Tagfahrten entsandten vollmächtigen Ratmannen nicht mehr Rechte innehaben konnten als die Stadtgemeinden, die sie ermächtigten, war die Versammlung der gemeinen Städte denselben Beschränkungen durch das Landrecht und die königliche Gewalt unterworfen, denen auch die Räte der einzelnen Städte unterlagen. Hieraus erklärt sich etwa das Verhalten der gemeinen Städte in dem Streit zwischen Rat und Gilden zu Goslar und dem ausgewichenen Goslarer Bürgermeister Hinrik von Alfeld, der sie von 1446 bis 1454 beschäftigte. Vorher schon hatten die Goslarer den König angerufen und von diesem am 9. April 1446 die Bestellung Bischof Magnus' von Hildesheim zu ihrem und ihrer Privilegien Schirmherrn erlangt[556]. Die Gemeinde betrachtete Hinriks Flucht als Desertion und Bruch des Bürgereides und verfestete den Entflohenen, als dieser ihr schriftlich die Bürgerschaft aufkündigte. Auf Antrag und mit Belieben beider Parteien übernahmen die seit dem 18. Mai 1447 zu Lübeck versammelten Ratssendeboten die Vermittlung. Sie setzten die Städte Magdeburg, Braunschweig, Göttingen und Lüneburg zu Schiedsrichtern ein und drohten als Buße für die Mißachtung ihres Willens beiden Seiten den Verlust der Hanse und zwanzig Mark reinen Goldes an[557]. Indessen bei den Schiedsverhandlungen am 25. September und 6. November 1447[558] suchten die Goslarer Ausflüchte; unter

---

553 Die (besseren) Handschriften sagen: der Büttel. Dazu TECHEN, Wism. Unruhen (1890, wie Anm. 312) S. 43.
554 Deutsches Rechtswörterbuch Bd. 6, Weimar 1961–72, Sp. 501–503. Die Glosse zu Sachsenspiegel Landrecht II 12 § 1 spricht allen peinlich Beklagten das Recht ab, ein Urteil zu schelten.
555 Dazu TECHEN (1890, wie Anm. 312) S. 44 Anm. 1.
556 HR II 3 S. 156f., 349 Anm. 1.
557 HR II 3 n. 288 § 26, n. 292.
558 HR II 3 n. 338 §§ 1–3.

anderem erklärten sie, um ihre Rechte zu wahren, hätten sie Herrn Hinrik sowohl peinlich wie burglich (pynlik unde borchlik) zu beschuldigen.

Die Städte freilich konnten darauf nur antworten: „Burgliche Sache" wolle man annehmen und entscheiden, nicht aber „peinliche Sache". Den Grund dafür gaben sie nicht an, aber jedermann kannte ihn: Es fehlten ihnen der königliche Blutbann und die königliche Gewalt, der alleine es zukam, peinliche Strafen zu verhängen. Nur mit Mühe waren die Goslarer dazu zu bewegen, der peinlichen Beschuldigung gegen Hinrik zu entsagen und den Rezeß der Ratssendeboten vom 18. Mai zu erfüllen. Indessen nicht näher erläuterte Privilegien und Freiheiten, auf die sie sich beriefen, hinderten sie daran, diese Zusage einzuhalten. Daher beschlossen die zu Lübeck vergatterten Ratssendeboten der Wendischen Städte und der Stadt Stade am 12. März 1448: Da die hansischen Schiedsrichter „von dem Rate zu Goslar und den Bürgern daselbst weder in Freundschaft noch im Rechte angehört werden könnten ..., worin die genannten von Goslar der gemeinen Hansestädte Sendeboten Rezessen und Geboten unbehörig und ungehorsam geworden sind, dessen wir uns ihnen gegenüber doch nicht versehen hatten: um solches Frevels und Ungehorsams willen verlegen wir namens der gemeinen, in die deutsche Hanse gehörenden Städte und auf Befehl der Sendeboten dieser Städte die Genannten: den Rat zu Goslar, ihre Bürger, Einwohner und die Ihren, aus der Hanse, so daß sie der gemeinen Städte von der deutschen Hanse Privilegien, Freiheiten und Gerechtigkeiten nicht mehr gebrauchen sollen zu Wasser und zu Lande"[559].

§ 247. Die Goslarer hatten demnach wählen müssen zwischen den Privilegien und Freiheiten, die ihnen, als einer freien Reichsstadt, die Könige und das Sachsenrecht gewährten, auf der einen Seite und den hansischen Privilegien, die sie gemeinsam mit allen deutschen Kaufleuten im Auslande besaßen, auf der anderen Seite. Sie hatten also wählen müssen zwischen dem Könige, dessen höchste Gerichtsbarkeit ihnen jene, und den gemeinen, das Wort des Kaufmanns haltenden Städten, deren Willküren ihnen diese garantierten, und sie hatten sich gegen die Willkür und für das Recht entschieden.

Der Konflikt zwischen Königs- bzw. Sachsenrecht und hansischer Willkür, der hier aufleuchtet, war alles andere als eine Bagatelle. Die Lübecker jedenfalls befürchteten, die hansische Einung könne darüber zerbrechen, denn am 15. Juli 1448 forderten sie die anderen Wendischen Städte und die Stader mit eindringlichen Worten dazu auf, dem Kläger Hinrik von Alfeld gegen die verhansten Goslarer ihre Rechtshilfe zu gewähren: Ließe man nämlich Hinrik verderben, so würde mancher ehrbare Herr und Mann in den Hansestädten dies in Zukunft die hansische Gemeinschaft entgelten lassen, woran die Macht der Hansestädte, in deren Namen das Schiedsgericht eingesetzt worden sei, sehr geschwächt werden würde. Auch würden die Goslarer und ihre Helfer unter den sächsischen Städten in ihrem Frevel und Ungehorsam gegen

---

559 HR II 3 n. 391.

die Gebote der Hansestädte bestärkt werden, und dies „werde zweifellos anderen gehorsamen Hansestädten sowohl gegenüber ihren Bürgern inwendig als auch auswärtig gegenüber anderen Städten großen Umglimpf und Unwillen einbringen"[560].

Die Hildesheimer etwa weigerten sich, die von den gemeinen Städten verkündete Verhansung Goslars zu vollstrecken, da Kaiser Friedrich es ihnen durch seine Briefe untersagt habe. Sie erklärten den in Bremen versammelten Ratssendeboten: „Wo wir dessen im Rechte belehrt werden, welches Gebot, unseres allergnädigsten Herrn oder eures, wir für mächtiger halten (sollen), so wollen wir uns darein schicken und richten, wie es recht, ehrlich und füglich ist, und uns gegen eure Liebe nicht unredlich erfinden lassen"[561]. Gewiß war der König in Niederdeutschland machtlos, sein Recht aber blieb darum doch nicht ohne Schutz, denn der zum Schirmherrn des Goslarer Königsrechts bestellte Bischof Magnus von Hildesheim untersagte im Januar 1451 in seinem Stifte die Befolgung des hansischen Verkehrsverbotes gegenüber den Goslarern und suchte auch in Halberstadt dasselbe zu erreichen[562]. So bestand wohl die von Lübeck befürchtete Gefahr vor allem darin, daß sich die Fürsten zu Verteidigern des Rechtes gegen die hansischen Willküren aufwerfen würden.

Wie schwer der jahrelang anhaltende Rechtsstreit mit Goslar die hansische Einung belastete, verrät uns ein Schreiben, das eine Lübecker Tagfahrt am 8. Juli 1454 an Magdeburg, Braunschweig und Halberstadt richtete[563]. Darin tadelten die Ratssendeboten die Untätigkeit der zu Vermittlern zwischen Goslar und Hinrik von Alfeld bestellten Adressaten und drohten, sie wollten, falls der Streit nicht bis Michaelis beigelegt sein würde, die Angehörigen der drei Städte ebenso behandeln, wie die verhansten Goslarer „in unseren und anderen Städten von der Hanse" behandelt würden. Der erstrebte Vergleich kam schließlich am 3. September 1454 zustande. Er enthält die zum Schutze der Willküren unentbehrliche Bedingung, „daß alle peinliche Sache, die ihrer einer zu dem andern haben mag, gänzlich abgestellt und in burgliche Sache gewandelt sein soll"[564]. Am Tage darauf beurkundeten die Lübecker in Kraft der ihnen vom Hansetage erteilten Vollmacht, daß die Goslarer wieder in die Privilegien und Freiheiten der gemeinen Städte eingesetzt worden seien.

§ 248. Die prekäre Situation der hansischen Einung und Willkür, deren Rechtsgeltung auf der königlichen Schutzherrschaft über den gemeinen Kaufmann und auf den Kommuneprivilegien der Hansestädte beruhte, lag offen zu Tage, seit ein von den Großen des Reiches auf dem Hoftage zu Nürnberg

---

560 HR II 3 n. 437. Nach n. 439 waren mit den Helfern der Goslarer, die das hansische Verkehrsverbot mißachteten, die Hildesheimer und die Einbecker gemeint. Die Braunschweiger scheinen sich nur zögerlich der Verhansung der Goslarer angeschlossen zu haben, n. 430.
561 HR II 3 n. 629.
562 HR II 3 n. 682.
563 HR II 4 n. 265.
564 HR II 4 n. 307 § 2.

beschlossenes und von Kaiser Karl IV. am 10. Januar 1356 sanktioniertes Reichsgesetz sämtliche Privilegien widerrufen und für ungültig erklärt hatte, die Könige und Kaiser irgendwelchen Personen oder städtischen Einungen zum Nachteil der Kurfürsten vordem verliehen hätten oder in Zukunft verleihen würden[565]. Schon am 5. Januar hatte Kaiser Karl IV. die Privilegien der Stadt Köln kassiert, die er selbst erst vier Wochen vorher bestätigt hatte, und dagegen die Privilegien des kurfürstlichen Stadtherrn erneuert[566]. Seit 1418 befaßten sich die Ratssendeboten der Hansestädte mit dem Plane, sich in einer Tohopesate zu verbünden, um gemeinsam der Bedrohung ihrer Privilegien von Seiten der Stadtherren entgegenzutreten; ein Ergebnis erzielten sie nicht. Vielmehr kassierte der Kurfürst von Brandenburg, eine innerstädtische Zwietracht ausnutzend, im Jahre 1442 das Kommuneprivileg der Berliner und Köllner, und im nächsten Jahre versammelten sich etliche niederdeutsche Fürsten zu Wilsnack, um ihrerseits zu beraten, wie sie gemeinsam diese Politik fortsetzen und die Städte der in ihren Kommuneprivilegien begründeten Autonomie berauben könnten.

Zwar waren einzelne Städte, wie Soest 1444 und Danzig, Elbing, Thorn 1457 stark genug, um den Anschlägen ihrer Stadtherren dadurch zu begegnen, daß sie deren mit der Privilegienrevokation begangenen Treubruch ihrerseits mit der Aufsage der Untertanentreue beantworteten und sich einen anderen Stadtherrn wählten, niemals aber wurden die niederdeutschen Städte so stark und mächtig wie die oberitalienischen, die das Königtum und die Fürstenmacht in ihrem Lande völlig vernichtet hatten und deren Juristen daher erklären konnten: Da die Gemeinden keinen Herrn mehr über sich anerkennten, verhielten sie sich wie ein freies Volk und hätten in sich genausoviel Rechtsmacht wie der Imperator in der ganzen Welt[567]. Dergleichen konnte man in den Hansestädten nicht einmal denken, geschweige denn verkünden. Hier wußte man um die begrenzte Geltung der eigenen Willkür und um die Abhängigkeit vom Könige, wenn es darum ging, das Recht zu bessern. Nur der König oder Kaiser etwa vermochte die Bürger und Kaufleute von dem in den Volks- und Landrechten tief verwurzelten Recht der Strandbewohner auf Aneignung seetriftiger Güter derart zu befreien, daß sie auch die Landesherren dazu anhalten konnten, diese Besserung des Landrechts zu beachten[568].

---

565 Quellen ausgewählt von WEINRICH (1983, wie Anm. 504) S. 314 n. 94a (Goldene Bulle von 1356) c. XIII. Zur Entstehung des Gesetzes: Bernd-Ulrich HERGEMÖLLER, Fürsten, Herren und Städte zu Nürnberg 1355/56 (Städteforschung, Reihe A Bd. 13), Köln 1983, S. 68f., 127–130, 140–142, 221, 224.
566 HERGEMÖLLER (1983, wie Anm. 565) S. 137f.
567 So Bartolo da Sassoferrato 1339/40: Roland PAULER, Die deutschen Könige und Italien im 14. Jh., Darmstadt 1997, S. 23f.
568 So Kaiser Karl IV. 1374: UB der Stadt Lübeck T. 4, Lübeck 1873, S. 228 n. 222, König Sigismund 1415: ebenda T. 5, Lübeck 1877, S. 564 n. 520. Während Karl kraft seiner römisch-kaiserlichen Herrschaft über das Recht (qui lex animata censemur) das Strandrecht für Unrecht erkennt und allen Gerichten verbietet,

§ 249. Der seit 1410 regierende König Sigismund war der erste deutsche König, der sein Amt ohne den Rückhalt an einer im Reiche gelegenen Hausmacht versah und daher versuchen mußte, das Mögliche an politischem Einfluß aus seinen höchstrichterlichen Befugnissen zu schöpfen. Mit den Auswirkungen dieser Politik befaßte sich eine hansische Tagfahrt, die am 14. Mai 1419 in Lübeck zusammentrat. Der Rezeß[569] hat es zwar versäumt, die Teilnehmer zu nennen, doch da als solche anderweitig lediglich Hamburg, Stralsund und Riga bezeugt sind, waren vermutlich nur Städte des lübischen, nicht auch solche des magdeburgischen Rechtskreises anwesend. Gegenstand der Beratungen waren „die ungewöhnlichen Ladungen ihrer Räte, Bürger und Einwohner vor das Heilige Römische Reich", welche ergingen, ohne daß der Kläger seine Sache zunächst „vor seinem eigenen inländischen Richter" verfolgt habe. „Da es zweifelhaft ist, ob nach Kaiserrecht und sächsischer Freiheit der Kaiser (den Klägern) solche Ladung und nachfolgende Mandate gewähren darf, wie er nun in den letzten vier Jahren viele ausgegeben hat, den Städten und ihren Einwohnern zu großem, verderblichem Schaden, so haben sie einträchtlich verrahmen lassen diese nachgeschriebenen Artikel aus dem Kaiserrecht und dem Sachsenspiegel auf Verbesserung, damit sie jeder in seinen Rat bringe."

Die Ratssendeboten waren sich darüber klar, daß die Kompetenz der städtischen Vogtgerichte gegen die Mandate des Königs nicht durch städtische Willküren, sondern nur mit den Normen des Reichs- und des Sachsenrechtes verteidigt werden konnte. Es geht denn auch in den angekündigten Artikeln, deren Bezugnahme auf das römische Recht ihren Verfasser als gelehrten Juristen erweist, ausschließlich um das Verfahren vor diesen Gerichten und um die Frage, ob die Räte deren Rechtsprechung lenken könnten, ohne die königliche Gewalt zu verletzen, oder, wie es in der Überschrift heißt, ob eine „Weise" zu finden sei, „wie die Acht mit Redlichkeit für kraftlos gehalten wird". Diese „Weise" mußte die Formen des gerichtlichen Ver-

---

dem Finder gestrandeten Gutes das Eigentum daran zuzuerkennen, ist Sigismunds Privileg sowohl inhaltlich (frühere Kaiser hätten jedermann bei den im Corpus iuris civilis genannten Strafen verboten, das Strandrecht auszuüben) als auch formal (bestätigt dies ex certa nostra scientia et Romanae regie dignitatis auctoritate insbesondere zugunsten der Kaufleute von der deutschen Hanse; das Verbot gilt auch für jene, die durch Spezialprivileg von den genannten Strafen befreit sind) ein gemeinrechtliches Privileg. Da die Lübecker gewiß das übliche deutschrechtliche Privileg erbeten haben werden, mag der Kaiser ihnen das gemeinrechtliche oktroyiert haben.

569 HR I 7 n. 51 mit der Anlage n. 52. Das in der Anlage gedruckte Gutachten enthält das älteste bisher festgestellte, sicher datierte Bartolus-Zitat aus der juristischen Praxis in Deutschland: Helmut COING, in: Università degli studi di Perugia, Bartolo da Sassoferrato. Studi e documenti per il VI centenario, Milano 1962, vol. 1 p. 23–45, hier: S. 34.

fahrens und insbesondere die Herrschaft der Parteien über dasselbe als unantastbar berücksichtigen, denn die Stadträte konnten, wie wir wissen, das Verfahren nur kraft ihrer willkürlichen Weisungsbefugnisse gegenüber den Fürsprechern beeinflussen. Auch war es ihnen nicht möglich, jedem Kläger den Zugang zum Vogtgericht zu verlegen und ihn zur Unterwerfung unter ihre willkürliche Schiedsgerichtsbarkeit zu zwingen, wie es sich gewiß auch die beklagten Bürger und Einwohner gewünscht hätten.

§ 250. Das Gutachten geht offenbar aus von dem Fall, daß der Kläger vom König ein Endurteil in der Sache erlangt hat und ferner ein Achturteil erwirkt, um den Beklagten zur Erfüllung zu zwingen. Wenn der Kläger in eine Stadt kommt, so setzt es ein (Artikel 1), und dem Rate seine Briefe vorlegt, so soll der Rat sie züchtig empfangen und ihm zu Ehren des Reiches Rechtshilfe gegen den Beklagten zusagen. Arrestiert der Kläger alsdann den Mann oder sein Gut, so soll sich der Rat für das Gut verbürgen, damit der Mann dadurch keinen Schaden erleide. Kommt dieser dann als Beklagter vor Gericht, um sich zu verteidigen, so fordere er, daß der Kläger die vom Reiche gegebenen Briefe vorlege. Sind sie vorgelegt, so frage er das Gericht um ein Urteil darüber, ob er sich mit Recht gegen die Briefe wehren dürfe, und dann finden (die vom Rate instruierten Fürsprecher): Ja. „So frage er dann um ein Recht, wie man den Sachsen zu Recht anklagen soll? So findet man: Vor seinem Richter auf sächsischer Erde (uppe sassesscher ard)", es sei denn, der Richter habe dem Kläger das Recht verweigert: „Dann darf er ihn anklagen vor dem Reiche oder des Reiches befohlenem Richter auf sächsischer Erde." Nun frage der Beklagte: Da das Recht gegen ihn (von Seiten des Königs) außerhalb sächsischen Landes ergangen ist, ob es da nicht unmächtig sein solle? „So findet man: Ja," und ebenso auf seine nächste Frage, ob er und sein Gut dann nicht kummerlos sein sollten? In dem (ganz unwahrscheinlichen) Falle aber, daß der König Ladung und Achturteil im sächsischen Lande gegeben, ist der Kläger ebenfalls abzuweisen, wenn er die Klage nicht (zunächst) vor des Geladenen eigenem Richter verfolgt hat.

Der Gutachter lehnte sich mit seinen Argumenten insoweit offenbar an den Sachsenspiegel, Landrecht II 12 § 4, an, wo allerdings nicht vom Urteil, sondern von dessen Schelte die Rede ist; daher war er sich des Erfolges wohl auch nicht sicher, denn er schließt mit dem Satze: „Und wenn dann der König einmal zornig werden wollte, so haben im allgemeinen in den Städten die Fürsprecher diese Urteile gefunden, daran nichts großes zu bekommen ist." Ebenso unzuverlässig war seine Antwort auf den Einwand (Artikel 2), daß, wenn ein König nie ins sächsische Land komme, alles Urteil und Recht offenbleiben würde: „So dürfte es wohl sein, denn wen das verdrießt, der möge zum König ziehen und das gescholtene Urteil einem binnen sächsischem Lande befehlen lassen, der das Gericht setze von des Reiches wegen." Denn wie das römische Recht (Codex 3, 14, 1) seit alters Witwen, unmündige Kinder und Kranke derart freie, daß man sie nicht außerhalb ihrer Provinz vor Gericht laden soll, „so sind auch die Sachsen gefreit".

§ 251. Erst jetzt faßte der Gutachter jene Fälle ins Auge, die seine Auftraggeber bezeichnet hatten, in denen sich nämlich ein Kläger an den König wandte, ohne zuvor im Gericht des Beschuldigten ein Urteil erwirkt zu haben, das er hätte schelten können. In diesen Fällen aber pflegte er die oberrichterliche Gewalt des Königs mit einer Beschwerde wegen Rechtsverweigerung anzurufen, den Beschuldigten vor den König zu laden und die Ächtung zu erwirken, um ihn zum Ladungsgehorsam zu zwingen; der Beschuldigte konnte sich alsdann gegen Ladung und Ächtung mit einer Zuständigkeitsbeschwerde wehren, über die der für ihn zuständige örtliche Richter zu entscheiden hatte[570]. Wenn des Beschuldigten Richter aber dem Kläger das Recht verweigerte, so wird es sich um Klagen gehandelt haben, die zwar nach Landrecht zulässig waren, die zu verfolgen jedoch der Stadtrat dem an seine Willkür gebundenen Richter untersagte oder nur nach Maßgabe seiner Willkür gestattete. Aber auch der abgewiesene Kläger, so meinte der Gutachter (Artikel 3), dürfe den Beschuldigten nicht vor das Reich laden, und zwar wiederum wegen der sächsischen Freiheit nicht: „Denn die Sachsen sind (so) gefreit, daß man sie außerhalb sächsischen Landes nicht laden darf." Dieser Satz galt auch dann (Artikel 4), wenn eine auf sächsischem Boden gelegene Stadt kaiserfrei war, da sie, als sie kaiserfrei wurde, die sächsische Freiheit nicht verlor, gemäß dem Kaiserrecht (Codex 1, 14, 6), dem zufolge man, was zu jemandes Gunsten geschehe, nicht zu seinem Schaden verkehren dürfe. In beiden Fällen, sowohl der Rechtsverweigerung wie der Kaiserfreiheit einer Stadt, die binnen sächsischem Lande keinen Herrn hat, läßt der Gutachter (Artikel 5) die bereits oben entwickelte Regel gelten, „daß der Kläger an das Reich ziehen und sich einen Richter zu seiner Sache binnen sächsischen Landes geben lassen und also Recht ermahnen lassen darf, wenn die Stadt nicht binnen (den Mauern) einen Richter von des Reiches wegen hat. Und in der Weise wird dem Sachsen seine Freiheit behalten, und dem Kläger wird Rechtes geholfen." Das Kaiserrecht selbst nämlich (Novellen 86 und 134 c. 6; Codex 1, 14, 5) bestraft sowohl den Kläger, der den anderen vor das Reich lädt, ohne zuvor bei dessen eigenem Richter geklagt zu haben (Artikel 6), als auch den Richter, der das Recht verweigert (Artikel 7); es erklärt aber auch die in diesem Falle vom König bewilligte Ladung mitsamt folgenden Mandaten für rechtswidrig und daher nichtig (Artikel 8): „Darum darf man diese auch so beurteilen in den Gerichten binnen Landes, wenn der Kläger jemanden um der Acht willen anfertigt" (Artikel 9).

Alle diese Vorgänge freilich betrafen nicht nur den Beschuldigten, sondern auch seine Stadtgemeinde. Werde ein solches unredliches Mandat vom Reiche dem Rate einer Stadt übersandt, so fährt das Gutachten (Artikel 10) fort, so dürfe dieser es nicht vollstrecken, sondern müsse es (nach Novellen 134 c. 6, 17 c. 4) mit dem Beweise der Unredlichkeit an den König zurücksenden. Vollstrecke die Stadt ein unbilliges Mandat (Artikel 11), so sei nicht

---

570 WEITZEL (1985, wie Anm. 521) S. 1298–1300.

der König, sondern sie selbst dafür strafbar, denn sie handle gegen des Königs Willen, der König aber werde mit so vielen Sachen befaßt, daß er die Redlichkeit aller seiner Mandate nicht gewähren könne[571]. Wiederum mit dem Sachsenrecht bewies der Gutachter ferner (Artikel 12), daß der Kaiser auch dann, wenn der Richter dem Kläger Recht verweigere, einen Sachsen nicht „um Pfennigschuld oder um Erbe" (d. h. um eine burgliche Sache) verurteilen oder ächten dürfe, denn die Reichsacht sei (nach Sachsenspiegel III 16 § 16) dasselbe wie die Verfestung; nach Sachsenrecht (ebenda I 68 § 1) jedoch dürfe man nur den peinlich Beklagten verfesten, während bei burglicher Klage allein das Zwangsmittel der Pfändung zulässig sei. Für eine Stadt sei es vorteilhafter (Artikel 13), wegen Pfennigschuld vom Reiche in Pfändung geurteilt als geächtet zu werden.

Kommt aber ein Mann mit Achtbriefen gegen einen Bürger in eine Stadt (Artikel 14), so soll man dem Bürger gestatten, sich vor Gericht zu verteidigen, und falls man findet, daß (der Kläger) nicht so, wie das Gutachten beschreibt, verfahren sei, „so mag man den Bürger los urteilen". Schilt dann der Kläger das Urteil an einen binnenländischen Richter, so urteile dieser ebenso; schilt er es aber an den König, so möge er, wenn es ihn gelüstet, seine Sache verfolgen, sobald der König ins sächsische Land kommt. Und schließlich (Artikel 15): „Wenn der Kläger, dem seine Briefe unmächtig geurteilt worden sind, dann zum König zieht und ihm klagt, und wenn der König zornig wird über den Richter, so erbiete sich der Richter zu Recht im Lande seiner Abstammung: Da findet man ihm nach sächsischer Freiheit. daß er recht gerichtet hat, und auch nach Kaiserrecht, oder man halte die Vollstreckung der Mandate an und schreibe dem König die Unredlichkeit der Mandate und untersage Botschaften des anderen: Vielleicht läßt dieser (der Kläger) sich daran genügen, wenn er vernimmt, daß man die Unredlichkeit auch erkennt." Ebenso mag der Richter tun, wenn er andere Verfahrensfehler, insbesondere Fristverletzungen, erkennt (Artikel 16).

§ 252. Es kann den Ratssendeboten schwerlich recht gewesen sein, daß der Gutachter so oft das Gesetzbuch Kaiser Justinians heranzog, und zwar nicht nur als subsidiäre Rechtsquelle, um jene Fragen zu beantworten, über die der Sachsenspiegel keine Auskunft gab, sondern auch um das Sachsenrecht in seinem Lichte zu interpretieren, denn damit legte er dem Kaiserrecht eben jene Funktion bei, die die Hansestädte ihrer Willkür vindizierten[572]. Die

---

571 Anspielung auf die im Codex Justinianus häufig erwähnten erschlichenen Mandate, z. b. Codex 1, 19, 7: rescripta contra ius elicita ab omnibus iudicibus praecipimus refutari.
572 Der Rat zu Lüneburg hatte bereits 1401 die subsidiäre Geltung des Kaiserrechts festgestellt: Rechtsfragen, die nicht nach Willkür und städtischen Privilegien entschieden werden könnten, seien nach sächsischem Landrecht, wo dieses aber schweige, nach Kaiserrecht und schließlich nach geistlichem Recht zu richten. C. HAASE, Lüneb. Stadtrecht (1956, wie Anm. 534) S. 76f.

städtische Einung und ihren Willen überging der Gutachter dagegen mit absolutem Stillschweigen, da sie weder dem Sachsenrecht noch dem Reichsrecht in irgendeiner Weise vorgehen, sondern Gültigkeit nur insoweit beanspruchen konnte, als diese Rechte ihr Raum ließen. Trotzdem beschlossen die Sendeboten, daß ein jeder dieses Gutachten an seinen Rat bringe, damit ein Weg gefunden werde, auf dem man einerseits dem Heiligen Römischen Reiche tue, was man ihm „nach schuldigem Gehorsam in dem Rechte pflichtig ist", andererseits aber auch den Landen und Städten die Freiheiten, Rechte und alten Gewohnheiten bewahre, damit sie bewidmet seien. Das rechtspolitische Dilemma, in dem sich die Städte befanden, war unübersehbar. Denn man konnte sich schwerlich darüber täuschen, daß die sächsische Freiheit, auf die man sich berief, mit dem Zeitalter des im Herumreisen regierenden Königs, dem die Grafschaften ledig geworden waren, in denen er sich aufhielt[573], ein für allemal obsolet geworden war und daß der Ausweg, vom Könige die Delegation eines binnenländischen Richters zu fordern, für die Städte höchst bedenklich war, da der König kaum umhinkonnte, die fürstlichen Landes- und Stadtherren oder gar die westfälischen Freigerichte zu seinen Vertretern in Sachsen zu bestellen und damit deren Macht über die landsässigen – und über die Reichsstädte zu stärken.

Denn kein rechtlicher Weg war gangbar, auf dem man die Stadtgemeinden und ihre Worthalter, die Stadträte, so hätte zu delegierten Richtern bestellen können, daß sie das Verfahren nach Willkür hätten lenken dürfen. Diese Notlage fand Ausdruck in dem Beschluß, den die Ratssendeboten „auf Behagen ihrer Räte" als vorläufige Stellungnahme faßten[574]: Jeder Rat, jede Stadt und jeder Einwohner, der vor das Heilige Reich oder vor das Hofgericht geladen wird, soll sich erbieten, dem Kläger auf sächsischem Boden zu Rechte zu antworten, damit der Kläger seine Klage zurücknehme; verfolge der aber die Ladung und erwerbe er ein Achturteil, so sollten die Städte dieses in ihren Gebieten für unmächtig und kraftlos halten. Beschwerte dann das Reich die ganze Stadt mit der Acht, so sollten die anderen Städte dies ebenfalls für kraftlos und die Einwohner für ungeächtete Leute halten, wie es seit je gewöhnlich gewesen sei. Kämen weitere ungewöhnliche Mandate vom Kaiser an eine bestimmte einzelne Stadt, so sollte sich diese mit den umliegenden Städten beraten, bevor sie dem Mandate folgte. Wider jede weitere Beschwerung von Seiten des Reiches sollten sich die Städte gegenseitig helfen „und die Last sämtlich tragen". Die Empfehlung der Ratssendeboten gab also zu, daß rechtliche Mittel den Städten zum Schutze ihres Einungs- und Willkürrechtes gegenüber dem Könige nicht zur Verfügung standen und daß sie sich ganz auf politische und Machtmittel und deren Zusammenfassung in einer Tohopesate verlassen mußten.

---

573 Sachsenspiegel Landrecht I 58 § 2.
574 HR I 7 n. 51 § 2.

§ 253. Sehr merkwürdig ist der letzte Satz des Rezesses: „Und wenn des Reiches Hof wäre, wie er sein sollte, so könnte man auch anders tun; aber wenn er nicht so ist, wie er sollte etc., so muß man tun, was man kann." Er beweist, daß man in den Hansestädten den Verfall des Reichshofgerichts und den Aufstieg des Kammergerichts, in dem der König persönlich urteilte[575], sehr genau verfolgte. Im Hofgericht war der König lediglich Gerichtsherr gewesen, welchem einst die Fürsten und Großen des Reiches die Urteile gefunden und gewiesen hatten; seit aber königliche Räte den hohen Adel als Urteiler ersetzt hatten, setzte sich die Vorstellung durch, daß der von abhängigen Männern in seiner Kammer beratene König persönlich die Urteile fände und verantworte. Besonders König Sigismund, der das Kammergericht als „unsere kaiserliche Person" definierte, pflegte so zu urteilen und trug maßgeblich dazu bei, das selbsturteilende Richtertum des gelehrten Rechts als ordentliche Form der königlichen Gerichtsbarkeit durchzusetzen, während das ohnehin geschwächte Hofgericht, das nach deutschen Rechten und im dinggenossenschaftlichen Verfahren urteilte, dem Untergange entgegeneilte. Die gemeinen Städte versprachen sich offensichtlich nichts Gutes davon, daß sich mit der neuen Form des Königsgerichts der Einfluß des gelehrten Rechtes im Reiche verstärkte und dessen Rezeption auch in den Ortsgerichten beschleunigte.

Ihr Widerstand indessen war wenig erfolgreich. So forderten die Kölner im Jahre 1448 den König auf, nicht immer nur Kammergericht zu halten, sondern nach alter Gewohnheit das Hofgericht zu bestellen und dort die Rechtssachen zu erledigen, aber drei Jahre darauf mußten sie doch in das Kammergericht einwilligen. Es spricht vieles dafür, daß sich erst unter König Sigismund, der das Reich ohne die Stütze einer Hausmacht regieren mußte und kaum noch imstande war, die Großen zum Besuch seiner selten auf Reichsboden angesetzten Hoftage anzuhalten, die Bewertung des Kammergerichts als einer eigenständigen neuen Art königlicher Jurisdiktion allgemein durchgesetzt hat[576]; der Beschluß des Hansetages vom 14. Mai 1419 könnte dafür ein früher Beleg sein.

Aber nicht nur mit dem Kammergericht versuchte Sigismund, der deutschen Königsmacht neue Wirkungsmöglichkeiten zu eröffnen. Auch mit Hilfe der westfälischen Freigerichte, die als nahezu einzige Gerichte im Reiche noch immer an der unmittelbaren königlichen Bannleihe festhielten, gedachte er, der überhandnehmenden Territorialisierung der Rechtspflege zu begegnen und zugleich die eigene Gerichtsbarkeit zu stärken[577]. Das Richten unter Königsbann verlieh den Frei- oder Femgerichten einen Anschein reichsweiter Zuständigkeit, die die Herrschaft der Stadträte über ihre Vogtgerichte genauso kräftig bedrohte, wie es die Rechtsprechung des königlichen Kammergerichts tat. Mit besonderer Vorliebe erteilte Kaiser Sigismund dem Rate der

---

575 WEITZEL (1985, wie Anm. 521) S. 1265–1294.
576 WEITZEL (1985, wie Anm. 521) S. 1292.
577 R. GIMBEL, Femgerichte. II, in: HRG Bd. 1 (1971) Sp. 1100–1103.

Reichs- und Hansestadt Dortmund den Auftrag, anstatt seiner schwierige Rechtsfälle des sächsischen Rechts und besonders des westfälischen Femerechts zu entscheiden[578].

Für wie mißlich die Hansestädte ihre Lage gegenüber dieser Form königlich autorisierter Gerichtsbarkeit einschätzten, ergibt sich daraus, daß sie ihr nur mit Hilfe der Stadtherren glaubten entkommen zu können, nachdem der überregionale Kompetenzanspruch der Freigerichte durch den Frankfurter Reichsabschied von 1442 in gewissem Umfange reichsgesetzlich anerkannt worden war[579]. Die zum 18. Mai 1447 von ungewöhnlich vielen Städten nach Lübeck geschickten Ratssendeboten beschlossen nämlich, daß, falls eine Stadtgemeinde oder ein Bürger oder Einwohner bei einem heimlichen westfälischen oder anderen auswärtigen Gericht verklagt werde, die Betroffenen dies entweder ihrem oder einem gebührlichen Herrn klagen und diesen um ein Fürschreiben an den Freigrafen bitten sollten, daß sie sich an sicherer Stätte zu Recht erböten und jener Herr daher den Freigrafen „bei dem Amtseide (bii stucken unde articulen), den er dem Herrn Könige bei seinem Leben (int hogeste) getan habe", ermahne, die Beklagten „über sotane Verschreibung und (Rechts-)Erbieten" hinaus nicht zu beschweren[580].

§ 254. König Sigismund ließ es aber nicht bei der Stärkung seiner höchstrichterlichen Befugnisse bewenden. Die Unterstützung, die ihm die Fürsten versagten, wollte er durch die Steuer- und Wehrkraft und den politischen Beistand der Städte und Städtebünde, der Ritterschaft und der freien bäuerlichen Landgemeinden in Friesland, Schwaben und der Schweiz ersetzen. So ist er der eigentliche Schöpfer des Städtekollegs auf den deutschen Reichstagen geworden, wenn dieses auch erst ein halbes Jahrhundert später feste Gestalt annahm[581]. Besonders die Hussitengefahr begünstigte diese Politik. Auf Tagfahrten zu Breslau, Nürnberg, Görlitz, Worms, Wien oder Frankfurt vermochte Sigismund in den Jahren 1420 bis 1427 Ratssendeboten aus Dutzenden von Städten (zu Görlitz 1421 sollen es sogar 86 gewesen sein) um sich zu versammeln[582]. Der König wollte nicht nur die eigentlichen Reichsstädte, zu denen

---

578 Luise VON WINTERFELD, Dortmunds Stellung in der Hanse (Pfingstblätter des hans. G.vereins, Blatt XXIII), Lübeck 1932, S. 10.
579 Deutsche Reichstagsakten, Ältere Reihe Band 16, Gotha 1914–1928, n. 209 Art. 10. GIMBEL (1971, wie Anm. 577) Sp. 1102.
580 HR II 3 n. 288 § 28, auf Verlangen Bremens bestätigt von der Lübecker Tagfahrt vom 24. Juni 1456: HR II 4 n. 458 § 9. Außerdem sollten die Städte einem Richter, der die ihm vom Könige erteilten Befugnisse überschritt, und dem Kläger ihr Geleit verweigern und – ausgenommen in Westfalen – keinen Freischöffen zum Rm. kiesen oder annehmen.
581 Heinrich REINCKE, Hamburgs Aufstieg zur Reichsfreiheit, in: Zs. des Vereins für Hamburgische G. 47 (1961) S. 17–34, hier: S. 22. Sabine WEFERS, Das politische System Kaiser Sigmunds (Veröff. des Instituts für Europäische G. in Mainz, Abt. UniversalG. Bd. 138), Stuttgart 1989, S. 1–4, 157, 177, 212, 228–231.
582 WEFERS, Polit. System (1989, wie Anm. 581) S. 76ff.

in Niederdeutschland Dortmund, Nordhausen, Mühlhausen, Goslar und Lübeck gehörten, und die freien Reichsstädte, darunter die Hansestadt Köln, an das Reich heranholen, sondern auch andere zu Selbständigkeit gelangte Städte, unter denen die Hansestädte besonders zahlreich waren. Seine Räte besaßen offenbar sehr genaue Kenntnisse darüber, welche Städte sich ihren Stadtherren soweit entzogen hatten, daß Ratmannen und Bürger bei einem Herrschaftswechsel dem jungen Stadtherrn gar keinen Huldigungseid mehr leisteten, sondern ihn mit einem bloßen Gehorsamsversprechen abzuspeisen vermochten, wie es für Hamburg zu 1461 ausdrücklich bezeugt[583] und für Lüneburg, Braunschweig und Köln sehr wahrscheinlich ist[584]. So nahm Sigismund die Hansestädte Lüneburg, Stade, Hamburg, Bremen, Rostock, Stralsund, Göttingen, Braunschweig, Magdeburg[585], Salzwedel, Soest und Lemgo in seine Reichsmatrikeln auf. Er lud sie zu den Reichstagen, verlangte ihnen von Reichs wegen Heerespflicht ab und schrieb für sie Reichssteuern aus.

Bei den Betroffenen allerdings fand er dafür überwiegend wenig Gegenliebe. Keiner der niederdeutschen Stadträte erkannte in der königlichen Politik die Chance, im Gegenzug für dem Reiche geleistete Dienste vom König die Auflösung des rechtspolitischen Dilemmas zu erlangen, das die Ratssendeboten zu Lübeck nicht nur am 14. Mai 1449 beschäftigt hatte, und die Übernahme von Reichslasten abhängig zu machen von einer ihren Interessen genügenden gesetzlichen Anerkennung ihrer bisher nur durch widerrufliche Privilegien geschützten Einungen und Willküren und damit ihrer kommunalen Autonomie. Ehe man sie deswegen politischer Kurzsichtigkeit bezichtigt, sollte man allerdings bedenken, daß die Zuziehung der Gemeinden zu den Reichsaufgaben und Parlamenten nirgendwo im Abendlande ein Privileg war, sondern überall eine vom Könige oder Fürsten auferlegte Last, mit der

---

583 Dokumente T. 1, bearb. von H. REINCKE (1961, wie Anm. 412) S. 11.
584 A. HOLENSTEIN, Huldigung (1991, wie Anm. 480) S. 16f., 420 mit Anm. 133. Den Ausführungen über die Aufnahme von Hansestädten in die Reichsmatrikel von 1431 bei FAHLBUSCH, Städte und Königtum (1983, wie Anm. 239) S. 234, kann ich nicht zustimmen.
585 Zu Braunschweig und Magdeburg: Bernd SCHNEIDMÜLLER, „Dem Heiligen Römischen Reich zu Ehren." Sächsische Städte und das Reich im SpätMA, in: Hanse Städte Bünde. Die sächs. Städte zwischen Elbe und Weser, hg. von Matthias PUHLE, Bd. 1, Magdeburg 1996, S. 45–61, hier: S. 49–58. Die Magdeburger erkannten ihre Landsässigkeit 1486 und 1497 an, s. o., §§ 237, 238, nachdem sie noch 1483 die Zuständigkeit des Stadtherrn für die Erhebung der Reichssteuern bestritten und, da die Forderung des Erzbischofs ihre alten Freiheiten verletzte, zu ihrer Gegenwehr den Beistand der gemeinen Hansestädte angefordert und erhalten hatten. Wie 1419 empfohlen, beschlossen die Rsn. am 12. Sept. 1483: „Sollten wir anderen Städte samt oder besonders in dergleichen (!) von des obgenannten Türkengeldes wegen oder aus anderer kaiserlicher Macht oder Befehl, es sei von Acht, Aberacht oder anderer Beschwerung," auch an den eigenen Freiheiten verunrechtet werden, so wollten sie sich beistehen. UB der Stadt Magdeburg T. 3 (1896, wie Anm. 513) n. 538 = HR III 1 n. 467.

keine Vorrechte verbunden waren[586], und daß sich daher überall die Gemeinden durchweg erst nach Jahrhunderten der Vorteile bewußt wurden, die ihnen die Steuerbewilligung als wesentlicher Teil der nationalen Willensbildung verhieß.

Es wäre also anachronistisch, wollte man die Hansestädte dafür tadeln, daß sie nur die mit Sigismunds Politik verbundenen Lasten, nicht aber die in einer fernen Zukunft liegenden Vorteile für das Ganze erfaßten. Festzustellen ist lediglich, daß das deutsche Königtum im Gegensatz zum englischen und französischen, aber auch zum Herzogtum in Burgund zu schwach war, um die Städte in ein gesamtstaatliches Parlament zu zwingen und damit ein Gegengewicht zum Egoismus der Landesherren zu schaffen. Wie im Verhältnis zum Königreich England und zum Herzogtum Burgund, so erweist sich die Reichs- und Verfassungspolitik der Hansestädte im Verhältnis zum König von Deutschland als rückwärtsgewandt, als bestenfalls an der Bewahrung des Status quo interessiert und oft genug nicht nur am Vergehenden, sondern am Vergangenen orientiert, anstatt vorausschauend darauf zu sinnen, wie die kommunale Autonomie mit dem unaufhaltsam erstarkenden Gesetzesrecht des Flächenstaates in Einklang gebracht werden könne – einem Rechtssystem, zu dessen Aufkommen niemand mehr beigetragen hatte als das Bürgertum und die bürgerliche Wirtschafts-, Lebens- und Denkweise.

§ 255. Im politischen Alltag der Ratssendeboten spielte die Rechtspolitik eine untergeordnete Rolle. Zu jeder Zeit gab es wichtigere Fragen, die nach rascher Entscheidung verlangten, während das prekäre und abstrakte Verhältnis der hansischen Willküren zu den Reichs- und Landrechten stets eine Vertagung und das Abwarten eines günstigeren Augenblicks zu dulden schien. Eben deswegen ist es aber um so bemerkenswerter, mit welcher Beharrlichkeit die Ereignisse die Ratssendeboten immer wieder auf das Problem hinwiesen. Seit die gemeinen Städte in Gegenwart kaiserlicher Gesandter 1416 die Ratsverfassung zu Lübeck und 1417/18 die gesamthansische Einung erneuert hatten, verging kaum ein Jahr, in dem sich die Ratssendeboten nicht mit ihm hätten beschäftigen müssen.

So beschwerte sich im Jahre 1427 der aus Halberstadt vertriebene Ratmann Gebhard von Ammendorf beim Erfurter Rate darüber, daß er die Halberstädter nicht habe binnen Landes vor Gericht bringen können, daher er die Sache nun ans Hofgericht gebracht[587]. Ein Sohn des hingerichteten Bürgermeisters Bantzekow von Wismar erwirkte 1428 bei König Sigismund die Ächtung der Stadt und erhob im nächsten Jahre Klage wider sie vor dem Freigericht zu Sachsenhausen in der Grafschaft Waldeck[588]. Im Jahre 1430 brachte ein Sohn des hingerichteten Bürgermeisters Vasmer von Bremen sei-

---

586 A. MARONGIU, Medieval Parliaments (1968, wie Anm. 61) S. 232.
587 UB der Stadt Halberstadt T. 2 (1897, wie Anm. 293) n. 806, zitiert nach WEITZEL, Dinggen. (1985, wie Anm. 521) S. 1453.
588 TECHEN, Wism. Unruhen (1890, wie Anm. 312) S. 57f.

ne Vaterstadt in die Reichsacht[589]. Im Jahre 1440 erlangte der Danziger Eggert Westranße wegen unerfüllter Forderungen gegen den Lübecker Bürgermeister Hinrik Rapesulver und die Stadt Wismar, die ihm in dieser Sache das Recht verweigerte, königliche Mandate an Lübeck und an den Hochmeister des Deutschen Ordens, von denen die Wismarer hofften, daß die Adressaten sie für machtlos erkennen würden[590]. Die am 5. April 1446 zu Elbing versammelten preußischen Städte wurden vom Hochmeister befragt, wie dieser sich zu der vom Römischen Könige über die Holländer verhängten Acht verhalten sollte, welche Cleys Horn im Hofgericht erworben hatte[591]. Eines der ersten Themen, mit denen sich die große Lübecker Tagfahrt vom 18. Mai 1447 befassen mußte, war ein Schreiben des Erzbischofs von Köln, der den Sendeboten den Achtbrief Kaiser Friedrichs III. wider die Stadt Soest übersandte und die gemeinen Städte aufforderte, die Soester als widerspenstige Ächter aus der Hanse zu weisen[592]. Die Bremer Tagfahrt vom 24. Juni 1450 befaßte sich auf Anfragen von Hildesheim und Magdeburg hin mit der Frage, ob man im Streit zwischen Goslar und Hinrik Alfeld dem Gebot der Städte, den Verkehr mit den Goslarern abzubrechen, oder dem Gebot des Kaisers zugunsten der Goslarer gehorchen müsse[593]. Im Juni 1454 erfuhren die Ratssendeboten in Lübeck, daß der Kölner Bürger Johann Dasse gegen die von Bremen ein Urteil des Hofgerichts von etlicher Weine wegen erhalten hatte[594], und im nächsten Jahre brachten die Stralsunder ihren Streit mit dem ausgewichenen Bürgermeister Otto Voge an den Kaiser[595]. Die (nicht vollständige) Reihe dieser Nachrichten beweist eine Nähe des bürgerlich-niederdeutschen Rechtsdenkens zum Könige, die in schroffem Gegensatz zur politischen Machtlosigkeit des Königtums steht und uns selten einmal so unmittelbar bezeugt wird wie von den Bürgern zu Lüneburg, die im Streit mit den Prälaten und der römischen Kurie meinten, „der Kaiser hätte einen Rat einzusetzen und nicht der Papst", zumal ihre Stadtherren keinen Bürger daran hinderten, vor dem Kaiser zu Recht zu stehen, sondern gestatteten, daß man sich entweder vor ihnen oder vor dem Kaiser verantwortete[596].

§ 256. So war es nur konsequent, daß einzelne Städte begannen, wie es an der römischen Kurie längst der Brauch war, so auch am königlichen Hofgericht ständige Prokuratoren zu unterhalten, deren Aufgabe unter anderem darin bestand, bereits die Entstehung päpstlicher bzw. königlicher Justiz-

---

589 SCHWARZWÄLDER, G. Bd. 1 (1985, wie Anm. 330) S. 109, 111, 118.
590 HUB Bd. 7, 1 (1939) n. 632, 636. Horst WERNICKE, Hanse und Reich im 15. Jh. – ihre Beziehungen im Vergleich, in: Beiträge ... Hansische Studien X (1998, wie Anm. 490) S. 215–237, hier: S. 222.
591 HR II 3 n. 232 § 3, n. 308 § 1.
592 HR II 3 n. 288 § 2.
593 HR II 3 n. 629 und Nachtrag in HR II 7 S. 832.
594 HR II 4 n. 248 § 13.
595 HR II 4 S. 269, 279 n. 389.
596 Wilh. REINECKE, G. Bd. 1 (1933, wie Anm. 382) S. 234. HR II 4 n. 477.

mandate zum Nachteil ihrer Mandanten zu verhindern, indem sie wegen Rechtswidrigkeit der Klage oder Petition Einspruch gegen die Expedition einlegten. Die im März 1448 in Lübeck zusammengetretenen Ratssendeboten von Hamburg, Rostock. Stralsund, Wismar, Lüneburg und Stade beschlossen, zwecks Minderung der Kosten gemeinsam einen solchen Prokurator am königlichen Hofe zu bestellen. Die Bremer, die dies begrüßten und dafür dankten, in das Projekt einbezogen zu werden, schlugen darüber hinaus vor, in dem Vertrag der Städte zu bestimmen, „daß keiner von unseren Bürgern und Einwohnern, der in diesem Vertrage ist, von diesem Tage an niemanden von den Unseren mehr in sotanes unseres allergnädigsten Herrn, des Römischen Königs, Kammer- noch Hofgericht ziehen noch damit belasten soll, sondern von dem Beklagten vor seinem Rate, unter dem er gesessen wäre, Recht nehme und desgleichen seinerseits gebe." Auch Wismar und Rostock stimmten dem Plane zu. Nur die Hamburger wollten sich nicht beteiligen, da sie bereits einen Hofgerichtsprokurator entlohnten und diesem ihre Sache zugestellt hätten. Die Lübecker stellten deswegen ihre Bemühungen ein und teilten den Städten mit, eine jede von ihnen müsse nun für sich selbst sorgen[597].

Die Ergebnislosigkeit des Vorgangs entspricht dem geringen Gewicht, welches die Ratmannen der Hansestädte sowohl der in den gedanklichen Zuspitzungen sehr abstrakten Rechtspolitik als auch den Beziehungen der Hanse zum Reiche beilegten. Als sich im 16. Jahrhundert die Reichsverfassung kräftigte und an Einfluß in Niederdeutschland gewann, bemerkten sie zwar, daß dies zum Nachteil aller jener Stände geschah, die keine reichsrechtliche Legitimation besaßen, aber um die wachsenden Gefahren zu bannen, fanden sie kein anderes Mittel als den Rückgriff auf die Politik der Landfriedensbündnisse, über die die Fürstenstaaten längst hinweggegangen waren. Erst zu Beginn des 17. Jahrhunderts erkannte man wenigstens in Hamburg und Bremen, daß nur die Mitgliedschaft in der Städtekurie des Reichstages die politische Selbständigkeit einer Stadt auf die Dauer sicherte, eben jenen reichsstädtischen Status, den die Ratssendeboten im 15. und 16. Jahrhundert so beharrlich geringgeschätzt hatten. Als die westfälischen Friedensverträge im Jahre 1648 endlich die reichsrechtliche Anerkennung der deutschen Hanse aussprachen, war es für die Mehrzahl der Städte längst zu spät, um noch die Reichsunmittelbarkeit zu erlangen[598].

Gleichwohl ist es beachtenswert, daß die Ratssendeboten der gemeinen Städte zuvor so vielen Rezessen und Tohopesaten das Bekenntnis vorange-

---

597 HR II 3 n. 394, 395, 396. Um ihre Bürger vor den Femgerichten zu schützen, nahmen die Lübecker 1464 einen Wissenden, nämlich den öffentl. Notar und gewesenen Freischöffen Johann Bersenbrugge, als ihren Sachwalter vor dem kaiserl. Gericht und den Freistühlen in städtische Dienste, O. AHLERS (1953, wie Anm. 156) S. 344, 347.
598 Georg SCHMIDT, Städtehanse und Reich im 16. und 17. Jh., in: Niedergang oder Übergang? hg. von A. GRASSMANN (1998, wie Anm. 51) S. 25–46.

stellt hatten, ihre Beschlüsse „Gott zum Lobe, dem Römischen Reiche zu Ehren, um der Existenz der Städte, der Wohlfahrt des Handels und des gemeinen Besten willen" gefaßt zu haben[599]. Denn darin äußert sich nicht nur die Hochachtung für jenes Heilige Reich, auf das sich im mittelalterlichen Weltbilde alle zeitliche und rechtliche Ordnung des irdischen Lebens gründete, sondern auch die Erinnerung an jenes karolingische, ostfränkische und schließlich deutsche Königtum, unter dessen Schutz der deutsche Kaufmann einst sein Handelsimperium über Nord- und Ostsee errichtet hatte.

3.1.4. Fürstliche Schirmherren

§ 257. Als sich das Königtum nach der Mitte des 13. Jahrhunderts aus Niederdeutschland zurückzog, standen die gemeinen königlichen Kaufleute vor der Frage, wen sie nun zu ihrem Schutzherrn kiesen und darum ersuchen sollten, ihnen an Königs Stelle die Dienste des Beschützers zu erweisen, namentlich etwa den Hansegrafen oder Vorstehern ihrer Gilden und den Älterleuten ihrer reisenden Hansen die Amts- und Zwangsgewalt zu verleihen, kraft deren sie ihnen zum Gehorsam verpflichtet waren. Denn der gemeine deutsche Kaufmann war zwar eine freie Einung, aber doch auch ein Verband von Genossen, die demselben Herrn Treue gelobt hatten (oben, § 227), und niemand konnte daran denken, dieses Herrenband zu durchtrennen, um alsdann die unüberschaubar gewordene Zahl der Kaufleute in genossenschaftlicher Einung als gemeinen Kaufmann neu zu verfassen, d. h. die Verbandsgewalt auf gegenseitige persönliche Treueide neu zu gründen. Hierzu mag es auch deswegen zu spät gewesen sein, weil die meisten Kaufleute jetzt Bürger in einer Stadtgemeinde geworden waren und daher in einem hansischen Genosseneid hätten Treuvorbehalte zugunsten ihres Stadtherrn und der Bürgerschaft aufnehmen müssen, die die Genossenpflichten doch arg eingeengt hätten. Einen allgemeinen, von jedem niederdeutschen, ins Ausland reisenden Kaufmanne zu leistenden Hanseeid, eine allgemeine Treupflicht der Kaufleute gegenüber ihrer Einung, der deutschen Hanse, hat es daher niemals gegeben[600]. Die befristeten Gelöbnisse, welche die auf einem oder mehreren Schiffen gemeinsam reisenden Kaufleute untereinander verbinden mochten, zu einem ewigen, alle im Auslande weilenden deutschen Fernhändler in einer polypolitischen Gemeinschaft verbindenden Kaufmanns- oder Hanseeide fortzubilden, das hätte sich nur ein mächtiges deutsches Königtum zum Ziele

---

599 HR II 3 n. 288, hier: S. 174 Zeile 7–8 und § 23. Den ganz unzulänglichen Stand der Forschung legt Bernd SCHNEIDMÜLLER (1996, wie Anm. 585), S. 45–61, dar. Mit den hier erörterten hansischen Quellen und Problemen befaßt sich SCHNEIDMÜLLER nicht.
600 Klaus FRIEDLAND, Die Hanse (Urban-Taschenbücher, Bd. 409), Stuttgart 1991, S. 22.

Gemeiner Kaufmann, gemeine Städte und vollmächtige Ratssendeboten 289

setzen können, welches gegen jedermann einen Anspruch auf Untertanentreue und Huldigung geltend machen konnte.

Bei der Suche nach Ersatz für diese, mit der Dynastie der Staufer untergegangene Institution und nach anderen Schutzherren mußte sich den Kaufleuten der Gedanke an diejenigen Fürsten anbieten, die im Deutschen Reiche bereits an Königs Statt die für die Kaufleute so wichtige Geleitspflicht erfüllten (oben, § 228), etwa an Herzog Albrecht I. von Braunschweig und Lüneburg (1252–79), dessen Vater, Herzog Otto („das Kind" 1204–52), ein Enkel Heinrichs des Löwen, bereits damit begonnen hatte, aus den Kaufleuten seines Landes eine territoriale Fahrtgemeinschaft zu bilden, indem er 1227 die Einwohner des Hagens zu Braunschweig, 1241 die Bürger zu Hannover, 1247 die Lüneburger und die Mündener in seinem ganzen Lande von den Zöllen befreite und denen von Osterode 1239 und den Duderstädtern 1247 die Zollfreiheit wenigstens in Braunschweig gewährte[601]. Als Schirmherr seiner Kaufleute trat er auch für sie ein, wenn sie ins Ausland reisten. Denn als König Heinrich III. von England 1230 die Leute (homines) von Braunschweig in seinem ganzen Machtbereich in seinen Schutz nahm, schränkte er den Genuß dieser Zusage auf diejenigen ein, die einen Paßbrief ihres Herrn besaßen und damit nachwiesen, daß sie „Leute des Herzogs" (homines ipsius ducis) seien[602]. Ottos Sohn Albrecht nahm auch die Hamburger und Lübekker in seinen Schutz. Anläßlich eines Aufenthaltes in London im Jahre 1265 erwirkte er für sie von König Heinrich III. die Erlaubnis, in seinem Reiche eine hamburgische und eine lübische Hanse zu bilden[603]. Bald darauf freilich entwertete er, gleich vielen anderen weltlichen Landesherren, seine Schirmherrschaft für die Kaufleute, indem er eine Folge welfischer Landesteilungen einleitete, die der überregionalen Macht seiner Dynastie ein Ende setzten.

§ 258. So kommt es, daß nur zwei territoriale Fahrtgemeinschaften deutscher Kaufleute dauerhaften Bestand gewannen, und zwar gewiß nicht zuletzt auch deswegen, weil in beiden Fällen die Heimatstädte frühzeitig die Lasten der Landstandschaft auf sich nahmen und durch ihre gemeinsamen Dienstleistungen maßgeblichen Einfluß auf die Politik ihrer Schutz- und Landesherren auszuüben verstanden. Einmal geschah dies in den endgültig seit 1323 in Personalunion verbundenen Grafschaften Holland und Seeland, deren Kaufleute den Landesherrn dazu vermochten, dem von den Schonenfahrern der Stadt Zierikzee erkorenen Vogte seine Amtsgewalt über die Vitte in Schonen zu bestätigen, die auch von anderen Holländern und Seeländern

---

601 Bernhard DIESTELKAMP, Die Städteprivilegien Herzog Ottos des Kindes, ersten Herzogs von Braunschweig-Lüneburg (Quellen und Darstellungen zur G. Niedersachsens, Bd. 59), Hildesheim 1961, S. 72, 97, 127, 154, 170, 207.
602 UB der Stadt Braunschweig 2. Bd., hg. von Ludwig HÄNSELMANN, Braunschweig 1900, n. 78.
603 Quellen hg. von SPRANDEL (1982, wie Anm. 46) S. 188 n. 8, 190 n. 9 von 1266 und 1267.

mitbenutzt wurde[604]. Als Kaufleute des Kaisers und Städte des Heiligen Römischen Reiches hatten Holländer und Seeländer seit jeher zur deutschen Hanse gehört und auf Schonen Handel getrieben, und vier von ihren Städten beteiligten sich an der Kölner Konföderation[605]. Obwohl sie jedoch im Kampfe gegen Dänemark mit Kampen und den süderseeischen Städten Hand in Hand gingen, erkoren sie sich nicht, wie diese es taten (unten, § 302), die Lübecker zum Haupte, sondern ließen sich weiterhin von ihrem Landesherrn beschützen. Dies hatte zur Folge, daß sich die Holländer und Seeländer spätestens seit dem Übergang der Landesherrschaft auf Herzog Philipp von Burgund im Jahre 1432 der von Lübeck geführten deutschen Hanse rasch entfremdeten. Bereits im Jahre 1442 wies Amsterdam die Einladung der holländischen Städte zur Tagfahrt zurück, und 1449 stellten die gemeinen Städte fest, daß das Herzogtum Burgund die Flamen, Holländer und Seeländer als seine Untertanen, die „in die Ostsee und nach Preußen beheimateten" Schiffe dagegen als Ausländer behandelte. Die Ostseestädte ihrerseits hörten nun auf, die Holländer und Seeländer für hansisch zu halten. 1454 warfen sie daher den Kampenern vor, unter Verletzung hansischer Rechte ganz Holland und Seeland unter ihren Briefen in die Hanse zu verteidigen[606]. Die Kampener hielten demnach die Holländer immer noch für Hansegenossen.

Daß die Territorialisierung der Schirmherrschaft leicht das Ausscheiden des beschirmten Partikularverbandes aus der gemeinen deutschen Kaufmannschaft zur Folge haben konnte, hatten zuvor schon die skandinavischen Ostseestädte erfahren müssen, die seit den Kämpfen um die Errichtung der Kalmarer Union der deutschen Hanse fremd geworden waren. Allein die Stadt Wisby, die sich 1376 dem Könige von Schweden entzogen und den dänischen König als Herrn angenommen hatte, betrachtete sich noch, wie sie am 9. Oktober 1443 den Lübeckern schrieb, als Glied der Hanse[607].

§ 259. Die zweite territoriale Fahrtgemeinschaft innerhalb des gemeinen Kaufmanns von der deutschen Hanse bildeten die preußischen Städte, deren Landesherr, der Hochmeister des Deutschen Ordens, zugleich als Haupt ihrer Hanse hervortrat. Die Selbständigkeit dieser Sonderhanse beruhte darauf, daß Preußen nicht zum Königreich Deutschland gehörte, daher der Hochmeister und seine Kaufleute nicht dem deutschen Könige untertan waren, sondern lediglich den Römischen Kaiser als Haupt einer rechtlich undefi-

---

604 Dieter SEIFERT, Kompagnons und Konkurrenten. Holland und die Hanse im späten MA (QDhG, NF Bd. 43), Köln 1997, S. 38–40. DERSELBE, Die holländischen und seeländischen Teilnehmer, in: Der Stralsunder Frieden (1998, wie Anm. 462) S.27–45, hier: S. 28–30; ebenda S. 31–38 und Dick E. H. DE BOER, Goetscalc quam uyt Lieflant, ebenda S. 341–362, hier: S. 345–347, über die Dienstleistungen der Städte für den Grafen.
605 D. SEIFERT, Kompagnons (1997, wie Anm. 604) S. 28f., 42–45, 48 f., DERSELBE, Teilnehmer (1998, wie Anm. 604) S. 35–38, 44.
606 HR II 2 n. 574, 577 (1442), II 3 n. 535 (1449), II 4 n. 279 (1454).
607 HR II 3 n. 30. H. STOOB, Die Hanse (1995, wie Anm. 453) S. 210.

nierbaren Universalmonarchie für einen Herrn über sich anerkannten. Als der Abstammung nach Deutsche konnten sie zwar der deutschen Hanse angehören, als Auslandsdeutsche aber diese Zugehörigkeit nur mit ausdrücklichem Willen aller Beteiligten in Anspruch nehmen. Dagegen machte es keine rechtliche Besonderheit aus, daß der Hochmeister als einziger Deutscher fürstlichen Ranges der Hanse angehörte; das Hanserecht stand allen Deutschen, gleich welchen Standes, zu, doch war der Hochmeister der einzige Deutsche seines Standes, der imstande und willens war, es zu nutzen[608].

So kommt es, daß ein Problem der Hanseverfassung, der Versuch nämlich des Deutschen Ordens, den hansischen Pfundzoll in eine landesherrliche Abgabe umzuwandeln, seit 1411 die von den großen preußischen Städten geführte landständische Vereinigung des Preußischen Bundes ins Leben rief[609]. Das landständische Verhältnis der preußischen Städte zum Hochmeister betonte die Absonderung der preußischen innerhalb der deutschen Hanse, etwa wenn sich der Hochmeister 1447 für „den Kaufmann sowohl von der gemeinen Hanse wie aus Preußen", für die Freiheiten sowohl seiner selbst, seiner Lande und Städte als auch der anderen Städte der gemeinen Hanse verwandte[610]. Die Absonderung erreichte eine kritische Intensität, seit sich der Hochmeister und die preußischen Städte weigerten, dem im Jahre 1437 zwischen England und der Hanse ausgehandelten Vertrage beizutreten, weil dieser den Engländern freien Handel in Preußen zusicherte. Während der englisch-deutschen Verhandlungen zu Lübeck im Jahre 1449, von deren Ablauf unsere Untersuchungen ausgegangen sind (oben, §§ 1 bis 21), erschreckten die Gesandten König Heinrichs VI. die Lübecker mit der Erklärung, ihr Herr erwäge, allein den (deutschen) Städten die Privilegien zu erneuern, die preußischen Städte aber auszuscheiden; schon erwog man, ob nicht alle Städte das Königreich räumen sollten, falls dies geschehe, aber dann beschied man die Engländer doch lediglich dahingehend, „daß der Hochmeister ein Haupt der

---

608 Klaus FRIEDLAND, Kaufleute und Städte als Glieder der Hanse, in: HGbll. 76 (1958) S. 21–41, hier: S. 23f., 32f. Ph. DOLLINGER, Die Hanse (1966, wie Anm. 241) S. 123. K. FRIEDLAND, Die Hanse (1991, wie Anm. 600) S. 153, 154–156. St. JENKS, England, die Hanse und Preußen (1992, wie Anm. 1) S. 637 Anm. 54. Z. H. NOWAK, Die Rsn. Kulms und Thorns, in: Der Stralsunder Frieden (1998, wie Anm. 462) S. 67–79, hier: S. 70f. Ebenso waren hochadliger Stand und Bürgerrecht miteinander vereinbar, wie nicht nur das dem 14. Jh. zugehörige Institut des Edelbürgers, sondern auch der Umstand beweist, daß Graf Johann von Hoya als Bischof von Münster im Jahre 1457 das Bürgerrecht seiner Bischofsstadt und das Zunftrecht der Schmiede erwerben und sich in den Rat wählen lassen konnte, W. EHBRECHT, Verhaltensformen (1974, wie Anm. 116) S. 56, DERSELBE in: G. der Stadt Münster (²1993, wie Anm. 116) S. 133.
609 HR I 6 n. 397, II 2 n. 562, 570, 629, 633, 690.
610 HR II 3 n. 294.

Hanse (en hovet der hense) wäre und seine Städte auch mit in die Hanse gehörten; daher wollten sie ungeschieden bleiben"[611].

Daß der Ausdruck mit Bedacht gewählt worden war, die deutsche Hanse also in den Lübeckern und dem Hochmeister zwei Häupter haben sollte, erweist sich an der Form des Zusammentreffens beider Seiten am 23. Mai 1450 in Utrecht, denn da legten die hansischen Sendeboten zwei „Machtbriefe und Procuratoria" vor: zuerst das „gemeine Procuratorium von der Hansestädte wegen mit der Stadt Lübeck Insiegel besiegelt, danach des Herrn Hochmeisters von seiner Herrschaft und Lande wegen"[612]. Da die auf diese Weise legitimierten deutschen Gesandten in der Präambel des Rezesses gleichwohl als Ratssendeboten der vom Lübecker Hansetag[613] hierzu deputierten Hansestädte bezeichnet werden, ist der Schluß wohl unvermeidlich, daß der Hochmeister hier in einer namenlosen, aber speziell hansischen Funktion auftrat, eben jener, kraft deren er ein Haupt der Hanse genannt werden konnte, der Funktion nämlich eines fürstlichen Schirmherrn der ins Ausland reisenden Kaufleute, wie sie einst, bis ins siebte Jahrzehnt des 13. Jahrhunderts hinein, für die deutschen Kaufleute der deutsche König gehandhabt hatte.

Nicht erst dem modernen Beobachter, sondern bereits den Zeitgenossen fiel es freilich schwer, diese Funktion von der stadt-, landes- und geleitsherrlichen zu unterscheiden, die der Hochmeister ebenfalls ausübte. Die am 16. Oktober 1450 zu Lübeck versammelten Ratssendeboten versuchten es, indem sie dem Könige von England einerseits Vorschläge machten, um die Freundschaft wiederherzustellen, „die zwischen dem Reiche von England und dieses Reiches Einwohnern, dem großmächtigen Herrn Hochmeister des Landes Preußen und den Städten von der Hanse nun lange Zeit von alters her gewährt hat," wozu an erster Stelle gehörte, daß die Deutschen den englischen Kaufleuten Frieden im Lande Preußen und in den Städten von der Hanse zusagten, indem sie aber andererseits das Geleit für die englischen Kaufleute zum Sonderproblem erklärten, welches nur den König von England und den Hochmeister von Preußen, nicht jedoch die gemeinen Hansestädte berührte, daher es nicht recht sei, deswegen die Hansestädte insgemein in ihren alten Freiheiten zu kränken[614].

3.2. Der gemeine Kaufmann und die Einung der Städte

3.2.1. Vier Eigenschaften der hansischen Einung

§ 260. Die Ohnmacht der meisten niederdeutschen Fürstentümer und ihre territorialpolitisch eng begrenzten Interessen machten dem gemeinen Kauf-

---

611 HR II 3 n. 503, 504 § 13.
612 HR II 3 n. 709 § 5.
613 HR II 3 n. 649 § 5.
614 HR II 3 n. 651 pr., §§ 1, 7.

manne rasch deutlich, daß ihm fürstliche Schutzherrschaften keinen Ersatz für den Schirm bieten konnten, den er durch den Ausfall des Königtums verloren hatte. So blieb den Hansegrafen und Älterleuten, die dem Kaufmanne nicht mehr von der königlichen Gewalt wegen gebieten oder einen Hanseeid (oben, § 257) abfordern konnten, nur noch ein Weg offen, um ihre Autorität zu erhalten: Sie mußten sich ein Mandat jener Städte verschaffen, in denen die Kaufleute das Bürgerrecht besaßen und die zugehörigen Bürgerpflichten zu erfüllen hatten, denn an diese blieben sie auch im Auslande gebunden. Als Quelle für die Zwangsgewalt der im Auslande gekorenen Älterleute blieben nur die Bürgereide jener Kaufleute übrig, deren Wort sie halten sollten, und nur die Stadtgemeinden, denen die Kaufleute den Bürgereid geleistet hatten, vermochten sie auch im Auslande noch zur Ordnung anzuhalten[615].

Nach dieser Maxime handelte Simon von Staveren, „Aldermann des Römischen Reiches zu Lynn" und Bürger dieser Stadt, im Jahre 1271 (oben, § 230), nachdem er sich mit einer persönlichen Bürgschaft für sechzehn Lübecker Kaufleute eingesetzt hatte, die der König von England des Zollbetrugs bezichtigte: Er wandte sich nämlich an Rat und Gemeinde zu Lübeck, weil die sechzehn mit ihrem unrechten Treiben die Privilegien aller Lübecker gefährdeten, und wies warnend darauf hin, daß keineswegs alle in England Handel treibenden Lübecker eines Sinnes wären; dem aber müßten die Adressaten dringend abhelfen, um künftige Schwierigkeiten zu vermeiden[616]. Die von den Lübeckern gemeinlich erworbenen Privilegien konnten eben nur dann bewahrt werden, wenn die Lübecker samt und sonders nicht nur hinsichtlich der damit verliehenen Rechte, sondern auch der diesen anhängenden Pflichten eines Sinnes waren, und dafür zu sorgen, das war eine Aufgabe ihrer gekorenen Ratmannen.

Aus demselben Rechtsgedanken heraus handelten die Schonenfahrer der süderseeischen Städte, als sie im Jahre 1251 gemeinlich (samt und sonders) das Geleit des Königs von Dänemark erwarben (oben, § 232): Mit gemeinsamem Beschluß, d. h. kraft Einung, sagten sie dem Könige zu, auf den Messen in Skanör einen bestimmten Zoll zu entrichten und den König bei der Verfolgung unbotmäßiger Genossen zu unterstützen: Sandte der König deswegen seinen Boten in das Land oder die Stadt, wo der Täter wohnte, so sollten dessen dort ansässige Genossen und Mitbürger ihn samt seinen Gütern dem Boten ausliefern[617]. Die Fahrtgemeinschaft vermochte die Heimatstädte ihrer Mitglieder zu verpflichten, obwohl diese selbst gar nicht unmittelbar Vertrags-

---

615 W. EBEL, Lüb. Recht (1971, wie Anm. 74) S. 378–381: Die Reisegerichtsbarkeit der lübischen Fahrtgenossenschaften beruhte auf der eidlichen Bürger- oder bürgerlichen Eidpflicht, einen Mitbürger nicht vor fremde Gerichte zu laden; daraus folgten die Gerichtsverhältnisse in den hansischen Kontoren.
616 UB der Stadt Lübeck T. 1, Lübeck 1843, S. 310 n. 329.
617 UB der Stadt Lübeck T. 1 (1843), S. 160 n. 175. HUB Bd. 1 (1876) n. 411.

partner waren, denn nur die Stadtgemeinden konnten jenen Rechtszwang gegen die Einzelnen ausüben, der dem Könige die Vertragstreue der Deutschen verbürgte und diese überhaupt erst zu einem rechts- und handlungsfähigen Vertragspartner machte. Die Kaufmannschaften waren von Rechts wegen mit den Städten identisch, denen sie als Bürger angehörten, und umgekehrt.

Daher waren etwa die im Jahre 1287 auf Gotland versammelten Kaufleute befugt zu willküren, daß eine Stadt, die den Verkauf von Strand- und Raubgut duldete, anstatt ihn ihren Bürgern in gemeiner Bursprake zu verbieten, bedingungslos aus der Einung der Kaufleute ausgeschlossen werden sollte und nur unter bestimmten Bedingungen „die Gunst und Freiheit der Kaufleute wiedergewinnen" könne[618]. Umgekehrt folgte daraus die Befugnis der Behörden der Stadt Köln, den Kölner Englandfahrern eine Satzung zu geben, die diese dazu verpflichtete, auch die Verfassung des Königreichs England und dessen Fremdenrecht zu achten und nur Männer, die das Kölner Bürgerrecht besaßen, zur Kölner Hanse in England zuzulassen[619].

§ 261. Aus den hier erörterten Urkunden von 1271, 1251 und 1287 ergeben sich demnach vier Eigenschaften der hansischen Einung und ihrer Verfassung, die ihr mindestens seit der Mitte des 13. Jahrhunderts eigentümlich (und daher vermutlich bereits vorher, unter der Schirmherrschaft des Königs, aufgeprägt worden) waren und die wir nunmehr einer näheren Untersuchung unterziehen müssen.

1. Die Kaufmannschaften der einzelnen Städte, die Kölner, Dortmunder, Bremer, Hamburger usw., bildeten Partikularverbände einerseits innerhalb ihrer Stadtgemeinden, deren Bürger- oder Gemeindeversammlung sie zusammen mit den örtlichen Handwerksämtern und Meinheiten konstituierten, und andererseits innerhalb der im Auslande reisenden und Handel treibenden deutschen Hansen, deren polypolitische Versammlungen auf Schonen und Gotland, in Nowgorod, Brügge, London und Bergen sie gemeinsam miteinander konstituierten. In den Kontoren traten jedoch bei der Bildung des Gemeinwillens andere Probleme auf als in den Städten (§§ 262 bis 268).

2. Die Privilegien, die der gemeine deutsche Kaufmann vom Großfürsten in Nowgorod, vom Grafen zu Flandern und seinem Nachfolger, dem Herzog von Burgund, und von den Königen von England, Dänemark und Norwegen gewann, waren der Sache nach Handelsverträge, die den Kaufleuten nicht nur Rechte gewährten, sondern auch Pflichten (vor allem: Zollpflicht und Beachtung der Landesgesetze) auferlegten. Für die Erfüllung dieser Pflichten war nicht nur der gemeine, sondern jeder einzelne deutsche Kaufmann verantwortlich (§§ 269–274).

---

618 HUB Bd. 1 (1876) n. 1024. FRIEDLAND, Kaufleute und Städte (1958, wie Anm. 608) S. 29.
619 Walter STEIN, Die Hansebruderschaft der Kölner Englandfahrer und ihr Statut von 1324, in: HGbll. 35 (1908) S. 197–240, hier: S. 217–223, 228–231.

3. Der Beistand und Rechtsschutz, den die Stadtgemeinden als beschworene Einungen jedem Eidgenossen zusagten, erstreckte sich auch auf dessen Reisen ins Ausland. Es gehörte zur Amtspflicht eines jeden Stadtrates, das Leben und die Güter seiner Bürger auch im Auslande zu beschützen und zu diesem Zwecke die Bürger zu Erfüllung ihrer Pflichten gegenüber den Privilegiengebern anzuhalten. Daher konnte man sagen, daß diese Privilegien nicht nur den Kaufleuten, sondern auch den Städten gehörten: Sie setzten Rechte und Pflichten nicht nur der Kaufleute, sondern auch der Bürger fest (§§ 275–281).

4. Die polypolitischen Einungen, die die deutschen Kaufleute im Auslande errichteten, stifteten kraft der rechtlichen Identität der Partikularverbände mit ihren Stadtgemeinden ohne weiteres und unmittelbar, d. h. ohne daß es dazu einer ausdrücklichen Willenserklärung, eines Bündnisses oder Vertrages, bedurfte, eine Gemeinschaft oder Einung ihrer Heimatstädte. Wie die hansische Fahrtgemeinschaft oder der gemeine Kaufmann sowohl sich selbst als auch die Stadtgemeinden durch Vertrag mit den Privilegiengebern verpflichten konnte, ohne dafür einer besonderen Vollmacht zu bedürfen, so konnten umgekehrt die gemeinen Städte von der deutschen Hanse auf Grund ihrer Schutzpflicht den gemeinen Kaufmann verbindlich machen, indem sie sich auf die in den einander überschneidenden Einungen begründete Identität der Willen aller Beteiligten beriefen (§§ 282–292).

3.2.2. Die Partikularverbände

§ 262. Die einzelstädtischen Hansen, die sich im Auslande zum gemeinen Kaufmann von der deutschen Hanse vereinigten, besaßen seit jeher die Befugnis, die Zugehörigkeit einzelner Kaufleute zur hansischen Gemeinschaft und damit deren Teilhabe am Recht und an den Privilegien sowohl des betreffenden Partikularverbandes als auch der gesamthansischen Einung festzustellen. Denn diese Zugehörigkeit vermochte der Einzelne nicht eigentlich zu erwerben; sie war ihm vielmehr angeboren, und durch eigenes Zutun konnte und mußte er sie lediglich aktivieren[620]. Denn nur wer von deutschen Eltern geboren war und daher nach deutschem Rechte lebte, d. h. deutsche Sprache, Sitte und gesellschaftliche Norm von Geburt her an sich trug, und nur, wer von den deutsch Geborenen als Lehrling und Geselle eines älteren Kaufmanns die Fähigkeit erlangte, schließlich selbständig im Auslande Handel zu treiben: nur wer diese beiden Bedingungen erfüllte, war „in der Hanse begriffen und geboren"[621], nur er konnte und mußte daher von den älteren Genos-

---

620 Statuten des Stalhofs in London 1388–1460, in: Quellen hg. von SPRANDEL (1982, wie Anm. 46) S. 352 n. 1, hier: Art. VIII. K. FRIEDLAND, Kaufleute und Städte (1958, wie Anm. 608) S. 22–24, 27f.
621 Statuten des Stalhofs (wie Anm. 620) Art. X (S. 361).

sen zur Hanse zugelassen und gegenüber den ausländischen Behörden als Hansebruder ausgewiesen und beschirmt werden.

Einmal festgestellt, waren diese Eigenschaften dem Einzelnen daher unverlierbar, es sei denn, daß er sich freiwillig aus dem deutschen Rechte begab und einem fremden Rechte zuwandte[622]. Der Verband konnte ihm jene Eigenschaften weder beilegen, wenn sie nicht vorhanden waren, noch absprechen, wenn er sie einmal besaß. Er vermochte ihn lediglich am Genusse des deutschen Rechtes und der hansischen Privilegien zu hindern, wenn er sich weigerte, die damit verbundenen Pflichten zu erfüllen[623]. Wer aber zu den Fahrtgemeinschaften zugelassen war, die sich im 13. Jahrhundert noch in jedem Frühjahre in den Häfen der Hansestädte zusammenfanden, der hatte Teil an der Kore des Ältermanns, dem sich der Verband vor der Abreise unterstellte. Am Zielort schlossen sich die partikularen Hansen zur polypolitischen deutschen Hanse zusammen. Die älteste, um die Mitte des 13. Jahrhunderts entstandene Niederschrift der Nowgoroder Schra[624] nennt als Verfasser „die Weisesten aus allen Städten des deutschen Landes", deren Hansen sich auf Gotland vereinigten (oben, § 229). Die von dort nach Nowgorod weiterziehenden Fahrtgenossen sollten, wie seit alters üblich, bei der Ankunft in der Newamündung aus ihrer Mitte den dazu „am besten Geeigneten, er sei, von welcher Stadt er wolle," zum Ältermann sowohl des Hofes in Nowgorod wie der St. Peters-Kirche erwählen. Der Ältermann ernannte alsdann vier Kaufleute zu seinen Helfern, und wer sich diesem Amte verweigern wollte, den bestrafte die Genossenschaft mit einer Mark Silbers, die in St. Peters Kasse floß.

Um die Identität des Willens dieses Kaufmannsrates mit dem des gemeinen Kaufmanns zu sichern, wird man diese vier Helfer aus verschiedenen Teilverbänden erkoren haben, etwa aus Wisby, Lübeck, Soest (oder Köln) und Dortmund[625], den Vororten größerer regionaler Fahrtgemeinschaften. Von der Autorisierung dieser erkorenen Worthalter durch den deutschen König oder einen Reichsfürsten ist natürlich keine Rede mehr. Fand der Ältermann dieser Wasserfahrer, wenn er in den Hof zu Nowgorod kam, dort bereits einen Ältermann vor, den die von Riga oder Reval her zu Lande angereisten Kaufleute eingesetzt hatten, so sollte dieser vor ihm aus dem Amte weichen. Auch die Landfahrer traten damit als Sonderverband in die gemeinsame deutsche Hanse zu Nowgorod ein. Der Ältermann des Hofes führte den Vorsitz im Gerichte aller Fahrtgenossen und vertrat sie alle gegenüber den russischen Behörden. Seine Befehls- und Zwangsgewalt gegenüber den Genossen gründete sich auf weiter nichts als auf das Gelübde, das diese ihm

---

622 HR II 3 n. 288 (18. Mai 1447) §§ 45, 61, 85. Zur Rechtsform der Aufsage: HUB Bd. 7, 1 (1939) n. 489.
623 Statuten des Stalhofs (wie Anm. 620) Art. XIII.
624 UB der Stadt Lübeck T. 1 (1843), Anhang S. 700.
625 L. VON WINTERFELD, Dortmund (1932, wie Anm. 578) S. 15f.

bei der Kore geleistet hatten, und auf das Elend, das jedem drohte, dem der Verband in der Fremde seinen Schutz entzog.

§ 263. Der Ältermann und seine Helfer mußten das Recht, das sie auf dem Hofe und unter den Genossen anzuwenden hatten, von der Versammlung der anwesenden Genossen erfragen. Diese Weistümer oder Willküren vermehrten den Bestand der in der Schra zusammengestellten Normen, so daß die Schra in einer vierten, wohl von 1355 bis 1361 entstandenen Fassung[626] auf hundertneunzehn Kapitel anwuchs. Die Geltung der Willküren beruhte auf der von Rechts wegen postulierten Identität der Hofversammlung mit dem gemeinen deutschen Kaufmann schlechthin, derselben Identität, die wir aus den städtischen Einungen kennen, der Identität nämlich einer wirklichen, sicht- und hörbaren, zu einer bestimmten Zeit an bestimmtem Orte versammelten, willens- und handlungsfähigen Personengruppe mit einer lediglich intelligiblen und im Falle des gemeinen Kaufmanns sogar weithin verstreuten Personenvielheit, die niemals aus der Welt der Gedanken und Möglichkeiten in die Wirklichkeit des Rechtslebens hinüberzutreten vermochte und daher darauf angewiesen war, durch Identifikation mit jener Versammlung zur Rechtsfähigkeit zu gelangen. Der Wille derer, „die jetzt und hier zu Nowgorod waren (de do to Nougarden weren)", galt als identisch mit dem Willen aller derer, auch der Abwesenden, die irgendwann einmal nach Nowgorod kommen würden und dann „in des Kaufmanns Rechte zu Nowgorod sein wollten" (c. 2, 72).

Für die Abwesenden wurde dieser Wille verbindlich, sobald der Ältermann und der Kaufmannsrat einen solchen Beschluß in die Schra aufnahmen. „Wissen sollen alle diejenigen, die diese Schrift lesen sehen und hören, daß des Hofes Ältermann und seine Weisesten und der gemeine deutsche Kaufmann, die da zu Nowgorod waren, des zu Rate wurden in einer gemeinen Tagsatzung (in ener meynen stevene), daß man einhalten soll alles Kirchenrecht und des Hofes Recht ..." (c. 2). Die Aufnahme der ersten 22 Kapitel in die neu verfaßte Schra „geschah in einer gemeinen Tagsatzung mit Vollbord des gemeinen deutschen Kaufmanns" am 23. April 1354 (c. 23). „Die nun zu Nowgorod gegenwärtig sind, (tun kund,) daß der gemeine deutsche Kaufmann von allen Städten, die zu der Zeit hier waren, des zu Rate wurden zum Nutzen des gemeinen Kaufmanns, daß hier niemand des Jahres über tausend Mark haben soll ..." (c. 86), „wißlich sei es dem gemeinen deutschen Kaufmanne von allen Städten, die den Hof zu Nowgorod besuchen und nun hier gegenwärtig sind, daß sie die Willkür halten sollen, die hier gemacht ist" (c. 93), „der Ältermann und seine Weisesten sind mit Vollbord des gemeinen Kaufmanns, die in dem Hofe zu Nowgorod dawaren, des zu Rate geworden in einer gemeinen Tagsatzung" (c. 94), immer von neuem wiederholen die Willküren (c. 99, 100, 101, 104, 106, 110, 111, 114, 115) den Ausdruck der Identi-

---

626 Quellen hg. von SPRANDEL (1982, wie Anm. 46) S. 326 n. 1. Zur Datierung ebenda S. 325.

tät, welcher die Gemeinde der zufällig jetzt Anwesenden mit der abstrakten Gesamtheit des deutschen Kaufmannes gleichsetzt.

§ 264. Dieselbe Verfassung des gemeinen Kaufmanns treffen wir in den anderen Auslandskontoren an. Was den Stalhof zu London anlangt, so wurde am 26. Mai 1393 und am 15. Dezember 1400 „übereingetragen von dem (Oldermann und) gemeinen Kaufmann (von der Hanse), die auf diese Zeit zu London (in der Halle) versammelt waren," wie sich die Kaufleute des Lagerraumes in der Gildehalle und der Waage zu bedienen hätten. Als am 29. Mai 1437 drei Ratssendeboten der gemeinen Hansestädte die Kore des Oldermanns und seiner Beisitzer regelten, geschah dies „mit Rat und Vollbort des gemeinen Kaufmanns von der deutschen Hanse, der zu der Zeit in London anwesend war." Eine Willkür über die Amtsgewalt des Oldermannes vom 20. September 1456 „wurde übereingetragen und angeordnet von den gemeinen Deutschen von Süden und bei Norden (d. h. aus ganz England), die zu der Zeit zu London versammelt waren," eine weitere vom 7. Februar 1457 „einträchtlich von dem gemeinen Kaufmann, der zu London versammelt war, angeordnet und beschlossen"[627]. Die zu einer bestimmten Zeit zu London wirklich anwesenden Kaufleute galten demnach, wiewohl eine nach Zahl und Zusammensetzung ständig fließende Gruppe, als derart mit der Gesamtheit des deutschen Kaufmanns identisch, daß ihr Wille für den gemeinen Kaufmann schlechthin verbindlich war.

Um die Mitte des 15. Jahrhunderts freilich begann die Identität bereits problematisch zu werden, so daß man besondere Vorkehrungen für Beschlüsse in hochbeschwerlichen Angelegenheiten traf, um sie zu sichern: „Item so soll man keinen Schoß noch Willkür noch andere Verordnungen machen, die die gemeinen Deutschen angehen oder betreffen oder regulieren, es sei denn mit Vollbort der gemeinen Deutschen, (die) von allen Häfen in England versammelt (sein sollen), und zwar in der Weise, daß man sie aus allen Häfen auf einen redlichen, bestimmten Tag besenden soll, nach London zu kommen, nämlich einen oder zwei von jedem Hafen, die vollmächtig seien von ihrer Gesellschaft wegen, um mit den gemeinen Deutschen, die dann von allen Häfen dasind oder kommen, alles zu vollborden, was sie tun oder verordnen, um ihr Recht zu bewahren oder zu stärken. Falls aber einige von ihnen nicht kommen wollten oder könnten, so sollen die von London mit den Deutschen von den anderen Häfen, die auf die Zeit zu London wären, vollmächtig sein, alles anzuordnen und festzusetzen, was der Deutschen Recht betreffen mag"[628]. Es blieb also bei der Identität der Londoner Versammlung mit dem gemeinen Kaufmann unter der Voraussetzung, daß zuvor die Teilverbände von den anderen englischen Hafenstädten rechtzeitig zu ihr eingeladen wurden. Man verfuhr genauso, wie es die gemeinen Städte

---

627 Statuten des Stalhofs (wie Anm. 620) Art. XXXV, I pr., III pr., X pr. Ferner Art. XXXVIII, XLI, XLIV, XLV, XLVIII.
628 Statuten des Stalhofs (wie Anm. 620) Art. XIV.

eingeladen wurden. Man verfuhr genauso, wie es die gemeinen Städte taten, wenn ihre Ratssendeboten zur hansischen Tagfahrt zusammentraten.

§ 265. Auf derselben Identität beruhte das Satzungs- oder Willkürrecht des deutschen Kaufmanns zu Brügge. Um ihre Verfassung schriftlich zu fixieren, „waren die gemeinen Kaufleute aus dem Römischen Reiche von Almanien" am 28. Oktober 1347 „versammelt bei den Karmelitern in dem Refektorium zu Brügge ..., und alle, die auf die Zeit dawaren, trugen da überein zum Nutzen der vorgenannten Kaufleute," daß sie ein gemeines Satzungsbuch anlegen wollten[629]. Auch hier handelten die zur Zeit Anwesenden zum Nutzen und mit Verbindlichkeit für die Gesamtheit der An- und Abwesenden. Hier nun aber ergaben sich Schwierigkeiten, die alsbald auch in den anderen Kontoren auftraten, in den Heimatstädten in dieser Form jedoch unbekannt waren. Zwar war auch in jeder Hansestadt der Wille der anwesenden und zur Bursprake versammelten Bürger und Einwohner verbindlich für die abwesenden Gemeindegenossen, aber die Zahl der letzteren war zu jeder Zeit im Verhältnis zu der der Anwesenden so gering, daß ihr Sonderwille mit Fug und Recht vernachlässigt werden konnte. Die Worthalter der Partikularverbände, der Gilden, Ämter und Meinheiten, mochten sie nun Ratmannen, Weiseste oder Vierziger, Sechziger usw. sein, waren jederzeit so vollzählig beieinander, daß die Identität der Willen von Rat und Gemeinde jederzeit gegeben oder doch (wenn auch nicht ohne Tumult und Auflauf) rasch herstellbar war.

In den einzelnen Städten also war die Identität dadurch gesichert, daß die im Rate oder Bürgerausschuß vereinigten Worthalter der Gemeinde für diese zugleich repräsentativ waren, bzw. daß man, wenn der Ausschluß wichtiger Teilverbände von der kommunalen Willensbildung die Repräsentation der Gesamtheit durch Rat und Bürgerausschuß und damit die Identität der Willen gefährdete, der Schaden rasch und einfach (wenn auch nicht ohne Tumult und Auflauf) dadurch behoben werden konnte, daß man im Wege willkürlicher Verfassungsänderung jene Teilverbände an der Kore des Rates und am Bürgerausschuß derart beteiligte, daß diese Gremien wieder die ganze Gemeinde repräsentierten. (Es ist hier, wohlgemerkt, von Repräsentation als sozialer Tatsache, nicht als Verfassungsnorm die Rede, siehe oben, § 224).

Dieselbe Gefahr nun, die von mangelnder tatsächlicher Repräsentation für die identische Willensbildung ausging, bedrohte auch die Kontore, und hier war sie nicht so einfach zu beseitigen wie in den Städten. Es kam immer wieder vor, daß Unwetter, Kriegswirren oder die Ungunst der Märkte die Sonderhansen wichtiger Städte oder ganzer Regionen daran hinderten, so rechtzeitig in den Kontoren einzutreffen oder solange dort zu verweilen, daß sie bei allen wichtigen Willküren der Kontorsversammlung anwesend sein konnten. Verweilten aber nur wenige Kaufleute zu einem bestimmten Zeitpunkt

---

[629] Statuten des gemeinen Kaufmanns zu Brügge 1347, in: Quellen hg. von SPRANDEL (1982, wie Anm. 46) S. 347 n. 2.

im Kontor, so konnten deren partikulare Interessen die Willküren lenken und zu Beschlüssen führen, die den Abwesenden nachteilig oder gar unerträglich waren. War aber die Versammlung der Anwesenden nicht für den gemeinen Kaufmann repräsentativ, so ließ sich die Identität ihres Willens mit dem der Gesamtheit einschließlich der Abwesenden nicht aufrechterhalten.

§ 266. Deshalb beschloß die Kaufmannsversammlung zu Brügge am 28. Oktober 1347, sich derart in Drittel zu teilen, daß die Lübecker mit den wendischen und sächsischen Städten, die von Westfalen und Preußen sowie die von Gotland, Livland und Schweden, eine jede Gruppe mit dem, „das dazu behört", also wohl mit den Kaufleuten aus Kleinstädten und Dörfern, einen Partikularverband bilden sollten[630]. Aus jedem Drittel sollte man alljährlich acht Tage nach Pfingsten zwei Olderleute kiesen; reiste von den Gekorenen einer während des Amtsjahres ab, so waren die fünf übrigen vollmächtig, einen anderen aus seinem Drittel zu kiesen. Am achten Tage nach Pfingsten sollten die sechs Olderleute aus jedem Drittel sechs Personen zu Achtzehnmännern kiesen, so daß der volle Rat des Kontors aus 24 Personen bestand[631]. Mit diesen Bestimmungen war gesichert, daß der Kaufmannsrat die großen Partikularverbände des gemeinen Kaufmanns so vollständig repräsentierte, daß die Identität seines Willens mit dem der Gesamtheit nicht zu bezweifeln war.

Die sechs Olderleute wurden ermächtigt, die gemeinen Deutschen zu versammeln und jeden Ausbleibenden „als von der Deutschen wegen", d. h. kraft Identität mit der Gesamtheit, für seine Säumnis zu bestrafen. Von Sachen, die „den gemeinen Deutschen" angingen, sollte derjenige Oldermann das Wort halten, dem es die fünf anderen als dem Sachkundigsten zuteilten; von Dingen dagegen, die wesentlich eines der Drittel anlangten, sollte ein Oldermann dieses Drittels oder der persönlich Betroffene das Wort halten. Der worthaltende Oldermann war verpflichtet, nach Bedarf den gesamten Kaufmannsrat einzuberufen; dieser war befugt, alle Sachen auszurichten, ohne die gemeinen Deutschen zu versammeln. Konnten die Olderleute unter sich keine Eintracht herstellen, so sollte der kleinere Haufen dem größeren folgen, damit man zu einmütigen Willküren gelangte; ebenso sollte in der Versammlung aller anwesenden Kaufleute zunächst jedes Drittel für sich zu Rate gehen, danach aber, wenn zwei Drittel etwas übereintrugen, das letzte Drittel diesen beiden folgen[632].

---

630 Statuten Brügge (wie Anm. 629) § 1. Die Kölner hatten sich seit 1280 nicht mehr am flämischen Kontor beteiligt und die führende Stellung daselbst den Dortmundern überlassen. Erst 1358 schlossen sie sich dem westfälischen Drittel an, um seit 1418 die Dortmunder von der Spitze zu verdrängen. L. VON WINTERFELD, Dortmund (1932, wie Anm. 578) S. 27–31, 36, 40, 42f., 46.
631 Statuten Brügge (wie Anm. 629) §§ 2, 3, 10. I. DIERCK (1995, wie Anm. 539) S. 55f.
632 Statuten Brügge (wie Anm. 629) §§ 4, 9, 11, 7, 14, 8.

Eine wohlgeordnete Verfassung für sich allein reichte freilich nicht hin, um aller ferneren Zwietracht unter den Olderleuten zuvorzukommen. Aber als sich der Kaufmannsrat im Jahre 1356, diesmal verstärkt durch Ratssendeboten der gemeinen Städte, die zwischen den Olderleuten vermittelten, erneut mit dem Problem befaßte[633], bestätigte er zunächst einmal die Ordinanz von 1347. Die Repräsentation der Regionalverbände im Kaufmannsrate hatte sich also bewährt und bedurfte keiner Verbesserung. Die Ratssendeboten stellten lediglich klar, daß jedes Drittel für sich seine Olderleute kiesen sollte und ein gewesener Oldermann erst nach drei Jahren erneut gekoren werden konnte; außerdem sollte jeder Oldermann bei der Kore einen Amtseid leisten, durch den er sich dazu verpflichtete, der Deutschen Recht gemäß den Privilegien und Ordonnanzen zu wahren und jedem Manne, er sei arm oder reich, zu seinem Rechte zu verhelfen[634]. Des weiteren regelte man das Worthalten der Olderleute gegenüber den brüggischen Behörden und den strafrechtlichen Schutz der Olderleute gegenüber ihren deutschen Genossen: Wenn einer einen Oldermann, während er im Dienste der Deutschen tätig war, schmähte oder mißhandelte, so sollte er diese Missetat dem Oldermanne mit einem Pfund Grote, dem gemeinen Kaufmanne mit einem Pfund Grote und den anderen Olderleuten jedem mit fünf Schillingen büßen.

§ 267. Am genauesten und zweifellos unter Verwertung der Erfahrungen, die die Hansestädte mit ihren eigenen Ratswahlordnungen gemacht hatten, regelten Ratssendeboten der gemeinen Städte die Identität der einzelstädtischen oder regionalen Sonderhansen mit der Gruppe der jeweils zufällig anwesenden Kaufleute und die Identität der Partikularwillen mit der Willkür der Gesamtheit am 29. Mai 1437 auf dem Londoner Stalhofe[635]. Hier pflegte man den Oldermann und den aus zwei Beisitzern und neun Beratern bestehenden Kaufmannsrat alljährlich am Neujahrsabend zu kiesen, also während der winterlichen Ruhezeit der Schiffahrt, wenn die Zahl der anwesenden Deutschen besonders gering war. Die Ratssendeboten und der Kaufmann einigten sich zugunsten gleichmäßiger Repräsentation der hansischen Regionen auf eine Einteilung der Anwesenden in Drittel derart, daß die Kölner und alle Kaufleute linksrheinischer Herkunft, sodann die aus Westfalen, Sachsen und den wendischen Städten und schließlich die aus Preußen, Livland und Gotland jeweils eine Gruppe bildeten. Am Neujahrsabend sollte sich jeder Kaufmann in seinem Drittel aufstellen, und jedes Drittel erkor aus den benachbarten: das Kölner aus dem westfälischen, das westfälische aus dem preußischen und das

---

633 Rezeß der Versammlung in Brügge 1356: HR I 1 n. 200 = Quellen hg. von SPRANDEL (1982, wie Anm. 46) S. 281 n. 2.
634 Einen Amtseid für die Achtzehnmänner schrieb erst der Hansetag vom 18. Mai 1447 vor: Sie sollten schwören, den Olderleuten beiständig sein zu wollen in allen Sachen den gemeinen Kaufmann und die Hanse angehend, HR II 3 n. 288 § 87.
635 Statuten des Stalhofs in London (wie Anm. 620) Art. I.

preußische aus dem kölnischen, je vier Ratmannen. Vorbereitet und geleitet wurde die Kore zweifellos von dem jetzt abtretenden Kaufmannsrate, denn ohne Führung waren die Drittel nicht handlungsfähig: War eines von ihnen unfähig, vier (geeignete) Personen zur Wahl zu stellen, so sollte „der Oldermann aus seinem Drittel austreten und einen Mann aus jedem von den beiden anderen Dritteln zu sich rufen", um zusammen mit ihnen die fehlenden Personen auszulesen – gegebenenfalls auch aus einem anderen Drittel, wenn dort geeignete Männer zu finden waren.

Die Erkorenen begaben sich vor das Kontor, d. h. vor den pultartigen Rechnungstisch mit dem Gestühl des Kaufmannsrates, um ihre Namen in das Amtsbuch des deutschen Kaufmanns eintragen zu lassen, „und wenn sie eingetragen sind, so soll man sie überlaut aussprechen." Diese Ausrufung war offenbar ein wichtiger (und in den oben betrachteten Ratswahlordnungen nicht bezeugter) Schritt auf dem Wege zur Bevollmächtigung der Gekorenen, denn wer den Ausruf hörte, ohne ihm zu widersprechen (oben, § 92), der erkannte damit seine (und aller Abwesenden) Pflicht an, den Benannten zu gehorchen. Unmittelbar darauf leisteten diese dem versammelten Kaufmanne den Amtseid, der sie dazu verpflichtete, die englischen Privilegien und die deutschen Ordonnanzen zu wahren und jedermann, er sei arm oder reich, rechtfertig zu richten. Danach sollte „der alte Oldermann an seiner Stätte Platz nehmen und jeden bei seinem Eide ermahnen," den dazu am besten Geeigneten von den zwölf Ratmannen zum Oldermanne zu kiesen. Die Kore fand geheim und mit Stimmzetteln statt; der Schreiber sammelte die Zettel ein und brachte sie „auf das Kontor vor den Oldermann", und wer die meisten Stimmen erhalten hatte, der sollte für das kommende Jahr Oldermann sein.

Hierauf wählten, während des Oldermanns Drittel sitzen blieb, die beiden anderen Drittel je einen Ratmann zum Beisitzer des Oldermanns. Die Namen der drei wurden eingetragen und „überlaut ausgesprochen". Sodann nahm der alte Oldermann den dreien in Gegenwart des gemeinen Kaufmanns den Amtseid ab. Hierauf übergab er dem neuen Oldermanne die Schlüssel und ließ ihn auf seinem Sitze Platz nehmen. Der neue Oldermann und seine Beisitzer vereidigten nunmehr und ebenfalls im Beisein des Kaufmanns die neun Ratmannen, „und wenn das getan ist, so soll man sie lassen sitzen gehen." Die von allen geduldete Inbesitznahme des Kontors oder Ratsstuhles schloß die Umsetzung des Vorstandes und die Ermächtigung des neuen Kaufmannsrates ab (oben, § 107). Hinfort trat dieser an jedem Mittwoch in des Kaufmanns Halle zusammen, um über die Angelegenheiten des Kaufmanns zu beraten und zwischen streitenden Parteien Recht zu sprechen. Was er an dieser Stelle entschied, das galt als Wille des gemeinen Kaufmanns: „Item so hat der gemeine Kaufmann verordnet, daß man keinem Kaufmanne, der hier neu ins Land kommt, des Kaufmanns Recht verleihen soll, es geschehe denn des Mittwochs, wenn der Kaufmann versammelt ist"[636].

---

636 Statuten London (wie Anm. 620) Art. VIII; auch Art. XVIII, XX, XXI, XXX.

§ 268. Die Bildung eines Gemeinwillens war in den Kontoren schwieriger als in den einzelnen Städten, weil die Behörden des Gastlandes die Zwangsgewalt der Olderleute stärker einengten als die deutschen Stadtherren diejenige ihrer Städte. So blieb den Olderleuten überall (ausgenommen in Nowgorod, oben § 242 Anm. 539) die Hoch- und Blutgerichtsbarkeit vorenthalten. Die Kontorsordnungen machten mit der Drittelung des Kaufmanns und dem Verfahren der Kore den Versuch, das Worthalten der Olderleute so zu ordnen, daß sowohl das Gesamtinteresse des Kaufmanns von der deutschen Hanse als auch die partikularen Interessen jeweils einem dazu geeigneten Manne zur Verteidigung anvertraut werden konnten. Denn der Worthalter sollte den gemeinen Willen aller aussprechen, sein Wille mit dem der Gesamtheit identisch sein. Dazu geeignete und befähigte Personen waren in den Kontoren offenbar schwer zu finden und konnten oder mußten daher von Fall zu Fall bestimmt werden. So heißt es in der Nowgoroder Schra: „Wer auch sicherer ist von den Olderleuten, das Wort zu halten, wo es zu tun ist, der soll es halten. Falls aber einer sicherer wäre, das Wort zu halten und den Kaufmann zu verantworten, dem können die beiden Olderleute von St. Peter es das erste und zweite Mal bei zehn Mark, das dritte Mal aber bei fünfzig Mark und Verlust des Hofrechts befehlen."

Ebenso galt in Brügge: „Falls eine Sache den gemeinen Deutschen angeht, will sagen: es sei innerhalb oder außerhalb der Stadttore, so soll von diesen Sachen der weiseste von den sechs vorgenannten Oldermannen und der es am besten kann, das Wort halten, dem es die fünf (anderen) weisen, daß er dazu am besten sicher ist," sei aber eines der Drittel besonders betroffen, „so sollen die Olderleute, die von diesem Drittel sind, das Wort halten, nämlich in dieser genannten Sache, es sei denn, daß die Person selber vor Augen wäre, der die Sache angelegen wäre: Diese soll dann das Wort von der Sache halten. Ist er dazu nicht imstande, so muß er wohl (selbst) einen anderen Mann bitten, für ihn das Wort zu halten." Auch hier drohten dem Oldermanne, dem vier oder fünf andere das Wort anbefahlen, schwere Geldstrafen für den Fall der Ablehnung, „so oft wie man ihn erkiest".

Im Stalhof zu London galten entsprechende Vorschriften zumindest für den Auftrag, den deutschen Kaufmann vor den gemeinen Städten oder anderswo in Übersee zu vertreten: „Und (will-)kürte der Kaufmann dann noch obendrein, daß niemand dazu sicherer wäre als der Benannte, so soll er die Last auf sich nehmen, oder er soll des Kaufmanns Recht entbehren"[637]. Sowohl in Brügge als auch in London verpflichteten erst die gemeinen Städte durch ihre Ratssendeboten die Olderleute dazu, einen Amtseid abzulegen, der das Gemeinwohl und die Wahrung der Rechte des gemeinen deutschen Kaufmanns in den Mittelpunkt ihrer Aufgaben stellte. Wie groß die Versuchung für die Olderleute war, partikulare Interessen zu verfolgen, und wie

---

637 Quellen hg. von SPRANDEL (1982, wie Anm. 46) S. 332 § 70, 348 § 9, 282 § 2, 356 Art. II.

stark der Druck, den in Brügge die Ostseestädte, in London dagegen die Kölner auszuüben vermochten, ist neuerdings durch die Untersuchungen von St. Jenks in helles Licht gerückt worden[638].

3.2.3. Das Privilegienrecht

§ 269. Privilegien sind zwar der diplomatischen Form nach Gnadenerweise hoheitlicher Machthaber zugunsten von Bittstellern, aber der Entstehung und der Sache nach waren es in der Regel Verträge, die beiden Seiten Rechte und Pflichten zuwiesen[639]. Es entsprach den Regeln der Höflichkeit in der mittelalterlichen ständischen Gesellschaft, daß solche Verträge, wenn die Parteien verschiedenen Standes waren, in Form eines Privilegs des Höherstehenden für den Geringeren beurkundet wurden. Über das Kräfteverhältnis der Parteien zueinander sagt daher die diplomatische Form nichts aus. Dies gilt insbesondere für jene Privilegien, die der deutsche Kaufmann seit der zweiten Hälfte des 13. Jahrhunderts im Auslande erwarb, denn hier verhandelten Männer niederster Herkunft mit Königen und Fürsten aus dem höchsten Adel Europas. Gleichwohl war der als Bittsteller auftretende Kaufmann alles andere als machtlos, denn seine auf Marktkenntnis und Marktmacht gestützte Nachfrage erhöhte überall den Wert der Landesprodukte, und das bedeutete Reichtum nicht zuletzt für den grundbesitzenden Adel, der mit den Fürsten die Welt regierte. Außerdem waren die Kaufleute bereit, ihre Gewinne mit den Privilegiengebern zu teilen, indem sie einen Teil davon in Form von Zöllen an sie abführten.

Der als Privileg beurkundete Handelsvertrag schuf einen Ausgleich zwischen den Interessen beider Parteien, indem er für jede von ihnen Rechte und Pflichten begründete. Der Privilegiengeber verpflichtete sich dazu, den Kaufmann zu geleiten, ihn gegenüber seinen eigenen Untertanen zu beschützen und ihm die freie Ausübung seines Gewerbes zu gestatten. Dafür erlangte er das Anrecht auf Einkünfte in Waren und in Geld, die ihm Reichtum und Herrschermacht gewährten; der Kaufmann dagegen erlangte Rechtssicherheit für sich, seine Güter und den Verkehr mit den Untertanen, und er verpflichtete sich, jenseits seiner Freiheiten das Recht des Gastlandes und seiner Einwohner zu achten und die vereinbarten Zölle und Abgaben zu entrichten.

Die Initiative zum Abschluß von Handelsverträgen ging stets von dem deutschen Kaufmann aus. Dieser konnte seine Marktmacht leicht in politische Macht umsetzen, indem er auf unzulängliche Angebote der Privilegiengeber mit Boykott und Handelssperre antwortete. Andererseits entbehrte er seit dem Wegfall des deutschen Königtums einer einheitlichen Führung und Vertretung seiner Interessen im Auslande. Da die einzelstädtischen und re-

---

638 St. JENKS, England, die Hanse und Preußen (1992, wie Anm. 1) S. 590–593, 698.
639 Harry BRESSLAU, Handbuch der Urkundenlehre 2. Bd. 1. Abt., Berlin ³1958, S. 62 f. N. JÖRN, The crocodile creature merchant (1998, wie Anm. 52) S. 79.

gionalen Sonderhansen auch im Auslande miteinander konkurrierten und nicht jede von ihnen an allen Auslandsmärkten gleichmäßig interessiert war, lag es nahe, daß sie sich auch je besonders um Privilegien bemühten in der Absicht, auf diesem oder jenem fremden Markte bessergestellt zu werden als die anderen Deutschen. Andererseits eröffneten sie damit den Privilegiengebern die Möglichkeit, sie gegeneinander auszuspielen und zu den Bedingungen der schwächsten Sonderhanse einander gleichzustellen. Wir sahen bereits (oben, §§ 230 bis 232), daß den Privilegiengebern daran gelegen war, alle Fremden in ihrem Reiche einem und demselben Gästerecht zu unterwerfen, und daß sie damit die deutschen Sonderhansen dazu nötigten, ihre Rivalitäten hintanzusetzen und gemeinsam mit ihnen über die Handels- und Verkehrsbedingungen zu verhandeln. So kommt es, daß die Handelsvertrags- und Privilegienpolitik der Deutschen von Anfang an von zwei divergierenden Tendenzen beherrscht wurde. Einerseits blieb es den Sonderhansen und ihren Heimatstädten überlassen, diese Politik zu betreiben, so daß es notwendigerweise die partikularen Interessen waren, die ihr das Gepräge gaben. Andererseits nahmen die Sonderhansen immer wieder auf das gleichgerichtete Interesse aller anderen Deutschen Rücksicht, mit denen sie auf den Auslandsmärkten und in den Kontoren notgedrungen gemeinsame Sache machten.

§ 270. So gewährte König Magnus von Norwegen sein Privileg vom 18. Juli 1278 „auf Ansuchen und Bitten der vorsichtigen Ratmannen und Gemeinden vieler Seestädte in Deutschland, vor allem aber auf die inständigen Bitten" seiner speziellen Freunde, der Lübecker, hin, die zwei genannte Ratmannen zu ihm nach Tönsberg gesandt hatten, um den Vertrag auszuhandeln[640]. Da der König in der Disposition des Privilegs die erbetenen Freiheiten „den Kaufleuten deutscher Zunge, die als Gäste oder Fremde unser Reich mit Handelswaren regelmäßig besuchen," gewährte, in dem korroborativen Befehl an seine Amtleute, mit dem das Privileg schließt, aber lediglich „die Lübecker Bürger und ihre Waren, die in das Königreich Norwegen kommen," erwähnt, ist anzunehmen, daß beide Ausdrücke dieselben Personen bezeichnen sollten, nämlich alle Deutschen gleich welcher Heimatstadt, die die Lübecker in ihre Fahrtgemeinschaft aufgenommen hatten oder aufnehmen würden – genauso, wie das flämische Privileg von 1252 (oben, § 231) „auf Begehren der gemeinen Kaufleute des Römischen Reiches und der hamburgischen Stadtgemeinde und ihrer hierzu entsandten Gewaltboten, Herrn Hermann Hoyers von Lübeck und Magister Jordans von Hamburg", ergangen war. Obwohl die Hamburger Sonderhanse in Flandern noch im 15. Jahrhundert existierte, stand sie doch nicht in Konkurrenz oder gar im Gegensatz

---

640 HUB Bd. 1 (1876) n. 818 = Quellen hg. von SPRANDEL (1982, wie Anm. 46) S. 196 n. 12.

zum Kontor des gemeinen Kaufmanns in Brügge, sondern ordnete sich ihm ein[641].

In Norwegen dagegen gehörten die Bremer bis zum Jahre 1358 nicht zur lübischen Hanse. Im Jahre 1285 gerieten sie zu ihr sogar in einen so heftigen Gegensatz, daß ihnen eine Tagfahrt der wendischen Städte zu Wismar den Handel in diesen Städten untersagte, da sie ihren Beschlüssen wider Norwegen nicht gehorchten[642]. Die Bremer verfolgten bei König Erich nun ihre eigene Handelspolitik und erwarben Privilegien allein zu ihrem Vorteil. In den Jahren 1293 und 1294 bekämpften sie sogar gemeinsam mit den Norwegern die Vereinbarungen, die der König mit den wendischen Städten einzugehen gewillt war. Unter den Ostseestädten hatte keineswegs immer Lübeck die Führung, sondern diejenige Stadt, die im einzelnen Falle besonders betroffen war, übernahm es, die gemeinsamen Interessen zu schützen. Dies ergibt sich aus einem Schreiben, das die Stadt Wismar wohl im Jahre 1286 an die bremische Hansestadt Stade sowie an fünf westfälische, drei friesische und sechs süderseeische Städte richtete[643].

Danach hatten die Wismarer wegen des Unrechts, das die Norweger vor zwei Jahren sowohl den eigenen als auch den Kaufleuten etlicher anderer Städte angetan, mit Rat von Fürsten, Herren, den angeschriebenen und anderen Städten die Gegenwehr geleitet, „um die alte Freiheit der gemeinen Kaufleute wiederherzustellen": Die Wismarer wollten nicht nur den eigenen Vorteil, sondern die Freiheit aller Deutschen verteidigen, ohne im einzelnen die Kosten zu berechnen, da sie erwarten konnten, daß bei anderer Gelegenheit je eine der anderen Städte es ihnen mit der gleichen, nur auf den ersten Blick uneigennützigen Handlungsweise entgelten werde. Denn obwohl ihnen, so fährt das Schreiben fort, jetzt nur die wendischen Städte nebst zweien aus einer anderen Provinz wirklich geholfen hatten, „so hoffen wir nichtsdestoweniger, daß viele Stadtgemeinden der gemeinen Kaufleute, die sich zwar des Privilegs der Freiheit erfreuen wollen, uns aber bei der Entsendung unserer Kriegsmacht nicht geholfen haben, mit uns und den gemeinen Kaufleuten gemeinsam zu leiden willens wären und uns bei den Ausgaben, die wir für die gemeine Freiheit gemacht, zu Hilfe kommen werden." Indessen ohne die Erfüllung dieser Bitte abzuwarten, empfahlen die Wismarer den Adressaten, da

---

641 HR II 3 n. 288, Rezeß zu Lübeck vom 18. Mai 1447, § 97: Die von Hamburg dürfen in ihrem Hansehause zu Sluys einige ihrer Bürger zu (Schiedsleuten) über Scheltworte etc. bestellen, aber Sachen, von denen Brüche fallen können, müssen sie an die Älterleute des Kaufmanns zu Brügge weisen, wie seit alters; die Schiedsleute sollen den Älterleuten untertänig und gehorsam sein gleich anderen Kaufleuten.
642 H. SCHWARZWÄLDER (1994, wie Anm. 323) S. 9. Thomas HILL, Bremen, die Hanse und der Stralsunder Frieden, in: Der Stralsunder Frieden von 1370 (1998, wie Anm. 462) S. 323–340, hier: S. 327–332.
643 UB der Stadt Lübeck T. 1 (1843), S. 456 n. 501.

sich König Magnus von Schweden zum Schiedsrichter erboten habe, dieses Angebot anzunehmen und bis zum Johannistage ihre vollmächtigen Sendeboten zu ihm zu schicken.

§ 271. Es ist also nicht zulässig, aus den einzelstädtischen handelspolitischen Initiativen, die oft genug zur vordergründigen Privilegierung einer Sonderhanse führten, auf ein mangelndes Bewußtsein hansischer Zusammengehörigkeit in den einzelnen Städten und deren Kaufmannschaften zu schließen[644]. So galt denn auch das Privileg, mit dem der dänische Reichsrat im Namen König Waldemars am 24. Mai 1370 zu Stralsund den Frieden mit den gemeinen Städten bekräftigte, nicht nur den zwölf wendischen, preußischen, süderseeischen und holländischen Städten, die sich am 19. November 1367 in der Kölner Konföderation zur Fehde gegen Dänemark verbündet hatten[645], und nicht nur den in dem Privileg selber genannten 37 Städten von Reval bis nach Amsterdam, sondern darüber hinaus auch „allen den anderen Städten, die mit ihnen in ihrem Orloge und in ihrem Rechte begriffen sind"[646], denn die Kaufleute und Schiffer aus allen, auch den nicht kriegführenden Städten hatten die Lasten der Fehde mitgetragen, indem sie das Pfundgeld bezahlten, das die zwölf verbündeten Städte in ihren Häfen sowie in Hamburg von jedem Kaufmann und Schiffer erhoben hatten, der diese Häfen anlief.

Beiträge zu den gemeinsamen Lasten und Gehorsam gegenüber dem Rechte des Kaufmanns waren die beiden Bedingungen, an die die gemeinen Städte die Zulassung deutscher Sonderhansen zur hansischen Einung knüpften. Als 1383 die Ratssendeboten von Kampen und Stavoren den zu Lübeck versammelten Städten das Begehren eröffneten: wenn die Städte weitere Privilegien in Norwegen, Dänemark, Holland oder Flandern erwarben, so sollten sie die Ihren dazu zulassen und daran verteidigen, erhielten sie zur Antwort, man werde ihnen dies nur dann vergönnen, wenn sie ihrerseits dem Rechte des Kaufmanns in allen Städten, da es gelte, gehorchen wollten[647]. Hundert Jahre später waren es die Kampener, die auf eigene Kosten von König Karl VIII. von Frankreich das Privileg erwarben, welches allen Hansestädten zugutekommen sollte[648].

Da jede Hansestadt und jede Sonderhanse danach streben mußte, im fremden Lande der meistbegünstigten Gemeinde gleichgestellt zu werden,

---

644 So Volker HENN, Zur Haltung der binnenländischen Hansestädte in der hansisch-dänischen Auseinandersetzung 1367/1370, in: Der Stralsunder Frieden (1998, wie Anm. 462) S. 307–322, hier: S. 320f. Richtig D. SEIFERT, Teilnehmer (1998, wie Anm. 604) S. 41: „Die Einzelprivilegierung bedeutete eine zusätzliche Absicherung" der begünstigten Sonderhanse, jedoch „keine Ausdifferenzierung aus der Gemeinschaft der Städte".
645 HR I 1 n. 413 = Quellen hg. von SPRANDEL (1982, wie Anm. 46) S. 287 n. 5.
646 HUB Bd. 4 (1896) n. 343 = Quellen hg. von SPRANDEL (1982, wie Anm. 46) S. 228 n. 18.
647 HR I 2 n. 266, = Quellen hg. von SPRANDEL (1982, wie Anm. 46), § 8.
648 HR IV 2 n. 86 §§ 106 (S. 79f.), 137 (S. 84).

verschmolzen die gemeinen Städte die Einzelprivilegien schließlich doch zu gemeinsam für alle geltenden Handelsverträgen. Diese Entwicklung war in den Beziehungen zu Holland 1363, zu Dänemark und Norwegen 1376, zu England 1377, zu Flandern und zu Nowgorod 1392, zu Polozk 1406 und zu Brabant (Antwerpen) im Jahre 1409 abgeschlossen[649]. Damit war die Zeit der Handelsverträge und des Privilegienerwerbs (abgesehen von Frankreich, das bis 1453 einer unangefochtenen Zentralgewalt entbehrte) beendet. Die monarchischen Flächenstaaten gingen dazu über, ihre Verfassungen im Wege des von Parlamenten und Reichsräten beratenen und beschlossenen Gesetzesrechts zu regeln, so daß die gemeinen Städte, denen dieser Weg der Modernisierung auf Grund ihrer defizitären Beziehungen zum deutschen Könige verschlossen war, in die Defensive gerieten und immer schwerer um die Erhaltung ihrer Privilegien kämpfen mußten. Ihrem Verhalten in dem jetzt abgeschlossenen Zeitalter des Privilegienrechts jedoch lag eine Norm zugrunde, die schon die frühe, unter dem Schutze der salischen und staufischen Könige erstarkte deutsche Fahrtgemeinschaft ausgebildet haben muß, denn sie setzte nicht nur eine allgemeine Identität jeder einzelstädtischen Kaufmannschaft mit ihrer Stadtgemeinde, sondern auch die Identität aller partikularen Kaufmannshansen und Bürgerschaften mit dem gemeinen hansisch-niederdeutschen Kaufmanne voraus.

Diese Norm gestattete zwar den partikularen Fahrtgemeinschaften, unter Ausnutzung ihrer besonderen kommerziellen Kräfte auf diesem oder jenem Auslandsmarkte zunächst nach dem Privileg der höchsten Begünstigung zu streben, sie verwehrte es ihnen aber aus wohlverstandenem Eigennutzen und in der Hoffnung, von ihrer Nachgiebigkeit auf anderen Märkten, wo sie schwächer waren, wiederum zu profitieren, das Privileg der Meistbegünstigung gegenüber den anderen deutschen Sonderhansen allzu lange zu verteidigen: wie es dem Rechtsgedanken der Einung entsprach, den Gemeinnutzen nicht auf die Aufopferung der Sonderinteressen zu gründen, sondern ihn auf eine von den Genossen als gerecht empfundene Weise in deren Dienst zu stellen. Diese Überzeugung, daß sich letzten Endes, bei geduldiger und vernünftiger Beratung, die Einzelinteressen und partikularen Willen als identisch erweisen und in einem von allen getragenen Gemeinwillen ausgedrückt werden könnten, kann nicht erst zu jener Zeit entstanden sein, als der gemeine Kaufmann aufhörte, in polypolitischen Fahrtgemeinschaften unter Führung gekorener Olderleute weite und gefährliche Reisen zu bestehen, um statt dessen als erbgesessener Bürger in dieser oder jener Stadt und in den Sonderinteressen seiner Region feste Wurzeln zu schlagen und dementsprechend seine Loyalität von den Olderleuten abzuziehen und sie seinem Stadtrate zuzuwenden.

---

649 Walter STEIN, in: HUB Bd. 4 (1896) S. XIf., Bd. 5 (1899) S. VI, Bd. 8 (1899) S. IX.

§ 272. Da die hansische Einung weder ein Siegel noch ein Budget besaß, kann leicht der Eindruck entstehen, sie sei unfähig gewesen, gemeinsame Verpflichtungen zu übernehmen[650], denn beides gebrauchte damals ein jeder, der sich rechtskräftig oder glaubwürdig verpflichten und eingegangene Verbindlichkeiten erfüllen wollte. Um so mehr ist zu betonen, daß der gemeine Kaufmann und die Städte stets schon dann Pflichten übernahmen, wenn sie einem Fürsten oder Könige die (schriftliche) Bitte um ihr Privileg unterbreiteten, denn die Privilegiengeber machten die Geltung des Privilegs davon abhängig, daß die Deutschen die angebotenen Leistungen erbrachten. Am wichtigsten war davon die Zollpflicht. Die Zölle galten im Mittelalter zunächst nicht als indirekte Steuern, sondern als Betriebskosten (Ungelder, Spesen) der meistens landfremden Kaufleute, die sich damit den Schutz der Zollherren für ihre Personen und Güter erkauften. Daher konnten die Könige die Zolltarife in Verhandlungen mit den Kaufleuten aus eigener Machtvollkommenheit festsetzen. So heißt es etwa in dem Privileg König Edwards I. von England für die deutschen und anderen ausländischen Kaufleute vom 1. Februar 1303: „Um aber die vorgenannten Freiheiten und freien Gewohnheiten zu erlangen und unserer Prisen entledigt zu werden, haben uns die oftgenannten Kaufleute samt und sonders sowohl für sich wie namens aller (abwesenden) Genossen ihres Rechtes einträchtig und einmütig zugestanden, daß sie von jedem Faß Wein ... uns und unseren Erben als Zoll zwei Schillinge über die alte, uns oder anderen in Pfennigen zahlbare Zollgebühr hinaus ... bezahlen" usw., es folgt das vollständige Verzeichnis aller Abgaben, die zu erlegen sich die Kaufleute sowohl insgesamt, als Einung, als auch jeder einzeln für sich dem Könige gegenüber verpflichtet hatten[651].

An die treue Erfüllung dieser hansischen Pflichten erinnerten im Jahre 1451 zu Utrecht die Sendeboten des Hochmeisters und der Hansestädte, als sie den englischen Gesandten erklärten, ihr Sprecher „sollte billigerweise betrachtet und gemerkt haben, wie die gemeine Hanse nicht ohne große und sonderliche Tugend und Nutzen und Wohlfahrt des Reiches von England ihre Privilegien und Freiheiten erworben und gekriegt habe, als (sie nämlich) mit großer Arbeit und Dienst, mit unzähligem Schatze und Gelde und Blutvergießen dieselbigen Privilegien und Freiheiten gekauft haben und die auch über dreihundert Jahre in Frieden besessen und sie gebraucht bis auf diese Zeit, und die auch von König zu König bestätigt und vermehrt worden sind." Und nicht nur gegenüber dem Königreich England, sondern auch gegenüber

---

650 So die gemeinen Städte selber in einer Erklärung gegenüber den Holländern von 1473, W. STEIN, Hansestädte (1913, wie Anm. 36) S. 275–277: Die Hanse könne nicht als corpus gelten, da sie weder ein gemeinsames Siegel noch eine gemeinsame Kasse führe; deswegen sei keine Stadt für die andere verantwortlich, nur in ihren Privilegien seien sie ein corpus. – S. u., § 300.
651 HUB Bd. 2 (1879) n. 31, = Quellen hg. von SPRANDEL (1982, wie Anm. 46) S. 208 n. 14, § 10.

der Stadt London hatte man Pflichten übernommen und getreulich erfüllt: „Auch sollte er betrachtet haben, daß von sonderlichem Verdienste und Gnaden dem deutschen Kaufmann von der Hanse zu London eine Hauptpforte und Turm zu verwahren sonderlich befohlen und erlaubet wäre"[652]. Ebenso erging das dänische Privileg vom 24. Mai 1370, obwohl die Kölner Konföderation es dem Könige mit Gewalt abgetrotzt hatte, unter der Bedingung, „daß alle Bürger, Kaufleute und ihr Gesinde und die in ihrem Rechte sind, ... ihren rechten Zoll erlegen, wo sie dazu verpflichtet sind"[653].

§ 273. Dementsprechend gehörte es zu den Amtslasten des Oldermannes im Londoner Stalhof, der in England das Wort der hansischen Einung hielt, dafür Sorge zu tragen, daß jeder Hansebruder seine Zollpflicht erfüllte. „Item wenn ein Kaufmann oder Schiffer nach England käme, der in das (deutsche) Recht gehörte, (seinen Teil) des Rechtes aber nicht (durch eigene Verpflichtung) gewonnen hätte, so soll der Oldermann ihn durch des Kaufmanns Boten dreimal ermahnen lassen, daß er sein Recht gewinne. Und falls er die dritte Mahnung versetzt oder versäumt, so soll man ihm des Rechtes nichts verleihen, bevor er nicht vierzig Schilling Sterling in die Büchse gibt." Begehrte ein Mann die Zulassung zum (deutschen) Recht, so mußte der Oldermann seine deutsche Geburt, die binnenhansische Herkunft seiner Güter und seine unternehmerische Selbständigkeit feststellen, bevor er ihm den Eid darauf abnahm, daß er „der Deutschen Rechte zu hüten und bewahren helfen ... und kein Gut, das nicht in die Hanse gehört, auf der Deutschen Recht freimachen" wolle. Im einzelnen erlegte er dem neuen Rechtsgenossen die Pflicht auf, dem Kaufmanne den Schoß zu bezahlen, dem Könige nur hansisches Gut zu verzollen, keinen Mann von der Hanse ohne Wissen des Oldermanns gerichtlich zu verfolgen und die Verhandlungen des gemeinen Kaufmanns geheimzuhalten[654].

Komplizierter als zuvor wurde die handelspolitische Lage der Deutschen, seit die Könige von England von ihrer Prärogative Gebrauch machten, von den eigenen Kaufmannschaften und Städten finanzielle Beihilfen zu jenen Kriegskosten zu verlangen, die sie im nationalen Interesse aufwandten, Beihilfen (subsidia), die allerdings, weil sie von Inländern zu entrichten waren, der Bewilligung im Parlament bedurften – im Gegensatz zu den Zöllen (custumae), die sich der König von den Einungen ausländischer Gäste zusagen ließ. Es ist verständlich, daß die Abgeordneten der englischen Städte den König im Parlament bedrängten, die Subsidien, die sie selbst entrichten mußten,

---

652 HR II 3 n. 709 § 16 Anm. 1. Die Verpflichtung gegenüber der Stadt stammte von 1282, s. o., § 230. Aus naheliegenden Gründen entzogen die Londoner den Deutschen 1458 die Bewachung des Bischofstores. DOLLINGER, Hanse (1966, wie Anm. 241) S. 392.
653 HUB Bd. 4 (1896) n. 343 = Quellen hg. von SPRANDEL (1982, wie Anm. 46) S. 228 n. 18 §§ 1, 26.
654 Statuten des Stalhofs (wie Anm. 620), Art. V–VIII.

auch von den Ausländern zu erheben, aber auch, daß die Deutschen unter Berufung auf ihre Privilegien von den Subsidien befreit bleiben wollten. Hart und unübersehbar trat damit der Unterschied zwischen altem Privilegienrecht und modernem Gesetzesrecht, zwischen Zöllen als kaufmännischen Spesen und Beihilfen als indirekten Steuern, hervor, ein Unterschied, der durch sein bloßes Vorhandensein das erstere veralten ließ und seine hansischen Verteidiger in die Defensive drängte.

So machten die Ratssendeboten der wendischen und preußischen Städte im September 1445 die Erfahrung, daß sie von König Christoph von Dänemark zwar noch einmal, wenn auch unter großen Mühen, die Bestätigung der hansischen Privilegien in Schweden und Norwegen erreichen konnten, daß sich der König jedoch hartnäckig weigerte, ihnen einen offenen, an jedermann, insbesondere aber an seine Vögte, Amtleute und Untertanen in jenen Reichen adressierten Brief auszustellen mit dem Befehl, die Privilegien zu beachten[655]. Der Sinn dieser Weigerung bestand darin, daß es ins Belieben der Amtleute gestellt bleiben sollte, ob sie dem ihnen von den Deutschen vorgewiesenen Privilegienbrief gehorchen oder ihn, weil dem einheimischen Recht und Gesetz widersprechend, für ungültig halten wollten.

Aber nicht nur der gemeine, sondern auch jeder einzelne Kaufmann war für die Erfüllung seiner Pflichten und die Wahrung des deutschen Rechtes verantwortlich. Nachdem die Deutschen in England wegen Verweigerung der Subsidien im Jahre 1423 sogar inhaftiert worden waren, gelang es ihnen erst im Londoner Vertrage vom 22. März 1437, die Bestätigung ihrer Privilegien und die Befreiung von den Subsidien durchzusetzen[656]. Wie jeder einzelne Kaufmann von der hansischen Einung und nach deutschem Recht dazu verpflichtet war, die Zölle des Königs gemäß dem Privileg von 1303 zu entrichten, so war er auch dazu verpflichtet, die Zahlung der Subsidien zu verweigern. Wenn ein Kaufmann von der Hanse, der in England hantierte und dem gemeinen Kaufmanne tat, was er schuldig war, dadurch in Not geriet, so hatte er Anspruch darauf, daß der Oldermann „ihm Beistand leistet mit des Kaufmanns Recht". Dies war Amtspflicht des Oldermanns, daher der gemeine Kaufmann ihm jeden Schaden ersetzen sollte, den er dabei erlitt. Wurde aber ein deutscher Kaufmann von den Beamten des Königs mit Subsidien beschwert, so durfte er das Geforderte unter keinen Umständen bezahlen, so wenig es auch sein mochte; tat er es doch, so sah der gemeine Kaufmann darin einen Bruch des deutschen Rechtes, für den er ihn mit vierzig Schillingen bestrafte. Kam er aber durch die Verteidigung des deutschen Rechtes zu

---

655 HR II 3 n. 205 § 21, dazu n. 309.
656 St. JENKS (1992, wie Anm. 1) S. 573, 605f. – Seit 1425/29 erhob der König von Dänemark im Öresund einen Zoll, dem sich die Hansestädte nur bis 1447 entziehen konnten; danach blieben nur die Wendischen Städte von ihm befreit. Dietrich SCHÄFER, Zur Frage nach der Einführung des Sundzolls, in: HGbll. Jg. 1875 S. 33–43, H. STOOB, Die Hanse (1995, wie Anm. 453) S. 258–261.

Schaden, so sollte ihm der gemeine Kaufmann helfen, diesen Schaden zu tragen[657].

§ 274. Dieses deutsche oder hansische Recht, das jeder Einzelne einhalten mußte, „der in des Kaufmanns Recht zu Nowgorod" oder in einem anderen Auslandskontor sein wollte[658], war kodifiziert in den Statutenbüchern der Kontore, die alljährlich bei der Umsetzung des Oldermannes vor der Versammlung der anwesenden Kaufleute öffentlich verlesen wurden: „Item so soll man binnen vierzehn Tagen danach den gemeinen Kaufmann wiederum zusammenrufen lassen und des Kaufmanns Buch verlesen, auf daß ein jeder wissen könne, welche Freiheit der Kaufmann hat und womit man sich strafbar machen kann"[659]. Dieses strafbewehrte Willkürrecht war festgelegt in den mit der Obrigkeit des gastgebenden Landes vereinbarten Handelsverträgen und in den „Ordinanzen, die von ihm (dem Kaufmanne) und den Städten von der Hanse gesetzt und ordiniert worden sind"[660]; die seit dem 18. Mai 1447 zu Lübeck versammelten Ratssendeboten der Hansestädte beschlossen, aus den alten Rezessen alle derartigen Ordinanzen auszuziehen und in den Rezeß ihrer jetzigen Tagfahrt eintragen zu lassen, „danach sich auch ein jeder in zukünftigen Zeiten richten solle und könne". Der Rezeß vom 18. Mai 1447 erwuchs demnach zu einem veritablen Corpus des hansisch-deutschen Willkürrechts, daher man, wie einige Handschriften ausdrücklich anmerken, diese Sammlung einem jeden nachsenden sollte, der sie haben wollte[661].

3.2.4. Schutzpflicht der Stadtgemeinde

§ 275. Indessen nicht nur der hansische Kaufmann samt und sonders, d. h. sowohl die Gemeinschaft, deren Wort die Olderleute hielten, als auch jeder einzelne in Person war für den Schutz des deutschen Rechtes im Auslande und die Erfüllung aller Pflichten, die es den Deutschen auferlegte, verantwortlich, sondern auch die heimatlichen Stadtgemeinden des Kaufmanns hatten teil an dieser Verantwortung. Denn zu den Rechten, die jedermann gewann, sobald er in einer Stadt den Bürgereid oder das Einwohnergelübde ab-

---

657 HR II 2 n. 82 § 9 vom Jahre 1437 = Statuten des Stalhofs (wie Anm. 620) Art. XXXI. HR II 3 n. 288 §§ 74, 75, 77 von 1447, n. 546 § 4 von 1449. Dazu der Fall des Christian Kelmer aus Dortmund, 1385: DOLLINGER, Hanse (1966, wie Anm. 241) S. 521 n. 23.
658 Vierte Fassung der Schra, in: Quellen hg. von SPRANDEL (1982, wie Anm. 46) S. 326 n. 1, §§ 72, 73.
659 Statuten des Stalhofs (wie Anm. 620) Art. I § 11. Brügge: HR I 1 n. 200, = Quellen hg. von SPRANDEL (1982, wie Anm. 46) S. 281 n. 2, § 8; Nowgorod: Vierte Fassung der Schra (wie Anm. 658) § 116.
660 Statuten des Stalhofs (wie Anm. 620) Art. I § 1.
661 HR II 3 n. 288 § 21. Einen wichtigen Teil dieser Willküren, nämlich das 1447 im wesentlichen festgelegte Gästerecht, stellt dar Stuart JENKS, Zum hansischen Gästerecht, in: HGbll. 114 (1996) S. 3–60.

legte, gehörte der Anspruch auf den Beistand aller Eidgenossen für den Fall, daß er auswärts in Not und Gefahr geriete. Daher bestimmte das lübische Recht, daß, wenn ein Bürger im In- oder Auslande bekümmert werde und die Stadt darum Boten entsende, die Stadtgemeinde die Kosten dieser Botschaft beim ersten Male zur Gänze und beim zweiten Male zur Hälfte zu tragen hätte und daß der Bekümmerte sie ihr nur dann zu ersetzen brauchte, wenn er mindestens die Hälfte seines Gutes mit ihrer Hilfe zurückgewann. Wurde aber ein Bürger außerhalb einer Fehde gefangengesetzt, so durfte er sich weder selbst auslösen noch durch Freunde auftragsweise auslösen lassen, sondern mußte es dem von der Gemeinde dazu befugten Rate überlassen zu entscheiden, was er in der Sache tun wollte. Zog der Gefangene diese Gemeindebefugnis eigenmächtig an sich, so verfiel er mit Leib und Gut in die Gewalt der gekränkten Bürgerschaft[662].

Man sieht an der Härte der Strafbestimmung, wie wichtig es für die Gemeinde war, Herr des Verfahrens zum Schutze ihrer auswärts weilenden Bürger und Kaufleute zu bleiben. In Erfüllung ihrer Schutzpflichten stellten die Städte ihren Bürgern und Einwohnern Pässe aus. So empfahl die Stadt Breslau am 26. März 1437 dem deutschen Kaufmanne zu Nowgorod den Überbringer Andreas, Diener eines Breslauer Bürgers, da ja „unsere Stadt Breslau und wir alle zu der deutschen Hanse gehören"[663]. In diesen Punkten war das Stadtrecht zugleich Kaufmannsrecht, wie der älteste erhalten gebliebene Rezeß der wendischen Städte von 1260/64 bezeugt. Denn diese „Willkür, die die Weisheit umsichtiger Männer mit umsichtiger Beratung zum Nutzen aller Kaufleute getroffen hat, die lübisches Recht genießen und sich von ihm leiten lassen", bestimmt nicht nur, daß jede Stadt nach ihrem Vermögen das Meer vor Piraten und anderen Übeltätern sichern sollte, damit die Kaufleute ungestört ihrem Gewerbe nachgehen könnten, sondern auch, daß sich kein Bürger oder Kaufmann eigenmächtig aus einer Gefangenschaft lösen durfte, wollte er nicht das Heimatrecht in allen Städten lübischen Rechtes verlieren[664]. Die Ratssendeboten der gemeinen Städte durften einen Kaufmann ebensowenig enteignen wie die Stadträte einen ihrer Bürger; gegen auswärtige Schuldner mußten sie ihn mit allen Rechtsmitteln bis hin zur Fehde verteidigen, selbst wenn eine solche Fehde das Gemeinwohl schwer beeinträchtigte[665].

Aus all dem ergibt sich, daß die Identität der Willen und Willküren des gemeinen Kaufmanns mit denen der Sonderhansen, der Sonderhansen mit denen ihrer jeweiligen Stadtgemeinden, einer jeden Stadt mit denen der ge-

---

662 Stadtrecht von Lübeck von 1260–70, c. 217, 219: Quellen hg. von SPRANDEL (1982, wie Anm. 46) S. 27.
663 HUB Bd. 7, 1 (1939) n. 257.
664 HR I 1 n. 7, = Quellen hg. von SPRANDEL (1982, wie Anm. 46) S. 278 n. 1, pr., §§ 1, 3, 4.
665 Z. B. HR II 4 n. 248 §§ 5, 21, n. 458 § 25.

meinen Städte und somit wiederum des gemeinen Kaufmanns eine ursprüngliche Rechtstatsache war, die nicht ihrerseits erst durch Willküren oder Verträge hätte geschaffen werden müssen. Sie ging zurück auf die unter Königsschutz vollzogene Einung der rheinischen, westfälischen und sächsischen Kaufleute, die als polypolitische Fahrtgemeinschaft seit der Gründung Lübecks im Jahre 1159 regelmäßig nach Gotland gereist waren, und bestand auch über die Zeiten hinaus fort, da sich der gemeine Kaufmann abermals in Partikularverbände ordnete, in den neugegründeten Städten lübischen Rechtes seßhaft wurde und die Aufgaben seiner Olderleute allmählich den Stadträten überließ, die er gemeinsam mit den Meinheiten der Städte über sich erhob[666]. Als Beschützer ihrer Kaufleute strebten die Stadtgemeinden und ihre Ratmannen danach, das Kaufmannsrecht durch den Erwerb von Auslandsprivilegien und von Vitten auf Schonen zu vermehren, als Beschirmer ihrer Sonderhansen ernannten sie die Vögte, die diese alljährlich im Hochsommer nach Schonen führten, wo die Kaufmannschaften einerseits als frequentierende Exklaven ihrer Stadtgemeinden und andererseits als Teilverbände des gemeinen deutschen Kaufmanns gemeinsam residierten, solange die Jahreszeit für den Heringsfang währte.

§ 276. So kommt es, daß die Privilegien, die eine Stadt für ihre Kaufleute erwarb, auf die Dauer nie ihr allein gehören konnten, sondern dem gemeinen Kaufmanne zugutegebracht werden mußten. Letztlich fielen sie in das Eigentum jener übernatürlichen, lediglich intelligiblen Gemeinschaft aller jetzigen und künftigen Bürger und Kaufleute von der deutschen Hanse, im Verhältnis zu der jeder zu einem bestimmten Zeitpunkte regierende Rat, jede wirkliche Bürgerversammlung, aber auch jede zu ihrer Zeit und an ihrem Orte zusammentretende Tagfahrt von Ratssendeboten bloß einen Partikularverband bildete, der für jene Gemeinschaft das Wort hielt und von ihretwegen befugt war, Handelsverträge abzuschließen und Bürger und Kaufleute mit dem Nutzen angemessenen Pflichten zu belasten. Nie standen daher die Privilegien zur Disposition des Rates einer Stadt. Mußte dieser einmal in die Minderung der Freiheiten oder die Mehrung der Lasten seiner Bürger einwilligen, so zählte dies zu den hochbeschwerlichen Geschäften, über die er nicht kraft seiner gewöhnlichen Vollmacht, sondern allenfalls mit ausdrücklicher Zustimmung der Bürger entscheiden konnte.

Es war aber nicht nur beschworene Amtspflicht des Rates, die Freiheiten seiner Stadt zu bewahren (oben, § 108), sondern allgemeine bürgerliche Rechtsüberzeugung, daß es Pflicht der Gemeinde vor Gott sei, das einmal Gewillkürte wohl zu bessern und zu mehren, aber niemals seine Minderung zuzulassen: „Dieses ist der Anfang des Rechtes und der Willkür"[667]. Aus dieser Rechtsüberzeugung erwuchsen nicht nur der deutschen Hanse, sondern auch den ständisch verfaßten Fürstentümern und Königreichen schier unüber-

---

666 W. EBEL, Lüb. Recht (1971, wie Anm. 74) S. 269f. S. o., § 233.
667 Stadtrecht von Lübeck, in: Quellen (wie Anm. 662) S. 14.

windliche Schwierigkeiten, zu deren Bewältigung man Mittel und Wege finden mußte, um partikulare Interessen nach außen hin dem Gemeinwohl des politischen Großverbandes aufzuopfern, verbandsintern jedoch dem betroffenen Teilverbande für sein Opfer eine Entschädigung zu verschaffen: oder anders gesagt, die von der Mehrheit gewollten Entscheidungen mit dem Schutze der Minderheiten und ihrer berechtigten Interessen zu verbinden (unten, §§ 349, 350). Und da erwies die geschichtliche Entwicklung, daß die Lösung dieses politischen Problems nur von starken Zentralgewalten zu erwarten war, deren Macht und Ansehen groß genug waren, um das Rechtsgefühl ihrer Untertanen durch ihr Handeln zu verändern und fortzubilden. Da der gemeine deutsche Kaufmann und die gemeinen Städte von der deutschen Hanse seit dem Untergange des staufischen Königtums einer solchen Zentralgewalt entbehrten, gelang es ihnen nicht, ihre Verfassung entsprechend zu verbessern. Gegenüber den Flächenstaaten gerieten sie in die Defensive, und schließlich unterlagen sie, da sie nicht stark und einig genug waren, um Mehrheitsentscheidungen durchzusetzen. Als freie Einung entstanden, blieb die deutsche Hanse bis zuletzt den Rechtsgedanken der Eintracht, Freundschaft und Einmütigkeit verhaftet.

§ 277. Auf jeder Seite der Hanserezesse stößt der Leser auf Zeugnisse für das unaufhörliche Ringen der Ratmannen und Ratssendeboten mit diesem Verfassungsproblem. Einige Beispiele müssen für unsere Zwecke genügen. So war der Rat zu Danzig im Jahre 1442 zwar dazu bereit, den englischen Kaufleuten in seiner Stadt die herkömmliche Freiheit des Handels zu gewähren, welche auch andere fremde Kaufleute aus der Hanse gebrauchten, „aber was der Stadt Gerechtigkeit und Willkür betrifft," so sollten sie und ihr König „wohl anerkennen, daß man ihnen damit nicht eingestatten darf ..., da sie alle ja wohl wissen, daß in allen Landen und Städten der Bürger vor dem Gaste ja etwas an Vorteil haben muß"[668]. Zu derselben Zeit weigerte sich der Rat von Riga, den Kopenhagener Vertrag mit Holland zu besiegeln; das äußerste, was er seinen Bürgern zumuten konnte, war die Bereitschaft, unter Vorbehalt aller Ansprüche den Holländern für die Dauer des Friedens den freien Verkehr bei sich zu gestatten, um den Vertrag nicht zu behindern[669].

Während die Ratssendeboten der Hansestädte im Sommer 1454 zu Lübeck mit den Leden von Flandern über Abstellung der gegenseitigen Beschwerden und die Rückkehr des deutschen Kaufmanns nach Brügge verhandelten, „beklagten sich die Ratssendeboten von Bremen vorgenannt über die von Antwerpen, weil diese ihre Bürger und Einwohner in vergangenen Zeiten ergriffen und gefangen und ihre Güter weggenommen hätten, wovon ein Teil zu Tode gekommen wäre," daher sie die Erlaubnis der Versammlung dazu begehrten, „daß sie die Brabanter, wo sie in den Städten über sie kommen könnten, arrestieren und auf Recht aufhalten dürften." Die Ratssende-

---

668 HR II 7 n. 714. S. o., § 4.
669 HR II 7 n. 470.

boten mußten die Berechtigung der Bremer, auf diese Weise für ihre Eidgenossen einzutreten, anerkennen und konnten nur darum bitten, daß die Bremer solange von dieser Sache schwiegen, bis die Rückkehr des Kaufmanns nach Brügge gesichert sei. Kaum hatte diese am 11. August 1457 stattgefunden, da forderten die Bremer den deutschen Kaufmann zu Brügge auf, hinfort die Antwerpener Märkte zu meiden, wie es die gemeinen Städte berezeßt hätten, da „weder wir noch die Unseren" daran dächten, ihre Ansprüche gegen die Antwerpener aufzugeben. Die Deutschen zu Brügge waren bereit, dem Bremer Begehren zu folgen, mußten jedoch vermelden, daß „der anderen Städte Kaufleute von der Hanse, und besonders die von Köln, Westfalen und den süderseeischen Städten" nicht willens waren, ihre Interessen denen der Bremer aufzuopfern und Antwerpen zu meiden[670].

In allen diesen Fällen standen die Stadträte unter dem Druck ihrer Bürger und Kaufleute, die aufs Rathaus liefen, um den ihnen nach Stadt- und Kaufmannsrecht zustehenden Schutz der Gemeinde einzuklagen; selbst die Lübecker, das anerkannte Haupt der Hanse, konnten sich nach dem Verlust der Baienflotte im Jahre 1458 diesem Druck nicht entziehen und mußten das gesamthansische Interesse hinter das eigene zurücksetzen. Wie sie den gemeinen Städten erklärten, konnten sie die englischen Gesandten „nicht freigeben, sie müßten ihren Bürgern fürder Bescheid tun für ihren Schaden"[671].

Zu derselben Zeit waren die Danziger in Fehde mit König Christian von Dänemark geraten und forderten Lübeck und andere Hansestädte auf, den Kaufmann vor dem Verkehr mit ihren Feinden zu warnen, da sie Auslieger auf die Ostsee senden wollten. Als die Lübecker hierin eine feindselige Drohung erblickten, erklärten sie ihnen: „Nach unserem Begehren hättet ihr diese unsere Briefe euren Bürgern vorlesen und verkündigen lassen (sollen), welche alsdann, zu merklicher Anzahl vor eurer Herren Weisheit kommend, euch kläglich zu erkennen" gegeben hätten, ob Danziger Auslieger ihre Schiffe weggenommen hätten; die Lübecker hätten sich in ihrem Kriege mit Dänemark gegenüber den Neutralen nicht anders verhalten[672]. Auch dem Rate von Riga werden die eigenen Bürger aufs Haus gelaufen sein, bevor er 1459, trotz Protestes der Städte, den Gästehandel verbot, denn er teilte den gemeinen Städten mit, das Verbot richte sich gegen Neuerungen und sei zum eigenen und zum Nutzen seiner Bürger und Einwohner notwendig[673].

§ 278. Einige besonders deutliche Äußerungen über die Pflicht des Rates, die Freiheiten seiner Bürger und des (gemeinen) Kaufmanns (seiner Stadt) zu schützen, sind dem Hader der Kölner mit der von Lübeck geführten Mehrheit der Hansestädte über die Schoßpflicht zu Brügge zu verdanken. Dieser Streit hatte bereits 1422 angefangen und war eine Folge davon, daß die Köl-

---

670 HR II 4 n. 458 § 25, n. 556.
671 HR II 3 n. 653 §§ 5, 6, II 4 n. 670. S. o., §§ 11, 16.
672 HR II 4 n. 593, 594, 599.
673 HR II 4 n. 757 § 1, n. 764, 770.

ner kaum noch in Brügge, vornehmlich dagegen in Antwerpen und London verkehrten, während umgekehrt die Lübecker am englischen Handel kaum noch interessiert waren[674]. Nun beschlossen die gemeinen Städte auf der großen Lübecker Tagfahrt vom 18. Mai 1447, wegen der Gravamina zu Brügge und London Gesandtschaften auszusenden, über deren Finanzierung diese zusammen mit dem Kaufmann zu Brügge selbst befinden sollten. Nachdem aber der Kaufmann ihnen geklagt hatte, daß er täglich große Last und Kosten habe sowohl von der Beschirmung der Privilegien der Städte und des Kaufmanns in Flandern als auch von dem Erwerb neuer Freiheiten in Brabant, Holland und Seeland, wogegen sich „der gemeine Mann, der die Lande besucht, davon man den Schoß empfangen sollte," mit Frevel seiner Zahlungspflicht entzöge, fügten sie dem am Ende der Tagfahrt noch den Beschluß hinzu, „daß ein jeder Kaufmann von der Hanse, der in den vorbeschriebenen Landen seine Kaufmannschaft hantiert," den Schoß entrichten sollte, und zwar bei Strafe von einem Pfund Groten und Verfall des doppelten Schosses. Wer sich weigerte und abreiste, ohne den Schoß zu entrichten, den sollten die Älterleute schriftlich der Stadt anzeigen, deren Bürger oder Einwohner er wäre, und diese Stadt sollte schuldig sein, die Strafe von ihm einzuziehen, wofür sie mit der Hälfte des Pfundes Grote belohnt wurde; die andere Hälfte sollte sie zusammen mit dem verfallenen Schoß möglichst rasch den Älterleuten in Brügge übersenden[675].

Der Rezeß vermeldet nichts davon, daß bestimmte Sendeboten diese Beschlüsse lediglich ad referendum, d. h. unter Vorbehalt der Zustimmung des Rates, dessen Wort sie hielten, angenommen hätten. Die Kölner Rezeß-Handschrift trägt vielmehr einen Vermerk, nach dem die beiden Kölner Sendeboten, Bürgermeister Godert von dem Wasserfaß und Ratmann Gerhard Hair, den Rezeß am 5. August 1447 der Kölner Kaufmannschaft bekanntgemacht hatten. Auch diese Publikation war geschehen, ohne daß der Kaufmann Widerspruch erhoben hätte; noch sah offenbar niemand eine außergewöhnliche Belastung auf die Kaufleute zukommen. Dies änderte sich indessen, nachdem eine hansische Gesandtschaft, bestehend aus vier Ratmannen mit fünf Begleitpersonen und 46 Pferden, vom 26. Oktober 1447 bis 17. April 1448 in Flandern verhandelt und horrende Kosten verursacht hatte, ohne irgendetwas zu erreichen[676]. Denn am 14. April 1448 vereinbarten diese Gesandten mit dem Kaufmann zu Brügge unter Berufung auf den Lübecker Rezeß, daß, um diese Kosten zu decken, der Schoß auf einen Groten von jedem Pfund Grote erhöht und von allen in die Hanse gehörenden Gütern, Geldern, Wechseln, Schiffen und Frachten erhoben werden sollte, die in die Lande des Herrn von Burgund kämen, also nicht nur nach Flandern, sondern auch nach Brabant, Seeland und Holland.

---

674 JENKS (1992, wie Anm. 1) S. 658 f., 691 u. ö.
675 HR II 3 n. 288 §§ 22, 96.
676 HR II 3 n. 345; zum Vergleich: n. 542 und HR II 4 n. 216.

Nun erst waren die in Antwerpen verkehrenden Kölner betroffen. Daher wies der anwesende Sendebote von Köln, der vorjährige Bürgermeister und jetzige Rentmeister Godert Wasserfaß, sofort darauf hin, daß die Kölner kraft alter Privilegien in Brabant außerhalb der Hanse gestellt und von Abgaben befreit seien[677]. Für die Lübecker war natürlich nicht einzusehen, inwiefern diese landrechtliche Freiheit, durch die sich der Herzog von Brabant dazu verpflichtet hatte, die Kölner nicht mit Landessteuern zu belasten, gegen die Willkür der gemeinen Städte hätte ins Feld geführt werden können; die Kölner jedoch beharrten darauf, daß sie und ihre Bürger diese Freiheit in Brabant nicht von der Hanse wegen gehabt hätten und daher schoßfrei bleiben müßten, es sei denn, man wiese ihnen nach, daß ihre Zollfreiheit in Brabant von der Hanse und nicht von dem Herzog verliehen worden sei[678]. Das hansische Einungsrecht hatte offenbar seine Bindungskraft für die Kölner bereits weitgehend eingebüßt.

§ 279. Ebenso schwach begründet war die Behauptung der Kölner, Herr Godert Wasserfaß habe den Lübecker Rezeß vom 18. Mai 1447 lediglich ad referendum angenommen. Gleichwohl beharrte der Rat zu Köln auf seinem Widerspruch. Am 28. Juni 1448 schrieb er an die Älterleute des deutschen Kaufmanns zu Brügge, daß er nicht berechtigt sei, auf die Freiheiten der Bürger zu verzichten, und daher die Freistellung der Kölner von dem Schoß verlangte[679]. Möglicherweise brachte also erst der Protest der Kaufleute dem Kölner Rate zum Bewußtsein, daß die Bürgerschaft in der Schoßsache ein hochbeschwerliches Geschäft erblickte, über das der Rat nicht ohne ihren ausdrücklichen Willen befinden konnte, und daß daher seine Sendeboten den Lübecker Beschlüssen nur unter Vorbehalt hätten zustimmen dürfen. Er schrieb daher an die Lübecker, die den Beschluß des Kaufmanns zu Brügge vom 14. April 1448 verteidigten: „Wir haben unsere Freunde (wie) gewöhnlich zu den Tagfahrten geschickt, die sich anders nicht darin verhalten haben, als es, wie wir meinen, gebührlich und gewöhnlich ist, und meinen, daß keine Freunde (als Ratssendeboten) den (gemeinen) Städten ihre Freiheit und der Bürger Recht auf den Tagfahrten gerne übergeben sollten ohne Wissen und Zustimmung der Städte, von deretwegen sie draußen sind. Uns bedünkt auch, daß eine jegliche Stadt für ihren Anteil billigerweise den Vereinbarungen, die auf den gemeinen Tagfahrten geschehen, zustimmen müsse, jedoch befremdet es uns, daß man solchen Nachteil, wie uns dieser Rezeß bereitet, zumal dies, wie redlich, durch unsere Freunde zu Brügge den Sendeboten der Städte vorgehalten worden ist, soviel Widerstand entgegengesetzt (!), obwohl doch der Rezeß unsere Bürger in Brabant, Holland, Seeland etc. um unserer alten

---

677 HR II 3 n. 349, 350.
678 HR II 4 n. 622, 639.
679 HR II 3 n. 362. Ebenso Goslar am 25. Sept. 1447: Sie wollten den Rezeß in allen Punkten erfüllen, sofern dies mit ihren Privilegien und Freiheiten vereinbar sei, HR II 3 n. 338 § 2, s. o., § 246.

Freiheit und Herkommens willen nicht bedrängen sollte ... Sollte nun das gemeine Beste nicht zu erhalten sein, ohne unserer Stadt Köln ihre Privilegien, dabei man unsere Vorfahren gelassen hat, zu mindern, so dünkt uns dies ungehörig ..."[680].

Weiter heißt es in einer Erklärung der Kölner an die Ratssendeboten der wendischen Städte vom 2. Januar 1449: Ihre Freunde hätten dem Lübecker Beschluß in der Annahme zugestimmt, daß nur das ins Land Flandern gehende Gut zu verschossen sei, während jetzt die Kölner auch in Brabant, Holland, Seeland beschwert werden sollten, wo zwar nicht der gemeine deutsche, wohl aber der kölnische Kaufmann von Abgaben befreit sei; das hätten sie durch ihren Konsens den Ihren nicht auferlegen wollen und dürfen, auch wenn der Wortlaut des Rezesses es anders ausweise, denn ihre Freunde sagten aus, „daß sie solchen Rezeß von dem Schoß gleich den Sendeboten mehrerer anderer Städte nicht anders beliebt noch angenommen haben denn an uns und unser Wohlgefallen, und daher dünkt es uns nicht nötig zu sein, uns des Rezesses Abschrift zu ermahnen"[681]. Die gemeinen Städte erkannten offenbar an, daß der Rat von Köln, indem er dergestalt protestierte, nur seine Amtspflicht erfüllte; sie begannen daher – auf eine Entwicklung reagierend, die um diese Zeit in vielen Hansestädten eintrat[682] –, zwischen Stadtgemeinde und Kaufmannschaft zu differenzieren. Die Bremer Tagfahrt vom 25. Juli 1449 jedenfalls beschloß in Anwesenheit kölnischer Ratssendeboten, die ausdrücklich dazu ermächtigt waren, in allen „anstehenden Gebrechen der gemeinen Hanse Freiheit und des Kaufmanns Gebrechen betreffend zum Besten zu helfen und zu raten", daß der Kölner Kaufmann den Schoß geben sollte gleich allen anderen, falls er sich dessen nicht mit Privilegien erwehren und diese auf der nächsten Tagfahrt den gemeinen Städten vorlegen könne[683]. Der Kaufmann selber sollte also seine Sache vor den Ratssendeboten verfechten.

§ 280. Die Boykottierung Flanderns und die Verlegung des Stapels von Brügge nach Deventer im Sommer 1451 entschärften vorübergehend den Konflikt. Die notwendigen Kontrollen überließen die Städte abermals ihren partikularen Kaufmannschaften, deren Interessen nicht die einzigen waren, die sie zu schützen hatten: Da vom 13. Juli an niemand mehr nach Flandern fahren durfte, sollte jeder Schiffer, bevor er aus dem Hafen segelte, die Beachtung des Verbotes verbürgen „und dessen Beweis bringen von dem Kaufmann der Stadt, da er ausgesegelt war, wo er gelöscht hat" – nichthansische Schiffer dagegen bedurften eines Beweises von der Stadt, in der sie die Bürgschaft stellten[684].

---

680 HR II 3 n. 366.
681 HR II 3 n. 524.
682 Z. B. Bremen: HR II 4 n. 241, 242, dazu SCHWARZWÄLDER (1994, wie Anm. 323) S. 6; Lübeck, Stettin u. a. Städte: HR II 4 n. 248 § 9.
683 HR II 3 n. 540, 543, 546 § 6, 627 § 10.
684 HR II 3 n. 650 §§ 3, 5.

Die wachsende Distanz zwischen der Gesamtheit der Kölner Stadtgemeinde und dem Teilverbande ihrer Kaufleute läßt nun helleres Licht auf die Abhängigkeit des Rates von deren Forderungen fallen, die er mit dem Gesamtinteresse seiner Stadt in Einklang zu bringen hatte, ohne seine Schutzpflicht gegenüber der Kaufmannschaft zu verletzen. Über die lübische Tagfahrt, die im Juni und Juli 1454 mit den Flamen über die Rückkehr der Deutschen nach Brügge verhandelte, wurden die Kölner durch Goswin von Koesfeld, den Sekretär des deutschen Kaufmanns, unterrichtet, der ihnen auch den Rezeß überreichte. Sie konnten jedoch zunächst dazu nicht Stellung nehmen, weil die meisten Kölner Kaufleute nach dem Frankfurter Markte gereist waren, aber nach deren Rückkehr verhandelten sie mit ihnen über den Rezeß. Da sich die Kaufmannschaft uninteressiert erzeigte, beschloß der Rat, sich zu dem Vertragsentwurf erst dann zu äußern, wenn die Annahme durch Flandern gesichert sei[685]. In der Tat konnte der deutsche Kaufmann erst am 11. August 1457 nach Brügge zurückkehren. Dann aber begann er alsbald erneut, den Schoß auch in den deutschen Provinzen des Herzogtums Burgund zu erheben.

Am 12. Mai 1459 legte der Rat von Köln erneut dagegen Einspruch ein. Er habe zwar den Lübecker Rezeß vom 18. Mai 1447 seinen in die genannten Länder Handel treibenden Bürgern bekanntgegeben, doch hätten sie schon damals erkannt, „daß es uns nicht zustünde, solche Neuerung zu belieben, unsere Stadt und Bürger damit zu beschweren, dieweil wir unseren geschickten Freunden weder Befehl noch Last mitgegeben hatten, solche neuen Beschwernisse entgegen unserer Stadt Freiheit, die wir und unsere Bürger in Brabant und nicht von der Hanse wegen gehabt haben, mit zu konsentieren, und sie auch nicht (anders) mitbeliebt haben, denn dies so zurück an uns zu bringen, wie wir es seit alters in solchen Besendungen zu halten gewohnt sind." Daher sollten sie den Verträgen, die der Kaufmann zu Brügge mit den Behörden in Holland und Antwerpen abgeschlossen hatte, nicht zustimmen, sondern bei ihren alten Zollfreiheiten bleiben. Lediglich Kölner Bürger, die nach Flandern kämen, seien verpflichtet, den Schoß zu bezahlen, um der gemeinen Hansestädte Privilegien dieses Landes mit zu verteidigen, und falls einige von diesen „ungehorsam und frevelig wären, allsolchen Schoß zu bezahlen, oder in anderen gebührlichen, in den Rezessen begriffenen Ordinanzen, welche wir mit unserem Rate beliebt und in einer Morgensprache bekanntmachen lassen hätten, (Gebotenes) nicht halten wollten," so werde man sie auf Anzeige des Kaufmanns hin zur Verantwortung ziehen und gemäß den Rezessen bestrafen[686]. Auch diese Stellungnahme war zweifellos mit der Kölner Kaufmannschaft abgestimmt, wenn nicht sogar von ihr formuliert,

---

685 HR II 4 n. 287.
686 HR II 4 n. 622 an den deutschen Kaufmann zu Brügge, im gleichen Sinne n. 639 vom 9. Dez. 1458 an Lübeck. Auch Deventer und Nimwegen bestritten jetzt, daß der Schoß, wie Lübeck behauptete, „im Beisein der gemeinen Städte" beschlossen worden sei, ebenda n. 630, 740, 746.

wie deswegen zu vermuten ist, weil die Ratmannen am 6. September 1458 ihren Bürgern, die zu der Zeit in Frankfurt waren, über die Maßnahmen berichteten, die sie ergriffen hatten, um den Kölnern auf dem bevorstehenden Antwerpener Markte die Schoßfreiheit zu sichern[687]. Auch war es der Kölner Kaufmann, der den Rat dazu drängte, mit dem hansischen Einungsrecht völlig zu brechen und den Schoßstreit mit dem Kaufmann zu Brügge an den Herzog von Brabant und damit vor ein außerhansisches Gericht zu bringen[688]. Am 14. Mai 1459 teilten die Ratmannen dem Bürgermeister Johann vom Damme, der in Antwerpen mit dem herzoglichen Rate in dieser Sache verhandelte, mit, verschiedene Kaufleute hätten sie darum ersucht, an der Verhandlung beteiligt zu werden; um spätere Beschwerden zu verhüten, hätten sie das Gesuch bewilligt, und daher wiesen sie den Bürgermeister an, die von den Kaufleuten deputierten Worthalter Heinrich Becker und Paul Rode zu den Schoßverhandlungen hinzuzuziehen[689].

§ 281. Der gemeine Kaufmann in den Auslandskontoren erfüllte also durchaus eine Pflicht, die nach hansisch-niederdeutschem Stadtrecht jedem einzelnen Stadtrate oblag, wenn er die Privilegien der Kaufmannschaften in seinem Gastlande zu mehren und zu schützen suchte. Diese Identität der Pflichten aber verlieh ihm seinerseits Anspruch auf den Beistand jeder einzelnen Stadt, wenn deren Bürger seine Bemühungen mit ihrem Ungehorsam durchkreuzten. Es war also keineswegs eine grundsätzliche Neuerung, sondern lediglich die Entfaltung eines uralten Rechtsgedankens der hansischen Einung, wenn die Ratssendeboten der gemeinen Städte von der deutschen Hanse als Worthalter des gemeinen Kaufmanns im Jahre 1358 begannen, ihre an den Kaufmann gerichteten Ge- und Verbote derart unter den Schutz der einzelnen Städte zu stellen, daß sie jede Stadtgemeinde vom Genuß des deutschen Rechtes im Auslande ausschlossen, die nicht der Pflicht nachkam, jene Gebote bekanntzumachen und jeden Verstoß ihrer eigenen Bürger und Kaufleute, aber auch jener aus einer anderen Hansestadt, die sich deren Gewalt durch die Flucht entzogen, willkürlich zu ahnden[690]. In der Identität der

---

687 HR II 4 n. 634.
688 HR II 4 n. 631, 632, 732, 739. L. von Winterfeld, Dortmund (1932, wie Anm. 578) S. 49f. Gustav Luntowski, Dortmund, Köln und die Hansevorortschaft, in: HGbll. 100 (1982) S. 59f.
689 HR II 4 n. 738. Die 1476/77 aufgestellte Liste der Kölner Hansekaufleute, HUB Bd. 10 (1907) n. 784, enthält 227 Namen. Dazu Franz Irsigler, Soziale Wandlungen in der Kölner Kaufmannschaft, in: HGbll. 92 (1974) S. 59–78, hier: S. 71.
690 HR I 1 n. 212, = Quellen hg. von Sprandel (1982, wie Anm. 46) S. 283 n. 3, § 10. W. Stein, Hansestädte (1913, wie Anm. 36) S. 233. K. Friedland, Kaufleute und Städte (1958, wie Anm. 608) S. 29. Dem Umstande, daß sich seit dem Beginn des 15. Jh. das Wort Hansestädte gegenüber dem älteren Ausdruck ‚Städte von der Hanse' durchsetzte, ebenda S. 36f., kommt keine rechtsgeschichtl. Bedeutung zu. Der ältere Ausdruck blieb neben der moderneren Kurzform durchaus gebräuchlich. S. u., §§ 294, 295.

Pflichten lag demnach der Rechtsgrund dafür, daß die hansische Einung nicht nur einzelne Kaufleute, sondern auch ganze Stadtgemeinden aus ihrer Gemeinschaft auszuschließen befugt war.

Den Schaden von einer solchen Verhansung trugen allerdings stets deren einzelne Eidgenossen, denn so, wie nur der einzelne, auf eigene Rechnung handelnde Kaufmann die Zollfreiheiten und sonstigen, in den Privilegien verbrieften Vorrechte ausnutzen, wie nur er die damit verbundenen Lasten abtragen konnte, so spürte auch nur er in Gestalt höherer Kosten den Verlust der Freiheiten, wenn seine Stadtgemeinde vom Genuß der Privilegien ausgeschlossen wurde. Verhansung bedeutete, daß der gemeine Kaufmann durch seine Worthalter, d. h. entweder durch den Oldermann eines Kontors oder durch die Ratssendeboten der gemeinen Städte, im willkürlichen Verfahren (oben, §§ 236, 237, 244) den Bruch des deutschen Rechtes sei es durch einen einzelnen, in die Hanse behörigen Kaufmann, sei es durch eine hansische Stadtgemeinde feststellte – und daß sowohl alle anderen Kontore als auch die Stadträte aller Hansestädte diese Willkür den anwesenden Kaufleuten bzw. Bürgern und Einwohnern in einer Morgensprache oder Bursprake öffentlich mitteilten (oben, §§ 142, 246), damit niemand von ihnen mehr mit dem verhansten Kaufmanne oder einem Bürger der verhansten Gemeinde fernerhin Gemeinschaft und Handlung habe, noch sie hauste und hofte oder gegenüber Dritten mit dem deutschen Rechte beschirmte.

Wenn sich aber die Verhansten mit der Gemeinschaft versöhnten, so ließen die Kontore und Städte den oder die Einzelnen wieder zum freien Verkehr und zum Genuß der Privilegien zu, die Gemeinde aber erhielt außerdem das Recht zurück, zu den hansischen Tagfahrten geladen zu werden und ihre Sendeboten in den Rat der gemeinen Städte „und ihre rechte Stätte, darin sie von alters gesessen haben," zu entsenden[691]. Die Amtspflicht der Stadträte, ihre Bürger auch im Auslande zu beschützen und bei dem deutschen Rechte und ihren Privilegien zu erhalten, war also samt dem ihr entsprechenden Zwangsmittel der Verhansung eine Folge der rechtlichen Identität aller Teilverbände mit dem Ganzen der hansischen Einung. Teilverbände der gemeinen Einung des deutschen Kaufmanns waren nicht nur die polypolitischen Hansen, deren Wort die zu bestimmter Zeit in einem der Kontore anwesenden Kaufleute und deren Olderleute hielten, sondern auch die einzelstädtischen Hansen, deren Willen man zugleich mit dem ihrer heimatlichen Stadtgemeinde identifizierte. Die Identität der zahlreichen Sonderwillen aber nahm dadurch erkennbar Gestalt an, und der Gemeinwille ließ sich deswegen in Worte fassen, weil alle Teileinungen und Sonderhansen willens und bestrebt waren, sich auf ein für alle gültiges deutsches Kaufmannsrecht zu verständigen.

---

691 HR II 3 n. 391, 438. HR II 4 n. 308.

3.2.5. Einung und Schutzherrschaft der gemeinen Städte

§ 282. Vermochte der gemeine deutsche Kaufmann in den Auslandskontoren den Ungehorsam einzelner Genossen nicht zu überwinden, so zeigte er den Missetäter seiner Heimatstadt an, deren Bürgermeistern dieser bei seinem Bürgereide strikten Gehorsam schuldete. Geriet er aber gegenüber seinem Gastlande oder dritten Mächten in Bedrängnis, wenn es darum ging, das deutsche Recht und die Privilegien aller deutschen Kaufleute zu verteidigen, so konnte es nicht genug sein, wenn er eine einzelne Stadt zu Hilfe rief: Vielmehr mußte er sich mit gleichlautenden Botschaften an alle Städte wenden, deren Kaufleute zur Zeit im Kontor versammelt waren oder auch in Zukunft einmal das Kontor besuchen würden. Der polypolitische Verband des gemeinen Kaufmanns erforderte als Schutzherrn (anstatt des Königs) ebenfalls einen polypolitischen Verband, d. h. einen Verband aller Städte, die sich zur deutschen Hanse rechneten und ihrerseits verpflichtet waren, den eigenen Kaufmann auch im Auslande zu beschirmen. Mit der Einung der aus einer Vielzahl von Städten in den Kontoren zusammenströmenden Kaufleute war die Einung dieser Städte von selbst gegeben, aus der Schutzpflicht der Einzelstädte folgte diejenige der gemeinen Städte.

Wenn aber der gemeine Kaufmann diese zu Hilfe rief, so bestätigte er andererseits nur, was ebenfalls seit jeher von Rechts wegen so gewesen war, daß nämlich die gemeinen Städte auch die Vollmacht besaßen, ihm alles zu gebieten, was zum Schutze des deutschen Rechts erforderlich war, daß sie befugt waren, von seinetwegen und als Worthalter des Kaufmanns mit Königen, Fürsten und Behörden des Auslandes zu verhandeln und für ihn verbindliche Verpflichtungen einzugehen. Auf Grund der aus der Königszeit überkommenen Identität der Einung aller deutschen Kaufleute mit allen in ihr bestehenden Partikularverbänden bedurfte es, um diese Schutzherrschaft der gemeinen Städte und die Ermächtigung ihrer versammelten Ratssendeboten zu begründen, keiner besonderen Abmachungen oder Verträge über die Stiftung einer deutschen Hanse. Kraft der Identität des Ganzen mit seinen Teilen bestand diese Hanse bereits, als der gemeine Kaufmann zu Brügge im Jahre 1356 wegen unüberwindlicher Zwietracht, die die vor neun Jahren zwecks verbesserter Repräsentation der Teilverbände geschaffenen Drittel und ihre Olderleute (oben, § 266) entzweite, zum ersten Male ihrer Hilfe bedurfte.

§ 283. Die gemeinen Städte von der deutschen Hanse entsandten daraufhin neun Ratmannen nach Brügge, um die Eintracht des Kaufmanns wiederherzustellen und zu diesem Zwecke die Schutzherrschaft der Städteeinung über die Kaufmannseinung auszuüben[692]. Die Vollmacht der gemeinen Städte, um so zu handeln, ergab sich aus ihrer Eintracht, ja sie war mit dieser genauso identisch, wie in jeder einzelnen Hansestadt die Vollmacht des Rates auf

---

692 HR I 1 n. 200 = Quellen hg. von SPRANDEL (1982, wie Anm. 46) S. 281 n. 2.

der Eintracht der Bürgerschaft beruhte und mit ihr in der Weise identisch war, daß jede Zwietracht der Bürger sie vernichtete (oben, §§ 201, 208, 212). Denn es erschienen in Brügge je ein Ratmann von Lübeck, von Hamburg und von Stralsund, „die hergesandt sind von den Ostseestädten ... mit ganzer Macht und Einträchtigkeit des lübischen Drittels," je einer von Dortmund, von Soest, von Thorn und von Elbing „mit ganzer Macht und Einträchtigkeit des westfälischen und des preußischen Drittels", und schließlich je einer von Gotland und von den livländischen Städten „mit ganzer Macht und Einträchtigkeit des gotischen Drittels". Die dreifache Wiederholung des offensichtlich entscheidenden Rechtsbegriffs macht zunächst die Eintracht jedes der Drittel deutlich, von der man nun zur Eintracht der Gesamtheit fortschritt: Denn diese neun Ratmannen haben „übereingetragen mit den sechs Olderleuten und mit den Achtzehnmannen ... mit einer ganzen Eintracht", was an Einzelbestimmungen folgte – so heißt es in der Kölner Rezeßhandschrift, während die Lübecker mehr die Gebotsgewalt der gemeinen Städte betont, indem sie erklärt, diese Bestimmungen seien „von den vorbeschriebenen Ratssendeboten und auch von dem Kaufmann besonders angeordnet worden".

Der Rezeß selbst besagt jedoch nur einmal, eine Satzung sei „angeordnet worden ... von den vorbeschriebenen Sendeboten der gemeinen Städte"; meistens heißt es: „So trugen sie überein" oder „So ist es übereingetragen worden von den vorgenannten Personen". Auf die damit hergestellte Eintracht und Identität aller partikularen mit dem Gesamtwillen kam es an; auf ihr beruhte die Vollmacht der gemeinen Städte, auf ihrem Fehlen die Ohnmacht des gemeinen Kaufmanns. Daher berichtet nämlich der Stralsunder Rezeß vom Mai 1378, drei genannte Sendeboten des Brügger Kontors seien vor den Städten erschienen und hätten Beschwerde gegen vier Kaufleute erhoben, die sich dem Recht widersetzt hätten und deshalb vom Genuß der Privilegien ausgeschlossen worden seien; die Städte hätten jedoch entschieden, das Verfahren an sich zu ziehen und den Beschuldigten eine neue Rechtfertigung zu ermöglichen. Vergebens protestierte dagegen das Brügger Kontor mit der Begründung, das Recht des Kaufmanns erlaube keine Berufung verurteilter Genossen an Dritte; sie mußten ihre Willkür vor den gemeinen Städten rechtfertigen und es hinnehmen, daß die Städte sie verwarfen und die Beschuldigten nach gehöriger Entschuldigung wieder zum Rechte des Kaufmanns zuließen[693].

§ 284. Auf Uneinigkeit zwischen den partikularen Fahrtgemeinschaften in den Kontorsversammlungen gründete sich seit dieser Zeit auch die Schutzherrschaft der gemeinen Städte über die anderen Kontore. Die Abhängigkeit des Kaufmanns von den gemeinen Städten verstärkte sich, seit die zum Schutze des deutschen Rechts erworbenen Privilegien voll ausgebildet waren und die monarchischen Flächenstaaten zu gesetzlicher Regelung ihrer Ge-

---

693 I. DIERCK, Brügger Älterleute (1995, wie Anm. 539) S. 50.

leitspflichten und Zollrechte übergingen (oben, § 271). Der Kaufmann selber war sich seiner Abhängigkeit und der Vollmacht, die er den gemeinen Städten zu seinem Schutze erteilte, bewußt. Am 5. Juni 1446 schrieb sein Partikularverband zu London an Lübeck, des Königs von England Zöllner beschlagnahmten alles hansische Gut, wenn ein Kaufmann den die hansischen Privilegien verletzenden neuen Zoll nicht bezahle; zudem hätten Engländer die 110 Schiffe starke Baienflotte weggenommen: „Man achtet uns für nichts hier im Lande von (unserer) Macht (wegen), d. h. es ist für uns von höchster Not, daß ihr ehrbaren Herren die Dinge ernstlich zu Herzen nehmt"[694]. Am 5. Juli 1452 klagte der von Brügge nach Deventer ausgewichene deutsche Kaufmann dem Rate zu Danzig den Ungehorsam der hansischen Kaufleute, die das Stapelrecht und seine Strafgewalt mißachteten: „Ehrbare weise Herren, ihr vermerkt aller Sachen feste Gelegenheit (und) daß die große bittere Not uns dazu drängt, daß wir euch Herren als unseren Häuptern dies so bitterlich klagen und schreiben müssen ..., denn ihr Herren mögt merken: Wird der Kaufmann verdorben, so verliert niemand mehr daran denn ihr Herren von den Städten, denn ihr seid der Kaufmann, und eure Kindeskinder werden dabei nahrungslos und verdorben"[695].

Der Kaufmann selber also leitete aus der Identität mit ihnen die Leitungsgewalt und Schutzpflicht der gemeinen Städte über sich ab als Befugnisse, deren Sinn und Wesen in der Eintracht bestand. Wegen der Zwietracht, die zwischen dem Kaufmann in England und dem in Brügge wegen des vom letzteren erhobenen Schosses bestand, beschlossen die seit dem 18. Mai 1447 zu Lübeck versammelten Städte einträchtlich, daß der eine Kaufmann dem anderen freundlich beistehen und förderlich sein und daß beide den bisherigen Streit vergessen sollten; dasselbe wollten ihrerseits die Städte vor Augen haben und beide Parteien „auch gerne nach Vermögen beschirmen und verantworten"[696]. Solche Schirmherrschaft der gemeinen Städte fand förmliche Anerkennung in einem an gleichzeitige Huldigungen erinnernden Akt. Wie einen fürstlichen Stadtherrn nämlich empfing der Kaufmann zu Brügge die Ratssendeboten von Lübeck, Köln, Hamburg und Danzig, die von der gemeinen Städte wegen im Herbst 1447 den Herzog von Burgund und die vier Lede des Landes Flandern aufsuchten, indem er ihnen nach alter Gewohnheit entgegenritt und sie feierlich in die Stadt und nach ihrer Herberge in Anthoniis Benen Hause geleitete[697].

Darauf gingen am 5. November die Herren Ratssendeboten zum ersten Male in das Remter der Karmeliter, wo sich die Olderleute und Achtzehner bereits versammelt hatten, und als die Herren hereinkamen, empfingen die Olderleute sie gütlich und geleiteten sie zum Kontorgestühl (by dat cump-

---

694 HR II 3 n. 531.
695 HR II 4 n. 100.
696 HR II 3 n. 288 § 71.
697 HR II 3 n. 345 § 4. S. o., § 278.

toer). Dort hießen sie sie freundlich willkommen und dankten ihnen, daß sie „zu des Kaufmanns Bestem" gekommen seien. „Dazu sagten sie, es sei eine alte Gewohnheit, wenn Sendeboten von den gemeinen Städten von der Hanse hierherkämen, denen die Alderleute ihre Stätte, nämlich das Kontor, einräumten, daß, bevor sie (die Alderleute) alsdann mit den Herren Sendeboten in einige Verhandlung einträten, dieselben Herren (ihnen) jederzeit zuzusagen und zu geloben pflegten, den Kaufmann bei seiner Macht, Gewohnheit und altem Herkommen zu erhalten und zu belassen, welche nach Inhalt der Rezesse die gemeinen Städte von der Hanse dem Kaufmanne vergönnt, verliehen und überlassen hätten; dies begehrte jetzt der Kaufmann in gleicher Weise von ihnen"[698].

§ 285. Wohlbekannte Rechtsgedanken klingen in diesen Sätzen an: von dem Könige, dem, wenn er in ein Land des Reiches käme, dessen Gericht und Gerichtsstuhl ledig würden[699], von der Vollmacht der Untertanen, dem in ihr Land kommenden Herrn das dort geltende Recht zu weisen, von ihrer Pflicht, den Herrn an der Landesgrenze zu begrüßen, und von ihrer Befugnis, nach dem Herrenfall dem neuen Herrn erst dann zu huldigen, ihn erst dann zum Herrn anzunehmen, wenn er zuvor ihre hergebrachten Rechte und die von seinen Vorgängern gewährten Privilegien bestätigt habe[700]. Die Ratssendeboten waren sich der verfassungsrechtlichen Bedeutung des Begehrens denn auch sofort bewußt. Sie zogen sich daher zu langer, vertraulicher Beratung zurück, bevor sie darauf antworteten. Was den ersten Punkt, nämlich den Dank des Kaufmanns, betraf, so erklärten sie, sie wären gerne hergekommen „und wollten auch mit gutem Willen und Rat nach Unterweisung des Kaufmanns fleißig das Beste tun nach ihrer Macht, um des Kaufmanns Gebrechen zu verfolgen etc."

Bedenken dagegen hegten sie wegen des zweiten Punktes. „Sie wollten den Kaufmann wohl bei seiner Macht belassen, wie er sie bis auf diese Zeit gehabt habe, aber von der Gewohnheit und altem Herkommen könnten sie ihm noch keine Antwort sagen, und zwar um der Mißhelligkeiten willen, die, wie sie vernommen hätten, die Drittel untereinander wegen des Schosses hätten; daher begehrten sie, der Kaufmann möge vorerst hiermit zufrieden sein, (indessen) hofften sie, den Kaufmann darüber zu vergleichen und zu vereinigen, bevor sie abreisten," so daß dann auch das Herkommen (gemeint waren die Willküren und das Willkürrecht der Kaufmannsversammlung) bestätigt

---

698 HR II 3 n. 345 § 5.
699 Sachsenspiegel Landrecht III 60 § 2.
700 Georg VON BELOW, Das ältere deutsche Städtewesen und Bürgertum, Bielefeld–Leipzig ²1905, S. 56f. A. HOLENSTEIN, Huldigung (1991, wie Anm. 480) S. 321ff., 439. Im Dezember 1440 hatte sich der deutsche Kaufmann zu Brügge auf Bitten Brügges an dem festlichen Empfang des mit Brügge wieder ausgesöhnten Landesherrn beteiligt, UB der Stadt Lübeck T. 7, Lübeck 1885, S. 874 n. 852, HR II 7 S. 702.

werden könne. Damit gingen sie alle in die Kirche, um die Messe zu hören, die der Kaufmann da vom Heiligen Geiste singen ließ.

Die Ratssendeboten traten demnach mit Zustimmung des Kaufmanns als rechtmäßige, d. h. auch ihrerseits an das hansisch-niederdeutsche Recht gebundene Schutzherren auf, und ihre Vollmacht beruhte darauf, daß sie das Wort für die gesamthansische Einung hielten, deren Wille dem des Partikularverbandes, soweit dieser uneinig war, vorging. Am 3. Dezember waren sie abermals zu den Karmelitern im Remter mit dem gemeinen Kaufmanne versammelt, um von ihrer schutzherrlichen Gebotsgewalt Gebrauch zu machen. Sie ließen den Rezeß verlesen, der am 18. Mai 1447 von den gemeinen Städten von der Hanse in Lübeck gemacht worden, „und verboten einem jeden, der in die erwähnte Hanse gehört, bei der Buße von einer Mark Goldes, kein Gut zu borgen für den Verkauf in allen Landen des Herzogs von Burgund; auch gaben sie wegen der Zeitung, die sie aus England hatten, die Verwarnung bekannt, daß niemand Güter nach England versenden möge"[701].

§ 286. Wie im Mittelalter üblich, war Schirmherrschaft auch im Falle der gemeinen Städte durchaus eine zweiseitige Rechtsbeziehung. Die gemeinen Städte nämlich waren in der Ausübung ihrer Herrschaft davon abhängig, daß die Beschirmten, daß der gemeine Kaufmann die dafür notwendigen Kosten aufbrachte, indem er den Städten die notwendigen Steuern bewilligte. Die Hansestädte selber waren je länger, desto weniger dazu bereit, solche Kosten zu übernehmen, murrten die Bürgerschaften doch schon vernehmlich wider ihre Räte wegen der Reisekosten, die für die Besendung der hansischen Tagfahrten aufzubringen waren, und niemals erteilten sie ihren Ratssendeboten die Vollmacht, den gemeinen Städten darüber hinaus weitere Zahlungen aus der Stadtkasse zuzusagen (oben, §§ 55, 56). Wegen der Kosten, die die von den Ratssendeboten am 18. Mai 1447 zu Lübeck vorgesehenen Gesandtschaften zum Herzog von Burgund und zu den Königen von Frankreich und England verursachten, mußte sich der Kaufmann zu London und zu Brügge bereit erklären, einen Pfundzoll oder Schoß auf des Kaufmanns Güter zu setzen[702]; ohne diese Bewilligung des gemeinen Kaufmanns hätten die Städte ihre schirmherrliche Pflicht in diesem Falle nicht erfüllen können.

Als aber die Bremer und Hamburger den am 24. Juni 1450 in Bremen versammelten Städten mitteilten, daß sie seit Jahren wegen des täglichen See-

---

701 HR II 3 n. 345 § 12, vgl. n. 288 §§ 56, 60. Als am 31. Aug. 1449 der Kaufmann in Gegenwart einer Gesandtschaft der gemeinen Städte erklärte, ihm stünde das Worthalten gegenüber dem Herzog von Burgund zu, stellten die Lübecker sofort Einvernehmen darüber her, quod hoc faceret nomine consulatus Lubicensis et non alias, HR II 3 n. 562. Am 15. Juni 1452 stellte der Kaufmann selber fest, daß er gegenüber dem Könige von Frankreich nicht handlungsfähig sei „ohne speziale Last oder Befehl" von Seiten des Hochmeisters und der gemeinen Städte, HR II 4 n. 98.
702 HR II 3 n. 288 § 22.

raubs aus Friesland dem gemeinen Gute zum besten hohe Kosten aufwendeten, was ihnen jetzt ohne Beistand der Städte nicht länger möglich zu tun sei, und deswegen begehrten, „daß man auf das gemeine Gut einen Zoll stellen möge," erhielten sie zur Antwort: Sie wären nicht so zahlreich versammelt, um „auf das gemeine Gut ohne Vollbord und Beisein derer, die das beträfe, einen Zoll oder Beschwerung setzen" zu können[703]. Die Ratssendeboten mußten sich zunächst in ihren Heimatstädten mit deren Kaufmannschaften darüber beraten, ehe sie sich der Identität aller partikularen Willen gewiß sein und sich daher als vollmächtig erachten konnten, einen Pfundzoll auf der Kaufleute Gut zu legen. Ebenso mußte der deutsche Kaufmann in Flandern, als er nach sechsjährigem Handelskrieg und Exil am 11. August 1457 siegreich nach Brügge zurückkehren konnte, die Kosten für eine Gesandtschaft der gemeinen Städte übernehmen, deren Deputierte hoch zu Rosse an der Spitze der Kaufleute feierlich in die Stadt Brügge einziehen und die Macht der hansestädtischen Schirmherrschaft den Flamen ad oculos demonstrieren sollten: „So waren die Städte zu Brügge zwölf Tage lang zu Pferde mit großer Kost"[704].

§ 287. Die Identität des Kaufmanns mit den gemeinen Städten aber band, zumindest nach Ansicht der von Lübeck geführten gemeinen Städte, auch die in die Hanse behörigen Stadtgemeinden. Denn wegen des Ungehorsams der Kaufleute gegenüber dem (gemeinen) Kaufmanne zu Deventer beschlossen die zu Lübeck versammelten Ratssendeboten im Februar und März 1452 für den Fall, daß einzelne Städte von der Hanse gegenüber den Rezessen und der Städte Ordinanzen harthörig seien und die Ihren nicht dazu anhielten, sie zu befolgen: In diesem Falle wollten sie, die Ratssendeboten, dem gemeinen Kaufmanne „Befehl und volle Macht" geben, jener Städte Kaufleute zu korrigieren und mit den in den Rezessen auf jeden Punkt gesetzten Bußen zu belegen. Ferner hatten die Ratssendeboten „dem vorbeschriebenen Kaufmanne befohlen und die Last und Macht gegeben, so er die allewege bis heute gehabt hat," alle Kaufleute zu korrigieren, die entgegen den Rezessen den Schoß nicht bezahlten (oben, §§ 278 bis 280); die er nicht korrigieren konnte, sollte er der Stadt, da sie Bürger wären, melden, damit diese sie gemäß den Rezessen korrigierte, und wäre auch die Stadt ungehorsam und wollte ihre Bürger nicht korrigieren, so sollte der gemeine Kaufmann dies der nächsten Tagfahrt der gemeinen Städte zu fernerer Entschließung mitteilen[705].

Aus der Schutzherrschaft, die der gemeine Kaufmann den Ratssendeboten der gemeinen Städte beilegte, und aus der Vollmacht, die er ihnen zu diesem Zwecke zuerkannte, ließ sich demnach die Rechtsauffassung ableiten, die Einung der Städte sei dazu befugt, im Verhältnis zu den Bürgern und Kaufleuten dieser Städte die einzelnen Stadtgemeinden geradezu zu mediatisieren, indem sie deren Bürgerrecht mit dem hansisch-deutschen Gesamtrecht iden-

---

703 HR II 3 n. 627 § 4.
704 HR II 4 n. 458 § 17, 506 § 28, 544, 554.
705 HR II 4 n. 63 §§ 9, 19.

Gemeiner Kaufmann, gemeine Städte und vollmächtige Ratssendeboten   329

tifizierte. So beschlossen die zu Lübeck versammelten Ratssendeboten am 24. Juni 1456, „jede einzelne Stadt von ihnen" solle das Verbot der Flandernfahrt vollstrecken und ihre ungehorsamen Bürger mit dem Verlust sowohl der Bürgerschaft als auch der hansischen Privilegien bedrohen[706]. Dies war allerdings eine extreme Position, die auf der unzutreffenden Voraussetzung beruhte, daß die Identität der Partikularwillen mit dem Gesamtwillen jederzeit gesichert war. Dies traf aber gerade in der Flandernpolitik nicht (mehr) zu; hierin waren die Kölner und die süderseeischen Städte dezidiert anderer Meinung als die von Lübeck geführten Städte, und der gemeine Kaufmann zu Deventer, der sie vergebens dazu aufforderte, dem Rezeß zu gehorchen, stellte am 4. Juli 1452 sehr richtig fest, die genannten, von Köln geführten Städte „wären nicht damit belastet, (sondern) der (gemeine) Kaufmann wäre belastet, der gemeinen Städte Rezesse und Gebote zu halten, und das gedächte er zu tun bis zu der Zeit, daß ihm die Herren von den gemeinen Hansestädten etwas anderes befählen"[707]. Der Ungehorsam der Kaufleute, der die gegen Flandern verhängte Handelssperre illusorisch machte und ihren Zweck vereitelte, bewies, daß der gesetzlich geschützte Land- und Rechtsfriede der monarchischen Flächenstaaten deren vertraglich übernommenen und per Privileg verbrieften Rechtsschutz für die Deutschen obsolet werden ließ und damit die hansische Einung des gemeinen Kaufmanns und der Städte von der Hanse ihres Daseinszwecks entkleidete.

§ 288. Da die Sicherheit des Kaufmanns im Auslande von dem Schutze seiner hansischen Heimatstadt und die Gebotsgewalt des gemeinen Kaufmanns über ihn von der Zwangsgewalt abhing, mit der die Stadtgemeinden das deutsche Recht gegenüber ihren Bürgern und Einwohnern durchsetzten, hatten die Ratssendeboten der gemeinen Städte seit 1361 und abschließend im Jahre 1366 als Grundsatz dieses deutschen Rechtes die Regel aufgestellt, daß niemand die ausländischen Privilegien genießen sollte, er sei denn „Bürger einer Stadtgemeinde von der deutschen Hanse", d. h. einer Stadt, die sich für verpflichtet hielt, die Tagfahrten der gemeinen Städte zu besenden und den Gehorsam ihrer Bürger gegenüber deren gemeinsamen Beschlüssen zu garantieren[708]. Dieser willkürliche Beschluß, der zu den beiden alten Bedingungen (oben, § 262) eine dritte, dem gemeinen Kaufmanne bis dahin unbekannte neu hinzufügte, mochte zwar die zustimmenden Städte binden, er konnte aber nicht die unbürgerlichen Kaufleute ihres Hanserechtes berauben, da dieses Recht ihnen angeboren und daher von dem gemeinen Kaufmann weder zu verleihen noch zu widerrufen, sondern lediglich festzustellen war. Sollten sich die Ratssendeboten wirklich darüber getäuscht haben, daß ihre Willkür das Volks-, Land- und Reichsrecht nicht brechen, sondern vielmehr nur insoweit gelten konnte, als dieses es duldete, und daß es eines königlichen Privilegs bedurft

---
706 HR II 4 n. 458 §§ 5–8.
707 HR II 4 n. 99.
708 FRIEDLAND, Kaufleute und Städte (1958, wie Anm. 608) S. 30, 32.

hätte, um dem genannten Grundsatz gegenüber Ungenossen Rechtskraft zu verleihen?

Später freilich waren sie sich ihres rechtspolitischen Dilemmas bewußt (oben, § 252), und es bereitete ihnen bemerkenswerte juristische Schwierigkeiten[709], daß sie es jetzt versäumten, ausdrücklich ihren Bürgern nicht nur die steuerzahlenden Einwohner der Hansestädte, sondern auch die Bürger und Kaufleute jener Kleinstädte und Dörfer gleichzustellen, die nicht selber Hansestädte werden konnten, weil sie des Kommuneprivilegs und damit des freien Willkürrechts der Hansestädte entbehrten und in ihrer Gemeindeverfassung allen Beschränkungen durch das Landrecht und die Landesherrschaft unterworfen waren. Dabei war es von jeher selbstverständlich gewesen, daß auch landsässige Kaufleute deutsche Kaufleute waren und Anspruch auf den Genuß der Auslandsprivilegien hatten. Nicht umsonst hatte etwa König Erich V. von Dänemark im Jahre 1278 die Errichtung eines Jahrmarktes zu Huistanger auf Seeland nicht nur den Bürgern von Lübeck, Wismar, Rostock, Stralsund, Greifswald und Stettin, sondern allen Bürgern und überhaupt den Einwohnern der wendischen Lande angezeigt, hatte König Magnus von Schweden 1346 der Stadt Anklam erlaubt, eine Vitte auf Falsterbo zu erwerben und „Dorfleute, Bürger oder Kleinstädter aus den kleinen Städten und Dörfern in seiner Nachbarschaft" auf dieser Vitte aufzunehmen, und gestattete das dänische Privileg von 1370 den Hansestädten allgemein, jeden zu ihren Vitten zuzulassen, „dem sie dies vergönnen von jenen, die seit alters mit ihnen (dort) gelegen haben, und sie sollen sich desselben Rechtes und Freiheit bedienen, die sie selbst gebrauchen"[710].

Noch 1449 verteidigten die gemeinen Städte dieses Recht der Kaufleute aus kleinen Marktflecken und Dörfern erfolgreich als Teil des deutschen oder hansischen Rechtes (oben, §§ 17, 231), auf das sie sich beriefen, um dem König von England die Herausgabe eines Verzeichnisses aller Hansestädte zu verweigern – was doch gar nicht nötig gewesen wäre, wenn man sich des Alters und der Herkunft dieses Rechtes erinnert hätte. Die Kontore zu Bergen und Brügge hatten sogar lange auf ihrem Rechte beharrt, Nichtbürger und landsässige Kaufleute zu Olderleuten zu kiesen, wenn sie nur für dieses schwierige Amt geeignet wären[711].

---

709 STEIN, Hansestädte (1913, wie Anm. 36) S. 292–294. FRIEDLAND, Kaufleute (1958, wie Anm. 608) S. 39–41.
710 1278: UB der Stadt Lübeck T. 1 (1843), S. 362 n. 395. 1346: HUB Bd. 3 (1882–86) n. 68. 1370: HUB Bd. 4 (1896) n. 343, = Quellen hg. von SPRANDEL (1982, wie Anm. 46) S. 228 n. 18, § 4. FRIEDLAND (1958, wie Anm. 608) S. 39f.
711 HR I 1 n. 357 = Quellen hg. von SPRANDEL (1982, wie Anm. 46) S. 384 n. 4, HR I 4 n. 134 § 10. DIERCK, Älterleute (1995, wie Anm. 539) S. 58. Über landsässige und nichtbürgerliche Hansekaufleute in Westfalen: L. VON WINTERFELD, Dortmund (1932, wie Anm. 578) S. 10f., 40f., 46, DIERCK, Älterleute (1995, wie Anm. 539) S. 61–63. Dazu HR II 3 n. 288 §§ 45, 47.

§ 289. Es verhieß daher allerlei praktische Vorteile für den gemeinen Kaufmann und lag auch in der Konsequenz der oben (§ 287) erwähnten extremen, zentralistischen Rechtsposition, die zwar für gewöhnlich nur von Lübeck und den wendischen Städten, aber doch im Überschwange des Gemeinschaftsgefühls auch von den versammelten Ratssendeboten überhaupt vertreten wurde, die Bürgerrechte der einzelnen Hansestädte einzuebnen und in einem allen Städten gemeinsamen hansischen Bürgerrecht aufgehen zu lassen. Schon 1369 erfanden die gemeinen Städte den Begriff des Bürgers von der Hanse, als sie sich in einem offenen Brief an alle ihre „lieben Bürger und alle Kaufleute von der deutschen Hanse" wandten, um „allen unseren Bürgern, die zu Bergen in Norwegen sind oder ankommen," die Schoßpflicht einzuschärfen und den (gemeinen) Kaufmann zu entsprechenden Zwangsmaßnahmen zu ermächtigen[712]. Die Ermächtigung bedeutete hier, daß jede einzelne Stadt dem gemeinen Kaufmanne in der Schoßsache Befugnisse übertrug, die ihr nur gegenüber jenen Kaufleuten zustanden, die sich ihrer Willkür durch Bürgereid unterworfen hatten.

Im Jahre 1418 erging die oben (§§ 139, 140) erörterte Willkür der gemeinen Städte, die durchweg die Bürger und Einwohner einer jeden Hansestadt als hanseunmittelbar behandelte; im Anschluß daran bestimmten die gemeinen Städte, nur Bürger einer Hansestadt sollten in der Hanse verteidigt, niemand aber irgendwo in der Hanse zum Bürger angenommen werden, der sich des Frevels des Münzseigerns schuldig gemacht habe; 1423 beschlossen sie kurz und bündig, daß ungehorsame Kaufleute nie wieder „in die Hanse zu Bürgern empfangen werden noch des Kaufmanns Gerechtigkeit gebrauchen" sollten, und 1447 setzten sie fest, daß ein Kaufmann, Bürger oder Eingesessener aus der Hanse, der wider ihre Ordinanzien verbotene Reisen unternähme, seine Ehre, der Städte Privilegien und das verbotswidrig verführte Gut verlieren und dazu seine Missetat mit einer Mark Goldes büßen sollte[713]. Das soeben beschlossene Verbot der Flandernfahrt machten sie am 23. August 1452 durch einen offenen Brief, den die Alderleute des Kaufmanns publizieren sollten, „allen und einem jeden, die ... (ihn) lesen sehen oder hören, und sonderlich den Kaufmannen, Schiffsmannen, Knechten und Schiffskindern der Städte von der deutschen Hanse sämtlicherweise und einem jeden besonders", also unmittelbar und unter Umgehung der einzelnen Städte, denen die Adressaten eidlich verbunden waren, bekannt[714]. Der Lübecker Hansetag vom Dezember 1453 befaßte sich mit der Entscheidung des Kaufmanns zu London, den Kaufmannssohn Wilhelm Hoyman von Nimwegen als unehelich Geborenen nicht mit des Kaufmanns Recht verteidigen zu wollen; die

---

712 HR I 1 n. 511 = Quellen hg. von SPRANDEL (1982, wie Anm. 46) S. 384 n. 5.
713 HR I 6 n. 557, = Quellen hg. von SPRANDEL (1982, wie Anm. 46) S. 308 n. 11, §§ 6, 11. HUB Bd. 6 (1905) n. 489. HR II 3 n. 288 § 25, Bürger von der Hanse ebenda § 41. FRIEDLAND, Kaufleute (1958, wie Anm. 608) S. 36.
714 HR II 4 n. 110, auch 199.

Städte dagegen beschlossen: Da Wilhelms Vater Reyneke den Sohn „bei sich in der Hanse gehalten und aufgezogen" habe und „ein Bürger aus der Hanse gewesen ist von Nimwegen", solle der Kaufmann ihn verteidigen und beschirmen gleich einem anderen von der Hanse[715].

Und keineswegs nur Kaufleute, sondern auch Handwerker konnten als Bürger von der Hanse gelten, so die Knochenhauer, Schuhmacher, Krämer, Pelzer und sonstigen Amtleute, die die Messen in Schonen besuchten und dort den Schutz des dänischen Privilegs genossen, oder die Schuhmacher, Schroder, Pelzer, Goldschmiede und Tuchscherer, die als „Ämter, die in den Hansestädten geboren und zu Haus gehören und unter des Kaufmanns Ordinanzien und Privilegien der Städte seit alters jeweils gewesen sind," der Schirmherrschaft des deutschen Kaufmanns zu Bergen unterstanden[716]. Aber auch in das Gewerberecht der Hansestädte selbst konnte das von den Ratssendeboten auf den gemeinsamen Tagfahrten festgesetzte Recht des gemeinen deutschen Kaufmanns eingreifen, indem es für die Exportgewerbe Qualitätsnormen festlegte[717]. Nach Ansicht der am 18. Mai 1447 in Lübeck zusammengekommenen Ratssendeboten stand das Bürgerrecht der einzelnen Städte insoweit zu ihrer Disposition, als sie in ihrem Kodex des deutschen oder hansischen Rechts (oben, § 274) den Städten zahlreiche Vorschriften darüber machten, in welchen Fällen sie einem Manne das Bürgerrecht aberkennen müßten oder ihn nicht als Bürger annehmen dürften[718].

§ 290. Es bildeten sich demnach allmählich der Begriff eines Bürgers von der Hanse und die Vorstellung von einem hansischen Bürgerrecht heraus, das, wenn es hätte Wirklichkeit werden können, die hansisch-niederdeutsche Einung des gemeinen Kaufmanns in eine einzige Megalopolis umgewandelt hätte, als deren Worthalter die versammelten Ratssendeboten der gemeinen Städte dieselbe Stellung hätten einnehmen können, wie sie dem gekorenen Rate innerhalb der einzelnen Stadtgemeinde zukam. Zu geltendem Recht freilich hat sich diese Vorstellung nie verdichtet, und zwar nicht nur deswegen nicht, weil jene ideale Megalopolis in der Diaspora lebte, zersplittert in zahllose mehr oder weniger große Stadtgemeinden und zerstreut über ein weites Gebiet, in dem städtefeindliche Landesherren und Stände die Macht ausübten. Gegenüber den gängigen Bezeichnungen wie Schiffer oder Kaufmann von der (deutschen) Hanse, Mann von oder binnen der Hanse, Mann in die Hanse behörig oder in der Hanse begriffen (das Adjektiv ‚hansisch' gab es noch nicht) blieb der Ausdruck Bürger von der Hanse eine Seltenheit und

---

715 HR II 4 n. 196 § 31.
716 HUB Bd. 4 (1896) n. 343, = Quellen hg. von SPRANDEL (1982, wie Anm. 46) S. 228 n. 18, § 11. HR II 3 n. 309, II 7 n. 474, 528 § 1. Über die Teilnahme von Kölner Handwerkern an der kölnischen Hanse in England: STEIN, Kölner Englandfahrer (1908, wie Anm. 619) S. 233f.
717 HR II 3 n. 94 §§ 9, 12, n. 95 § 9, n. 96.
718 HR II 3 n. 288 §§ 39, 41, 45, 47, 61, 62, 72, 73, 85, 91.

bloße Kurzform für den Bürger einer Hansestadt, genauso selten wie das bereits archaisch klingende Wort Hansebruder[719].
Der rechtsgeschichtliche Grund dafür, daß die Rechtsidee eines Bürgers von der Hanse nicht entwicklungsfähig war, lag natürlich darin, daß der gemeine Kaufmann selbst keine Eidgenossenschaft mehr bildete, seit kein königlicher Schutzherr mehr Treugelübde von ihm forderte, oder mit anderen Worten: daß es keinen Hanseeid gab, durch den sich die deutschen Kaufleute gegenüber den versammelten Ratssendeboten zu ebensolchem Gehorsam verpflichtet hätten, wie sie es als Bürger einer bestimmten Stadt gegenüber ihrer Stadtgemeinde und deren Ratmannen taten. Das Wort Hanse konnte zwar, außer der konkreten Personenvielheit versammelter Genossen und deren abstrakter Verbandseinheit, mancherlei spezielle Formen des Gemeinschaftslebens, wie die Versammlung, das Mahl, den Mitgliedsbeitrag oder das Bußgeld, bezeichnen, niemals jedoch meinte es den oder einen Eid[720]. Gewiß gab es allerlei Sondereide innerhalb der Hanse, so den allgemeinen Gehorsamseid auf das deutsche Recht, den der Neuling bei der ersten Zulassung zum Londoner Stalhof leisten mußte[721], den speziellen Gehorsamseid gegenüber einer bestimmten Willkür[722], die Eide der Schiffer, welche in einer und derselben Flotte segelten[723], die Schoßeide[724] und die Pfundzolleide[725], es gab aber keinen allgemeinen Hanseeid, den sich die Kaufleute gegenseitig selbst und ihrer Gesamtheit geleistet hätten und der ihnen Pflichten auferlegt hätte, die im Konfliktfalle den beschworenen partikularen Bürgerpflichten vorgegangen wären.
Dem einzelnen Bürger und Kaufmanne war daher im Zweifel die eigene Stadtgemeinde näher als der gemeine Kaufmann und die Einung der gemeinen Städte, zumal er im Streite mit den Engländern um die Geltung des Repressalienrechtes (oben, §§ 15, 16) lernen mußte, daß ihn ein gemeinhansisches Bürgerrecht auch mit gemeinhansischen Pflichten belastet hätte. Eine Folge davon unter anderen war, daß sich das hansische Gästerecht ausschließlich auf die gemeinsame Abwehr der butenhansischen Konkurrenz richtete, nicht aber imstande war, die gastrechtlichen Bestimmungen der einzelnen

---

719 Statuten des Stalhofs (wie Anm. 620) Art. XXI. STEIN, Hansestädte (1913, wie Anm. 36) S. 268f. Die Neologismen ‚der Hanse', ‚der Hanseat' beweisen, daß eine ebenso kurze Bezeichnung für den Hansegenossen den Quellen nicht zu entnehmen ist.
720 Ruth SCHMIDT-WIEGAND, Hanse und Gilde, in: HGbll. 100 (1982) S. 21–40, hier: S. 30. Zum Ersatz der Eide durch Gelübde s. o., § 39.
721 Statuten des Stalhofs (wie Anm. 620) Art. VI (Wortlaut), X, XLVII (S. 375).
722 IV. Fassung der Nowgoroder Schra (wie Anm. 658) §§ 90, 91. HR II 4 n. 249.
723 HR II 3 n. 288 § 88.
724 IV. Fassung der Schra (wie Anm. 658) § 76, Statuten des Stalhofs (wie Anm. 620) Art. LVII.
725 Quellen hg. von SPRANDEL (1982, wie Anm. 46) S. 286 n. 4 § 2, 287 n. 5, 292 n. 6 § 1, 436 n. 1.

Hansestädte zu entkräften, die auch die zur Hanse gehörigen Kaufleute aus anderen Hansestädten diskriminierte. Die zur Tagfahrt der gemeinen Städte versammelten Ratssendeboten nahmen diesen Konflikt zwischen Hanserecht und Stadtrechten ebensowenig zur Kenntnis wie die Ratmannen der einzelnen Städte: Wenn einmal eine Hansestadt gegen die gastrechtliche Bedrükkung der Ihren in einer anderen Hansestadt protestierte, so geschah dies kaum jemals unter Berufung auf die gemeinsame Zugehörigkeit zur Hanse und auf deren deutsches Recht[726].

§ 291. Gelegentlich kam das Problem einmal zur Sprache. So geschah es, nachdem die seit dem 21. September 1450 zu Lübeck versammelten Ratssendeboten in einem geheimen Rezeß beschlossen hatten, nicht nur den Verkehr mit Flandern einzustellen und das Kontor nach Deventer zu verlegen, sondern vom 17. November an auch alles Kaufmannsgut aus England abzuziehen, wozu der Rezeß bestimmt hatte: „Dieses soll eine jede Stadt in Rates Weise bei ihren Ratseiden ihren Bürgern und Kaufleuten kundtun, damit sie sich davor zu hüten und danach zu richten wissen." Damit es aber vor den Engländern geheimgehalten würde, sollte der Oldermann zu London „es ferner nur denen, von denen er meint, sie seien hierzu gehörig, bei sich übergeben, um es mit gleichen Eiden auf des Kaufmanns Bestes zu halten und zu verwahren, so daß dadurch dem Kaufmann von den Engländern kein Schaden zugefügt werde, nach seinem besten Vermögen"[727]. Der Oldermann zu Brügge übersandte diesen Rezeß an die partikularen Fahrtgemeinschaften mit dem Befehl, den Inhalt allen denen von der Hanse in Eidesstatt bekanntzumachen, die in Flandern zu Brügge, oder wo immer der Kaufmann verweilte, verkehrten, mit der Auflage, es vorerst heimlich und verborgen bei sich zu behalten. Als nun mit dem 24. Juni 1451 die Zeit gekommen war, den Rezeß zu veröffentlichen, lud auch der deutsche Kaufmann zu Antwerpen die zu dem dortigen Jahrmarkte angereisten Kaufleute vor sich, um ihnen den heimlichen Rezeß in Eidesstatt zu offenbaren.

Als er aber auch die Kölner aufforderte, einen Eid zu tun, um die Sachen geheimzuhalten, zeigten diese sich überrascht, da der Rat von Köln es nicht für richtig gehalten hatte, jenen Rezeß den Kaufleuten in der eigenen Stadt bekanntzugeben. Daher weigerten sich die Kölner sämtlich, jenen Eid zu schwören, mit der Begründung, sie (alle) hätten der Stadt Köln und deren Gaffeln und einige von ihnen dem Kaufmanne zu London einen Eid getan, darüber hinaus wollten sie nicht noch dem Kaufmann zu Antwerpen einen Eid leisten, ja nicht einmal bei den Eiden, die sie bereits geschworen hatten, wollten sie geloben, den Rezeß geheimzuhalten. Dem Kaufmanne blieb nichts anderes übrig, als von der Bekanntmachung des Rezesses abzusehen und sich klagend an den Rat zu Köln zu wenden, dessen Wille es nicht sein könne, daß sich die Seinen mit Ungehorsam und Frevel anders als andere gu-

---

726 JENKS, Gästerecht (1996, wie Anm. 661) S. 45–52.
727 HR II 3 n. 650 §§ 14, 15.

te Kaufleute von der Hanse gegen den Kaufmann und das Gebot der gemeinen Hansestädte stellten. Daher sollte der Rat die Kölner Kaufleute dazu anweisen, daß sie den Rezessen der Ratssendeboten genauso gehorchten, wie alle anderen Kaufleute es tun müßten[728].

Fast drei Monate ließen sich die Herren des Kölner Rates Zeit, ehe sie darauf antworteten. Die Sachen den Eid betreffend „sind noch neu und fremd und fallen uns nach Gelegenheit unserer Stadt auch schwer"; das Verbot des Flandernhandels solle vertagt werden, bis man wisse, wie sich Preußen und Livland verhalten würden, „und wenn sich dann unsere Bürger und Kaufleute mittels dieser und anderer Reden darin mit Eiden und anders solange haben enthalten wollen, bis sie es uns erst zur Kenntnis gegeben hätten, so meinen wir, wenn eure Ehrsamkeit das besinnen wollte, es sei ihnen nicht sehr für übel zu halten" und nicht als Frevel oder Ungehorsam aufzufassen[729]. Diese Kölner Erklärung enthielt nichts anderes als die einfache Wahrheit, daß man es keinem Bürger von der Hanse als Missetat anrechnen konnte, wenn er die mit dem Bürgereide beschworene, originäre Gehorsamspflicht gegenüber seiner eigenen Stadt höherstellte als die davon abgeleiteten Pflichten gegenüber den Ratssendeboten der gemeinen Städte und deren Rezessen.

§ 292. Kein Zweifel: Der gemeine Kaufmann, die Einung der Städte und die Versammlung ihrer Ratssendeboten waren ihrem rechtserheblichen Willen nach miteinander identisch (oben, §§ 49, 58, 59), weil sie in einem gemeinsamen Rechte und durch gemeinsame Pflichten miteinander verbunden waren. Der Kernbestand dieser Rechte und Pflichten war in den mit Königen und Fürsten abgeschlossenen Handelsverträgen festgelegt, und jene Identität findet einen ihrer beharrlichsten Ausdrücke darin, daß in der Sprache der Hanserezesse ‚der (gemeinen) Städte Privilegien', die ‚Privilegien und Gerechtigkeit, wie sie der Kaufmann von der deutschen Hanse hat,' und die ‚Privilegien der gemeinen Städte und des Kaufmanns von der deutschen Hanse' austauschbare und völlig gleichbedeutende Begriffe waren[730]. Das hansisch-deutsche Recht aber umfaßte weit mehr Gegenstände als jene Handelsverträge, denn es regelte auch die (privaten) Rechtsverhältnisse zwischen (den einzelnen) Kaufleuten und Schiffern, deren (öffentliche) Beziehungen zu den einzelnen und gemeinen Hansestädten, die Beziehungen der Hansestädte unter sich und die Schutzherrschaft der (gemeinen) Städte über den Kaufmann. Die Formen dieser Schirmherrschaft waren zwar schwach, aber so eindeutig ausgeprägt, daß an ihrem, nach mittelalterlichen kommunalen Begriffen gedachten, hoheitlichen Charakter kein Zweifel bestehen kann.

Das durch Willküren der hansischen Teilverbände und ihrer Einung geschaffene hansisch-deutsche Recht war im 15. Jahrhundert keine bloße Summe von Befugnissen und Pflichten mehr. Während es nach außen hin, gegen-

---

728 HR II 4 n. 26, 29.
729 HR II 4 n. 31.
730 Z. B. HR II 3 n. 288 §§ 8, 15, 18, 19, 22, 25.

über dem Ungenossen, dem „man buten der hense", Berechtigung, Freiheit, Privileg blieb, hatte es sich nach innen hin zu objektivem Recht fortgebildet, einem Corpus der Ordinanzien und Gewohnheiten, nach denen die Kaufmannsgerichte bei ihren Eiden zu sagen und zu richten hatten[731]. In dieses Corpus waren die Privilegien derart eingeschmolzen, daß die Ratssendeboten der gemeinen Städte im Jahre 1454 in Streitigkeiten zwischen den Schonenfahrern mehrerer Ostseestädte „für Recht" verkünden konnten, „daß die Olderleute und gemeinen Schonenfahrer der Stadt Stettin keinerlei neue Gerechtigkeit und Gewohnheit gegen der gemeinen Hansestädte alte, löbliche Privilegien, Gewohnheit und Gerechtigkeit brauchen, haben oder aufsetzen", sondern sich an den „den gemeinen Hansestädten zu Behuf der Schonenreise gegebenen" Privilegien genügen lassen sollten[732]. Gewiß war die hansisch-niederdeutsche Rechtsordnung ein merkwürdiges Gebilde, war doch ihr Träger eine in der Diaspora lebende Großgemeinde mit mehrstufiger Identität der Willensbildung (oben, § 54) in personalen und ortsbezogenen Partikularverbänden, die seit der Mitte des 13. Jahrhunderts ihre Zwangsgewalt allein auf Bürgereide und Stadtrechte zu begründen vermochte; indessen die Selbständigkeit der hansischen Großgemeinde und die Festigkeit ihrer Rechtsordnung sind so deutlich ausgeprägt, daß wir nicht anstehen zu behaupten: Die deutsche Hanse besaß eine Verfassung, und es ist möglich, nicht nur deren Formen, sondern auch ihren Platz in der Reichsverfassung und in der deutschen Verfassungsgeschichte zu bestimmen.

3.2.6. Zum Stande der Forschung

§ 293. Bereits die ältere Hanseforschung (Dietrich Schäfer, Ernst Daenell, Walter Stein) hatte dieses erkannt und daher die deutsche Hanse als Rechtsgemeinschaft definiert. Ihr Ergebnis war aber aus zwei Gründen unbefriedigend geblieben. Erstens bestimmten sie das Recht, dessen Genuß alle hansischen Kaufleute und Teilverbände miteinander gemein hatten, ausschließlich von den Auslandsprivilegien her, und zweitens legten sie dem Umstande eine ungerechtfertigte Bedeutung bei, daß die Hanserezesse erst seit 1358 den Ausdruck ‚Städte von der deutschen Hanse' verwenden, während davor nur vom hansischen Kaufmanne die Rede ist. In den Mittelpunkt der rechtsgeschichtlichen Untersuchung rückte daher die Frage, welche Städte seit 1358 der deutschen Hanse angehört hätten, und die Antwort lautete, Hansestädte seien jene Städte gewesen, „deren Angehörige zur Zulassung zu den auswärtigen Niederlassungen und zur Teilnahme an den Privilegien der niederdeutschen Kaufleute im Auslande berechtigt waren"[733].

---

731 Z. B. HR II 3 n. 288 § 87, n. 391. S. o., § 274.
732 HR II 4 n. 248 § 9.
733 STEIN, Hansestädte (1913, wie Anm. 36) S. 260.

Diese Aussage war aber wenig schlüssig. Sie vermochte nicht zu erklären, warum die Hanse niemals imstande war, die Gesamtheit aller Hansestädte festzustellen, warum die Listen, die man seit 1407 als Matrikeln für Kriegs- und Finanzzwecke, für die Einladung zu den Tagfahrten, als Sessionsordnungen usw. hergestellt hat, so oft erweislich hansische Städte übergehen, jedoch nichthansische Städte erfassen, warum der Besuch der Tagfahrten nicht (für alle Städte) verpflichtend war und warum die Ratssendeboten den Zirkelschluß[734] nicht bemerkten, in den sie verfielen, als sie bestimmten, daß nur Bürger von Hansestädten zu den Auslandsniederlassungen und Privilegien zugelassen werden durften. Auf diese Fragen aber ließ sich keine Antwort finden, solange sich die Eigenart der Hanse als Einung und ihrer Verfassung als Schöpfung des Einungsrechts den Blicken entzog. Als Walter Stein die Selbstbezeichnungen der Hanse überprüfte, rechnete er dazu auch die lateinischen (wie confoederatio, liga, corpus, collegium), die man seit der zweiten Hälfte des 15. Jahrhunderts im Verkehr mit dem westlichen Auslande gebrauchte; obwohl doch die Hanse sie alle als unpassend zurückwies, blieb Stein ihre gemeinrechtliche Herkunft (oben, §§ 23, 24) verborgen, die es ihm hätte verbieten sollen, darin Selbstbezeichnungen der Hanse zu erblicken.

Aber auch von den niederdeutschen Bezeichnungen, deren sich die Hanse wirklich selber bediente, von Ausdrücken wie ‚gemeine Städte, die im Verbunde der Hanse sind', wie Hansebund oder Einung meinte Stein, daß sie keine Rechtswörter oder rechtssprachlichen Fachbegriffe gewesen seien, da man sie mit Eintracht, Versammlung (oder Vereinigung), mit Verwandtnis (oder Verbundenheit) und Bruderschaft zusammenstellen konnte[735]. Gewiß waren es keine Fachbegriffe gleich den gemeinrechtlichen, da das hansisch-niederdeutsche Recht ja noch immer ein von Laien gefundenes und formuliertes Recht war (oben, § 22); gerade an ihnen aber muß die verfassungsgeschichtliche Untersuchung ansetzen, wenn sie in das Wesen der deutschen Hanse als einer auf deutschen Rechtsgedanken errichteten Einung eindringen will.

Trotzdem bleibt richtig, wenn es auch der Erweiterung bedarf, was Stein aus den Erklärungen ableitete, die die Ratssendeboten 1450 gegenüber den Engländern und 1473 gegenüber den Holländern abgaben: Wenn nämlich die Städte nur in einer Hinsicht eine Gemeinschaft bildeten, wenn ihre Einheit nur im Besitz der Auslandsprivilegien begründet war, dann „war und blieb" die deutsche Hanse „ihrem Wesen nach in erster Linie eine Rechtsgemeinschaft in ihren auswärtigen Privilegien"[736]. Entmutigend freilich mußte es auf Spätere wirken, wenn Stein dem hinzufügte, so sehr die Tagfahrten und Rezesse ins Auge fielen, so hätten sie doch nicht das Wesentliche und Grundlegende der Hanse ausgemacht, sondern seien Mittel zu dem Zwecke, die Privi-

---

734 FRIEDLAND, Die Hanse (1991, wie Anm. 600) S. 133.
735 STEIN (1913, wie Anm. 36) S. 261–270.
736 STEIN (1913, wie Anm. 36) S. 277. S. o., §§ 15, 272 Anm. 650.

legien zu bewahren, gewesen: Denn woher sonst, wenn nicht aus den Rezessen, wäre zu erfahren, wie es um die Hanse als Einung deutscher Kaufleute und Stadtgemeinden bestellt war?

§ 294. Als herrschende Lehre konnte seither gelten: „Die Keimzelle der Hanse liegt in dem Begriff der kaufmännischen Rechtseinheit, d. h. auf dem Grunde, daß kaufmännische Genossenschaften verschiedener Städte und verschiedener Landschaften sich in ihrer Heimat und im Ausland wechselseitig gleiches Recht und gleiche Pflichten zuerkannten, hat sich die Bündnispolitik der Kaufmannshansen und ihrer Heimatstädte aufgebaut;" folgerichtig habe die Entwicklung zu jener „Neuerung der Hanse" geführt, die „mit dem neuen Namen ‚Städte der deutschen Hanse' (1356)" hervorgetreten sei, nämlich „die Umwandlung der Kaufmannsvereinigung in einen politischen Bund"[737]. Nur Klaus Friedland, der letzte in der ehrwürdigen Reihe von Gelehrten, die der wissenschaftlichen Welt die Hanserezesse in kritischer Bearbeitung öffentlich zugänglich gemacht haben, und jetziger Altmeister hansischer Geschichtsforschung, hat seither noch einmal den Versuch unternommen, auf die offengebliebenen Fragen eine Antwort zu geben[738]. Friedland brach mit der Fixierung der Aufmerksamkeit auf die Zeitenwende von 1358 und betonte, daß der jüngeren Städtehanse der gemeine Kaufmann (samt seinen nicht scharf von ihm abgegrenzten Teilverbänden) vorangegangen sei; bei diesen Verbänden aber liege es nahe, „an eine Gemeinschaft zu denken, die durch persönliche Mitgliedschaft bestimmt war". Von dieser zeigte er, daß sie nicht frei zugänglich, sondern an Bedingungen geknüpft war und von selbst rechtswirksam wurde, sobald ein Kaufmann diese Bedingungen erfüllte (oben, § 262). Diese persönliche Mitgliedschaft einzelner Kaufleute in dem Verbande der Hanse sei keineswegs mit dem Beschluß der Ratssendeboten von 1358 erloschen oder untergegangen; es bleibe jedoch „zu fragen, ob dieser Beschluß[739] nicht noch eine andere Form der Hansezugehörigkeit bezeichnete, welche ganzen Stadtgemeinden zukam."

Diese Frage meinte Friedland zunächst noch verneinen zu müssen, da die Funktion, die jener Beschluß den einzelnen Hansestädten beilegte, damals nichts neues gewesen, sondern bereits zu 1287 nachweisbar sei (oben, § 260). So konstatierte Friedland zwar die Pflicht der Städte, das Recht des Kaufmanns zu schützen; „daß aber die Städte selber als kommunale Mitglieder der Hanse galten, ist damit nicht gesagt ... Bessere Anhaltspunkte für eine solche Vermutung" fand er erst in jenen Beschlüssen der gemeinen Städte, die, endgültig seit 1366, den Genuß der Privilegien an eine weitere, dem gemeinen Kaufmanne bis dahin unbekannte Bedingung knüpfen wollten, nämlich an das Bürgerrecht einer Hansestadt (oben, § 288). „Das bedeutete einen ersten

---

737 VON WINTERFELD, Dortmund (1932, wie Anm. 578) S. 6, 35.
738 FRIEDLAND, Kaufleute und Städte (1958, wie Anm. 608).
739 HR I 1 n. 212 § 10, s. o., § 281 bei Anm. 690.

Versuch, die Hanseeigenschaft nur noch auf Städte zu beziehen." Dieser erste Versuch der Ratssendeboten, der (Kaufmanns-)Hanse die Form einer „kommunalen Organisation" aufzuprägen, sei freilich erfolglos geblieben, nicht zuletzt deswegen, weil „der Widerspruch, daß Privilegiengebrauch die Hansestadt ausmache, daß aber nur deren Bürger die Privilegien gebrauchen dürften," unlösbar war. Friedland verfolgt dann die weiteren Versuche der Städte von 1399, 1407, 1423 und 1430, die schließlich im Jahre 1447 zum Ziele geführt hätten, als die Ratssendeboten beschlossen, daß künftig keine einzelne Stadt mehr eine andere in die Hanse aufnehmen dürfe, sondern die versammelten Städteboten gemeinsam darüber bestimmen sollten[740]. Die Verhansung der Stadt Münster im Jahre 1454 habe dann deutlich gemacht, daß erst „die Mitgliedschaft einer Stadt ... für ihre Bürger die Befugnisse" mitbrachte, „am Gebrauch der Privilegien teilzunehmen ... Die letzten, inzwischen längst störenden Reste des alten, personalen Deutschen Rechts der Kaufleute schienen beseitigt zu sein."

§ 295. Man sieht, daß Friedlands Interpretation ganz auf der herrschenden Lehre beruht, welche eine ältere Zeit der Kaufmannshanse von einer jüngeren Zeit der Städtehanse unterscheiden zu können glaubt. Friedland verwirft lediglich die Annahme, daß sich in der Mitte des 14. Jahrhunderts ein plötzlicher Umbruch von der älteren zur jüngeren Organisationsform vollzogen habe, und glaubt, einen allmählichen Übergang in den rund achtzig Jahren zwischen 1366 und 1447 feststellen zu können. Es wird noch zu zeigen sein (unten, § 318), daß es sich bei diesem Übergang keineswegs um ein Grundproblem der hansischen Verfassungsgeschichte handelte; vorerst mag es genügen, daran zu erinnern, daß Friedland keines der Rätsel zu lösen vermochte, vor denen bereits W. Stein verzagt hatte, sondern daß er zu ihnen noch ein weiteres hinzufügte: Er selbst stellte nämlich fest, daß sich der vermeintliche Grundgedanke der städtehansischen Verfassung, nämlich die Unterscheidung zwischen privilegienberechtigten hansischen Bürgern und davon auszuschließenden Nichtbürgern, in den Auslandsniederlassungen gar nicht durchführen ließ! Indessen Friedland bemerkte den Rechtsgrund nicht, der diese Erscheinung erklärt, daß nämlich dem nichtbürgerlichen Kaufmanne, sofern er nur Deutscher war und im Auslande Handel trieb, nach ältestem Volks- und Königsrecht die Zulassung zu den Privilegien von Rechts wegen zustand und daß ihm weder eine einzelne Stadt noch die Gemeinschaft der Städte dieses Recht durch ihre Willkür zu entziehen vermochte. In der Zusammenfassung seiner hansischen Studien, die Friedland 1991 vorlegte, räumt er selber das Ungenügen an den bisherigen Ergebnissen der hansischen Verfassungsgeschichte ein, wenn er meint, „die Hypothese von einer ‚Kaufmannshanse', die der ‚Städtehanse' vorangegangen sei", bedürfe kritischer Überprüfung und

---

[740] HR II 3 n. 288 § 69.

gebe der Forschung „so nicht beantwortbare, auch unrichtig gestellte Fragen" auf[741].

§ 296. Aber nicht nur der Umstand, daß sich wegen falsch gestellter Fragen die Rätsel der hansischen Verfassungsgeschichte als unlösbar erwiesen, ließ seit den zwanziger Jahren des 20. Jahrhunderts das Interesse an den Verfassungsfragen und die Zusammenarbeit der Hanseforschung mit der deutschen Rechtsgeschichte erlahmen. In dieselbe Richtung drängte das seit dem Ende des 19. Jahrhunderts gewaltig zunehmende Interesse an einer Volksgeschichte, die den Schwerpunkt des historischen Prozesses in die Lebensweise und Kultur des wirtschaftenden Menschen und in die sozialen Verhältnisse verlegte, denen sich das arbeitende Volk im Laufe der Zeiten hatte unterwerfen müssen. Auf dem Felde der hansischen Geschichte waren es Fritz Rörig und seine Schüler, welche erst eigentlich jene Fernhändler entdeckten, in deren Unternehmungslust die hansische Rechtsgemeinschaft nun ihren Ursprung und ihren Daseinsgrund erhielt. Zugleich aber erschlossen sie die Quellen, auf Grund deren sich ein Gemälde der hansischen Wirtschafts-, Sozial- und Kulturgeschichte von bis dahin unvorstellbarer Farbigkeit entwerfen ließ. Denn nicht nur hinsichtlich des erkenntnisleitenden Interesses und der inhaltlichen Fragestellungen, sondern auch in der Quellenforschung fand damals ein kompletter Umbruch statt.

Während die politische, die Rechts- und die Verfassungsgeschichte der deutschen Hanse in den Hanserezessen ihre wichtigsten Quellen besitzt, mußte man die Wirtschafts-, Sozial- und Kulturbeziehungen der Kaufleute aus Zollrollen und Rechnungen, aus Stadt- und Geschäftsbüchern erheben, deren Erschließung die Hanseforschung nicht selbst in die Hand nehmen konnte, sondern, von Ausnahmen abgesehen, den Archivaren und Geschichtsvereinen der Hansestädte überlassen mußte. Mit dem Umbruch aber erwies sich die Verfassungsfrage nicht nur als falsch gestellt und unlösbar, sondern auch als überflüssig, da sich jetzt die deutsche Hanse als kaufmännischer Interessenverband und wirtschaftspolitische Städtegemeinschaft entpuppte. Zwei kennzeichnende Elemente konstituierten, so erklärte der Rörig-Schüler Ahasver von Brandt im Jahre 1962[742], die hansische Städtegemeinschaft, einmal die weitgehend identische soziale Struktur der Stadtgemeinden, nämlich das unbedingte Übergewicht der kaufmännisch-fernhändlerischen Oberschicht über Handwerker und Transportarbeiter, und zweitens die weitgehend gleichartige wirtschaftliche Daseinsgrundlage der Hansestädte, nämlich die Teilnahme ihrer Kaufmannschaften an dem nordeuropäischen Fernhandelssystem.

---

741 FRIEDLAND (1991, wie Anm. 600) S. 96, 141. Diese Aussagen erklären sich daraus, daß sich der Verfasser inzwischen die sogleich zu erörternde Definition der Hanse als Interessengemeinschaft zu eigen gemacht hatte.
742 Ahasver VON BRANDT, Die Hanse und die nordischen Mächte im MA (1962/79, wie Anm. 457) S. 14f., s. o., § 219. Ferner Volker HENN, Was war die Hanse? in: Die Hanse (1989, wie Anm. 305) T. 1 S. 15–21.

„Es bestand also eine ursprüngliche und grundsätzliche Gleichheit der wirtschaftlichen und sozialen Interessen der Städte des hansischen Raumes" von Köln bis Thorn, von Erfurt bis Reval. „Aus dieser Interessengleichheit ergibt sich das, was wir Hanse nennen. Es ergibt sich ferner aus ihr die doppelte Zielsetzung der hansischen ‚Politik', soweit man von einer solchen sprechen kann": nach innen hin die Wahrung der städtisch-bürgerlichen Autonomie in Form der Ratsverfassung und verfassungsrechtlichen Vorherrschaft des kaufmännischen Großbürgertums, nach außen hin die Rechts- und Friedenssicherung der Märkte und Verkehrswege im nordeuropäischen Handelsbereich vor allem durch Gewinnung entsprechender Privilegien von seiten aller staatlichen oder quasistaatlichen Machthaber. Die hansische Geschichte kenne „keine andere grundlegende, insbesondere keine statutarische Norm für das Verhältnis der Hansestädte untereinander und zueinander als die Gleichheit jener Interessen, die sich insbesondere im Anspruch aller auf den Mitgenuß der Auslandsprivilegien durch ihre Bürger und auf Teilnahme an gemeinsamen Beratungen, d. h. an den Hansetagen, manifestierte."

§ 297. Die Fruchtbarkeit der wirtschafts- und sozialgeschichtlichen Forschungen, deren Ergebnisse von Brandt mit diesen Worten zusammenfaßte, ist so offensichtlich und so allgemein anerkannt, daß wir es uns versagen können, sie hier zu würdigen. Vielmehr kommt es uns auf den merkwürdigen Umstand an, daß die Hanseforschung seit diesen Entdeckungen annimmt, mit dem Nachweis der Interessengleichheit und Interessengemeinschaft auch das hansische Verfassungsproblem gelöst zu haben. Obwohl von Brandt das Wort Interessengemeinschaft ausdrücklich als Bezeichnung für ökonomisch-soziale Gegebenheiten eingeführt hatte, knüpfte er an den letzten der oben zitierten Sätze, vermittelt durch den Blick auf die Privilegien, eine rechtsgeschichtliche Überlegung an, der zufolge die Hanse insbesondere „weder einen Bündnisvertrag noch eine andere Form einer alle Mitglieder verpflichtenden Satzung, noch ... Bundesorgane, Bundesfinanzen oder irgendeine Form einer Bundesexekutive" gekannt habe. „Mit anderen Worten: Die Hanse ist niemals ‚Bund' gewesen oder geworden, weder im völkerrechtlichen, staatsrechtlichen oder vereinsrechtlichen, noch im politischen Sinne." Wie es zuvor, seit dem 15. Jahrhundert, die gelehrten Juristen zu tun pflegten, maß von Brandt noch immer die Verfassung der Hanse an gemein- und modernrechtlichen Maßstäben, ohne sich zu fragen, ob es nicht noch andere Rechtsformen als diese gegeben haben könne, in die sich im Mittelalter eine ökonomisch-soziale Interessengemeinschaft hätte einkleiden können, um ihre Ziele zu erreichen.

Die Unlösbarkeit der Verfassungsfrage wurde und wird somit bis heute nicht als Folge falscher Fragestellungen, sondern als Beweis dafür angesehen, daß sozialökonomische Begriffe die rechtsgeschichtlichen nicht nur entbehrlich machen, sondern sogar durch Erkenntnisse von höherer Wahrheit ersetzen könnten. Denn darin, daß sich die Hanse „jeglichem Versuch einer Definition in irgendwie körperschaftlicher oder bundesrechtlicher Hinsicht" entzöge, sieht von Brandt den Grund dafür, daß es schon im Mittelalter nicht gelungen sei, zuverlässige Listen der Mitglieder anzulegen oder eindeutige Merkmale der Mitgliedschaft zu nennen. Zwar sei „auch der wohl am ehesten einleuchtende Vorschlag, die Hanse als eine ‚Interessengemeinschaft' zu bezeichnen, ... natürlich nur eine Notlösung", er bezeichne aber das, worauf es ankäme, „daß nämlich die Hanse jeweils nur insoweit existierte und im Einzelfalle handlungsfähig war, als sich die Interessen der Einzelstädte oder einzelner Bürgerschaften tatsächlich deckten." Da die Hanse als ganzes faktisch kaum jemals gehandelt habe und ihre Aktionsfähigkeit überhaupt gering, schwerfällig und begrenzt gewesen sei, erweise sie sich als „nur eine Fiktion ..., hinter der als Realität jeweils stark wechselnde Interessen- und Aktionsgruppen einzelner Städte stehen."

§ 298. Der Denkfehler in diesen Überlegungen, um nicht zu sagen: in dieser deutschrechtlichen Fiktionstheorie, ist offensichtlich. Die sozialökonomische Definition der Hanse macht die rechts- und verfassungsgeschichtliche nicht überflüssig, und diese hat nicht von den körperschaftlichen oder bundesrechtlichen Vorstellungen der Neuzeit, sondern von dem mittelalterlichen Rechtsgedanken der Einung auszugehen. Hierzu ist die Rückkehr zum Studium der einzelstädtischen Bürgerrezesse und der gemeinstädtischen Hanserezesse erforderlich, in denen sich zwar nur weniges findet, was die ökonomisch-soziale „Grundstruktur der Hanse aus verschiedenartigen, doch festverflochtenen Handelsinteressen unmittelbar bewiese"[743], dafür aber, wie wir gesehen haben, um so mehr, was die Verfassung der Hanse als mehrstufiger Einung von Individuen und entweder rein personalen oder auch ortsbezogenen Teilverbänden sichtbar macht. Wie die Hanserezesse ihrer Entstehung nach Rechtsquellen waren, so ist auch ihr Inhalt stets vornehmlich rechtlicher Natur; es wird sich kaum ein Hansebeschluß vorweisen lassen, bei dem es den Ratssendeboten nicht auch darum gegangen wäre, für ein bestimmtes Problem eine rechtlich einwandfreie Lösung zu finden. Mag sich die Wirtschaftsgeschichte damit begnügen, Strukturen und Organisationsformen der deutschen Hanse aufzudecken – die Rechtsgeschichte ist verpflichtet und befugt, genauso der Verfassung des hansischen Verbundes nachzuforschen, wie sie nach der mittelalterlichen Stadtverfassung fragt, da beides auf demselben Einungsrecht und denselben, durch freie Einung geschaffenen Gebotsgewalten und Gehorsamspflichten beruht.

Was uns jetzt noch zu tun übrigbleibt, betrifft die Aktionsunfähigkeit der deutschen Hanse, die nicht nur als Tatsache unübersehbar und unbestreitbar, sondern nach von Brandt auch als Wesensmerkmal der Hanse hervorzuheben ist. Es ist daher die Frage zu stellen, wie dieses Merkmal vom Standpunkte der Rechtsgeschichte aus zu beurteilen ist. Der Grundgedanke der Einung,

---

743 Klaus FRIEDLAND, Die Hanserezesse der frühen Neuzeit, in: Hansische Studien hg. von HEITZ und UNGER (1961, wie Anm. 210) S. 72–81, hier: S. 76.

dem zufolge der Gemeinnutzen eines Verbandes den Individualnutzen der Genossen zu fördern hatte und die Mitglieder gegenüber der Gesamtheit nicht nur Pflichten zu erfüllen, sondern auch Ansprüche zu stellen hatten (oben, § 25), dieser Grundgedanke, der sich hinsichtlich der Bildung des Verbands- oder Gemeinwillens in der Rechtsidee der identischen Willen Ausdruck verschaffte, mußte ja nicht von vornherein oder von Hause aus der Bildung eines jederzeit politisch brauchbaren, schlagfertigen Gesamtwillens förderlich sein. Es war vielmehr die verfassungspolitische Aufgabe, die sich der deutschen Hanse seit der zweiten Hälfte des 13. Jahrhunderts stellte, sich die geeigneten Formen ihrer Willensbildung erst noch zu schaffen, und zwar Formen, die einerseits dem Grundgedanken der Einung gemäß waren und daher von Kaufleuten und Bürgern als gerecht empfunden und mitgetragen werden konnten, die andererseits aber auch dem politischen Bedarf an Aktionsfähigkeit in friedlichen und in kriegerischen Zeiten genügten.

Es wäre denkbar, daß das Einungsrecht der Lösung dieser Aufgabe dadurch förderlich gewesen wäre, daß es jederzeit den formlosen, d. h. nicht an ausdrückliche Ermächtigung gebundenen und daher unverzüglichen Austausch führungsfähiger Personen zwischen den Partikularverbänden und der Gesamtheit ermöglichte, daß es ihr aber auch Hindernisse in den Weg legen konnte, sofern es die von der Rechtsidee erforderte Identität der Willen nur dann für wirklich gegeben erachtete, wenn der Verband seine Beschlüsse einstimmig faßte. Damit sind zwei Fragen gestellt, nämlich die nach den Befugnissen der Häupter der Hanse und die nach den Formen der gemeinhansischen Willensbildung. Ihnen wollen wir uns nunmehr zuwenden.

3.3. Die Häupter der Hanse

§ 299. Aus dem Grundgedanken der Einung ergab sich keine Antwort auf jene praktischen Fragen, die sich erhoben, sobald ein Verband jenes Maß an Größe und Stärke erreichte, das ihm politische Macht verlieh und politische Handlungsfähigkeit abverlangte. Von freien Genossen frei erschaffene Einungen wollten in erster Linie die Freiheit und Gleichheit der Eidgenossen sichern und sahen daher zunächst ein Verbandshandeln mit gesamter Hand, d. h. mit Beteiligung aller Genossen vor. Aber Verbände, die Dutzende oder Hunderte von Genossen zählten, kamen damit nicht mehr aus: Sie mußten sich eine Führung geben. Die Einung des deutschen Kaufmanns stand von Haus aus unter Führung des Königs, da sie von Kaufleuten und Kaufmannsgemeinden begründet worden war, die sich zuvor in den Schutz des Königs begeben hatten: Sie war von Anfang an ein herrschaftlicher Verband gewesen (oben, § 227), ein Verband nämlich derer, die sich den König zum Schutzherrn erkoren hatten. Dies aber änderte sich mit dem Ausfall der königlichen Schutzherrschaft nach der Mitte des 13. Jahrhunderts. Jetzt konnten sich die Worthalter des gemeinen Kaufmanns und seiner Teilverbände nicht mehr auf die königliche Autorität berufen, sondern nur noch auf Befugnisse, die ihnen

die Genossen mittels der Kore und im Anschluß an sie verliehen (oben,
§§ 262, 266, 267, 282).

Wen nunmehr die gemeinsam ins Ausland reisenden oder dort verweilenden Genossen als den dazu „am besten Geeigneten, er sei, von welcher Stadt er wolle," erkannten, der mußte das Amt des Worthalters oder Oldermannes seiner Hanse übernehmen, ohne dafür einer anderen Entschädigung teilhaftig zu werden als des Respektes und der Autorität, die ihm dies bei Fahrtgenossen und Mitbürgern verschaffte. So war es kein Wunder, daß die Gotlandfahrer schon um die Mitte des 13. Jahrhunderts den Mann mit schwerer Geldbuße bedrohten, der sich dieser kostspieligen Pflicht ohne triftigen Grund entziehen wollte. Geeignete von solcher Art waren jener Hermann Hoyer aus Lübeck, der 1252 für seine Genossen, die Kaufleute des Römischen Reiches, in Flandern verhandelte, waren Dietrich, Sievert und Olsten, die 1259 den Nowgoroder Handelsvertrag abschlossen, waren die Lübecker Ratsherren Heinrich Steneke und Alexander, die 1278 auf Bitten „vieler kluger Ratsherren und der Gemeinden vieler Seestädte Deutschlands" dem Könige von Norwegen wichtige Zusagen abgewannen, oder Gerhard Merbode aus Dortmund, der sich 1282 als Ältermann der Deutschen, unterstützt von einem Kölner, drei weiteren Dortmundern, einem Hamburger und einem Münsterer, namens der „Kaufleute von der Hanse Deutschlands" – zum ersten Male begegnet uns hier der Begriff der deutschen Hanse – mit der Stadt London über den Beitrag der Deutschen zu den Baukosten des Bischofstores einigte.

Man sieht aber auch, wie schon im 13. Jahrhundert die städtischen Beschützer des gemeinen Kaufmanns Anteil an der Kore und Einfluß auf sie erlangten. Der Lübecker Johann von Doway, der sich 1280 im Namen der Deutschen mit den in Brügge weilenden Spaniern über den Boykott des Brügger Marktes verständigte, wandte sich aus diesem Anlaß mit der Bemerkung an die Lübecker, er sei ganz allein in Flandern, von den anderen Städten Deutschlands sei niemand bei ihm, der sich um diese Angelegenheit kümmern könne, und deshalb bäte er die Lübecker darum, ihm drei oder vier Männer „aus gemeinsamem Willen aller Städte" zuzusenden, die zum Zeichen ihrer Vollmacht die Siegel jener Städte mitbringen und mit den Spaniern endgültig abschließen sollten[744]. So traten die Städte als Kiesende an die Stelle des Kaufmanns. Johanns persönlicher Einsatz für die gemeinsame Sache zeugt von dem Vertrauen der deutschen Kaufleute, die ihn zu ihrem Worthalter erkoren oder doch als solchen duldend legitimierten, so daß er einer ausdrücklichen Vollmacht ebensowenig bedurfte wie die Gefährten, die sich mit dem Abdruck ihres Stadtsiegels als Zeichen ihrer Entsendung oder Kore gewiß nur vor dem gemeinen Kaufmanne, nicht aber gegenüber den Spaniern auszuweisen brauchten.

---

744 HR I 1 n. 21.

§ 300. Niemand hatte einen Anspruch darauf, zum Worthalter des Kaufmanns erkoren zu werden. Weder die Erbfolge innerhalb einzelner Handelshäuser noch die Herkunft aus einer bestimmten Stadtgemeinde, sondern allein die persönliche Qualifikation gewährte einem Manne ein Anrecht darauf, von seinen Genossen zum Haupte oder Oldermann erhoben zu werden. Folgerichtig rechneten die Ordnungen der Auslandsniederlassungen mit der Möglichkeit, daß unter den anwesenden Kaufleuten einmal nicht genug zum Amte der Worthalter qualifizierte Personen zu finden sein würden, und nur die an Mitgliedern reichen Kaufmannschaften großer Hansestädte wie Köln, Dortmund oder Lübeck waren imstande, regelmäßig zum Worthalten geeignete Männer in die Kontore zu entsenden. Ebensowenig gab es im Kreise der gemeinen Städte, die der Auslandskaufmann zu seinen Schirmherren berief, einen Anspruch bestimmter Gemeinden auf das Sprecheramt. Es war Pflicht der im einzelnen Falle am meisten betroffenen Stadtgemeinde oder Fahrtgemeinschaft, eine bestimmte Angelegenheit im Namen der gesamten deutschen Kaufmannschaft in die Hand zu nehmen und zu Ende zu führen (oben, § 270).

Diese Pflicht erlosch auch nicht deswegen, weil es seit der zweiten Hälfte des 13. Jahrhunderts immer öfter die Lübecker waren, die in der Funktion des am meisten betroffenen Teilverbandes hervortraten, gab es doch keinen Auslandsmarkt, auf dem nicht auch lübeckische Kaufleute verkehrt hätten und folglich sowohl in den Abschluß von Handelsverträgen als auch in die Verteidigung der einmal erworbenen Privilegien verwickelt gewesen wären, angefangen von den Messen auf Schonen, deren Besuch die Kaufmannschaften und Handwerksämter von Hamburg bis nach Greifswald einigte und ihre heimatlichen Stadtgemeinden unter lübeckischer Führung in der schirmherrlichen Pflicht zusammenführte, den Handel auf der Ostsee zu beschützen. Seit 1278 gewöhnte man sich daran, diese Städtegruppe unter der Bezeichnung der Seestädte (civitates maritimae) zusammenzufassen, und erstmals 1343 identifizierten sich diese selbst mit dem gemeinen Kaufmann von der deutschen Hanse schlechthin. Die Lübecker sahen sich zum Haupte nicht nur des zentralen Partikularverbandes innerhalb des gemeinen Kaufmanns, sondern auch des Gesamtverbandes selber erkoren.

Gleichwohl blieb die deutsche Hanse ein polykephaler Verband. Man kann sich fragen, ob nicht der mittelalterliche Einungsgedanke überhaupt nur dann imstande war, eine monokephale Verfassung hervorzubringen, wenn sich ein Verband der persönlichen Führerschaft eines Dynasten unterwarf, dem die Kunst zu Gebote stand, jenem einen erblichen Anspruch auf die Kore abzuringen. Dergleichen aber lag dem gemeinen Kaufmanne fern. Nur die preußische Städtegruppe mußte unter besonderen Umständen darein einwilligen (oben, §§ 257 bis 259). Der Gesamtverband der deutschen Hanse hielt dagegen an der Polykephalie mit wechselnden Häuptern als Verfassungsmerkmal fest. Niemals dachten daher die gemeinen Städte, die die Schirmherrschaft über den gemeinen Kaufmann ausübten, daran, sich für dessen

Zwecke eine gemeinsame Kanzlei oder auch nur ein gemeinsames Siegel beizulegen (oben, § 272). Vielmehr überließen die Ratssendeboten ihre Kanzleigeschäfte derjenigen Stadt, in welcher sie sich zur Tagfahrt versammelten, und zu gesamter Hand gebrauchten sie das Sekretsiegel des Rates dieser Stadt, um ihre Briefe zu beglaubigen und zu verschließen, auch wenn dies gelegentlich wegen besonderer Umstände der gastgebenden Stadt nicht möglich war[745]. In dieser gewollten Polykephalie gewann ein grundlegendes Element des Einungsgedankens seine verfassungsrechtliche Gestalt, die Absicht nämlich, über alle Unterschiede des Reichtums und der Macht hinweg die rechtliche Gleichheit der Genossen und Teilverbände zu sichern. Wenn die Quellen von den Häuptern der Hanse reden, ist jede Erinnerung an eine hierarchische Ordnung von Haupt und Gliedern, wie sie mit der auch im gemeinen Recht einflußreichen organologischen Staatstheorie verbunden war[746], fernzuhalten. Die Hanse besaß Häupter, aber keine untergeordneten Glieder.

§ 301. Dieser Absicht entsprach es ferner, daß kein Partikularverband, der sich verpflichtet oder auserkoren sah, für die Gesamtheit zu handeln, von einem minder betroffenen verlangen konnte, die Hauptmannschaft zu übernehmen, aber auch, daß sich keiner der von ihm beschirmten Teilverbände einem Diktat seines Willens zu beugen brauchte. Jeder worthaltende Teilverband mußte um die Zustimmung der anderen zu seiner Willkür werben, um so die Identität aller Willen herzustellen und damit den eigenen Willen zum Gemeinwillen zu erheben. Als Johann von Doway und die Lübecker im Jahre 1280 mit den Spaniern die Verlegung des Warenstapels von Brügge nach Aardenburg vereinbart hatten, teilten Vogt, Konsuln und Gemeinde zu Lübeck allen Städten mit: Da die „gesamten Flandern besuchenden Kaufleute" in Brügge Unrecht erlitten hätten, habe man „zum Nutzen der Kaufleute verschiedener Königreiche", nämlich Deutschlands, Frankreichs, Kastiliens, Portugals, Englands und anderer, von wo Kaufleute Waren nach Flandern brächten, vom Grafen das Privileg für Aardenburg erworben, und man bitte daher darum, daß jede einzelne Stadt dieses Privileg akzeptiere. Da sich die Worthalter zu Brügge nur auf den Konsens und Willen der dort zur Zeit anwesenden deutschen Kaufleute hatten stützen können, bedurfte dieser partikulare Gemeinwille noch der Verallgemeinerung zum gesamthansischen Willen.

Ein solches Verfahren entsprach der Verfassung des gemeinen Kaufmanns als polypolitischer Einung von Individuen, die sich zunächst in partikularen Verbänden zusammengetan hatten. Es stieß auf allgemeine Anerkennung, denn bis 1282 erteilten mindestens die Städte Thorn, Stendal, Wisby, Halberstadt, Magdeburg, Goslar, Münster, Dortmund und Köln den Lübeckern ihre

---

745 S. u., § 306: Lüneburg 1440, und HR II 4 n. 248 § 8: Lübeck 1454.
746 Dazu oben, § 28.II, und Tilman STRUVE, Die Entwicklung der organologischen Staatsauffassung im MA (Monographien zur G. des MA, Bd. 16), Stuttgart 1978.

Zustimmung[747], am ausführlichsten Schultheiß, Konsuln und Gemeinde der Bürger von Thorn, die jenen dafür dankten, daß sie ihre Ehre auf sie, die Thorner, ausgedehnt hätten; daher wollten sie mit ihrer Schiffahrt und den Gütern und Bürgern, die nach Flandern führen, „zu jedem Recht und jeder Willkür stehen, ... gemäß dem, was die Fahrtgemeinschaft der Kaufleute abmachen" werde, ausgenommen kriegerische Handlungen, an denen sie sich mit Rücksicht auf ihre Stadtherren nicht beteiligen könnten.

Der Vorgang wiederholte sich, als die in Rostock versammelten Ratssendeboten der sächsischen und wendischen Städte im Jahre 1293 beschlossen, daß hinfort anstatt des Rates zu Wisby derjenige zu Lübeck als Oberhof für das Gericht des deutschen Kaufmanns zu Nowgorod angerufen werden sollte[748]. Unter Verwendung der aus den Bürgerrezessen bekannten Beistandsformel (oben, § 209) forderten die Rostocker und Wismarer, die hier die Geschäfte der Ratssendeboten führten, jede einzelne der zu ihrer Gemeinschaft gehörigen Städte auf, unter Stadtsiegel, also mit Verbindlichkeit für die Stadtgemeinde, anzuerkennen und zu bezeugen, daß sie „den ehrbaren Männern, unseren geliebten Freunden, den Bürgern der Stadt Lübeck, in dem Rechte, das sie und wir und alle Kaufleute im Hofe zu Nowgorod bisher gebraucht und genossen haben, beistehen und dabeisein wollen, nämlich daß, wenn sich ein Kaufmann in diesem Hofe in seinem Rechte beschwert erkennt oder fühlt, er, um sein Recht wiederzugewinnen, zu keiner anderen Stätte außer zur Stadt Lübeck Rücksicht und Rekurs nehmen darf," und 23 Städte gaben nacheinander in den Jahren 1294 und 1295 diese Erklärung ab, darunter als erste Dortmund, Köln und Magdeburg, die selber Häupter bzw. Oberhöfe großer Teilverbände waren.

Die von Dortmund, Kiel und Reval wichen dabei von dem vorgegebenen Formular ab. Jene entboten den Lübeckern „mit ernsthafter Zuneigung bereiten Gehorsam zu aller Art Mandaten" und erklärten: „Eurer Ernsthaftigkeit danken wir aufs höchste dafür, daß ihr der Förderung und dem Nutzen der gemeinen Kaufleute stets mit wachem und beständigem Eifer obliegt, und mit dem Text des Gegenwärtigen zeigen wir eurer Vorsicht an, daß wir erkiesen, ratifizieren und billigen," daß der Rechtszug von Nowgorod hinfort nach Lübeck gehen sollte. Die Kieler gar leiteten ihre Zustimmung mit der überschwänglichen Erklärung ein, sie könnten „euch nicht genug danken für das höchst ehrbare lübische Recht, daß ihr in ruhmvoller Weise in allen euren Tagen im Hofe zu Nowgorod an der Spitze gestanden habt, und auch anderswo, wo wir und die meisten anderen nichts erreichen konnten außer

---

747 UB der Stadt Lübeck T. 1 (1843) S. 370ff. n. 404, 405, 406, 411, 412, 422, 423, 424, 440. Urkunden zur G. des Städtewesens in Mittel- und Niederdeutschland bis 1350, hg. von Heinz STOOB (Städteforschung, Reihe C Bd. 1), Köln 1985, S. 325 n. 286.
748 HR I 1 n. 66, 67, 68, 70, 71. E. HOFFMANN, Lübeck (1988, wie Anm. 207) S. 139f., 241. K. FRIEDLAND, Die Hanse (1991, wie Anm. 600) S. 139f.

durch euch." Die Revaler aber ließen Lübeck wissen: „Was immer ihr mit der Gemeinde der gemeinen Kaufleute beschließet, das werden wir in jeder Weise billigen und beobachten, euren Diensten neigen wir immer unser Haupt."

§ 302. Bemerkenswert ist bei diesen Schreiben nicht nur die Selbstverständlichkeit, mit der schon im 13. Jahrhundert alle Beteiligten sowohl die Bürger und den Rat zu Lübeck als auch die Lübecker, die gemeinen Städte und den gemeinen Kaufmann miteinander identifizierten. Der Gemeinwille, den sie durch ihre Erklärungen herstellten, war der identische Wille aller hansischen Kaufmannschaften und Stadtgemeinden. Die Rostocker und Wismarer Ratmannen, die an der Willkür der gemeinen Städte mitgewirkt hatten, betrachteten sich dabei korrekterweise als Vorsteher oder Worthalter der hansischen Fahrtgemeinschaft. Sie bezeichneten den Beschluß daher als Satzung des gemeinen Kaufmanns der sächsischen und wendischen Städte, und die Aufforderung, diese Satzung zu akzeptieren, richteten sie folgerichtig auch an ihre eigenen Städte. Zweifellos mußte dort erst die Zustimmung der Bürgerschaften eingeholt werden, die die Willkür zu den hochbeschwerlichen Geschäften gerechnet haben werden (Dortmund: „Wir erkiesen, ratifizieren und billigen"); jedenfalls fertigten die Städte Wismar und Rostock jene Erklärung erst nach Ablauf von anderthalb Jahren aus. Der Vorgang beweist nicht nur, daß die Ratmannen ihre Funktionen einerseits als Schirmherren des Kaufmanns, andererseits als Worthalter ihrer Stadtgemeinde und damit die beiden Einungen, deren Willen sie zum Gemeinwillen integrieren sollten, sehr wohl zu unterscheiden verstanden, sondern auch, daß die Ratssendeboten, wenn sie die gemeine Satzung beschlossen, nicht auch ipso facto ihre Städte verpflichteten, mit anderen Worten: daß sie keine Vollmacht von Seiten ihrer Mitbürger besaßen, durch die sich diese (auch in hochbeschwerlichen Sachen) im voraus verpflichtet hätten, dem Rezeß zu gehorchen. Der allgemeine Wille kam daher nicht schon durch den Beschluß der Ratssendeboten, sondern erst dann zustande, wenn die einzelnen Städte ihm hernach ausdrücklich zustimmten.

Darüber hinaus aber zeigen namentlich die drei vom Formular abweichenden Schreiben zusammen mit der oben erwähnten Erklärung von Thorn und den drei bekannten Briefen von Kampen und Zwolle an Lübeck aus den Jahren 1293 und 1294[749], wie die Kore Lübecks zum Haupte der Hanse vor sich ging. Denn 1293 erhoben sich die Kampener vor den Ratmannen Lübecks und der wendischen Städte „mit vielfacher Danksagung für die viele Gunst, Liebe und Förderung, die ihr uns so oft erzeigt habt und mit Gottes

---

[749] UB der Stadt Lübeck T. 2, Lübeck 1858, S. 69 n. 87 = Quellen hg. von SPRANDEL (1982, wie Anm. 46) S. 256 n. 3. UB der Stadt Lübeck T. 1, Lübeck 1843, S. 446 n. 485, 486. Deutsche Übersetzung von n. 485 bei DOLLINGER, Hanse (1966, wie Anm. 241) S. 511. – Heinz STOOB, Lübeck als Caput omnium in der Hanse, in: Blätter für deutsche LG 121 (1985) S. 157–168, geht auf die hier erörterten Probleme nicht ein.

Gnade ferner erzeigen werdet; wisset um so mehr, daß es uns, nachdem wir den Inhalt eures Briefes gelesen und sorgfältig bedacht haben, aus tiefstem Herzen wohlgefällt, daß ihr bei den zwischen den Norwegern und uns schwebenden Händeln für uns so eifrig das Wort geführt und unsere Notdurft dabei nicht vergessen habt. Daher ... werden wir ... von eurem und dem Rate unserer anderen Freunde so wenig wie möglich abweichen..." In den (gleichlautenden) Schreiben der beiden IJsselstädte vom nächsten Jahre heißt es: „Wir wollen euch unseren innigsten Dank dafür abstatten, daß ihr euch nicht allein zu eurem und unserem Nutzen, sondern auch zu dem aller am Seehandel beteiligten Kaufleute des Römischen Reiches so erfolgreich und getreu dafür eingesetzt habt, unsere alten Rechte wiederherzustellen... Ihr habt, gleichsam als getreueste Konservatoren und weiseste Provisoren, einer solchen Vernachlässigung entgegengewirkt, und ihr habt, gleichsam als unser aller Haupt und Ursprung (capud et principium), euch nicht vor der großen Mühe gescheut ..., dafür Sorge zu tragen, daß den Friesen und Flamen in Zukunft keineswegs erlaubt werde, durch die Ostsee nach Gotland zu segeln ... Was immer ihr in dieser lobenswerten Sache willküren werdet, wir werden nicht säumen, es zusammen mit euch, gleichsam als fest an ihrem Haupte hängende Glieder, in Gang zu setzen und zu Ende zu bringen."

§ 303. Alle diese Schreiben aus sechs verschiedenen Städten stimmen in dem stets dreiteiligen Gedankengange überein und offenbaren damit einen Fundamentalgedanken der verfaßten Einung der Städte, der freilich noch in keinerlei rechtliche Form gegossen war. Sie beginnen mit der Feststellung, daß die Lübecker (gemeinsam mit den wendischen Städten) den Schutz, welchen sie von Rechts wegen den eigenen Kaufleuten schuldeten, aus freiem Willen auch allen anderen Kaufleuten (des Römischen Reiches) zugutekommen ließen und für sie alle das Wort führten; sie bringen alsdann den Dank dafür zum Ausdruck, daß die Lübecker, mit den Worten der Thorner, ihre Ehre, gemeint sind ihre ehrenvollen Vorrechte, auf sie alle ausdehnten, zumal die kleinen Städte für sich allein, wie die Kieler bezeugten, im Auslande gar nichts zu erreichen vermochten; und sie sagen den Lübeckern zu allem, was sie in der betreffenden Angelegenheit verwillkürt haben oder noch verwillküren werden, ihren Beistand zu. Wie wir aus den Bürgerrezessen wissen, enthält diese Zusage sowohl die Bevollmächtigung der Lübecker als auch die Folgepflicht der betreffenden Stadt, begründet sie die Vollmacht jener, von aller wegen zu handeln, und die Pflicht aller, den Lübecker Willküren zu gehorchen.

Die Vollmacht allerdings unterlag zwei bemerkenswerten Beschränkungen. Die erste war so selbstverständlich, daß nur die Thorner sie erwähnten: Keine Stadt konnte sich zu Leistungen oder Taten verpflichten, mit denen sie ihr eigenes Stadtrecht gebrochen hätte, denn kein Stadtrat erhielt von seiner Gemeinde dazu die Befugnis oder Vollmacht (oben, § 215). Die zweite dagegen wird in jedem der sechs oder sieben Schreiben erwähnt: Vollmacht und Folgepflicht galten nur für das derzeit vorliegende Geschäft, also nur für die

Flandernfahrt, solange der Markt zu Brügge zu boykottieren war (Thorn), für die Erhebung Lübecks zum Oberhof von Nowgorod (Dortmund, Kiel, Reval), für die Verhandlungen mit Norwegen (Kampen) oder für den Ausschluß aller nichtdeutschen Kaufleute von der Ostseefahrt (Zwolle, Kampen). Die Vollmachten, die die Städte und der gemeine Kaufmann den Lübeckern ganz formlos und oft genug, wie nach Stadtrecht üblich (oben, §§ 201, 204, 207), durch bloße Duldung erteilten, begründeten also kein ständiges Amt und keine immerwährende oder gar bedingungslose Pflicht zum Gehorsam, sie gewährten den Lübeckern genausowenig Herrschaft oder Hoheit über den Kaufmann oder die Städte, wie die Stadtgemeinden ihren Räten Herrschaft oder Hoheit beilegten, wenn sie sie über sich erhoben (oben, §§ 132, 137, 209 bis 211, 215). Was die Lübecker durch ihren beständigen Einsatz als dauerhafte Eigenschaft erlangten, das war lediglich Ansehen, Prestige, Autorität. Um immer wieder ihre sachlich und zeitlich beschränkten Vollmachten zu erlangen, mußten sich die Lübecker vorweg und freiwillig als Beschützer bewähren; dies war die Bedingung dafür, daß immer mehr Städte dazu bereit waren, die Lübecker zu ermächtigen, und daß die Ermächtigungen immer häufiger aufeinander folgten.

So mochte wohl unter Außenstehenden aus der lübeckischen Autorität der Anschein einer Institution entstehen. Was die Lübecker auf Grund der Ermächtigung leisteten, das war die Verallgemeinerung der erklärten Partikularwillen zum Gesamtwillen der deutschen Hanse als identischem Willen sowohl des gemeinen Kaufmanns als auch der gemeinen Städte. Was alle Vollmachten miteinander gemeinsam hatten und was aus ihrem immer breiter werdenden zeitlichen Strome den Lübeckern als ständiger, institutionalisierter Auftrag zuwuchs, das war die Erhaltung des Gemeinwillens, der der beständigen, von Jahr zu Jahr auf neue Inhalte und Probleme gerichteten Erneuerung bedurfte, der sich aufgelöst und damit die Gemeinschaft vernichtet hätte, wenn die zeitliche Kette der Erneuerungen unterbrochen worden oder gar abgerissen wäre, der für die Gemeinschaft also lebenswichtig war, obwohl er sich schwerlich in feste verfassungsrechtliche Formen gießen ließ, da man sich die Gemeinschaft als Einung dachte, der Einungsgedanke aber seinem Rechtsinhalt nach nicht darauf ausging, eine Führungsmacht hervorzubringen.

§ 304. In Anlehnung an die Zweigewaltenlehre, die einst Papst Gelasius I. formuliert hatte, um das Verhältnis zwischen geistlicher und weltlicher Gewalt zu bestimmen, und die im Hochmittelalter immer wieder auf das Verhältnis zwischen Papsttum und Kaisertum angewandt worden war, könnte man sagen: Die Lübecker besaßen die Autorität, um den Gemeinwillen in ständiger Erneuerung am Leben zu erhalten und seine Rechtmäßigkeit oder Ehre, gemessen an den hansisch-niederdeutschen Stadtrechten, zu verbürgen; die Potestas dagegen oder die mit Strafgewalt bewehrte Macht, den Gemeinwillen gegenüber dem Kaufmanne durchzusetzen, lag bei den einzelnen Städten. Dagegen war die deutsche Hanse als Einung, d. h. als auf die Gleichheit der Genossen vor dem gewillkürten Bundesgesetz verpflichteter Verbund, nicht imstande, aus sich heraus eine Potestas, eine hoheitliche Gewalt hervorzubringen, die den Gemeinwillen auch gegenüber den ortsbezogenen Teilverbänden, d. h. den Stadtgemeinden der Hansestädte, hätte durchsetzen können, weil die Gemeinden kraft ihres selbständigen Ursprungs aus freier Einung nicht befugt waren, ihre Gebotsgewalt oder Hoheit über die Eidgenossen an den Stadtrat oder an die Ratssendeboten der gemeinen Städte dauerhaft und unwiderruflich zu delegieren. Hier machte sich das Vacuum bemerkbar, das der Rückzug der königlichen Gewalt aus Niederdeutschland in der hansischen Verfassung hinterlassen hatte. Nur wenn der König die Schutzherrschaft über den gemeinen Kaufmann hätte ausüben können und wollen, hätte er aus seiner hoheitlichen Amtsgewalt heraus die Unterordnung der Gemeinden unter den Gesamtwillen des gemeinen Kaufmanns rechtmäßig erzwingen können.

Die Autorität der Lübecker reichte nicht aus, um diese Leere zu füllen. Für die Stellung, die sie sich durch ihre beständigen (natürlich in der Hoffnung auf Gegenseitigkeit erbrachten) Vorleistungen als Worthalter aller und die ebenso beharrliche wie von allen als gerecht empfundene Erneuerung des Gemeinwillens erwarben, und für die Autorität, die die Städte ihnen gewährten (unten, § 340), besaß die Rechtssprache des Mittelalters keinen Begriff. Nur vergleichsweise und als Metapher brachten die beiden IJsselstädte dafür einige Worte in Vorschlag, von denen zwei ihre technische Bedeutung dem Kirchenrecht verdankten (Konservatoren hießen die vom Papste auf Antrag einer Kirche bestellten Beschützer kirchlicher Privilegien und Freiheiten, Provisoren die vormünderischen Verwalter zweckgebundener kirchlicher Sondervermögen), während das dritte dem der mittelalterlichen Staatslehre wohlvertrauten organologischen Konzept von Haupt und Gliedern entstammte, das dem Herrscher den Willen des Hauptes, den Fürsten, Ständen und Untertanenverbänden dagegen die Dienste von Gliedern eines Ganzen oder Gemeinwesens beimaß. Der als Rechtswort nicht näher definierte Begriff des Hauptes[750], der indirekt die gemeinen Städte zu Gliedern der hansischen Einung erklärte, ließ sich auch auf die Stadt Lübeck anwenden, sofern sie die oben beschriebenen Aufgaben zum Wohle des gemeinen Kaufmanns erfüllte und daraus die Autorität gewann, um von Jahr zu Jahr den hansischen Gemeinwillen zu erneuern. Nachdem sich die Lübecker über zwei Jahrhunderte hinweg in der Funktion eines caput et principium bewährt hatten, konnten sie sich vom König von Frankreich sogar als diejenige Stadt bezeichnen lassen, que ipsius lige obtinet principatum[751].

§ 305. Zu jeder Zeit gab es Städte, die sich weigerten, der Kore Lübecks zum Worthalter des gemeinen Kaufmanns (von neuem) beizutreten, ohne

---

750 Deutsches Rechtswörterbuch Bd. 5, Weimar 1933–1960, Sp. 254–264.
751 HUB Bd. 10 (1907) n. 1098 = Quellen hg. von SPRANDEL (1982, wie Anm. 46) S. 234 n. 19 § 7.

sich damit den Vorwurf eines Rechtsbruches zuzuziehen. Was die Erhebung der Lübecker zum Nowgoroder Oberhof anlangte, so waren die westfälischen und die livländischen Städte uneinig. Während Dortmund, Reval und Dorpat ihr zustimmten, wollten Münster, Soest, Osnabrück, Riga und natürlich Wisby den alten Zustand erhalten wissen, wie die beiden letzteren noch 1373 bestätigten[752]. Die merkwürdigen Erstaufnahmen einzelner Städte, deren Kaufleute seit je die Privilegien der Deutschen im Auslande genossen hatten, in die deutsche Hanse, wie sie 1358 den Bremern, 1380 der Stadt Arnheim, 1387 Nimwegen, 1392 Duisburg, 1406 Zwolle und Wesel oder 1441 denen von Kampen und Zutphen zuteilwurde, dürften daher weniger auf die Zulassung ihrer Fernhändler zu den Auslandsniederlassungen des gemeinen Kaufmanns als vielmehr auf die Anerkennung oder Kore Lübecks zum Haupte der Hanse und auf das Recht oder die Pflicht, die von Lübeck ausgeschriebenen Tagfahrten zu besuchen, also auf die Zulassung ihrer Ratssendeboten zu der von Lübeck geführten Hanse, hinausgelaufen sein[753].

Besonders nachdem im Jahre 1418 zuerst die wendischen, dann aber auch die gemeinen Städte unter Führung des restituierten alten Rates zu Lübeck ihre Eintracht bestärkt und zu diesem Zwecke den Versuch unternommen hatten, die einzelnen Hansestädte ihrer mit Weisungs- und Zwangsbefugnissen bewehrten Rechtsaufsicht zu unterwerfen (oben, §§ 138, 139), war es erforderlich geworden, nicht nur das hansische Bürgerrecht (oben, §§ 289, 290), sondern auch die Zulassung der einzelnen Städte zu den gemeinsamen Tagfahrten und zum Rate der gemeinen Städte genauer zu regeln, da die Verhansung nicht nur der einzelnen, sondern auch der Bürger gemeinlich (d. h. ihrer Stadtgemeinden) das wichtigste Zwangsmittel war, mit dem die Ratssendeboten oder gemeinen Städte ihre Rechtsaufsicht über die einzelnen Städte und damit die Anerkennung der Lübecker als ihres Hauptes hofften durchsetzen zu können. Die im Jahre 1441 (erneut) zu den Tagfahrten zugelassenen Kampener waren selbst das Haupt einer partikularen Fahrtgemeinschaft und pflegten selbständig, wenn auch im Einvernehmen mit den zu Lübeck versammelten Ratssendeboten, etwa bei dem Herzog von Holland um Privilegien für den gemeinen Kaufmann zu werben[754]. Die Danziger freilich klagten sehr bald darüber, sie seien „unzeitig in die Hanse aufgenommen", da sie alle Holländer und Seeländer als in die Hanse gehörig verteidigten und das hansische Verbot der Flandernfahrt mißachteten[755]. Damit erhoben sie den

---

752 HR I 2 n. 69.
753 Zu den Vorgängen STEIN (1913, wie Anm. 36) S. 281–283, FRIEDLAND (1958, wie Anm. 608) S. 33, 37, Herbert SCHWARZWÄLDER, Bremens Aufnahme in die Hanse 1358 in neuer Sicht, in: HGbll. 79 (1961) S. 58–71, Geschiedenis van Zutphen (1989, wie Anm. 416) S. 60, SCHWARZWÄLDER (1994, wie Anm. 323) S. 11f., Th. HILL (1998, wie Anm. 642) S. 332f. S. auch u., § 319.
754 HR I 2 n. 266, = Quellen hg. von SPRANDEL (1982, wie Anm. 46) S. 300 n. 9, § 1. S. auch o., § 271.
755 HR II 4 n. 279.

Vorwurf, daß Kampen die 1441 vollzogene Kore der Lübecker zum Haupte schon dreizehn Jahre später nicht mehr erneuern wollte. Auf denselben Effekt lief es hinaus, wenn die Kulmer 1442 und 1451 durch tatsächliche Nichtbeteiligung an der Hanse und die Breslauer 1474 durch erklärten Verzicht auf den Gebrauch der Privilegien (vorerst und für diesmal) aus der Hanse ausschieden[756].

§ 306. Insbesondere konnten die Gebote des eigenen Stadtrechts eine Hansestadt geradezu dazu zwingen, die Kore der Lübecker zum gemeinsamen Haupte in bestimmten Situationen aufzukündigen. In einem derartigen Konflikt der Pflichten liegt z. B. der Grund dafür, daß sich viele Städte von der Kölner Konföderation fernhielten, die die Lübecker 1367 gegen den König von Dänemark zusammenbrachten, obwohl wir doch von keiner Stadt hören, daß sie oder ihre Kaufmannschaft die Entrichtung des Pfundzolls verweigert hätte; es war daher nur gerecht, daß die Sieger in den Stralsunder Frieden nicht nur alle die, „die mit ihnen in ihrem Orlog", sondern auch alle, die „in ihrem Rechte" mitbegriffen waren, aufnahmen (oben, § 271). Wenn die Dortmunder die Aufforderung, der Kölner Konföderation beizutreten, mit der Erklärung beantworteten, sie seien zwar weder verpflichtet noch auch im jetzigen Falle gewillt, die Kriege der Seestädte zu unterstützen, sie seien aber bereit, die eigenen Kaufleute, die den Öresund beführen, über alle Maßnahmen zu informieren und zu deren Befolgung anzuhalten, die der gemeine Kaufmann von der deutschen Hanse beschließen würde[757], so klingt das keineswegs so, „als fühlten sich Dortmund und die Dortmunder Kaufleute gar nicht dazugehörig"[758], wird doch ausdrücklich die Autorität des gemeinen Kaufmanns und die Identität des Dortmunder partikularen mit dessen Gemeinwillen festgestellt; die Dortmunder wiesen lediglich darauf hin, daß die Fehde mit Dänemark zwar im Interesse ihrer Kaufmannschaft, nicht aber in dem der Stadtgemeinde lag und als hochbeschwerliches Geschäft (oben, § 215) nicht gegen deren Willen angesagt werden könne. Genauso verhielten sich die Bremer[759], obwohl sie doch erst vor elf Jahren die Autorität der Lübecker als ihres und der Hanse Hauptes anerkannt hatten, und zwar auch sie, ohne deswegen von diesen getadelt zu werden: Ihr Verhalten war nach den Normen des Einungsrechts sowohl der Kaufmanns- als auch der Städtehanse und deren polykephaler Verfassung korrekt.

Ein weiteres Beispiel für diesen nicht seltenen Konflikt zwischen Stadtrecht und Kaufmanns- oder Hanserecht bieten die Verhandlungen der Städte Lübeck, Hamburg, Wismar und Lüneburg über die Einstellung des Handels mit Holland im Jahre 1440. Nachdem Lübeck, Hamburg und Wismar diese Handelssperre beschlossen hatten, suchten sie auf einer Tagfahrt zu Lüne-

---

756 STEIN, Hansestädte (1913, wie Anm. 36) S. 277f., 285.
757 HUB Bd. 4 (1896) n. 237, zitiert nach HENN (1998, wie Anm. 644) S. 308.
758 HENN (1998, wie Anm. 644) S. 317f.
759 HILL (1998, wie Anm. 642) S. 337f.

burg die Lüneburger zum Beitritt zu diesem Beschluß zu bewegen, und nachdem sich die Lüneburger endlich und widerwillig dazu bereit gefunden, begehrten sie ferner, daß man die Verkündung des Boykotts mit dem lüneburgischen Sekret besiegele, denn es sei eine alte Gewohnheit, daß man die Briefe mit dem Siegel derjenigen Stadt versiegele, in welcher man verhandle und beschließe. Dagegen erklärten die Lüneburger, da sie mit Holländern und Seeländern nie Streit gehabt und Verhandlungen geführt hätten, wie doch der Text der Verkündung besage, so wollten sie nicht besiegeln, was sie nicht getan hätten; statt ihrer sollten die Lübecker siegeln, deren Sekrets sie sich dazu mitbedienen wollten, zumal die drei Städte den Boykott auch in Lübeck beschlossen und ihnen lediglich vorgelegt hätten. Die Lüneburger machten geltend, sie seien an der Fehde der wendischen Städte gänzlich unbeteiligt gewesen und hätten deswegen auch den Vertrag von Kopenhagen nicht angenommen oder anzunehmen brauchen[760].

§ 307. Zweifellos hofften die Ratmannen Lübecks und der wendischen Städte, die Verbindlichkeit der bis dahin ganz formlosen Kore der Lübecker zum Haupte der Hanse dadurch steigern zu können, daß sie sie an gewisse Formen banden. Wie man sich das Verfahren dachte, zeigt ein Schreiben der Lübecker und der zu Lübeck versammelten Ratssendeboten von Hamburg, Lüneburg und Wismar an die Stadt Zutphen, die einen entsprechenden Antrag an Lübeck gerichtet hatte, aus dem Jahre 1441. Ohne des Ranges Lübecks als Hauptes der Hanse zu gedenken, erklärten die vier Städte, sie seien ebenso wie die anderen Hansestädte gern bereit, die Roermonder und Arnheimer in die deutsche Hanse aufzunehmen; die Zutphener Ratssendeboten sollten zu einem demnächst in Lübeck stttfindenden Hansetage die Abgesandten von Roermond und Arnheim mitbringen, damit die Aufnahme so erfolgen könne, „wie es Sitte und Gewohnheit" sei[761]. Aufnahme in die Hanse bedeutete also Zulassung der Ratssendeboten einer Stadt zu den von Lübeck einberufenen und geleiteten Tagfahrten, wo man ihnen einen Platz in der vom Herkommen genau geregelten Sitzordnung der gemeinen Städte anwies, so wie umgekehrt der Ausschluß einer Stadt aus der Hanse den Ausschluß aus dem von Lübeck geleiteten Rate der gemeinen Städte bedeutete (oben, § 138).

Die große Lübecker Tagfahrt vom 18. Mai 1447 beschloß daher: „So oft es Not und Behuf ist, die Hanse wieder zu erneuern, wenn es nämlich wäre, daß in einer Hansestadt der Rat von ihren Bürgern unmächtig gemacht würde, so soll der Stadt neuer Rat unwürdig sein, im Rate der anderen Städte von der Hanse zu sitzen, bis solange, daß sie über ihre Bürger mächtig wären... Item wenn irgendwo der Rat in einer Stadt von den Bürgern oder Einwohnern derselben Stadt unmächtig gemacht wird ..., da demnach der Rat nicht so mächtig und in solcher Freiheit und Herrlichkeit mehr ist, als er zuvor

---

760 HR II 2 n. 341 § 4, II 4 n. 115.
761 HUB 7, 1 (1939) n. 308.

war, so sollen der Stadt Ratssendeboten, da die Stadt so unmächtig ist, unter den Sendeboten der anderen Städte nicht zu Rate gehen"[762]. Dieselbe Versammlung faßte den (oben, § 294) bereits erwähnten Beschluß, daß künftig keine einzelne Stadt mehr eine andere in die Hanse aufnehmen dürfe, sondern die versammelten Ratssendeboten gemeinsam darüber bestimmen sollten: einen Beschluß, der sich deutlich gegen die traditionelle Polykephalie der hansischen Einung richtete.

Insofern mußte dieser Beschluß auch der Autorität der Lübecker zugutekommen, jedoch sah man sich nicht dazu imstande, daraus eine bestimmte Befugnis des Hauptes der Hanse herzuleiten, denn eine solche Befugnis hätte schwerlich ihren hoheitlichen Charakter verleugnen können. Da aber das dem Einungsrecht eingeborene Gebot der Rechtsgleichheit aller Genossen der von Lübeck und den wendischen Städten betriebenen Zentralisierung unüberwindliche verfassungsrechtliche Grenzen setzte, so konnte sich auch das Recht einer Stadt, auf den Tagfahrten im Rate der Städte zu sitzen, nicht zu einem Merkmal der Zugehörigkeit der Hanse entwickeln. Es blieb dabei, daß auch die Kaufleute der nicht zu den Tagfahrten geladenen Städte am Gebrauch der Privilegien teilhatten, sobald sie die beiden Bedingungen (oben, § 262) erfüllten, an die bereits altes, vorhansisches Reichsrecht die Zulassung geknüpft hatte. Keine Stadtgemeinde, keine Kaufmannschaft gefährdete ihre Zugehörigkeit zur deutschen Hanse, wenn sie darauf verzichtete, von dem lübeckischen Haupte der Hanse zu den Tagfahrten geladen zu werden oder einer solchen Ladung Folge zu leisten[763].

§ 308. So gab es immer neben Lübeck andere Städte, die sich als Häupter zumindest partikularer Fahrerverbände betrachteten, so etwa die Dortmunder, das Haupt der westfälischen Städte. Im Jahre 1320 hatten sie sich bei dem Könige von England als Schirmherren für die Soester verwandt, indem sie deren Zugehörigkeit zum gemeinen Kaufmanne bezeugten: „Wir haben nämlich in der Versammlung unseres Rates von vielen unserer alten und glaubwürdigen Bürger und Kaufleute, die früher, sowohl zu Euren wie zu Eurer Vorfahren Zeiten, Euer Reich und Land um ihrer Geschäfte willen zu besuchen pflegten, bei deren Eiden wahrhaft erkundet, daß die gedachten Bürger von Soest ebenso wie wir und die anderen Kaufleute Deutschlands in der Hanse und den vorgenannten Freiheiten sind und darin seit einer Zeit, an die sich niemand mehr erinnern kann, gewesen sind"[764]. Nicht hansische, sondern regionalgeschichtliche Ereignisse führten dazu, daß Dortmund seinen Rang als Haupt der westfälischen Hanse nicht über das Ende des 14. Jahrhunderts hinaus zu bewahren vermochte.

---

762 HR II 3 n. 288 §§ 42, 50. S. o., § 138.
763 STEIN (1913, wie Anm. 36) S. 286–288.
764 Urkunden hg. von STOOB (1985, wie Anm. 747) S. 328 n. 290 (aus: Dortmunder UB 1 S. 266 n. 380). VON WINTERFELD (1932, wie Anm. 578) S. 35, FRIEDLAND (1958, wie Anm. 608) S. 25, 27.

Ein Haupt der Hanse konnten auch die Stadt Danzig und der Hochmeister des Deutschen Ordens (oben, § 259) heißen, solange die Danziger in dessen Rate den Ausschlag gaben[765]. Der Hochmeister hörte es gewiß gern, daß ihm der Thorner Kaufmann Hans Winter am 9. September 1450 aus London berichtete, die Engländer suchten Frieden mit den Deutschen zu gewinnen, „darum so sandten sie die Sendeboten zuerst zu Euren ehrwürdigen Gnaden als zum Haupte von der Hanse," doch hätten die Lübecker diese günstige Lage dadurch zerstört, daß sie die Sendeboten gefangennahmen[766]. In dieser Situation, da die Lübecker unter dem Druck der Interessen ihrer eigenen, partikularen Kaufmannschaft ihre hansische Autorität aufs Spiel setzen mußten, um ihre stadtrechtlichen Pflichten nicht zu versäumen, apostrophierten auch die Danziger den Hochmeister als Haupt der Hanse, denn am 20. Juli 1451 schrieb dieser den Lübeckern, seine Gesandten hätten ihm berichtet, daß die gemeinen Städte ungeachtet seines Einspruchs den deutschen Kaufmann aus Flandern abberufen hätten, was ihn sehr verwundere, „sintemalen wir und jeder derzeitige Hochmeister unseres Ordens von alters her für ein Haupt der Hanse gehalten worden sind." So habe er seinen Kaufleuten jetzt gestattet, nach Flandern zu segeln; „darnach möget ihr euch richten"[767]. Im nächsten Jahre beklagte sich der nach Deventer ausgewichene deutsche Kaufmann über den Ungehorsam der Kaufleute und wandte sich an die Ratmannen von Danzig, weil „die große Not uns dazu dringt, daß wir euch Herren als unseren Häuptern dies so bitterlich klagen und schreiben müssen"[768].

Anders lagen die Verhältnisse in Livland, dessen Städte fünf verschiedenen geistlichen Staaten angehörten. Gesamtlivländische Städtetage konnten daher nur wegen der den Städten gemeinsamen Zugehörigkeit zur Hanse stattfinden und wurden fast immer von Riga einberufen, ohne daß sich die Landesherren einmischten und ohne daß Riga es deswegen zum Range eines Hauptes gebracht hätte: Auf den hansischen Tagfahrten pflegten die Rigaer gemeinsam mit den Revalern und Dorpatern das Wort der Livländer zu halten[769].

§ 309. Vor allem aber waren es die Kölner, die jetzt ihren Rang als Haupt der Hanse kraftvoll zur Geltung brachten. Schon während der Jahre 1408 bis 1416, als der neue Rat zu Lübeck unfähig war, sich die Autorität zu erwerben, die den alten Rat zum Haupte der Hanse erhoben hatte, und daher die Hamburger, die Stralsunder, die Lüneburger notgedrungen versuchten, in diese Rolle zu schlüpfen, waren die Städte geneigt, den Kölnern jenen ersten

---

765 So hinsichtlich des Londoner Vertrages von 1437: JENKS (1992, wie Anm. 1) S. 630f. Der Hochmeister war an den Rat natürlich nicht gebunden; die Städte konnten ihm lediglich berichten, doch stand es ihm frei zu entscheiden, wie es ihm beliebte, HR II 3 n. 505 § 3.
766 HR II 3 n. 647, s. o., § 11.
767 HR II 3 n. 728.
768 HR II 4 n. 100, s. o., § 284.
769 Norbert ANGERMANN, Die Stellung der livländischen Städte in der hansischen Gemeinschaft, in: HGbll. 113 (1995) S. 111–125.

Platz unter sich einzuräumen, auf dem sie im Lüneburger Rezeß von 1412 wirklich erscheinen. Seit 1418 gelang es den Kölnern, die Dortmunder aus ihrer alten Führerschaft der westfälischen Städtegruppe zu verdrängen und sich zum Haupte aller niederrheinisch-westfälischen Kaufmannschaften aufzuschwingen. Dann aber wuchsen die Kölner, zunächst als Wortführer des deutschen Kaufmanns zu London, der vornehmlich aus Kölnern bestand, in die Rolle des Oppositionsführers wider die lübeckische Englandpolitik hinein[770]. Auf der großen Lübecker Tagfahrt vom 18. Mai 1447 begannen die von Lübeck und die Sendeboten der Kölner „um (das Recht,) der Städte Wort zu halten" zu streiten. Doch vermochten die versammelten Ratssendeboten die Kölner gütlich und um des gemeinen Besten willen dazu zu bewegen, die Sache auf die nächste in Lübeck zu haltende Tagfahrt zu vertagen, und da diesmal vieler Städte Ratssendeboten anwesend waren, die zuvor die Tagfahrten nicht besandt hatten, so sollte bis dahin ein jeder bei seinen Ältesten zu Hause erkunden, wie es in alten Zeiten mit dem Worthalten gewesen sei[771].

Gleichwohl sah sich keine Tagfahrt jemals imstande, den Streit zu entscheiden. Erfolgreich jedoch strebten die Kölner danach, in dem Streit zwischen Lübeckern und Engländern nicht als Partei, sondern, gestützt auf die anderen, an der Sache nicht beteiligten Hansestädte, als Vermittler aufzutreten und sich so für eine Zeit tatsächlich als Haupt der Hanse zu erweisen[772]. Der deutsche Kaufmann zu London schrieb der Hanse während des Ausfalls der lübeckischen Autorität ohne weiteres eine polykephale Verfassung zu. Am 25. Februar 1451 schrieb er an die Kölner, der Rat des Königs von England erwarte, daß er, der Kaufmann, sich „bei unseren Oberen und besonders bei euch ehrbaren Herren" für den Frieden verwende und „daß ihr als eine Hauptstadt von der Hanse eure Ehrbarkeit beweisen und gute Mittler sein sollet zwischen beiden Teilen," und am 28. Oktober 1451 verlangte er von ihnen für den Fall, daß Lübeck die mit den Engländern vereinbarte Tagfahrt zu Utrecht nicht besenden wolle, sie sollten sich so rasch wie möglich „mit den übrigen Hauptstädten der Hanse" über die Antwort verständigen, die dem Könige von England in dieser Sache zu erteilen sei[773].

§ 310. Unter diesen verfassungsrechtlichen Umständen gerieten der gemeine Kaufmann und die ihn beschirmenden Städte in die größten Schwierigkeiten, wenn es einmal galt, mit einer anderen Kaufmannschaft einen Auslandsvertrag abzuschließen, der angesichts ständischer Gleichrangigkeit der Partner nicht als Privileg (oben, § 269) beurkundet werden konnte. Dies war der Fall, als der deutsche Kaufmann zu Brügge im Jahre 1443 mit der spanischen Nation daselbst einen dreijährigen Frieden zur Beendigung eines auf das Jahr 1419 zurückgehenden Konflikts abschloß. Gewiß schauten die Spa-

---

770 LUNTOWSKI (1982, wie Anm. 688) S. 59f., JENKS (1992, wie Anm. 1) S. 655–659.
771 HR II 3 n. 288 § 29.
772 HR II 3 n. 533, 661. JENKS (1992, wie Anm. 1) S. 659f.
773 HR II 3 n. 697, II 4 n. 42. LUNTOWSKI (1982, wie Anm. 688) S. 60 Anm. 11.

nier voller Mißtrauen auf alle Versprechungen der Deutschen, nachdem der Hochmeister des Deutschen Ordens soeben, indem er dem hansisch-englischen Vertrage von 1437 die Ratifikation verweigerte, sowohl seine eigenen bevollmächtigten Unterhändler (oben, §§ 1 bis 4) als auch die Lübecker desavouiert hatte und jetzt durch die preußischen Englandfahrer erklären ließ, „daß (zwar) die Stadt Lübeck als ein Haupt aller Hansestädte sowohl für die von der Hanse als auch für die von Preußen das Abkommen besiegelt und konfirmiert habe ..., (daß jedoch) der Hochmeister von Preußen weder mit den Städten von der Hanse noch mit deren Dingen und Sachen etwas zu tun" habe und daher nicht verpflichtet sei, seinerseits den Vertrag zu besiegeln, zumal der preußische Kaufmann diesen erfüllt und den Pfundzoll nebst anderen von den Engländern in Preußen beklagten Beschwernissen abgestellt habe[774].

Es darf vermutet werden, daß die kastilischen Kaufmannschaften zu Brügge in Kenntnis derartiger hansischer Spitzfindigkeiten mit der Besiegelung des spanisch-hansischen Friedens allein durch die Lübecker nicht mehr zufrieden waren. Jedenfalls übersandte der deutsche Kaufmann zu Brügge am 21. August 1443 die Urkunde an Lübeck und Danzig mit dem Ersuchen, den Frieden zu verkünden; von den Lübeckern aber begehrte er außerdem, sie sollten die Urkunde von den sechs wendischen Städten besiegeln lassen, gleichsam als ob diese gemeinsam das Haupt des gemeinen Kaufmanns bildeten. Indessen war zunächst einmal festzustellen, ob diese sechs in der Sache überhaupt eines Willens waren. So luden die Lübecker unverzüglich, nämlich bereits am 6. September, die anderen Städte zu Beratungen über den Vertrag ein. Zu der Tagfahrt erschienen die Hamburger mit einem eigenen Vertragstext, doch beharrten sie nicht auf dessen Annahme, sondern erklärten sich ebenso wie die von Wismar, Stralsund und Rostock bereit, den aus Brügge eingelangten Text zu besiegeln. Soweit war man am 31. Oktober. Indessen waren die Lüneburger, zweifellos wegen ihrer finanziellen Bedrängnisse (oben, § 183), die es dem Rate nicht geraten erscheinen ließen, gegenüber der Bürgerschaft ein weiteres hochbeschwerliches Geschäft zur Sprache zu bringen, nicht zum Konsens zu bewegen. Am 23. Dezember forderten die Lübecker sie auf, sich endlich deswegen zu erklären, ohne jedoch auch nur eine Antwort zu erhalten. Die Lüneburger Ratssendeboten, die am 28. Januar 1444 in einer anderen Angelegenheit in Lübeck verweilten, überbrachten dann die endgültige Absage: Da sie „nicht an der See belegen seien", wollten sie den Vertrag nicht besiegeln.

So entschlossen sich die Lübecker am 13. Februar, die von ihnen bereits besiegelte Urkunde bei den vier anderen Städten zur Besiegelung umlaufen zu lassen und sie dann nach Brügge zurückzuschicken, in der Meinung, „es

---

774 HUB Bd. 7, 1 (1939) n. 759 § 6, zitiert nach JENKS (1992, wie Anm. 1) S. 637. Man beachte, daß der Pfundzoll hier, wie üblich, als Einrichtung des preußischen Kaufmanns und nicht der Städte erscheint, oben, §§ 271, 272, 286.

solle daran genug sein, daß wir fünf Städte sie besiegelt haben". Dieser Ansicht scheinen jedoch nicht auch die Spanier gewesen zu sein, denn am 9. August sandte der Kaufmann zu Brügge die Urkunde abermals nach Lübeck mit der Bitte, man möge sie so umschreiben lassen, daß statt der Lüneburger die Greifswalder mitsiegelten. Die Lübecker wandten sich dementsprechend an Greifswald und hatten offenbar nach einiger Zeit mit ihrem Ansinnen Erfolg. Am 25. August 1446, genau drei Jahre nach Beginn des Beglaubigungsverfahrens, konnte der deutsche Kaufmann zu Brügge den Städten endlich vermelden, daß am Tage zuvor der Austausch der Bestätigungsurkunden des Königs von Kastilien und der Hansestädte stattgefunden hatte[775].

§ 311. Fragt man nach den Befugnissen und Pflichten, die mit der Eigenschaft und Autorität eines Hansehauptes verbunden waren und von denen wir bisher lediglich feststellen konnten, daß sie keine Amtsgewalt ausmachten (oben, § 303), so erweisen sich die Quellen als außerordentlich wortkarg. Anläßlich des Streites zwischen Kölnern und Lübeckern bemerkte der Bremer Rezeß vom 24. Juni 1450, es sei dabei „um das Wort zu halten und vorzusitzen etc." gegangen[776], d. h. um die einungsrechtlich unerheblichen, in den Händen erfahrener Politiker indessen höchst wertvollen Aufgaben, die mit der Einberufung der Tagfahrten, der Vorgabe der Tagesordnung, der Leitung der Verhandlungen, der Formulierung und Niederschrift der Beschlüsse, der Fürsorge für deren Ausführung und der mit dieser eng verknüpften Vorbereitung der nächsten Tagfahrt zusammenhingen. Keineswegs aber schloß die Befugnis der Lübecker, auf den Tagfahrten sowie vorher und nachher das Wort zu halten, eine generelle Vollmacht oder Befugnis ein, von der gemeinen Städte wegen Entscheidungen zu treffen oder durch ihre Willkür den Gemeinwillen festzulegen, und sei es auch nur in irgendeiner gewöhnlichen Art von Geschäften (oben, §§ 66, 215), die über den Umkreis der soeben beschriebenen Aufgaben hinausgingen.

So fiel nicht einmal die selbständige Einberufung der Tagfahrten in die Kompetenz des Hauptes der Hanse: In der Regel ließen sich die Lübecker dazu von den Ratssendeboten der gemeinen Städte ausdrücklich ermächtigen, und auf diesen Auftrag pflegten sie in den Ladungsschreiben ausdrücklich Bezug zu nehmen; der Rezeß konnte daher hernach mit Recht erklären, „daß die ehrbaren Sendeboten der gemeinen deutschen Hanse," als sie letzthin „vollmächtig versammelt waren, diese Tagfahrt beschlossen" hätten[777]. Überhaupt erweisen die Hanserezesse als ständige Praxis, daß die Lübecker, um von der gemeinen Städte wegen handeln zu können, genauso wie jede andere Hansestadt und jede partikulare Kaufmannschaft jeweils einer besonderen

---

775 HR II 3 n. 69 (= DOLLINGER 1966, wie Anm. 241, S. 503 n. 11), 70, 71, 73–78, 89, 93, 94 § 4, 98, 99, 102, 259.
776 HR II 3 n. 627 § 9. Zum Begriff Worthalter s. o., § 266.
777 Z. B. HR II 3 n. 253 § 5, 503 §§ 8, 9, UB der Stadt Lübeck T. 8, Lübeck 1889, S. 739 n. 694, HR II 3 n. 709 pr.

Vollmacht von Seiten der Ratssendeboten oder der (im Umlaufverfahren votierenden) gemeinen Städte bedurften, und zwar einer Vollmacht, die diese auch den Lübeckern nie anders denn als spezielles, sowohl sachlich wie zeitlich auf die Ausführung eines bestimmten, genau bezeichneten Geschäftes beschränktes Mandat erteilten.

§ 312. So baten die zum 5. Oktober 1383 zu Lübeck versammelten Städte den Kampener Ratssendeboten Herrn Goswin Ludekenssone, er möge „von der Städte wegen" den Rat zu Kampen bitten, mit dem Herzog von Holland über die Freiheiten des Kaufmanns zu verhandeln. Den Rat ermächtigten sie dazu, indem sie einen Brief an den Herzog sandten, „um ihn von der gemeinen Städte wegen zu bitten, daß er denen von Kampen in dieser Sache förderlich und gnädig sei." Sobald die Kampener denen von Lübeck über den Erfolg berichteten, sollten „die von Lübeck, Hamburg, Rostock, Stralsund, Wismar und Lüneburg" – also das Haupt der Hanse mit seinem Beirat der wendischen Städte – „dessen mächtig sein von der gemeinen Städte wegen", nach ihrem Ermessen Boten an den Herzog zu entsenden. Auch wegen der mit all dem verbundenen Kosten sollten „die vorgeschriebenen sechs Städte mächtig sein, das Beste darüber zu vereinbaren und auszuführen"[778]. Vier spezielle Vollmachten der Ratssendeboten waren erforderlich, um dieses Geschäft voranzubringen, und diese gewährten den Lübeckern zwar in der Sache die maßgebliche letzte Entscheidung, nicht aber einen verfassungsmäßigen Vorrang vor den anderen Städten.

Als die Lübecker im Jahre 1425 in den Bremer Bürgerstreit eingriffen, um die vor sieben Jahren verkündete hansische Rechtsaufsicht wahrzunehmen, taten sie dies nicht als Haupt der Hanse, dem etwa die Exekutivgewalt nach den Hanserezessen zugestanden hätte, sondern „von der gemeinen Städte der deutschen Hanse wegen" (oben, § 157) – wie sich überhaupt die Lübecker selber niemals auf ihren Rang als Haupt der Hanse zu berufen pflegten, um ihrem Willen Gehorsam zu verschaffen (unten, § 314). Als die Ratssendeboten am 12. März 1427 beschlossen, die Bremer aus der Hanse auszuschließen, beauftragten sie die Lübecker, dies „von ihrer und aller ehebenannten Städte wegen" den westfälischen Städten, den Kölnern sowie dem Kaufmanne in Flandern, London und Bergen und wo es ferner nötig sei, schriftlich mitzuteilen, während die Braunschweiger es den nicht anwesenden sächsischen Städten schreiben sollten[779]. Um Sendeboten von Lüneburg als Worthalter der wendischen Städte zu beglaubigen, erteilten die am 28. Januar 1444 zu Lübeck versammelten Ratssendeboten den Lübeckern volle Macht, die Credenzien abzusenden, sobald ihnen Lüneburg die Namen und Zunamen der dafür ausersehenen Ratmannen mitgeteilt haben würde[780].

---

778 HR I 2 n. 266, = Quellen hg. von SPRANDEL (1982, wie Anm. 46) S. 300 n. 9, § 1.
779 HR I 8 n. 156 § 6, s. o., § 158.
780 HR II 3 n. 94 § 3, s. o., § 45.

Rat und Gemeinde zu Goslar wandten sich wegen der Zwietracht mit ihrem Bürgermeister Hinrik von Alfeld am 16. Juni 1446 nicht an Lübeck, das Haupt der Hanse, sondern an Lübeck, Hamburg und Lüneburg, damit sie ihrer zu Rechte mächtig sein sollten; nachdem Hinrik von Alfeld dieselbe Erklärung abgegeben hatte, setzten Lübeck und die wendischen Städte ihnen „von Macht der Hanse" einen Termin zum 24. August, um „Rechtes zu warten vor uns und mehr Städten, die wir darum in unsere Stadt durch Boten laden würden". Nachdem aber die Goslarer plötzlich den Termin abgesagt hatten, unter anderem deswegen, weil ihnen „sotanes euer Gebot ... irgendwie befremdlich ist und wir meinen, daß wir nach Vertrag der deutschen Hanse dessen zu tun nicht verpflichtet sind," ließen die Lübecker diesen Brief und alle in der Sache ergangenen Schriften den am 2. September 1446 versammelten Ratssendeboten der wendischen Städte vorlesen, „dessen wir uns alle doch ... eines solchen Ungehorsams gegenüber unserer und der Hanse Beliebung nicht versehen und vermutet hätten." Nicht die Lübecker als Haupt der Hanse, sondern die Ratssendeboten setzten den Goslarern eine Frist bis zum 16. Oktober, um sich mit Alfeld zu vergleichen, widrigenfalls ihnen der Verlust der Hanse drohen sollte. Anstatt sich auf eine ihnen eigene Autorität zu berufen, waren die Lübecker sorgfältig darauf bedacht, die Identität ihres Willens mit dem der gemeinen Städte bei jedem Verfahrensschritt herzustellen und jederzeit darzutun, daß „sotane Urteile und Schriften ... auf Befehl der gemeinen Städte von der deutschen Hanse in dieser Sache gesprochen wurden"[781], wobei die drei Worte „in dieser Sache" besagten, daß man nicht auf Grund unbestimmter genereller, sondern ganz spezieller Vollmachten handelte.

So waren es denn auch schließlich nicht die Lübecker allein, sondern die mit ihnen versammelten Ratssendeboten der um Stade vermehrten wendischen Städte, die die Goslarer am 12. März 1448 „namens der gemeinen Städte von der deutschen Hanse und auf deren Befehl" aus der Hanse verlegten[782]. Das soeben beschlossene Verbot der Flandernfahrt verkündeten Bürgermeister und Ratmannen von Lübeck und den fünf anderen wendischen Städten den Kaufleuten und Schiffern aller Hansestädte am 23. August 1452 (oben, § 289) „von unserer und aus Kraft und Macht uns von den gemeinen Städten von der Hanse gegeben". Gewiß nur aus purer Not und um sich nicht selber völlig handlungsunfähig zu machen, befahlen oder gestatteten die im Juni 1451 zu Utrecht versammelten Ratssendeboten den Lübeckern, den ersten jemals ausgefertigten „gemeinen Machtbrief von der Hanse wegen" mit ihrer Stadt anhangendem Insiegel zu besiegeln (oben, § 18): Einen dreijährigen Verzug, wie ihn die Beglaubigung des Spanien-Vertrages von 1443 (oben, § 310) verursacht hatte, wollten sie wohl nicht noch einmal in Kauf nehmen.

---

781 HR II 3 n. 252, 255, 627 § 5.
782 HR II 3 n. 391.

§ 313. An dieser einungsrechtlich bedingten Ohnmacht des Hauptes änderte es nichts, daß sich die gemeinen Städte der damit verbundenen Nachteile bewußt waren. Zwar fielen sie gemeinlich, da sie sich gar nicht so oft versammeln konnten, wie es die Menge der anfallenden Geschäfte erforderte, zuerst 1441 und erneut 1447 die Stadt Lübeck und andere dabei gelegene (d. h. also: die wendischen) Städte mit der Bitte an, sie möchten um des gemeinen Besten willen „von ihrer aller wegen die Dinge auf sich nehmen, um der Städte und des Kaufmanns Bestes zu erproben, wie sie es (selbst) gerne täten, denn was sie zu der Städte und des Kaufmanns Bestem festsetzten und täten, darin wollten sie ihnen beiständig sein"[783]. Erinnert man sich jedoch daran, daß nach hansisch-niederdeutschem Stadtrecht in dem Beistandsversprechen ein Gehorsamsgelübde enthalten war (oben, §§ 209, 301), so sieht man, wie vage diese Bitte formuliert war, denn sie wirft für uns und warf gewiß auch damals für die Lübecker sofort die Frage auf, ob die Städte dieses Gelübde auf etwelche gewöhnliche Geschäfte beschränken und wie sie diese von den hochbeschwerlichen abgegrenzt wissen wollten.

An diese in den meisten Stadtrechten längst entschiedene Frage wagten sich die Ratssendeboten offensichtlich nicht heran. So erklärten die Lübecker schließlich, nachdem sie sich mit den Nachbarstädten beraten hatten: Was sie für die Städte und des Kaufmanns Bestes tun könnten, das hätten sie stets gerne getan und wollten es gerne auch fortan tun, dafür ihnen die gemeinen Städte freundlich dankten, denn es hieß nichts anderes, als daß alles beim alten bleiben sollte. Worauf immer aber sich die Vollmacht und das Beistandsversprechen auch beziehen mochten: Die Städte erteilten sie nicht den Lübeckern für sich allein, sondern nur soweit sie ihre Leitungsgewalt im Einvernehmen mit den wendischen Städten ausübten. Es war dies ein Verfassungsgrundsatz der hansischen Einung, der ebenso alt war wie die im 13. Jahrhundert errichtete Schutzgewalt der Städte über den gemeinen Kaufmann. Die Leitungsgewalt der Lübecker oder des Hansehauptes war daher in ähnlicher Weise beschränkt wie die Regierungsgewalt jener Könige, die ihre Reiche im Einvernehmen mit einer Lehnskurie und den vor die Schranken des Lehnshofes geladenen Vertretern der Gemeinden regierten. Im Vergleich mit ihnen betrachtet, teilte die Verfassung der deutschen Hanse den Lübeckern den Königspart (allerdings abzüglich aller königlichen Prärogativen), den wendischen Städten den Part der Lehnskurie oder des königlichen Rates und den übrigen Städten den der zum Parlament versammelten Gemeinden zu.

Dieser Unterscheidung hat bereits Karl Koppmann, der erste Herausgeber der Hanserezesse, dadurch Rechnung getragen, daß er die Beschlüsse der wendischen Städtetage stets als Hanserezesse behandelte und zusammen mit den Rezessen der gemeinen Städte veröffentlichte, während er die der sonstigen regionalen und Drittels- oder Viertelstage aus seiner Veröffentlichung

---

783 HR II 2 n. 434 § 46, II 3 n. 288 § 57.

ausschloß[784]. Es war also korrekt, wenn sich im Jahre 1448 der an den Rezeß der Ratssendeboten gebundene Kaufmann zu Brügge, was dessen Auslegung anlangte, nicht an Lübeck, sondern an „die sechs Städte" wandte[785]. Der Umstand, daß sich der Begriff der wendischen Städte seit dem zweiten Viertel des 15. Jahrhunderts auf die sechs großen Städte Lübeck, Hamburg, Lüneburg, Rostock, Wismar und Stralsund einengte[786], war gewiß auch eine Folge davon, daß sich die Ratssendeboten der Hansestädte und speziell die Lübecker seit dieser Zeit verstärkt, wenn auch erfolglos, darum bemühten, die Verfassung ihres Verbundes den politischen Bedürfnissen der Zeit entsprechend zu modernisieren. Die angeführten Beschlüsse von 1441 und 1447 zeigen sowohl die Richtung dieser Bemühungen als auch ihre Fruchtlosigkeit an.

§ 314. Mit der Autorität des Hauptes war also als einzige konkrete Befugnis der Lübecker der Vorsitz auf den Tagfahrten der gemeinen Städte verbunden; weitere gewöhnliche Aufgaben, die mit der Einladung zu diesen und der Ausführung und Auslegung der Rezesse verknüpft waren, konnten sie nur gemeinsam mit dem Beirate der Wendischen Städte und unter deren Kontrolle erfüllen. Für alles jedoch, was darüber hinausging, bedurften sie einer speziellen Vollmacht von Seiten der gemeinen Städte – einer Vollmacht übrigens, die nicht nach den Normen des römischen oder gemeinen Rechtes in rechtsgeschäftlicher Form, sondern nach denen des Einungsrechts in Gestalt einer gemeinsamen, die Identität aller Einzelwillen bekundenden Willkür erteilt wurde. Die Willkür aber bezog ihre Rechtskraft aus der Öffentlichkeit der gemeinsamen Willensbildung und bedurfte der Niederschrift als Rezeß lediglich zur Stütze des Gedächtnisses und zur Sicherung des Beweises.

Wie wenig es unter den Bedingungen des hansischen Einungsrechtes mit der Stellung eines Hauptes der Hanse auf sich hatte, das ergibt sich am deutlichsten daraus, daß es wohl niemals die Lübecker selbst waren, die sich diesen Titel beilegten, sondern daß sich namentlich der deutsche Kaufmann im Auslande und die vom wendischen Zentrum der Hanse weiter entfernten Städte[787] damit hervortaten, die Lübecker so zu apostrophieren, und zwar

---

784 Die Begründung dieses Vergleichs findet sich in einer Untersuchung, mit der ich mich vor neun Jahren erstmals dem Gegenstande des vorliegenden Buches zu nähern versuchte: Ernst PITZ, Einstimmigkeit oder Mehrheitsbeschluß? Ein heimlicher Verfassungsstreit um die Vollmachten der Rsn. auf den Hansetagen, in: Verwaltung und Politik hg. von EHBRECHT (1994, wie Anm. 210) S. 115–146, hier: S. 116–126. An dem Vergleich und seiner Begründung aus dem Problem der Vollmacht und des Ladungsungehorsams möchte ich festhalten, auch wenn ich manches andere damals Ausgeführte heute verwerfen muß.
785 HR II 3 n. 345 § 16 (S. 258).
786 So E. ENGEL 1993, zitiert nach HGbll. 112 (1994) S. 272f.
787 Zu den oben, § 302, angeführten Beispielen kann noch HUB Bd. 8 n. 602 hinzugefügt werden: Riga verlangt von Lübeck als Haupt der Hanse und in Erfüllung der Rezesse, daß es den Streit zwischen einem Kölner und einem Rigaer Bürger

dann, wenn sie von ihnen eine Leistung zu erlangen hofften. Als Ausnahme von dieser Regel findet sich zwar ein Schreiben vom 13. Juli 1449, in dem die Lübecker „als ein Haupt der zweiundsiebzig Städte" den Nowgorodern verkündeten, sie hätten die livländischen Städte dazu ermächtigt, „von euch zu hören, ob ihr den deutschen Kaufmann von den zweiundsiebzig Städten ohne jegliche Verkürzung bei der alten Kreuzküssung belassen wollt"[788], aber diese Ausnahme wird sich daraus erklären, daß die Lübecker hier ein im diplomatischen Verkehr zwischen Livländern und Russen gebräuchliches Formular übernahmen, das ihrer eigenen Kanzlei fremd war[789]. Es war also ganz richtig, wenn die Lübecker im März 1449, anstatt sich den englischen Gesandten als Haupt der Hanse vorzustellen, lediglich erklärten, sie könnten zwar die Städte zur Tagfahrt laden, aber ihr Ausbleiben nicht ahnden, denn „sie wären ihre Herren nicht, so daß sie über sie ebenso zu gebieten hätten, wie es der König und andere Herren über ihre Untertanen hätten" (oben, § 9): Denn Herren der Stadträte, deren Sendeboten die Tagfahrten besuchten, waren nicht sie, sondern die Stadtgemeinden, die zwar jene über sich erhoben, sich selbst jedoch die Zustimmung zu jedem hochbeschwerlichen Geschäfte vorbehalten hatten.

§ 315. Es ist demnach sehr unwahrscheinlich, daß, wie Fritz Rörig meinte, Kaiser Friedrich II. einst im Jahre 1226 mit der Erhebung Lübecks zur kaiserlichen Stadt den Lübeckern hatte „die Aktiv-Legitimation zu einer eigenen Außenpolitik zum Nutzen und gleichsam in Vertretung des Reiches" erteilen wollen[790]. Wäre dies der Fall gewesen, so würden die Lübecker es nicht versäumt haben, aus diesem kaiserlichen Auftrage eine rechtliche Begründung jener Kompetenzen eines Hansehauptes herzuleiten, deren die deutsche Hanse je länger, desto dringender bedurfte, die jedoch dem hansischen Einungsrecht nicht abzugewinnen waren. Zwar hat im Jahre 1859 die Historische Kommission bei der Bayerischen Akademie der Wissenschaften auf Johann Martin Lappenbergs Vorschlag hin die Herausgabe der Hanserezesse in der Erwartung in

---

beilege, ohne daß der von dem Kölner erstrebten Klage vor dem Könige nachgegangen werde (1457), zitiert nach H. WERNICKE, Hanse und Reich (1998, wie Anm. 590) S. 222.

788 HR II 3 n. 520, dazu n. 517 und 723 §§ 3, 4.

789 Diplomatische Untersuchungen hierzu fehlen, wie überhaupt das hansische Schriftgut quellenkundlich ein unerforschtes Gebiet darstellt. Zur Hanse der zweiundsiebzig Städte: Ph. DOLLINGER (1966, wie Anm. 241) S. 118f. V. HENN (1989, wie Anm. 742) S. 20, behauptet, Lübecks „Stellung als hovestad der Hanse" sei „im 14. und 15. Jh. mehrfach bestätigt worden"; wer die Bestätigung ausgesprochen habe, gibt er nicht an. – Die Tohopesaten müssen hier außer Betracht bleiben, s. u., § 357.

790 Fritz RÖRIG, Reichssymbolik auf Gotland, in: HGbll. 64 (1940) S. 1–67, hier: S. 2, auch 60 Anm. 139; wiederabgedruckt in: DERSELBE, Wirtschaftskräfte im MA, hg. von Paul KAEGBEIN, Weimar 1959, S. 490–541, hier: S. 491, auch 536 Anm. 139.

ihren Arbeitsplan aufgenommen, daß diese Rezesse in Verbindung mit der gleichzeitig begründeten Sammlung der Reichstagsakten die auswärtige Politik des Reiches bis zum Ende des 16. Jahrhunderts weithin überschaubar machen würden[791], und die Ansicht, es sei „durchaus als historische Realität anzunehmen, daß hansische Politik als Reichspolitik in Stellvertretung (sc. des Königs) zu betrachten ist," hat neuerdings abermals einen namhaften Fürsprecher gefunden[792], aber eine rechtsgeschichtliche oder diplomatische Begründung für sie haben die seit 1859 veröffentlichten Quellen bisher nicht erbracht. Weder das Reich (oben, §§ 253 bis 256) noch die Lübecker oder die Ratssendeboten der Hansestädte haben sich jemals auf ein derartiges Rechtsverhältnis berufen.

3.4. Die Bildung des hansischen Gemeinwillens auf den Tagfahrten der Ratssendeboten

3.4.1. Ladungszwang und Ladungsungehorsam

§ 316. Die mehrfach erwähnte, von Lübeck und den Wendischen Städten betriebene Modernisierung der hansischen Verfassung (oben, §§ 18, 138, 139, 287, 289, 313) verfolgte das Ziel, der in der Polykephalie des hansischen Verbundes begründeten Führungsschwäche abzuhelfen, die um so deutlicher hervorzutreten begann, je mehr sich das Ausland aus der Abhängigkeit von den kommerziellen Dienstleistungen der Deutschen befreite und den gemeinen Kaufmann in die Defensive zurückdrängte. Die Lübecker und ihr Beirat sahen sich damit vor ein Problem gestellt, das seit dem 13. Jahrhundert überall dort in Europa auftrat, wo sich Stadt- und Landgemeinden einer strafferen königlichen oder fürstlichen Führung unterwerfen und sich zu diesem Zwecke in den jetzt aufgebauten Ständestaat einfügen mußten[793]. Gestützt auf die königlichen Prärogativen und deren von gemeinrechtlichen Prinzipien getragene juristische Entfaltung, zwangen in Westeuropa die fürstlichen Gewalten den Gemeinden eine wesentliche Einschränkung ihrer einungsrechtlichen Verfassung auf: Sie nötigten sie dazu, jene Worthalter, die sie in die Parlamente entsandten, mit den unbeschränkten Vollmachten des Abgeordneten oder Repräsentanten auszustatten (oben, §§ 28 bis 30), indem sie sie sowohl im Falle der Säumnis als auch in dem der unzulänglichen Ermächtigung wegen Ladungsungehorsams bestraften.

---

791 Franz SCHNABEL, Die Idee und die Erscheinung, in: Die Hist. Kommission bei der Bayerischen Akademie der Wissenschaften 1858–1958, Göttingen 1958, S. 7–69, hier: S. 54.
792 H. WERNICKE (1998, wie Anm. 590) S. 232–236.
793 Das folgende beruht auf der oben, Anm. 784, angeführten Abhandlung des Verfassers von 1990/94, S. 118–124.

Die lübischen Ladungen zu den Hansetagen dagegen begnügten sich von Anfang an damit, von den Ratssendeboten spezielle, auf genannte Verhandlungsgegenstände beschränkte Vollmachten zu fordern und den geladenen Städten für den Fall der Säumnis den Ausschluß von jenen Rechtsvorteilen in Aussicht zu stellen, die die Versammelten etwa für sich gewinnen könnten. Denn den Häuptern der Hanse standen keine königlichen Prärogativen zur Verfügung; die einungsrechtliche Verfassung des hansischen Verbundes begünstigte die Gleichheit der Gemeinden und schränkte die Vollmachten unausgesprochenermaßen weiter dadurch ein, daß sie die Identität der Willen von Gemeinde, Ratmannen und Sendeboten als ihre Grundlage akzeptierte: Sie band die Gemeinden nur solange an das Votum ihrer Worthalter, wie diese ihren Willen zum Ausdruck brachten. Ob das der Fall war, vermochte man wegen des unvorhersehbaren Ganges der gemeinsamen Beratungen oft erst nach dem Abschluß der Tagfahrten festzustellen, wenn die Sendeboten ihren Ratskumpanen und Gemeinden die Rezesse bekanntgeben konnten. Da geschah es immer wieder, daß sich diese ihre Voten nicht zu eigen machten und daß sich folglich, was eine Tagfahrt einhellig beschlossen hatte, doch als eine lediglich partikulare, wenn vielleicht auch mehrheitliche Meinung erwies.

§ 317. Sehr zeitig muß den gemeinen Städten klargeworden sein, daß sie auf Grund einer solchen Verfassung zwar Handelsverträge abschließen oder den Nowgoroder Oberhof von Wisby nach Lübeck verlegen konnten, weil es dabei nicht schadete, wenn einzelne Städte ihrer Willkür erst nach Jahren oder Jahrzehnten beitraten (oben, § 305), daß sie aber in Kriegszeiten unterliegen müßten, wenn sie nicht ihre Führung bestärkten. Das Kriegsbündnis der wendischen Städte gegen Dänemark vom 14. Oktober 1293 sah denn auch bereits eine Strafe von hundert Mark Pfennigen für jede Stadt vor, die einen künftigen Bundestag versäumen würde[794]. Die Kölner Konföderation vom 19. November 1367 enthielt sich zwar einer solchen Bestimmung, sie litt aber dermaßen unter Uneinigkeit und Führungsschwäche, daß sich die zu Stralsund versammelten Ratssendeboten am 21. Oktober 1369 vornahmen, die Zustimmung ihrer Gemeinden dazu einzuholen, daß ihre Worthalter hinfort, wenn sie auf den Tagfahrten in die Minderheit gerieten, von ihretwegen der Mehrheitsmeinung beitreten dürften: „Was die meiste Meinung dann für das Beste und Nützlichste erkiese, daß darin die anderen folgen sollen." Damit aber die Gemeinden ihre Worthalter hinreichend genau ermächtigten und instruierten, um sich im voraus ihrem Votum verbindlich zu unterwerfen, sollten hinfort die Sendeboten, ein jeder von seiner Stadt, eine Kredenz unter Stadtsiegel (oben, § 40 bis 42) mitbringen, „daß er vollmächtig sei und daß sie bei Ehren und Treue halten (würden), was er vollbordet"[795].

---

794 UB der Stadt Lübeck T. 1 (1843), S. 549 n. 608, 609.
795 HR I 1 n. 510 § 11. Dazu die oben, Anm. 784, genannte Abhandlung, S. 129–131.

Die Ratssendeboten wollten demnach den Vorbehalt der erst nachträglich erweislichen Willensidentität aufgehoben wissen, unter dem nach Stadtrecht ihre Vollmachten standen; ihr nächster Schritt hätte alsdann sein müssen, die Erteilung dieser Kredenz von den Gemeinden unter Androhung von Strafen zu erzwingen, womit ein wesentlicher Teil des Straftatbestandes des Ladungsungehorsams gegeben gewesen wäre. Den gemeinen Städten und den Lübeckern als ihrem Haupte wäre, wenn man sich auf diese Übung hätte verständigen können, ein Sanktionsrecht zugewachsen, wie es bis dahin in Europa nur den Königen zustand (oben, § 304). Aber nichts dergleichen konnte die nächste Tagfahrt beschließen. Dieselben Ratssendeboten, die unter dem Eindruck des Gemeinschaftserlebnisses einer hansischen Tagfahrt derartiges um seiner allgemeinen Nützlichkeit willen für möglich hielten, mußten nach der Heimkehr den Überschwang des politischen Willens zügeln und erkennen, daß dies einem Bruch des hansisch-niederdeutschen Stadtrechts gleichkam: Kein Stadtrat konnte sich über die Bedingungen hinwegsetzen, unter denen seine Gemeinde ihn ermächtigt hatte, ihr Wort zu halten, keine Gemeinde ihren Ratssendeboten Vollmachten erteilen, die ihr die Entscheidung in ihren hochbeschwerlichen Geschäften aus der Hand genommen hätten (oben, §§ 209, 215).

§ 318. Nachdem sich seit 1418 die Modernisierungspolitik der Wendischen Städte zunächst auf die hansische Rechtsaufsicht über jene Gemeinden konzentriert hatte, die ihren Rat entmächtigten und somit daran hinderten, der Ladung zur Tagfahrt mit der Entsendung vollmächtiger Ratssendeboten nachzukommen (oben, §§ 139, 140, 154, 159, 192), stellten sie seit 1430 den Ladungsungehorsam in den Mittelpunkt ihrer Bestrebungen[796], denn er gefährdete die wirklich allgemeine Willensbildung des hansischen Verbundes dermaßen, daß die Lübecker im Jahre 1470 damit drohten, die Funktionen eines Hauptes der deutschen Hanse niederzulegen, wenn seine Strafbarkeit nicht von allen akzeptiert werde, da sie große Kosten für den Versand der Ladungen und für die Durchführung der Tagfahrten auf sich nähmen und dafür nur geringen Dank, wohl aber großen Vorwitz ernteten[797].

Die von der Hanseforschung oft vermutete Umwandlung der hansischen Einung aus einem Personenverbande in einen kommunalen Verband, dessen Mitglieder nur noch Stadtgemeinden sein konnten (oben, §§ 294, 295), erweist sich damit als bloßer Schein, hervorgerufen von dem Versuch der Wendischen Städte, das auf Willensbildung und Geschäftsfähigkeit überschaubarer, mit gesamter Hand tätiger Personenverbände zugeschnittene Einungsrecht so fortzubilden, daß es auch der aus Personen und Partikularverbänden zusammengesetzten, polykephalen hansischen Megalopolis gestattete, einen Gemeinwillen zu bilden und in politische Führung umzusetzen.

---

796 HR II 2 n. 321 § 41. Heinrich LAUBINGER, Die rechtliche Gestaltung der Deutschen Hanse, Diss. Heidelberg 1929, Bruchsal 1932, S. 43.
797 Nach der in Anm. 784 genannten Abhandlung, S. 117f.

Die Vorbereitungen einer Tagfahrt verursachten dem Rate zu Lübeck und seiner Kanzlei vielerlei Arbeit. Das Ladungsschreiben mußte hinreichend genau, zugleich aber so kurz abgefaßt werden, daß man imstande blieb, es handschriftlich zu vervielfältigen, was die Beilage von Schriftstücken, über die die Ratssendeboten beschließen sollten, für gewöhnlich verhinderte; selbst den Rezessen konnte man dieses Schriftgut, als „zu lang zum Kopieren", in der Regel nicht mehr inserieren, sondern mußte es bei den Stadtschreibern in Lübeck zur Einsicht deponieren[798]. Alsdann waren die Ladungsschreiben an die am weitesten entfernten Städte zuerst abzusenden, zumal wenn diese die Ladung ihrerseits vervielfältigen und bei Nachbarstädten weiterverbreiten sollten, während die nähergelegenen Städte später benachrichtigt werden konnten[799]. Danach mußte man die Rückfragen und Beschwerden der Geladenen bewältigen. So beklagten sich am 25. Februar 1453 die livländischen Städte über das verspätete Ausschreiben der Hansetage, welches bereits zweimal ihre Ratssendeboten habe zu spät eintreffen lassen und auch jetzt die Besendung des Tages zu Lübeck unmöglich machte[800]. Andere Rückfragen forderten genauere Auskunft über die Tagesordnung.

§ 319. Vor allem aber mußte man die Frage beantworten, welche Städte überhaupt zu laden waren, damit durch ihre Vermittlung in den Beschlüssen einer Tagfahrt der Wille des gemeinen Kaufmanns in seiner Gesamtheit zum Ausdruck kommen konnte. Bereits das große Bündnis der sächsischen Städte vom 21. April 1426 und später das Bündnis acht altmärkischer Städte vom 1. September 1436 hatte bestimmt, daß man sich über die gemeinsame Besendung der Hansetage verständigen sollte: „Auch wenn man Tagfahrt zu Lübeck oder anderswo von der Hanse wegen besenden soll, so wollen wir die mit einer Stadt besenden und Ausrichtung tun, um unnütze Kosten und Risiken zu sparen"[801]. Die Stadt Emmerich hatte man offenbar niemals zu laden brauchen; sie wurde auf den Tagfahrten seit alters, wie es 1439 heißt, von den Zutphenern mit deren Sendeboten und auf deren Kosten verantwortet und verteidigt, wofür die von Emmerich als Gegenleistung den Zutphener Rheindeich auf eigene Kosten instandhielten[802].

Auf derartige Vertragsverhältnisse reagierte zum ersten Male die Lübekker Tagfahrt vom 1. Januar 1430, indem sie bestimmte, daß die kleinen Städte, „die der Hanse (Gerechtigkeit) gebrauchen und nicht zu den Tagfahrten senden können," von dem Genuß der Privilegien und des Hanserechtes ausgeschlossen werden sollten, wenn sie sich weigerten, etwas zu den Gesandt-

---

798 HR II 3 n. 288 § 1.
799 HR II 7 S. 722.
800 HR II 4 n. 141. Ersuchen, die Tagfahrt um vierzehn Tage zu verlegen: HR II 4 n. 54.
801 G. WITTEK, Handlungsebenen (1997, wie Anm. 307) S. 131. Das Zitat HUB 7, 1 (1939) n. 224.
802 HUB 7, 1 (1939) n. 464.

schaftskosten der großen Städte beizutragen[803]. Es war danach nur konsequent, wenn die Lübecker ihre Ladungen nur den großen Städten zustellten und es diesen überließen, ihrerseits die kleinen zu unterrichten und zu den Kosten heranzuziehen. Zum ersten Male hatten damit die Ratssendeboten die Strafe der Verhansung auf eine bestimmte Form des Ladungsungehorsams gesetzt, nämlich auf die Verweigerung des Kostenbeitrags seitens der kleinen Städte, die zu arm waren, um ihre Interessen auf den Tagfahrten selbst zu vertreten.

§ 320. Drei weitere Sonderformen des Ladungsungehorsams spielten hinfort in den Beschlüssen der Hansetage eine Rolle, allerdings ohne daß die Ratssendeboten selbst den Zusammenhang mit jenem Frevel ausdrücklich hergestellt hätten. So beschloß die Lübecker Tagfahrt vom 18. Mai 1447 aus Gründen, die bereits erörtert wurden (oben, §§ 49, 50), ferner die Stadtschreiber nicht mehr als vollmächtige Sendeboten ihrer Städte anzuerkennen und daher von ihrem Rate auszuschließen, denn würde es irgendeiner zur Tagfahrt geladenen Stadt vergönnt werden, ihre Folgepflicht durch Entsendung eines Bediensteten zu erfüllen, so würden das andere Städte auch tun wollen, und damit würde am Ende das gemeine Beste in seinem Fortgange notwendig behindert werden[804]. Unausgesprochen blieb nicht nur, daß es die geringeren Reisekosten waren, welche eine Stadt dazu bewogen, anstatt mehrerer aktiver geschworener Ratmannen bloß einen Schreiber zu entsenden, sondern auch, daß die alsdann nicht zum Rate der gemeinen Städte zugelassene Stadt (oben, § 307) durch ihr Verhalten der Ladung den gebührenden Gehorsam versagte und sich damit strafbar machte. Dagegen wird (2.) eine nicht erhaltene Willkür über das verspätete Eintreffen der Sendeboten dessen Strafbarkeit ausgesprochen haben; wir erfahren davon, weil die im Juni 1454 zu Lübeck versammelten Sendeboten beschlossen: Da die zu den Tagfahrten geladenen Städte nicht zu der vorgeschriebenen Zeit, sondern, entgegen der darüber gemachten Ordinanzie, manchmal erst acht Tage später zur Stätte kämen, so wollten sie verfahren, wie in den früheren Rezessen enthalten, es ginge denn um zwei oder drei Tage und um unterwegs erst entstandene ursächliche Notsachen[805].

Aber auch (3.) die vorzeitige Abreise war geeignet, die gesamthansische Willensbildung auf den Hansetagen zum Scheitern zu bringen. Da es geschehe, daß etliche Ratssendeboten „ohne vollkommenen und gemeinen Urlaub

---

803 HR I 8 n. 712 § 15, zitiert nach STEIN (1913, wie Anm. 36) S. 287f. VON WINTERFELD (1932, wie Anm. 578) S. 43f. Der Beschluß wurde im Lübecker Rezeß vom 21. Sept. 1450, HR II 3 n. 649 § 2, bekräftigt.
804 HR II 3 n. 288 § 49. Am 25. Juni 1443 hatte Lübeck es noch sieben genannten pommerschen und brandenburgischen Städten freigestellt, statt ihrer Rm. „euren geschworenen Schreiber belastet von der wegen" zu entsenden, HR II 7 n. 473, siehe auch n. 487.
805 HR II 4 n. 248 § 15.

der anderen Herren Sendeboten" die Tagfahrt verließen, worüber „auch andere Städte ungehorsam werden und das gemeine Gut verhindert" werde, beschlossen die am 21. September 1450 in Lübeck versammelten gemeinen Städte, daß hinfort eine Stadt, deren Worthalter sich dieses Frevels schuldig machten, „den anderen Städten in eine Mark feinen Goldes verfallen sein" und diese Buße ohne ein Recht auf Widerspruch zu bezahlen haben sollte[806]. Mit der Höhe des Betrages zeigten die Städte an, daß sie das Delikt der unerlaubten Abreise dem Ladungsungehorsam gleichsetzten. Den Ausschluß des Widerspruchs sahen die Versammelten indessen doch als bedenklich an. Daher sollte die nächste Tagfahrt gründlich darüber beraten, wie man es mit den sechs Städten (darunter den Braunschweigern) halten wollte, die jetzt ohne Urlaub abgereist waren, und ob es möglich sei, ihnen die Strafe aus Gnade der Städte zu erlassen.

Falls die Übeltäter wirklich belangt worden sein sollten, hatte dies doch auf das Rechtsempfinden der Städte keinen sichtbaren Einfluß. Am 28. Juni 1454 beschwerten sich die in Lübeck vergatterten Ratssendeboten bei den Rostockern darüber, daß die Ihren „von hier gezogen sind ungehorsamerweise ohne unser Wissen, Willen, Urlaub und Vollbord, uns zum Hohne und zu Verspottung und in Verminderung des gemeinen Gutes, daraus andere Städte der deutschen Hanse und auch die Sendeboten des Herrn Herzogs von Burgund, des Grafen von St. Pol und der Lede des Landes von Flandern, die gegenwärtig hier zur Stätte sind, ein böses Beispiel und Vorbild nehmen." Unter Berufung auf den Rezeß vom 21. September 1450 verlangten sie, daß Rostock ihnen das darauf gesetzte Strafgeld zur Verfügung stellte und ungesäumt bei abermaligem Verfall in die von den gemeinen Städten darauf gesetzte Buße (gemeint ist hier die Pön für Ladungsungehorsam) seine Ratssendeboten nach Lübeck zurückschickte, „um die Dinge, die um des gemeinen Gutes willen hier angehoben sind, zu vollführen und zu einem füglichen Ende zu bringen"[807].

Zwei Jahre später, auf der Tagfahrt vom 24. Juni 1456, wurde der Braunschweiger Bürgermeister Henning Calmes gar auf frischer Tat ertappt (oben, § 209); die Städte ließen ihn vor sich heischen und den Rezeß von 1450 vorlesen, zu dem damals der Ungehorsam just der Braunschweiger einen Anlaß geboten hatte. Da Herr Henning sich zu entschuldigen vermochte und die Ratssendeboten nunmehr demütig um Urlaub bat, gewährten ihm die Städte nach gründlicher Beratung die Erlaubnis, doch die Buße behielten sie sich vor. Den Magdeburgern, Hildesheimern und Kielern, die ebenfalls ohne Urlaub davongeritten waren, entzogen sie darüber hinaus den Genuß der hansischen Privilegien, bis sie dem Rezeß genuggetan haben würden[808].

---

806 HR II 3 n. 649 § 11, dazu n. 141, 142: vorzeitige Abreise der Göttinger aus Kampen, Aug. 1444.
807 HR II 4 n. 253.
808 HR II 4 n. 458 § 24.

§ 321. Was nun die wichtigste Form des Ladungsungehorsams, nämlich die vollständige Säumnis, anlangte, so setzten die Ratssendeboten zum ersten Male im Jahre 1430 ihre Strafbarkeit fest: Städte, die nicht zur Tagfahrt kamen, verfielen nunmehr ipso facto in die Buße von einer Mark Goldes zu der gemeinen Städte Behuf[809]. Die Lübecker Versammlung vom 12. März 1441 erweiterte diese Satzung um eine wohl unentbehrliche Verfahrensnorm: Von der Buße befreit blieben alle Städte, die bereit waren, sich bei Eiden gegenüber einer oder zwei anderen, dazu geschickten Städten zu entschuldigen, indem sie unter ihrem Siegel einen Bürgermeister oder Ratmann dazu ermächtigten, folgenden Eid zu leisten: „Ich schwöre von unseres Rates wegen: Daß wir nicht gekommen sind" zu der und der Tagfahrt, „das haben wir nicht mit Vorsatz unterlassen oder um die Kosten zu sparen, sondern es ist geschehen wegen etlicher Notsachen und nicht anders, ohne Arglist, daß mir Gott so helfe und seine Heiligen." Zugleich beschlossen die Ratssendeboten eine Liste sowohl der zur Abnahme dieses Eides zugelassenen als auch der jetzt ausgebliebenen und daher zum Schwören verpflichteten Hansestädte; diese sollten den Eid zwischen Ostern und Jacobi (25. Juli) leisten und davon den Beweis bis zum 25. August denen von Lübeck oder den Älterleuten zu Brügge übersenden. Wer dies nicht erfüllte und auch die Buße nicht bezahlte, der sollte eine weitere Mark verwirkt haben und dazu des Kaufmanns Privilegien und Freiheiten und das Geleit in den anderen Hansestädten verlieren[810].

Die große, von 39 Städten beschickte Lübecker Tagfahrt vom 18. Mai 1447 sah sich genötigt, das Verfahren noch zu verschärfen. Nachdem die Ratmannen nur zehn von allen ausgebliebenen Städten hatten als hinreichend entschuldigt anerkennen können und den Schaden für das gemeine Gut erwogen hatten, den die harthörigen und ungehorsamen Städte verursachten, bestätigten sie nicht nur den Betrag von einer Mark Goldes für die damit verwirkte Buße, sondern sie verfügten darüber hinaus, um deren Bezahlung zu erzwingen, daß jeder Bürger einer solchen Stadt, der in eine andere Hansestadt käme, hier solange festgehalten, die ungehorsame Stadt als Ganzes aber sofort verhanst werden und solange verhanst bleiben sollte, bis ihr Rat diese Mark den gemeinen Städten entrichtet bzw. zu ihrer Verfügung bereitgestellt hätte. Eine jede der jetzt anwesenden 39 Städte sollte dies ihren ausgebliebenen Nachbarstädten mitteilen[811]. Dieses Verfahren setzte voraus, daß die Kaufleute einer Hansestadt für ein Versäumnis des Rates hafteten, weil sie es kraft ihrer Identität mit Bürgerschaft und Stadtgemeinde gutgeheißen hatten, indem sie es nicht verhinderten. Gleich dem Vorgehen eines Stadtrates gegen meineidige Bürger nach Stadtrecht (oben, § 237) war das der gemeinen Städte gegen eine ungehorsame, in ihren Verbund gehörige Stadtgemeinde nicht eigentlich ein förmlicher gerichtlicher Prozeß, sondern bloß ein will-

---

809 HR II 1 n. 321 § 41.
810 HR II 2 n. 439 §§ 38, 39, n. 440. STEIN, Hansestädte (1913, wie Anm. 36) S. 245.
811 HR II 3 n. 288 pr., §§ 5, 68.

kürliches Feststellungsverfahren gegen eidbrüchig gewordene Eidgenossen, dessen Formen die Ratssendeboten genauso willkürlich bestimmten, wie ihre Erkenntnis über den Ungehorsam formloses und willkürliches Gutdünken blieb und nicht den Anspruch erhob, gerichtliches Urteil zu sein.

§ 322. Wir erfahren nichts darüber, inwieweit diese Rechtsauffassung der gemeinen Städte von den Pflichten, die mit der Zugehörigkeit zur hansischen Einung verbunden waren, in den einzelnen Städten Anerkennung fand oder aber als unerhörte Neuerung und hochbeschwerliches Geschäft bei Räten und Gemeinden auf Ablehnung stieß. Der engere Kreis der an den Tagfahrten interessierten Städte indes fand Gefallen an ihr. Jene acht Städte, die am 25. Juli 1449 in Bremen beschlossen, eine Gesandtschaft zum Herzog von Burgund zu schicken und sich über deren Bericht am 19. April 1450 zu beraten, beauftragten nämlich die Lübecker, zu dieser neuerlichen Tagfahrt 28 namentlich genannte Städte (acht wendische, darunter Lübeck, sechs sächsische, darunter Bremen, drei westfälische, vier niederrheinische, sechs süderseeische und eine preußische) bei der bekannten, vor zwei Jahren beschlossenen Strafe, alle anderen Hansestädte aber unverpönt nach Bremen zu laden; diese letzteren sollten allerdings, wenn sie die Tagfahrt nicht besenden konnten, die Sendeboten einer anderen Stadt ermächtigen, das den gemeinen Städten Nützliche zu beschließen"[812].

Derartige Vollmachten waren nun freilich längst gebräuchlich; bemerkenswert und der Erklärung bedürftig ist vielmehr, daß der Rezeß der Bremer Tagfahrt, die um zwei Monate auf den 24. Juni 1450 hatte verschoben werden müssen, nichts darüber mitteilt, ob bestimmte Sendeboten derartige Vollmachten ausgebliebener Städte vorlegten. Der Rezeß vermeldet lediglich: „Da etliche Städte, die zu der vorberührten Tagfahrt bei der Strafe einer Mark Goldes geladen waren, sich durch ihre Schreiben entschuldigt haben, so haben die vorgeschriebenen Herren Ratssendeboten deswegen ordiniert, daß die Städte zu der Tagfahrt, die nach Lübeck auf nächstkommenden Tag Matthäi verrahmt ist, erkennen sollen, wie es um diese Strafen stehen solle." Da von den 28 bei Strafe geladenen Städten nur dreizehn erschienen waren, fühlte sich die Versammlung nicht kompetent, über so schwerwiegende Artikel wie die Verlegung des Stapels von Brügge in eine andere Stadt oder die Einrichtung eines Pfundzolls zugunsten der Rüstung wider die friesischen Seeräuber zu beschließen. Die Sonderung der Städte in jene zwei Gruppen, die bei Strafe bzw. unverpönt zu laden waren, aber hatte sich offensichtlich nicht bewährt. Wegen der nunmehr notwendig gewordenen weiteren Tagfahrt vom 29. September nämlich ordneten die Ratssendeboten an, „daß der ehrsame Rat zu Lübeck ... nach alter Gewohnheit die Städte von der deutschen Hanse gemeinlich, wo sie auch belegen seien, nach Lübeck auf nächstkommenden St. Matthäi Tag, um des Abends in der Herberge zu sein, bei der Pön

---

812 HR II 3 n. 546 § 2.

einer Mark Goldes und gleichzeitigen Verlustes der Freiheiten und Privilegien der deutschen Hanse nach Erkenntnis der Städte, die sich alsdann daselbst zu Lübeck versammeln werden, nach Inhalt einer Notula, die auf des Rates von Lübeck Verbesserung darüber verrahmt worden ist, ernstlich auffordern und vorladen soll"[813].

Auf diesen Beschluß beriefen sich die Lübecker, als sie am 17. Juli 1450 die Ausschreiben ergehen ließen: In Anbetracht dessen, daß bereits zwei Tagfahrten um dieser Sache willen vergeblich stattgefunden hätten, weil „viele Städte harthörig werden und nach Ladung zu den Tagfahrten nicht kommen," seien sie beauftragt, zu der neuerlichen Tagfahrt bei Strafe einer Mark Goldes und der Verhansung „zu einer bestimmten Zeit nach Erkenntnis und Gutdünken der ehrsamen Sendeboten, die zur vorgenannten Stätte kommen werden," einzuladen. Merkwürdig ist die Sanktionsklausel des an Lüneburg gerichteten Ausschreibens: „Hierin, ehrsame Gute, wollet euch gutwillig beweisen, wie es sich gehört, auf daß durch Gebrech von euch die gemeine Hanse in den vorberührten Sachen ferner nicht gehindert werde und ihr auch den gemeinen Städten mit Gehorsam in die vorbenannte Pön etc. nicht verfallet"[814]. Die einungsrechtliche Grundlage für die Bußwürdigkeit des Ungehorsams wußte man nicht genauer als mittels vager Hinweise auf das Gehörige und den Gemeinnutzen zu kennzeichnen.

§ 323. Der Erfolg der Maßnahmen war denn auch katastrophal. Zwar leisteten 27 Städte der Einladung Folge, aber das war noch nicht einmal die Hälfte der Geladenen, waren doch nicht weniger als dreißig Städte ausgeblieben, darunter sieben, die schon die Bremer Versammlung vom 25. Juli 1449 hatte bei Strafe laden lassen, während die übrigen der Gruppe der damals unverpönt geladenen Städte angehört haben müssen. Die am 21. September 1450 zu Lübeck versammelten Ratssendeboten mußten sich das Versagen ihrer auf vagen, für sie nicht faßbaren einungsrechtlichen Grundlagen errichteten Verfassung eingestehen und sahen doch keinen anderen Weg, um die Mängel zu beheben, als den einmal eingeschlagenen, auf dem sie fortschreiten mußten, auch wenn er sich bereits als Holzweg zu erkennen gab. Obwohl diese Tagfahrt wegen der Notlage des gemeinen Kaufmanns von der deutschen Hanse ausgeschrieben worden war, so stellten sie fest[815], seien doch viele Städte harthörig und hätten sich, anstatt sie zu besenden, mit Briefen begnügt, womit sie meinten, sich der im Bremer Rezeß vom 24. Juni 1450 bestimmten Strafe erwehren zu können. Da jedoch die gemeinen Städte im Jahre 1441 zu Lübeck übereingetragen hätten, solche Entschuldigungen nicht zuzulassen, „so bedünkt uns, daß wir verpflichtet wären, solchem Rezesse nachzukommen," zumal etliche dieser Städte auch der Ladung auf den 24. Juni 1450 nach Bremen nicht gefolgt seien.

---
813 HR II 3 n. 627 pr., §§ 1, 2, 4.
814 HR II 3 n. 639. UB der Stadt Lübeck T. 8 (1889), S. 739 n. 694.
815 HR II 3 n. 649 § 1.

Da ihnen also offensichtlich an der Wohlfahrt der Hanse nichts gelegen sei, dünkte es die Versammelten unredlich, daß sie als Ungehorsame die Freiheiten der Hanse gebrauchen sollten gleich denen, die dafür weder Arbeit noch Kosten scheuen. Daher hätten sie übereingetragen und beschlossen, daß diese insgesamt dreißig einzeln mit Namen genannten Städte, deren Bürger und Einwohner die Freiheiten der Hanse häufig gebrauchten, in die zu Bremen festgesetzte Strafe von einer Mark Goldes und Verlust der Freiheiten auf zehn Jahre verfallen sein sollten, es wäre denn, daß sich eine Stadt auf der nächsten Tagfahrt „mit merklichen Notsachen von der ganzen Stadt wegen" derart entschuldigen könne, daß sie nicht bloß um Kosten zu sparen ausgeblieben sei, doch sollte dies „zur Erkenntnis der auf dieser Tagfahrt versammelten Sendeboten stehen, wie das auch der obgemeldete Rezeß ausweist." Bezahlte eine Stadt die Mark Goldes, so konnten die Sendeboten auf der nächsten Tagfahrt die zehnjährige Dauer der über sie verhängten Verhansung abkürzen. Die Ausführung dieses Beschlusses bürdeten sie den Auslandsniederlassungen auf: Denn hiernach sollte sich „der Kaufmann auf den Enden, da man der Hanse Freiheit hält," richten und niemanden von den genannten Städten mit seinem Gute zu den Freiheiten zulassen. Da aber die flämisch-burgundische Angelegenheit nicht länger aufgeschoben werden konnte, beschlossen die Ratssendeboten ferner, bestimmte hierzu deputierte und ermächtigte Städte im nächsten Jahre zu einer Tagfahrt nach Utrecht zu entsenden, die nicht öffentlich ausgeschrieben, sondern nur den deputierten Städten mitgeteilt werden sollte[816].

§ 324. Die Ratssendeboten, welche dies alles beschlossen, müssen sich im klaren darüber gewesen sein, daß die deutsche Hanse, wäre sie nicht mehr als bloß eine Interessengemeinschaft gewesen, ihrem Ende entgegensah, gingen doch die Interessen der Kaufleute und ihrer Partikularverbände soweit auseinander, daß ein Gemeinwille aller deutschen Kaufleute nicht mehr zustandezukommen drohte und auch von den einzelnen Städten, deren Verhalten den Interessen je ihrer Kaufmannschaften folgen mußte, nicht mehr herbeigeführt werden konnte. Schwerlich vermochte noch jemand zu behaupten, daß der Wille der auf den Tagfahrten versammelten Sendeboten auch weiterhin identisch wäre mit demjenigen aller einzelnen Städte. Wollte man aber dem damit vorgegebenen Schicksal der deutschen Hanse nicht tatenlos zusehen, so konnte man doch die Mittel, um der Not zu steuern, nur aus den Gedanken des hansisch-niederdeutschen Stadt- und Einungsrechtes herleiten, denn was ihnen nicht gemäß war, hatte schwerlich eine Chance, von allen hansischen Teilverbänden als gerecht akzeptiert zu werden.

So war man auf den Ausweg verfallen, den Ladungsungehorsam einer Stadt als Eidbruch der in ihr geeinten „Bürger von der Hanse" (oben, § 289) zu deuten und für bußwürdig zu erklären und von ihnen die Unterwerfung unter diese Willkür mittels der Verhansung zu erzwingen. Allein da nicht der

---

816 HR II 3 n. 649 § 5.

gemeine Kaufmann, sondern nur die Stadtgemeinde als Eidgenossenschaft verfaßt war, erwies sich dieser Ausweg als ebensowenig entwicklungsfähig wie die Rechtsidee des Bürgers von der Hanse (oben, § 290). Sofort nämlich zeigte sich, daß es dem polykephalen Verbunde der gemeinen Städte, der noch immer an der einungsrechtlichen Fiktion festhielt, als ob er einmütig und mit gesamter Hand in Rechtsdingen tätig werde, an den Einrichtungen fehlte, die notwendig gewesen wären, um das um die Verpönung bereicherte Ladungsrecht praktisch anzuwenden. Denn im Utrechter Rezeß vom Mai-Juni 1451 findet sich festgehalten, daß diese Tagfahrt zwar die nächste war, wo sich die dreißig in die Strafe verfallenen Städte billigerweise sollten entschuldigt haben, daß aber dieser Termin vielen Städten nicht bekanntgeworden sein dürfte, denn nur die Duisburger erschienen hier vor den Ratssendeboten und erlangten den Freispruch von Buße und Verhansung. Daher hätten „die hier versammelten Sendeboten von ihnen gegebener Macht wegen" (sie bezogen sich damit auf den Rezeß vom 21. September des Vorjahres) den Lübeckern und den Kölnern befohlen, jene Städte schriftlich an die Entschuldigung zu erinnern, ihre Erklärungen entgegenzunehmen, danach zu entscheiden, welcher Städte Entschuldigungen sie anerkennen wollten, und schließlich „von Macht der Hanse wegen" dem Kaufmann im Auslande anzuzeigen, daß diesen der Hanse Freiheit wieder erlaubt worden sei[817].

Man hielt sich also an die Gewohnheit, für jedes einzelne Geschäft der Hanse die Häupter zu erkiesen und mit der dafür erforderlichen speziellen Vollmacht zu versehen. Nur von Dortmund und Münster erfahren wir, daß sie der Aufforderung sofort nachkamen und daher am 28. Juli 1451 von Köln wieder zu des Kaufmanns Recht und Freiheit zugelassen wurden[818]. Andere Städte benutzten ihre Verhansung offenbar als willkommenen Vorwand, um sich dem Verbot der Flandernfahrt zu entziehen, das die gemeinen Städte am 21. September 1450 beschlossen hatten, und den nach Deventer verlegten Stapel zu umgehen[819]. Sie sahen daher keinen Anlaß, sich mit ihrer Entschuldigung zu beeilen. So kam es, daß sich die im Februar 1452 zu Lübeck versammelten Städte abermals mit der Angelegenheit beschäftigen mußten. Sie erteilten dem gemeinen Kaufmanne zu Deventer Befehl und Vollmacht, den ungehorsamen Städten und ihren Kaufleuten und Bürgern weiterhin den Schirm der hansischen Privilegien zu versagen, und richteten noch einmal an jene Städte den Appell, sich bis Michaelis bei Lübeck oder Köln zu entschuldigen, widrigenfalls man auf härtere Strafe sinnen würde[820].

Welche aber hätte das sein und wie hätte man sie beitreiben können, wenn schon das Zwangsmittel der Verhansung nicht ausreichte, um die seit 1430 in Geltung befindliche Buße von einer Mark Goldes einzuziehen? Niemand

---

817 HR II 3 n. 709 §§ 3, 20.
818 HR II 3 n. 727, 729–732.
819 HR II 4 n. 9.
820 HR II 4 n. 63.

konnte das sagen. So waren die gemeinen Städte zur Untätigkeit verdammt, obwohl sich bis Michaelis 1452 nur dreizehn Städte entschuldigten und aus der Verhansung lösten[821]. Die Ratssendeboten mußten sich damit abfinden, daß einzelne Städte es vorzogen, auf den Genuß der hansischen Privilegien zu verzichten, „die Mitgesellschaft der Hanse ... gegenwärtiglich abzuschreiben"[822] und von dem deutschen Kaufmannsrecht auf eigene Faust anstatt unter dem Schirm des gemeinen Kaufmanns Gebrauch zu machen – die damit verbundenen Nachteile mochten wohl aufgewogen werden durch das, was man nun an Schoßzahlungen, Besendungskosten, Bußgeldern und anderen, mit der Zugehörigkeit zur deutschen Hanse verbundenen Ausgaben sparte.

§ 325. Soweit den Städten daran gelegen war, ihren Verbund und den des gemeinen Kaufmanns aufrechtzuerhalten, befanden sie sich in einer gefährlichen Zwangslage. So dringend ihnen auch eine Reform der hansischen Verfassung geboten erscheinen mußte: deren einungsrechtliche Grundlagen setzten ihnen derart enge Grenzen, daß alles Nachsinnen über härtere Strafen ergebnislos blieb. Nichts anderes blieb ihnen übrig, als nach wenigen Jahren einen zweiten Versuch mit eben dem Verfahren zu unternehmen, dessen Unwirksamkeit sich soeben erwiesen hatte. Obwohl die auf den 24. Juni 1456 nach Lübeck einberufene Tagfahrt um großer, den gemeinen Kaufmann von der deutschen Hanse angehender Notsachen willen ausgeschrieben worden war, mußten die dort versammelten Ratssendeboten wieder einmal die Briefe etlicher zu der Tagfahrt geladener Städte anhören, die sich darin nicht nur wegen ihres Ausbleibens entschuldigten, anstatt in den Notsachen raten zu helfen, sondern auch noch der Meinung waren, sie seien damit der im Rezeß bestimmten Pön überhoben. Da die Städte jedoch 1441 und 1447 beschlossen hatten, keine derartige Entschuldigung zuzulassen, so dünkte es nun die Ratssendeboten billig, diesen Rezessen nachzugehen, damit nicht die Ungehorsamen die Privilegien der Hanse gebrauchten gleich denen, die dafür Arbeit und Kosten aufwandten. So trugen sie von neuem, wenn auch mit den alten Worten und sogar mit Wiederholung der Eidesformel, überein, daß die trotz Ladung ausgebliebenen Städte sich respective vor den Hauptstädten Lübeck, Köln, Magdeburg, Braunschweig, Nimwegen, Zutphen, Stendal, Stade, Breslau, Frankfurt und Osnabrück mit jenem Eide entschuldigen und widrigenfalls der rezeßmäßigen Buße verfallen sein sollten[823].

Es ist kein einziges Schriftstück überliefert, welches davon berichtete oder darauf hindeutete, daß diese Beschlüsse irgendwelche Folgen zeitigten. Selbst Lübeck und die Wendischen Städte scheinen verzagt zu haben; jedenfalls fehlt in dem Ladungsschreiben, das sie am 19. April 1459 an Göttingen richteten, jeder Hinweis auf die Bußwürdigkeit der Säumnis, obwohl die Göttin-

---

821 HR II 4 n. 75, II 3 n. 672.
822 So Berlin und Cölln am 22. Juli 1452, UB der Stadt Lübeck T. 9 (1893), S. 100 n. 94, HR II 7 n. 531.
823 HR II 4 n. 458 §§ 13–15.

ger und andere Städte von der deutschen Hanse zu der gegenwärtigen Tagfahrt geladen, gleichwohl jedoch ausgeblieben waren: Da die Ratssendeboten indessen wegen der Bedeutung der anstehenden Beschlüsse eine neue, besser besuchte Versammlung für nötig hielten, sollten die Göttinger die umliegenden Städte zu dieser einladen und sich von den kleinen, die dazu nicht kommen könnten, Vollmacht geben lassen; vor allem aber sollten sie selbst zum 16. Mai des Jahres ihre „trefflichen vollmächtigen Ratssendeboten" nach Lübeck schicken, „auf daß die Wohlfahrt ... des gemeinen Guten und der ehrlichen Städte von der deutschen Hanse ... nicht verhindert werde und die Rezesse und Gebote, von den vorgeschriebenen gemeinen Städten eingesetzt und gemacht, bei Wert und bei Macht gehalten werden können"[824] – dieser vorsichtige Hinweis war alles, was von der Verpönung des Ladungsungehorsams übriggeblieben war. Die im hansischen Einungsrecht begründete Machtlosigkeit der Häupter und polykephale Führungsschwäche war so wenig reparabel, daß die Lübecker, wie erwähnt, im Jahre 1470 jenen Grad an Verzagtheit erreichten, der ihnen selbst den Verzicht auf ihre Häuptlingsschaft als das geringere Übel erscheinen ließ.

§ 326. Soweit die Rezesse erkennen lassen, haben sich die Ratssendeboten von den Gründen dieses Scheiterns keine Rechenschaft gegeben. Immerhin mag von diesem Problem die lange Beratung gehandelt haben, die der Entscheidung über die vorzeitige Abreise des Bürgermeisters von Braunschweig voranging (oben, §§ 209, 320) und die der Rezeß vom 24. Juni 1456 notiert, ohne ihren Inhalt zu vermelden. Denn da der Bürgermeister „von seinen Herren von Braunschweig um Notsachen willen" zurückgerufen worden war, müssen sich die Sendeboten die Frage gestellt haben, ob ihre hansischen, durch die Ladung zur Tagfahrt begründeten Pflichten den Vorrang vor den stadtrechtlichen haben sollten, auf die sie sowohl den Bürgereid als auch den ratsherrlichen Amtseid abgelegt hatten, ob also Stadtrecht das Hanserecht bräche oder ob es umgekehrt diesem zu weichen hätte. Da sie dem Bürgermeister erlaubten heimzureiten und mit dem Vorbehalt der Buße nur seinen Vorsatz, dies heimlich zu tun, verurteilten, erkannten sie offensichtlich den Vorrang des Stadtrechtes an, war doch jeder von ihnen an die Befehle seines heimatlichen Rates und an dessen mit dem der Gemeinde übereinstimmenden Willen gebunden, hätte er doch andernfalls auf der Tagfahrt nicht von ihretwegen das Wort halten und somit nicht als ihr vollmächtiger Sendebote auftreten können. Denn durch die Grundrechte seiner Gemeinde wurde die Vollmacht eines Ratssendeboten in derselben Weise beschränkt wie die des Stadtrates selber (oben, §§ 62, 63, 66, 68, 215).

Daß aber diese Rechtslage allen Versuchen, die hansische Verfassung zu modernisieren und die Autorität des Hauptes zur Potestas, zur Gebots- oder Banngewalt zu steigern, eine schwer übersteigbare Hürde in den Weg legte, dessen scheinen sich die Ratssendeboten nicht bewußt gewesen zu sein. Es

---

824 HR II 4 n. 661.

liegt jedenfalls ein auffälliger Widerspruch darin, daß derselbe Braunschweiger Bürgermeister, der auf der Tagfahrt vom 24. Juni 1456 durch unerlaubte, heimliche und vorzeitige Abreise das hansische Gebot, der Ladung zu gehorchen, verletzte, zuvor noch auf derselben Tagfahrt daran mitgewirkt hatte, eben jene Verpönung des Ladungsungehorsams übereinzutragen und Braunschweig zu einer jener Hauptstädte zu bestimmen, die dieses neue Recht durchsetzen sollten (oben, § 325), ganz abgesehen davon, daß die Braunschweiger im Jahre 1450 schon einmal wegen heimlicher vorzeitiger Abreise den gemeinen Städten bußfällig geworden waren! Ebenso waren die Zutphener bereits einmal wegen Fernbleibens von der Bremer Tagfahrt vom 24. Juni 1450 selber bußfällig geworden, bevor sie jetzt die Aufgabe einer Hauptstadt übernahmen, die selbst über die Entschuldigungen anderer entscheiden sollte.

§ 327. Es ist derselbe Widerspruch, den wir bereits hinsichtlich der bürger- und gastrechtlichen Willküren einerseits der Ratssendeboten oder gemeinen Städte und andererseits der einzelnen Hansestädte beobachteten (oben, §§ 289, 290). Er erweckt den Anschein, als ob eine und dieselbe Person verschiedene Rechtsauffassungen vertreten konnte, je nachdem, ob sie als Ratmann inmitten der eigenen Stadtgemeinde oder als deren Sendebote im Rate der gemeinen Städte das Wort hielt. Erklären läßt sich ein so widersprüchliches Verhalten (siehe auch oben, § 15) wohl nur damit, daß die Ratmannen der Hansestädte es nicht als solches erkannten und auch nicht erkennen konnten, weil die Grundgedanken des Einungsrechtes einen ernsthaften Konflikt zwischen den Stadtrechten und dem hansischen oder deutschen Recht des gemeinen Kaufmanns undenkbar machten. Gewiß kamen solche Konflikte vor (oben, § 306), zu tief aber war dem hansisch-niederdeutschen Bürgertum und seinem Lebensgefühl die allem Rechtsdenken vorangehende Überzeugung eingefleischt, daß trotz aller Vielfalt der Meinungen und trotz aller Interessenkonflikte im Grunde genommen doch alle eines und dasselbe wollten, nämlich in Frieden und Sicherheit den Geschäften nachgehen und daraus Gewinn ziehen. Zu fest war man davon überzeugt, daß in der Beratung weiser Männer zuletzt doch stets alle Sonderwillen in einem einzigen Gemeinwillen aufgehen und die Identität aller partikularen Willen an den Tag kommen werde, als daß man dem Widerspruch zwischen Stadt- und Hanserecht mehr als eine bloß oberflächliche Bedeutung hätte beilegen können. Man brauchte ihn nicht zu übersehen, um doch daran zu glauben, daß er der gemeinsamen Willensbildung zwar Schwierigkeiten bereiten und daher manchmal jahrelange Beratungen erheischen, am Ende aber den siegreichen Durchbruch zur Identität aller Willen nicht verhindern werde.

Nichts lag diesem im Lebensgefühl des Kaufmanns und Bürgers verwurzelten Glauben ferner, als den Streit der Meinungen und Parteien der conditio humana zuzurechnen, ihn daher als unaufhebbar hinzunehmen und auf eine Verfassung des Gemeinwesens zu sinnen, die ihm Raum geben, seinen friedlichen Verlauf gewähren und zugleich die Handlungsfähigkeit der Gemeinde sichern könnte, indem sie der Mehrheit die Macht gab, ohne deswegen die Minderheiten zu entrechten. Ohne den unerschütterlichen Glauben an die letzten Endes notwendige Identität aller Willen wäre die Rechtsform der Einung niemals imstande gewesen, über die Grenzen gesamthänderischen Handelns in kleinsten Verbänden hinauszuwachsen und sowohl einzelstädtischen Großgemeinden als auch dem gemeinen deutschen Kaufmann genossenschaftliche Verfassungen zu geben; ohne die nicht hinterfragbare Kraft dieses Glaubens hätte weder der gemeine Kaufmann den Ausfall der königlichen Schirmherrschaft, unter der er herangewachsen war, noch die Gemeinschaft der Hansestädte jene Krisen überstanden, die seit dem Ausgang des 14. Jahrhunderts immer wieder ihre Existenz bedrohten. Bis über die Mitte des 15. Jahrhunderts hinaus, als sich die deutsche Hanse offen vom Verfall bedroht sah und das Illusorische des Identitätsglaubens kaum noch zu verkennen war, blieb dieser Glaube mächtig genug, um jede Reform der einungsrechtlichen Grundlagen ihrer Verfassung unnötig und unmöglich zu machen.

3.4.2. Tagesordnung und Retraktrecht

§ 328. So hielten denn, ungeachtet aller Beschlüsse der Ratssendeboten, die Einzelstädte an der Ansicht fest, nach Stadtrecht sei die Ladung zur Tagfahrt für sie unverbindlich und stehe es ihnen zu, frei darüber zu entscheiden, ob es nützlich sei, den Tag zu besenden oder ihm fernzubleiben oder sich dort durch eine andere Stadt vertreten zu lassen. Im Gegensatz zu den Königen, die die Gemeinden ihrer Reiche dazu zwingen konnten, bevollmächtigte Repräsentanten zu den Parlamenten zu entsenden, ohne daß sie ihnen mehr anzuzeigen brauchten als in ganz allgemeiner und unbestimmter Weise dem Königreiche drohende Gefahren, über deren Abwendung man beraten müsse, – im Gegensatz hierzu waren die Häupter der Hanse gezwungen, den Städten in der Ladung genau mitzuteilen, welche Notsachen im einzelnen den gemeinen Kaufmann zur Zeit gefährdeten, denn sie konnten den Städten das Besenden der Tagfahrten nicht befehlen, sondern mußten sie dazu überreden[825]. Darüber hinaus ergibt sich aus dem Gedankengang der Ladungsschreiben, daß die einzelnen Städte gar nicht imstande waren, der darin geforderten Entsendung vollmächtiger Boten zu genügen, wenn sie die Gegenstände der Beratungen nicht im voraus im einzelnen kannten und nicht wußten, ob über sie lediglich gesprochen oder auch etwas beschlossen werden sollte[826].

Daher nennen die Lübecker Ausschreiben stets zuerst die Notsachen, derentwegen sich die Städte beraten und entscheiden mußten, um dann fortzufahren: „... darum es höchlichst von Nöten ist, daß wir Städte uns versammeln; wir haben daher an alle Hansestädte geschrieben, sie sollten die Ihren

---

825 Hierzu die oben, Anm. 784, genannte Abhandlung, S. 121–123.
826 HR II 3 n. 640 § 1 „um zu besprechen und zu beschließen", §§ 2, 3 „item um zu besprechen", § 4 „item zu beschließen".

mit voller Macht" zum genannten Termin „binnen unserer Stadt haben, und wir begehren, liebe Freunde, ihr wollet von eurer aller wegen zwei Personen eures Rates mit Vollmacht zu der vorbeschriebenen Zeit desgleichen binnen unserer Stadt entsenden und haben, auf daß man mit Eintracht beschließen könne, so daß der Städte und des Kaufmanns Privilegien und Freiheiten den gemeinen Städten und dem Kaufmanne zu Nutz und Frommen beschirmt und gehalten werden"[827]. Es gab hierfür kein festgelegtes Formular, die Lübecker Stadtschreiber konnten die Ausschreiben frei formulieren, sie mußten aber stets diese drei wesentlichen Aussagen in ihren Texten unterbringen: die Angabe bestimmter Notsachen, über die jetzt zu entscheiden war, die Angabe des Termins für die aus diesem Grunde notwendige Tagfahrt und die Aufforderung, dazu vollmächtige Boten zu entsenden.

Seit 1441 kam schließlich als viertes Element noch die Pönformel hinzu: Da genannte Gefahren den Zusammentritt eines Hansetags erheischten, damit die Städte ihrer Pflicht, die von den Vorfahren überkommenen Freiheiten zu beschirmen, nachkommen und über die berührten Punkte verhandeln könnten, fordere man die Adressaten bei Verlust der hansischen Rechte auf, ihre bevollmächtigten Ratssendeboten zu dem und dem Termin in die und die Stadt zu schicken, um mit den übrigen Hansestädten und dem gleichfalls entbotenen Kaufmann von Brügge, London, Bergen über die angeführten Angelegenheiten „zu verhandeln und ohne Rückbezug (sunder rucgetoch) hierin zu beschließen"[828]. Das gleiche besagte die Aufforderung, die Sendeboten mit voller Macht herzuschicken, um über die genannten Punkte „zu verhandeln und ohne Rückbezug zu beschließen ... Ihr lieben Freunde, wollet dies nicht zurückweisen, bei Vermeidung der Städte von der Hanse Gerechtigkeit und Freiheit fürbaß (nicht) zu gebrauchen"[829]. Seit 1450 gingen die Lübecker dazu über, nur die wichtigsten Notsachen in die Ausschreiben aufzunehmen und weitere Gegenstände der Beratung auf beigefügten Zetteln zu übermitteln, wobei sie zwischen Fragen, die nur zu besprechen, und solchen, über die auch zu beschließen war, unterschieden[830].

§ 329. Deutlicher als es die Ladungsschreiben in der Regel tun, verraten manche ihnen vorangehende Rezesse, daß zwischen Bekanntgabe der Tagesordnung und Vollmacht der Sendeboten ein Zusammenhang bestand. Begehre eine Stadt, so bestimmten die seit dem 18. Mai 1447 zu Lübeck versammelten Ratssendeboten, der Hanse anzugehören, so solle die nächste Tagfahrt darüber entscheiden, der Rat von Lübeck aber oder andere, die die Städte zur

---

827 UB der Stadt Göttingen (1867, wie Anm. 361) n. 175: Rat zu Lübeck an Bm. und Rm. der Stadt Braunschweig und acht weiterer sächsischer Städte, 7. Sept. 1435.
828 HR II 3 n. 257: Lübeck und Wendische Städte an Groningen, 28. Sept. 1446.
829 UB der Stadt Lübeck T. 8 (1889), S. 462 n. 418: Lübeck und Wendische Städte an Kiel, 5. April 1447. – Ferner: HR II 4 n. 661, s. o., § 325.
830 HR II 3 n. 614, 615; 635, 639, 640; UB der Stadt Lübeck T. 8 (1889), S. 739 n. 694. HR II 3 n. 627 § 2.

Gemeiner Kaufmann, gemeine Städte und vollmächtige Ratssendeboten   381

Tagfahrt verschrieben, sollten das in der Ladung ankündigen, damit jede Stadt erwäge, ob die begehrende Stadt der Hanse nützlich sei[831]. Die Bremer Tagfahrt vom 25. Juli 1449 bestimmte hinsichtlich der nächsten Versammlung, die Lübecker sollten einer jeden Stadt, sie werde bei Strafe geladen oder nicht (oben, § 322), die Artikel betreffend die burgundische Sache schreiben, über die dort zu verhandeln und zu beschließen sei, „damit sich niemand von den Sendeboten deshalb entschuldigen könne, er habe davon nichts in Befehl;" speziell wegen der städtefeindlichen Politik der Fürsten fügten sie hinzu, jeder jetzt anwesende Sendebote solle diesen Artikel zur Beratung zurück an seine Ältesten bringen, damit man auf der nächsten Tagfahrt darüber beschließen könne[832].

Die Vollmacht, die die einzelnen Städte ihren Ratssendeboten erteilen sollten, bezog sich also geradezu auf die ihnen zugestellte Tagesordnung. Dies bringen auch manche Ladungsschreiben zum Ausdruck, etwa indem sie die Adressaten auffordern, sie sollten ihre Sendeboten zur rechten Zeit zur Stelle haben „mit voller Macht, um mitsamt anderen Sendeboten der gemeinen Städte in die Artikel, welche in diesem eingelegten Zettel geschrieben stehen, zu sprechen und zu schließen, als man dann erkennen soll, daß es für das gemeine Beste behuf und von Nöten sei"[833], oder mit anderen Worten: „Darum heischen und vermahnen wir euch, so hoch wir vermögen, bei von den gemeinen Städten darauf gestellten Strafen, daß ihr eure Ratssendeboten auf nächstkommenden St. Nikolai-Tag senden ... wollet, um mit uns mit voller Macht in den vorberührten und anderen Sachen zu sprechen und zu handeln, wie uns das um des gemeinen Besten willen nötig zu sein dünken wird"[834].

Es war also ständige Praxis der Ratmannen und Ratssendeboten und entsprach zweifellos ihren Vorstellungen von einem ordentlichen, rechtmäßigen Verfahren, daß die Einzelstädte die anliegenden Notsachen des gemeinen Kaufmanns vorab zur Kenntnis nehmen und Gelegenheit erhalten müßten, sich darüber zu beraten, bevor sie vollmächtige Sendeboten in den Rat der gemeinen Städte entsenden konnten. Zuerst mußte sich jede einzelne Stadt einen Gemeinwillen in den anstehenden Fragen bilden, wozu es unter Umständen erforderlich war, daß ihr Rat die Kaufmannschaften seiner Stadt, und wenn es sich um hochbeschwerliche Geschäfte handelte, auch die Worthalter der Ämter und Meinheiten an seinen Beratungen beteiligte; erst danach, wenn die Ratmannen jene Identität aller Partikularwillen in ihrer Gemeinde

---

831 HR II 3 n. 288 § 69, s. o., §§ 294, 307.
832 HR II 3 n. 546 §§ 2, 8; „mit voller Macht ... um zu beschließen und zu besprechen": HR II 3 n. 408 § 6.
833 UB der Stadt Lübeck T. 8 (1889), S. 739 n. 694: Lübeck an Lüneburg, 17. Juli 1450, s. o., § 322, und u., § 328.
834 UB der Stadt Göttingen (1867, wie Anm. 361) n. 250: Lübeck an Göttingen, 12. Nov. 1450.

erreicht hatten, die ihnen den Beistand der Stadtgemeinde sicherte und sie somit zum Handeln ermächtigte, – erst dann war der Rat in den Notsachen vollmächtig und imstande, seine Bürgermeister oder Ratskumpane als vollmächtige Sendeboten zur Tagfahrt abzuordnen.

§ 330. Ein so ermächtigter Sendebote erhielt seine Vollmacht nicht in einer förmlichen, beurkundbaren Rechtshandlung, die seine Gemeinde und er hätten abschließen können, sondern aus seiner Kenntnis des gemeinen Willens aller Bürger und Einwohner, die ihm auch gestattete, den Verhandlungen im Rate der gemeinen Städte folgend zu ermessen, inwieweit der einzelstädtische Gemeinwille zugunsten des gemeinstädtischen verhandelbar, auslegungsfähig, anpassungsfähig war und wann die gemeinstädtische Willensbildung die Grenze erreichte, an der seine Vollmacht erlosch und er kein Recht mehr hatte, den Absichten der Versammlung von seiner Stadtgemeinde wegen zuzustimmen. War diese Grenze erreicht, so mußte er den anderen Ratssendeboten erklären, er habe von der Sache weiter nichts in Befehl, seine Ältesten hätten ihn mit den geforderten Zugeständnissen nicht belastet[835], er könne die Sache nur ad referendum entgegennehmen und müsse sie an seine Ältesten zurückziehen oder zurückbringen, damit der einzelstädtische Gemeinwille korrigiert und zugleich die Vollmacht sowohl des Rates wie seiner Sendeboten in der gewünschten Weise erweitert und erneuert werde. Daher das oft in den Ausschreiben enthaltene Verlangen, eine jede Stadt möge die Notsachen so gründlich vorberaten, daß sich kein Sendebote damit entschuldigen könne, er habe dazu nichts in Befehl, oder wie die Kölner am 31. Dezember 1459 den Lübeckern schrieben, „daß euch belieben wolle, um der vorgeschriebenen Gebrechen und Wohlfahrt des gemeinen Besten eine Tagfahrt zu verrahmen in bequemlicher Stätte und Zeit, und die Städte von der Hanse gemeinlichen mit Ernst anzuschreiben, ihre Sendeboten mit Macht und Befehl sonder einige Exkusation zu solcher Tagfahrt zu senden"[836].

§ 331. Wiederum ist es im Vergleich mit dem Ladungsrecht jener Könige, die von ihren Gemeinden die Entsendung von Repräsentanten verlangten und daher jede unzulängliche, beschränkte Bevollmächtigung als Ladungsungehorsam bestraften (oben, §§ 29, 316), bemerkenswert, daß die gemeinen Städte von der deutschen Hanse zwar diejenigen Hansestädte mit der Buße von einer Mark Goldes belegten, deren Sendeboten zu spät eintrafen, zu früh abreisten oder ganz ausblieben, nicht aber jene, die eine gemeinsame Willensbildung dadurch vereitelten, daß sie erklärten, von der Tagesordnung nichts in Befehl zu haben, also unzureichend bevollmächtigt zu sein, und daher eine Sache an ihre Ältesten zurückziehen zu müssen. Denn die gemeinen Städte waren zwar nach hansischem Einungsrecht sehr wohl befugt, die verschiedenen Formen der Säumnis als Frevel zu definieren, aber das Recht der Voll-

---

835 HR II 3 n. 93, s. o., § 55.
836 HR II 4 n. 752, s. o., § 52. Ausführliche Erörterung des Retraktrechtes bei G. POST (1943, wie Anm. 8), Kap. 5.

macht und des Retraktes (oder der Relation) zu normieren war ihnen verwehrt, da dieses ein Teil des hansisch-niederdeutschen Stadtrechtes war, und zwar sogar ein Teil von dessen elementaren Grundsätzen, die eine Stadtgemeinde niemals aus der Hand geben konnte, ohne ihre einungsrechtliche Konstitution und die Verfügung über ihr Schicksal aufzugeben (oben, § 200).

Wenn die Ausschreiben die Städte dazu aufforderten, ihre Sendeboten derart zu bevollmächtigen, daß sie mit den gemeinen Städten ohne Rückbezug beschließen könnten, so war damit folglich kein Verbot des Retraktes und keine unbeschränkte Ermächtigung im Sinne der gemeinrechtlichen Repräsentation gemeint, sondern lediglich eine so gründliche innerstädtische Vorberatung unter dem Gesichtspunkt, wie die Ladungsbriefe immer wieder betonen, des allgemeinen Besten, d. h. des Nutzens für den gemeinen Kaufmann, eine Vorberatung also, die auch die Interessen der anderen Hansestädte soweit berücksichtigen sollte, daß die Ratssendeboten imstande waren, im Rate der gemeinen Städte auch alternative Vorstellungen zu diskutieren und dem Gemeinwohl unverzüglich ihre Stimme zu leihen, ohne die Bildung des Gesamtwillens durch das Zurückziehen der Geschäfte an ihre Ältesten aufhalten zu müssen. Denn soweit konnten die Befugnisse der gemeinen Städte niemals reichen, daß sie dem einzelnen Ratssendeboten hätten das Recht absprechen können, sich auf den heimatlichen Rat zurückzubeziehen, wenn die Beratungen einen solchen Verlauf nahmen, daß er schließlich seine Vollmacht für ausgeschöpft erkennen und befürchten mußte, eine Sache zu befürworten, darin ihm seine Ratskumpane und Mitbürger daheim nicht beistehen würden. An den niederdeutschen Stadtrechten fand der Wille der gemeinen Städte seine Grenze. Diese Stadtrechte ließen es nicht zu, bei unzulänglicher Vollmacht eines Ratssendeboten den Tatbestand des Ladungsungehorsams erfüllt zu sehen und das Retrahieren eines Sendeboten an seine Ältesten insofern der Säumnis in ihren verschiedenen Formen als bußwürdigen Frevel gleichzustellen.

§ 332. Zahlreiche auf die Einladungen zur Tagfahrt hin ergangene Antwortschreiben der Einzelstädte und regionaler Städteverbünde handeln von den Beratungen, die die Ausschreiben in den hansischen Partikularverbänden auslösten. Sie zeugen davon, daß diese frei über die Zweckmäßigkeit der Besendung und über die Instruktionen (oben, §§ 47, 53 bis 56) entschieden, die sie etwa ihren Ratssendeboten erteilen wollten. Namentlich mit den Instruktionen legten sie zugleich die Grenzen fest, innerhalb deren ihre Sendeboten befugt waren, im Rate der gemeinen Städte das Wort zu halten: „Was die Städte mit unseren Sendeboten, die wir zu dem Tage werden senden, darüber übereintragen, das ist auch unser Wille"[837]. Überschritten die Beratungen der gemeinen Städte diese Grenze, so waren die Sendeboten dann allerdings auch ver-

---

837 Rezeß der preußischen Städte vom 18. Dez. 1384, HR I 2 n. 297, = Quellen hg. von SPRANDEL (1982, wie Anm. 46) S. 306 n. 10, § 8.

pflichtet, die Sache an den heimischen Rat zurückzuziehen[838]. Zogen sich die Beratungen in die Länge, so teilte man den Lübeckern auch vorab mit, daß man das Ausschreiben demnächst beantworten werde[839]. Vermochte eine Stadt der Ladung nicht nachzukommen, so zeigte sie dies den Lübeckern mit mehr oder weniger ausführlicher Angabe der Gründe, die sie daran hinderten, und mit der Bitte an, sie bei den übrigen Städten zu entschuldigen[840]. Es sind diese Schreiben, die die Lübecker hernach vor den versammelten Sendeboten verlesen ließen, auf Grund deren die gemeinen Städte darüber entschieden, ob die Entschuldigung ausreiche oder ob eine Stadt der Ladung ungehorsam geworden und in die Buße einer Mark Goldes verfallen sei.

Nicht selten sind diese Schreiben mit dem Versprechen versehen, man werde alle Beschlüsse der Tagfahrt annehmen, „darin wir billiger- und möglicherweise vollborden können," oder man werde ihnen nachkommen, „soferne da nicht etwas Neues verhandelt und beschlossen würde, das bisher nicht üblich gewesen ist," soweit die Beschlüsse zum Besten des Kaufmanns gereichten und auch von den übrigen Hansestädten befolgt werden würden, soweit sie sich auf den Kaufmann bezögen, oder wie immer diese einschränkende Klausel formuliert wurde; sie war so selbstverständlich, daß man sie auch weglassen konnte, da sie gewiß von den versammelten Ratssendeboten stets hinzugedacht wurde, wenn sie fehlte[841]. Auch diese Versprechungen standen also unter dem Vorbehalt der einzelstädtischen Freiheit, zu vollborden oder die Sache an sich zurückzuziehen. Es war derselbe Vorbehalt, den eine Stadt auch in der Begrenzung der Vollmachten ihrer Ratssendeboten und mit deren Retraktrecht zum Ausdruck brachte: so etwa, wenn die zu Stuhm versammelten preußischen Städte am 7. September 1450, eine jede nach ihrer Ältesten Befehl, verhandelten und übereintrugen, daß man zwar die nächste Tagfahrt besenden müsse und nicht abschlagen dürfe, daß man aber, was die Abberufung des Kaufmanns aus Flandern anlangte, den Sendeboten befehle, „von denen von Lübeck zu erfahren, wohin sie den Kaufmann legen wollen, sich dessen wiederhin heimzuziehen an unsere Herren Hochmeister und die Städte," da Lübeck dies in dem Ausschreiben nicht mitgeteilt hatte[842]. Vom Standpunkte des hansischen Rechtes aus betrachtet, mochte der Retrakt als einzelstädtisches Privileg gelten; für die Ratssendeboten dagegen bedeutete er eine stadtrechtliche Pflicht, mit deren Mißachtung sie sich der Gefahr aussetzten, ihren Ratseid zu brechen. Wurden sie auf der Tagfahrt

---

838 Z. B. HR II 3 n. 270 §§ 1, 2, 271, 280 § 5, 281, 609, 610, 634, 636 §§ 1–6, HR II 4 n. 180, 186, 437. S. o., § 54.
839 Köln an Lübeck, 9. Nov. 1446, HR II 3 n. 258.
840 Z. B. HR II 3 n. 625, UB der Stadt Lübeck T. 8 n. 707, HR II 4 n. 217, 222, 496, 498, 499, 500 (oben, § 207 bei Anm. 422), 503, 505, 578, 579, 581, 583, 646, 647, 649, 650, 651, 653, 654, 655, 657.
841 HR II 3 n. 44, 129, 380, 381, 383, 648, HR II 4 n. 455, 502, 504, 584.
842 HR II 3 n. 636 §§ 1, 2.

von einem Thema überrascht, von dem sie nichts gewußt und darauf sie keinen Befehl oder „nichts in Befehl hatten", so durften sie keinen Beschluß der gemeinen Städte darüber annehmen, selbst wenn dann gar kein hansischer Gesamtwille zustandekam[843].

§ 333. Es war weder erforderlich noch überhaupt vorgesehen, daß die Hansestädte ihren Sendeboten schriftliche Vollmachten aushändigten (oben, §§ 51, 317). War eine Stadt durch zwei oder drei Sendeboten auf einer Tagfahrt vertreten, so bezeugten deren übereinstimmende Worte, daß ihre Aussage mit dem Willen der entsendenden Ratmannen identisch sei, gleichsam als ob diese samt und sonders anwesend wären und mit einem Munde sprächen (oben, §§ 42, 44). So teilten die Kölner am 17. Januar 1452 nach Lübeck mit, sie könnten die nächste Tagfahrt nur bei Verlegung des Termins um vierzehn Tage besenden, „und mit was Macht wir dieselben unsere Freunde schicken werden, wird eure Ehrsamkeit von ihnen wohl verstehen"[844]. Beruhte die Vollmacht auf dem Rezeß einer Städtegruppe, so konnte sie wohl auch von einem einzigen Sendeboten bezeugt werden; jedenfalls beschlossen die livländischen Städte zu Wolmar am 11. August 1453, daß man die von den Lübeckern nach Bremen ausgeschriebene Tagfahrt „mit einer Person mit voller Macht ihrer aller besenden soll, und die Herren von Dorpat sollen die Tagfahrt zu Bremen diesmal besenden auf ihrer aller Kosten"[845]. Schriftlicher Vollmachten, und zwar in Form von Kredenzien, bedienten sich beizeiten die Kölner, zunächst indessen nur dann, wenn sie an der Stelle von Ratmannen nur einen Doktor und Rat als hochrangigen Getreuen zur Tagfahrt entsandten (oben, § 50).

Auf schriftliche Vollmachten begannen die gemeinen Städte erst im Falle jener kleinen Hansestädte zu drängen, die aus Kostengründen keine eigenen Ratssendeboten schickten, sondern die Sendeboten einer anderen Stadt für sich sprechen lassen wollten. Als sich im Mai 1451 die Duisburger mit der Bitte an die versammelten Ratssendeboten wandten, es möchte ihnen um ihrer „merklichen Notsache willen" erlaubt werden, daß sie die Ihren nach allzu weit entlegenen Städten auf etliche Jahre nicht zu entsenden brauchten, erhielten sie zur Antwort, daß man sie zwar gerne fünf Jahre lang übersehen wolle, daß sie jedoch, wenn sie zu Tagfahrten verschrieben würden, die Sendeboten einer benachbarten Hansestadt „mit ihrer Stadt besiegeltem offenem Briefe vollmächtig machen" und sich mit dieser Stadt um die Zehrung gütlich vertragen sollten[846]. An schriftliche Vollmachten war gewiß auch gedacht, als die zu Lübeck versammelten Ratssendeboten zur nächsten Tagfahrt mit den Flamingen zwölf genannte Hansestädte jeweils ihret- und ihrer Nachbarstädte wegen zu Unterhändlern bestimmten und hinzufügten: „Die sollen mit

---

843 Z. B. HR II 3 n. 288 §§ 15, 19, 651 § 7.
844 HR II 4 n. 54.
845 HR II 4 n. 180 § 1.
846 HR II 3 n. 709 § 3, s. o., § 324.

sich bringen volle Macht von der anderen Städte wegen bei Verlust einer Mark Goldes"[847]. Überliefert sind solche schriftlichen Vollmachten um die Mitte des 15. Jahrhunderts jedoch nur sehr selten[848].

§ 334. Sehr erhellend, was das Recht der Ladungen und Vollmachten anlangt, ist der (oben, §§ 278 bis 280) bereits erörterte Streit der Kölner mit den gemeinen Städten wegen der Schoßpflicht des Kaufmanns zu Brügge und Antwerpen.

Nachdem die Lübecker Tagfahrt vom 18. Mai 1447, auf der als Kölner Ratssendeboten der Bürgermeister Herr Godert von dem Wasserfaß und Ratmann Gerhard Hair anwesend gewesen waren, die Schoßpflicht erneut beschlossen und verpönt hatte, sah sich der Rat zu Köln sehr bald den Vorwürfen seiner eigenen Kaufleute ausgesetzt, die sich kraft ihrer Brabanter landrechtlichen Zollfreiheit vor der Vollstreckung dieser hansischen Willkür geschützt glaubten. Allerdings ließ der Rat ein ganzes Jahr in Untätigkeit verstreichen, bevor er, um sich vor ihnen zu rechtfertigen, am 28. Juni 1448 den Älterleuten des Kaufmanns zu Brügge erklärte, von Herrn Godert habe er sich berichten lassen, daß die Kölner Ratssendeboten den Lübecker Beschluß nur ad referendum angenommen, nicht aber ihm zugestimmt („zu sich bis an uns genommen und ferner nicht beliebt") hätten; die Älterleute könnten sich daher nicht auf den Rezeß vom 18. Mai 1447 berufen, „den unsere Freunde bekrönt und doch mit sich, (um ihn) an uns, unser Wohlgefallen, Berichtigung und Strafgewalt zu bringen, angenommen haben und anders nicht"[849].

Da der Rezeß nichts davon weiß, daß sich die Kölner den Retrakt an ihre Ältesten vorbehalten hätten, mag Godert Wasserfaß der Versuchung erlegen sein, seine Fortüne zu korrigieren, um dem Vorwurf leichtfertiger Verschleuderung kölnischer Privilegien zu entgehen. Die Lübecker jedenfalls wiesen seine Behauptungen sofort zurück: Wären die Kölner Sendeboten „(bloß) um zuzuhören und nicht um einträchtlich mit ihnen zu beschließen" zu den gemeinen Städten nach Lübeck gekommen, „und wollte eine jede Stadt, sobald ihre Sendeboten nach Haus kommen, (die Rezesse) annehmen und absetzen, wie es ihr eben unterkommt, so wäre die Vergatterung der gemeinen Städte von geringem Werte." Wir hörten bereits, daß die Kölner dieser strengen lübeckischen Rechtsauffassung die Meinung entgegensetzten, grundsätzlich müsse jede Zusage eines Ratssendeboten auf den Tagfahrten unter dem Vorbehalt des Rückbezugs stehen, da keine Stadt das Recht ihrer Bürger an die gemeinen Städte abtreten könne[850]. Eine auf das Zuhören beschränkte Vollmacht hätte demnach die ausdrückliche Ausübung des Retraktrechtes überflüssig gemacht. Die Kölner gaben den Wendischen Städten zwar zu, daß der Wortlaut des Rezesses ihre Einlassung nicht unterstützte („wiewohl ihre

---

847 HR II 4 n. 161 § 14.
848 HR II 7 n. 487, II 4 n. 438, 439.
849 HR II 3 n. 362, s. o., § 279.
850 HR II 3 n. 366.

Schrift erweist, daß es anders sei"), sie erwarteten aber doch, daß die Sache auf einer weiteren Tagfahrt erneut verhandelt werde, „und was dann nach aller Gelegenheit und Unterweisung einträchtig verrahmt wird, daran denken wir uns mit unseren Bürgern hinfort zu halten, wie es uns und ihnen gebührt"[851].

§ 335. Aus dieser Vorgeschichte ergibt sich der Grund dafür, daß die Kölner, alle hansischen Gepflogenheiten hintansetzend, ihren Sendeboten zu der auf den 25. Juli 1449 nach Bremen anberaumten Tagfahrt zum ersten Male eine schriftliche Vollmacht mitgaben. Dieses in Form einer Kredenz (oben, § 46) ausgefertigte und an die versammelten Ratssendeboten der Hansestädte adressierte Schreiben enthält die (oben, §§ 52, bereits zitierte) Mitteilung, die Kölner Ratmannen hätten ihre Rentmeister Godert von dem Wasserfaß und Gerhard Hair dazu ermächtigt, die in dem Ausschreiben aufgeführten Tagesordnungspunkte „einträchtlich und nach unserer alten Gewohnheit zu beschließen", dagegen in anderen Dingen, „die ferner vorkommen könnten, (lediglich) zum Besten zu helfen und zu raten"[852]. Die Lübecker werden zweifellos verstanden haben, daß mit der alten Gewohnheit, der die Vollmacht unterliegen sollte, die Pflicht der Sendeboten gemeint war, alle hochbeschwerlichen Geschäfte an ihre Ältesten zurückzubringen, und daß die Kölner als alte Gepflogenheit auch den Unterschied zwischen Vollmachten zum Beschließen und solchen bloß zum Beraten ausgeben wollten, um damit zu rechtfertigen, daß ihre Sendeboten auf der Tagfahrt vom 18. Mai 1447, als die gemeinen Städte über die Schoßpflicht entschieden, den Rückbezug auf ihren heimatlichen Rat nicht ausdrücklich erklärt hatten.

In der Sache trugen die gemeinen Städte jetzt, am 25. Juli 1449, überein, daß der Kölner Kaufmann, falls er sich der Schoßpflicht in Brabant mit Privilegien erwehren könne, diese auf der nächsten Tagfahrt zu Bremen am 19. April 1450 vorlegen sollte[853]. Diesen Beschluß konnten die Kölner Sendeboten ohne Vorbehalt vollborden; in der Lübecker Rezeßhandschrift hat eine ungenannte Person, die dies wichtig zu sein dünkte, ihre Zustimmung ausdrücklich vermerkt[854]. Eine Entscheidung wurde auch im Jahre 1450 nicht getroffen. Sie verlor auch an Dringlichkeit, sobald der Kaufmann den Schoß nicht länger zu erheben brauchte. Die Kölner indessen fuhren fort, ihre Ratssendeboten bei den Tagfahrten zu beglaubigen und bei der Gelegenheit ihre Vollmacht deutlich unter den Vorbehalt des Retraktrechtes zu stellen: Ihre Sendung bestand nämlich lediglich darin, „die Sachen und Gebrechen der Hanse, die an diese Tagfahrt gelangen, zu hören und zu besprechen" oder

---

851 HR II 3 n. 524, s. o., § 279.
852 HR II 3 n. 543.
853 HR II 3 n. 546 § 6.
854 HR II 3 n. 615.

sowohl die Gebrechen der Hanse mitzuberaten als auch die eigenen vorzutragen[855].

§ 336. Als der Kaufmann zu Brügge im Winter 1457 erneut damit begann, den Schoß einzufordern, und die Kölner ihren Widerstand dagegen erneuerten (oben, § 280), konnten sie daher mit einem gewissen Recht behaupten, was zuvor nicht zu beweisen gewesen war, daß nämlich ihre Ratssendeboten auf der Tagfahrt vom 18. Mai 1447 ihr Retraktrecht gar nicht hatten öffentlich auszuüben brauchen. Wie sie am 9. Dezember 1458 an Lübeck schrieben, berief sich der Kaufmann zu Brügge „auf den Rezeß, der von den gemeinen Städten mit den Unseren im Jahre 1447 geschlossen worden sein soll," aber ihre Ratssendeboten sagten aus, „solches sei ohne ihr Wissen und Konsens berezesset worden, und daran haben wir auch keinen Zweifel, da wir unseren Freunden zu solchen Tagfahrten keine vollkommene Macht mitzugeben pflegen noch gegeben haben, um einige treffliche Sachen, welche die Unseren so merklich berühren, ohne Rückbezug zu konsentieren und zu schließen. Wir haben auch solche Punkte des Rezesses nie beliebt" und dies vielfach schriftlich kundgetan[856].

Dagegen wollten die Lübecker keinen stillschweigenden Vorbehalt einiger Ratssendeboten gegen das gemeinsam Beschlossene gelten lassen. Als der deutsche Kaufmann zu Brügge sie um ein von fünf oder sechs Städten besiegeltes Zeugnis darüber ersuchte, daß jeder Kaufmann gemäß dem Rezeß den Schoß entrichten müsse, transsumierten Bürgermeister und Räte der sechs Wendischen Städte und Braunschweigs am 23. Oktober 1459 die Präambel und den einschlägigen Artikel des Lübecker Rezesses vom 18. Mai 1447, und dem Kaufmann zu Brügge geboten sie, diese Satzung solange zu befolgen, bis die gemeinen Hansestädte ihm etwas anderes befehlen oder darüber etwas anderes berezessen und beschließen würden[857].

Der Konflikt zwischen der Kölner und der Lübecker Hanse, der sich bald darauf wegen der Englandpolitik soweit verschärfte, daß die Kölner am 1. April 1471 feierlich aus der Gemeinschaft der Hanse und der Deutschen in England ausgeschlossen wurden, war also zugleich ein Konflikt zwischen der reformerischen Verfassungspolitik der Lübecker, die das Retraktrecht der Städte einzuschränken suchten, um den Rezessen der Tagfahrten zu höherer Rechtskraft zu verhelfen, und der konservativen Politik der Kölner, die keine Festigung der Lübecker Häuptlingsschaft wünschten und zu diesem Zwecke dem traditionellen Retraktrecht eine extrem weite, von der Praxis der Tagfahrten nicht gestützte Auslegung gaben. Grundsätzlich hatten sie dabei das hansische Einungsrecht auf ihrer Seite, aber da dieses der wissenschaftlichen Bearbeitung entbehrte, waren sie nicht imstande, die Grundsätze zu benennen, auf die sie sich hätten berufen können. So sahen sie keine andere Mög-

---

855 HR II 3 n. 714, II 4 n. 191, 453.
856 HR II 4 n. 639.
857 HR II 4 n. 710, 722.

lichkeit, als dem Wortlaut des Rezesses einen neuen Sinn zu unterlegen, obwohl sie sich damit in Widerspruch zu der hansischen Tradition setzten, auf die sie sich eigentlich hatten stützen wollen.

3.4.3. Beschlußfähigkeit

§ 337. Spätestens seit 1369 waren sich die gemeinen Städte der Problematik bewußt, die mit den Vollmachten der Ratssendeboten und ihrem Retraktrecht verbunden waren (oben, § 317). Spätestens seit 1418 setzten sie Regeln für die Zulassung der Einzelstädte zu ihrem gemeinsamen Rate fest (oben, § 305). Seit 1448 stellte Köln den Unterschied zwischen Vollmachten zum Zuhören und solchen zum Beschließen heraus (oben, §§ 334 bis 336), und spätestens seit 1451 forderten die Ratssendeboten von den kleinen Städten, die sich durch Nachbarstädte vertreten lassen wollten, schriftliche Vollmachten für deren Sendeboten (oben, § 333). Bedenkt man diese Nachrichten, so ist es wahrhaft erstaunlich, daß kein Rezeß etwas von einer Prüfung der Vollmachten berichtet, die ein jeder der Ratssendeboten auf den Tagfahrten innehatte, oder besser gesagt: mit denen sie von ihren Heimatstädten belastet worden waren. Vielmehr legen die Präambeln der Rezesse allen Ratssendeboten eine und dieselbe Vollmächtigkeit bei, zu deren Erweis offenbar weiter nichts erforderlich war als persönliche Bekanntheit mindestens eines Sendeboten aus einer jeden Stadt, der seinen oder seine etwa persönlich noch unbekannten Gefährten gegenüber der Versammlung zu beglaubigen vermochte, und die damit verbundene, als Akt stillschweigender Duldung vollzogene Zulassung der Ratssendeboten zu ihrem Sitze im Ratsstuhle der gemeinen Städte.

Demnach waren die gemeinen Städte weder dazu imstande noch berechtigt oder verpflichtet, die Vollmächtigkeit der Ratssendeboten zu prüfen. Die nach hansisch-niederdeutschem Stadtrecht für die Konstitution der einzelstädtischen Ratsverfassungen so wichtige, als Zulassungsakt zu verstehende stillschweigende Zustimmung des versammelten Stadtvolkes (oben, §§ 203 bis 207) findet somit in der Konstitution des Rates der gemeinen Städte eine naheliegende Parallele. Duldung bedeutet, daß die Sendeboten auf Grund der Öffentlichkeit der einzelstädtischen Willensbildung ihre Vollmächtigkeit gegenseitig solange voraussetzen durften, bis etwa Klagen gewaltsam vertriebener Ratskumpane (oben, §§ 138, 307) oder die Ausübung des Retraktrechtes von Seiten einzelner Ratssendeboten das Gegenteil bewiesen. Noch die Verfassung der hansischen Megalopolis beruhte auf Grundsätzen von Treu und Glauben und, damit verbunden, von persönlicher Bekanntschaft oder Empfehlung, die dem deutschen Einungsrecht als einer Schöpfung kleiner, für alle Genossen überschaubarer und damit deren Gleichberechtigung schützender Personenverbände eingeboren war. Schon das Gebot der Gleichberechtigung aller Genossen mußte es den Ratssendeboten verbieten, ihre Vollmachten gegenseitig in Zweifel zu ziehen oder sie der Gewichtigkeit nach abzustufen.

§ 338. So beginnt der Rezeß der großen, von 39 Städten beschickten Lübecker Tagfahrt vom 18. Mai 1447, wie üblich, mit der Publikationsformel und dem Datum, um alsdann „die vollmächtigen Ratssendeboten der gemeinen Städte" in der Ordnung, wie sie im Ratsstuhle Platz genommen hatten, aufzuzählen[858]. Ohne die vorsitzenden Lübecker Bürgermeister und ihre Helfer aus der Ratskanzlei, die ihnen Schriftstücke zureichten und die Niederschrift der Rezesse vorbereiteten, zu nennen, stellt er fest, daß zur rechten Hand der Vorsitzenden und diesen zunächst die Ratssendeboten von Köln und Bremen saßen, jener Städte, die man nach Lübeck als Häupter der Hanse und als Lübecks Stellvertreter gelten ließ[859], und daß dann auf beiden Seiten die Ratssendeboten der sechs Wendischen Städte (Rostock, Stralsund, Wismar, Hamburg, Lüneburg, Greifswald) folgten, die man den Lübeckern als ständigen Beirat an die Seite zu stellen pflegte (oben, § 313). Insgesamt fanden zur rechten Hand die Sendeboten aus 24 Städten Platz, während ihnen gegenüber nur fünfzehn Städte saßen. Die Differenz erklärt sich daraus, daß die Mitte der linken Bank dem Lübecker Rate reserviert war; da die Hansestädte gewöhnlich je zwei Sendeboten zu den Tagfahrten schickten, hätten bis zu achtzehn Lübecker Ratmannen an dieser Stelle Platz gefunden.

Es war seit langem üblich, daß sich die gastgebende Stadt im Rate der gemeinen Städte nicht durch Sendeboten vertreten ließ, sondern ihren Rat in corpore dorthin entsandte, soweit die Herren zu der Zeit abkömmlich waren[860]. Niemand kam auf den Gedanken, daß dadurch jener Stadt, und somit jetzt den Lübeckern, ein Übergewicht an Stimmen zum Nachteil der anderen Städte vergönnt worden wäre. Nimmt man hinzu, daß der Rezeß von keinem der Ratssendeboten vermerkt, ob oder daß etwa kleinere Städte ihn ermächtigt hätten, von ihretwegen das Wort zu halten – auch von den Zutphenern nicht, obwohl sie doch ein ständiges Mandat von Emmerich besaßen (oben, § 319) –, so muß man schließen, daß die Willensbildung und Beschlußfassung auf den hansischen Tagfahrten ein Übereinstragen von Meinungen war, welches nicht auf Stimmrechten beruhte und daher ein Zählen der Stimmen weder zuließ noch erforderte. Wenn man gemeint hat, der Beschluß vom 1. Januar 1430 über die Beihilfen kleiner Städte zu den Besendungskosten der

---

858 HR II 3 n. 288 pr., s. o., § 58. Zur Sitzordnung: FRIEDLAND (1991, wie Anm. 600) S. 135, SCHWARZWÄLDER (1994, wie Anm. 323) S. 20–22. Die Verteilung zur rechten oder vorderen und zur linken Hand ist zuerst zum Jahre 1418 bezeugt.
859 Die Sitzordnung dürfte der der hansischen Stadträte geglichen haben, s. o., § 178. – Vertretung der Lübecker, die als Partei den Ratssaal verlassen hatten, durch den Bm. von Bremen: HR II 4 n. 248.
860 Z. B. HR I 2 n. 11, = Quellen hg. von SPRANDEL (1982, wie Anm. 46) S. 292 n. 6, pr.: Tagfahrt zu Stralsund, sechs Stralsunder Rm. anwesend, n. 73, = Quellen hg. von SPRANDEL S. 296 n. 7, pr.: Tagfahrt zu Lübeck, sechs Lübecker Rm. anwesend, n. 266, = Quellen hg. von SPRANDEL S. 300 n. 9, pr.: Versammlung zu Lübeck, fünf Lübecker anwesend.

großen (oben, § 319) habe zur Folge gehabt, daß „einige größere Städte möglichst viele kleine an sich zu ziehen versuchten, um bei den Tagfahrten für sie mitstimmen zu können und so ihren Einfluß zu vergrößern"[861], so ist dagegen festzustellen, daß sich in den Rezessen und Akten der Hansetage mindestens bis hin zum Jahre 1460 nicht der geringste Anhaltspunkt findet, um diese Annahme zu stützen.

Die Willensbildung der Städte beruhte nicht auf mechanischer Zählung und Addition von Stimmen, sondern auf Vertrauen in den Sachverstand der versammelten Ratssendeboten, der die jeweils für den Vorteil des gemeinen Kaufmanns nützlichste Lösung seiner Probleme an den Tag bringen würde – eben jene Lösung, in der sich alle Partikularwillen mit dem Gemeinwillen aller Hansestädte identifizieren konnten. Die Anwesenheit des gesamten Rates der gastgebenden Stadt vermehrte daher nicht das Stimmgewicht oder die Stimmenzahl einer einzelnen Stadt, sondern allein den Sachverstand der Städte gemeinlich, denn dieser stand der Gemeinschaft um so reichlicher zur Verfügung, je mehr Ratmannen und Sendeboten zusammenkamen. Auch schlechtbesuchte Tagfahrten waren daher beschlußfähig, solange sie sich den hinreichenden Sachverstand beilegten; erst wenn sie selbst davon nicht mehr überzeugt waren, erklärten sie sich für inkompetent (oben, §§ 322, 325). Der gemeine Kaufmann dagegen hatte keinen Sitz im Rate der Städte. Die Älterleute von Brügge, London und Bergen waren zwar zum 18. Mai 1447 als „vollmächtige Sendeboten" geladen und auch in Lübeck eingetroffen, sie mußten aber draußen vor der Türe warten, bis die Ratssendeboten bereit waren, ihre Gravamina anzuhören. Der Rezeß vermerkt zwar ihre Namen bereits in der Präambel, er wiederholt sie jedoch zu jenem Augenblick, da man sie den Ratssaal betreten ließ[862].

§ 339. Es hatte also keinerlei Prüfung irgendwelcher Vollmachten, sondern lediglich die Einweisung der Sendeboten in ihre Sitze stattgefunden, als der Lübecker Bürgermeister die Beratungen am 18. Mai 1447 eröffnete. „Als erstes, sobald die ehrbaren Ratssendeboten auf dem Rathause waren und daselbst zu Rate saßen, da dankte ihnen insgesamt der Bürgermeister von Lübeck von des ganzen Rates wegen höchlich, daß sie sich angemutet hätten herzukommen, und sie wüßten wohl, daß sie um mannigfacher wichtiger Sachen willen geladen wären ..." Die Parallele der Danksagung zu den stadtrechtlichen Gepflogenheiten (oben, § 210) beleuchtet abermals die einungsrechtliche Grundlage der Autorität, die sich das Haupt der Hanse kraft seiner Verdienste um das Wohl des gemeinen Kaufmanns erworben hatte, ohne daraus eine Herrschaft oder Potestas herzuleiten. Die Lübecker waren sich dessen wohl bewußt, daß ihre Autorität auf dem freien Willen der gemeinen Städte beruhte (oben, §§ 9, 304).

---

861 FRIEDLAND (1958, wie Anm. 608) S. 38.
862 HR II 3 n. 288 §§ 1, 10, 11, 24. Dazu HR II 7 n. 488. Über des Hochmeisters Vollmachten zum Zuhören und Berichten s. o., §§ 9, 10.

Die Beratungen wandten sich zunächst der Tagesordnung zu. Es mußte entschieden werden, ob sich die Ratssendeboten mit den seit dem Datum des Ausschreibens in Lübeck eingegangenen Petitionen befassen wollten. Erst in diesem Zusammenhange ging man auf die Schreiben jener Hansestädte ein, die der Ladung nicht hatten folgen können. Nur zehn von ihnen fanden die Anerkennung der Versammelten als hinreichend entschuldigt; die übrigen wurden für ungehorsam erklärt (oben, § 321). Wenn man sich darüber hinaus mit den Vollmachten nicht befaßte, so ist dies ein deutliches Zeichen dafür, daß die Beschlußfähigkeit der Versammlung nicht von vornherein von ihnen abhing. Grundsätzlich war jede ordnungsgemäß einberufene Versammlung der gemeinen Städte von vornherein und solange beschlußfähig, wie nicht das Gegenteil offenbar wurde. Denn sie mußte es jedem einzelnen Ratssendeboten selbst überlassen zu entscheiden, ob und wie lange er sich in Übereinstimmung mit dem Willen seiner Heimatgemeinde wußte und daher den sich formierenden Gesamtwillen mittragen konnte und von welchem Punkte an er seine Vollmacht für erloschen erachtete und gegenüber dem Gesamtwillen der anderen von seinem Retraktrechte Gebrauch machen mußte.

Diese Beobachtungen werden von den folgenden Rezessen bestätigt. Auf der Bremer Tagfahrt vom 25. Juli 1449 waren acht Städte vertreten, davon zwei durch je drei, drei durch je zwei, zwei durch je einen Sendeboten, während der ehrsame Rat von Bremen als Gastgeber in seiner Gesamtheit an den Beratungen teilnahm[863]. Weder in Relation untereinander noch nach ihrer absoluten Größe hing die Beschlußfähigkeit der Versammlung von der Zahl der versammelten Ratssendeboten ab. Ebenso verhält es sich mit der von elf auswärtigen Städten besuchten Bremer Tagfahrt vom 24. Juni 1450, die zwar durchaus beschlußfähig war, jedoch in den schwerwiegenden Artikeln des Stapels zu Brügge und des Pfundzolls nichts Endgültiges beschließen wollte, sondern dies einer mit mehr Sachverstand ausgerüsteten späteren Versammlung überließ[864]. Vergebens sucht man nach der Vorstellung, die Tagfahrt hätte für die hansische Gemeinschaft repräsentativ sein sollen oder sei dies nicht gewesen. Will man sich heute ihrer bedienen, so kann dies nur im Sinne einer gegebenen oder fehlenden politischen Tatsache, nicht aber in dem einer Verfassungsnorm geschehen (oben, §§ 224, 265). Denn die Versammelten selbst entschieden jeder für sich willkürlich und auf Grund seines Verständnisses von Vollmächtigkeit darüber, ob sie sich als repräsentativ, d. h. eines Willens mit der Gesamtheit, erachten könnten oder nicht.

§ 340. Die erweiterte, von 27 Städten besuchte Tagfahrt trat am 21. September 1450 in Lübeck zusammen. Wieder saßen hier dem Vorsitzenden auf beiden Seiten am nächsten die Sendeboten der Kölner, der Bremer und der Wendischen Städte, und wiederum nahm zur linken Hand zwischen den Wendischen und den rheinisch-süderseeischen Städten der Rat von Lübeck

---

863 HR II 3 n. 546 pr.
864 HR II 3 n. 627 pr., §§ 2, 3, s. o., § 322.

Platz. Außerdem waren diesmal die Älterleute aus Brügge und London zu dem Rate der Städte zugelassen[865]. Wieder werden die Ratssendeboten insgemein als vollmächtig bezeichnet und im ersten Beschluß der Versammlung die nicht erschienenen Städte mit der Buße für Ladungsungehorsam belegt; darunter befinden sich die Hildesheimer, die die Braunschweiger darum gebeten hatten, ihr Ausbleiben bei den Städten zu entschuldigen[866]. Der Rezeß berichtet weder darüber, ob und wie die Braunschweiger diese Bitte erfüllt haben, noch ob der eine oder andere Ratssendebote im Besitze einer Vollmacht von Seiten kleinerer Nachbarstädte war.

Der Thorner Bürgermeister Tydeman van dem Weghe und der Danziger Ratmann Johann Freiburg führten eine Kredenz des Hochmeisters des Deutschen Ordens mit sich, den Lübeck am 26. Juli 1450 eigens zu der Tagfahrt eingeladen hatte[867]. Lübeck und die gemeinen Städte erachteten die beiden Männer offensichtlich als ihresgleichen und wiesen ihnen den üblichen Platz der preußischen Ratssendeboten zur vorderen Hand nach Magdeburg und Braunschweig zu. Sie selber dagegen betrachteten sich, wenigstens zufolge dem Bericht, den sie hernach dem Hochmeister vorlegten[868], eher als Sendeboten des Hochmeisters und die Ratssendeboten als ihr Gegenüber. Nach diesem Bericht waren sie mit fünf Tagen Verspätung in Lübeck eingetroffen „und fanden vor sich die gemeinen Städte von der Hanse gemeinlich". Es ist zu vermuten, daß sie als Worthalter ihrer Städte sofort zu deren Rate zugelassen wurden, ohne daß man die durch Herrennot bedingte Verspätung rügte. In ihrer Eigenschaft als Sprecher des Hochmeisters dagegen suchten sie am nächsten Werktage den Bürgermeister von Lübeck auf „und begehrten, er wolle an den Rat bringen, daß wir hätten zu werben von unseres gnädigen Herrn Hochmeisters, seiner Gebietiger und Städte wegen." Der Bürgermeister beschied sie aufs Rathaus, sobald er seine Ältesten dahin berufen hätte; dort auf dem Rathause überantworteten sie des Hochmeisters Kredenzienbrief und brachten ihre Werbung vor. Darauf antwortete der Rat von Lübeck, sie sollten einen oder zwei Tage zuwarten, „sie wollten ferner darüber sprechen und uns eine Antwort geben."

Abermals zwei Tage später, am Mittwoch, den 30. September, „kamen die gemeinen Städte zusammen auf das Rathaus", um endlich in die mit der Ladung ausgegebene Tagesordnung einzutreten; da „überantworteten wir dem Rate zu Lübeck unseres Herrn Kredenzienbrief betreffend den ersten Artikel," nämlich die Verlegung des Stapels von Brügge in eine andere Stadt. „Item als der Brief gelesen wurde, fragte man uns, was wir darauf antworteten." Da sie mitteilen mußten, daß sie lediglich zum Zuhören und Referieren ermächtigt waren, blieb der vorgenannte Artikel unerledigt anstehen und

---

865 HR II 3 n. 649 pr.
866 HR II 3 n. 648, s. o., § 328.
867 HR II 3 n. 635, 644, 646.
868 HR II 3 n. 653. S. auch o., § 9.

wurde nach langer Verhandlung auf die nächste Versammlung vertagt[869]. Ein weiterer Auftrag der Sendeboten betraf das Verlangen des Hochmeisters, daß Lübeck die englischen, nach Preußen bestimmten Gesandten freigeben möge, die nach Repressalienrecht von Lübecker Bürgern gefangengenommen worden waren (oben, § 11). Darüber berichteten sie dem Hochmeister: „Item nach mancherlei Handlung, die wir vor den Städten hatten, begehrten wir von denen von Lübeck in Gegenwart der gemeinen Städte, daß sie uns eine Antwort geben wollten auf unsere Kredenzie von unseres Herrn als von der Engländer wegen." Da die Lübecker hierzu keinen Befehl von ihren Bürgern hatten, entschlossen sich die Preußen, die Sache den Ratssendeboten vorzulegen. So „überantworteten wir den gemeinen Städten von der Hanse unseres gnädigen Herrn Kredenzienbrief; den nahmen die Städte in großer Freundschaft auf, und er wurde in unserer Gegenwart verlesen." Aber auch die Städte konnten von den Lübeckern nichts erreichen.

In Verbindung mit dem Rezeß beleuchtet der Bericht die eigentümliche Doppelrolle, die Herr Tydeman van dem Weghe und Herr Johann Freiburg auf dieser Tagfahrt spielten, indem sie einerseits als Worthalter ihrer Städte und andererseits als Sendeboten des Hochmeisters auftraten. Wohl nur aus Respekt vor dem Range des Hochmeisters als Fürsten und Hauptes der preußischen Hanse ließen sich die gemeinen Städte darauf ein. Es lagen also besondere Umstände vor, die es in diesem Falle einmal notwendig machten, daß sich die Ratssendeboten mit den Kredenzien einiger der Ihren beschäftigten. Indirekt bestätigt damit der Bericht, daß die Sendeboten als Worthalter ihrer Städte dergleichen nicht vorzulegen brauchten.

§ 341. Besondere Umstände lagen auch in einem anderen Falle vor, der die gemeinen Städte immer wieder dazu veranlaßte, von den Sendeboten einer Hansestadt deren schriftliche Vollmacht zu verlangen, nämlich jedesmal dann, wenn die versammelten Sendeboten von einer Stadt zu Schiedsrichtern in einem Rechtsstreit erkoren wurden und wenn die ihr Recht suchende Stadt ihre Sendeboten aus dem Rate der gemeinen Städte zurückzog, damit sie als Sachwalter vor ihnen auftreten konnten. So war während der Tagfahrt vom 18. Mai 1447 der Goslarer Ratmann Conrad Overbeke zwar in Lübeck anwesend, jedoch nicht als Ratssendebote, sondern als Anwalt. Er legte der Versammlung eine schriftliche Entschuldigung der Goslarer wegen ihres Ausbleibens vor und kündigte gleichzeitig an, daß der Goslarer Rat die gemeinen Städte darum ersuchen werde, seinen Streit mit dem ausgewichenen Bürgermeister Hinrik von Alfeld zu entscheiden. Daraufhin erkannten die Ratssendeboten die Goslarer als hinreichend entschuldigt an. Als hernach die beiden Parteien vor sie traten, unterwarf sich zwar Hinrik von Alfeld, wie im Schiedsgerichtsverfahren allgemein üblich, im voraus und bedingungslos, „zu Ehre und zu Recht", dem Spruch der Städte, Cord Overbeke aber hatte dazu keine Vollmacht von des Rates wegen. Die Städte setzten ihm daher eine

---

869 Dies bestätigt der Rezeß HR II 3 n. 649 § 7.

Frist bis zum 29. Mai, in der seine Ratskumpane einen hierzu ermächtigten Ratmann entsenden sollten. Nachdem dies geschehen war, bestimmten sie, daß ein aus vier Städten bestehendes Schiedsgericht am 25. September 1447 in Braunschweig den Streit entscheiden sollte[870]. Das Vierstädtegericht aber verlangte von den Goslarer Sendeboten, daß sie nicht nur von ihres Rates, sondern auch von ihrer Bürger wegen vollmächtig sein müßten. Erst nachdem die Goslarer diese Bedingung erfüllt hatten, konnte das Verfahren beginnen[871].

Auf der Lübecker Tagfahrt vom 21. September 1450 brachten die als Ratssendeboten ihrer Städte anwesenden Bürgermeister von Wesel und Deventer einen Rechtsstreit vor die gemeinen Städte. Da nur Deventer einen Machtbrief vorlegte, „sprachen die Herren von den Städten und sagten für Recht: Wollten die von Wesel etwas fordern, so müßten sie einen Machtbrief haben ..., in Freundschaft oder im Rechte die Sache zu entscheiden." Danach beauftragten sie acht auf den Mai 1451 zur Tagfahrt nach Utrecht bestellte Städte damit, diese Sache, wenn sie könnten, in Freundschaft, sonst aber im Rechte zu entscheiden. Zu Utrecht saßen die Sendeboten von Wesel und Deventer nicht im Rate der Städte, sondern waren nur als geladene Sachwalter zur Stelle. Da die von Deventer in Befehl hatten, die Sache nicht in Freundschaft, sondern im Rechte beilegen zu lassen, verfielen die Ratssendeboten in Zweifel, ob der Rezeß sie dazu ermächtigte, von dem Verfahren in Freundschaft abzusehen; daher gaben sie die Sache wieder an die gemeinen Städte zurück, die allein dazu befugt waren, den Rezeß zu interpretieren[872].

Auf der Lübecker Tagfahrt vom Juni 1454, wo Ratssendeboten sowohl von Stralsund als auch von Kolberg im Rate der Städte saßen, erhoben die Stralsunder eine Klage gegen Kolberg. Die Kolberger nahmen dies übel auf; sie verließen das Rathaus und blieben den Beratungen tagelang fern. Als schließlich die Städte sie laden ließen, mußten sie zwar zurückkehren, aber sie erklärten nun, „sie wären der Sache nicht mächtig, (sie) nach Rechte auszutragen, und hätten dessen auch keinen Befehl," jedoch zu freundlichem Vergleich wären sie bereit[873].

Dieselbe Tagfahrt hatte sich mit dem Streit zwischen dem Rate zu Münster und dessen beiden ausgewichenen Bürgermeistern zu befassen. Wir hörten bereits (oben, § 51), daß die gemeinen Städte die münsterischen Ratssendeboten deswegen nicht in ihrem Rate sitzen ließen und daß sie die den Ratssendeboten beigelegte mündliche Vollmacht nicht als Ersatz für die Machtbriefe anerkannten, mit deren Vorlage sich ihre Stadt überhaupt erst für partei- und prozeßfähig erklärte. Der Machtbrief mußte die gewöhnliche Erklärung enthalten, daß die Stadt Münster bereit sei, bei den Ratssendeboten „Ehre und

---

870 HR II 3 n. 288 §§ 3, 5, 14, 26.
871 HR II 3 n. 338 §§ 2, 4, n. 339.
872 HR II 3 n. 649 § 10, 709 § 24.
873 HR II 4 n. 248 § 17, 302.

Rechtes von der (Sache) wegen zu verbleiben", wie immer diese den Streit „in wißlicher Freundschaft oder mit Rechte zu verscheiden" belieben würden[874]. Die versammelten Ratssendeboten setzten schließlich ein Vierstädtegericht ein, das am 16. Oktober 1454 in Stade zusammentrat und in Abwesenheit der ausgebliebenen Sachwalter von Münster zugunsten der Vertriebenen entschied (oben, §§ 186, 201). Der Unterschied zwischen der mündlich gewährten Vollmacht jener Sendeboten, die im Rate der gemeinen Städte, und der schriftlichen Vollmacht, kraft deren sie als Sachwalter vor diesem Rate das Wort halten sollten, ist unübersehbar[875]. Ließen sich die gemeinen Städte darauf ein, ihren Ausspruch zu tun, ohne sich vorher der Parteivollmachten zu vergewissern, so konnte es geschehen, daß sich die Ratssendeboten einer verurteilten Stadt für unmächtig erklärten, den Ausspruch anzunehmen[876].

§ 342. Die erste hansische Tagfahrt, die den seit 1430 beschlossenen einschlägigen Bestimmungen gerecht wurde, indem sie eine Ermächtigung der Ratssendeboten von Seiten ihrer kleineren Nachbarstädte registrierte, war die Lübecker Versammlung vom Juni 1450[877]. Die an erster Stelle als anwesend vermeldeten Sendeboten des Herzogs von Burgund, des Grafen von St. Pol und der Lede des Landes Flandern (oben, §§ 32, 33) werden ihren Platz gegenüber dem Stuhle der Lübecker Vorsitzenden zugewiesen erhalten haben. Zu deren vorderer Hand saßen, versammelt mit dem Rate zu Lübeck, wie der Rezeß sich ausdrückt, nach Bremen, Rostock, Stralsund und Wismar die Sendeboten von Magdeburg und Braunschweig, die gemeinsam volle Macht der sächsischen Städte innehatten, die Danziger von der preußischen und die Stendaler von der märkischen Städte wegen. Zur linken Hand saßen außer Hamburg und Kolberg lediglich die Sendeboten des gemeinen Kaufmanns zu Utrecht; dazwischen war herkömmlicherweise der Platz der Ratmannen von Lübeck. Da die Zahl der jeweils vertretenen kleinen Städte nicht mitgeteilt wird, war offenbar niemand der Auffassung, die Ermächtigung der regionalen Häupter legte diesen ein mehrfaches Stimmrecht bei: Wohl mochte die Vollmacht ihren Sachverstand mehren, doch wog deshalb ihr Wort im Rate der gemeinen Städte nicht merklich schwerer, als es gewogen hätte, wenn sie nur für ihre Heimatstädte hätten sprechen können. Schriftliche Vollmachten werden nicht erwähnt. Wenn die Ermächtigungen, wie anzunehmen ist, auf regionalen Städtetagen beschlossen und in deren Rezessen verzeichnet worden waren, galten sie als öffentlich erteilt und konnten daher, gemäß den das Einungsrecht tragenden Grundsätzen von Treu und Glauben, mit dem

---

874 HR II 4 n. 248 § 7.
875 Inwieweit die Ausgestaltung, insbesondere die Schriftform der hansisch-niederdeutschen Prozeßvollmacht vom gemeinrechtlichen Vorbilde (oben, § 3) beeinflußt sein mag – denn auch das schiedsgerichtliche Verfahren entstammte der kirchlichen Praxis –, ist hier nicht zu untersuchen.
876 HR II 4 n. 248 § 6.
877 HR II 4 n. 247 pr., 248 pr.

mündlichen Zeugnis der bevollmächtigten Ratssendeboten ausreichend belegt werden.

Die schwach besuchte Lübecker Tagfahrt vom 25. Januar 1456 faßte nur einen einzigen Beschluß, nämlich den, eine besser besuchte Tagfahrt auf den 24. Juni einzuberufen. Als Ausschreibende nennen sich in den beiden erhalten gebliebenen Ladebriefen die zu Lübeck versammelten Ratssendeboten von Bremen, Hamburg, Magdeburg, Stade und „den sieben märkischen Städten" sowie der Rat von Lübeck „mit voller Macht der Städte Rostock, Stralsund, Wismar, Greifswald" usw.[878]; insgesamt hatten vierzehn Städte die Lübecker dazu bevollmächtigt, doch ist von ihren Machtbriefen nichts überliefert. Auf der Tagfahrt vom 24. Juni 1456 waren zwar „mit etlichen aus dem Rate zu Lübeck die Ratssendeboten" von neunzehn Städten versammelt, darunter befanden sich aber von den 25 einladenden nur neun, und unter den ausgebliebenen hatte nur eine, nämlich Göttingen, es für nötig gehalten, einer anderen Stadt ihre Vollmacht zu erteilen. Da auf dieser Tagfahrt abermals Sendeboten des Landes Flandern erschienen waren, deren Sprecher sich als „vollmächtig von wegen der vorbeschriebenen vier Lede aus dem Namen des vorbenannten Landes von Flandern nach Inhalt seines Machtbriefes" ausgewiesen hatte, erklärte der Rezeß auch von den anwesenden Deutschen, sie seien „versammelt ... in dem Namen der gemeinen Städte von der vorbeschriebenen deutschen Hanse"[879]. Der Versuch, die ausgebliebenen Städte wegen Ladungsungehorsams zu belangen, blieb, wie bereits (oben, § 325) erzählt worden ist, ohne Erfolg. Der Lübecker Rezeß vom 20. März 1457 vermerkt denn auch nur noch lakonisch und resignierend, mit dem Rate von Lübeck seien die Sendeboten von fünf genannten Hansestädten versammelt gewesen, und zwar „mit voller Macht mitsamt mehr anderer Städte, die auch ihre Macht den Städten gegeben und verschrieben haben"[880]. Ob allein die Lübecker oder die Ratssendeboten gemeinlich diese Machtbriefe und etwa eingegangene Entschuldigungen ausgebliebener Städte geprüft haben, erfahren wir nicht. Auf die Gegenwart ist keines dieser Schriftstücke gekommen.

Es ist offensichtlich, daß die Bevollmächtigung der größeren durch die kleinen Städte weder dem allmählichen Rückzug der letzteren aus der deutschen Hanse noch dem hansischen Verfassungsproblem abzuhelfen vermochte. Da die Beschlußfähigkeit der Versammlung nicht auf der Menge, sondern auf der Sachkunde der Sendeboten beruhte, hätten die ausbleibenden Städte ihren Sachverstand auf die ihr Wort haltenden Städte übertragen können müssen, wenn deren Ermächtigung auf einungsrechtlicher Grundlage zweckmäßig sein sollte. Da dies nicht gelang, machte sie nur die weit fortgeschrittene Unbrauchbarkeit dieser Grundlage deutlich, indem sie voneinander trennte, was

---

878 HR II 4 n. 414.
879 HR II 4 n. 458 pr. Der flämische Machtbrief ebenda, n. 449. Zu dem westeuropäischen Vorbilde der Formulierung s. o., §§ 8, 37.
880 HR II 4 n. 506 pr.

nach Einungsrecht stets zusammengefallen war: nämlich Form und Inhalt der Vollmacht. Mochte die Form auch durch die Verschriftlichung gefestigt werden, so war doch die Sachkunde, die seit alters ihren Inhalt gebildet hatte, daraus gewichen. Mochte eine säumige Stadt auch noch so gut entschuldigt sein, die Ratssendeboten „hätten es doch lieber gesehen, daß sie daselbst die Ihren hinzugeschickt hätten"[881].

3.4.4. Eintracht und Beschluß

§ 343. Um die Untersuchungen über die rechtlichen Eigenschaften der hansischen Vollmachten zu Ende zu bringen, ist noch die Frage zu beantworten, auf welche Weise diese den Gang der gemeinsamen Willensbildung beeinflußten und welche rechtliche Geltung die von den gemeinen Städten gefaßten Beschlüsse aus ihnen herleiten konnten. Die Rezesse, auf deren Zeugnis sich auch dieser Teil der Untersuchung allein stützen kann, sagen unmittelbar wenig darüber aus, da die Geschäftsordnung allgemein bekannt war und kein Bedürfnis nach schriftlicher Fixierung erweckte. Immerhin erwähnen sie gelegentlich, daß die Ratssendeboten „nach vielem und langem Hin- und Herreden" beschlossen und daß der Vorsitzende „auf Verlangen der vorbenannten gemeinen Städte" zu sprechen befugt war[882]. Daraus dürfen wir schließen, daß die Bürgermeister der gastgebenden Stadt die Verhandlungen leiteten, den Sprechern das Wort erteilten, die als konsensfähig hervortretenden Meinungen formulierten und sie schließlich ihrem Ratsschreiber als beschlossen zur Niederschrift diktierten.

Hielt der Vorsitzende Erweiterungen der Tagesordnung über das im Ladungsschreiben Mitgeteilte hinaus für erforderlich, so mußte er dazu die Zustimmung der Ratssendeboten einholen. Er stellte ihnen dann die Frage, „ob sie das abwarten wollten," denn ihre Zustimmung konnte die Dauer der Tagfahrt um manchen Tag verlängern, daher die Ratssendeboten gelegentlich einen Termin hinzufügten, zu dem sie sich frühestens würden mit einer Sache befassen können[883]. Eine solche Erweiterung mochte auch gegen den Willen des Vorsitzenden „vermittelst den Ratssendeboten" geschehen. Wurde aber eine Sache zu ihrer Zufriedenheit erledigt, so baten sie den Vorsitzenden, „dies so zu berezessen"[884]. Zweifellos war es auch der Vorsitzende, der mit seinen Helfern aus der Ratskanzlei seiner Stadt den Wortlaut der Privilegien und älteren Rezesse bereithielt und daraus einschlägige Artikel verlesen ließ,

---

881 HR II 3 n. 288 § 5.
882 „nach velen unde langen uth- unde inseggent" HR II 3 n. 288 § 1, „vormyddelst den erbenomeden ghemenen steden" ebenda, § 12. In §§ 12 und 17 desselben Rezesses haben die Präposition vormyddelst die Antragsteller, auf deren Betreiben über eine Sache verhandelt wird.
883 HR II 3 n. 288 §§ 1, 3, 9, 10, 11.
884 HR II 3 n. 288 § 17.

wenn die Beratenden deren genauer Kenntnis bedurften[885]. Da die Ratmannen der gastgebenden Stadt in größerer Zahl an den Beratungen teilnahmen, konnten sie sich während der Sitzungen besprechen und für sich Ratsbeschlüsse fassen, die ihnen erlaubten, auch in solchen Fällen Zustimmung zu äußern, da sich andere dessen mangels ausreichender Vollmacht enthalten mußten[886].

§ 344. Als besonders bemerkenswert ist hervorzuheben, daß die gemeinen Städte bereits gelernt hatten, zur Erledigung bestimmter Aufgaben Ausschüsse einzusetzen, indem sie etliche Städte benannten und bevollmächtigten, diese Geschäfte von ihrer aller wegen zu behandeln, denn damit hatten sie eine Verfahrensweise gefunden, die geeignet war, ihre Handlungs- und Beschlußfähigkeit erheblich zu steigern und eine größere Last an Geschäften zu bewältigen, als sie in der Vollversammlung aller Städte hätten abtun können. Derartige Ausschüsse stellten nicht nur die Vier-, Fünf- oder Mehrstädtegerichte dar, denen die als Schiedsrichter angerufenen Ratssendeboten die Entscheidung von Parteistreitigkeiten delegierten[887], sondern auch die Mehrstädtekommissionen, denen man in bestimmten Situationen die auswärtigen Angelegenheiten des gemeinen Kaufmanns anvertraute, so etwa die mindestens neun Städte, die die Lübecker Tagfahrt vom 21. September 1450 mit den englischen Händeln betraute: „Die sollen auch volle Macht haben, hierin zu tun und zu schließen, wie die Städte dessen eingeworden sind ... Diese Städte zusammen oder diejenigen, die dahinkommen und in der Tagfahrt gegenwärtig sind, sollen volle Macht hierin haben"[888]. Dieselbe Versammlung setzte eine aus Lübeck und mindestens acht Städten bestehende Kommission ein, die „vollkommene Macht haben" sollte, die Verlegung des Stapels von Brügge nach Deventer ins Werk zu setzen[889].

Derartiger Schickungen bedienten sich die Städte auch in ihren inneren Angelegenheiten. So erteilten die im Dezember 1453 zu Lübeck versammelten Städte wegen zur Befriedigung der See- und Landstraßen erforderlicher Rüstungen denen von Bremen sowohl Befehl als auch Vollmacht, die anderen betroffenen Städte hierzu zu laden und die Kontingente zu bestimmen, die eine jede zu stellen hatte[890]. Als die Lübecker Tagfahrt vom 24. Juni 1456 beschloß, wegen der Gefahr, die davon den Städten und dem fahrenden Kaufmanne drohte, noch einmal in die Lüneburger Bürgerkämpfe einzugreifen (oben, § 191), da setzten, koren, ordinierten und baten sie von der gemeinen Städte wegen die vier Städte Lübeck, Hamburg, Wismar und Stade, diese

---

885 HR II 3 n. 288 §§ 12, 15.
886 HR II 3 n. 288 §§ 6, 15, 17, 22.
887 S. o., § 341, ferner HR II 4 n. 248 § 12, 458 § 21.
888 HR II 3 n. 649 § 5, 651 § 4, s. o., § 11. Weiter HR II 4 n. 196 § 32, 248 § 8, 264, 363.
889 HR II 3 n. 650 §§ 1, 2. Ferner HR II 4 n. 458 § 17.
890 HR II 4 n. 251 § 3.

Aufgabe zu übernehmen, „ihnen ganze volle Macht gebend, etliche andere Städte von der Hanse, die ihnen hierzu gelegen, füglich und bequem sind, hinzuzuheischen und zuzuziehen und um dieser ehbeschriebenen Sache und Brüche willen zu verschreiben." Dieser Ausschuß war befugt, mit den Lüneburgern „zu traktieren und zu beschließen, gleichsam als ob die Städte alle sämtlich dabeiwären"[891]. Das Verfahren mittels Ausschusses setzte voraus, daß die Ratssendeboten jene Vollmachten, die sie unmittelbar, ein jeder von seinem Heimatrate, und mittelbar von ihren Stadtgemeinden empfangen hatten, noch einmal und gewissermaßen in die vierte Hand weiterreichen durften.

§ 345. Was nun die Beschlußfassung der Ratssendeboten anlangt, so scheint es auf den ersten Blick keinerlei Formvorschriften gegeben zu haben, an die der vorsitzende Bürgermeister gebunden gewesen wäre, wenn er festzustellen hatte, daß ein gemeinsamer Wille aller zustandegekommen sei und als Rezeß niedergeschrieben werden könne. Daß ein Auszählen von Stimmen dazu weder notwendig noch überhaupt durchführbar war, ist bereits festgestellt worden (oben, § 338). Hinzu kommt, daß in den lediglich zur Beratung auf die Tagesordnung gesetzten Fragen (oben, § 328) ein Beschließen gar nicht vorgesehen war, so daß es wohl ganz allein vom Willen und Geschick des Vorsitzenden abhing, ob ein Ergebnis berezeßt werden konnte oder nicht. So meldet der Lübecker Rezeß vom 21. September 1450, betreffend den Seeraub aus Friesland hätten sich die Ratssendeboten gründlich besprochen und die Ehrbaren von Bremen, Hamburg und Groningen beauftragt, mit den Friesen zu verhandeln, woran insbesondere die Groninger arbeiten und der nächsten Tagfahrt berichten sollten; die Ehrsamen von Bremen und Hamburg nämlich wollten, daß die Abwehr auf Kosten der gemeinen Städte geschehe[892]. Da hatte der Vorsitzende also keinen Beschluß der Gesamtheit, sondern lediglich den Willen einer Mehrheit konstatieren können, die in diesem Falle die Sache auf die lange Bank schieben wollte. Vollends wenn die Ratssendeboten als Schiedsrichter in Parteisachen fungierten, bedurfte es oft keiner Beschlüsse, sondern lediglich einer zustimmenden Kenntnisnahme der Vereinbarungen, zu denen sich die Parteien bereitfanden[893].

Jedoch kann eine derartige Formlosigkeit, die dem Gestaltungswillen des Vorsitzenden überall eine freie Hand gewährte, den Sendeboten wohl nur dann erträglich gewesen sein und dem modernen Betrachter nur dann verständlich werden, wenn man das einungsrechtliche Postulat der Identität aller partikularen mit dem gemeinen Willen als Grundlage des hansischen Verbundes ernst nimmt. Denn dieses Einswerden und schließliche Einssein der Willen aller Städte und Sendeboten konnte in formaler Hinsicht nur auf eine einzige Art und Weise offenbar werden, nämlich durch vollkommene Ein-

---

[891] HR II 4 n. 458 § 22, s. o., § 44.
[892] HR II 3 n. 649 § 12 (= n. 640 § 2).
[893] HR II 3 n. 288 §§ 4, 6, 8, 14, 16, 17.

stimmigkeit aller Anwesenden im Beschließen. Nur einen solchen vollkommenen Konsens aller Ratssendeboten nämlich vermochte der Vorsitzende form- und mühelos festzustellen, denn nicht nur er, sondern alle Versammelten mit ihm erkannten ihn daran, daß sich gegen den Ausspruch, mit dem ihr Worthalter das Ergebnis ihrer Hin- und Widerreden zusammenfaßte und den er dem Schreiber zum Berezessen diktierte, keinerlei Widerspruch mehr erhob. Abermals begegnet uns an dieser Stelle die nach hansisch-niederdeutschem Einungs- und Stadtrecht für die Konstitution menschlicher Verbände und ihres Gemeinwillens grundlegende, als aktives Tun zu verstehende stillschweigende Duldung und Zulassung (oben, § 337) als einziges Formelement des Beschließens.

Wenn die Ratssendeboten in der Diskussion Eintracht, Einmütigkeit, Einstimmigkeit erreicht hatten und die Debatte verstummte, dann war mit dem Reden auch die Sache beschlossen, und der Vorsitzende hatte nur noch die Aufgabe, dies von aller Anwesenden wegen festzustellen und den übereinstimmenden Willen aller in Worte zu fassen. Das gemeine Recht hatte dagegen schon früh mit der körperschaftlichen Repräsentation den Majoritätsgrundsatz verknüpft und mittels juristischer Fiktion eine Mehrheit (sei es die einfache absolute oder eine bestimmte qualifizierte) mit der Gesamtheit gleichgesetzt[894]. Aber nicht diese formale Bestimmtheit von Repräsentanten, Stimmrechten und Mehrheiten kennzeichnet die vormoderne Demokratie, sondern das Übereinstragen oder die inhaltliche Konvergenz der Meinungen und Willen, die in deren endlicher Identität, in Konsens und Eintracht ihr Ziel erreichte.

§ 346. Dasselbe einträchtliche Verhandeln und Übereinstragen der Partikularwillen und deren Einswerden im endlichen Gesamtwillen, welches besonders deutlich in Bürgerrezessen und Burspraken als Grundlagen der hansisch-niederdeutschen Stadtrechte und Ratsverfassungen zum Vorschein kommt (oben, § 212), findet denn auch in den Hanserezessen als Form der Willensbildung und des Beschließens der gemeinen Städte und ihrer zur Tagfahrt versammelten Ratssendeboten vielfach Ausdruck. Beharrlich wiederholen es die Rezesse mit variablen, aber doch auch immer wieder gleichen Worten: Die Ratssendeboten, die „mit ganzer Macht und Einträchtigkeit" der Städte des lübischen, des westfälisch-preußischen und des gotländischen Drittels zusammenkamen, „haben übereingetragen" mit den Vorstehern des deutschen Kaufmanns „mit einer ganzen Eintracht die Sachen und Punkte, die hiernach geschrieben stehen" (1356); die Versammlung habe „übereingetragen und gewillkürt mit ganzer Eintracht", was der Rezeß enthält (1367); der

---

894 Bereits Heinrich MITTEIS, Die deutsche Königswahl, Brünn ²1944, S. 75, bezweifelte, daß es richtig sei, „die Folgepflicht von Anfang an mit dem Mehrheitsprinzip zu verkoppeln". Erst die gemeinrechtliche Interpretation des Verfahrens der Willensbildung wandelte die Folgepflicht der Minderheit in eine Unterwerfungspflicht um. H. HOFMANN, Repräsentation (³1998, wie Anm. 54) S. 224.

Kölner Verbund entstand, indem die Ratssendeboten „mit guter Beratung und ganzem Willen gemeinlich übereingetragen haben alle diese Stücke und Artikel, die hiernach geschrieben sind" (1367); in Lübeck vergattert, „haben die Städte es gemeinlich übereingetragen" (1383); daselbst „haben sie einträchtlich verrahmt und gesetzt, rahmen und setzen auch in Kraft dieser Schrift," was hinfort allgemeines Recht des erneuerten hansischen Verbundes sein sollte (1418); um diesen Kodex zu erneuern, „haben sie ordiniert und einträchtlich beschlossen sotane Artikel und Ordinanzen, als hiernach folgen" (1447), und viele einzelne Artikel wiederholen es innerhalb des Rezesses, daß „die vorgeschriebenen Ratssendeboten einswurden" oder einträchtlich beschlossen", daß sie sich „vertragen und einträchtlich verrahmt", oder „einsgetragen und verrahmt", „gänzlich übereingetragen", „einträchtlich ordiniert, verrahmt und beschlossen" haben[895].

Es kann kein Zweifel daran bestehen, daß wir diesen nachhaltigen, konstanten Sprachgebrauch wörtlich zu nehmen haben. Indem die Sendeboten im Hin- und Herreden ihre Meinungen und Willen einander annäherten und schießlich miteinander identifizierten, wurden sie eins sowohl im Sinne eines einzigen, allgemeinen Willens als auch im Sinne einer einzigen, willensfähigen Persönlichkeit, deren Wort der vorsitzende Bürgermeister, gleichsam als ob sie alle, die versammelten Ratssendeboten, die Stadtgemeinden, mit denen sie sich identisch wußten, und durch sie wiederum die gemeinen deutschen Kaufleute, aus einem Munde sprächen und ihr Wort mit gesamter Hand bekräftigten. Nicht zahlenmäßige Einstimmigkeit, sondern unwidersprochene Eintracht bildete das Fundament wie der städtischen, so der hansischen Verfassung. Auf ihr beruhte die deutsche Hanse als Einung oder Verbund von Individuen und Gemeinden.

§ 347. Hieraus folgt, daß, solange sich Widerspruch hören ließ, die Verhandlungen der Ratssendeboten das Ziel der schließlichen und abschließenden Eintracht noch nicht erreicht hatten und somit kein Beschluß zustandekam, so daß man den Gegenstand entweder fallenlassen oder vertagen mußte. Dies war von vornherein der Fall, wenn die Lübecker in ihrem Ausschreiben eine Sache lediglich zur Beratung auf die Tagesordnung setzten (oben, § 328); das Einswerden konnte sich dann durch das sukzessive Hinzutreten einzelner Städte, wie es anläßlich der Erhebung Lübecks zum Oberhof für das Kaufmannsgericht in Nowgorod geschah (oben, § 305), über viele Jahre hinziehen. Unentschieden blieben die Sachen auch dann, wenn eine Tagfahrt von so wenigen Städten besandt wurde, daß sich die Sendeboten nicht den notwendigen Sachverstand zutrauten, um den hansischen Gemeinwillen auch im Namen der ausgebliebenen Städte auszusprechen (oben, § 339). Dies war

---

895 HR I 1 n. 200, = Quellen hg. von SPRANDEL (1982, wie Anm. 46) S. 281 n. 2, pr., n. 259, = Quellen (1982) S. 286 n. 4, pr., n. 413, = Quellen (1982) S. 287 n. 5, pr., HR I 2 n. 266, = Quellen (1982) S. 300 n. 9, § 1, HR I 6 n. 557, = Quellen (1982) S. 308 n. 11, pr., HR II 3 n. 288 pr., §§ 1, 3, 12, 28, 35, 41, 69, 74, 78.

z. B. der Fall auf den beiden Tagfahrten zu Bremen vom 1. Januar und 24. Juni 1450, auf deren zweiter die Sendeboten daher beschlossen, daß die in dem vorangegangenen Rezeß begriffenen Artikel, in denen kein Beschluß gefaßt worden war, bis zur nächstkünftigen Tagfahrt „einem jeden zugute" bestehen bleiben sollten, „also daß dieser Rezeß jenem und jener diesem in keinen Stücken zu Verfange gereichen soll"[896]. Vor den im Dezember 1453 zu Lübeck versammelten Städten wurde über die Landreise mit kostbaren Gütern von Nowgorod in die wendischen Städte und von hier zur See nach Flandern verhandelt, von der viele meinten, daß sie die Kaufmannschaft ruinierte; „hierauf haben die Herren geratschlagt und beschlossen, daß ein jeder von diesen Herren Sendeboten das zurückbringen soll an seine Ältesten, so daß die Reise verboten werden kann, und dies einbringen soll zur nächsten Tagfahrt"[897]. Es hätte nahegelegen, derartige, lediglich das Verfahren der Willensbildung regelnde Verordnungen, durch die sich nur die Sendeboten und Ratmannen selbst über ein bestimmtes Verhalten oder Vorgehen einigten, von Satzungen mit Gesetzeskraft zu unterscheiden, die (auch) die Bürger und Kaufleute von der deutschen Hanse unter Strafandrohung zum Gehorsam verpflichteten. Aber der Glaube der Städte an die letztendliche Identität aller partikularen Willen (oben, § 327) war so übermächtig, daß niemand hierzu ein Bedürfnis empfand: Mochten die Meinungsverschiedenheiten, welche die Ratssendeboten voneinander trennten, auch jetzt und hier einen einträchtlichen Beschluß verhindern, so galt dies doch stets als ein nur vorläufiger, von menschlicher Sündhaftigkeit und Unvollkommenheit verursachter Zustand, der sich endlich doch in Einmütigkeit und Eintracht würde auflösen müssen.

§ 348. Daher störte sich auch niemand daran, daß die willkürliche Geltung eines Rezesses namentlich dann völlig im Ungewissen blieb, wenn sich einzelne Ratssendeboten in der betreffenden Angelegenheit nicht für vollmächtig erachteten und die Sache deswegen an ihre Ältesten zurückzogen (oben, §§ 330 bis 336). Wenn die Ratssendeboten der Wendischen Städte, die am 1. März 1445 zu Lübeck zusammenkamen, zunächst „dieses erwogen und übereingetragen, daß sie, alle sechs Städte, ihre trefflichen Sendeboten" zu den Königen von Dänemark entsenden wollten, um nicht von deren Krieg angefallen zu werden, so war diese Eintracht doch nur ein Beschlußentwurf, jedenfalls etwas Vorläufiges, „welches die ehrlichen Sendeboten von Hamburg und Lüneburg an ihren Rat bringen wollten." Das taten sie so unverzüglich, daß sie schon am nächsten Tage die Antwort ihrer Räte bekanntgeben konnten: „Die von Lüneburg haben angenommen mitzubesenden, obwohl ihnen dies schwer gelegen ist und soferne die anderen Städte oder etliche von ihnen es nicht verweigern. Aber die von Hamburg verweigern es," und sie änderten auch dann ihren Willen nicht, als die (anderen) Ratssendeboten zwei Lübecker Ratmannen nach Hamburg schickten, um sie zu be-

---

[896] HR II 3 n. 627 § 6.
[897] HR II 4 n. 196 § 33.

kehren. Nun erst erklärten auch die anderen ihre Bedenken: Sie wollten die Könige nur dann besenden, wenn die jeweils anderen mittäten, und die Wismarer wollten selbst dies an ihren Rat bringen und nachträglich von dessen Willen Bescheid geben[898].

Hier wurde also am Ende gar nichts beschlossen; dagegen galt der Rezeß der großen Lübecker Tagfahrt vom 18. Mai 1447 über die Besendung des Hochmeisters durch die Wendischen Städte offenbar als verbindlich, obwohl Stralsund und Lüneburg ihn noch nicht gutgeheißen hatten, denn die Lübecker sollten die Kosten vorstrecken, bis die beiden Städte zugestimmt haben würden[899]. Man rechnete offenbar fest damit, daß dies geschehen werde, obwohl die Stadtrechte in allem, was Unkosten verursachte, den Vollmachten der Ratssendeboten enge Grenzen setzten (oben, § 56). Den Rezeß der Wendischen Städte vom 12. März 1448 über die gemeinsame Besoldung eines Prokurators in des Herrn Römischen Königs Hofe (oben, § 256) bezeichneten die Lübecker in einem Schreiben vom 30. März zwar ausdrücklich als „Recessum, darin die Städte geschlossen haben und einsgeworden sind," gleichwohl sollte jede Stadt darauf den Lübeckern noch ihre Antwort zusenden, und nur die Räte von Rostock, Bremen und Wismar erteilten ihm nachträglich und schriftlich ihre Zustimmung. Die Hamburger aber antworteten, sie hätten bereits einen Prokurator am Hofe, den sie entlohnen müßten, woraus die Lübecker ersahen, „daß sie in der Eintracht und Rezesse mit den anderen Städten nicht sein wollen, sondern das damit verweigern"[900].

Wie laut also auch immer die Hoffnung auf nachträglichen Konsens auf der Tagfahrt ausgesprochen werden mochte – „das doch die Ratssendeboten der ehgeschriebenen Städte Hamburg, Wismar und Stade nicht zu sich nehmen wollten, um darin zu konsentieren, sondern sagten, daß sie hier(zu) keinen Befehl von ihnen (!) hätten, sondern es gern zurück an ihren Rat bringen wollten, da sie doch hofften, daß sie ein solches um des gemeinen Guten und Besten (willen) nicht verweigern werden," meldet der Rezeß vom 24. Juni 1456 in der Lüneburger Angelegenheit[901] –: solange noch irgendein Sendebote von seinem Retraktrecht Gebrauch machte, stellten die Eintrachten nicht viel mehr dar als Entwürfe für mögliche Beschlüsse, über deren rechtliche Verbindlichkeit jede einzelne Hansestadt nach Belieben entscheiden konnte. So hatte die Rechtsauffassung, welche die Kölner im Streit um die Schoßpflicht zu Antwerpen je länger, desto beharrlicher vortrugen, doch manches für sich, nämlich daß auch einträchtlich berezeßte Entscheidungen unter dem Vorbehalt der Ratifikation von Seiten der Einzelstädte stünden und von neuem erörtert und beschlossen werden müßten, wenn sie die Freiheiten einer Ge-

---

898 HR II 3 n. 176 §§ 1, 3. Aus n. 180 ergibt sich, daß die Rsn. mindestens bis zum 8. März in Lübeck versammelt blieben.
899 HR II 3 n. 288 §§ 15, 22.
900 HR II 3 n. 394–396.
901 HR II 4 n. 458 § 22, s. o., §§ 44, 190.

meinde verletzten: so jener Beschluß über den Schoß von 1447, „nachdem die gemeinen süderseeischen Städte es nicht zugestehen, daß solches in ihrer aller Anwesenheit vorgenommen oder vertragen sei"[902].

§ 349. So erwies sich das Vertrauen in die letztendliche Identität der Partikularwillen, die sich unweigerlich würde herausstellen müssen, wenn sich nur weise, vorsichtige und sachkundige Männer um des gemeinen Besten willen lange und fleißig genug darüber miteinander berieten, in der hansischen Megalopolis immer mehr als Illusion und als untauglich, um der Verfassung eines diasporadisch lebenden und vielfach gestuften Großverbandes wie der deutschen Hanse als Fundament zu dienen. Man kann sich fragen, ob die postulierte Identität der Willen unter diesen Umständen überhaupt als Rechtsgedanke angesprochen werden kann. Doch ist diese Frage zweifellos zu bejahen, da das Problem nicht neu und das deutsche Einungsrecht schon in älterer Zeit[903] nicht so naiv gewesen war, die Identifikation der Willen als etwas Selbstverständliches, Natürliches oder Gottgewolltes zu betrachten, sondern stets auch eine Pflicht der Genossen konstatiert hatte, selbst unter eigenen Opfern ihren Teil zum Einswerden der Willen in einer Eintracht beizutragen. Das Einungsrecht nämlich verpflichtete jene Genossen, deren Wille im Verlaufe der Beratungen in die Minderheit geriet, dazu, der Mehrheit zu folgen und durch ihr – gewiß nicht bedingungslos gefordertes – Nachgeben die Einstimmigkeit der Willensbildung zu ermöglichen: Einer für alle, alle für einen.

So bestimmte das hansische Seerecht, daß eine Gesellschaft von Schiffs- und Seeleuten, deren Schiff in Seenot geriet, zwar zunächst von der Ladung in die See werfen sollte, „was dann den Schiffer mit dem mehreren Teil von seiner Gesellschaft gut dünkte," daß sie hernach aber die Kaufleute, deren Gut für die Gesamtheit geopfert worden war, nach dessen Marktpreis zu entschädigen hatte[904]. Zu Lande aber galt: „Was also der Burmeister zu des Dorfes Frommen schafft mit Willkür der mehreren Menge der Geburen, dem darf der mindere Teil nicht widersprechen"[905]. Unterlassung der Widerrede, stillschweigende Duldung, das war es, was das Einungsrecht von den Genossen verlangte, um die zu verbindlicher Willensbildung erforderliche Eintracht zu ermöglichen. Nicht Zählung der Stimmen und Entscheidung gemäß dem Willen der Mehrheit waren geboten, sondern Beugung unter die höhere

---

902 HR II 4 n. 747 vom 3. Sept. 1459. S. o., §§ 279, 280, 334.
903 Otto GIERKE, Genossenschaftsrecht Bd. 2 (1873, wie Anm. 257) S. 480ff. Karl Siegfried BADER, Studien zur RechtsG. des ma.lichen Dorfes 2. T., Wien ²1974, S. 134. Werner MALECZEK, Abstimmungsarten. Wie kommt man zu einem vernünftigen Wahlergebnis? In: Wahlen und Wählen im MA, hg. von R. SCHNEIDER und H. ZIMMERMANN (1990, wie Anm. 205) S. 79–134, hier: S. 95–97.
904 Quellen hg. von SPRANDEL (1982, wie Anm. 46) S. 410 n. 4 § 4. Karl-Friedrich KRIEGER, Ursprung und Wurzeln der Rôles d'Oléron (QDhG, NF Bd. 15), Köln–Wien 1970, S. 19.
905 Sachsenspiegel Landrecht II 55. Ebenso das hansisch-niederdeutsche Stadtrecht, s. o., § 212.

Sachkunde der Meinungsführer und Duldung oder Zulassung des Einswerdens in Eintracht. Derselbe Grundsatz galt im hansisch-niederdeutschen Stadtrecht, sei es, daß der wegen hochbeschwerlicher Geschäfte um Worthalter der Gemeinde erweiterte Rat ins Werk setzen sollte, was der mehreren Menge das Beste zu sein dünkte (Nordhausen: oben, §§ 88, 90, Köln: § 107), oder daß sich die Wahlmänner bei der Kore der Ratmannen, Burmeister und Amtsmeister anders nicht einswerden konnten (Halberstadt: oben, § 148, Bremen: §§ 160, 171).

Selbst im sitzenden Rate berief man sich in schwierigen Situationen auf diese Regel; davon berichtet der Lüneburger Bürgermeister Hinrik Lange, der am 27. September 1454 in der beschwerlichen Frage in die Minderheit geriet, ob der Rat, nachdem er in Rom kein Recht gefunden, vom Papste an das zukünftige Konzil appellieren sollte (oben, § 184). Bürgermeister Albert von der Molen, der dies befürwortete, wies die drei widersprechenden Ratskumpane aus dem Saale, um seine Meinung durchzusetzen; dann ließ er sie nacheinander wieder hereinrufen, um jeden einzeln zu befragen, ob er „auch der Weise folgen wolle, wie es nach weltlicher Art (giwerlde) in dem Rate zu Lüneburg eine Weise gewesen sei, so daß der mindeste Teil dem meisten zu folgen pflege, wessen die einsgeworden." Obwohl Schlimmes ahnend, bejahten alle drei diese Frage. Dann eröffnete Herr Albert ihnen, daß die Mehrheit der Appellation adhäriere, und die drei folgten der Mehrheit[906], so daß der verhängnisvolle Beschluß nunmehr einstimmig übereinsgetragen und alle darin einsgeworden waren.

§ 350. Wir dürfen demnach annehmen, daß die Folgepflicht der Minderheit auch den Ratssendeboten der gemeinen Hansestädte als unerläßliche Bedingung für die Existenz der hansischen Einung ständig gegenwärtig gewesen ist, selbst wenn sie sich nicht dazu hatten entschließen können, dem in der Not des dänischen Krieges am 21. Oktober 1369 von den wendischen Städten gefaßten Beschluß: „Was die meiste Menge dann als das Beste und Nützlichste erkiesen, daß dem die anderen folgen (sollen)," ihre allgemeine und ausdrückliche Zustimmung zu erteilen[907]. Manchem Ratssendeboten mag die Notwendigkeit, in wichtigen Dingen der Mehrheit zu widersprechen und die Sache an seine Ältesten zurückzubringen, Gewissensnöte bereitet haben, da er sich bewußt war, damit die ihm und seiner Stadtgemeinde obliegende Folgepflicht zu verletzen; auch dies wird man bedenken müssen, wenn man sich fragt, warum die Ratssendeboten auf den Tagfahrten so häufig Beschlüsse stillschweigend berezessen ließen, die von der Stadt, deretwegen sie vollmächtig waren, hernach verworfen wurden (oben, §§ 289, 290, 327, 334).

Nur selten enthalten die Rezesse Hinweise auf derartige Situationen, so derjenige vom 28. Februar 1440, darin die Wendischen Städte, offenbar um Druck auf andere auszuüben, die ihrer Fehde mit den Holländern gleichgül-

---

906 Chronik des Bm. Hinrik Lange (wie Anm. 363) S. 186.
907 HR I 1 n. 510 § 11. Dazu S. 129–131 der oben, Anm. 784, zitierten Abhandlung.

tig zusahen, die Einstellung ihres Handels mit Holland beschlossen. Wir erfahren dazu, wie sich die Ratmannen von Lüneburg beklagten, sie hätten sich bisher notgedrungen „aus der Städte Eintracht gezogen, und so wäre ihre Meinung noch, daß sie sich nicht gerne daraus zögen, soferne ihnen das zu tun möglich sei und ihnen nicht zu nahe wäre"[908]. Sie erfüllten also ihre Folgepflicht gegenüber der Mehrheit, taten dies aber mit so schwerem Herzen, daß der Wert ihrer Zustimmung ganz in der Schwebe blieb. Gegen die Absicht der gemeinen Städte und des Kaufmanns zu Brügge, die holländischen Laken dem hansischen Stapel in Brügge zu unterwerfen, erhob Deventer Einspruch, da die Lübecker Tagfahrt von 1447 zwar darüber beraten, aber nichts in den Rezeß aufgenommen hatte, weil die Mehrheit der Hansestädte es nicht zulassen wollte; die Ratssendeboten von Deventer bemühten sich darum, die Städte von Utrecht, Geldern, Kleve und Westfalen zu fernerer Stärkung dieser Mehrheit unter sich einswerden zu lassen[909]. Ausdrücklich berufen sich einmal die zu Lübeck versammelten Ratssendeboten im Juni 1454 auf die zur Erhaltung der Eintracht notwendige Folgepflicht, als sie im Streit ihrer Schonenfahrer gegen die Stettiner entschieden und von ihnen verlangten, sie sollten sich an den für alle gültigen Privilegien genügen lassen, „da es ja billig und recht ist, daß der geringste Teil dem meisten folge"[910].

Die verfahrensrechtliche Funktion der Folgepflicht war also den Ratssendeboten wohlbekannt. Sie verlangte nicht von der Gemeinschaft, abzählbare Stimmrechte und entsprechende formelle (die Form vom Inhalt trennende) Vollmachten zu definieren, sondern von der Minderheit, ihren Widerspruch und ihre Sondermeinungen aufzugeben und sich statt dessen den Willen der Mehrheit zu eigen zu machen, damit ein einhelliger Schluß und ein Gemeinwille zustandekam, in dem alle Partikularwillen aufgehen konnten. Wie die Rechtsideen des Bürgers von der deutschen Hanse und des Ladungsungehorsams (oben, §§ 289, 318), so diente die Folgepflicht dem Zwecke, den Grundgedanken des Einungsrechtes, das Postulat nämlich der Identität aller Einzelwillen und der Einstimmigkeit aller Beschlüsse, praktikabel zu machen und der rauhen Wirklichkeit des menschlichen Gemeinschaftslebens anzupassen[911]. Wenn sich die gemeinen Städte so selten auf sie beriefen, so hat das seinen Grund in der bereits mehrfach herausgestellten Tatsache, daß sich das Gemeinschaftsrecht der Hanse von dem Recht der einzelnen Städte herleitete und daher nicht die Kraft besaß, die Stadtrechte zu brechen.

---

908 HR II 2 n. 341.
909 HR II 3 n. 387.
910 HR II 4 n. 248 § 9, s. o., § 292.
911 Es liegt also ein grobes Mißverständnis vor, wenn Wilhelm BODE, Hansische Bundesbestrebungen in der ersten Hälfte des 15. Jh., in: HGbll. 45 (1919) S. 173–246, hier: S. 183, urteilt: „Eine Ordonnanz kommt durch Mehrheitsbeschluß zustande, majorisiert also An- und Abwesende, die ihr nicht zugestimmt haben oder die gar nicht gefragt werden."

3.4.5. Rechtskraft durch Publikation

§ 351. Diese grundlegende Tatsache der hansischen Verfassung kommt schließlich darin zum Ausdruck, daß die Rezesse, um gültig und von den deutschen Kaufleuten beachtet zu werden, der Publikation bedurften und daß sich die gemeinen Städte, was dies anlangte, nicht nur auf die Mitwirkung der einzelnen Städte, sondern auch und vielmehr auf deren Bereitschaft angewiesen sahen, die Rezesse in ihr Stadtrecht aufzunehmen, waren doch nur die Einzelstädte im Besitz der eidgenossenschaftlichen Strafgewalt über die Kaufleute, nur sie konnten den Hanserezessen den strafrechtlichen Schutz gewähren, den der gemeine Kaufmann, da es keine gesamthansische Eidgenossenschaft gab, selbst nicht aufzubieten vermochte. Die Beschlüsse der Hansetage glichen also den leges imperfectae des römischen Rechts, es waren Gesetze ohne Sanktion, und erst die Aufnahme in die einzelnen Stadtrechte verwandelte sie in leges perfectae.

Aus diesem Grunde brauchten die versammelten Sendeboten ihnen auch keine dispositive urkundliche Form zu geben; es genügte vielmehr die klassische Form der als Gedächtnisstütze abgefaßten notitia (oben, § 194), deren öffentlicher Glaube auf der Öffentlichkeit der während der Tagfahrt verfaßten Niederschrift und hernach auf dem Zeugnis der Ratmannen beruhte, die dabeigewesen waren[912]. Den englischen Gesandten, die im März und April 1449 in Lübeck weilten und erwarteten, daß Lübeck und der Hochmeister als Häupter der Hanse die ihnen ausgehändigte Rezeßhandschrift besiegelten, erklärten die Preußen: „Sie hätten (bereits) vernommen von denen von Lübeck und ferner von den anderen Hansestädten, daß es hier nicht gewöhnlich sei, Rezesse zu versiegeln, sondern ein jeder nehme seinen Rezeß mit nach Haus, und weiter pflege man das nicht zu versiegeln." Die Lübecker blieben dabei und wollten keine Neuerung über das seit alters Gewöhnliche hinaus machen, sondern stellten den Engländern anheim, den Rezeß mitzunehmen oder dies zu unterlassen, wie es ihnen bequem sei[913]. Ohne das Zeugnis der Ratssendeboten, die dabeigewesen, und der Städte, von deretwegen sie ihn beliebt hatten, galt der Rezeß nichts. Als der deutsche Kaufmann zu Brügge, dem die Kölner, die von Nimwegen und die süderseeischen Städte den Schoß verweigerten, eines Zeugnisses über den Rechtsgrund der Schoßpflicht bedurfte, ersuchte er daher die Lübecker um ein von fünf oder sechs Städten besiegeltes Zeugnis darüber, daß jeder Kaufmann gemäß dem Rezeß schoßpflichtig sei. Daraufhin transsumierten Bürgermeister und Ratmannen von

---

912 Die Besiegelung mit einem gemeinen Siegel wäre einem Befehl an die Städte gleichgekommen; so war der am 24. Juni 1287 vom gemeinen Kaufmann in Wisby verfaßte Rezeß noch als Gebot an die Städte gerichtet und besiegelt worden, HUB Bd. 1 n. 1024 (s. o., § 260), da die gemeinen Städte dieses Siegel erst 1299 einziehen lassen konnten.

913 HR II 3 n. 504 §§ 25, 26, s. o., bei Anm. 215.

Lübeck, Hamburg, Rostock, Stralsund, Wismar, Lüneburg und Braunschweig die Präambel und Artikel 96 des Rezesses vom 18. Mai 1447 und geboten dem Kaufmann zu Brügge, diese Satzung zu befolgen[914].

Denn nicht schon der Rezeß, sondern erst seine Anwendung und Vollstreckung seitens einzelner Hansestädte begründete sowohl die Pflicht der Kaufleute, dem Gebot zu gehorchen, als auch die Folgepflicht jener Städte, die den Rezeß noch nicht übernommen hatten, dieses nunmehr unverzüglich zu tun. Entsprechend groß war der Groll des gemeinen Kaufmanns wider die Kölner, als diese ihn wegen der Schoßforderung vor Kanzler und Rat von Brabant verklagten und den Rezeß von 1447 ohne Rücksicht auf seine beschränkte Gültigkeit als Beweismittel vorlegten: „... den sie (die brabantischen Räte) da wohl etwa eine halbe Stunde in dem Rate hatten, und konnten alle der vorgeschriebenen Städte Rezesse Heimlichkeit lesen, (die) in dem Rezeß geschrieben (stehen), denn wir waren länger als eine halbe Stunde aus dem Saale verwiesen, um den Rezeß und unsere Privilegien zu lesen"[915].

§ 352. Alles, was wir über die Publikation der Rezesse erfahren, bestätigt die Tatsache, daß die durch Stadtrecht vielfach beschränkten Vollmachten der Ratssendeboten den Rezessen der gemeinen Städte keine unmittelbare Geltung verschafften. Es gab zwei Wege, auf denen die gemeinen Städte ihre Beschlüsse dem gemeinen Kaufmanne bekanntgeben konnten. Der eine führte über die Älterleute des Kaufmanns zu Brügge, London, Bergen oder Nowgorod, die die Publikation vor den derzeit anwesenden, zur Morgensprache versammelten Kaufleuten vorzunehmen hatten; kraft der Identität der anwesenden mit den Kaufleuten überhaupt (oben, §§ 264 bis 266) durften sie von Rechts wegen voraussetzen, daß damit die allgemeine Bekanntheit der hansischen Ordinanzien gegeben wäre. Der mündliche Actus der Publikation bewirkte unmittelbar die Rechtskraft des Rezesses; einer Beurkundung sei es durch Kaufmannsrezeß oder durch Amtsbucheintrag bedurfte er nicht. Zwar konnten die Älterleute wichtige Ordinanzien in die handschriftlichen Statutensammlungen ihrer Kontore aufnehmen[916], aber die Rechtskraft der Verordnungen hing davon nicht ab. Besonders wirksam war dieser Publikationsweg (im 15. Jahrhundert) nicht (mehr), da die einungsrechtlich postulierte Identität des anwesenden mit dem intelligiblen Kaufmann nicht (mehr) wirklich gegeben war.

Dies ergibt sich etwa daraus, daß der deutsche Kaufmann zu Brügge am 21. August 1443 die Städte Lübeck und Danzig darum ersuchte, sowohl den von ihm mit der spanischen Nation abgeschlossenen Frieden zu verkünden als auch der mangelnden Befolgung des Statuts über das Ballastwesen abzuhelfen, das von der vorjährigen Stralsunder Tagfahrt beschlossen, aber nicht

---
914 HR II 4 n. 722 vom 23. Okt. 1459, s. o., § 336.
915 HR II 4 n. 739 vom 27. Mai 1459.
916 Z. B. HR II 1 n. 321 § 15 = HUB Bd. 7, 1 n. 40 = Quellen hg. von SPRANDEL (1982, wie Anm. 46) S. 362 n. 3 Art. 10.

genügend publiziert worden sei und daher wenig beachtet werde[917]. Der Kaufmann forderte die Häupter der Hanse also dazu auf, die Publikation des Friedens und der Ballastordnung auf dem zweiten, dem einzelstädtischen Wege herbeizuführen, der über die Stadträte und deren Burspraken führte. Da sich die Ratifikation des spanischen Vertrags aus Ursachen, die die Hansestädte zu verantworten hatten, noch drei Jahre hinzog (oben, § 310), konnte der Kaufmann zu Brügge erst am 25. August 1446 mitteilen, daß nunmehr die Bestätigungsurkunden ausgetauscht worden seien. Das Vertrauen der Spanier in die Handlungsfähigkeit der gemeinen Städte war darüber offenbar dahingeschwunden; sie begehrten jedenfalls, daß die Ratssendeboten den Frieden in Lübeck öffentlich ausrufen lassen sollten, und zwar in Gegenwart eines öffentlichen Notars, der darüber ein Instrument anfertigen sollte, und der deutsche Kaufmann unterstützte diese Bitte[918], auch er ersichtlich davon überzeugt, daß die Publikation auf der Morgensprache der Deutschen zu Brügge keine ausreichende Veröffentlichung des Friedens gewährte.

§ 353. Was das Verfahren der einzelstädtischen Publikation anlangt, so forderten die Ratssendeboten selber gelegentlich in den Rezessen deren Bekanntmachung in den Burspraken[919]. Einmal heißt es sogar mit ausdrücklicher Bezugnahme auf den dafür erforderlichen Ratsbeschluß: „Und dies soll eine jede Stadt in Rates Weise bei ihren Eiden ihren Bürgern und Kaufleuten kundtun, um sich davor zu hüten und danach zu richten (zu) wissen"[920]. Das für besonders wichtig erachtete Statut von 1418 (oben, § 138) betreffend, verfügten die Ratssendeboten, daß eine jede Stadt es auf ihrem Rathause öffentlich aushängen lasse. In Stettin und Bremen löste dies einen Auflauf aus: Die empörten Gemeinden entfernten die Statutentafel und terrorisierten den Rat, der sie aufgehängt hatte. Erst die von den gemeinen Städten verfügte Verhansung bewog die Stettiner im Frühjahr 1421 dazu, die Tafel wieder aufzuhängen; gegen die Bremer wagten die Hansestädte jedoch nicht, mit ihren Drohungen Ernst zu machen[921]. Andere wichtige, langfristig gültige Ordonnanzen konnte der Rat in den festen Bestand seiner alljährlich als Burspraken verkündeten Verordnungen aufnehmen; so fanden sie Eingang in die Handschriften, in denen man diesen Bestand jetzt zu sammeln begann[922]. Von dem am 24. Juni 1418 beschlossenen Statut der Hansestädte, welches den An- und

---

917 HR II 3 n. 70.
918 HR II 3 n. 259.
919 Belege für das 14. Jh. in der in Anm. 784 genannten Abhandlung, S. 140 Anm. 78; dazu HR I 2 n. 172, = Quellen hg. von SPRANDEL (1982, wie Anm. 46) S. 298 n. 8, § 6.
920 HR II 3 n. 650 § 14, s. o., § 291.
921 E. DAENELL, Blütezeit (1906, wie Anm. 451) S. 513. W. EHBRECHT, Hanse und Bürgerkämpfe (1976, wie Anm. 220) S. 97. S. o., § 156.
922 J. BOLLAND, Hamb. Burspraken T. 1 (1960, wie Anm. 185) S. 11 und T. 2 n. 3 §§ 22, 36, n. 4 § 2, n. 18 § 1, n. 19 §§ 5, 7, n. 33 (= Quellen hg. von SPRANDEL 1982, wie Anm. 46, S. 36 n. 2) § 5, n. 35 § 2, n. 36 § 1.

Verkauf geraubter oder seetriftiger Güter bei Todesstrafe verbot, bezeugten die Lübecker später, daß sie es alle Jahre in ihrer Stadt zu vier Zeiten verkündigen und jederzeit strenge überwachen ließen[923]. In der ältesten Niederschrift der Lübecker Bursprake ist es wenigstens zu zwei der vier jährlichen Burspraken-Termine nachgetragen[924].

Nachdem die zu Lübeck versammelten Ratssendeboten am 27. September 1419 die Stader aus der hansischen Gemeinschaft ausgeschlossen hatten, machten Lübeck und Hamburg dies ihren Bürgern am 16. Oktober in den Burspraken öffentlich bekannt (oben, § 142). Die Göttinger, die diese Tagfahrt nicht besandt hatten, wurden von Lübeck schriftlich darüber unterrichtet, „wie die von Stade sich unredlich und unordentlich gegen sotanes Gesetz und Ordnung (nämlich das Aufruhrstatut von 1418) verhalten, darum Gemeinschaft und Handlung mit denen von Stade zu halten die Städte gemeinlich verboten haben." Sie hatten bisher davon nichts gewußt, wollten aber „mit unseren Mitbürgern und Kaufleuten bestellen, sobald wir es vermögen, daß es also mit denen von Stade gehalten werde"[925]. Auf der Stralsunder Tagfahrt vom 21. September 1421 „haben die Städte dessen einsgetragen, daß eine jede Stadt soll kündigen zu ihrer nächsten Bursprake, daß man niemanden geleiten soll vor Straßenraub, Seeraub, Boddenstülpen, Mordbrand"[926]. Das wegen der Holländer erlassene Verbot der Wendischen Städte, vor dem 17. August 1440 durch den Sund zu segeln, ist „in diesen Städten: Lübeck, Hamburg, Wismar und Lüneburg, den Bürgern und dem gemeinen Kaufmanne klärlich verkündigt worden", wie Lübeck am 7. April nach Danzig meldete[927]. Die Kölner Handschrift des umfangreichen Rezesses vom 18. Mai 1447, deren Artikel 96 die später so heftig umstrittene Schoßpflicht in Brabant begründete, trägt einen Vermerk, der die von den Kölner Ratssendeboten persönlich vorgenommene Publikation zu Köln bezeugt: Recessus Lubeke anno 47 habitus et Colonie publicatus mercatoribus sabbato post Vincula Petri (oben, § 278).

Die Ratssendeboten, die am 21. September 1450 zu Lübeck beschlossen, das Brügger Kontor von Pfingsten (dem 24. Mai) des folgenden Jahres an nach Deventer zu verlegen, bestimmten ferner: „Item soll eine jegliche Stadt von der Hanse diese Gesetze und Ordinanzien um Sankt Johann Baptists Tag, der nächstens kommt (den 24. Juni 1451), öffentlich ausrufen und verkündigen lassen, (so) daß niemand von ihren Bürgern und Kaufleuten nach Sankt Margareten Tag (dem 13. Juli 1451) weder in Flandern noch mit Fla-

---

923 HR I 6 n. 557, = Quellen hg. von SPRANDEL (1982, wie Anm. 46) S. 416 n. 5, § 25, HR II 3 n. 288 § 40, n. 723.
924 Quellen hg. von SPRANDEL (1982, wie Anm. 46) S. 32 n. 1, hier: S. 32 und 35 mit Anm. 2.
925 UB der Stadt Lübeck T. 6, Lübeck 1881, S. 188 n. 140.
926 HR I 7 n. 383 § 10, auch I 8 n. 201 § 2.
927 HUB Bd. 7, 1 (1939) n. 550.

men Hantierung haben soll, in der Weise und bei den Brüchten, wie oben geschrieben steht, auf daß sich ein jeder desto besser vor Schaden behüten und bewahren kann"[928]. Als die Tagfahrt zu Utrecht um Pfingsten 1451 den Publikationstermin um vierzehn Tage hinausschob, verpflichteten sich die anwesenden Ratssendeboten respektive, dafür Sorge zu tragen, daß der Rezeß, zweifellos zum Zwecke der pünktlichen Bekanntmachung, in zwölf genannten niederrheinischen und süderseeischen Städten von Köln bis nach Groningen hinterlegt wurde. Trotzdem blieb die Publikation unzureichend, denn Breslau, Krakau und andere Städte, die die Lübecker Tagfahrt nicht besandt hatten, wußten nichts von den Beschlüssen und hielten sich nicht an das Verbot der Flandernfahrt[929].

§ 354. Es muß demnach als ständige Praxis der gemeinen Städte gelten, ihre Beschlüsse auf dem Wege der einzelstädtischen Publikation und dergestalt in Rechtskraft erwachsen zu lassen, daß die Stadträte sie unter den willkürrechtlichen Schutz der bürgerlichen Eidgenossenschaft stellten und mittels der Bursprake in ihr jeweiliges Stadtrecht aufnahmen. Was zuvor die Ratssendeboten beschlossen hatten, galt vom Tage der Verkündung an als „des Rates und des deutschen Kaufmanns Begehren"[930]. Mit der Publikation freilich übernahmen die Stadträte, ein jeder gegenüber seiner Stadtgemeinde, die Verantwortung für das, was zunächst nur die vollmächtigen Ratssendeboten übereinsgetragen hatten. Sie mußten die Rezesse also daraufhin prüfen, ob sie ihrer Stadt zum Besten und nicht etwa zum Schaden gereichten, da die Ratmannen im letzteren Falle Gefahr liefen, mit der Publikation ihre Bürger- und Ratseide zu verletzen. Jene Städte, die die Tagfahrten nicht zu besenden vermochten, erklärten denn auch zwar häufig im Bewußtsein der Folgepflicht, die ihnen nach Einungsrecht oblag, daß sie willens wären, die Beschlüsse der Ratssendeboten anzunehmen, aber im Bewußtsein ihrer einzelstädtischen Verantwortung schränkten sie diese Zusage stets durch den doppelten Vorbehalt des Gemeinnutzens und ihrer (rechtlichen) Möglichkeiten ein: Was die gemeinen Städte „zu Beschirmung unser aller und der gemeinen Wohlfahrt" beschließen würden, „das wollen wir gerne in ehrlichem Gebaren nach unserer Macht belieben und halten," wie die livländischen Städte am 25. Februar 1453 den Lübeckern erklärten[931].

Nur selten gewähren uns die Quellen Einblick in diese Vorgänge. Am ausführlichsten tun es die Akten der preußischen Städte, da sie außer den eigenen auch noch die Rechte des Deutschen Ordens zu wahren hatten. Weil es den Hochmeister nicht nützlich zu sein dünkte, konnten etwa die preußischen Städte im Herbst 1436 dem von den Hansestädten beschlossenen Ver-

---

928 HR II 3 n. 650 § 13.
929 HR II 3 n. 710 § 5, II 4 n. 9, 26.
930 Hamb. Burspraken, bearb. von J. BOLLAND (1960, wie Anm. 185), T. 2, n. 36 § 1 Zeile 17.
931 HR II 4 n. 141. S. auch o., § 332.

bot des Verkehrs mit Flandern und Holland nicht beitreten; den Danzigern blieb daher nichts anderes übrig, als „den in die Hanse behörenden Schiffern und Kaufleuten hier bei uns ... der Hansestädte Brief betreffend das Verbot verlesen (zu) lassen und dazu unseres Herrn Hochmeisters Willen und Gutdünken dabei" zu sagen und obendrein die preußischen Städte deswegen bei Lübeck und dem Kaufmann zu Brügge zu entschuldigen[932]. Aus dem umfangreichen Rezeß der Lübecker Tagfahrt vom 18. Mai 1447 teilten sie dem Hochmeister fünf Beschlüsse mit, von denen dieser kaum einen unverändert im Ordenslande gültig werden lassen wollte, was die Danziger wiederum den Lübeckern mitzuteilen hatten. Besonders sein Einwand gegen die hansische Navigationsakte, die die Verführung hansischer Güter nach den hansischen Stapelplätzen im Auslande nur auf hansischen Schiffen zuließ, dünkte diese gefährlich: „Damit dürften, wenn der Artikel nicht so bleiben kann und auch nicht so gehalten wird, alle Vereinbarungen und Vorteile, die die erwähnten gemeinen Städte um des gemeinen Besten und namentlich um des Stapels in Flandern willen aufgesetzt haben, zunichtegehen und vergeblich gewesen sein."

In Anbetracht des Mißstandes, der sich ergeben mußte, wenn allein die Preußen einem von den übrigen hansischen Kaufleuten befolgten Statut nicht nachlebten, und im Hinblick auf den Unglimpf, den diese Spaltung der hansischen Gesandtschaft in Burgund verursachen könne, ersuchten sie den Hochmeister darum, er möge jenen Artikel in der vom Hansetage beliebten Fassung bestätigen, „jedoch mit dem Vorbehalt, daß jedermann binnen Landes sein Gut verschiffen möge, mit wem er will, da das dem Stapel und Handel in Brügge nicht entgegen sei." Erst am 30. März 1448 erfuhren die Städte, daß der Hochmeister nun bereit war, den Artikel auf ein bis zwei Jahre zuzulassen, jedoch unter dem Vorbehalt der Wandlung, sobald er sich als schädlich erweisen würde[933]. – Am 12. Juli 1453 mußte Danzig den Lübeckern mitteilen, daß der Hochmeister den Rezeß über den Schiffbau von 1441 jetzt „wegen mancherlei Geschrei und Anfall der Schiffsbauer hier bei uns" außer Kraft gesetzt hätte; man hoffte, daß die Lübecker dies nicht übel aufnehmen und dem Kaufmann zu Utrecht davon Nachricht geben würden[934].

§ 355. Derartige Erwägungen über die Zweck- und Rechtmäßigkeit hansischer Rezesse wurden keineswegs nur im Rate des Hochmeisters angestellt, sondern auch in jeder einzelnen Hansestadt, worüber wir allerdings nur selten einmal etwas erfahren. Als der deutsche Kaufmann zu Brügge im Juli 1451 den Rezeß betreffend den Boykott der englischen und flämischen Märkte veröffentlichte, stellte sich alsbald heraus, daß der Rat zu Köln wegen des Widerstandes der Kölner Kaufleute nicht willens war, die Beschlüsse auch in Köln zu publizieren (oben, § 291). Auch die preußischen Städte und der Hochmei-

---

932 HUB 7, 1 (1939) n. 229.
933 HR II 3 n. 318 § 4, 319, 320 § 2, 322, 326, 403 § 4.
934 HR II 3 n. 167, dazu n. 196 § 8.

ster erhoben Bedenken, und „da der Rezeß in diesem Lande noch nicht verkündigt ist, darum begehrt unseres Herrn Gnade und will, daß seine Untersassen um den Inhalt des Rezesses nicht mit Brüchten belegt werden"[935]. Am 9. September 1451 wandten sich die Städte Nimwegen, Zutphen und Arnheim, die den Rezeß verkündet hatten und von ihren Kaufleuten befolgen ließen, an die Kölner, deren Kaufleute, da der Rat den Rezeß nicht veröffentlicht hatte, weiterhin in Flandern ihre Weine verkauften, mit der vorwurfsvollen Frage, wie sie sich zu verhalten gedächten, denn „was so wohlweislich von den gemeinen Hansestädten eingesetzt ist, daß der eine das halten soll und der andere nicht: das dünkt uns nicht redlich noch gebührlich zu sein." Die Kölner antworteten darauf, sie würden, falls Lübeck nicht den Forderungen der Städte in der Englandfrage nachgebe, den Rezeß nicht befolgen, „als wir uns solches mit Gründen vor den gemeinen Hansestädten, wenn es sich gebühren würde, wohl meinen zu verantworten." In dieser Haltung fühlten sie sich bestärkt, als sie erfuhren, daß der Hochmeister und seine Untersassen den Beschluß über die Handelssperre zwar mit beliebt, aber „in Preußen weder zugelassen noch verkündigt" hätten[936].

§ 356. Von diesen Beispielen, deren Zahl sich leicht vermehren ließe, ist abzulesen, daß die Gewohnheit der gemeinen Städte, die Publikation ihrer Beschlüsse den einzelnen Städten zu überlassen, auf demselben Rechtsgrunde beruhte wie jene Gepflogenheiten, welche die Stellung der hansischen Häupter nachhaltig schwächten und die Vollmächtigkeit der Ratssendeboten unkontrollierbar machten, nämlich auf dem Vorrange der hansischen Stadtrechte vor dem Gemeinschaftsrecht. Die Rezesse empfingen ihre Rechtskraft nicht aus dem Willen der gemeinen, sondern aus dem der einzelnen Städte, und das hansisch-niederdeutsche Einungsrecht kannte, seit das deutsche Königtum seine Schutzherrschaft über den gemeinen Kaufmann niedergelegt hatte, keine Instanz mehr, die dazu berechtigt gewesen wäre, die daraus resultierenden Gefahren für das Gemeinwohl abzuwenden und die Verfassung der deutschen Hanse entsprechend zu korrigieren.

Dabei war man sich dieser Gefahren und der verfassungsrechtlichen Schwächen der hansischen Einung durchaus bewußt. Die soeben zitierte Äußerung von Nimwegen, Zutphen und Arnheim steht da keineswegs allein. Schon am 25. Februar 1370 hatten die Ratssendeboten der Hansestädte, bedrängt von den Nöten des Krieges gegen Dänemark, übereingetragen, daß keine Stadt die Rezesse nachträglich ohne Zustimmung der Gesamtheit abändern dürfte und daß die einzelnen Städte wenigstens das unverändert zu publizieren hätten, was ihre Ratssendeboten auf Grund von positiven Instruktionen einstimmig beschlossen hätten[937]. Verfassungsändernde Wirkungen hatte dieser Rezeß jedoch nicht gehabt. Die daraus resultierende Schwäche

---

935 HR II 4 n. 3 § 9.
936 HR II 4 n. 29, 44, ferner n. 87, 196 § 17, 199, 287, HR II 7 n. 527 § 3.
937 HR I 1 n. 522. PITZ, Einstimmigkeit (1994, wie Anm. 784) S. 132.

der deutschen Hanse machte sich besonders in den auswärtigen Niederlassungen bemerkbar. So schrieb am 3. September 1456 der deutsche Kaufmann zu Utrecht an die Kölner: „Wir hätten wohl gehofft, daß ihr Herren sofort, als eure Herren Deputierten von der vorbenannten Tagfahrt nach Haus gekommen waren, das (Verbot der Flandernreise) zur Stunde solltet bestellt haben nach Inhalt der ... Rezesse, da das gemeine Beste und die Wohlfahrt des Kaufmanns dadurch zunichtegehen, daß der eine die Rezesse hält und der andere nicht"[938]. Aber was der Kaufmann hier beklagte, das war die alltägliche hansische Verfassungswirklichkeit. Die Chancen eines Rezesses, in allen Hansestädten zur Rechtskraft zu erwachsen, war sehr gering; schon größer war sie, daß ein Rezeß nur in den meisten, noch größer, daß er nur in vielen, und am größten, daß er nur in wenigen Städten dieses Ziel erreichen würde.

Sehr wesentlich freilich hingen diese Chancen auch vom Inhalt eines Rezesses ab. Was die Ratssendeboten in Fragen des Handels- und Gewerberechts, des Schiff- und Seerechts, des Gesellschafts- und ehelichen Güterrechts, des Erb- und Testamentsrechts für Recht erkannten, das alles hatte auf Grund des praktischen Bedürfnisses der hansischen Megalopolis an einem einheitlichen Privatrecht die größte Chance, im Laufe der Zeit allgemeine Anerkennung zu finden, genauso, wie auf diesen Gebieten die Verdienste des Rates von Lübeck als Hauptes der Hanse, als Oberhofs der Ostseestädte und Schöpfers des lübischen Rechtes am klarsten hervortreten. Je mehr jedoch die Beschlüsse der Ratssendeboten von besonderen, kurzfristig entstehenden und vergehenden Bedürfnissen bestimmt waren und je mehr sie auf das Gebiet des einzel- und gemeinstädtischen Einungsrechts übergriffen, je mehr sie also Entscheidungen über Fragen des politischen Lebens und seiner rechtlichen Gestaltung zu treffen versuchten, desto geringer war ihre Chance, in der Diaspora der Hansestädte und der Vielfalt der einzelstädtischen politischen Interessen zu allgemeiner Anerkennung und Rechtskraft zu gelangen.

§ 357. Einer besonderen Betrachtung bedürfen diejenigen Rezesse, die sich mit der Errichtung hansestädtischer Tohopesaten beschäftigten. Denn der Sache und dem Zwecke nach waren diese Bündnisse etwas Unhansisches: Sie dienten nicht dem Schutze des gemeinen Kaufmanns und seiner Privilegien im Auslande, sondern dem Schutze der Einzelstädte gegen Gewalttaten von Fürsten und Herren im Reiche. Daher unterschied man sie deutlich von der Einung der deutschen Hanse, der sie nicht nur ihrem Zwecke, sondern auch der ihnen eigentümlichen Befristung auf eine bestimmte Zahl von Jahren nach fremd waren[939]. Tohopesaten waren weder selbst Einungen noch

---

[938] HR II 4 n. 471.
[939] W. STEIN, Hansestädte (1913, wie Anm. 36) S. 270–273. W. BODE, Bundesbestrebungen (1919, wie Anm. 911), namentlich S. 175: „Deckt sich dieser Begriff eines Bundes inhaltlich oder formell mit den Erscheinungsformen oder dem inneren Wesen der deutschen Hanse? In der Hauptsache kann nur ein glattes Nein die Antwort sein." G. LUNTOWSKI, Dortmund (1982, wie Anm. 688) S. 61.

Teile der hansischen Einung, sondern politische Bündnisse. Was die Ratssendeboten über ihre Errichtung beschlossen, konnte daher auch nicht in jener Form zur Rechtskraft erwachsen, die der Verfassung der deutschen Hanse eigentümlich war, nämlich durch einzelstädtische Publikation in der Bursprake. Vielmehr bedurften die Tohopesaten einzelstädtischer Beurkundung und Besiegelung, und da der Abschluß von Bündnissen nach hansisch-niederdeutschem Stadtrecht zu den für die Bürgerschaft hochbeschwerlichen Geschäften zählte (oben, §§ 150, 215), waren die Ratmannen verpflichtet, hierzu die ausdrückliche Zustimmung der Bürger und Einwohner einzuholen.

Die Ratssendeboten der gemeinen Städte konnten daher nur als Vermittler zwischen den interessierten Einzelstädten auftreten und durch ihren Beschluß nicht mehr als einen Vertragsentwurf vorlegen, der es allerdings den Einzelstädten sehr erleichtern mochte, die ferner notwendigen Verhandlungen unter sich in Gang zu setzen und zum Erfolg zu führen. Bereits die Kölner Konföderation von 1367 war auf diese Weise entstanden: Die Ratssendeboten hatten einen Entwurf beschlossen und diesen – was bei gewöhnlichen Rezessen nie vorkommt – in der Form eines durch Kerbschnitt beglaubigten Denkbriefs vervielfältigt, damit den Einzelstädten ein für alle verbindlicher Vertragstext vorgelegt werden konnte: „Des zum Zeugnis haben wir diese Denkbriefe davon gemacht, den einen aus dem anderen geschnitten; danach soll man Urkunden schreiben, die wir besiegeln und zu dem vorbeschriebenen Tag zu Lübeck an Sankt Johannis mitbringen wollen"[940]. Mit der einzelstädtischen Besiegelung und mit der Hinterlegung der Urkunden in Lübeck erst trat die – auf drei Jahre befristete – Tohopesate in Kraft.

Bündnisurkunden, die lediglich als Zerter oder unter den Sekretsiegeln der Stadträte ausgefertigt sind, müssen demnach anders beurteilt werden als solche, die das große Stadtsiegel tragen. Nur die letzteren verpflichteten die Gemeinden (und taugten daher als Kriegsbündnisse), während Zerter und Sekrete lediglich die Stadträte verbindlich machten und damit auf Gegenstände und Leistungen beschränkt waren, die die Räte kraft der ihnen von den Gemeinden beigelegten gewöhnlichen Vollmacht (also ohne ausdrückliches Vollwort der Bürger und Einwohner) zu erbringen vermochten[941]. So dürfte die auf der Lübecker Tagfahrt vom 30. August 1443 beschlossene Tohopesate über das Entwurfsstadium nicht hinausgekommen sein, da sie lediglich von Ratssendeboten der Städte Lübeck, Hamburg und Magdeburg als Häuptlingen dreier Drittel der Hansestädte in Form eines Kerbbriefs ausgefertigt worden ist. Die drei auseinandergeschnittenen Exemplare sollten zwar bei den drei Häuptlingen hinterlegt werden[942], dies aber gewiß nur zu dem

---

940 HR I 1 n. 413 = Quellen hg. von SPRANDEL (1982, wie Anm. 46) S. 287 n. 5.
941 Diese Unterscheidung der urkundlichen Formen bereits bei G. WITTEK, Handlungsebenen (1997, wie Anm. 307) S. 117–119.
942 UB der Stadt Lübeck T. 8 (1889), S. 201 n. 163. HR II 3 n. 68, dazu n. 59, 60, HR II 7 n. 472, 473.

Zwecke, um als Vorlagen für die einzelstädtischen Beitrittsurkunden verfügbar zu sein. Weiter gedieh auch die Initiative der Ratssendeboten vom 18. Mai 1447 nicht, die die gemeinen Hansestädte in vier Viertel mit je zwei einfachen, einem doppelten und einem fünffachen Häuptling einteilte. Damit das Bündnis rechtskräftig würde, sollten offenbar vier Urkunden ausgefertigt, mit vier Siegeln aus jedem der Viertel besiegelt und schließlich beim Rate zu Lübeck hinterlegt werden. Die Häuptlinge, die gesiegelt hatten, sollten die Städte ihres Viertels auffordern, dies ebenso zu belieben, sofern sie mit in dem Verbunde sein wollten, und davon ihren mit Stadtsiegel bestärkten Brief nach Lübeck senden[943]. Erhalten hat sich von dem so konzipierten gewaltigen Vertragswerk (nicht weniger als 64 Städte waren auf die Viertel verteilt worden) weiter nichts als der von den Ratssendeboten aufgesetzte und am 10. Juni 1447 als Kerbbrief in vier Exemplaren ausgefertigte Vertragsentwurf[944]; nicht eine einzige besiegelte Vertragsurkunde ist in Lübeck eingegangen, und daher können wir sicher sein, daß niemand ernsthaft daran dachte, den Entwurf rechtskräftig werden zu lassen[945]. Wenigstens formal erfolgreich war erst der Entwurf von 1451, der immerhin von 28 Städten besiegelt worden ist[946].

---

943 HR II 3 n. 288 § 23.
944 UB der Stadt Lübeck T. 8 (1889), S. 478 n. 437.
945 Zu demselben Ergebnis gelangte auf anderem Wege bereits W. EHBRECHT, Hanse und Bürgerkämpfe (1976, wie Anm. 220) S. 103. – Weitere Entwürfe 1450: HR II 3 n. 546 § 9, 581, 582, 627 § 3.
946 UB der Stadt Lübeck T. 8 (1889), S. 785 n. 736. HR II 3 n. 649 § 16, 652, 671, 678 , 685, UB der Stadt Lübeck T. 8 S. 766 n. 720. EHBRECHT (1976, wie Anm. 220) S. 103.

Viertes Kapitel
Hansische Verfassung und deutsches Einungsrecht

4.1. Vollmächtigkeit der Ratssendeboten

§ 358. Wie nunmehr, zum Abschluß unserer Betrachtungen, erkennbar wird, geschah es aus gutem Grunde, daß die Lübecker im Ausschreiben zur Tagfahrt die Hansestädte aufforderten, vollmächtige Sendeboten zu schicken, ohne jedoch zu erwarten, daß die Ratssendeboten mit vorzeigbaren Vollmachten am Tagungsorte eintreffen würden. Denn Vollmächtigkeit war kein zweckgebundenes und daher beliebig einschränkbares Mandat, das dem Sendeboten durch Gebot oder Rechtsgeschäft und Urkunde hätte übertragen werden können, wie es das gemeine Recht wollte; das hansisch-niederdeutsche Einungsrecht verstand sie vielmehr als eine allgemeine Eigenschaft, die einem jeden Ratmanne einer Hansestadt anhaftete, den seine Stadtgemeinde einträchtiglich im Ratsstuhle sitzen ließ, und die ihm nur dann verlorenging, wenn die Gemeinde mit sich oder ihm in Zwietracht verfiel und ihn gewaltsam aus dem Ratsstuhle vertrieb. Die Vollmacht der Ratssendeboten war keine andere als die aller jener Ratmannen, deren Meinungen und Willen mit denen ihrer gemeinen Bürger und Einwohner identisch waren und die daher das Wort ihrer Stadt halten konnten, gleichsam als ob aus ihrem Munde die Stadtleute samt und sonders sprächen (oben, §§ 53, 55, 326, 331, 332).

Gewiß war diese Vollmächtigkeit zugleich Befehl oder Last, d. h. eine dem Mutwillen und Belieben des Einzelnen entzogene Verpflichtung, die jeder Ratmann von seines Amtes wegen zu erfüllen oder abzutragen hatte. Sie wurde durch die Grundrechte sowohl der einzelnen Bürger als auch der Stadtgemeinde derart begrenzt, daß es Aufgabe und Bringschuld der Ratmannen war, die Identität ihres Wortes mit dem Gemeinwillen ihrer Stadtgemeinden zu bewahren (oben, §§ 56, 215, 326). Denn diese waren nur solange an ihr Wort gebunden, wie sie damit ihren Willen zum Ausdruck brachten, wie also der Wille des Ratssendeboten mit dem der Gemeinde identisch war. Um diese Bedingung zu erfüllen, war es notwendig, daß die Vollmächtigkeit auf eine vorab mitgeteilte Tagesordnung bezogen werden konnte, daß jedem Ratssendeboten das Retraktrecht zustand und daß die Rezesse erst durch die einzelstädtische Publikation zur Rechtskraft gegenüber den Bürgern und Kaufleuten erwuchsen (oben, §§ 316, 317, 329, 352).

War aber Vollmächtigkeit eine den Ratssendeboten nach Stadt- und Einungsrecht allgemein beigelegte Eigenschaft, so war es nur konsequent, daß man, wie die Lübecker im März 1449 den Engländern erklärten, nach hansischer Gewohnheit den Sendeboten lediglich mündliche Aufträge erteilte, ohne ihnen schriftliche Vollmachten auszuhändigen (oben, §§ 51, 333). Wohl mochte ein Ratssendebote, der ein Neuling in seiner Würde und daher auswärts noch nicht persönlich bekannt war, einen Abdruck des Stadtsiegels oder einen Kredenzienbrief als Ausweis seines Standes mit sich führen (oben, §§ 40, 41): als schriftliche Vollmachten konnten indessen diese Symbole nicht gelten, da sie lediglich dazu geeignet waren, dem Adressaten die Identität des Inhabers mit den Siegelführern, nicht aber die Reichweite seiner Vollmacht klarzumachen (oben, §§ 46 bis 48, 52, 333, 340, 341). Sie nahmen keine Scheidung zwischen der Identität als formaler und dem Worte als materieller Kompetenz vor, so daß nur der Sendebote selber, nicht aber sein Gesprächspartner festzustellen vermochte, wann der Punkt erreicht war, da sich die Identität seines Willens mit dem seiner Stadtgemeinde verflüchtigte und daher seine Vollmacht erlosch. Indessen gerade eine solche Trennung der formalen Vollmacht von der inhaltlichen Instruktion eines Gesandten war im gelehrten römisch-gemeinen Recht bereits erreicht und wurde daher von den Engländern, die im März 1449 zu Lübeck mit den Hansestädten verhandelten, als etwas Selbstverständliches sowohl vorgewiesen als auch erwartet.

§ 359. Die gemeinen Städte dagegen waren nicht nur unfähig, die Vollmächtigkeit der zur Tagfahrt eintreffenden Ratssendeboten zu prüfen und festzustellen (oben, §§ 337, 339), sondern auch, den Engländern den einungsrechtlichen Grund für dieses Unvermögen zu erklären: daß nämlich nach dem gesamthänderischen Prinzip, auf dem das Genossenschaftswesen des Mittelalters beruhte, selbst noch in der hansischen Megalopolis das Recht des einzelnen Genossen, des Bürgers oder Kaufmanns von der deutschen Hanse, niemals völlig in der höheren Einheit des hansischen Verbundes aufgehen konnte, sondern daß die Einzelrechte der Genossen dem Rechte und dem Willen der Gesamtheit unverbrüchliche Schranken setzten. Mochte auch die hansische Gesamtheit als eigene Rechtspersönlichkeit anerkannt und dazu befugt sein, die Einzelwillen samt den Willen der Teilverbände (kraft deren gesamthänderischer Folgepflicht) genossenschaftlich zu binden, so konnte sich doch diese Gesamtheit niemals über die Sonderwillen hinwegsetzen, denn die Gesamthand besagte, daß allein die vereinigten Genossen Inhaber der Gesamtberechtigung (in unserem Falle: aus den hansischen Privilegien) waren und daß daher die gemeinen Städte eine Gewalt, um über das Gemeinschaftsvermögen an Privilegien zu verfügen, nur bei vollkommener Identität aller einzelnen und partikularen Willen beanspruchen und ausüben konnten.

Der Großverband der deutschen Hanse beruhte auf derselben Rechtsidee, die in allen vom Prinzip der gesamten Hand beherrschten Personenverbindungen des Mittelalters wirksam war, daß nämlich keiner der verbundenen Berechtigten für sich allein über das Gesamtgut des Verbandes oder über Teile davon verfügen konnte, sondern vielmehr nur alle Genossen zusammen, daß zugleich aber jeder einzelne Genosse in Bezug auf seine anteilsmäßige Berechtigung durch den gemeinsamen Willen aller völlig gebunden war[947].

---

947 Rudolf HÜBNER, Grundzüge des deutschen Privatrechts, 5. Aufl. Leipzig 1930, S. 165, 250.

Mochte auch nach außen hin der von den versammelten Ratssendeboten dargestellte Gesamtverband der deutschen Hanse noch so machtvoll als ein von eigenen politischen Zielen beherrschtes Ganzes hervortreten: nach innen hin, gegenüber den teilverbandlichen und individuellen Genossen, reichte seine Macht nur soweit, wie er imstande war, die Identität aller Willen in einem Gemeinwillen herzustellen. So konnten die versammelten Ratssendeboten zwar unabhängig von den Vollmachten des einzelnen Ratmannes beschlußfähig sein, da aber jeder Sendebote für sich selbst ermessen mußte, ob er noch vollmächtig, d. h. in Identität mit dem Gemeinwillen seiner Heimatstadt handlungsfähig war oder nicht, so endete die Beschlußfähigkeit sofort, wenn keine Eintracht zustandekam, weil Widerspruch nicht verstummte oder gar das Zurückziehen an die Einzelstädte notwendig machte (oben, §§ 331, 332, 339).

Nur was die Ratssendeboten einhellig übereinzutragen vermochten, erwuchs zum publikationsfähigen Beschluß; was lediglich eine Mehrheit gegen Widerspruch vereinbarte, das blieb Entwurf ohne verbindliche Geltung. Form und Inhalt der hansischen Eintracht waren auf diese Weise ineinander verschmolzen. Wenn die kontroverse Debatte und mit ihr jedes Widerwort verstummte, dann war die Eintracht erreicht und mit der Beratung auch die Sache beschlossen, ohne daß es dazu des Zählens von Stimmen oder auch nur der Feststellung des Vorsitzenden bedurfte (oben, § 345). Vielleicht dürfen wir annehmen, daß der Konflikt mit den Engländern, dessen Verlauf unseren Überlegungen als Ausgangspunkt gedient hat, die Hanse veranlaßt habe, ihre Verfassung zu modernisieren, da ja wenige Monate später die Bremer Tagfahrt vom 25. Juli 1449 die Schriftform für stellvertretende Ermächtigungen der Städte und die im voraus zu erklärende Unterwerfung der Ausbleibenden unter den Rezeß einführen wollte (oben, § 56) – doch müßten wir alsdann auch annehmen, daß sich die Ratssendeboten, denen keine Wissenschaft vom deutschen Recht zu Hilfe kam, der gesamthänderischen Grundlage ihrer Einung nicht deutlich genug bewußt waren, um das volle Gewicht eines solchen Schrittes zu ermessen: Er hätte nämlich mit seinen Folgen die Verfassung der deutschen Hanse auf eine neue Grundlage gestellt.

§ 360. Daß dies ein Schritt hinüber in eine andere verfassungsgeschichtliche Welt gewesen wäre, daran erinnert uns jene merkwürdige Äußerung der Ratssendeboten gegenüber den Engländern, die uns auf den ersten Blick so rätselhaft anmutete, die nun aber doch ihre vollkommen einleuchtende Erklärung findet: daß es nämlich den Deutschen erst dann möglich sei, auf die Werbung der Engländer „als von der ganzen Hanse wegen" zu antworten, wenn ihnen der Inhalt dieser Werbung eröffnet worden sei (oben, § 7, 22). Sie wollten damit sagen: Erst wenn ihnen der Gegenstand des englischen Begehrens bekannt war, konnten sie prüfen, ob es dazu bereits einen unter den Hansestädten verhandelten, über Widerspruch erhabenen Gemeinwillen gab. War nämlich dies der Fall, so waren sie auch dazu ermächtigt, ihn gegenüber den Engländern auszusprechen und damit als Worthalter der gemeinen Städte auf das Begehren der Engländer zu antworten. Falls sie aber feststellen mußten, daß ein Gemeinwille der Städte in der angesprochenen Sache erst noch herzustellen war, so stellten sie zugleich fest, daß ihre Vollmacht lediglich dazu ausreichte, die Werbung der Engländer anzuhören und ad referendum entgegenzunehmen, um sie der nächsten Tagfahrt zur Beratung und gemeinsamen Entscheidung zu unterbreiten.

Hält man dagegen, was die Engländer verlangten, daß nämlich zuerst die beiderseitige Ermächtigung geklärt werde, und zwar an Hand von Machtbriefen, wie sie sie, ausgestellt von ihrem Könige, mit sich führten, und daß erst dann den Deutschen die englische Werbung eröffnet werde, wenn sich die Machtbriefe als ausreichend erwiesen, so erkennt man den Unterschied zwischen dem in England rezipierten gemeinrechtlichen Begriff der Vollmacht, der deren äußere Form von dem Sachinhalt trennte, und dem einungsrechtlichen Begriff der Deutschen, der Form und Inhalt ungesondert ineinander übergehen ließ. Da sich um diesen Unterschied die Auseinandersetzung zu Lübeck in den letzten Tagen des März 1449 drehte, mögen andere Unterschiede beiseitebleiben, insbesondere derjenige zwischen der herrschaftlichen Vollmacht für einen Diener, welcher keinen eigenen Willen haben, sondern den seines Herrn vollstrecken sollte, wie es der Auftrag der englischen Gesandten war, und der genossenschaftlichen Vollmacht für einen Worthalter, der den eigenen Willen mit den Einzelwillen aller Genossen und Partikularverbände zu einem Gesamtwillen der hansischen Megalopolis übereinstragen sollte. Da die herrschaftliche Vollmacht, welche Form und Inhalt voneinander trennen konnte, keinen Eigenwillen des Sendeboten mehr zuließ, war der königliche Herr imstande, in ihr im voraus auf das Retraktrecht zu verzichten (oben, §§ 2, 4); die einungsrechtliche Vollmacht dagegen, die sich im Übereinstragen der Willen auf Grund von Sachverstand, nicht jedoch auf Grund zählbarer Stimmrechte bewährte (§§ 338, 342), gestattete weder dem Hochmeister des Deutschen Ordens (§§ 9, 10) noch den einzelnen Städten, auf das Retraktrecht zu verzichten.

Die Vollmacht der Ratssendeboten reichte nicht dazu hin, die gemeinsamen Rezesse unmittelbar zur Rechtskraft erwachsen zu lassen (oben, §§ 351, 352). Die Rezesse bedurften daher keiner anderen diplomatischen Form als der der Notitia, sie ertrugen weder eine besiegelte noch eine notarielle Beurkundung (§§ 8, 14, 17, 298). Jeder einzelne Rezeß schließlich fand sein spezielles Verbreitungsgebiet, da es den Einzelstädten freistand, sie zu publizieren oder dies zu unterlassen, und manche Städte dieses, andere jenes taten (§§ 355, 356). Die namentlich von Lübeck und den Wendischen Städten mit großer Zähigkeit, aber letzten Endes wenig konsequent verfolgte Modernisierung der hansischen Verfassung hätte bis zu deren einungsrechtlichem Fundament vordringen und das darin verankerte gesamthänderische Prinzip zugunsten der ebenso fundamentalen Folgepflicht der Minderheit (§§ 349, 350) entkräften müssen. Es war deutlich zu sehen, daß in der geschichtlichen Welt des 15. Jahrhunderts und in dem hansischen Großverbande diese beiden

Rechtsgedanken nicht mehr unbestimmt nebeneinander bestehen konnten. Die auf Modernisierung gerichtete Verfassungspolitik hätte zwar im Kosmos des einungsrechtlichen Denkens nur die Gewichte zu verschieben brauchen, um den erstrebten Erfolg zu erreichen. Wäre dies aber geschehen, so hätte es eine Revolution bewirkt. Dazu jedoch war den gemeinen Städten die Kraft nicht gegeben.

4.2. Mit der deutschen Hanse vergleichbare Einungen

§ 361. Immer wieder fragt sich der Leser der Hanserezesse, bis zu welchem Grade sich der gemeine Kaufmann und die Ratmannen der Hansestädte des rechtlichen Wesens ihrer gemeinsamen Verfassung als Einung oder Genossenschaft und des ursprünglichen Sinnes ihres Namens Hanse noch bewußt waren. Denn freie Einungen, wie es die Hansen, Gilden und Einungen in alter Zeit gewesen waren, konnten jetzt nicht mehr entstehen, da überall Könige, Fürsten oder Stadtgemeinden über die freien Männer wachten und die Errichtung neuer Verbände von ihrer Konzession abhängig machten. Wohl sprach der gemeine Kaufmann von den „Städten, die in der Hanse Verbund sind," oder von sich selbst als „unserer Gesellschaft"[948]; wohl waren die Lübecker und die gemeinen Städte im Jahre 1470 bei einer Gelegenheit, da sie ihren ewigen Verbund und die befristeten Tohopesaten einander gegenüberstellten, sogar im Begriff, „die Eintracht der Hanse und was die gemeinen Städte vor diesem Tage für das gemeine Beste verordnet und geschlossen haben," in eins zu setzen mit dem „Verbunde der gemeinen Städte"[949], aber nirgendwo findet sich ein Hinweis darauf, daß sich die Ratssendeboten des Ursprungs der hansischen Verfassung aus dem Grunde eines allgemeinen deutschen Einungsrechtes bewußt gewesen wären und daß dieses Bewußtsein sie in dem Willen bestärkt hätte, die Verfassung ihres Verbundes zu verteidigen.

Von den Stadtgemeinden wußte man zwar sehr wohl, daß ihr rechtliches Wesen im Übereinstragen und Identifizieren der individuellen und partikularen Willen bestand, daher sie als Einungen nur in Eintracht bestehen konnten; man wußte, daß die concordia domi weit mehr war denn bloß jene „schöne Sache", als die sie die Nachfahren betrachteten, die im Jahre 1585 die Stadtseite des Lübecker Holstentores mit der bekannten Inschrift schmückten, daß sie vielmehr das Fundament der Stadtverfassung bildete, daher das Wort Eintracht wohl schon seit dem 12. Jahrhundert alle älteren Begriffe wie Einung, Gilde oder Eidgenossenschaft ersetzt und verdrängt hatte. Es scheint jedoch bis herab zu der erwähnten Andeutung von 1470 an allen Zeugnissen dafür zu fehlen, daß man auch der deutschen Hanse, deren Rezesse beständig

---

948 Z. B. Statuten des Stalhofs (wie Anm. 620) Art. X, XXV; „gemeine" oder „große Gesellschaft" (HR II 4 n. 713) im Gegensatz zur privaten kaufmännischen Handelsgesellschaft.
949 HR II 6 n. 333, dazu W. BODE (1919, wie Anm. 911) S. 176f.

vom Übereinstragen der Willen und Meinungen sprechen, das Attribut der Eintracht als Kennzeichen ihrer Verfassung beigelegt hätte. Selbst Dr. Albert Krantz, der gelehrte lübeckisch-hamburgische Syndicus und hansische Diplomat des späten 15. und frühen 16. Jahrhunderts, dem die innere Eintracht als Grund der hansischen Stadtverfassung und die bürgerliche Zwietracht als deren Ruin ganz klar vor Augen stand[950], scheint den Begriff nicht auf die hansische Gemeinschaft übertragen und die damit gemeinte Sache nicht als Fundament für die hansische Führerschaft der Wendischen Städte erkannt zu haben. Wie allen Kennern der gelehrten Rechte seiner Zeit, so galt auch ihm das von Laien geschaffene deutsche Recht im allgemeinen und mit ihm das Einungs- und Willkürrecht der einzelnen und der gemeinen Städte von der deutschen Hanse im besonderen als eine natürliche, dem Menschen vorgegebene Geltungsmacht, die nicht dazu angetan war, Gedanken über das rechtliche Wesen derart verfaßter Personenverbände anzuregen.

Es kommt hinzu, daß die Laien, die das mittelalterliche Recht pflegten und ausarbeiteten, nur eine geringe Neigung zu begrifflicher Ausschließlichkeit an den Tag legten, sondern es vorzogen, ihre rechtlichen Gebilde im praktischen Rechtsleben auseinander hervor- und ineinander übergehen zu lassen. Unter diesen Umständen ist es eine schwierige Aufgabe, in der Verfassungsgeschichte des Mittelalters nach Parallelen zur hansischen Einung zu suchen und damit die Voraussetzungen für eine Einordnung der hansischen in die deutsche und europäische Verfassungsgeschichte zu schaffen. Wir halten es für möglich, diese Aufgabe zu lösen, wenn wir an einzelne Elemente dessen anknüpfen, was sich uns als rechtliches Wesen der hansischen Einung ergeben hat, und stellen einige – ohne systematische Nachforschungen ermittelte – Beobachtungen zusammen, die als Leitfaden für derartige Untersuchungen dienen können.

§ 362. Eines der hervorstechenden Elemente dieser Art ist zweifellos der Begriff oder die Institution der Eintracht. Schon viele Jahrhunderte vor Albert Krantz war in Italien eine Stadtgeschichtsschreibung entstanden, die sich in radikaler Diesseitigkeit auf die Interessen der Stadtgemeinden konzentriert, daher den Bezug auf die Universalmächte Papsttum und Kaisertum als Maßstab der Betrachtung verworfen – und durch das Ideal der innerstädtischen Concordia bzw. die Gegenüberstellung von Zwietracht und Eintracht ersetzt hatte[951]. Der Notar Giovanni Codagnello eröffnete um 1230 seine Annalen der Stadt Piacenza mit einem Gemälde der Discordia von 1090, deren Schlichtung er als Grundlage der Stadtverfassung betrachtete. Da der „Bürgerrezeß" jenes Jahres natürlich längst verschollen war, konnte sich Giovanni

---

950 Heinz STOOB, Albert Krantz (1448–1517), in: HGbll. 100 (1982) S. 87–109, hier: S. 87ff. M. EICKHÖLTER (1998, wie Anm. 51) S. 161.
951 Andrea SOMMERLECHNER, Stadt, Partei und Fürst. Mentalitätsgeschichtl. Studien zur Chronistik der trevisanischen Mark, hg. von Georg SCHEIBELREITER (Veröff. des Instituts für österreichische G.forschung, Bd. XXVIII), Wien 1988.

in aller Breite ausmalen, wie damals Ritter und Bürger, von Mitleid und Reue ergriffen, in die Stadt eingezogen seien, wo „Eintracht und Friede zwischen ihnen durch Heroldsmund bekräftigt worden" sei[952]. Und diese Sicht des Annalisten wurde geteilt von den Juristen. Seit dem 13. Jahrhundert befaßten sich die legistischen Rechtsschulen Italiens mit der Aufgabe, den Begriff der Identität zu erfassen, auf dem die einheimischen Stadtverfassungen beruhten[953].

Die Vorstellung von der Eintracht als Ziel genossenschaftlicher Willensbildung beherrschte sowohl nördlich wie südlich der Alpen auch die Pfarrgemeinden; Belege für unanimiter und concorditer eligere durchziehen vom 10. Jahrhundert an die Nachrichten über die Pfarrerwahlen[954]. Auf dieselbe Weise deuteten die Chronisten die Erhebung des deutschen Königs. Für den Kölner Annalisten war das Jahr 1198 „das erste Jahr der Zwietracht (discordiae) im Reiche zwischen zwei Königen", denn nur partikulare Fürstengruppen hatten, wie man in Köln erfuhr, übereinsgetragen (concordasse), wen sie zum Könige erheben wollten[955]. Ebenso war auf den Tod Kaiser Heinrichs II., mit dem im Jahre 1024 das sächsische Königshaus erloschen war, fast durch das ganze Reich hin Zwietracht (discordia) gefolgt und hatte die Existenz des Königtums gefährdet[956]. Eintracht (concordia) und Einhelligkeit (unanimitas) waren denn auch das Ziel der Kur, der Einigung über die Person des neuen Herrschers; erst wenn die Großen alle einzelnen Meinungen und Willen zu einem einzigen Gesamtwillen zusammen- oder übereinsgetragen hatten, war die Kur vollendet, war sie abgeschlossen und der Gemeinwille einträchtlich beschlossen.

§ 363. Diese Beobachtungen lassen uns vermuten, daß die bisher vergeblich gesuchten Rechtsgrundlagen und Verfahrensregeln der deutschen Königswahl[957] in eben jenem mittelalterlichen Einungsrecht aufzufinden sein könnten, dessen Grundriß sich von den Bürgerrezessen der Hansestädte und

---

952 Johannis Codagnelli Annales Placentini, rec. Oswaldus HOLDER-EGGER (MGH, SS. us. sch.), Hannover 1901, S. 3.
953 H. HOFMANN, Repräsentation (³1958, wie Anm. 54) S. 129, 206–211, 216–221. S. auch o., § 28. II.
954 Dietrich KURZE, Hoch- und spätma.liche Wahlen im Niederkirchenbereich als Ausdruck von Rechten, Rechtsansprüchen und als Wege zur Konfliktslösung, in: Wahlen und Wählen im MA, hg. von R. SCHNEIDER und H. ZIMMERMANN (1990, wie Anm. 205) S. 198–225, hier: S. 215.
955 Chronica Regia Coloniensis, rec. Georgius WAITZ (MHG, SS. us. sch.), Hannover 1880, S. 162f.
956 Wiponis Gesta Chuonradi, in: Die Werke Wipos, hg. von Harry Bresslau (MGH, SS. us. sch.), Hannover ³1915, S. 3–62, hier: S. 9.
957 Der Stand der Forschung findet sich zusammengefaßt in: Wahlen und Wählen im MA (1990, wie Anm. 205), z. B. Reinhard SCHNEIDER, ebenda S. 166: „Regelhafte Abläufe sind hingegen nicht auszumachen," aber auch S. 170f. über concordia und unanimitas der Wähler: „Letztlich liegt hier auch ein Schlüssel für die Begrifflichkeit ma.licher Wahlberichte."

den Rezessen der Ratssendeboten ablesen läßt. Die Literatur zu diesem Gegenstande ist sich lediglich darüber einig, daß die lateinischen Termini der Quellen, namentlich der Begriff eligere, mehrdeutig sind und „verschiedenartige Formen einer rechtsförmlichen Wahlhandlung" bezeichnen könnten, so daß oft nicht zu ermitteln sei, was im Einzelfalle gemeint ist[958]. Damit dürfte der von rechtshistorischer Seite (abschließend von Heinrich Mitteis 1944) unternommene Versuch, die Abneigung des mittelalterlichen Laienrechts gegen begriffliche Ausschließlichkeit ins Gegenteil zu verkehren und im Wege der begrifflichen Definition rechtssprachlicher Ausdrucksweisen zum Ziele zu kommen, gescheitert sein. Man verfehlt offensichtlich die Sache und die mittelalterliche Gedankenwelt, wenn man in den Quellen nach Organen oder Repräsentanten des in Stämme gegliederten Gesamtvolkes oder nach dem Unterschied zwischen Volks- und Fürstenwahl, freiem oder gebundenem Wahlrecht, objektiver Auslesenorm und subjektivem Thronanspruch, Erstgeburts-, Erb- und Geblütsrecht, Designation de praesenti et de futuro oder eigentlicher und uneigentlicher Designation fahndet, wie denn auch Mitteis selbst als Resultat immer mehr verfeinerter begrifflicher Differenzierung schließlich doch nur festzustellen vermochte, die Thronerhebung des Königs sei „eine Bekundung des spontan geäußerten Volkswillens" gewesen, „der keine festen Regeln kannte, weil er als festliches Ereignis von Fall zu Fall neu gestaltet, improvisiert wurde"[959].

§ 364. Es hat jedenfalls keinerlei rechtsgeschichtlichen Sinn zu sagen, die zur Kur versammelten Fürsten seien Repräsentanten des in Stämme gegliederten Gesamtvolkes oder der Gesamtheit der Großen gewesen[960], da weder sie selbst noch die „Worthalter" (responsales), durch deren Mund abwesende Fürsten ihre sachverständige Meinung in die gemeinsame Willensbildung einbringen konnten[961], irgendeiner Ermächtigung bedurften. Vielmehr bilde-

---

958 Ulrich REULING, in: Wahlen und Wählen (1990, wie Anm. 205) S. 231f. In demselben Sinne äußert sich R. SCHNEIDER, ebenda S. 155.
959 H. MITTEIS, Königswahl (²1944, wie Anm. 894) passim, das Zitat: S. 15. Hierzu R. SCHNEIDER, in: Wahlen und Wählen (1990, wie Anm. 205) S. 136: „Die Begriffsbildung sollte daher sehr behutsam verfahren und nach Worten Ausschau halten, die für den Gesamtvorgang aussagekräftig, für seine genauere Erfassung aber nicht präformierend sind. Dieses Postulat gilt zwiefach. Einmal sollte bei der Untersuchung von Wahlen in einem spezifisch engeren Sinn nicht zu früh mit modernen Wahltermini operiert werden, und zum anderen zwingt die fast unentwirrbare Terminologie der lateinischen Quellen zu großer Vorsicht ..."
960 MITTEIS, Königswahl (²1944, wie Anm. 894) S. 15. REULING (1990, wie Anm. 958) S. 253, 270.
961 Universi principes regni ... tam per se ipsos quam per responsales honoratos convenerunt et ... nos in regni fastigium elegerunt, MGH, DF. I n. 5 (S. 11 Z. 3–8). Brunos Buch vom Sachsenkrieg, bearb. von Hans-E. LOHRMANN (Deutsches MA, Kritische Studientexte Bd. 2), Leipzig 1937, c. 91 (S. 85 Zeile 6–7): de aliis regionibus legati aderant. Es versteht sich, daß nur Standesgenossen (honorati), nicht aber weisungsgebundene Diener der Wähler als Responsalen in Frage kamen.

ten die zur Kur berechtigten Fürsten und Großen eine (stammesweise in Partikularverbände gegliederte) Genossenschaft, die sich genauso als „die Fürsten gemeinlich" (universi principes regni) bezeichnete[962], wie Stadt- und Landgemeinden lediglich „die Bürger (resp. Bauern) gemeinlich" (cives resp. rustici universi) hießen, solange der Unterschied zwischen den versammelten Gemeindegenossen und der idealen, intelligiblen, auch Abwesende und noch Ungeborene umfassenden Gemeinde (universitas) noch nicht ins Bewußtsein der Menschen eingedrungen oder doch politisch bedeutungslos geblieben war[963].

Diese Fürstengenossenschaft war ein gewöhnlich nur in Gemeinschaft mit dem Könige, während der Interregna aber auch selbständig handlungsfähiger Verband, dem es oblag, in allen die Gesamtheit des Reiches betreffenden Angelegenheiten die Identität der Einzelwillen in einem einhellig bezeugten Gemeinwillen herzustellen. Daß er seiner Verfassung nach Einung und daher im Inneren, betreffend die Beziehungen zwischen den Genossen, vom Gesamthandverhältnis bestimmt war[964], ergibt sich aus der Tatsache, daß uns niemals ein Haupt genannt wird, welches befugt gewesen wäre, während des Interregnums die Kurversammlung einzuberufen und ihre Verhandlungen zu leiten. Wer immer dies tat: sein Name war gleichgültig, denn er war das Volk, war mit ihm identisch[965]. Im Jahre 1125 leitete eine kleine Gruppe von Fürsten, die an der Beisetzung Kaiser Heinrichs V. teilgenommen hatte, aus dieser Tatsache die Verpflichtung ab, „über den Zustand und Frieden des Reiches etwas übereinzutragen" (ut ... conferremus), nicht aber ein Recht, die Kurversammlung einzuberufen, denn dies taten sie nur unter der Voraussetzung, daß die Abwesenden es einträchtig guthießen (si vestrae tantum non displicuerit concordiae)[966]. Nicht Repräsentation, sondern Identität also verband diese Fürstengruppe mit der Gesamtheit der Fürsten und diese wiederum mit der Gesamtheit aller freien Männer, die dem Reiche angehörten und als Reichsgemeinde ihre Kur gutheißen mußten, damit der künftige König sie samt und sonders als Untertanen in Anspruch nehmen konnte.

§ 365. Man pflegt allerdings anzunehmen, daß ein Reichsuntertanenverband zwar einst von Karl dem Großen begründet worden sei, als er 789 und 802 sämtliche Kleriker und Laien, Edlen und Amtleute, Freien und Vasallen

---

962 Wie Anm. 961. Im gleichen Sinne benutzt das Wahlausschreiben von 1125 den Begriff universum regnum: MGH, Constitutiones Bd. 1 n. 112 (S. 165 Zeile 27).
963 Die herrschende Lehre unterscheidet dementsprechend zwischen (älterer) Genossenschaft und (jüngerer) Körperschaft: R. HÜBNER (1930, wie Anm. 947) S. 161–164, H. STRADAL, Genossenschaft, in: HRG Bd. 1 (1978) Sp. 1522–1527, E. KAUFMANN, Körperschaft, in: HRG Bd. 2 (1978) Sp. 1147–1155.
964 So bereits MITTEIS, Königswahl (²1944, wie Anm. 894) S. 67.
965 Rogatus a populo gab der Erzbischof von Mainz im Jahre 1024 als erster seine Meinung kund, Wiponis Gesta Chuonradi, c. 2 (wie Anm. 956, S. 18 Zeile 37).
966 MGH, Constitutiones Bd. 1 n. 112 (S. 165 Zeile 14, 19, 22).

und sogar die Unfreien, welche Amtleute, Benefiziare oder Vasallen waren, auf seine Person vereidigen ließ[967], daß aber dieser Verband unter seinen Nachkommen noch während des 9. Jahrhunderts wieder zerfallen sei, so daß die Notare, welche die Diplome der ostfränkischen und deutschen Könige jahrhundertelang unbeirrt an alle Getreuen Christi und des Herrschers zu adressieren pflegten[968], eine sinnlose und unpraktische Formel um ihrer selbst und des einmal etablierten Kanzleistils willen tradiert hätten. Indessen übersieht diese Meinung den Umstand, daß für das mittelalterliche Rechtsdenken die Existenz eines Untertanenverbandes als Komplement zur königlichen Gewalt denknotwendig war. Gescheitert war offensichtlich nur der Versuch Karls des Großen, den durch ständische Abstufung und regionale Absonderung in politisch gefährlicher Weise zersetzten und partikulierten Untertanenverband mittels allgemeiner eidlicher Bindung aller Individuen an den König einzuebnen und zu konsolidieren. Der Sache nach bestand die Reichsgemeinde – darin völlig den jüngeren Stadt- und Landesgemeinden und dem gemeinen deutschen Kaufmanne gleichend – als mehrfach gestufter und partikulierter Verband sowohl (fürstlicher, vornehmer) Einzelpersonen als auch transpersonaler (zunächst stammlicher, später territorialer und städtischer) Gemeinden oder Verbände fort[969].

Was diese alle zur Reichsgemeinde vereinte, das war ihre von Rechts wegen vorausgesetzte gegenseitige Identität oder ihre Fähigkeit, die Einzel- und Partikularwillen in geordnetem (friedlichem) Verfahren miteinander zu identifizieren und in einen Gemeinwillen zu integrieren. Nur die von Einungsrechts wegen vorausgesetzte Identität der führenden inneren Fürstengruppen mit der Genossenschaft aller Fürsten, der als Kurversammlung anwesenden Fürsten mit der Gesamtheit der intelligiblen Fürstengemeinde und dieser Gemeinde mit den Partikularverbänden, dieselbe Identität, die sich uns als Grundlage der hansisch-niederdeutschen Stadt- und Verbundsverfassung darstellt, kann es erklären, daß man die Zugehörigkeit einzelner Personen und Personengruppen zu diesen Verbänden nicht zu definieren brauchte, um die Vollmächtigkeit und Beschlußfähigkeit der Kurversammlung zu konstatieren, und daß die Kur nur dann erfolgreich beschlossen werden konnte, wenn Einhelligkeit zu erzielen war, ohne daß Stimmrechte definiert und Stimmen gezählt werden mußten. Die Kurversammlung war vollmächtig und beschlußfähig, sobald sie in sich den Sachverstand der Gesamtheit zusam-

---

967 MGH, Capitularia Bd. 1, S. 66 n. 25 c. 1–4, S. 91 n. 33 c. 2–9, S. 99 n. 34 c. 1 und Anhang.
968 Dies geschieht in der Promulgatio oder Publicatio, BRESSLAU, Handbuch (wie Anm. 639) Bd. 1, Berlin ³1958, S. 48, Bd. 2, 1. Abt. (³1958) S. 360.
969 Die Reichsgemeinde, fidelium universitas, erscheint z. B. in der Promulgatio der Diplome MGH, DK. III. n. 50, 177, 179. Als universitas vestra angeredete Partikularverbände in den Mandaten DK.III n. 27, 111, 145, 161, 215, 261, 262.

mengefaßt wußte und daher gewiß sein konnte, das Wort der niemals realen, sondern stets nur gedachten und denkbaren Reichsgemeinde zu halten.

§ 366. Diese Gewißheit erwarb sie sich, indem sich die Fürsten vor Beginn der Kur über die mehrheitsfähigen Kandidaten verständigten und deren Anzahl im Ausschlußverfahren solange minderten, bis die Beratung „endlich auf dem Punkte der Einzahl verstummte"[970]. Alles, was an Regeln für die Willensbildung der Kiesenden erkennbar ist, diente einzig und allein dem Zwecke, die endliche Eintracht aller Willen herbeizuführen. Einzelne Fürsten oder fürstliche Gruppen, die vor dem erreichten „Punkte der Einzahl" zur Kur schritten, verletzten das Einhelligkeitsgebot des Einungsrechts[971]; sie blieben eine Minderheit, und der von ihnen Erkorene galt als Usurpator, als privatus rex oder per surreptionem electus[972]. War der „Punkt der Einzahl" erreicht, so begann die Kur, indem „das Volk" die Fürsten einzeln, ihrem Range nach, um ihre Meinung befragte. Das Votum mußte bedingungslos ergehen, da der Gekorene „König nicht der einzelnen, sondern aller gemeinlich sein sollte"; bedingte Voten beraubten die Kur des Ernstes, da sie die Kiesenden dem Verdacht der Käuflichkeit aussetzten[973]. Vor allem aber untergruben sie die Einträchtigkeit der Kur, die eben nur dann gesichert war, wenn alle dem Votum der Vornehmsten folgen konnten. Daher heißt es im Sachsenspiegel, die Ersten an der Kur sollten nicht nach ihrem Mutwillen kiesen, sondern so, daß alle Fürsten durch sie gewählt hätten[974], d. h. so, daß alle zusammen ihre Folgepflicht gegenüber der sich abzeichnenden Mehrheitsmeinung erfüllen konnten.

Dies ist dieselbe Folgepflicht, der die Ratssendeboten auf den Hansetagen unterworfen waren; es ist nicht notwendig, ihre Anwendung bei der Königs-

---

[970] In unitatis puncto tandem quievit, Wipo, Gesta Chuonradi c. 2 (wie Anm. 956, S. 15 Zeile 14).

[971] Im Jahre 1002 bekräftigten die sächsischen Fürsten diese Regel mit ihrem Eide, Thietmari Chronicon IV 52, Die Chronik des Bischofs Thietmar von Merseburg, hg. von Robert HOLTZMANN (MGH, SS. n. s. Bd. 9), Berlin 1935, S. 193 Zeile 23–26; sie war demnach nicht Volksrecht, sondern Willkür. An der Kür König Lothars III. im Jahre 1125 nahm die staufische Partei nicht teil, weil Herzog Friedrich den Punkt der Einzahl für noch nicht erreicht ansah und daher nicht sine retractione, d. h. ohne die Sache an seine Großen zurückzubringen, zustimmen konnte, Narratio de electione Lotharii in Regem Romanorum c. 3, MGH, SS Bd. 12 (1856) S. 510 Zeile 41–42, S. 511 Zeile 1–2; BÖHMER-PETKE, Regesta Imperii IV 1, 1 (1994, wie Anm. 482), Reg. 92, hier: S. 52.

[972] Annales s. Aegidii Brunsvicensis (= Ann. Patherbrunn.) a. 1138: MGH, SS Bd. 30 T. 1 (1896) S. 14 Zeile 19; Annales Magdeburgenses a. 1138: MGH, SS Bd. 16 (1859) S. 186 Zeile 36; Ottonis episcopi Frisingensis Chronica VII 22, hg. von Adolf HOFMEISTER (MGH, SS. us. sch.), Hannover 1912, S. 344 Zeile 7.

[973] Brunos Buch vom Sachsenkriege c. 91 (wie Anm. 961, S. 85 Zeile 19–23).

[974] Sachsenspiegel Landrecht III 52 § 1.

wahl aus dem Gerichtsverfahren herzuleiten[975], da sie bereits in dem Gesamthandsprinzip des deutschen Einungs- und Genossenschaftsrechts beschlossen lag (oben, § 349). Sie bewirkte, daß, wenn die einzeln stimmenden Fürsten „denselben Kürspruch beständig wiederholten", schließlich „das Volk in Jubel ausbrach; alle stimmten einmütig den Fürsten in der Kur des Königs bei"[976], ohne daß es einer Zählung der Voten bedurfte. Erst dieser Beifall des um die sitzenden Kurfürsten herumstehenden Volkes[977], dessen Wille von Rechts wegen als identisch mit dem der gesamten Reichsgemeinde galt und gegen dessen Willen das Votum der Fürsten für sich alleine nichts vermochte[978], vollendete die Eintracht und damit die Kur[979]. All dies stimmt so eindeutig mit den Verfahrensregeln der Willensbildung auf den Tagfahrten der hansischen Ratssendeboten (oben, §§ 345 bis 350) überein, daß an einer gemeinsamen, und das heißt: einer einungsrechtlichen Wurzel des Übereinstragens auf den Versammlungen der Königswähler und der Ratssendeboten kein Zweifel bestehen kann.

§ 367. Ein weiteres, zum Vergleich mit anderen mittelalterlichen Verfassungsgebilden anregendes Merkmal der hansischen Einung ist ihre Zweckhaftigkeit: Sie stellte sich in den Dienst am gemeinen Besten, dieses jedoch nicht in der Allgemeinheit verstanden, wie seit dem 12. Jahrhundert die Könige dem Gemeinwohle dienen wollten, sondern in der besonderen Ausrichtung auf das Wohl und den Nutzen des gemeinen deutschen Kaufmanns. Da nun dieser die im Auslande erworbenen Privilegien und deren – nur in Brügge fehlendes – immobiles Substrat, den Handelshof, als sein genossenschaftliches Gesamteigentum ansah, betrachtete er folglich sich selbst und handelte er als eine Verbindung von nutzungsberechtigten Personen, in deren Händen das Gesamtrecht dem Inhalte nach derart verteilt war, daß der Gesamtheit (diese identisch mit den gemeinen Städten) die Verfügungs- und Verwaltungsbefugnisse, den individuellen Genossen jedoch die Nutzungsbefugnisse in der Form von sonderrechtlichen Anteilen überwiesen waren[980]. Damit aber ergibt sich eine genaue rechtliche Übereinstimmung mit jenen bäuerlichen Verbänden, die sich im Hoch- und Spätmittelalter (also in derselben Zeit, da der gemeine deutsche Kaufmann ent- und bestand) mit dem Zwecke zusam-

---

975 So bereits MITTEIS, Königswahl (²1944, wie Anm. 894) S. 69–75, der gleichwohl die Folgepflicht als „Brücke, die aus der Gerichtsverfassung in das Thronerhebungsverfahren hinüberführt," bestehen lassen wollte. – Die Erörterungen über unanimitas, concordia und Folgepflicht von W. MALECZEK, Abstimmungsarten (1990, wie Anm. 903) S. 87, 95, 97, 103, und von R. SCHNEIDER (1990, wie Anm. 957) S. 170f., treffen nicht den Kern des Problems.
976 Wiponis Gesta Chuonradi c. 2 (wie Anm. 956, S. 19 Zeile 8–11).
977 Wiponis Gesta c. 2 (wie Anm. 956, S. 18 Zeile 32–33).
978 Brunos Buch vom Sachsenkriege c. 91 (wie Anm. 961, S. 85 Zeile 32–33).
979 Cum ingenti ... concordia ipsi principes et ceteri proceres cum totius populi favore et alacritate nos in regni fastigium elegerunt, MGH, DF. I. n. 5 (S. 11 Z. 6–8).
980 R. HÜBNER, Grundzüge (1930, wie Anm. 947) S. 252.

menschlossen, gemeinsame Rechte an den interkommunalen, dorffernen Großallmenden zu erringen oder zu verteidigen und das materielle Substrat dieser Rechte gemeinsam zu nutzen. Diese bäuerlichen Marknutzungsgemeinschaften waren abgestufte genossenschaftliche Gebilde von der Art, daß Genossen in der Regel nicht die einzelnen Mitnutzenden, sondern partikulare Personenverbände (meistens Dorfgenossenschaften oder Dorfgemeinden) waren, neben denen jedoch durchaus auch Einzelpersonen (etwa außerdörfliche Einzelhofbesitzer oder die Dorf- und Gerichtsherren) als Mitberechtigte zugelassen wurden[981]. Wie in der Kaufmanns- und Städtehanse, so standen in diesen Markgenossenschaften Einzelpersonen und partikulare Personenverbände als Mitglieder nebeneinander.

§ 368. Als aus Einzelpersonen (Dorf- und Gerichtsherren) und Personenverbänden (Gemeinden freier Bürger und fallweise auch Bauern) bestehende, genossenschaftlich verfaßte Verbände begegnen uns ferner die Länder, deren Existenz die Quellen vom 12. Jahrhundert an bezeugen, ohne jedoch ihre Entstehung zu beleuchten. Sobald sich die Landstände, die im 14. und 15. Jahrhundert die Länder für das politische und Rechtsleben handlungsfähig machten, voll ausgebildet hatten, war zwar die Selbständigkeit der Gesamtheit gegenüber den einzelnen Mitgliedern nicht mehr zu übersehen, aber niemand dachte daran, die Abstraktion soweit zu treiben, daß die rechtlichen Beziehungen zwischen der Landesgemeinde und den Genossen genauso behandelt worden wären wie die zu Ungenossen oder außenstehenden Dritten. Auch Länder und Landstände waren Inhaber gesamthänderischer Nutzungs- oder Genußrechte, die sie, bezogen auf ein Territorium als materielles Substrat, in einem Landrecht zusammenfaßten, welches sie als ihr Privileg betrachteten und sich als solches von Königen und Fürsten bestätigen ließen.

Es ist bereits zur Sprache gekommen (oben, § 27), daß die Landstände nicht Repräsentanten des Landes waren, nicht die Landesgemeinde aller freien Landleute, gleich welchen Standes, repräsentierten, sondern daß sie mit ihr identisch waren, wenn sie von dem Landesherrn Schutz und Schirm einforderten und ihm dafür den Rat, die Hilfe und die Steuerkraft des Landes zur Verfügung stellten. Da die rechtliche und willentliche Identität der Gesamtheit mit den einzelnen Rechtsgenossen als zuverlässiges Merkmal einungsrechtlicher Verfassungen angesehen werden muß, werden wir daher die deutschen Länder als Einungen zu interpretieren haben[982] und von daher den Zirkelschluß auflösen können, in dem O. Brunner schon 1939 die verfassungsgeschichtliche Diskussion über die Entstehung der Landeshoheit befangen sah. „Auf die Frage:

---

981 K. S. BADER, Studien Bd. 2 (²1974, wie Anm. 903) S. 174.
982 Bereits O. GIERKE, Genossenschaftsrecht Bd. 1 (1868, wie Anm. 54) S. 534–539, lehrte, daß sich die Landstände durch Einung geschaffen hätten, wenn er auch ihre Identität mit dem Lande als Repräsentation auffaßte, ebenda S. 575.

was ist Landeshoheit? antwortet die Literatur: die Herrschaft über ein Land. Was ist aber ein Land? das Herrschaftsgebiet eines Landesherrn"[983].
Da ein derartiger Zirkelschluß auch die hansische Rechts- und Verfassungsgeschichte blockiert (oben, §§ 293, 294), dürfen wir in ihm eine weitere Stütze für die einungsrechtliche Deutung sowohl der Länder wie der Hanse erblicken, denn beide Zirkel bleiben undurchschaubar, solange man davon absieht, dem rechtlichen Wesen der erwähnten Identität auf den Grund zu gehen, und statt dessen versucht, eines der beiden identischen Rechtsgebilde dem anderen vor- oder nachzuordnen. Da hierbei aber auch Brunner stehenblieb, konnte er nicht mehr tun, als den Zirkel neu zu formulieren, und so lautete denn seine Antwort auf die genannten Fragen: „Landrechtliche Gerichtsgewalt schafft das Land, nicht die Landesherrschaft... Keinesfalls aber kann von einem einheitlichen Lande die Rede sein, wenn die nach Landrecht lebenden Landleute als Gerichtsgemeinde nicht vorhanden sind. Sie sind ‚Kern' und Träger des Landes. Damit soll die geschichtliche Bedeutung der Landesherren nicht zurückgesetzt werden. Ihre Politik allein hat die Länder geschaffen oder erhalten"[984]. Dagegen wird man, wenn die Interpretation der Identität von Ständen und Land richtig ist, auf die Begründung der Landesgemeinde durch Einung, Willkür[985] oder Rezeß schließen müssen, einen Vorgang, der sowohl die Annehmung des Landesherrn durch das Land mitsamt Verpflichtung auf das Landrecht als auch Zustimmung und Förderung von Seiten des Königtums durchaus mit eingeschlossen haben kann. In aller Öffentlichkeit mündlich vollzogen, bedurften derartige Rezesse weder der Schriftform noch gar der Beurkundung. Wir werden daher nie erfahren, wie sie zustandekamen, sondern können nur vermuten, daß es in derselben Weise geschah wie in den Städten: nämlich auf das Betreiben einiger weniger tatkräftiger Großer hin, jedoch mit wissentlicher, stillschweigender Duldung von Seiten der Gesamtheit.

§ 369. Als letztes wäre anzumerken, daß die Ermächtigung gekorener Amtsträger von Seiten der Gemeinde in den Formen, die uns das niederdeutsche Stadtrecht zu erkennen gibt, ebenfalls in anderen einungsrechtlichen Verfassungsgebilden nachzuweisen ist. Dabei machte es keinen Unterschied, ob die Wählerverbände Individuen oder Kollegien ermächtigten und ob sie die Ermächtigung befristet oder auf Lebenszeit gewährten. Als deren Formmerkmale hatten sich die unwidersprochene, stillschweigende, duldende und damit zustimmende Hinnahme sowohl des Sitzens im Ratsstuhle als auch die Bekanntgabe und Anhörung von Geboten von Seiten der Gemeinde heraus-

---

983 O. BRUNNER (1965, wie Anm. 58) S. 169.
984 BRUNNER (1965, wie Anm. 58) S. 233. Der sinnentstellende Singular „des Landesherrn" ist nach der 3. Auflage, S. 267, zu berichtigen.
985 Nach dem Zeugnis Eikes von Repgow über den Sächs. Landfrieden von 1221, „den die kaiserliche Gewalt dem Lande zu Sachsen bestätigt hat mit der guten Knechte Willkür von dem Lande", Sachsenspiegel Landrecht II 66 § 1.

gestellt (oben, §§ 201, 206). Wenn nun der Sachsenspiegel bestimmt: „Alles weltliche Gericht hat Beginn von (einer) Kur; daher darf weder ein eingesetzter Mann noch (sonst) jemand Richter sein, er wäre denn geborener oder belehnter Richter"[986], so trifft diese Norm unmittelbar nur auf die Gografen zu, von denen die folgenden Bestimmungen des Spieglers handeln und deren Gewalt unmittelbar auf eine Volkswahl zurückging; die Inhaber der vom Könige abgeleiteten Hochgerichtsbarkeit dagegen genügten ihr nur indirekt und insofern, als der König, der ihnen seine Banngewalt lieh, vom Volke erwählt war: „Die Deutschen sollen durch Recht den König kiesen ... Den König kiest man zum Richter über Eigen und Lehen und über jedermanns Leib. Der Kaiser kann aber in allen Landen nicht sein und nicht jederzeit über alles Unrecht richten; daher leiht er den Fürsten die Grafschaft und den Grafen das Schultheißenamt"[987].

Der vom Könige mit den Regalien und der Banngewalt Belehnte aber gelangte nur dann in den wirklichen Besitz seiner Rechte, wenn erstens der König dem Untertanenverbande des betreffenden Fürstentums oder Gerichts befahl, ihn als seinen Herrn anzunehmen und ihm zu gehorchen[988], und wenn zweitens die Untertanen diesem Gebote Folge leisteten. Auch sonst dürften die Mitspracherechte der Landes- und der örtlichen Gerichtsgemeinden nicht völlig in der Königswahl aufgegangen sein, sondern in der reduzierten Form einer duldenden Annehmung des geborenen oder belehnten Herrn oder Richters fortgelebt haben. Darauf weist jene Lehre des Spieglers hin, der zufolge der Lehnsinhaber eines Gerichtes dieses weder teilen noch weiterverleihen durfte, „so daß ... es die Landleute dulden sollten"[989], was wohl nur heißen kann, daß sie es wider ihren Willen nicht zu dulden brauchten. Wenn sich dann in dem Bundesbrief der drei Talgemeinden von Uri, Schwyz und Nidwalden aus dem Jahre 1291 die Eidgenossen gegenseitig versprachen, keinen Ausländer oder Käufer des Amtes zum Landrichter anzunehmen (accipiamus vel acceptemus), so bedurfte als Neuerung nur das gemeinsame Vorgehen der Dinggenossenschaften der Vereinbarung; ihr Recht, den vom Landesherrn bestimmten und eingesetzten Richter zurückzuweisen oder zu akzeptieren und ihn durch Annehmung zu dem ihren zu machen, dem sie Gehorsam schuldeten[990], war gewiß althergebracht.

---

986 Sachsensp. Landr. I 55 § 1.
987 Sachsensp. Landr. III 52 §§ 1, 2.
988 MGH, DF. I. n. 388 (S. 259 Zeile 1–4). Der angesprochene Verband (universitas) bestand aus Klerus, Rittern, Bürgern und Bauern (S. 258 Zeile 14–16), oder kurz: aus Klerus und Volk, DF. I n. 389; beide Diplome vom Jahre 1162.
989 Sachsensp. Landr. III 53 § 3. Zu der schwer deutbaren Stelle Hans Georg KRAUSE, Der Sachsenspiegel und das Problem des sogenannten Leihezwanges, in: ZRGG 93 (1976) S. 21–99, hier: S. 37 Anm. 46, S. 44.
990 Quellen zur G. des deutschen Bauernstandes im MA, hg. von Günther FRANZ (Freiherr vom Stein-Gedächtnisausgabe Bd. 32), Darmstadt ²1974, S. 394 Zeile 30, S. 396 Zeile 14–19.

Ein gleiches muß von dem Amtsantritt der Schöffen gelten. Daß die (ländlichen) Gerichtsgemeinden die von ihnen erwählten und vom Gerichtsherrn ins Amt eingesetzten Schöffen ermächtigten, indem sie sie unwidersprochen im Gerichtsstuhle sitzen ließen – die Einsetzung mußte öffentlich, in Gegenwart der durch Glockenläuten versammelten Gemeinde, vor sich gehen[991] –, erhellt daraus, daß die Schöffen mundartlich als Stuhlsassen bezeichnet werden konnten[992]. Indem sie sie als Schöffen hinnahm, identifizierte sich die Dinggenossenschaft mit ihnen; „die Vorstellung der Einheit von Schöffengericht und Gerichtsgemeinde scheint in den Quellen des späten Mittelalters ... immer wieder durch"[993]. Dies alles war in den Städten nicht anders als auf dem Lande.

§ 370. Was die Erhebung zur königlichen Würde anlangt, so ist zwar allgemein anerkannt, daß der Gesamtvorgang in zwei Teile zerfällt, nämlich in die Kur als politische Willensbildung hinsichtlich der zu erhebenden Person und in die Kette der darauf folgenden Formalakte, die den Erkorenen in den Besitz des Königtums einsetzten[994], und damit dürfte feststehen, daß die Kur für sich alleine den künftigen König ebensowenig vollmächtig machte wie die Ratmannen der Hansestädte (oben, § 201). Aber da sich die Quellen nicht zu der Frage äußern, welcher Erhebungsakt im einzelnen dem Könige seine Banngewalt vermittelte, besteht in diesem Punkte dieselbe Unklarheit wie hinsichtlich der Stadtverfassung. Bischof Thietmar von Merseburg nahm an, daß der vornehmste unter den weltlichen Fürsten, der dem Erkorenen „von wegen aller" (ex parte omnium), also gleichsam mit gesamter Hand der Fürstengemeinde, die heilige Lanze überreichte, ihm mit diesem Symbol die Amtspflichten (regni curam) zuwies, aber Wipo hatte Zweifel daran, weil es die Witwe des verstorbenen Vorgängers gewesen war, die dem Erkorenen die Insignien übergab[995]. Deutlich ist indessen, daß die Insignien nicht als Investitursymbole im Rahmen eines Liegenschaftsgeschäfts in der Weise verwendet wurden, daß sie dem Könige eine Gewere am Reiche gewährt hätten, gleichsam als ob die Amtspflichten ein Zubehör von Grund und Boden gewesen wären, sondern daß sie den unmittelbaren Übergang einer Vollmacht oder

---

991 Friedrich BATTENBERG, Dinggenossenschaftliche Wahlen im MA, in: Wahlen und Wählen (1990, wie Anm. 205) S. 271–321, hier: S. 313–316.
992 So im Hofrecht des Klosters Luzern, um 1250: Quellen hg. von FRANZ (²1974, wie Anm. 990) S. 340 Zeile 14.
993 K. S. BADER, Studien (²1974, wie Anm. 903) S. 292, stellt fest, daß man in derselben Weise die Dorfversammlung mit der Dorfgemeinde identifizierte, indem man beides als Gemeinde bezeichnete. F. BATTENBERG (1990, wie Anm. 991) S. 279. S. auch o., § 202 Anm. 416, 417. Zur Parallele von Bürgerrezessen und Agrarverfassungsverträgen s. o., Anm. 464.
994 R. SCHNEIDER, in: Wahlen und Wählen (1990, wie Anm. 205) S. 141.
995 Thietmar, Chronik V 17 (wie Anm. 971, S. 241 Zeile 1–2). Wiponis Gesta Chuonradi c. 2 (wie Anm. 956, S. 19 Zeile 17–19).

Amtsgewalt darstellen sollten. Aber konnten sie auch bewirken, was sie darstellten?

Dies war wohl nicht der Fall. Eike von Repgow jedenfalls, der Rechtskenner unter unseren Gewährsleuten, erwähnt diesen Formalakt gar nicht (mehr). Er kennt nur (noch) drei Erhebungsakte, nämlich die Vereidigung, die Weihe und die Thronbesteigung, und unter ihnen betrachtete er den letzten als den entscheidenden: „Wenn man den König kieset, so soll er dem Reiche Hulde tun und schwören, daß er Recht stärken und Unrecht kränken und das Reich an seinem Rechte vertreten werde, so gut er es könne und vermöge ... Wenn der (Gekorene) von den Bischöfen, die dazu gesetzt sind, geweiht wird und auf den Stuhl zu Aachen kommt, so hat er königliche Gewalt und königlichen Namen"[996]. Das Reich, dem der König Gehorsam schwor, war nichts anderes als der Reichsuntertanenverband, mit dessen Willen die kiesenden Fürsten den ihren, sobald sie einträchtig koren, identisch wußten; allein das Reich konnte denn auch den König ermächtigen, und das tat es offensichtlich, indem es, soweit anwesend, mit lautem Jubel, soweit aber abwesend, kraft unterstellter Identität aller Willen, mit stillschweigendem Konsens und Unterlassung allen Widerspruchs den König auf seinem Stuhle sitzen ließ. Eben so hatte, nach dem Zeugnis der Reichskanzlei, zuvor König Friedrich I. die Amts- und Banngewalt gewonnen: „Kraft ebenderselben Eintracht haben uns ... (die Bischöfe) ... zu Aachen in königlicher Weise gesalbt und mit feierlicher Segnung auf den Thron des Reiches gesetzt" und schließlich den Amtseid gestabt[997]. Alles spricht demnach dafür, daß die Ermächtigung des Königs durch das Reich in denselben Formen vor sich ging wie die der Ratmannen durch die Stadtgemeinde und daß folglich beiden Akten die gleichen, nämlich einungsrechtlichen, Rechtsgedanken zugrundelagen.

4.3. Das Schweigen der Quellen

§ 371. Es gab demnach im Mittelalter kaum ein Verfassungsgebilde, dem nicht das eine oder andere jener Merkmale eigentümlich gewesen wäre, die wir als Kennzeichen der niederdeutschen Stadtverfassung und des hansischen Verbundes herausgestellt haben: Gesamthandsprinzip, Eintracht, einhellige Kur, Identität der Willen der Teile und des Ganzen, ständisch geschichtete und regional partikulierte Einungen, Ermächtigung der Amtsverwalter von Seiten des Volkes und seiner Verbände, die die rechtmäßige Erhebung duldeten oder zuließen. Überall freilich erscheinen uns diese Merkmale einer einungsrechtlichen Verfassung, in der der germanisch-mittelalterliche Staatsgedanke sein unzerstörbares Fundament besaß, in der Vereinzelung und bis ins

---

996 Sachsenspiegel Landrecht III 54 § 2, III 52 § 1.
997 MGH, DF. I n. 5 (S. 11 Zeile 9–12, 15–16).

13. Jahrhundert hinein lediglich als quellenmäßig dokumentierte Anekdoten, die den gedanklichen Zusammenhang, welcher diese Elemente miteinander verknüpfte, im Dunklen beließen und dem Historiker jeden Einblick in das Innenleben der so charakterisierten Gebilde und Personenverbände zu verwehren drohen.

Dieses Stillschweigen der Quellen würde gewiß einen schwerwiegenden Einwand gegenüber jedem Versuch, den erwähnten germanisch-mittelalterlichen Staatsgedanken zu rekonstruieren, begründen, wenn es sich nicht doch recht einfach erklären ließe, nämlich aus zwei für die geistige und politische Kultur des Mittelalters wesentlichen und allgemein bekannten Eigenschaften. Deren erste besteht in der Mündlichkeit alles profanen (und weiter Bereiche des kirchlichen) öffentlichen Lebens. Solange die Laien Analphabeten waren und kein Bedürfnis empfanden, Verträge, Beschlüsse und Rezesse schriftlich zu fixieren, hatten ihr Gemeinschaftsleben und das Einungsrecht, nach dem es sich regulierte, keine Chance, dokumentiert und damit der Gegenwart wortwörtlich überliefert zu werden. Erst das 13. Jahrhundert in Italien und Westeuropa und das 14. Jahrhundert in Deutschland bewirkten auf diesem Gebiete den kulturgeschichtlichen Wandel, dem wir die Entstehung der Hanserezesse verdanken und damit die Überlieferung eines Quellenbestandes, der uns nun endlich den Blick auf das profane öffentliche Leben und den Zusammenhang seiner Formen freigibt.

§ 372. Der zweite, für den in Deutschland bis ins 14. Jahrhundert anhaltenden Mangel an Quellen verantwortliche Zug der mittelalterlichen Kultur besteht darin, daß nur Kirchen und Klöster Schulen unterhielten und daß daher der Inhalt mittelalterlicher Literatur bis an die Schwelle des Spätmittelalters hin allein vom Erkenntnisinteresse der Geistlichkeit bestimmt wurde. So hätte es gar nicht mehr des ergänzenden Umstandes bedurft, daß sich der Klerus aus dem Adel rekrutierte und daher nicht allein aus geistlicher Abneigung gegenüber der profanen Welt, sondern auch aus ständischer Geringschätzung des Volkes und der völkischen Untertanenverbände ganz unfähig war, die germanisch-deutschen Volks-, Land- und Stadtrechte zum Gegenstande seines Interesses zu machen, das öffentliche Leben des Land- und Stadtvolkes zu beobachten und den Rechtsgedanken nachzuspüren, die es beherrschten. Dies aber wäre notwendig gewesen, wenn Identität und Repräsentation ganz nüchtern als rechtlich verschieden geregelte Verfahren politischer Willenskonzentration hätten betrachtet werden sollen.

Anstatt dies zu tun, ließ sich das Interesse des Klerus an der Beobachtung des öffentlichen Lebens völlig von der theologischen Spekulation überwältigen. Diese aber lenkte alle Aufmerksamkeit auf die Obrigkeit als göttliche Institution, auf das Tun der Könige, Bischöfe und Fürsten, von denen man meinte, daß sie als Werkzeuge Gottes das göttliche Weltregiment verwirklichten. Woher sollte unter diesen Umständen ein Erkenntnisinteresse kommen, das die Ermächtigung der Großen von Seiten der Einungen, die sich jene zu Herren erkoren, ins Auge gefaßt und nach dem rechtlichen Gehalt des einigen Verbandswillens gefragt hätte? Ihm nachzugehen hätte bedeutet, die Geltung des göttlichen Willens und die Allmacht des göttlichen Weltregimentes zu schmälern. Theologische Spekulation aber drängte die Beobachter dazu, wie die Herrschaft in Welt und Kirche überhaupt, so speziell das Identitäts- und Gesamthandsverhältnis zu mystifizieren, wozu nicht zuletzt die für alle Staatsphilosophie schwierige Einsicht Anlaß bot, daß das Volk Souverän und Untertan gleichzeitig zu sein schien und scheint.

Schon die alte Kirche hatte das Streben der Menschen nach Eintracht mystifiziert, indem sie die jubelnde, rauschhafte Einhelligkeit aller Stimmen zum Beweis für die Anwesenheit des Heiligen Geistes mitten unter den Versammelten erklärte[998]; wer wollte da noch auf die irdischen Formen und Bedingungen des Übereinstragen schauen, mit denen es unsere Untersuchung zu tun hat! Ein anschauliches Bild von solchem Überborden der theologischen Spekulation über den Sinn für die politische Wirklichkeit gewährt dem modernen Leser König Friedrichs I. an Papst Eugen III. gerichtete Wahlanzeige, in der, wie wir gesehen haben, Kur und Ermächtigung des Herrschers von Seiten des Reiches zwar angesprochen, der Ton aber ganz auf die göttliche Fügung gelegt wird, die des Königs Oheim und Vorgänger aus diesem Leben abberufen, die Fürsten durch den göttlichen Geist zur Kur versammelt, ihnen die inspirierte Eintracht geschenkt und Friedrich zum Gipfel des Reiches erhoben habe[999].

Es ist gewiß kein Zufall, daß die Mystifikation der Identität in jenem Lande die kühnsten Gedanken rege machte, wo die Reichsgemeinde die höchste Lebenskraft entfaltete, nämlich in England. Die Juristen und Theologen dieses Königreichs faßten das commune totius Angliae, das nur in den zum Parlament versammelten Reichsständen wirklich dazusein vermochte, als Ganzes aber der Sphäre der intelligiblen Wesen angehörte, als fingiertes corpus politicum auf, und die Identität, die das intelligible mit dem wirklichen commune verknüpfte, erstreckten sie notgedrungen auch auf den König, der ebenfalls wirklich war und den sie sich als Haupt der Reichsgemeinde dachten. Hier nun setzte die Spekulation ein, da der König gleichwohl seine Amtsgewalt nicht von dem Reiche, sondern von Gott empfangen haben sollte. Spekulation verwandelte deshalb das corpus politicum des Reiches in den mystischen Leib des königlichen Hauptes und rätselte darüber, ob wohl der König dieses mystische corpus oder das corpus den König repräsentierte oder ob gar am Ende der mystische Körper mit dem der sichtbaren königlichen Person identisch sei[1000].

---

998 Zur Mystifikation der Einstimmigkeit durchs Los und des „Sakraments des Eides" im SpätMA: P. PRODI (1997, wie Anm. 78) S. 162–166, auch W. MALECZEK, Abstimmungsarten (1990, wie Anm. 903) S. 95, 97, 103.
999 MGH, DF. I. n. 5 (S. 10 Zeile 44 bis 11 Zeile 8).
1000 E. H. KANTOROWICZ, Die zwei Körper des Königs (1990, wie Anm. 54) S. 220–240, besonders 231.

§ 373. In Deutschland, wo sich die Reichsgemeinde durch den Thronstreit von 1198 bis 1214 und durch das von 1250 bis 1273 währende Interregnum in ihrer Existenz bedroht sah, war zu derartigen Spekulationen, was das Reich betraf, aus politischen Gründen keine Gelegenheit mehr gegeben, geschweige denn, was die Stadtgemeinden betraf, deren bürgerliche Führungsschicht eben jener ständischen Merkmale ermangelte, welche es allein dem Adel gestatteten, als gottgewollte Obrigkeiten anerkannt zu werden. Indessen auch die Ratmannen und die Ratssendeboten der gemeinen Städte begaben sich niemals an ihre Geschäfte, ohne zuvor die Messe gehört und jenen göttlichen Beistand erfleht zu haben, den die theologische Spekulation als einzige Quelle irdischer Eintracht anerkannte. Unerhört war daher die Erregung unter den Gebildeten, als Marsilius von Padua im Jahre 1324 den Schleier der Spekulation zerriß und sich die Existenz politischer Verbände einfach aus dem Willen der Menschen erklärte, gemeinsam die irdischen Lebensrisiken zu bewältigen.

Die Gedanken des italienischen Magisters erweisen sich für den modernen Betrachter als eine ferne und kühne Vorwegnahme späterer Vertragstheorien, kraft deren sich Marsilius die höchste Staatsgewalt nüchtern und wirklichkeitsnah als binäres Gebilde, zusammengesetzt aus der gesetzgebenden Gemeinde der Freien (universitas civium) und der unabdingbaren Exekutivgewalt (pars principans), vorstellte. In Deutschland freilich war niemand bereit, diese Gedanken aufzunehmen und sie auf die eigene politische Erfahrung anzuwenden, obwohl dazu Ereignisse wie die Bedrohung der deutschen Hanse durch die englischen Kronjuristen, von der unsere Betrachtungen ihren Ausgang genommen haben, oder der allgemein verbreitete Abschluß von Herrschafts- und Agrarverfassungsverträgen zwischen Landes- oder Dorfgemeinden und ihren Herren[1001] durchaus hätten einen Anstoß geben können. Im Gegenteil: Als die deutsche Hanse im 16. Jahrhundert der Auflösung entgegenging, triumphierte in Niederdeutschland erneut die jetzt von Dr. Martin Luther gelenkte theologische Spekulation und Staatsmystik, die dem Landesfürstentum zugutekam und es dem westeuropäischen Calvinismus überließ, Marsilius' Werk fortzuführen und den empirischen Vertragstheorien den Weg zu bahnen[1002].

4.4. Verfassungsbildende Kräfte des Einungsrechts

§ 374. Dies alles hat zu bedenken, wer sich darüber verwundert, daß der einungsrechtliche Unterbau der mittelalterlichen deutschen Reichsverfassung in den Quellen nur schwache und fragmentarische Spuren hinterlassen und

---

1001 P. BLICKLE, Grundherrschaft und Agrarverfassungsvertrag (1983, wie Anm. 464) S. 242.
1002 Zur modernen deutschen Mystifikation von Repräsentation und Identität (namentlich bei Carl Schmitt): H. HOFMANN, Repräsentation (³1998, wie Anm. 54) S. 6, 17–28. S. auch o., Anm. 57.

sich daher der historisch-wissenschaftlichen Beobachtung bisher weitgehend entzogen hat. Es war gerade ihre Treue zu den Quellen, welche die Verfassungshistoriker dazu zwang oder zu zwingen scheint, Kirche und Königtum, Adel und Fürstentum in den Mittelpunkt der Betrachtung zu rücken und die ihnen korrespondierenden Einungen als Untertanenverbände abzutun, denen ein eigener Reichs- und Rechtsgedanke gar nicht zuzutrauen war, da er bis zum 13. Jahrhundert in den Quellen keinen Niederschlag fand und seit dieser Zeit lediglich von Laienrichtern in dem engen Rahmen von Land- und Stadtrechten, von Herrschaftsverträgen und Bürgerrezessen erörtert wurde, ohne einer wissenschaftlichen Bearbeitung gewürdigt zu werden. Uns genügt es festzustellen, daß er zwar in der deutschen Hanse ein besonders auffälliges Verfassungsgebilde hervorgebracht hat, daß die Hanse aber als solches keineswegs allein dasteht, sondern mit zahlreichen anderen einungsrechtlichen Institutionen verglichen werden kann und dadurch den Anschein der Einmaligkeit und Besonderheit abzustreifen vermag, der ihr in der gelehrten Literatur bis auf den heutigen Tag beigelegt wird.

§ 375. Es ist unmodern geworden, von einem deutschen Staatsgedanken zu sprechen und nach einem historischen Ausdruck desselben zu suchen. Wollte man die Suche erneuern, so wäre bei dem gedanklichen Inhalt des deutschen Einungsrechts anzusetzen, dessen verfassungsbildende Kraft mit ihren Stärken und Schwächen nur zu gut von der Geschichte des hansischen Verbundes abzulesen ist. Denn heute dürfte Einigkeit darüber herrschen, daß die deutsche Hanse nicht in erster Linie aus kommerziell-ökonomischen Gründen, sondern wegen der politischen Rahmenbedingungen, die sie nicht zuletzt durch ihre Verfassung selbst geschaffen hatte, in die Existenzkrise des 16. Jahrhunderts geraten ist[1003]. Will man die verfassungsbildenden Kräfte des mittelalterlichen Einungsrechts abschätzen, so darf man aber über der deutschen Hanse jene beiden anderen Gemeinschaften nicht vergessen, die im Aufbau eines Staatswesens erfolgreicher als die Hanse waren, weil sie gegenüber der hansischen, in die Diaspora gezwungenen Megalopolis den Vorteil genossen, in räumlicher Geschlossenheit beieinander zu leben: die Schweiz und die Niederlande.

Die schweizerische Eidgenossenschaft, bestehend aus Teilverbänden wie dem „Großen alten Bunde oberdeutscher Lande" und Graubünden, die sich ihrerseits aus zahlreichen einzelnen oder partikular verbündeten Gemeinden zusammensetzten, gelangte zu jener vollkommenen Staatsbildung, die den Hansestädten versagt blieb und die man als „Denkmal einer bedeutsamsten Geistesbewegung, des ländlich-kommunalen Staatsgedankens des mittelalter-

---

1003 Heinz DUCHHARDT, Die Hanse und das europäische Mächtesystem des frühen 17. Jh., in: Niedergang oder Übergang? hg. von A. GRASSMANN (1998, wie Anm. 51) S. 11–24, hier: S. 15.

lichen Europa" gepriesen hat[1004]. Die in der Utrechter Union niedergelegte Verfassung der Niederlande vom 23. Januar 1579 beruhte auf der Identität einerseits der einzelnen Provinzialstände, die sich damals verbündeten, mit den Land- und Stadtgemeinden, deren Sendeboten in den Ständeversammlungen saßen, und andererseits der Generalstände mit der Gesamtheit der Provinzen und der Republik, zu der sie sich verbanden. Die Union verpflichtete die Provinzen so aufzutreten, als ob sie nur eine einzige Provinz seien, obwohl sie ihre Souveränität behielten, daher die Generalstände nur bei Einstimmigkeit etwas beschließen konnten. Wie die hansischen Ratssendeboten zu den Tagfahrten, so reisten die Abgesandten der Provinzen zu den Generalständen mit imperativem Mandat; daher bietet die Geschichte der Niederlande gleich der der deutschen Hanse zahlreiche Beispiele dafür, daß die Sonderinteressen einzelner Stadtgemeinden Beschlüsse ihrer Provinz verhinderten, hernach aber Beschlußunfähigkeit und Sonderinteressen einzelner Provinzen zur Zwietracht in den Generalständen und damit zu schweren politischen Rückschlägen führten. Wie in der deutschen Hanse, so erwies sich in der niederländischen Union die Eintracht aller Bundesgenossen als ein nur schwer zu verwirklichendes Ideal[1005]. Hätte nicht die spanische Verfolgung die Republik dazu gezwungen, die formal mit ihrer Verfassung unvereinbaren Ämter der Statthalter und des Generalerbstatthalters beizubehalten, so wäre ihre Geschichte gewiß der hansischen nur allzu ähnlich verlaufen. Es waren die Generalstatthalter aus dem Hause Oranien, die den Vereinigten Provinzen soviel an Zentralgewalt aufzuzwingen verstanden, daß die Niederlande sowohl im Achtzigjährigen Kriege die spanische als auch im Spanischen Erbfolgekriege die französische Hegemonie von sich und von Europa abzuwehren vermochten.

§ 376. Die Verfassungsgeschichte Polens ruft uns in Erinnerung, daß der einungsrechtlich-kommunale Staatsgedanke keine germanische oder deutsche Spezialität, sondern eine allgemein europäisch-mittelalterliche Erscheinung war, die ihre verfassungsbildende Kraft auch aus dem politischen System der slavischen Volksstaaten[1006] heraus zu entfalten vermochte. Die Reichsgemeinde des polnischen Adels, die im 15. Jahrhundert dem Königshause der Jagiellonen die Institutionalisierung des Reichstags (Sejm) abzutrotzen verstand, stellte einen Bund von Adelsgemeinden dar, zu denen sich die Adelsgeschlechter in den einzelnen Ländern des Königreichs zusammenschlossen. Seit 1374 durfte

---

1004 So K. MEYER 1921, zitiert bei P. PRODI (1997, wie Anm. 78) S. 181 Anm. 119. Ferner K. S. BADER, Studien (²1974, wie Anm. 903) S. 257.
1005 Horst LADEMACHER, G. der Niederlande, Darmstadt 1983, S. 75–100.
1006 Klaus ZERNACK, Die burgstädtischen Volksversammlungen bei den Ost- und Westslaven (Osteuropastudien der Hochschulen des Landes Hessen, Reihe I Bd. 33), Wiesbaden 1967. DERSELBE, Nordosteuropa. Skizzen und Beiträge zu einer G. der Ostseeländer, Lüneburg 1993, S. 59–80, weist auf die Vergleichbarkeit der ständeparlamentarischen Institutionen in Polen und Schweden hin.

ihr der König außergewöhnliche Belastungen nur noch mit ihrer ausdrücklichen Einwilligung auferlegen; seit 1454 durfte die Regierung neue Gesetze nur noch dann verkünden, wenn sie zuvor auf Versammlungen der adligen Landesgemeinden beraten worden waren, und seit 1477 begann daher der König, vollmächtige Sendeboten dieser Gemeinden abwechselnd zu provinzialen und allpolnischen Zusammenkünften zu berufen, wenn er außergewöhnliche Abgaben erheben lassen mußte[1007], wenn also der klassische Fall des nach hansisch-niederdeutschem Stadtrecht sogenannten hochbeschwerlichen Geschäfts gegeben war.

Die Berufung des Reichstags stand zwar dem Könige zu, die staatliche Souveränität aber konzentrierte sich immer mehr bei den Gemeinden, da der König sie nicht dazu zwingen konnte, ihre Landboten mit unbeschränkten Vollmachten nach römisch-gemeinem Rechte auszustatten. Wie die Ratssendeboten der Hansestädte erhielten die polnischen Landboten von ihren Gemeinden genaue Instruktionen, und gleich den Beschlüssen der Hansetage gelangten die Konstitutionen des polnischen Reichstags erst dann und nur insoweit zur Rechtskraft, wenn und als sie von den einzelnen Landesgemeinden nachträglich bestätigt wurden[1008]: genauso, wie Hanserezesse nur die Bürger und Kaufleute jener Städte verpflichteten, die die hansischen Beschlüsse in der Bursprake aus eigenem Willen publizierten. Das bekannte liberum veto der polnischen Landboten und Adelsgemeinden war also keine Besonderheit der polnischen Verfassung, sondern besaß in den Vollmachten und dem Retraktrecht der Sendeboten der deutschen Gemeindestaaten eine genaue Entsprechung, und gleich der deutschen Hanse im 16. Jahrhundert ist die polnische Adelsrepublik schließlich zur Zeit der Polnischen Teilungen an der dadurch verursachten Blockade der Zentralgewalt und am Vorrang der Partikularinteressen vor den Bedürfnissen der Gesamtheit zugrundegegangen, da ihr weder die Landesnatur noch ein oberstes Militärkommando jenen Schutz vor den mächtigen Nachbarn gewährte, deren sich die Schweiz und die Niederlande erfreuten.

§ 377. Insgesamt ergibt die vorstehende Skizze europäischer Verfassungsgeschichte, daß der überkommene Rechtsgedanke der Bevollmächtigung kraft Identität hinsichtlich seiner Brauchbarkeit zu dem politischen Zwecke, Gemeinwesen mit starker Zentralgewalt zu schaffen, der im 13. Jahrhundert er-

---

1007 St. RUSSOCKI, Zwischen Monarchie, Oligarchie und Adelsdemokratie: Das polnische Königtum im 15. Jh., in: Das spätma.liche Königtum im Vergleich, hg. von R. SCHNEIDER (Vorträge und Forschungen, Bd. 32), Sigmaringen 1987, S. 385–404, hier: S. 386–394. Kraft welchen Rechts sich die Landesgemeinden konstitutierten, ist nach RUSSOCKI (S. 394) bisher nicht untersucht worden; die Parallele zum deutschen Einungsrecht kann daher vorerst nur vermutet werden.
1008 Otto HINTZE, VerfassungsG. Polens vom 16. bis 18. Jh., in: DERSELBE, Staat und Verfassung. Gesammelte Abh.en zur allgemeinen VerfassungsG., hg. von G. OESTREICH, Göttingen ³1970, S. 511–562, hier: S. 523.

fundenen oder daraus entwickelten gemeinrechtlichen Institution der Repräsentation unterlegen war. Denn nur in der Gestalt der Repräsentativverfassung ist es den europäischen Völkern gelungen, monarchisches und kommunales Prinzip derart miteinander zu verschmelzen, daß ihre beiderseitigen Vorzüge bewahrt, ihre Schwächen dagegen nach Möglichkeit eingedämmt wurden. Von den zahlreichen Königreichen, die sich im Spätmittelalter, dem Zeitalter der deutschen Hanse, den Gedanken der Repräsentation in diesem Sinne zunutze machten, hat nur das Königreich England beharrlich daran festgehalten; nicht zuletzt nämlich waren es die Gemeinden, die sich ihm lange Zeit zu entziehen versuchten, da sie in der Repräsentation zunächst nur eine Fessel erblickten, die die Könige ihrer Freiheit und Autonomie anlegten, und erst nach Jahrhunderten erkannten, daß sie auch den Willen des Monarchen in eiserne Bande schlug. Daher lieferte sich der Kontinent seit dem Ende des Mittelalters, während England unbeirrt auf dem einmal eingeschlagenen Wege fortschritt, dem Gegensatz zwischen modernem, absolutistischem Fürstenstaat und antiquiertem, identitätsgestütztem Gemeindestaat aus.

§ 378. Niemand hat über diese Dinge gründlicher nachgedacht und klarer geurteilt als der Schweizer Historiker Werner Näf (1894–1959), dem die Wissenschaft die vergleichende Erforschung der europäischen Herrschaftsverträge des späten Mittelalters und der frühen Neuzeit zu verdanken hat. Der erwähnte Gegensatz war nach Näfs Urteil zwar „grundsätzlich scharf, aber er wird geschichtlich niemals durch die dominierende Monarchie einerseits, die wenigen fortexistierenden Republiken anderseits dargestellt; die Monarchie trägt ihn vielmehr in sich selbst. Denn niemals und in keinem abendländischen Staate bedeutete das Fürstenrecht schlechterdings alles; niemals ist das Gegenprinzip des Volksrechtes und Landesrechtes untergegangen, mochte es auch zeitweilig in einzelnen Staaten fast völlig unsichtbar und unwirksam werden." Aufklärung und Französische Revolution freilich, so fährt Näf fort, seien bei dem Versuch gescheitert, den Gegensatz zu schlichten. Drei Staatstypen seien daher dem Europa des 19. Jahrhunderts eigentümlich gewesen: der in England und der Schweiz (und in den Vereinigten Staaten von Amerika) verwirklichte altdemokratische Staat, dessen Staatsvolk aus den Gemeinden erwachsen und dort, in der lokalen Selbstverwaltung, seit Jahrhunderten zu politischem Denken und Kompromißfähigkeit in Eintracht erzogen worden war, sodann der in Frankreich und Italien ausgeprägte, vom Absolutismus zentralisierte Staat, der lediglich von philosophischen Lehrmeistern demokratisiert worden war und daher zwar demokratische Zentraleinrichtungen, nicht aber ein demokratisches Volk besaß, und drittens die Staaten Mittel- und Osteuropas, in denen die Monarchie der Revolution standgehalten hatte und die sich als Vielvölkerstaaten Verfassungen entweder gar nicht oder nur um der Staatsräson willen gaben. Als dann der Erste Weltkrieg die europäische Staatenwelt erneut in die Krise stürzte, da versagte „die dem herrschaftlichen Stamm aufgepfropfte Demokratie ..., und zahlreiche Völker unserer Tage stehen erneut vor der so einfachen und so unendlich schwierigen Frage, wie ein Volk sich selbst politisch zu führen vermöge." „Wenn sich im Verlaufe dieser Krise die bemerkenswerte Tatsache konstatieren läßt, daß die importierten, aufgepfropften demokratischen Verfassungen zerbrachen, die gewachsenen, erdauerten dagegen hielten, so enthüllt sich darin jener tiefe Unterschied in Wesen und Entwicklung der Staaten, der durch die Jahrhunderte der neueren Geschichte läuft"[1009].

§ 379. Fast achtzig Jahre nach dem Ableben Otto Gierkes und vierzig Jahre nach dem Tode Werner Näfs dürfen heute auch die Völker, denen im 19. Jahrhundert Philosophen und Machtpolitiker die Demokratie aufgepfropft haben, hoffen, eine dauerhafte, ihrem Rechts- und Geschichtsbewußtsein gemäße Antwort auf die Frage gefunden zu haben, wie ein Volk sich selbst politisch zu führen, wie es gleichzeitig in gewisser Weise Souverän und Untertan zu sein vermag. Auf der Geschichtswissenschaft lastet insofern eine besondere öffentliche Verantwortung, als nur sie die Aufgabe lösen kann zu zeigen, welche Rolle die verfassungsbildenden Kräfte des mittelalterlichen Einungsrechts auch außerhalb der Schweiz, der Niederlande und Polens im öffentlichen Leben der europäischen Nationen gespielt haben, denn nur auf die Tatsache, daß der einungsrechtlich-kommunale Staatsgedanke auch in Deutschland, Frankreich und Italien der angestammten geschichtlichen Überlieferung der Nationen angehört, kann sich die Hoffnung Europas auf eine gemeinsame Zukunft im Schutze freiheitlich-rechtsstaatlicher Verfassungen stützen. Erst im Rahmen einer auf dieses Ziel ausgerichteten vergleichenden Verfassungsgeschichte Deutschlands und Europas wird sich das Rechts- und Machtgebilde der deutschen Hanse seiner Merkwürdigkeit und Absonderlichkeit entkleiden und statt dessen einem bestimmten geschichtlichen Standort zuweisen lassen.

1009 Werner NÄF, Die Epochen der neueren G., Bd. 1–2, Aarau ²1959, namentlich Bd. 1 S. 432, Bd. 2 S. 136, 266ff.

Nachweis der benutzten Literatur

Alphabetischer Index der Namen von Verfassern und Herausgebern, deren Schriften in den Anmerkungen zitiert werden:

Ahlers, O. 156 – Am Ende, B. 150 – Angermann, N. 769

Bader, K. S. 903 – Battenberg, F. 991 – Below, G. von 58, 700 – Berg, D. 293 – Blickle, P. 464 – Blokmans, W. P. 71 – Bode, W. 911 – Boer, D. E. H. de 604 – Bolland, J. 185, 411 – Borck, H.-G. 164 – Bracker, J. 305 – Brandt, A. von 149, 156, 457, 458, 488 – Bresslau, H. 639, 968 – Bridbury, A. R. 59a – Brosch, M. 478 – Brosius, D. 366 – Brück, Th. 548 – Brunner, O. 58

Coing, H. 569 – Craecker-Dussart, C. de 483

Daenell, E. 240, 451 – Dierck, I. 539 – Diestelkamp, B. 601 – Dilcher, G. 475 – Dollinger, Ph. 241 – Don, J. 417 – Ducange, C. Dufresne 462 – Duchhardt, H. 1003

Ebel, W. 74, 261, 439, 480, 517 – Ehbrecht, W. 116, 148, 210, 220, 472, 474 – Eickhölter, M. 51 – Elsner, L. 460 – Engel, E. 220, 786 – Erler, A. 246

Fahlbusch, F. B. 239 – Feldtmann, H. 235 – Förstemann, E. G. 174 – Fried, J. 443 – Friedland, K. 149, 600, 608, 743 – Friese, V. 510 – Frijhoff, W. Th. M. 416 – Fritze, K. 207, 210 – Fryde, N. 487

Gabrielsson, P. 406 – Gellinek, C. H.-G. 79 – Gierke, O. 54, 257 – Gimbel, R. 577 – Gleba, G. 150 – Görlitz, Th. 514 – Graßmann, A. 51, 207 – Grimm, J. und W. 462 – Gutz, E. 210

Haase, C. 222, 534 – Hammel, R. 468 – Hartwig, J. 245 – Haverkamp, A. 469 – Heitz, G. 210 – Helmrath, J. 59 – Henn, V. 644, 742 – Herborn, W. 219 – Herde, P. 6 – Hergemöller, B.-U. 565 – Heumann, H. 448 – Hill, Th. 642 – Hintze, O. 58, 1008 – Hirsch, H. 234 – Hoffmann, E. 207 – Hofmann, H. 54 – Holbek, W. 229 – Holenstein, A. 480 – Hübner, R. 947

Irsigler, F. 689 – Isenmann, E. 469

Jakobi, F.-J. 116 – Jenks, St. 1, 443, 661 – Jochmann, W. 406 – Jörn, N. 52, 462, 490 – Johanek, P. 172

Kaegbein, P. 790 – Kannowski, B. 549 – Kantorowicz, E. H. 54 – Kaufmann, E. 963 – Knapp, H. 536 – Koppe, W. 156 – Krause, H. G. 981 – Krieger, K.-F. 205, 522 – Kurze, D. 954

Lademacher, H. 1005 – Laubinger, H. 796 – Liesegang, E. 510 – Logemann, S. 293 – Looper, B. 416 – Loose, H.-D. 406 – Luntowski, G. 688

Mägdefrau, W. 173 – Maleczek, W. 903 – Marongiu, A. 61 – Maurer, H. 472 – Meister, E. 513 – Militzer, K. 226 – Mitteis, H. 894 – Mommsen, Th. 448 – Moraw, P. 475 – Müller, H. 59 – Müller-Mertens, E. 463 – Münch, E. 462

Näf, W. 1009 – Niermeyer, J. F. 448 – Nowak, Z. H. 608

Oestreich, G. 1008 – Patze, H. 458, 472 – Pauler, R. 567 – Pitz, E. 467, 784 – Planitz, H. 341 – Pollmann, B. 347 – Post, G. 8 – Prodi, P. 78 – Puhle, M. 585

Quillet, J. 54
Reetz, J. 144 – Reimann, H. L. 194 – Reincke, H. 222, 412, 551, 581 – Reinecke, W. 382 – Reuling, U. 958 – Rörig, F. 790 – Rothe, J. M. 172 – Russocki, St. 1007
Salomon, R. 144
Schäfer, D. 656 – Schmidt, G. 598 – Schmidt-Wiegand, R. 556, 720 – Schnabel, F. 791 – Schneider, R. 205, 957, 1007 – Schneidmüller, B. 585 – Schranil, R. 505 – Schulz, K. 205, 213 – Schwarz, B. 152 – Schwarzwälder, H. 323, 330, 753 – Schwineköper, B. 507
Seckel, E. 448 – Seifert, D. 604 – Sellert, W. 62 – Sello, G. 508 – Silberborth, H. 173 – Sommerlechner, A. 951 – Sprandel, R. 46, 149 – Spreckelmeyer, G. 347 – Stehkämper, H. 59, 216, 487 – Stein, W. 36, 214, 619 – Stöwer, H. 172 – Stoob, H. 148, 453, 747, 749, 950 – Stradal, H. 963 – Struve, T. 746 – Sutter, B. 229
Techen, F. 182, 312, 318
Unger, M. 210
Wefers, S. 581 – Weitzel, J. 7, 469, 520, 521 – Weltin, M. 58 – Wernicke, H. 590 – Willoweit, D. 446 – Winterfeld, L. von 578 – Wittek, G. 307 – Wriedt, K. 53 – Wülfing geb. Peters, I.-M. 458
Zdrenka, J. 401 – Zernack, K. 1006 – Zimmermann, A. 54 – Zimmermann, H. 205

Städteforschung

Veröffentlichungen des Instituts für vergleichende Städtegeschichte in Münster Herausgegeben von P. Johanek in Verbindung mit K. Blaschke, H. Duchhardt, W. Ehbrecht, H. Heineberg, H. Jäger, R. E. Mohrmann, F. Opll, H. Schilling und H. K. Schulze
– Eine Auswahl –

Reihe A: Darstellungen

Bd. 40: Adrian Verhulst (Hg.): **Die Anfänge des Städtewesens an Schelde, Maas und Rhein bis zum Jahre 1000.** 1996. 464 S. Gb. 3-412-11695-5

Bd. 41: Horst Matzerath (Hg.): **Stadt und Verkehr im Industriezeitalter.** 1996. 300 S. 58 Abb. Gb. 3-412-15095-9

Bd. 42: Karl H. Kaufhold (Hg.): **Investitionen der Städte im 19. und 20. Jahrhundert.** 1997. 300 S. Gb. 3-412-14596-3

Bd. 43: Peter Johanek und Jörg Jarnut (Hg.): **Die Stadt im 11. Jahrhundert.** 1998. 400 S. 28 Abb. Gb. 3-412-06796-2

Bd. 44: Karlheinz Blaschke. Peter Johanek (Hg.): **Stadtgrundriß und Stadtentwicklung.** Forschungen zur Entstehung mitteleuropäischer Städte. 1997. XX, 368 S. 65 Abb. Gb. ISBN 3-412-06897-7

Bd. 45: Gabriele Isenberg und Barbara Solkmann (Hg.): **Die Befestigung der mittelalterlichen Stadt.** 1997. 300 S. 100 Abb. Gb. 3-412-06797

Bd. 46: Hans-Joachim Bohnsack: **Das Beschaffungswesen der Stadt Hamburg bis zur Gleichschaltung im »Dritten Reich«.** Ein Überblick. 1998. VIII, 169 S. Gb. 3-412-02798-7

Bd. 47: Peter Johanek (Hg.): **Städtische Geschichtsschreibung im Spätmittelalter und in der frühen Neuzeit.** 1999. XXIV, 356 S. Gb. 3-412-11496-0

Bd. 48: Gerhard Fouquet: **Bauen für die Stadt.** Finanzen, Organisation und Arbeit in kommunalen Baubetrieben des Spätmittelalters. Eine vergleichende Studie vornehmlich zwischen den Städten Basel und Marburg. 1999. XI, 614 S. Gb. 3-412-09598-2

Bd. 49: Heinz Duchhardt (Hg.): **Städte und Friedenskongresse.** 2000. XI, 215 S. 21 s/w Abb. Gb. 3-412-09698-9

Bd. 50: Peter Johanek (Hg.) **Städtisches Gesundheits- und Fürsorgewesen vor 1800.** 2000. XX, 279 S. Gb. 3-412-10998-3

Bd. 51: Ruth-Elisabeth Mohrmann (Hg.): **Städtische Volkskultur im 18. Jahrhundert.** 2000. Ca. 220 S. Gb. 3-412-03699-4

Bd. 52: Barbara Frenz: **Gleichheitsdenken in deutschen Städten des 12. bis 15. Jahrhunderts.** Geistesgeschichte, Quellensprache, Gesellschaftsfunktion. 2000. X, 274 S. Gb. 3-412-11099-X

Ursulaplatz 1, D-50668 Köln, Telefon (0 221) 91 39 00, Fax 91 39 011

Bd. 53: Thomas Tippach:
Koblenz als preußische Garnison- und Festungsstadt. Wirtschaft, Infrastruktur und Städtebau. 2000.
VIII, 336 S. Gb. 3-412-08600-2

Bd. 54: Karl Heinrich Kaufhold und Wilfried Reininghaus (Hg.): **Stadt und Handwerk in Mittelalter und Früher Neuzeit.** 2000.
X, 312 S. Gb. 3-412-08700-9

Bd 55: Katrin Keller:
Kleinstädte in Kursachsen. Wandlungen einer Städtelandschaft zwischen Dreißigjährigem Krieg und Industrialisierung. 2001. XII, 477 S. Gb. 3-412-11300-X

Bd. 56: Wilfried Ehbrecht:
Konsens und Konfklikt. Skizzen und Überlegungen zur älteren Verfassungsgeschichte deutscher Städte. Hg. von Peter Johanek. 2001. XII, 486 S. Gb. 3-412-08401-8

Reihe B: Handbücher

Bd. 1: Heinz Stoob (Hg.): **Bibliographie zur deutschen historischen Städteforschung.**
Tl. 1: Bearb. v. Brigitte Schröder, Heinz Stoob in Verb. mit Wilfried Ehbrecht. 1986. XXVIII, 688 S. 1 Schema, 1 farb. Faltkte. in Rückentasche, Gb.
3-412-07685-6
Tl. 2: Bearb. v. Brigitte Schröder, Heinz Stoob in Verb. mit Wilfried Ehbrecht. 1996. 1250 S. Gb.
3-412-03687-0
Index zu Tl. 1 und 2: 1996. X, 154 S. Gb. 3-412-10596-1
Tl. 3: 3-412-06896-9
in Vorbereitung
Index zu Tl. 3: 3-412-11596-7
in Vorbereitung

Reihe C: Quellen

Bd. 3: Heinz Schilling (Hg.):
Die Kirchenratsprotokolle der refomierten Gemeinde Emden 1558-1620.
Bearb. von Heinz Schilling und Klaus Dieter Schreiber. Tl.1: 1557-1574. 1989. XLV, 553 S. Gb.
3-412-02389-2
Tl.2: 1575-1620. 1992. XVIII, 555 S. Gb. 3-412-01591-1

Bd. 4: Friedrich B. Fahlbusch, Friedrich-W. Hermann, Heinz Stoob, Michael Tönsing (Bearb.): **Urkunden zur Geschichte des Städtewesens in Mittel- und Niederdeutschland 1351-1475 (Tl.2).** 1992. VI, 449 S. Gb.
3-412-08891-9

Bd. 5: Von Michael Schmitt:
Das Stadtbild in Druckgraphik und Malerei.
Neuss 1477-1900.
1991. XVI, 182 S. 184 Abb. SU. Gb. 3-412-04790-2

Bd. 6: Hans-Joachim Bohnsack (Hg.):
Hamburgs Weg zum Haushaltsplan.
Quellen zur Entwicklung der Finanzwirtschaft der Stadt von den Anfängen bis zum Jahre 1860. 1993. CIX, 349 S. Gb. 3-412-00992-X

Bd. 7: Michael Schmitt (Hg.): **Die illustrierten Rheinbeschreibungen.**
1996. LII, 872 S., davon 250 Abb. Gb. 3-412-15695-7

URSULAPLATZ 1, D-50668 KÖLN, TELEFON (0221) 913900, FAX 913 9011

Quellen und Darstellungen zur Hansischen Geschichte

Neue Folge. Hg.: Hansischer Geschichtsverein
– Eine Auswahl –

Bd. 23: Hansischer Geschichtsverein (Hg.): **Frühformen englisch-deutscher Handelspartnerschaft.** Referate und Diskussionen des Hansischen Symposions im Jahre der 500. Bearb. von Klaus Friedland. 1976. XII, 119 S. 2 Abb. 2 Ktn. 2 Diagr. Br. 3-412-04776-7

Bd. 25: Marie L. Pelus: **Wolter von Holsten marchand lubeckois dans la seconde moitié du sezieme siècle.** Contribution à l'étude des relations commerciales entre Lübeck et les villes livoniennes. 1980. VII, 610 S. Zahlr. Abb. Br. 3-412-03180-1

Bd. 26: Margret Wensky: **Die Stellung der Frau in der stadtkölnischen Wirtschaft im Spätmittelalter.** 1981. XI, 374 S. 3 Ktn. 73 Tab. Br. 3-412-03280-8

Bd. 27/1, 2: Reinhard Vogelsang: **Kämmereibuch der Stadt Reval 1463-1507.** Erster Hlbbd. Nr. 1191-1990. Zweiter Hlbbd. Nr. 1991-2754. 1983. Bd 1: VII, S. 1-480, Bd. 2: IV, S. 481-948. Br. 3-412-03783-4

Bd. 28: Jürgen Wiegandt: **Die Plescows.** Ein Beitrag zur Auswanderung Visbyer Kaufmannsfamilien nach Lübeck im 13. und 14. Jahrhundert. 1989. VII, 298 S. Br. 3-412-05683-9

Bd. 33: Robert Bohn: **Das Handelshaus Donner in Visby und der gotländische Außenhandel im 18. Jahrhundert.** 1989. XII, 362 S. 8 Abb. zahlr. Diagr. Tab. und Taf. Br. 3-412-12488-5

Bd. 34: Klaus Friedland (Hg.): **Maritime Aspects of Migration.** 1990. X, 465 S. 12 Abb. 44 Tab. 16 Graph. Br. 3-412-13888-6

Bd. 35: Michael North (Hg.) **Geldumlauf, Währungssysteme und Zahlungsverkehr in Nordwesteuropa 1300-1800.** Beiträge zur Geldgeschichte der späten Hansezeit. 1989. VI, 195 S. Br. 3-412-00489-8

Bd. 36: Klaus Friedland (Hg.) **Brügge-Colloquium des Hansischen Geschichtsvereins 26.-29. Mai 1988.** Referate und Diskussionen. 1991. VIII, 152 S. 2 Abb. Br. 3-412-18289-3

Bd. 37: Michael North **Kredit im spätmittelalterlichen und frühneuzeitlichen Europa.** 1991. VIII, 222 S. Br. 3-412-06990-6

Bd. 38: Stuart Jenks: **England, die Hanse und Preussen: Handel und Diplomatie, 1377-1474.** 1992. Zus. XXXII, 1265 S. Abb. Br. 3-412-00990-3

Bd. 39: Michael North u. Stuart Jenks (Hg.): **Der hansische Sonderweg?** Beiträge zur Sozial- und Wirtschaftsgeschichte der Hanse. 1993. XVI, 280 S. Br. 3-412-11492-8

Ursulaplatz 1, D-50668 Köln, Telefon (0 2 2 1) 91 39 00, Fax 91 39 011

Quellen und Darstellungen zur Hansischen Geschichte

Neue Folge. Hg.: Hansischer Geschichtsverein
– Eine Auswahl –

Bd. 40: Klaus Friedland (Hg.): **Maritime Food transport at sea.** 1994. XII, 583 S. Br. 3-412-09893-0

Bd. 41: Hans J.Vogtherr (Bearb.): **Die Lübecker Pfundzollbücher 1492-1496.** 1996. Zus. 1971 S. Br. 3-412-00195-3

Bd. 42: Klaus Friedland: **Mensch und Seefahrt zur Hansezeit.** 1995. VIII, 338 S. Gb. 3-412-06695-8

Bd. 43: Dieter Seifert: **Kompagnons und Konkurrenten.** Holland und die Hanse im späten Mittelalter. 1997. IX, 467 S. Br. 3-412-14996-9

Bd. 44: Antjekathrin Graßmann: **Niedergang oder Übergang?** Zur Spätzeit der Hanse im 16. und 17. Jahrhundert. 1998. 180 S. Br. 3-412-10297-0

Bd. 45: Albrecht Cordes: **Spätmittelalterlicher Gesellschaftshandel im Hanseraum.** 1998. XXXIV, 333 S. Br. 3-412-03698-6

Bd. 46: Nils Jörn, Ralf-Gunnar Werlich, Horst Wernicke (Hg.): **Der Stralsunder Frieden von 1370.** Prosopographische Studien. 1998. XII, 405 S. Br. 3-412-07798-4

Bd. 47: Detlef Kattinger: **Die Gotländische Genossenschaft.** Der frühhansisch-gotländische Handel in Nord- und Westeuropa. 1999. X, 530 S. Br. 3-412-10698-4

Bd. 48: Nils Jörn, Detlef Kattinger, Horst Wernicke (Hg.): **Genossenschaftliche Strukturen in der Hanse.** 1999. X, 306 S. Broschur. ISBN 3-412-10798-0

Bd. 49: Carsten Jahnke: **Das Silber des Meeres.** Fang und Vertrieb von Ostseehering zwischen Norwegen und Italien (12.–16.Jh.). 2000. XII, 452 S. Br. 3-412-10599-6

Bd. 50: Nils Jörn: **»With money and bloode«.** Der Lononder Stalhof im Spannungsfeld der englisch-hansischen Beziehungen im 15. und 16. Jahrhundert. 2000. X, 628 S. Br. 3-412-09900-7

Bd. 51: Christine von Blanckenburg: **Die Hanse und ihr Bier.** Brauwesen und Bierhandel im hansischen Verkehrsgebiet. 2001. XIV, 400 S. Br. 3-412-11400-6

Bd 52: Ernst Pitz: **Bürgereinung und Städteeinung.** Studien zur Verfassungsgeschichte der Hansestädte und der deutschen Hanse. 2001. Ca. 488 S. Br. 3-412-11500-2

URSULAPLATZ 1, D-50668 KÖLN, TELEFON (0 2 2 1) 91 39 00, FAX 91 39 011